U0496363

口述北理

北京理工大学口述史料
（第三辑）

北京理工大学党委宣传部
北京理工大学图书馆 组织编写

姚文莉 蔺 伟
王 征 姜 曼 等编著

北京理工大学出版社
BEIJING INSTITUTE OF TECHNOLOGY PRESS

图书在版编目（CIP）数据

口述北理：北京理工大学口述史料．第三辑／北京理工大学党委宣传部，北京理工大学图书馆组织编写；姚文莉等编著．--北京：北京理工大学出版社，2025.1.

ISBN 978-7-5763-5009-8

Ⅰ.G649.281

中国国家版本馆CIP数据核字第20256JD919号

责任编辑：李慧智　　文案编辑：李慧智
责任校对：周瑞红　　责任印制：李志强

出版发行／北京理工大学出版社有限责任公司
社　　址／北京市丰台区四合庄路6号
邮　　编／100070
电　　话／（010）68944439（学术售后服务热线）
网　　址／http：//www.bitpress.com.cn

版印次／2025年1月第1版第1次印刷
印　　刷／三河市华骏印务包装有限公司
开　　本／710 mm×1000 mm　1/16
印　　张／20
字　　数／284千字
定　　价／158.00元（全两册）

作者名单

组织编写：北京理工大学党委宣传部

北京理工大学图书馆

主要作者：姚文莉　蔺　伟　王　征　姜　曼

马　丽　张　敏　臧　浩

前　言

PREFACE

北京理工大学的前身是1940年创办于延安的自然科学院，是中国共产党创办的第一所理工科大学，在80余载的发展历程中，全校师生为新中国的国防建设和国家安全矢志不渝、辛勤耕耘，培养了一批批优秀的人才，为新中国的建设和发展做出了巨大的贡献。然而，随着时间的流逝，前辈们曾经的辉煌岁月正逐渐被淡忘，那些在建校初期筚路蓝缕、无私奉献的创业过程，在学校发展关键时期殚精竭虑、众志成城的奋斗经历，特别是那些发生在时代大背景下可歌可泣、激荡人心的精彩瞬间和感人故事，正随着亲历者们的不断离开而逐渐湮没在时间的长河中，众多散落在个人手中的历史资料也因为各种各样的原因，最终被淡忘和遗弃，消失在岁月中。前事不忘，后事之师。作为后来人和继承者，我们有责任将历史以适当形式记录下来，传承下去。

2018年3月，口述北理——北京理工大学口述史料采集工程（以下简称“口述北理”）一期采集工作正式启动。“口述北理”是为了深化落实《北京理工大学“十三五”文化建设规划》，实施北理工精神传承工程，做好大学文化建设工作，抢救、挖掘宝贵的校史文化资源。“口述北理”邀请学校当年的建设者们讲述那段峥嵘岁月，同时征集与口述内容相关的实物资料，包括手稿、书信、老照片等，让那些留存在记忆中的珍贵历史印记，按照口述历史的方式有计划地保留下来，以实现校史史料持续性积累；在此基础上，长期、有序地开展对口述史料的采集和深入研究，有助于形成多种形式的研究成果，服务学校“双一流”大学建设。长此以往，既能完整保留学校发展重要历史阶段的真实情况，完善重大历史事件的专题史或事件史的史料收集，形成可永久保存的档案资料和文献资料，又能在校史研究的基础上凝练独具特色的大学精神，达到传承学术传统和大学文化的目的，为树立我校崭新的时代形象奠定基础，对我们进一步研究国防科技史具有更重要的意义。

为保证“口述北理”采集工作的顺利开展，学校成立口述史料采集工作组，由党委宣传部牵头，成员包括图书馆、离退休教职工党委/离退休工作处、校友会办公室和档案馆等单位。口述史料采集工作组经过充分调研，立足专业化实施，制定详细实施方案和工作流程，选择专业化团队承担访谈资料采集工作。结合校图书馆在中国科协老科学家学术成长资料采集工作方面多年积累的经验和优势，在图书馆建立了我校口述史采集基地，保证了采集工程的顺利实施。

对于口述史采集来说，采集对象的选择是关键。2018 年 4 月，党委宣传部面向全校各单位发布“口述北理”采集对象推荐通知，在离退休工作处与校友会办公室的协助下，初步拟定了“口述北理”采集对象范围。为确保采集工作质量，工作组特聘原学校党委书记焦文俊教授担任顾问。经多次专题会议研究讨论，在充分了解采集对象背景的基础上，立足校史、聚焦学校发展建设各时期的关键事件，逐步确定各期采访人员名单共计 150 余人，计划分三期完成采集。采集对象涵盖学校办学的各个时期、各条战线，有中华人民共和国成立前经历学校创建发展的老教师、老校友，有中华人民共和国成立后学校自己培养起来的干部、教师，有亲历学校办学关键时期的老领导，也有学校重点学科的开拓者。这些老教师是学校各个发展阶段的直接参与者和重要建设者，他们对学校怀有深厚的感情，内心有继续为学校发展发挥余热的强烈愿望。

在学校领导、各单位、各学院的大力支持下，“口述北理”采集工作取得丰硕成果。一期访谈 40 位老教师，采集视频 7 350 分钟，速记稿整理 160 万字。根据受访者意愿，选取部分受访者的访谈整理稿编辑出版。2020 年 8 月，为庆贺学校八十周年校庆，《口述北理——北京理工大学口述史料》第一辑和第二辑正式出版。该套图书收录了“口述北理”一期采集的 36 位老教师的访谈整理稿，共计 54. 8 万字。

2019 年 8 月，“口述北理”二期采集工作开始正式实施。然而，新冠疫情的突然爆发，严重影响了工作进度。2020 年 1 月后，采访及后续工作受到疫情的极大影响。经过多方共同努力，二期如期完成了计划访谈的 40 位老教师，总计采访时长 7 895 分钟，采访速记稿 75 篇，共约 172 余万字，整理稿 75 篇，共约 132 余万字。在此基础上编辑整理，最终完成 45 余万字的口述史料稿以兹出版。在此，衷心感谢所有参与和支持口述史料采集的老师们！感谢各位不辞辛劳接受访谈的老教师们！

《口述北理——北京理工大学口述史料》第三辑和第四辑收录了“口述北理”二期采集的 39 位老教师的访谈整理稿，各篇文章按受访者姓氏拼音排序。需要说明的是，史料稿件为基础文献，以忠实记录访谈内容为宗旨，但入编内容并非是每位受访者所有口述内容的简单汇编，而是聚焦于受访者在我校的学习工作经历，重点选取了其在大学的求学经历，留校或调入我校工作后参加学校建设、院系建设、学科建设等有关学校建设发展历史的工作经历，对个人其他阶段经历进行了相应删减。为保证访谈记录的真实性，访谈史料稿没有与其他正式出版或发表的文献进行对照修订，也没有人为进行篡改，或改变受访者的讲述原意，仅对所涉及的历史事件和人物尽可能进行了注释，对访谈中出现的明显记忆错误进行了修正，对内容和文字进行了必要的编辑，使得讲述按照时间顺序，同一事件的内容集中在一起，以保证事件的完整性。

再次感谢始终关心、支持、帮助“口述北理”采集工作的各位领导、老师们！

编著者

2024 年 12 月

目　录

CONTENTS

鲍重光——一名普通教师走过的一段“平凡”道路

人物简介：

鲍重光，1941年12月出生，上海人，北京理工大学教授。

1958年考入云南大学物理系理论物理专业，1962年毕业后分配到北京工业学院（现北京理工大学）物理教研室任教；1980—1982年，由国家公派到日本东京农工大学工学部电气工学科做访问学者；1990—1991年，受聘于日本千叶工业大学，任常勤助教授（副教授），1991年回国。曾任北京理工大学物理系主任，科学技术学院副院长、理学院副院长等职，兼任中国物理学会静电专业委员会秘书长、副主任委员、主任委员，中国物理学会理事等职。

主要从事电子束与离子束物理、静电技术、静电在环境保护方面的应用、凝聚态物理、理论物理、原子分子物理、物理电子学、武器系统与运用工程等领域教学和研究。曾承担过多项国家自然科学基金课题、国防科工委基础研究基金课题以及与英国、意大利等国家的合作研究项目，获得国家自然科学奖和部级科研成果奖多项，在国内外重要学术杂志上发表重要学术论文百余篇，著有《静电技术原理》《电子工业防静电危害》《现代静电技术》等多部专著。1993年被评为北京市优秀教师。2003年退休后从事研究生院博士论文盲审工作，为学校本科教学督导组成员。

访谈时间：2020年8月29日（一访）
2020年10月22日（二访）
访谈地点：北京理工大学图书馆
采访人：张钧
摄像：聂明明

访谈提要

鲍重光老师用三句话总结了他在北京理工大学57年的工作经历，重点讲述了他作为一名教师所走过的道路。他偶然接触到静电，由此奠定了一生的教学、科研方向；他作为访问学者赴日留学，回国后积极开展校际合作交流，积极投身静电知识的普及和研究，还编写了研究生教材。他曾担任北京理工大学科技学院、理学院副院长，见证并促进了学院的发展。2003年，他退而不休，继续从事研究生院博士论文评审和本科教学督导工作。

一

1941年我出生在上海，正值抗日战争期间，父亲给我起名重光，意寓还我河山，大地重光。

从1962年我来到北京工业学院，到2019年，一共工作了57年，这57年来的经历，自己归纳为三句话：一是达到了一个目标；二是走过了一段作为教师应该走的平凡道路；三是自己有一个小亮点。

第一句话，达到了一个目标。从我念书时就开始按照清华马约翰①老师提出来的为“祖国健康工作50年”的目标在努力，到2019年暑假，本科教学督导专家聘任期结束，我确确实实地工作了57年。

第二句话，走过了一段跟普通教师没有太多不同的道路，问心无愧地完成了一名教师应该做的事情。我在理工大学工作变动比较多，除了本科教学和实验、研究生教学和管理，还做过一些系里和学校的科研项目，以及外事和国际交流工作。

退休之后，我在研究生院又工作了10年，在学校的本科教学督导组一直干到2019年暑假。从教学到行政管理工作，我基本上都做过，完成了一名教师应该完成的普普通通的任务。

第三句话，有点开玩笑的意思，也许不算亮点，但起码算是一个小火苗。现在碰到跟我年纪差不多的老同事、老领导或者北理已经退休的子弟，认识的不认识的人，他们都会问我一句话：“还打吗?”因为“文化大革命”之前，我在学校唯一有一点小名气的方面，就是打乒乓球！当年乒乓球运动在学校非常火热，之前的东体育馆经常有大型比赛，有时国家女队都会来我们学校。学校工会的职工乒乓球队很出名，在海淀区长期保持在前两名。周边的学校和单位，像北师大、北京交大、北航、北京外国语大学，以及民族印刷厂、北医三院、中科院、友谊宾馆都有我们的球友。所以现在有时走在路上，还有人问我：“你还打吗?”就是当年看球的这帮人，当时没有“粉丝”这个词，现在感觉当年我还有若干“粉丝”，所以开玩笑说这是我的小火苗。

其中，我最看重的是中间走过的教学道路。

二

1962年，我来北京工业学院时，报到地址写的是皇城根中法大学，当时学校属于保密单位，因此问了半天才找到。

那时学校基础部由物理、数学、机械设计制图、外语等公共基础课

---

① 马约翰（1882—1966），我国著名的体育家，1914—1966年在清华大学任助教、教授、体育部主任等。曾发表《体育运动的迁移价值》《我们对体育应有的认识》等论著，是第一、二、三届全国人民代表大会代表，1954年起任中国田径协会主席，中华全国体育总会副主席、主席。

教研室组成。物理教研室在我们来之前主要有三位老教授和一批从本校其他工科系转过来的中青年教师。学校为增强基础教学的师资力量，陆续从全国各高校招来一批人，我们那年物理和数学教研室来的人比较集中，有几十人。刚来时，我们住在现在一号楼继续教育学院一层的一个废弃的洗澡堂里，老鼠特别多，我带了一条新的灯芯绒裤子，还有半个没吃完的烧饼，第二天早上起来发现全被老鼠咬坏了，这个下马威让我印象很深刻，后来我们搬到十号楼住了好多年。

物理教研室的十几个人中我是从云南大学过来的，其他同事有来自北京大学、吉林大学、中山大学、南京大学、四川大学、武汉大学（当时的武汉水利电力学院）等不同学校。我们这些人基本上学的都是理论物理，主要是教大学物理。

物理教研室当时有几位教授，王象复①先生从德国回来，是二级教授，他是著名的核物理学家、发明了计量核辐射的仪器盖革计数器的盖革②的学生。我们过来时，王先生冬天中了煤气，神志不太清楚，所以他没进行教学活动。杨德云③先生从法国回来，是三级教授；第三位蔡陛星老师，大概是四级教授，来自北京四中，有过中学老师的经历，他讲课颇为生动有趣。还有我们后来的组长郑联达副教授。

我们试用期 1 年，叫见习助教，当时国家行政分级好像是 23 级，我们开玩笑讲自己是 24 级，工资 46 元。业务工作由郑联达老师负责，他要求我们加强进修，提出“要让学生有一碗水，老师必须有一桶水”。

我们要学习苏联的一套很深的理论物理教程，教学也是苏联模式，大班讲课，小班辅导。年轻教师必须辅导 3 年以上才能讲课，我和郑秀

---

① 王象复（1903—1976）：安徽省怀宁县人，1937 年 12 月毕业于德国柏林高等工业大学物理学院，获工程师学位。1950 年后任北京工业学院教授、物理教研组组长，教授过普通物理、力学、电磁学、光学、分子物理及热学、近代物理等课程。

② 盖革（1882—1945）：德国物理学家，从小在父亲指导下接受正规教育，1898 年在爱尔兰根上高中，1901 年毕业后应召到军队服役，服役期间曾在慕尼黑大学和爱尔兰根大学进修。1906 年获爱尔兰根大学博士学位，同年在曼彻斯特大学任教。1911 年发明盖革 - 那托定律，1920 年制成盖革 - 密勒计数器。1924 年在柏林大学任教，1938 年获伦敦物理学会杜坦尔奖章。

③ 杨德云（1906—1978）：浙江省义乌市人。1928 年留学法国，就读于法国里昂大学和南锡大学，获得法国南锡大学科学博士学位。1951 年后任北京工业学院教授，曾教授过普通物理、电磁学、近代物理等课程，建立了“θ - 离子理论”。

英老师跟着杨德云先生给学生做辅导。我辅导二系、八系的大概 6 个班。卫星发射基地的徐克俊少将，是我当时辅导的 25621 班的学生。前两年作为知名校友回校做报告时，他说还记得当年物理老师要求比较严格。因为我那时参加工作不久，才 21 岁，跟学生年龄差不多，想要镇得住学生必须表现得威严一些。我年轻时脑子比较好使，一二百学生，我很快就能把名字跟人对上号，所以学生认为我比较严格。

那时不是每个班都有自己的独立教室，辅导老师必须经常到教室甚至学生宿舍去辅导、答疑，我跟着杨先生一边工作一边学习。杨先生是浙江人，口音很重，学生听课比较困难，但是杨先生的讲稿是用毛笔写的大本子，纲目非常清楚。工作 3 年后，我获得讲课资格，开始走上自己毕生从事的教学道路。

1964—1965 年，教育战线推广部队的郭兴福教学法①，我记得到友谊宾馆的大厅去学习部队的讲课方法。郭兴福教学法也叫单元教学法，不像过去那样老师先讲课，而是学生自学、辅导、做习题，分成若干个单元，教师从头到尾跟着学生辅导。这种教学方法老先生身体上不一定受得了，所以我们年轻教师走上了第一线，跟学生整天摸爬滚打在一起。郭兴福教学法搞了一段时间后，学校进行教学改革，基础课面临的最大问题是我们作为工科院校，工科基础必须非常牢固，但工科老师们认为很多基础课程没用，首当其冲的就是物理课。教学改革时，把基础课教研室老师派到各个工科系，改革、重组课程。

我们的一位女老师被派到三系——车辆工程系，当时三系多数教师认为物理课没用，要求取消。这位女老师“舌战群儒”，辩论不过哭着回了物理教研室，物理教研室换我和任宝明去三系。教务长谢簝②是学物理

---

① 郭兴福教学法：1960 年，中国人民解放军第 100 团副连长郭兴福在单兵进攻战术教学中逐步形成的一套切合实际的练兵方法。1964 年 1 月，军委号召在全军推广。特点包括：在教学中抓思想，调动战士积极性，发扬教学民主，集中群众智慧；由简到繁，由分到合；官兵互教；等等。

② 谢簝（1919—2006）：北京人，1937 年考入辅仁大学。1946 年到解放区参加革命工作，先后在北方大学工学院和华北大学工学院任教，副教授。中华人民共和国成立后，先后担任北京工业学院教务处副处长、机械系主任、科研部副主任。1962 年任教务长。1979 年任北京工业学院副院长，1982 年任院长。中国兵工学会第二届副理事长，中国航空学会第三届常务理事，北京航空学会副理事长，北京高教研究会常务理事。

出身，物理课过去是霸王课，有300多学时，要一下变成零，系里也得慎重对待，所以他们一直在讨论是否还要物理课。

学校后来组建了一些不同的教改试点，比如马宝华老师组织的八系教改组，把基础课的部分老师整合到一起，这是一种类型。三系改革为半工半读教研室，有十几个人，当时三系系主任是章一鸣老师，他们派了不少人，三系的祝嘉光是组长，书记是王民选，包括赵家象老师、蔡坪老师，还有发动机教研室的魏春源老师等。物理、数学、外语、力学、机械设计、制图等基础课每个教研室派一两位教师，再加上三系的发动机、车体等方面的老师，共同组成一个新的单位——半工半读教研室。课程重新组合，把物理、理论力学、材料力学、机械设计等课程合并成为机械力学。物理的电学跟电工教研室的电工、弱电、强电、电机等课程合并为电工学，变为只有机械力学、电工学、外语三门课程。教师兼任班主任，班主任都必须听课，所以我们这个礼拜上课，下个礼拜跟学生一起到车间劳动，从头到尾跟学生在一起。

我在半工半读教研室教机械力学和电工课程，我在大学学过理论力学，内容跟工科有些不同，总的原则问题不大，但对连杆、齿轮这些不太熟悉，机械力学课程里还有一部分内容是原来的机械设计，我以前没学过。半工半读教研室用的机械设计的教材是蒋宏潮老师编的，我是在边学边教的情况下，把机械力学教了下来。电工学课程，一般的电学没问题，但是电工是强电，物理实验是弱电，我们要到电工教研室做一些220V、380V的强电实验。我不是学这个专业的，但是课也得教。英语课由英语老师来教，还有两三位数学老师教数学课，我作为班主任都得去听课。那段时间确实挺忙。半工半读教研室设立后不久，“文化大革命”就开始了。1968年左右，学校在驻马店建设“五七”农场，几个月之后，“五七”农场变成“五七”干校，我们是第一批学员。我在干校2年多，后来干校搬回到北京大兴黄村，我们就算毕业了。

三

1971年、1972年时，工农兵学员来到学校，我们从半工半读教研室回到物理教研室，第一项工作是编教材。因为工农兵学员的基础参差不齐，有初中毕业的，也有高中毕业的，底子比较差，要求他们3年毕业，而且要达到一定水平，原来的教材不适用。我那时写了一本挺厚的物理

教材，把一些内容合并，简化成一本让工农兵学员能在比较短的时间内学完，对基础要求又不是太高的教材。工农兵学员进来之后，我遇到了一个问题，由此人生出现转折。

八系的一位姓罗的工农兵学员是湖南新化雷管厂的年轻工人，他在工间操的时候打篮球身上带了静电，从操作雷管的工人身边走过时产生静电感应导致雷管爆炸，脸上全是疤痕。小罗强烈要求系里同意他搞静电，但因为八系没人搞过静电，所以找到了我们物理组。物理组就派了一批人跟八系的老师们一起开始进行雷管静电实验。

雷管生产过程中必须确保绝对安全，雷管静电实验是一种随机过程，要想找出原因，必须上万发地打雷管。我们最开始做这方面的实验时，由陈广汉老师带队到北京、上海一些工厂去了解静电的用处，主要跑了北京的自行车厂去看他们的静电喷漆，去上海参观静电纺纱，在教物理课的同时，开展静电研究。另外，我们在北京的一个展览会上发现一些当时国内还没有的测量静电的仪器，于是通过部里申请到外汇指标，把这些仪器买回来，此后便开始了比较大规模的静电测量，并结合学校一些专业性质开展了很多工作。

第一个去的是北京燕山石化。因为航空煤油装车时产生的喷雾带电，在装油的过程中发生过多次火灾、烧伤事故。得知这个情况，我们就带上仪器去做测量，研究问题。当时交通不便，我们都是坐公交车去做测量。

20 世纪 70 年代，我们一个小团队到位于唐山的北京空军基地，测试飞机的静电。当时歼 6 的通信天线在有机玻璃座舱盖上面，飞行时会产生严重的静电，北京空军要求对此进行测量并改进。我们在唐山空军基地待了一段时间，去了解玻璃钢座舱盖上的天线是否有问题。这是我头一次登上战斗机，因为要模拟飞机在飞行过程中跟冰晶摩擦时低温下的静电，地面上不容易做实验。后来我们找到学校附近的特需冷库，里面一年四季都在零下 10 多摄氏度，可以进行模拟测试。

此外，我们结合学校各个系的情况还进行过比较多的实验。

比如我们去过东北杨杖子生产火药的兵工厂。我们过去没接触过火药。火药燃烧起来迅雷不及掩耳，速度快得不得了。工厂有一道工序叫火药压片，是把火药压成薄片再卷成吸管一样的细棍。压片过程中经常发生事故，火突然就喷出来，车间门都是朝外开，冲击波能把整个人轰出去，工人都得穿防火工作服。我们去这个火药工厂测试过。

我们到西安的804厂雷管厂去测量，想解决小罗遇到的人体静电问题。因为人只要稍微一动就会产生静电，比如人从椅子上站起来就会产生成千上万伏的静电，雷管当时的指标大概是2500伏。工厂里每个工人前面都有一个玻璃钢的防护装置，万一发生危险能把正面防护住，但因为是手工操作，必须使用镊子等工具，这时镊子就相当于电极，经常发生事故。我们要测量静电和电器的安全，静电跟强电、弱电不一样，不能消除得太干净，需要选取合适的接地电阻。

我们还去过兰州白银，这里有个加工黑索金炸药的工厂，有一项称为沸腾床的烘干工艺，装置上面打了好多孔，粉尘从底下上来，用热风吹干，吹风过程中我们测量到很高的静电。做这个实验比较危险，我们在星期天工人休息时，在工厂最偏僻的角落做了一个2米左右的模拟装置，所有测试人员在很远处的土围子外头，通过联络信号打开开关做放电实验，这个实验做了相当长一段时间。

在江苏盱眙发生炸药爆炸的事故后，我们也去进行过测量、分析。因为静电是随机的，解决起来比较麻烦，采取了相应的措施不一定不炸，无法保证百分之百有效。有些事件不是静电造成的，静电事故最难断定，因为痕迹都毁灭了，有的工厂就把找不到原因的事故报成静电事故。所以我们首先要区分是否是静电事故，需要采取哪些措施，哪些设备不合理，工人防护服等需要采用什么装置，尽量减少事故发生的概率。

太原生产TNT炸药的工厂，粉尘污染非常严重，它采用布袋除尘，用布袋收集粉尘后，利用振动把面口袋一样的布袋上的粉抖掉。布袋除尘过程中会产生静电。我们去测量时看到，一个个布袋充满了TNT粉尘，整个空间也都是，人在里面浑身上下都是黄的，感觉喉咙发苦。跟我们同去的部里一位负责技安的女处长流着眼泪说，这种环境下因为没有防护，粉尘中的苯环伤肝，许多工人得了肝炎。硝铵炸药的工艺是靠气流用管道输送，输送过程中会产生静电。当时英国一个巧克力厂的巧克力粉尘喷发产生了大爆炸，我们想看看粉尘究竟能否引发这样的事故，于是到湖南冷水滩工厂的生产线上去测量，看看现场。

测量工作很脏很累，也很危险，我们要扛着示波器等很多仪器。这些工厂都在山里，交通不便，每次去测量都比较辛苦。我们搞这些东西增长了见识，各类火药、炸药，像TNT、黑索金、硝铵炸药等各方面的

粉尘和石油液体都了解了一些。这项工作也很危险，我们也会感到后怕，但当时并不觉得，因为不懂。住在招待所经常能看到患有残疾的人，好在我们参加测量的人没有出过事故。防灾这部分扩大了我们书本上的知识面，我们在初中就学过摩擦起电，没想到静电能惹出那么大的事故，这对我们也是个学习的过程。能为减少事故做一些工作，我觉得很光荣。

当时的第五机械工业部（以下简称“五机部”）对防灾工作很重视，希望把日本的《静电手册》翻译出来。为此部里组织了相关单位，包括高等学校、科研院所以及北京工业学院的外语系，进行翻译。那时还没有计算机打字，找勤工俭学的学生刻蜡版，印出来很厚的一本书。部里知道我们在搞静电，就拿过来给我们看。因为负责翻译的日语老师不懂我们的专业，有些句子不通。于是部里说给理工大学一年时间，负责把它弄顺，达到出版水平。这个任务交给了我们。教研室组织了陈广汉老师、王学英老师和我，我们几位老师一起弄。我多少学了一点日语，再有日文里有好多汉字，专业术语连蒙带猜，从专业角度比较容易理解。我家斜对门是教日语的贾福生老师，我每天到他家里去，对着原文和原来的翻译稿，我从专业角度琢磨这句话应该是什么意思，他再看对不对。用了大概一年的时间，我们把这本书翻译定稿，由科学出版社出版了大概 90 万字的《静电手册》，这应该是国内第一本关于静电的书。

四

改革开放后，1978 年、1979 年，国家开始外派留学生，我是 1980 年的第一批。那时我已经开始从事静电科研，学校组织教师学外语时，我从字母开始学的日语，但实际上没学到多少。翻译完《静电手册》，我能看懂日文的专业书籍，但是口语不行。这时国家从各高等学校老师里挑选公派留学人员，有去英语国家、法语国家的，也有去日本的。学校选出了我们一批年龄合适的人，祁载康老师去的是英语国家。当时报考英语的人多一些，我的科研方向是静电，而且搞过《静电手册》，为了将来科研的需要，系里让我去考日语。学校参加日语考试的有 5 人：第一位是机械学院的王信义老师，他后来去了东京大学；第二位是一系的一位年纪挺大的老师；第三位是五系搞微波的李忠源；我是第四个；第五位是刚分到咱们学校来的工农兵学员硕士小白，他的第一外语就是日语。

本来还有力学院的梅凤翔老师，他日语底子比较好，后来发现法国招的人数比报名的还多，他就转学法语，后来去了法国。

机械系的姜文炳老师日伪时期上高中学的日语，口语在学校里比较好，学校让我们几个人到姜老师家去练了三天口语，他给我们出一些简单题目，让我们练习。现在姜老师还跟我住在一个楼，每天见面我还是叫他老师。我们几人之中水平最高的是王信义老师，“文化大革命”前，国家要外派一批留学生，准备派他留日，他在上海外语学院念过一段时间日语。李忠源老师把广播日语全听完了，听力还可以，而且他很勤奋，也没有问题。我没经过系统学习，只听过一点广播日语，几个人里就我基础差。姜老师说你不要着急，考试时会就是会，不会的就跟考官说不会，口试肯定要朗读文章，会念的尽量念清楚，图快反而出错，知之为知之，要取这个态度。

考试时我记得比较清楚，因为快到中秋节了，我们去语言学校考试，上午笔试完，在语言学校门口等学校的校车，怎么等都不来，我就跟一系的老师买了两块月饼，吃完了下午去考口试。口试的程序是，一个人在准备室里，发一支铅笔，抽一份卷子，准备 10 分钟，进去不准拿卷子。当时有很多人在准备考试，我一看周围，有好多高校或者国家单位的，有几位同志还在背字母，心里就放松了不少。口试题目只有两篇文章，一篇关于东京，一篇关于大阪。考生先念，然后考官根据题目，让考生回答文章里的问题，最后再做个简单的自我介绍。我抽到的是东京，题目非常简单，如东京是什么样的城市，它的经济、环保情况，上野动物园里是否有熊猫等。日文里有汉字，意思知道，但得念出来。我按照姜老师说的，念到上野公园，我就老老实实说不会念，考完以后自己也没抱什么希望。当时大家总体的外语水平都不是很好，尤其日语、法语这些小语种。考完试回来继续教改、科研等工作。

现在我还是很感谢姜老师，我们5 人里录取了4 个，一系的老师没去成。王信义老师、李忠源，还有研究生小白属于第一档，不需要在国内培训，直接准备出国。我口语考了 3 +，笔试七八十分，合格了，但没到直接走的水平。过了一段时间，通知我到大连外语学院（今大连外语大学）集训半年学习日语。讲课的老师有一部分是日本战败后留在大连的日本人，他们讲话没问题，但教学水平极差。我们每天训练口语和听力，一开始水平不行，就每天出一个场景、一个题目，准备一晚上，第二天

上课讲，讲完老师给改，以这种方式进行训练。我最后毕业是 90 多分。

当时是第一次公派留学，信息不全，教育部给找学校，自己也得找。王信义老师他们第一批比我们早走了大概半年，搞机械的老师资料比较全，王信义去了东京大学。我们一边培训一边联系学校，系里希望我去学静电，国内这方面资料非常少，我在北图查到的最新资料是 1974 年的，后来我找的是东京农工大学工学部电气工学科的村崎宪雄教授，知道他是日本静电学会副主席，但不知道人家具体研究什么、水平怎么样，去了日本才知道东京大学实际上也有相关研究。

培训回来后，等着教委跟日本文部省联络。记得我在一次到太原出差时，收到通知，让我去东京农工大学工学部村崎宪雄的研究室。

五

1980 年 2 月春节以后，我们就准备动身了。我们去日本这一批规模比较大，有 200 多人。第一批人过去时，包括使馆教育处也是第一次去，很多事情，像宿舍等还没安排好。后来的教委留学生司司长李东翔，当时是以随员的身份去的，大使馆教育参赞彭家声①是原来北大东语系的党支部书记，他爱人张光珮是田中角荣②访华时的翻译。

我是访问学者，按照日本大学的规定，不能住在学生宿舍。日本大学的宿舍由学生自治，叫作寮，寮长是学生，食堂是学生自己雇的厨师、营养师，自主经营，费用非常便宜，我们去住等于是占学生的便宜。我们过去时好多人还没联系好住处，所以这一二百人暂时集中住在东京市大田区的大森寮，等着联系学校。住了一段时间到了赏樱花的季节，东京大学的总长招待我们去看了一次樱花，他们说你们运气真好，东京大学的学生到毕业时，好多人都见不到总长。

最初我没地方住，我的教授跟学生商量，同意我在他们的寮里住一个月，还给了我一个单间。这一个月让我真正体会到日本的学生宿舍是什么样子。寮不是一个系住在一起，而是不同系、不同年龄的人住在一

① 彭家声（1929—2017）：山东掖县（今为莱州市）人，出生于黑龙江省哈尔滨市，1947 年加入中国共产党。曾任北京大学党委组织部副部长、北京大学研究生院首届常任副院长、中国驻日本大使馆教育参赞、北京大学国际关系学院教授。

② 田中角荣（1918—1993）：日本政治家、建筑师，日本第 64、第 65 任首相（内阁总理大臣）。

起，并且每年都要轮换，这样可以不断接触不同的人，学会与不同的人相处，我觉得这个理念很不错，经过这样的锻炼，学生进入社会后，就知道怎样去面对不同的人。高低年级之间知识可以传承，不同学科之间可以交流，宿舍里也有一套管理办法，我觉得都挺有意思。另外学生实行自我管理，不管什么人都要担任一定的社会工作，比如宿舍垃圾的清理，每个人都要负责一段时间。他们有一个宿舍委员会，学生食堂每天要公布营养成分，伙食费很便宜，如果学生有不满，经过委员会讨论可以解雇炊事员、营养师。我觉得这对学生能力的锻炼很有益。

我在寮里住了一个月，使馆让我搬去和 3 位电气通信大学的留学生同住，这个地方离他们学校近一点，我得坐电车再转车还要走一点路，也不算太远，但能解决住的问题。我跟北航搞无线通信的赵老师住同一间，他非常勤奋。我们住的周围很多人都对中国人很友好，对我们生活上有一些照顾。附近有一些公共会馆，当地叫公民馆，有许多学中文的日本人，我们每周六去免费教他们学中文。大多数跟我们接触的日本人都很友好，比如我从寮里搬出来时，我的教授跟他夫人亲自开车拉着我的行李过来。日本教授地位非常高，老教授亲自帮我搬家，其他人都很羡慕。教授夫妻俩租了一块地，自己种菜，每月都给我们送一筐，这些不施农药的菜在市场上要比普通菜贵好多倍。他说日本市场上的菜被农药污染了，你们回去后要检查身体。

我在农工大学还有一个任务是带两个学生。1977 年恢复高考后，国家把一批考试成绩好的学生作为出国留学的储备，我带的学生一男一女，女孩跟崔占忠老师一个专业，当时她在日本念本科；男孩在农工大学农学部学习，我算他俩的头儿，后来又来了一位天津研究所的人，跟我身份差不多，我们四人是第一批到农工大学的。那时留学生的活动比较多，大家经常聚一聚，一起吃个饭。我印象挺深的是 1981 年春节，好多学校的学生到我们这里来，当时我刚好 40 岁，就写了几句打油诗："已度四十春与秋，邻邦求学复远游。正月欢聚重叙旧，莫将年华付水流。金杯高举斟美酒，中华儿女望神州。傲霜斗雪重吐姿，梅花更比樱花稠。笑语欢声震环球，重任在肩莫停留。三十年后重回顾，历历此景涌心头。"

专业上，我感觉首先比较大的收获是扩展了眼界，那时国内刚开始搞静电，我们只知道防灾，实际上静电还有除尘、环保、复印机，以及人工细胞融合、静电生物效应、驻极体等许多应用，这些我们过去都不

了解。其次，从具体学到的专业知识上，我们研究室的村崎先生是日本静电学会的副会长，会长是当时东京大学的增田闪一教授。他们每月开一次全国研讨会，因为日本地方小、交通便利，全国各个有关学校、研究所、公司等在这方面的研究项目都会拿到研讨会上发表，包括实验怎么做，大家一起来研究。这对于了解掌握整个国家的研究情况非常有益，甚至一些公司、学校不对外的研究情况，我们也能了解到。每年有一次年会，基本上每个人都要在年会上发表论文，这也扩大了我们对日本静电界的研究方向、研究内容的认识，能与一些知名的专家建立联系。他们学会之间都互有联系，这对我后来的工作很有帮助。

我在日本期间还参加了一些具体实验。比如有关石油的实验，石油起静电问题很大，石油在采样、运输过程中，以及油轮在用高压水洗时经常发生事故，我亲自参与了日本劳动省产业安全研究所中等规模石油实验的工作，长了一些见识，这样的事情有很多。我回来后，石油部跟我的联系非常多。

按照当时的规定，我们这批人公派 2 年，除非特殊情况，不允许延长。2 年到期时，使馆提出希望我们 4 个人延长一段时间。当时使馆的教育参赞是彭家声、张光珮夫妇，我那时管着一些学生，经常到使馆去汇报工作，大家比较熟悉。那时留学生派的比较多，我说根据我看到的情况，日本的研究室跟中国不一样，满编制就是 1 个教授，1 个助教授，相当于我们的副教授，再加上 1 个助手，相当于讲师，就 3 个人。他们的研究靠博士生、硕士生和四年级的本科生进入教研室，成为研究主力。本科生、硕士生和博士生的毕业论文题目对全研究室公开。现在那么多留学生撒在日本各个大学，这些研究在他所在的研究室都是公开的，研究室在研究什么，从题目上就可以知道，由此能大概了解日本在相关方面将来的发展。而且我发觉日本很多老师的选题很有远见，可能当时不知道为什么做这个课题，过一段就能看出来，是在朝着某个目标迈进。从本科生到硕士生到博士生，一代不行两代，朝着最终目的去，很有预见性。我说如果让留学生把这些资料收集起来，对我们国家科技的发展应该很有帮助。

六

我 1982 年回国后广泛开展了静电宣传，举办了很多讲座，还协助媒体做了普及工作，比如配合中央新闻电影制片厂、中央电视台拍过电影、电视片。我从日本带回来一些日本 NHK 关于静电的节目，中央电视台来我们静电实验室拍摄过好几次，我去中央电视台讲过两次，做了一些普及工作，还为很多企业办过普及班。

那时国内既懂物理专业又懂外语的人比较少，因此翻译任务非常重。当时经常请一些日本专家来讲学，因为我在日本结识了很多专家，当时有大批日本教授，像东京大学的增田教授、东京农工大学的村崎教授，还有高桥教授、難波教授，丰桥技术科学大学的水野教授，筑波某研究所的荷福研究员等，还有一些生产静电仪器厂家的技术专家，像搞静电复印的东洋大学的教授，日本柯尼卡等公司的人，不断来讲学、交流、座谈。他们讲课时我去做翻译。除了做本专业的翻译，还做其他专业像机器人、计算机视觉这些课的翻译，有时还要陪同来访的专家到外地一些单位访问。

为首长会见外宾或部门谈判做翻译也占用了我很多时间。我一开始参加的是机械工业部代表北京照相机厂跟佳能公司关于引进照相机生产线的谈判，也接待过何光远部长和包叙定部长，接待比较多的是主管汽车的吕福源副部长和汽车局局长张小虞，他们差不多会见了日本所有的汽车公司的代表，像丰田、本田、日产、马自达，等等。随着整车进来以后，零件的厂家也不断来访，会见和谈判的次数非常多。有些人过来需要比较高规格的首长接见，像荣毅仁副委员长在人民大会堂会见外宾时，吴邦国委员长在钓鱼台会见外宾时，我都给当过翻译。部里请日本人在亚运村给全国所属的一些工厂、研究所的劳动人事部门培训，讲解日本的劳动人事、薪酬、赏罚、利润计算等这种讲座，我也被派去做翻译。

再一个耗费精力比较多的工作是校际交流。1983 年，冯佩芝①同志从哈工大调到我们学校任书记，哈工大、吉林大学当时跟日本千叶工大签署了交流协议。我们学校过去属于国防性质，对外交流很少。1983 年，谢簃院长和哈工大校长在北京饭店宴请千叶工业大学的国际交流协会委员长桥本甲四郎，席间提出希望桥本先生给我们学校牵线搭桥，联系一所日本的学校，桥本先生说千叶工业大学已经有了两所签约学校，由于预算限制，不能马上跟北京工业学院签约，答应回去给我们介绍另

① 冯佩芝：1982 年 8 月至 1983 年 10 月任北京工业学院党委书记。

外的交流学校。不久后，桥本先生邀请我们到日本访问，冯书记、谢院长、管外事的柯有安院长，还有马宝华老师等，我们一行初次去访问。当时桥本先生介绍了日本工学院大学，这所大学位于东京最繁华的新宿。校长很热情，但是他说因为学校在东京市中心寸土寸金的地方，没有发展空间，他们准备搬迁到新校址，所需预算比较多，没有用于交流的资金，所以我们当时跟日本工学院大学没有签约。跟他们学校沟通后不久，千叶工业大学决定请我们北工的人去，完全按照签约的条件接待。他们有一个填海填出来的分校叫芝园校舍，竣工时，我们学校和哈工大、吉林大学都去了，接待我们的规格最高。后来两校正式签约，千叶工大成为我们在日本开展交流的重要基地。

日本一些好的国立大学眼光很高，他们是国家拨付的固定经费，比较难以再扩展交流。私立大学的资金由董事会决定，国际交流资金可以自由支配，所以我们考虑以私立大学为基点，有了交往，我们的人才有机会去日本。因为我们的外汇管理很严格，先通过私立大学落地，再发展与日本的国立大学进行学术交流就方便得多。确定了这个基本方针后，我们跟千叶工大交流非常多，历任的书记、校长都多次去访问，千叶工大也给我们解决了很多困难。

我们学校和千叶工大后来又开展了几个方面的合作，一个是他们到哈工大讲学的教授，路过北京时会来我校做报告；还有邀请我们的学生去他们那里念书；邀请我们一些老师到他们那里去做研究，费用他们出。现在五系的苏广川老师，七系的张同庄老师，设计学院院长张乃仁、鄢必让老师，都是按照协议去了日本半年。第二个是学生交流，他们学校的学生交响乐团水平很高，曾到我们学校来访问，与我们的校乐团和附中、附小的金帆乐团一起在海淀影剧院举办过正式演出。再就是其他学校所没有的职员间的交流。有一年，他们校长一行到中国访问，我陪同他们去敦煌，路上聊到现在有了教师、学生之间的交流，但是职员阶层之间没有交流的机会。当时的情况下，两所学校的事务部门很不一样，他们学校的学生人数跟我们差不多，职员只有一二百人，我们有两三千人。我们需要让职员出去看看他们的工作情况，他们女职员比较多，日本重男轻女，女性职员出国的机会很少，因此同意建立职员交流机制，每年 10 余位职员互访。20 世纪 80 年代，我们外汇紧张，我们的人过去，从机票到在东京、大阪等地的吃住行费用由他们负责。他们的人过来，在我国也多跑一两个地方。

双方交往了有十几二十年，其间我来来往往得比较多，陪校领导出访、洽谈占去的时间也比较多，冯书记之后是谈天民①书记、焦文俊②书记、谢簃院长、朱鹤孙院长、宁汝新副校长、王越校长、匡镜明校长，有的领导出访了多次。我们学校准备成立机电一体化中心，希望争取到日本政府的贷款。当时福井工业大学有一位理事叫金井士生，他和日本外务省的政务次官相当于我们外交部副部长是好朋友，我们去找他，从政府层面协调，帮学校拿到了政府贷款。

这期间我们还为学校引进了一些人才，我陪同宁校长去名古屋工业大学，发现一位邓玉林老师是人才，就把他引进到我校的生命科学院。他现在是国际宇航科学院院士。

五系有一个日本的仪器维修站，专门维修日本横河电机的仪器，他们每年都要到日本去进修，我每年都要跟着他们过去。我还多次被外单位借调，比如参加中国电工学会代表团去出席日本电气协会 100 周年庆典，当时的皇太子（现在的天皇）在帝国饭店接见了代表团团长。更多的是和一些防静电厂家去日本考察。

1990—1991 年，我被千叶工业大学聘为常勤助教授（日本临时去讲课叫讲师）讲学 1 年，属于正式编制，可以参加社会活动、科研和教授会。我给学生讲物理课，讲课很辛苦，他们学校的物理课教师只有 10 余人，是我们的 1/5 不到，但学生总数和我们差不多。上午 8 点 40 分到 12 点 10 分在教室讲课，下午 1 点到 5 点上实验课。5 点下课坐公共汽车到另外一个校区吃一点饭，然后去给二部上课，二部的毕业文凭跟一部相同，我们叫夜大学。日本很多学生靠打工支持学习，有的人白天到迪士尼乐园等处去打工，晚上学习。我从早上开始上课，直到晚上，连续 12

---

① 谈天民（1937— ）：1960 年毕业于北京工业学院并留校任教，历任教研室主任，系副主任，院党委副书记、副院长，北京理工大学党委书记，教授，兼任中国航空学会理事、中国惯性技术学会常务理事。长期从事教学科研工作。

② 焦文俊（1944— ）：山西运城人，第九、第十届全国政协委员，全国政协教科文卫专门委员会委员。1969 年毕业于北京工业学院光电工程系光学仪器专业。曾担任北京理工大学光电工程系党总支副书记、书记，总务处处长，1984 年任北京工业学院副院长，1993 年任北京理工大学常务副校长，1996 年 6 月起任北京理工大学党委书记。1998 年被评为国家级有突出贡献中青年专家。

个小时，刚去的时候很累，后来才逐渐习惯。千叶工大条件比较好，给我一套有厅、有浴室的房子，半年交流的苏老师、张老师他们就住在我那里。

第二个交流较多的学校是日本北陆地区私立福井工业大学。这所学校很特殊，理事长是金井兼造，学校整体叫金井学园，包括小学、中学、高中和大学。金井学园的总裁很强势，一切事情都是他说了算。东京大学的增田闪一教授是日本静电学会会长，从东京大学退休后，到福井工业大学担任校长。我们跟增田闪一很熟悉，1985 年左右日本的企业人手不足，他提出通过福井工业大学在日本各地的毕业生联系相关企业，提供这些企业需要的人才信息，由我们在中国，以北京理工大学为主，物色大学本科以上的人到日本去研修学习 2 年。我回来向学校汇报，当时管外事的柯有安副校长很认真、慎重，要求先了解清楚这所学校的理事长，为此让我把这位理事长的传记好好读了一遍。理事长年轻时摔伤了腿，是残疾人，没参加过战争，也没来过中国。我们觉得这个人还可以，之后通过谈判达成协议，由他们负责找公司，我们在国内招生。每个公司除了给研修生生活费之外，还要给理工大学一定的管理费。福井工大有一块靠海的非常漂亮的地方叫庐园校舍，还有温泉，我们的人在那住一段时间，补一下日语，然后被分派到各个公司。我们每年都要去考察这些公司和研修生的情况。

北京理工大学没有那么多日语合格的人，而且有些专业我们也没有，需要借助国家的力量，要与中共中央引进国外智力办公室合作（以下简称“中央引进办”，后来改称国务院引进办，现在是中国国际人才交流协会）。中央引进办当时的负责人是国务委员张劲夫①。经过谈判，1986 年 10 月 6 日在人民大会堂签署了协议，出席签字仪式的有张劲夫和中日友协会会长孙平化②先生，还有中央引进办的一些领导。我们跟中央引进办有协议，以中央引进办的名义到各省、部去招生，然后考日语、核查、

① 张劲夫（1914—2015）：汉族，安徽肥东人。早年参加革命，1935 加入中国共产党。中华人民共和国成立后曾在国务院、国家部委和地方多个领导岗位任职。曾任国务委员、中共中央顾问委员会常务委员。

② 孙平化（1917—1997）：辽宁营口市人，出生于中国奉天省（现辽宁省）。1944 年加入中国共产党。曾任中国日本友好协会副秘书长、秘书长，中国人民对外友好协会副会长，中国日本友好协会副会长、会长等职。

专业测试。被选中的人委托中央引进办在东京的办事处负责管理，财务上各公司交的费用进入中央引进办的东京账户，每年给我们结算。开始是以北京理工大学为主，第一批有侯光明①、郑茂、魏平、周正懋四个人，之后又陆续去了张之敬、刘广宗、白庭柱、吴仲、郭素梅、梁君言等人，他们后来都成为学校的骨干。

挑选学生时，我的任务比较重，对方每次报过来十几个公司，涉及的专业面很广，包括计算机、医疗器械、建筑、材料、机械等很多专业。首先由福井工大派人陪我遍访这些公司，了解它用人的情况，比如要不要女的，专业需要达到什么水平，等等，每个公司要记录很多东西，介绍公司的材料都很重，我那时就跟现在的快递小哥一样到处去跑。这些公司有的在大城市，有的是在农村，有时一天要跑好几个公司，相当辛苦。了解完情况后就回国招生，北京之外的上海、合肥、成都等地方，通过当地市政府或者市引进办招考。在录取过程中，我们要把学生的情况，比如他们填报的志愿、工作经历和希望做的工作向日方反馈，对方同意后，这些人在北京理工大学习日语。他们到日本后，由于生活习惯的不同，有时也会产生一些矛盾，还有比如出了交通事故，我们得过去处理类似这些事情。这是跟福井工大的交流工作。

还有和日本北海学园大学的合作。这所大学在北海道的札幌，大学里有一位教师毕业于北师大，中文很好，妻子是中国人。通过这位教师，我们和北海学园大学达成协议，他们每年暑假过来十几二十个学生到北京理工大学，学习三个星期中文，然后带他们到外地去参观一个星期，这项合作也有 10 年左右。

我从日本回来后，国际交流和外事活动占用了不少时间，教学、科研工作相对少一些。其中有一件事情大概是在 1994 年，我国发射风云二号 01 气象卫星失败，这颗星由航天八院从 1982 年开始设计，用了 12 年时间。发射事故之后，军委刘华清②副主席亲自督促，要求尽快查清原

---

① 侯光明：1957 年生于天津，管理学博士，教授，博士生导师，享受国务院政府特殊津贴。1996 年任北京理工大学副校长，2006 年 2 月任北京理工大学党委副书记（正局级），2011 年 9 月—2019 年 3 月，任北京电影学院党委书记。

② 刘华清（1916—2011）：原籍湖北省大悟县，出生于湖北省黄安。1935 年 10 月加入中国共产党，1931 年参加中国工农红军。中国人民解放军高级将领，上将军衔。曾任中国人民解放军海军司令员、中共中央政治局常委、中央军委副主席等职。

因，航天部组织人员进行事故分析，我们去看了残骸，我和崔泌老师到上海闵行研究所做了一些实验。实验回来后大家都要汇报，另一个组拍了很多金相照片，发现在一个焊接的部位有一个极小的几乎看不见的微口。这点启发了我，根据我们做过的实验，因为卫星所用的液态燃料腐蚀性非常强，液滴会带电，如果从微小的孔喷出来雾状液体，带电会非常厉害。我在日本做过实验，普通的水形成喷雾带的电能打出火花。有可能是在燃料加注过程中，这个地方形成了喷雾，有引起静电事故的可能性。后来航天部为此来我们学校表示了感谢。

七

我在日本期间，系里申请把中国物理学会静电专业委员会挂靠在我们学校。直到20世纪末，李瑞年老师一直担任主任委员。回国后，我先后担任协会秘书长、副主任委员，李老师退休后，我接任了主任委员和中国物理学会理事。

派到国外去学静电，我应该是第一个人，静电研究范围在国内扩大以后，国内同行的人数增加了很多，因此在我们学校举办了两次现代静电国际会议。

第一次举办国际会议是1988年，有英、美、法、印度、韩国、日本等国家的几十位专家，国内有几百人参会。参加会议开幕式的有王淦昌①和中科院、政府部门的一些领导，人数很多，在友谊宾馆大礼堂开宴会时座位都不够坐的。还有一次在国家图书馆，也是全部坐满，规模很大。我是秘书长，会务的事情比较多。会议筹备得到了学校从上到下各部门的大力支持，因为涉及会场、外事部门，包括友谊宾馆的委托、联络、车队，国内代表的衣食住行，国外专家夫人的旅游等内容，财务由学校财务处同事帮助管理。参会论文都要逐篇审读，工作量很大。会后由万国学术出版社出版了两本100万字的论文集《现代静电技术》，李瑞年先生负责整理英文版，我负责整理中文版。这次国际会议规模比较大、级别比较高，比较成功，影响也挺大。我在会议过程中还结识了很多新

① 王淦昌（1907—1998）：出生于江苏常熟，中共党员。1929年毕业于清华大学物理系，1933年获柏林大学博士学位。核物理学家、中国科学院院士。曾任中国原子能研究院院长，九三学社中央名誉主席。

朋友。

1993 年又召开过一次静电国际会议。

物理学会静电专业委员会设在我们学校，在全国许多大学都设有分会，我们每年要组织或者委托西安、大连、桂林、上海、海口和郑州等各地的大学举办年会，每次都要出版文集，我们也都要去参加。除了主办年会之外，我们还要参加一些其他活动，那时学会的工作比较忙。

2000 年前后，第十届年会在郑州召开，我考虑到自己快要退休了，如果继续连任，对今后开展工作不太有利，因此我在会议上宣布不参加下次竞选，并推荐军械工程学院的刘尚合①院士接任，挂靠单位也就转到了军械工程学院。刘院士很客气，他在会上提议我担任名誉主任委员。

八

留学回来后我还在物理系，随着外事活动的增多，外事处处长建议我干脆调到外事处。我说我是教师，还是要做我的本职工作。

我 1990 年到 1991 年再去日本，中间回来恢复了一些教学工作。当时学校从高考成绩最好的学生中挑选出一部分人组建了信息班和机械班两个实验班，我跟赵如宝老师负责这两个班的物理课教学。后期赵如宝老师有其他任务，就我一个人教课。前期我们在实验班进行了一些改革，赵如宝老师找了很多国外比较难的测试项目来训练学生。后期我差不多每周给学生做一次科学技术讲座，介绍当前科学的进展，也很受学生欢迎。这个班的学生很优秀，校园网曾报道过的在航天工作中做出贡献的校友，就是当年信息实验班的班长。

1993 年国际静电会议后，我继续进行教学工作。学校实行责任教授、主任教授等职务后，让我担任大学物理主讲教授，我还被评为北京市优秀教师。盛名之下其实难副，我不过是一位普普通通的教师而已。

---

① 刘尚合：1937 年 4 月 11 日出生于山西省闻喜县，男，汉族，静电与电磁防护、电磁环境效应专家。1964 年毕业于北京师范大学，1999 年当选为中国工程院院士。现任中国人民解放军军械工程学院教授、静电与电磁防护研究所所长、博士研究生导师。先后获国家科技进步奖一等奖，全国科学大会奖和省部级科技进步奖一、二等奖 7 项，获得军队教学成果一等奖 2 项，国家发明专利 6 项。

从七八十年代到20世纪末，我们学校静电的科研在全国名列前茅，这源于教研室全体师生的共同努力。后期随着计算机技术的发展，我们的科研从防灾，扩展到计算机、集成电路防静电方面，得到电子工业部的青睐，我们给电子工业部和北京计算机公司办了好多讲习班。另外我们制定了防静电工作服的规范、标准，到很多单位去测量防静电工作服、防静电地板，在这方面也做了很多工作。

20世纪80年代，我编写过一本电子工业防静电的书。前几年，我审定航天部组织编写的一本关于电子行业防静电的手册时，发现前言里提到了我的一些工作内容，说明大家认可我的一些观点，我在审定时把自己的名字划掉了。

我带过一些研究生，也给八系的博士生讲过静电安全方面的课，当时非常缺少教材，我是学物理出身，不能只是做实验、测试、出数据，还得能把道理讲清楚，所以我又编了一本面向研究生的《静电技术原理》，涉及静电的一些基础知识，包括起电机理、防灾、电子工业防静电、电除尘、电摄影、静电的生物效应等内容。

尽管有很多外事和校际交流活动，讲课的时间少了，但我一直没有离开教学岗位。

到北京理工大学这么多年，我原来当过最大的官是工会小组长，也就是给大家买买电影票。1997年、1998年，校领导说你出来为大家办点事吧，让我接物理系高松林老师的班，担任物理系主任。物理系一直是以教书为主，底子比较差，也缺少资金。20世纪90年代进来了一批有学问的年轻人才，包括邢修三老师，他们搞理论物理需要计算，我们只有一间10平方米的房子，十几个人围着一台老旧的386计算机，这样过了好些年。我接手时物理系要申报博士点，但我们的基础条件相差太多，经费也不够。王越校长对此很重视，他说物理系没有博士点很糟糕，但按照条件，你们单独申请确实比较困难。王校长跟华中理工大学联系，他们有资金，但没有制高点，我们的邢老师比较有成就，两家一拍即合，准备共同申请博士点，但双方在商谈过程中过了申请期，等于我刚上任就碰了一鼻子灰。

扪心自问，前面一段时间，我们整体来说水平确实不够。因为我们从工科发展起来，从产品发展到学科有很多不适应。现在创一流，我觉得我们还是有欠缺，在有些学科领域上不如其他学校，我们有很多地方拔尖，但是地基不是很结实。还有一个很大的问题是我们的实验设备极度落后，有些还是陆金生老师手工制作的东西来给学生演示，物理实验室好多是中法大学时的设备。1999 年教育部来评估时，看到我们的柜子上还有中法大学的仪器，表扬我们注意保留文化遗产，这让我们哭笑不得。

主管教学的俞信副校长给了我们一杯甘露，当时教育部有一个高等教育发展项目，利用世界银行贷款，学校准备建几个中心，开始时物理跟化学算一个中心，我那时算是负责人，跟化学中心商谈怎么来争取世行的贷款，怎么来论证。中间有很多波折，一度把物理取消，后来又恢复，又跟化学分开。我代表物理实验室去参加了教育部世行贷款高等教育发展项目在南京大学召开的有关大学的论证会，为此我们物理实验室的同志付出了很多辛苦，因为方案得有依据和说服力。最终我们也分到了一杯羹，把物理实验室做了更新，成为学校的一张名片，当时确实旧貌变换新颜。过了些年博士点申请成功，尤其是葛院士过来以后，物理学院的发展很快，这个博士点也成为一级学科点。

1988 年，北京工业学院更名为北京理工大学，20 世纪 90 年代，物理、数学、化学跟力学合并。力学包括理论力学、材料力学、工程力学，归理还是归工？对此有些讨论。当时跟理科放在一起，但又不全是理，所以叫科技学院，下设四个系。科技学院存续的时间不长，当时学院的书记是赵树信、院长是张永发，副院长陈一宏负责教学，我开始是分管科研跟研究生，两摊子的任务太重，后来把科研去掉，我主管研究生工作，胡海云负责科研，王玉珍负责后勤，韩琦负责学生工作。

后来把力学拿到宇航学院，科技学院改为理学院，院长还是张永发，我担任理学院的副院长。理学院现在已经分为物理学院、数学学院和化学学院。

1999 年张永发到德国攻读博士，学校下文让我代理院长。这段时间的主要工作是接受教育部关于本科教学的评估。在那几年之内，这几个系的所有教学实验室和所有的试卷，都要随时准备接受抽查，工作量非常大。我自己也要接受检查，我的课也有人来听，还要抽查试卷。基础课是每个学校抽查的重点，还要抽查物理实验的教学情况，当时抽查到已经上完物理课的三年级光学系的一个班的学生，临时通知他们到物理实验室来，通知我们要准备多少套仪器，让他们做设计实验，评估组要

来检查。当时把我叫到主楼，说你回实验室，一小时之内做好准备。平时六七个人一套实验仪器，现在要来一个班的学生，得把所有的仪器都撤换掉，时间很紧张。评估组来了以后现场命题，这个题目我们手头有，如果要想取得好成绩，可以告诉学生。但为了诚信起见，我们没讲，就想让学生考出真本事来。做完实验以后，评估组把这次的成绩跟学生平时物理实验课的成绩比较，发现了一个很有趣的情况，男同学在抽查时的成绩比较高，女同学的成绩比较低，和平时的情况正相反。这说明女同学动手能力弱，因为平时做实验，都是男同学动手，女同学计算数据，她们的报告写得很规矩，男同学写得乱七八糟。评估组说这反映出了真实情况，对指导今后的教学有好处，接下来的物理实验教学，要注意检查每个人的动手能力，不能光看实验报告。那次测试结果，我们也有所收获。最后评估的结果挺好，我们还受到了表扬。评估完以后，校长开会还提到了这件事，说我们拿的是真本事，如果我们把材料给学生看，就不是学生在独立设计了。

我们跟评估组提出了关于加强基础研究的问题，评估组很重视，在对学校的评估意见里特别加上了要加强基础教学研究这条内容。

九

因为我之前一直在做研究生工作，跟研究生院很熟悉。2003 年的一天，上午打电话通知我退休，下午我就接到研究生院的电话，让我过去工作，我就这样无缝衔接地到了研究生院。

当时规定全校的博士生毕业论文，抽查 20% 进行盲审，学生排队到研究生院来抽签，抽到的就要送去盲审。因为我在学校的年头多，和北京理工大学的老师比较熟悉；另外静电学会经常联络全国的一些大学，我也认识一些人；还有，我们学物理的，有点万金油的味道，对一些专业多少都了解一点，不会两眼一抹黑，所以让我做这个事情。开始时，校领导还担心我从管理岗位下来做这些事情会不会有失落感，我说我本身就是普通教师，干吗失落呢。当时研究生院在主楼，办公室很紧张，我就在门口放了一张小课桌，坐在门口临时办公。很多熟人开玩笑说你变成了看门老头，我说这也挺光荣。研究生院搬家后，我才有了自己的办公室。

后来博士论文要 100% 盲评，工作量更大了，我们学校的每一本论文，都要送到外校去盲评，同样其他学校有更多的论文要送到我们学校来盲评，这些我全部都要经手。2010 年以后到现在，是送到国务院评估组，他们去做这件事。前面 10 年都是我在做，工作量很大，因为要对研究生和他的导师负责，也要对学校负责，要维护学校的学术声誉。这里涉及把关的问题、实事求是的问题，还有跟外校的关系问题。我们也遇到过一些问题，比如一个博士论文到西安交大盲评，人家说不及格，我们的老师、同学不答应，再跟那边联系，人家说不光是我本人，研究室都是多年搞这个题目的人，大家都说不合格。还要去跟人家交涉，人家的话就难听了，说没想到北京理工大学的博士论文就这个水平，这种情况有时很难处理。只能公平公正地再去邀请第三方、第四方的人来评审，毕竟我们不是这方面的专家。另外有时需要研究、了解校外很多专业的情况，比如机械工程专业，笼统的有某校某校比较强，但是他们研究的内容不一样，每个博士论文的题目、每个学校的老师擅长的课题都不同，需要尽量请比较懂行的老师去评审。有些论文研究的内容，研究的人比较少，比如准晶等，寻找相关的评审专家也要花费不少精力。有些论文是我的专业，我也可以评审，另外，我们学校评的一些论文，我也要把关。比如有一篇外校的论文，我交给我们学校的一位老师来评，他认为合格了，我检查时发现是粉尘爆炸问题，我一看论文的基础概念有错误，就给他的论文里夹了一张条子，说里头有一个最基础的概念出了问题，如果要把这个作为粉尘爆炸的国家标准会出大问题，必须要实事求是地认识到这个问题。

我一直到 2013 年又干了 10 年，但这 10 年我觉得很高兴。他们说我从院长职务上下来，变成了看门老头，我觉得这很正常，当年管研究生时，我一句话研究生干事就得去跑，现在我让自己也跑跑腿。所以外校评我们的论文，只要能跑得动，我就背着个大书包，像快递小哥这么来来回回，一个楼一个楼地亲自送到各个系，各个系的研究生干事都和我很熟悉。

这期间，我同时兼任研究生教学评估专家组成员，还有本科生教学督导组成员，一直做到 2019 年 5 月底。开始时我随便听课，听多少都可以。后来孙逢春副校长要求定量，一学期最少听 40 节课，一学年 80 节课，我们数理化组的课都在良乡，一直跑到暑假，我才彻底退下来。

现在回想，北京理工大学建校 79 年，我陪伴她走过了 57 年，我不在乎自己是教授、主任，还是院长，在乎的是“老师”这两个字。我做的这些工作符合一位老师的要求，我就感到欣慰了。

崔仁海——我为学校赢得了两面锦旗

人物简介：

崔仁海，1926年出生，北京理工大学原劳动服务公司经理。1947年参军，在东北军政大学辽宁分校学习，后被分配到第一坦克团任炮长。1952年调入团部任组织干事，因成绩较好被苏联专家推荐到第一坦克学校战术系任教员，曾作为坦克兵参加抗美援朝作战。1958年由于健康原因从第一坦克学校转业到北京工业学院。1959年在党委组织部负责支部和监委工作，后调入无线电工程系（五系）任党总支副书记。1962年任光学仪器系（四系）副书记，主管教师工作，组织了一系列科研定型项目。“文化大革命”后期任教改组长，组织班子到北京光学仪器厂进行教改实践。1978年任器材处副处长，1982年任校劳动服务公司经理。1983年校劳动服务公司被评为五机部劳动系统先进单位。1986年离休。

访谈时间：2019年11月18日

访谈地点：北京理工大学图书馆

采访人：郭晓明

摄像：吴哲

访谈提要

崔仁海1958年从部队转业到北京工业学院，在党委组织部负责支部和监委工作，后调入五系担任党总支副书记。1962年他调入四系任党总支副书记。在四系工作17年中，他为一系列科研项目的完成提供了保障。他讲述了这些项目遇到的难题以及自己是如何解决这些问题的。1982年学校成立了劳动服务公司，崔仁海担任经理，他详细讲述了月季花公司和贸易公司从成立到盈利的过程。

一

我1947年参军，在东北军政大学①辽宁分校学习，本来学习期限是1年，但是七八月份的时候沈阳解放了，所以提前把我分配到了第一坦克团。北平（今北京市）解放以后，我们从沈阳坐火车到了北京。1952年我调到团部当组织干事，那一年我们从苏联接收了新的装备，苏联人带着坦克过来和我们团一起集结学习，我学习成绩比较好，苏联专家推荐我到第一坦克学校②去当教员。1958年在一次坦克部队七昼夜的大型演练中，我得了阑尾炎，但工作不能停，我坚持到演练结束才去医院，结果阑尾已经化脓，手术后得了肠粘连，大夫建议我转业。

---

① 东北军政大学：全称为“中国人民解放军东北军事政治大学”。1945年10月，遵照中共中央军委的命令，抗日军事政治大学（简称“抗大”）总校之大部及第一、第三分校离开延安，同年12月到达吉林通化，改建为东北军政大学，隶属东北民主联军建制。1946年6月，林彪兼任校长，罗荣桓任政治委员，何长工任副校长。共培养和训练了数十万军事、政治干部，对夺取解放战争的胜利起了重要作用，在解放战争和社会主义建设中做出了重要贡献。

② 第一坦克学校：全称为“中国人民解放军第一坦克学校”，成立于1950年9月1日，是根据中央军委决定，以坦克第一旅第三团（教导团）为基础组建的，时任装甲兵司令员许光达兼任校长。该校主要任务是培养初级指挥员和技术修理干部。朱德曾为该校题词：努力学习，建立强大的人民坦克部队，反对美帝侵略，巩固国防。出自：刘国新《读点国史：新元初始——1950年的中国》，四川人民出版社，2018年版。

1958 年 12 月我转业到北京工业学院。过完年新学期开学后，学校分配我到党委组织部工作，当时的党委书记是魏思文和刘雪初①。魏思文很有将军风度，管理严格，对工作认真负责。刘雪初思想比较解放，党的工作做得也比较细。那时候咱们学校有一个干部食堂，院里的干部或者系里部队转业来的级别比较高的人都在干部食堂用餐。有一次我们去打扫卫生，刘雪初就把干部食堂的牌子摘了，他说都什么时候了还搞干部特殊。党委组织部的部长是李森，没有副部长。李森让我管两方面的工作，一个是支部，一个是监委。现在监委是一个专门的部门，就是监察委员会，那时候和组织部在一块儿。我当时给市委组织部写了一篇文章，还刊登在了杂志上，刘雪初很欣赏这篇文章，表扬了我。我在那儿待了不到 2 年就调到五系当总支副书记了，我在五系工作的时间也比较短，主要是管学生工作。

1962 年我调到四系，在四系待了 17 年。那时候时生②在院里主持工作，他找我谈话，让我到四系管教师。当时四系没有总支书记，有一个副书记叫赵登先，他管学生工作。赵登先对时生的安排不太满意，一个管教师，一个管学生，那谁主持全系的工作？我说："当然是你主持了，你在四系的时间长，我刚来我得向你学习，虽然你是副书记，但是你得主持。"我们俩合作得很好。

我是第一次管教师工作，到系里以后，我首先开座谈会，调查了解系里的发展情况。

我们四系一共四个专业：41、42、43、44。44 专业是夜视专业，专业主任是周立伟，他跟我说其他国家的夜视仪器普遍都用二代管了，是

---

① 刘雪初（1914—1992）：湖南省宁乡人，1934 年毕业于湖南长沙第一师范学校，1937 年 12 月赴延安，1938 年加入中国共产党。抗日战争时期，曾任警备一旅政治处副主任。解放战争时期，曾任第四野战军政治部秘书长等职。中华人民共和国成立后，曾担任第一任坦克局局长。1958 年 1 月—1960 年 2 月，任北京工业学院党委第二书记。1960 年调任南京工学院党委第一书记兼院长。

② 时生：1915 年出生，原名曹万书，安徽全椒县人。1937 年参加八路军，曾任中国人民解放军 24 军 70 师政委，中国人民志愿军 24 军 70 师政委，解放军 24 军政治部主任，中国科技情报研究所副所长，浙江大学党委副书记等职，1955 年授大校军衔，被授予二级独立自由勋章、二级解放勋章。1960 年 11 月由第三机械工业部和北京市委调任北京工业学院党委副书记，1961 年 3 月被国务院任命为北京工业学院副院长，1982 年 7 月离休。

用微通道板做的管子，叫微通道板管。因为一代电子管看得距离近而且看不清楚，基本都淘汰了，但咱们国家还在用，大部分是从苏联进口的。我说咱们能不能研制出二代管？周立伟说我现在就十几个人，办公室、机械房、实验室加一起就四间房，缺人缺房子，还需要经费……反正这事难度比较大。我去找 44 专业实验室主任张忠廉，问他如果要建研制二代管的实验室都需要什么，他说要有吹管子工、装架工、清洗工等，还需要抽真空设备、煤气，等等，总之一句话，要房子、要人、要设备、要钱，解决这些事谈何容易。在房子这件事上我下了很大的力气，我搞调查研究，去看各个专业的房子，看哪个房子空着，我就去问是哪个系的，跟他们谈，让他们腾出来。最后愣是抽出来七八间房子，真不容易。

因为我刚去学校，他们对我不太了解，但是通过谈话他们觉得我这人还是挺实在的，比较坦率，最后我就把事情一件一件都解决了。调不来煤气工，我就跟六系借了一个，又想办法从科学院调来一个。2 位装架工是从电子管厂调来的，是我们系两个教师的爱人，我跟厂里说了很多好话他们才同意放人。煤气的问题也比较复杂，用煤气罐不行，最后张忠廉用汽油裂化的方式解决了。他们自己盖了一间小房子，搞了一个管道。老师们很能干，后来真的做出了二代管。做出来的这个管子性能到底到了一个怎样的水平，我们并不知道，因为咱们国家没有使用这种二代管的仪器设备，所以没有使用过。但是通过这个项目，我们建成了一个实验室，增加了新的实验设备，改善了教学条件。学生们可以在这里做实验，而且能看到生产这个管子的每道工序。

另外还有一件事，42 专业有一个实验室，在国内算是光学仪器比较全的，而且全是进口的，所以每个月都要接待外来参观的人，都是我陪着。42 专业有个教师叫张炳勋，张老师头脑很灵活，他跟我讲，以前的光具座都是主观检测的，每个人检测到的数据都不一样，现在已经有了客观检测的方法，用光电转换，检测结果可以直接打印出来。我说咱们能不能搞这个？他说得花点时间，而且光咱们自己的人还不行，研究出来还得加工，必须和工厂结合。

我就开始谋划这件事，我认识北京市光学工业总公司的经理，他管北京市的五六个厂子，经常跑到我们这儿来参观仪器设备，有时还叫我们帮忙给他测试，所以我们比较熟。我就找这个经理谈了谈，商量厂校

结合的事，他很痛快地答应了。我说咱们分两个阶段，第一个阶段是设计阶段，你派四五个技术员到学校来，我们系出 3 个人，张炳勋带头，还有赵达尊和胡士凌 2 位老师，一共 8 个人组成了一个设计班子，在我们系里搞设计。但是设计不到一半，"文化大革命"就开始了，项目也就停了。

"文化大革命"后期又把这件事提出来，这次换成部里牵头。光电局的一位处长找了南阳的一个工厂合作，他们工厂派人过来和我们一起搞设计，设计完成以后再去工厂加工。为了这个项目，我先后三次去南阳这个工厂，有一次是因为设计结束，准备生产的时候，工厂提出要换成他们自己的方案。原方案主要是由赵达尊老师设计的，这套系统在系里的实验室运行得很平稳，但是到工厂以后就出了问题。张炳勋回来找我，说有问题，工厂方面派出参与光电转换这部分设计的一位王姓老电气工程师，他提出了一个新的设计方案，王工说赵达尊的方案不行，而赵达尊老师因为家庭出身问题又一直不能下厂。我去找厂长，我说："马上就要生产了，临阵换将是兵家大忌，赵老师这个方案已经经过多年考察，比较成熟了。王工程师的方案再好，也是刚刚考虑出来的，没有经过多次实验。咱们这个东西要参加广交会，是有期限的，万一按照王工的方案没有做成功可能就赶不上广交会了。如果王工的这个方案好，咱们以后还得搞二型、三型，到时候咱们再用。"厂长同意了。

马上要生产的时候又出事了，赶上"批林批孔"，厂子乱了，生产都停了。我又去了一趟工厂，厂长让我在礼堂给工人们开生产动员会。开会的时候礼堂都坐满了，我讲了讲这个仪器的重要性，说这是给咱们国家争气的事，外国人有我们也要有，最后工人们按时把这个仪器做出来了。做出来还需要鉴定，如果再拉回北京鉴定就来不及参加广交会了，于是就在河南科委做了鉴定，然后按时参加了 1973 年的广交会。部里留张炳勋当了 2 年厂长，后来他又升为光电局局长。

当时还搞了一个项目。珍宝岛自卫反击战时，炮 6 师用的是苏联的 122 加农炮，瞄准镜的焦距是 1 米，看不远，射击打不准。军方找到系主任，说想要一个 1.2 米焦距的瞄准镜。系主任找到我，说这个事要做，而且要抓紧时间尽快搞出来，珍宝岛打仗要用。我选了一个班子，这个班子成员的技术比较全面，他们就住在炮 6 师搞设计。1.2 米的测距机国内没有，而且 1.2 米太长，不好拿，怎么办呢？最后做成了折叠式的，不用的时候可以折起来，用的时候再伸开。设计了8个多月，之后在318厂生产出来了，国家定型了。

还有一个项目，总参二部需要一个1米焦距的照相仪器。他们每天都要对台湾的哨所进行观测，但是没有记录观测结果的仪器，所以想要一个照相仪器，不能太重，能照二三十公里就行。这个照相仪器的光学部分是四系光学车间承担的，机械和生产都是院工厂解决的，一共做出来三台。总参二部在大连开了定型会，装备部队了。另外也有一些没定型的项目。太原26军需要一个激光测距机，我派了几个人到他们部队去，就在部队设计，日夜生产，最后搞出来了。

我们还参与修毛主席纪念堂。毛主席纪念堂的内部地面要求绝对平，用一般的测量办法达不到精度要求，需要一个激光扫平仪。这个任务时间很紧，就在我们系里搞的，做出来的仪器可以打出一束绿色激光，不管距离多远，它的光束都是直的，可以帮助他们测量。

那时候工业学院的院长是贾克，他到市委科教部汇报工作的时候，有个组长说，“文化大革命”期间什么都停了，你们四系为什么还能搞出这么大的科研项目，而且还是国家定型，你们总结总结。其实“文化大革命”期间我们系没有停止科研工作的一个主要原因是军宣队，这些项目都是北京军区的，军宣队也是北京军区派来的，北京军区找军宣队，军宣队没法拒绝，必须得干。军宣队的主任姓鄢，这个人比较谦虚，他对我说：“你比我早入伍10年，正常情况下我都要称你为首长，工作上的事你就安排吧，你放心去做。”因为军宣队给了宽松的环境，我的工作就顺利多了。

当时不光是部队找我们，社会上有需求也来找我们。“文化大革命”期间，唱样板戏比较多，唱戏的也找来了，说他们有困难，而且非常紧急。什么困难呢？一个是需要可以变焦距的镜头，咱们学校其实不搞这个，照相机是个小科目，但是他们很急，求着我们帮忙。我就派了袁旭沧老师给他们弄，袁老师是专门搞光学设计的，用了3个多月做出来了。另一个困难是追光灯，就是戏台上用的追光灯，灯里面有一个大透镜，是进口的螺纹透镜，价格很高。为了节省外汇，他们想用国产透镜代替。但是他们自己研制的透镜装上去以后烧坏了，因为追光灯的功率特别强，有几千瓦。我们以前也没做过螺纹透镜，见都没见过。我派郭富昌老师去帮他们解决这个问题，对方把进口的透镜送来了，郭老师花了1个多月的

时间把这个透镜的参数测出来了。因为他们急着用，来不及研究，就照样子在大连玻璃厂直接加工出来了，拿回来以后还真解决了问题。

总的来说，四系是一个非常有战斗力的队伍，不仅在科研、教学这些方面比较优秀，在其他的社会工作方面也很出色。

1976 年地震的时候，学校很多平房都塌了，有一个大院在钱粮胡同，里面住了 100 多户人家，房子都挺高大的，墙都 2 米多高，院里把修房任务分配给了四系。当时的施工条件很差，大院进不去车，所有的建筑材料都先卸在院外然后抬到院里施工的地方。我们苦干了 1 个多月，最后完成了任务。在全院的地震抗震表彰大会上，四系受到了表彰，因为四系工作量最大、技术最高，而且提前完成了任务。

之后我到“五七”干校去了，先去的河南驻马店，我是指导员。四系和六系合成了一个连，一共就两个连，一个连搞基建，一个连种地。我在驻马店待了 1 年，之后干校搬到了北京大兴。

二

1978 年，咱们工业学院来了新班子，以苏谦益①为首。苏谦益是原来华北局的党委副书记，是位老同志。他们来了以后找干部摸底，找我谈话的是黄主任。我和他说，我在四系待了 17 年了，想搞点别的工作。咱们学校最需要改革的地方是器材处，我也比较了解他们的工作，让我到器材处去吧。他同意了。

当时学校器材处的问题就是包揽一切，钱全管，物全管，系里一点权力也没有。系里要买仪器，可能就是 20 元钱的东西，也得写报告，系主任签字，再送器材处计划科，由科长再批。这样的流程很不合理。我们深受其扰，所以我就想到器材处去改变这种工作模式。

我调到器材处以后正赶上开院党代表大会，各系处都要表态，计划怎么改革，我就把我的想法挨个讲了讲。我说要把像衙门一样的器材处改成像门市一样的服务部，领东西不用到办公室去领，因为仪器不在办

---

① 苏谦益（1913—2007）：1932 年加入中国共产党。中华人民共和国成立后，历任内蒙古自治区党委副书记、内蒙古自治区人民政府副主席兼任内蒙古军区副政委。1952 年任包头市委第一书记。1978 年任北京工业学院党委书记兼院长，1983 年离任至中共中央整党工作委员会任江西巡视组、东北巡视组组长。第一、二、三届全国人大代表，第六、七届全国政协常委。

公室，而是在库房里，应该在库房里开个门市部，领东西就直接在库房里找。另外一个，钱必须下放，给每个系一定数量的钱，发一个本记账，拿这个本可以到财务处报销。我提出的这几个建议后来都实施了。

在器材处工作不久，我有了一个工作调动的机会，我爱人认识北京结核病医院的党委书记，这个书记要调走，问我愿不愿意去当书记，我说我愿意去。那位书记就向市卫生局汇报了，卫生局也同意了。卫生局管人事的这个人姓王，和咱们苏谦益书记认识，在华北局的时候他们在一起工作过，他就打电话给苏书记，说我这里缺干部，要调你们学校崔仁海，能不能调？苏书记一听就火了，他说你怎么来挖我的人呢？你困难要干部，别人我可以给你，但是崔仁海不能给你，你不要再跟他接触了。之后苏谦益找我谈话，他说你去也不合适，业务不对口，你不能走。他亲自跟我谈，不让我走。工作没调成对我的情绪还是有一定的影响，正好院里成立了一个书法研究室，那个研究室室长是院长的秘书，我们也很熟，他就鼓励我参加书法研究室，工作之余我就练习书法，还学习开摩托车和铲车。

1982 年学校领导又换了新班子，七机部撤销了，安排了一个七机部的副部长来学校当党委书记。

那时候咱们学校要解决知青问题，知青回城没工作，学校决定成立劳动服务公司。新的领导班子找我谈话，让我当劳动服务公司的经理，我当时就谢绝了，我说我这人脾气不好，不可能做好 300 多个知青的工作。领导连着找我谈了三次，他说："我们做过调查研究，找很多人谈了话，大家都说你合适，你必须服从组织决定，服从党的安排。"我就这样去了劳动服务公司。

当时院里给了 20 万元，作为劳动服务公司安排知青的费用。这个工作确实困难，为这些知青找到工作是很伤脑筋的事，而且有一些残疾人没法安排，我就自己想办法。我在器材处工作的时候，院里头有一个维修站搞仪器维修，其中有个教授叫王浩，我把王浩调过来办了个小厂，这个小厂主要生产变压器，安置了十几个残疾人。

咱们学校的劳动服务公司很丰富，有贸易公司、建筑公司、月季花公司、君子兰公司。建筑公司里有个修缮队，专门接学校的零修活。学校基建处的副处长是管修缮的，我们俩是一块儿转业的，我说你给我点零活，他很支持，这样修缮队又能安排了十几个知青。

安排知青比较多的是月季花公司。院工厂有一个工程师叫陈于化，他特别喜爱月季花，想办月季花公司，但是搞了好几次都没搞成。劳动服务公司成立以后他经常来找我，做我的工作。这人能力很强，他不光是自己来说服我，他还找来一些名人，比方说他找冰心，当时冰心正在住院，让我到医院去见她，她说月季花怎么好怎么美，你一定要支持。他还找了一个小说家，姓沈，让我到他家去，沈作家也劝了我半天。我想了想，办吧。

这个事还牵扯到张爱萍①，我们找张爱萍题写的公司招牌“北方月季花公司”。去北京工商局注册的时候，他们不给注册，说北方大了，你这北方是哪个北方，你得有具体地点，比如说北京月季花公司。我们去办事的人就把张爱萍写的招牌拿出来了，说这不是我们自己起的，是张爱萍给起的名字。工商局的人说研究研究吧，之后批准了。办这个公司也很困难，种月季花要地啊，没地没法种。当时选中了咱们学校的禁区，就是现在国防科技园那块地方，里边有五系的雷达站，还有八系的炸药库，看中的就是五系雷达站的一片空地。那时候谢簃是院长，我向谢簃汇报，谢簃就去找五系的主任张德齐教授，张教授不同意。我在五系待过 1 年，当过副书记，认识张教授，系副主任叫戚叔纬，他们俩都是坚决反对。后来我自己去找他们，我把成立月季花公司的来龙去脉跟他们好好讲了讲，还有安排知青多么困难，最后他们勉强同意了。

月季花公司成立以后，部里知道我们没钱没人力没物力，副部长就找我们谈了谈，说可以和部里搞合营，那我当然愿意了。五机部有个农场，我们和农场合营，农场有 200 多亩地，拨出 20 亩地种花。我们一起成立了董事会，董事长由农场场长来担任，我当副董事长，月季花公司的经理由学校的人担任，副经理由部里的人担任。部里出了人出了车，还从美国花 80 多万元买了一个现代化大棚，月季花就搞起来了，而且搞得很大，北京市大的饭店，包括人民大会堂的花都是我们去送。

我们还成立了一个贸易公司，叫北方燕京贸易公司，“京”代表我们

---

① 张爱萍（1910—2003）：出生于四川达县，中共党员，历任中央军委委员、国防科委主任、副总参谋长，国家科委第一副主任、党组副书记并兼任中央专委办公室主任、中央军委科技装备委员会主任、国务院副总理、国务委员兼国防部部长、中央顾问委员会常委。中共第八届中央候补委员，第十一、十二届中央委员，中共中央顾问委员会常务委员，第五届全国人民代表大会常务委员会委员，第一、二、三届国防委员会委员。

学校，“燕”代表燕京贸易总公司。这个公司的总经理我比较熟悉，他也是五机部的民用公司北方贸易公司的总经理，以前我在四系的时候帮过他一个忙。那时候他想在北京办一个光学杂志，找了很多人，没有人愿意跟他合作，找到我这儿，我们跟他一起办了，这个杂志叫《光学技术》。我们想办贸易公司，但是没有钱，我就想到了他，我们跟他合作成立了北方燕京贸易公司。他的公司主要卖五金，公司很大，在全国都有分公司，他保证一年最少给这个合营公司30万元，我们提供20多个人、100多平方米的房子。这房子都是我们自己盖的，花了20万元盖的板房，学校东南角那一片全是。我还办了打印部，办了一个光学加工厂。第一年没跟他合营的时候就有20万元的利润，就靠我们自己。跟他合营后一年就有50多万元利润了，把所有的待业青年都安排了。

另外咱们学校有个特殊性，知识分子占多数，知识分子的子女都不愿意打工，不愿意做买卖，也不愿意干修缮出力的活，那这些待业的孩子怎么办呢？院里几个教师商量办一个大专班，还得争取让部里承认这个学历。后来部里也给了一部分钱，办了一个50多人的大专班，除了学校的子弟，部里也有10多个孩子参加。

另外我还做了一件事是办了个小托儿所。当时很多教师的小孩上不了学校的幼儿园，因为接纳不了那么多小孩。谢簃来找我，说能不能办个小托儿所，我说你给我准备房子，我来找人。我把过去从幼儿园退休的老园长还有老师们都找来，和她们一商量，她们愿意干。我们就办了一个小托儿所，收了30多个孩子。

1983年五机部劳动系统开会，评了两个先进单位，其中有咱们学校的劳动服务公司，部里给发了一面锦旗。

之前我在器材处工作的时候搞了一年清仓，那是全国性的高校资产清查的清仓，要求数据翔实，不能用的不值钱的仪器设备都不能算，要你学校实实在在的家底，到底有多少钱。咱们学校清得比较彻底，上级给发了一面锦旗。

我在工作期间给学校赢得了两面锦旗，锦旗可能在咱们校史馆或者在档案馆。

我是1926年生人，1986年离休了。我这一辈子除了在部队工作以外，在咱们北京工业学院和后来的北京理工大学算是做了点事。

崔占忠——抓人才培养，促学科发展

人物简介：

崔占忠，1945 年 11 月出生，吉林省榆树市人。北京理工大学教授，博士生导师。

1965 年考入北京工业学院，1970 年本科毕业后留校任教，1985 年 10 月—1987 年 1 月在日本东京农工大学研究生院数理情报工学科研修。历任工程力学系（八系）85 教研室主任、系主任，机电工程学院院长，北京理工大学校长助理兼科技处处长等职务；是北京理工大学兵器科学与技术一级学科带头人，武器系统与运用工程国家重点学科首席教授；曾兼任宇航力学会特装委员会副主任委员、兵工学会引信分会委员、校学位评定委员会副主席、总装引信技术专业组副组长、《探测与控制》学报编委会主任委员、引信动态特性国防科技重点实验室学术委员会主任委员等职。

曾获得国家级、省部级科技奖励多项，其中，国家技术发明奖三等奖 1 项，省部级科技进步奖一等奖 1 项、二等奖 3 项、三等奖 3 项，光华科技基金三等奖 1 项。编著《近炸引信原理》教材获北京市精品教材。曾获北京市先进工作者、国家有突出贡献中青年专家等荣誉称号。

访谈时间：2019 年 9 月 2 日

访谈地点：北京理工大学图书馆

采访人：张钧

摄像：聂明明

访谈提要

崔占忠老师讲述了他从北京工业学院毕业留校后的经历，他在刻苦自学的同时，一边搞科研，一边任教，还参与了为工农兵学员编写专业教材的工作。1985 年崔占忠老师作为访问学者到日本研修，回国后他投身科研，获得国家发明奖三等奖。担任教研室主任、系主任和机电工程学院院长等行政职务后，他把工作重点放到树立良好风气、吸引并留住人才等方面，取得了切实成效。作为博士点首席教授和学科带头人，他亲力亲为，为学科发展做出了贡献。

一

我是吉林榆树人，父母都是农民。1962 年，我初中毕业时正赶上困难时期，我们县的高中只招 6 个班，县城最好的榆树县①第一中学招 4 个班，我考取的第五中学招两个班。当时县第十中学 189 名考生，一个人都没考上，我念书的第六中学 127 名考生，只考取了 11 人。那时报考不填志愿，按照家庭住址的远近分配。我是学校团总支组织委员兼班团支部书记，学习比较好，除了语文，剩下的课程都是第一。高中毕业时，教导主任动员我填报北京工业学院，农村的孩子不懂这些，觉得能来北京就好。当时让考生每个学校报三个专业，我填报的是原来的老一系，现在的飞行器工程系。原来的老七系，现在是航空自动控制系；老八系，

① 榆树县：今为榆树市。

当时叫特种装备与控制系。除了系的名称，自己并不知道具体内涵是什么。

二

我 1965 年考入北京工业学院，这是我第一次来北京，之前我去过最大的城市只有德惠市，是我代表榆树县中学参加长春地区中学生田径运动会时去的。我来北京时，头天下午 2 点多钟从县城出发，在长春换车，到终点站天津是第二天晚上 7 点多。我和北大的一位同学在车站广场待了一宿，次日早上 7 点多钟从天津坐火车才到了北京站。

我对学校的第一印象很好，学校有车把我们接到学校露天剧场的迎新站，高年级的学生把各系的新生领到宿舍。每个宿舍 6 个人，3 张上下铺，自己选铺位。然后到东操场认领自己的行李，同学帮着拿到宿舍。我们在三号宿舍楼的三层，我在学校喝的第一口水是自来水，那时伙食很好，感觉每天都像过年。

当年学校招生 1400 多人，因为我们属于国防院校，政治上要求很严格，好像只有 7 个人出身富农，剩下的全是贫下中农、职员、革命干部等家庭出身。

我第一个填报的志愿是原来的老一系，航空工程系，那时一系在北京工业学院号称超级大系，属于国家的尖端。我们这届全系 3 个专业，11 专业 22 人，13 专业 22 人，16 专业是 161、162 两个班，每班 20 多人，全系好像一共 89 人。我分到 11 专业，固体火箭发动机专业。给我们新生介绍情况时，名字不介绍，只说代号 11 专业，当时属于绝密专业，国内只有这一个。

我们一系新生里有 2 人是预备党员，当年 12 月发展了第一批 11 个党员，我在中学时是入党积极分子，到大学几个月后就入了党。

我们入学时采用的是单元教学法，比如高等数学，老师只发一两次课用的资料，自己到图书馆去借参考书，从早晨到教室一直到晚上睡觉，只学一门课程。我感觉这个方法挺不错，老师用半个小时左右把这一天要学的内容简单介绍一下，上午剩下的 1 个小时左右，直到午饭时间，都是学生自己看书，然后 4 个人一组进行小组讨论。午休后，下午接着上大约 2 个小时的课，结合上午的讨论，哪里不明白，每个小组派一个代表提问题，老师再给讲大约一节课，剩下的时间一直到晚上都是学生自学、做作业，一天下来保证把这次学习的内容彻底学完。

制图也是采用这种方式学习，从早晨到晚上睡觉前全学制图，到最后要画出一张图来。英语是一次两大节课连着上。普通物理、机械制图、高等数学、英语课基本都是这种方式，我感觉比满堂灌要好得多。政治课与现在的差别更大，不是讲基本理论，主要是根据时事和一些资料，大家学习讨论。我记得结课时，我还代表整个年级的学生发言，那种学习方法也挺不错。

入学的第一年，我们只学习了基础课，机械制图差一张总图没画完，高等数学差两章没学完，英语为以后的自学打下了一点基础，因为只有我们一系学英语，其他系都是学俄语。

主管教学的副院长尚英①级别很高，好像是八级干部，他经常到学生班级里去。那时不管是教哪门课的老师，自习时间都在教室里。每个班都有班主任和辅导员，还有年级主任。班主任是专业教研室的老师，做的学生工作不是特别多，年级主任偏重于业务，辅导员什么都要管，跟学生一样住在学生宿舍楼，两个辅导员住一个房间，学生有什么事情，找辅导员很方便，我们的辅导员是我们入学那年毕业留学校的。那套管理和上课的方法，我感觉很值得学习借鉴。

按正常学制，我们应该学习 5 年，到 1970 年毕业，但因为“文化大革命”中断了学习，好好读书的时间只有 1 年，中间“复课闹革命”也不到 2 个月。大串联时，1967 年我在太原 743 厂过的春节，跟车工工人一块干活，师傅在旁边指导，我除了磨刀，其他基本都会，自己能加工，对后来的工作还挺有帮助。1968 年 4 月之后我回了老家，国庆节之后才回学校，返校后也没课上，每天政治学习。1969 年下半年，我们去首钢劳动，每组两三个师傅带两三个学生，我是钣金工，干了 5 个月左右。

三

1970 年毕业分配，我们班 22 个同学，主要分配到部队和工厂，政审

---

① 尚英（1914—1973）：男，原名尚吉祥，河南省淅川县人。1936 年加入中国共产党，1937 年参加党领导的抗日游击队。曾任晋察冀军区运输部第二政委，华北军区后勤运输部副政委兼政治部主任，中国人民解放军 110 师政委等职。1953 年转业后任二机部供应司司长。1954 年调入北京工业学院，历任党委第三书记、副书记、副院长，先后分管学校的后勤总务工作和教学工作。

不合格的分到省里，省里再分配到工厂的人比较多。

我留校后分到一系11专业，一系、八系合并为一大队。1965年国防科委批准咱们学校成立无线电引信专业，把触发引信的一些学生转为无线电引信专业。1972年年初，无线电引信教研室成立，原来821教研室里无线电近炸引信的人来到这个教研室，他们一共只有11个人，需要扩充队伍，从五系调过来了几位老师，之后又逐渐扩大，其中的施聚生①老师是当时中国近炸引信的顶尖人物。我们刚毕业的两个人被分到了这里，成为引信专业教研室的第一批人。一系和八系分开后，我从一系到了八系。无线电引信教研室主要分两大块，一块是触发引信，一块是近炸引信，老师也分成两大拨，分别有各自的课程小组。那时学校科研很少，绝大多数老师都没有科研任务，主要精力都放在教学上面。

1972年，第一批工农兵学员进来，他们的水平参差不齐，给他们讲课的内容要相对简单，但需要重新编写教材。那时基础课都归学校基础部管，无线电基础课归五系，化学归六系，我们专业1976年以前没招生，只有1976年这一批工农兵学员，因为没人教基础课，所以基础课都是我们教研室老师自己教。我那时负责辅导学生，我们1965年入学的这一批学生没有系统地学习，毕业后当老师，得自己从头学起。数学教研室的刘健飞老师在咱们学校教数学非常有名，他的数学课我一直跟着听，无线电方面的课程，我跟着五系的学生一起听，同时自己还要全天候地看书，5年的东西没学，还要当老师给学生做辅导，付出的辛苦可想而知。

我们和南理工②合编了设计和测试两本教材，编写组分为设计和测试组，每个组每个学校出两位老师，我参与了《无线电引信测试技术》专业教材的编写，那时到全国相关单位走一圈，就能搜集到编写教材所需要的材料。

---

① 施聚生（1933—　）：广东省汕尾市人。1955年于大连工学院（今为大连理工大学）机械系毕业后分配到北京工业学院任教，教授，博士生导师。长期从事引信技术专业和教学科研工作，代表作有《非触发引信设计原理》《自差收发原理》。作为课题负责人承担国家多项科研课题，获多项国家级、省部级科技奖项。

② 指南京理工大学。1970年1月—1984年9月校名为华东工业学院，上级单位是兵器工业部。前身是1953年建立的哈尔滨军事工程学院（哈军工）炮兵工程系，1993年4月更名为南京理工大学。

我正式讲课是 1978 年，给参加正式高考入学的那批学生讲脉冲电路，因为准备充分，虽然是第一次讲课，但效果非常好。我讲课一直反对照本宣科，我认为那不叫讲课叫念课。哪些东西学生可能理解不了或者容易造成理解偏差，通过讲课让学生不出偏差，加深理解，这才叫讲课。后来我跟八系的老师开讨论会时说过，不管采用什么手段，讲课最终的目的是让学生理解，重点内容一下就是一黑板亮出来，不给学生思考的时间，怎么能让学生的思路跟着教师走？每年北京市都有一些教学比赛，我当过几次咱们学校比赛的评委，我感觉现在的教学，至少是功夫下得还不够。

四

1978 年开始逐渐有了科研任务。当时领取科研需要使用的耗材是到现在东操场南边新修的那几座楼的位置，原来是一个大平房的器材库。学校同意立项后，需要什么就去领什么，也没有开题、结题等过程，1980 年前后大概是这个模式。

我当时参与过两个科研项目，一个是高频基本理论，用 S 参数设计振荡器、放大器，在当时比较新，国内还没有人做过。再就是搞一套测试设备，用同轴线测无线电引信的绝对灵敏度。高频基本理论实际上是充实了理论基础，同轴线测试的方式后来有别的工厂在用。

1985 年 10 月，我作为访问学者去日本研修，当时咱们学校归属兵器工业部，各校每年派教师去国外进修。首先要脱产学半年或 1 年英语，然后参加国家的 EPT 考试，通过考试后分配出国名额。我当时填的志愿是搞机器人控制。东京农工大学有一位教授搞机器人很有名，我去时这位教授退休了，我就跟着接替他的教授做机器人控制。在日本学习，我感觉这套技术在我们探测和控制专业很有用，而且开阔了眼界，只是时间稍短，我一共在日本待了 1 年零 3 个月。那时规定一人 1 年，我们公费留学生每月给 8 万日元，如果延期得有资助。我的教授同意资助我，国家给多少钱，他资助多少，但我还是决定按期回来。我们这段时间出去的人基本都回来了。

1987 年 1 月，我回国后没去搞机器人，虽然当时学校有机器人中心，但我想继续搞原来的专业。之后搞了几年科研，获得了国家发明奖三等奖，咱们学校“八五”期间一共获得 3 项国家奖，八系有 2 项，其中就

有我的项目。

那时国家发明奖分为一、二、三、四等，科技进步奖分为特、一、二、三这四个级别，科技进步奖的二等奖相当于国家发明奖的三等奖。八系的科研项目多，成果也多。那时评奖把材料交上去，之后进行现场答辩。我感觉现在评奖，科学技术水平以外的因素较多。

我的科研项目是微波和电容的复合探测器，因为不管是孤立的还是几个物体之间必定有电容，比如导弹在接近目标的过程中，电容会不断变化，把变化检测出来，就可以确定距离。微波引信靠发射无线电波，利用对反射的信号处理、判定是不是有目标，离目标有多远。我把微波探测和电容探测复合在一起，就是两个探测器的复合探测。我想把这两者融合，电容探测器不需要再设振荡源，利用微波振荡器的偏压，搞一个偏压信号，同时又做电容探测的振荡源，之前从来没有人做过。把它用在反坦克导弹的引信上，比如反坦克导弹平飞，离地面 1.5 或 1.6 米高，如果只用电容，反坦克导弹飞行时，假如地面起伏不平，遇到一个斜坡、一个坑，导弹误以为是坦克就会误启动。加上微波跟它复合放在一块，就能够把这些识别出来，避免误动作。现在要有经济效益方面的考虑，那时只要在理论上、技术上比较新就好，所以这个项目被评为国家发明三等奖，为学校争得了荣誉。

这个发明到现在并没有应用到反坦克导弹上，一项技术从发明到实际应用有很多制约因素，尤其是非技术因素，实际应用并不容易。我们教研室另一位老师获得了科技进步二等奖，到现在为止，我们教研室这些年只获得了这 2 项国家级奖项。

五

我 1987 年进修回来，1988 年担任教研室主任，做了 8 年。我特别看重单位的文化建设。过去由主任、副主任、书记组成教研室这个最基层单位的领导班子，这些人团结，这个单位就肯定能搞好。所有的事情都由教研室领导班子安排，包括谁上什么课，跑回来的科研项目，都是教研室统一安排，这样才能形成拳头。现在系的运转模式，有带头人、系主任、党支部书记，怎么协调好这些关系，哪种运行模式更好一些，我觉得值得研究。

做教研室主任这些年比较辛苦，因为这个专业本科招生历来是个难题。之前我们专业的本科就已经不招生了，当时兵器部有文件，兵器专业要收缩，但收缩哪个专业没有明确说。收缩到我们专业，我感觉很大的原因是基础课的授课教师不好解决。我任教研室主任之后，开始跑恢复专业招生的事，因为一个教研室如果不招本科生，这个教研室的生命力就堪忧。后来我们恢复了本科招生，教研室的风气也得到改变，整个团队有了更多向上的劲头，我在这些方面做了一些工作。

开始时教研室人手总是不够，那时年轻人出国后不回来，所占的比例相当大。我当主任的时候提出要用感情留人、事业留人、待遇留人。十几年后，兵器工业总公司总经理还把我当年的这种做法当作人事经验在介绍。

我们的做法，首先要让年轻人有任务。那时不能只有教学，科研也得跟上，因为有了科研才能增加收入，才能有成果，有了成果才好提职称。现在还存在这种情况，纯粹教学的老师，提职称有困难，即便学校在教学方面有补贴，收入也不如既做教学又有科研的人。我那时尽量把年轻人安排好，让老教师带着年轻人参与科研项目。从开始教研室没什么科研项目，到后来教研室 20 多人，人人都有至少两个项目，每个人既有负责的项目，又作为成员参加别的项目。当时我的安排是型号做完了，回头再去做基础，预研差不多了，就去做型号，要想办法把预研变成型号，滚动式地做科研。一个课题组的奖金统一分配，不能做型号的人奖金多、做基础研究的奖金少。奖金由组长决定，谁的贡献多一些，奖金就多一些，但那时奖金的差别并不是很大。

八系当时比别的系好在国防科委在军工方面按照专业成立了专业组，第一轮 19 个专业组，引信排到第五。有了这个专业组，军方可以通过专业组做近期、远期规划，这个五年计划做些什么，下个五年计划做些什么，有计划地安排布点，因此项目来源有保障。八系在这方面有些优势，火工品、引信、战斗部都可以得到保证。别的系当时可能就困难一些，没有可靠保证，就得靠自己去找项目。从 1975 年开始，一个接一个的五年计划，总是有项目，老师有了基础研究题目，有了经费，可以写论文、申报奖项、评职称等，形成良性发展。

总体上我们教研室的老师都偏老实，我也不善于交往，但那时逼得没办法，只好去跟外面加强联系，不能再闷头在家里干活。因为系里基础比较好，那时候评 A，八系年年得第一。

当时系主任先由全系推荐，虽然推荐会我没参加，但我得票数最多，我其实更愿意搞业务，焦文俊书记给我做工作，这样我 1996 年开始担任系主任，做了一年半，后来院长做了一年半，加起来一共 3 年。

当系主任这段时间，我主要做了几件事：一是加大对本科生的培养，比如高等数学都是大课，上完课老师就走人，学生找不到人辅导，我们就去找硕士生和博士生。让他们自愿报名，系里给补贴，由博士和硕士给学生辅导高等数学，一个人负责 8 个学生，他们很尽责。这件事我印象挺深刻。

二是建博士点。八系有学校最早、最多的博士点，如果谁报的归谁，八系的博士点早已超过 10 个，我们有 5 个博士点时，有的系还一个都没有。因为八系的产品特性，成果很丰富，博士点容易通过。我记得测试计量技术与仪器，是我们报的，批下来之后给四系去办的博士点。模式识别与智能系统也是我们报的，批回来之后给了二系。

我们那时想方设法申请博士点，有了博士点，老师可以当博导，博导 65 岁退休，不是博导的老师 60 岁退休。有了博导，就有了科研的力量，八系早些年科研发展得好，主要得益于这些博士点。

三是重视学科建设。八系历届的领导班子都把学科建设放在第一位，其中最重要的是人才，所以我们想办法引进人才，黄强①就是那时引进来的。当时我给匡校长写了保证书，一年八系给黄强投多少科研经费。因此八系的队伍一代接着一代，一直没断过线。再加上我们一直坚持学科点的建设，这得益于国家的条件建设，战斗部、引信、火炸药一直是兵器部非常重视的三个专业，国家经常给额外建设费，我们已经得到两次条件建设经费，第一次是十五六年前，那时候的 6800 万元非常可观。这次是 7200 万元，我们在西山建了一个 20 米长、16 米宽、16 米高的电波暗室，发挥了很大的作用。我们承接兵器部和国家的项目有很多，过去八系的科研项目数量和经费在学校肯定排在前三位。

四是完成了一系和八系合并。1998 年 5 月前，王校长和焦书记②到

① 黄强：男，1965 年 7 月出生，博士，教授，博士生导师，所在学科机械工程，主要研究方向为机器人。2000 年受聘“长江学者奖励计划”特聘教授，2010 年获得国家杰出青年科学基金资助，2013 年入选“国家高层次人才特支计划”首批国家科技创新领军人才。

② 王校长和焦书记：指当时的北京理工大学校长王越和党委书记焦文俊。

我办公室跟我聊了一次，准备把一系和八系合并成立学院。学校把一系和八系合并，主要是从武器系统的角度，原来发射、制导、导弹总体、发动机在一系，八系是战斗部、装药、引信、火工品这一套。合并后，从发射、制导、发动机、战斗部、装药、引信、火工品，正好配齐一套。这两个系原来都是超级大系，一个教研室30多位老师，业务上都非常能干。我感觉当时一系受到大环境的影响，发展有些滞后。

“文化大革命”后，教学、科研秩序恢复了正常，原来咱们学校和北航都归国防科委管，后来咱们归了兵器部，北航归到三机部，哈工大归属国防科委。原来一系搞的科研，哈工大都没有，他们想把一系挪过去，学校和老师都不同意，就没过去。系里没有科研任务，我印象中这些老师闲了五六年，造成比我年纪大上十五六岁，甚至20岁的老师，没提上教授和副教授的，一系最多。

5月在2号楼西头一层的教室开会，宣布调整班子，杨树兴①任书记，我任院长，每个系出4人，一共8人组成学院领导班子。我担任院长的时间比较短，只有一年半，感觉自己做的事情不多。八系的基础一直比较好，我是从老一系出来的，对一系很有感情，也很了解，觉得一系有好多东西需要改变，我的目标是尽量把一系搞起来。两个系合并后，我带着几位院领导到一系的教研室去座谈，了解教研室未来的发展设想。

一系、八系合之前，没有特别征求大家的意见，我感觉八系无所谓，一系多少有点不愿意。合并后，开始打算把教研室减少一些，以系的模式操作，比如把两个引信教研室合成一个系，把一系12专业和14专业两个偏控制的专业合在一起，具体操作时我就不在学院了。当时合并是希望按照学院的方式运作，为全校其他的系摸摸路子，还可以把一系带动起来。最后教研室取消变成了系，系都成为学院，全国现在都是这样。其实叫系还是教研室不重要，重要的是要能履行职责。过去系领导直接给教研室布置任务，现在这种模式，学院领导不太容易把工作直接布置到教师的层面。

① 杨树兴（1962— ）：河北省唐山市人。中国工程院院士，西安现代控制技术研究所总工程师，教授，博士生导师。1980年考入北京工业学院，先后获得学士、硕士、博士学位。1991年博士毕业后留校任教，曾任北京理工大学副校长、机电工程学院分党委书记，曾入选教育部“跨世纪人才计划”“新世纪百千万人才工程”。

六

1999年年底，学校中层干部换届，让我去科技处，我不太愿意，书记说你是党员，我无话可说，只能过去。

之后学院又运行了六七年，整个风气变好了，科研项目也增多了。后来分家时，我感觉至少从一系老师的角度，他们不愿意分开。这点上我也有不同意见，当时我是学校的学位评定委员会副主席、兵器科学与技术一级学科的学科带头人，我组织全学院的教授、副教授、讲师等征求意见，70%以上的老师都不同意分开。分开之后，一系的发动机、制导、导弹总体和发射与同行比起来显得没什么优势了。一系、八系的合并，我觉得很成功而且很有必要，但是二、四、五、九系合在一块，值得商榷。

我担任科技处处长后，召开了一次学校的科技大会，这个会四五年要召开一次，对学校近5年的科技工作进行总结，安排下个5年的计划，同时对一些科技成果进行表彰，修改一些科技文件等。这次大会，我们对全部科技管理文件进行了修订。一个比较大的事情是把过去科研经费里奖金的说法改为加班费、劳务费。按规定科技经费的管理文件应该由财务处制定和执行，但是咱们学校的惯例是由科技处起草，经财务处同意后，由科技处直接操办。原来科技经费里有14%的奖金，奖金的提法实际上违规，所以每次审计时都被罚款，因为科研经费里不许有奖金，但加班费和劳务费可以有。

七

我刚毕业时是助教，过了1年，1973年秋天转正为讲师，转正前工资46元，转正后是56元。1993年评为副教授，1997年评为教授。原来我只带硕士生，1998年开始带博士生，一共带了三十几个硕士、三十几个博士，也算是桃李满天下。这些学生里，有部队的“三八红旗手”，有些人在公司、机关，大部分在学校或研究机构。

2001年、2002年，我是武器系统与运用首席教授，兵器科学与技术学科带头人，做到了2010年前后。做学科带头人，首先是整个兵器的学科规划，主要是博士、硕士的培养，有的还涉及本科生。评国家重点学科等一些事情，占用的时间多一些，因为包括像评估报告、论证报告等，我大体上是根据各个点的材料，汇总起来自己做。有的学科带头人，可能把这些事情交给别人去做了。

全国研究生院成立20周年时，国家曾经搞过一次优秀研究生院和优秀博士后流动站评选活动，温家宝和曾庆红①都出席了表彰会，和大家在人民大会堂里合影留念。咱们学校研究生院被评为优秀研究生院，兵器科学与技术被评为优秀博士后流动站，这也是我在当学科带头人的时候评上的。

① 曾庆红（1939— ）：江西吉安人，1958年考入北京工业学院自动控制系学习，1960年4月加入中国共产党。历任上海市委副书记、中央办公厅主任、十六届中央委员、中央政治局常委、中央书记处书记等职务。

董秀媛——当个好老师是我的夙愿

个人简介：

董秀媛，1940年12月16日出生，辽宁省沈阳市人。北京理工大学理学院数学系教授，硕士生导师。

1965年毕业于北京大学数学力学系，同年分配到北京工业学院数学教研室从事数学教学与科学研究工作。

曾参与多项科研项目，主要包括："高等学校工科《高等数学》试题库系统"，该项目于1993年获高等学校优秀成果国家级一等奖；1997年主持国防科工委下达的国防科研"共因故障分析方法研究"，该项目于1999年通过专家组鉴定，认为其技术水平国内领先。

参编教材5部，发表论文10余篇。任职期间讲授多门数学课程，包括研究生课程：随机过程、数理统计；本科生课程：概率论与数理统计、线性代数、高等数学、复变函数、积分变换等，教学效果多次得到专家和学生的好评。2000年获评北京理工大学首届“我爱我师”十佳优秀教师之一。曾被评为北京市“三育人”先进个人。

访谈时间：2019年11月22日

访谈地点：北京理工大学图书馆

采访人：郭晓明

摄像：吴哲

访谈提要

董秀媛，1965年大学毕业分配到北京工业学院工作。她讲述了1972年各工科专业与专业教师组成教改组后的教学情况以及给工农兵学员上课的经历。她1977年开始教授高等数学课，她讲述了正式讲课之前自己所做的准备和学习过程。她还介绍了自己参加过的两项重要科研项目的主要内容和自己所承担的工作。教学多年，董秀媛分享了自己对教学的心得体会，并对学校的发展建设提出了自己的建议和展望。

一

我1940年12月16日出生，籍贯是辽宁省沈阳市郊。我父亲在铁路上工作，流动性比较大。1948年北京解放时我随父亲来到北京，在北京铁路小学上学。五年级的时候又随父亲到了天津，在天津铁路小学上学。1953年我考入天津铁路职工子弟中学。1958年铁路部门成立了一所北京铁道师范学院，动员高中生报名参加，我报名了，入学后在数学班学习。1959年9月，铁道师范学院从各班挑人到北京大学学习，培养自己的师资。从我们数学班挑了四个人，包括我，到北大数学力学系学习，我们算是代培生。后来铁道师范学院解散了，因为我们几个各方面表现都不错，两个单位协商，把我们这四个人作为北大学生留下了。

我担任了数力系的宣传委员，1961年还被评为三好学生。留在北大的代培生并不多，很多都回原单位了。我一直在北大学习，直到1965年毕业。

毕业分配时要填志愿，我的第一志愿就是北京工业学院。一个是因为我本来就想当老师，另一个原因是我有一个同学考上了工业学院，他对我说这个学校很好。

1965 年 9 月 16 日我到北京工业学院报到，和我一起来的还有两个同学，周瑞珍和丁丽娟，她们俩学的是微分方程专业，是高教委招进来的。我学的是概率统计专业，是国防科委招进来的，所以一到学校我们就知道咱们学校是军工单位，有两个领导，一个是高教委，一个是国防科委。

刚到学校时我在数学教研组工作。那时候咱们学校有 1 到 5 号楼，还有老图书馆，这些楼中间是一片空地，有几间平房。再往西是个露天剧场，露天剧场西边是操场，操场北边是家属宿舍，南边是学生宿舍。学生宿舍很少，家属宿舍也就二十几个单元。再往西就是幸福村，全是平房。

我刚来学校三天就去山东参加“四清”了，一年以后才回来，回来就“文化大革命”了。教研组恢复工作大概是在 1969 年年底，刚恢复工作时没有教学任务，新老教师都去劳动锻炼，接受工农兵再教育。那时候我孩子还小，所以没去干校。1969 年开始，我在校水暖队劳动，原来咱们学校都是气暖，要改成水暖，我们就跟工人一块钻地沟，修暖气。1969 年年底到 1970 年，我转到院机械厂当铣工。那时候老师们都到各个不同的地方参加劳动，有到电子厂的，有挖防空洞的，还有当瓦工的。

1972 年我回到数学教研组，当时教研组的党支部书记是董全生，副书记是赵广琴，主任是王耕禄。1966 年以前数学教研组的老师大概有 43 人，后来陆续有新的大学毕业生分配进来，也有从外单位调来的，到 1972 年教研组有 72 位教师了，因为“文化大革命”中职称评定工作停止了，教授是极少的，只有 3 位，副教授也很少。1977 年恢复了职称评定工作，恢复以后先评老教师，1978 年有 1 位老教师被评为教授，6 位评为副教授，1987 年才评到年轻教师，我 1989 年评的副教授。

1972 年各工科专业开始招收工农兵学员，基础部被打散，数学教研组大多数教师被分到各个工科系与专业教师组成了小分队，也就是教改组。我被分到了七系（机械工程系），和我同去的有 4 位数学教师。那时候我们讲课很有压力，因为工农兵学员不仅学习程度参差不齐，而且他们是带着“上、管、改”[①] 的使命来学校上课的，教师是被改造的对象。

我这人比较直，学生学不会我比他还着急。有一次作业我出了10道题，有一个女同学全做错了。我也没点名，我在班里说：“你们来到这儿也不容易，应该有所提高、有所收获，所以学习上还是要努力的。”没想到学生却对我有意见。后来我一想，该怎么着就怎么着吧，做错题的同学，我该辅导就辅导，绝大部分同学还是可以跟上的。

1974年我跟学生一块下厂劳动，去的是北京第一机床厂。1975年年初我又到顺义管知青，跟他们同吃同住同劳动。我这个人干什么都很认真，我只要去了就全心地投入工作中，除了公休，没有因为私人原因回来过。知识青年对我也挺好的，我得到了他们的好评，顺义县[②]委也表扬了我。1976年春节后回到顺义，我一看，别的女教师都没来，就剩我一个人了。我问负责人，其他人怎么走了？他说人家都打困难报告了，你没打，所以你接着干吧。那时候邓小平提出来要学大寨，我们这些人就转成大寨工作队了，我又在那儿干了一年。

和学生同吃同住同劳动不仅拉近了与学生的关系，而且在与学生相处中可以很好地了解学生的情况，有针对性地进行教学，提高教学效果。例如刘宝光老师和学生下厂时在靶场观摩炮弹出口测速试验，学生看得一头雾水，提出很多问题，刘宝光老师只用了很短的时间给学生讲了基本的物理和数学知识，学生们便恍然大悟。那时候提倡一专多能，学校还让我去讲物理课，我说我大学一、二年级学的是普通物理，我讲不来。后来又让我去辅导，我辅导了一年多物理，我每道题都得做，把我累得够呛。

二

我是从顺义回来以后才开始教高等数学的，当时正式的大学生已经来了，原来的工农兵学员也已经上高等数学了。刚开始是老教师讲课，我辅导习题课，我辅导的是朱乃铎老师的习题课，每次上课前我都把习题课的内容一个字一个字地写下来，然后朱老师给我修改，帮我分析每

① 1972年年初，在极“左”路线影响下，提出了工农兵上大学、管大学、用毛泽东思想改造旧大学的口号。

② 顺义县：今为北京市顺义区。

堂课的讲课目的，还教我怎么讲。他改完我再修改，修改后我再请他提意见。朱老师特别认真，有时候这一个稿子要在我们俩之间往返三四次，这对我之后的教学工作有很大的帮助。

我们讲大课前要通过试讲，我的试讲也是朱老师帮我选择的章节，指导我应该怎么讲，我认真准备，还讲给家里人听。有一次我在七系3号教学楼里做准备，天黑了，别人不知道我在里面，还把我锁里头了。试讲通过之后我就开始独立讲课了，讲课任务倒是不多，但是辅导的任务多，一个人承担一个大班，自己讲自己辅导。有一年我们实行“一贯制”，就是从一年级到二年级是同一位老师把所有工科数学课讲完，包括高等数学、线性代数、积分变换、复变函数、概率统计等。我跟一个班2年，对那个班的印象特别深，许多学生后来考了研究生，有的还留校了。

我刚开始讲课时思想上也有压力，毕竟年轻，所以我一方面自己认真看参考书，认真备课，另外还经常去听系里的老先生讲课，像孙树本①先生、刘颖先生、刘绍祖先生、鲍伟先生等，他们讲课都很好。

孙树本老先生讲课很有特色，他会先把问题的结论给出来，然后启发引导学生给出证明，思维特别清晰，而且他讲课的声音又大又洪亮。

鲍伟先生原来是太原机械学院的老师，他还是山西省的模范教师。不夸张地说，他的板书就跟铅印的差不多，一个字一个字写得特别工整，而且很精练，是提前准备好的，不是临时想写什么就写什么。我特别欣赏他讲课，没有一句废话。

刘绍祖先生讲课的特点是特别细致，听他的课你就别打算按时下课，每次都拖堂，学生们都知道。中午12点下课，他至少得讲到12点15分，有时候12点20分才下课，但是学生们都耐心地听。他讲得特别细，分析得头头是道，他的缺点就是前言太长了，后边会拖堂，但是他后边的分析挺好的。

刘颖先生的课我也听过，有时候我还看他的讲稿，有一次他讲课前我看了他的讲稿，发现有道题他做错了，可是我还来不及跟他说就上课了。结果他讲着讲着自己发现错了，如果是我肯定就慌了。他不着急，

---

① 孙树本（1991—2002）：浙江绍兴人，中共党员，数学家，博士生导师。1935年毕业于北京大学数学系，曾执教北京大学、西南联大、中法大学。在任北京理工大学教授期间，建立了应用数学专业并设立了国内最早的应用数学博士点。

他说："你们想想这个思路，行不行？对不对？"他在讲台上走啊走啊，来回走了三趟，突然说"这个是错的"，应该怎么做怎么做。哎哟，我心里这才踏实了，这要是我，估计脑袋嗡一下子什么都想不起来了，更别说再想怎么做了，老先生的沉着我们真没法比。回来以后我就跟其他教师宣传，我说咱们年轻人真比不了。

这几位老先生讲课各有特点，我能从每个人身上学到一点，都加在我身上就多了，所以我讲课还是受学生欢迎的，一般反映都不错。另外，学生反映说我比较厉害，比较严格。比如上小班课的时候有人走神了或者做别的事，我就点名，有时候我停下来不讲了，走到他跟前我再接着说。我这人做事比较认真，从我开始讲课一直到我退休，都是自己批改作业，改完了我还会评分。如果我发现两个人互抄作业，那么两个人都不给分。满分是 10 分，如果学生做错了，比如得了 7 分或者 8 分，修改了再交回来，我还是给他满分。分数不好的同学我会把他们留下来，给他们再讲讲，还有的同学我会个别辅导。那时候多是小班上课，大班也就 100 多人。直到 1998 年到中心教学楼上课以后，大课有 200 多人了，我就有些顾不过来（个别辅导）了。

1977 年我们又离开各系回到数学教研组，虽然都回去了，可一些老师与原工科系的联系及协作还是有的。这个教改的尝试，从理论联系实际的方面看还是有重要意义的。后来编教材的时候，就是因为老师们下到各个系了解了一些情况，在教材里加进去了一些实例。另外，那个时候科研很少，后来到 80 年代、90 年代搞科研，有的项目也和原来与各系的结合有关。现在数学与统计学院比我们过去更发展了，学院下设几个系都有自己的专业，都以不同的形式与外单位联系，协作更广泛了，取得的成绩更大了。

三

1984 年应用数学系成立，那时叫 11 系，下面分别设有高等数学、代数、概率统计等 6 个教研室，我在概率统计教研室。我们教研室给全校的研究生和本科生讲概率统计方面的课程。我开始主要是给本科生讲概率与数理统计课，后来又给工科研究生讲随机过程课、数理统计课。如果本科生和研究生的课在同一学期，那么我每周讲课就有 10 个学时，任务就比较重了。

我们被分到各个教研室以后，教学任务就比较集中，教师本身的专业特长可以更好地发挥，也更利于工科数学的教学改革。教师们的科研水平不断提高，科研成果不断涌现，出版的数学学术著作也更多了。还有少数教师出国或到校外进修、交流，提高了专业素养。有一位老师从国外带回来一些高等数学的教材，我们看了以后认为这些教材侧重的是计算，不怎么讲原理，但是仍然开阔了我们的眼界，对教学、教改有一定的启发和借鉴。

那时候教研室的氛围挺好的，教研室有了更年轻的教师，我已经算是中年教师了。大家会一起讨论教材中各个部分的教学要求，哪一课应该怎么讲，有时候还会把某一课拿出来讲一讲，然后大家再讨论，这叫教学法活动。教学法活动一个月至少有一次，在业务上大家可以互相帮助。另外学校也给我们中年教师安排了任务，1997 年让我负责帮助两个年轻教师，他们上课我去听，我针对他这一堂课该怎么讲提出要求并一块讨论。这样年轻教师收获也大，进步也快。

我们那一代人，老师之间都互相关心，谁家里有困难或者有什么事，都是互相帮忙。比如刘健飞主任病了，肖木英老师病了，他们住院时我们都去医院轮流值班照顾他们。我已经退休多年，是我们数学学院退休人员的组长，我们搞什么活动，只要腿脚利索、能走得动的人都会来参加。如果谁生病了，我们也会去看望。

1985 年 2 月到 7 月，我到延安教育学院支教去了。延安教育学院跟咱们学校是对口院校，学校会派一些老师过去讲课，我去了一学期。回来以后承担了国家教委主持的一个项目，叫“工科高等数学试题库”。这个项目由 4 所学校共同承担，北理工、西安交大、华南理工、上海高等数学联络站。每个单位有一个总负责人，咱们学校的总负责人是王式安①老师。

咱们学校承担试题和软件两部分的工作，我是试题组的组长。教委建立试题库的目的是以此作为检查手段，根据学校的档次由题库自动生

① 王式安（1939— ）：上海人，1963 年于复旦大学毕业后，到北京工业学院任教，从事应用数学教学和科研工作。历任应用数学系系主任、教授，北京理工大学研究生院院长，是享受国务院特殊津贴的数学专家，是美国哥伦比亚大学、南佛罗里达大学、纽约大学等大学的客座教授。1987—2001 年担任全国研究生入学考试数学命题组组长，教育部考研数学命题组资深专家。

成试卷，再根据学生的考试成绩给该校评等级。从 1985 年年底一直到 1990 年，我一直在做这件事，都是业余时间做，还挺累的。因为一道题有一张卡，卡上面有难度等一些指标，出题人要签名，校对和确定的 2 位老师也要签名。也就是说选好一道题，至少要有 3 位老师签名通过。我们还要讨论将不好的试题删掉，题量挺大，有上万道题。最后还有总的审查，若发现某题有错，还要给出题单位扣分。这个试题库用了一段时间之后就不用了，因为机器出题总是不如人出题灵活，而且题库的题是按照一般水平出的，不如各学校根据自己的教学情况出题，那样更符合实际。

这个项目 1993 年被评为普通高等学校优秀教学成果国家一等奖，我也因此获得北京市高校优秀教学成果二等奖和北京理工大学科技进步一等奖。

1997 年我承担了国防科委下达的一个科研项目，叫“共因故障分析方法研究”。这个项目的经费是 10 万元，那时候 10 万元的科研经费在数学系来说就算是比较多的了。拿到这笔钱以后，学校给我们买了一台计算机，还给这台计算机做了一个木箱子，这样就可以锁起来，一般人不能用，只有我的研究生可以用。当时数学系在 1 号楼有一个小的计算机室，老师们没有自己的计算机，直到 2000 年数学系搬到中心教学楼以后才给每个教师配备了一台。

“共因故障分析方法研究”是关于核电站的，核电站串联、并联的零件比较多，共因故障研究就是用统计、概率的方法分析故障的原因。这个项目做了 2 年多时间，完成以后经专家评定，认为是国内先进水平。

四

教学这么多年，我自己的心得体会是要想讲好课，首先要认真备好课，要熟悉教材的内容，再根据教学大纲的要求认真写好教案，也就是讲稿。以前学校要求教师都要写教案，要写每堂课的教学内容、重点要求、教学目的、板书等，还会有专家抽查。其次，讲课要注重与学生交流，注意学生听课的反应，根据情况调整教案。我的教案不是一成不变的，每次备课都要修改。过去教师上课都是在黑板上写板书，直到 20 世纪 90 年代末才有了投影仪，先是将主要内容写在胶片上，后来是写在 A4 纸上，再投影在银幕上。21 世纪初有了 PPT，现在的老师讲课都用

PPT了，但是怎么用好很重要。我讲课也用PPT，但一些重要的内容我坚持用手写，因为这样有一个引导的过程，更有利于与学生交流。最后，我觉得老师不光要传授知识，还要育人，要管学生。2000年的时候，学校举办了第一届“我爱我师”的评选，由学生投票选出10位老师。我一开始没有报名，因为我觉得自己总念叨学生，他们应该不会选我。后来负责这事儿的人找到我，再三动员我报名，没办法，我就报了。参加评选的老师都备有录像，但是我报名晚了，什么准备都没有。当时现场有一次投票，网上还有一次投票。现场投票时，老师们的发言都挺长的，我就简单说了几句。我说：“我是1965年毕业来到咱们学校的，我全心投入教学中，对工作我是问心无愧的。我马上要退休了，如果大家选我，是对我毕生工作的肯定，如果不选我，我自己要做检查。”结果，不管是网上投票还是现场投票，我都在前两名。我挺高兴的，我觉得这是学生对我一生工作的肯定。我也没别的要求，能当个好老师正是我的夙愿，所以我也感谢我的学生！

原来的师生关系都挺好的，咱们学校原来的副校长是我的学生，“一贯制”的时候我教了他2年。有一次开座谈会碰到他，我没认出他，他说：“董老师，您还认识我吗？”我说有点印象，他说“我是您的学生”。后来每次开会，只要碰面，他都会跟我打招呼。还有几个留校的学生，在学校见到我就跟我说话。我体会到，学生心里还是知道哪些老师对他好的。尽管我经常批评他们，但是我从来不记仇，也不在背后打小报告，他们都知道我是为他们好。

咱们学校出来的学生，基础是不错的，工作上也比较踏实。跟其他工科学校比较起来，各单位对咱们学校学生的反映还是比较好的，招人也愿意招咱们学校的人。1975年的时候，刘宝光老师在西安一个厂曾对来厂的学生进行了一次高等数学的考试，咱们学校的学生全都及格了。另外一所西安高校的学生，只有2个及格，这还是改革开放以前呢。

现在咱们学校发展得太棒了！学校在建设方面和科研项目方面下了很大的功夫，也取得了很大的成绩，我们在全国高校的排名也比较靠前。我的体会是在教学这方面应当再加强，一方面要加强教学质量，另一方面要加强对年轻教师责任心的培养，教学方法也要相互交流。

我是2002年退休的，退休前一直在数学系，感觉学校教师队伍变化也很大。我们跟现在的老师没法比，我们那时候的老师基本上都是本科毕业，研究生很少很少，现在的教师中博士毕业的约占93%了。

总的来说，在北理工50多年，我贡献了自己的力量，北理工也给了我很多。我对现在的生活还是挺满意的，我一辈子的工作经历也都挺好的。感谢北理工，也希望我们的北理工继续发展，早日成为世界一流学校！

董兆钧——一颗红心献给党，此生无悔也无怨

人物简介：

董兆钧，1944年出生，山东乳山人，教授，享受国务院特殊津贴专家。

1969年于北京工业学院电子工程系毕业后留校任教，历任系团总支书记、党总支副书记、校工会主席、出版社社长、校办主任，珠海学院院长等职。曾兼任北京市教育工会副主席、北京市教育工会常委、中国高教出版协会副秘书长等职。

曾获“全国优秀工会工作者”“全国优秀教育工会工作者”“北京市模范工会主席”“珠海市优秀教育工作者”等荣誉称号，曾获兵器工业总公司思想政治工作一等奖、北京理工大学教学成果一等奖。

访谈时间：2019年9月24日（一访）

2022年3月6日（二访）

访谈地点：北京理工大学图书馆
采访人：张钧
摄像：聂明明

内容提要

董兆钧讲述了1964年考入北京工业学院无线电系后的求学经历。毕业留校后，他参与小860A雷达的研发和生产，组织编写工农兵学员的教材。担任五系团总支书记和党总支副书记期间，他抓建章立制，搞教学成果展、青年教师教学比赛，成立分房委员会，制定“分房条例”以解决教职工的住房问题，起到决定性作用。董兆钧一直致力于北京理工大学的教育建设和工会工作，帮助群众解决了许多实际问题。2004年他到珠海组织北京理工大学珠海学院的建立和招生工作，完善了学科专业建设和教学设施。

一

我出生于1944年，家在山东威海乳山县，现在叫乳山市。小说《苦菜花》《迎春花》的作者冯德英就跟我是一个县的，小说描述的情节就以我们的家乡为背景，那是老革命根据地，鲁迅艺术团曾在那一带宣传革命，而且在我们家住过。

我父亲、母亲早先参加地下党。父亲在村里当民兵连长。1947年，他去华东野战军当兵，先后参加了解放东村、泰安直至济南的战斗。在解放济南的战役中，我父亲光荣牺牲了，他的陵墓在济南烈士陵园。我母亲当时在村里当过妇女救国会主任，村里的干部都记得我妈妈他们召开支部会时，会让刚上小学的我负责会议记录，应该说我也很早就参加了共产党的活动。

1958年我考到了乳山新成立的六中。我很早就入了团，是团干部，高中也是班上的干部。那时候一边上学一边帮忙干农活，因为劳累得了胸膜炎，在条件十分艰苦的情况下做了手术。

高中毕业时，老师和校领导都建议我报考北京工业学院，说那是搞国防的保密学校。因为我喜欢无线电，所以当时就报考了无线电专业。

二

1964 年，我如愿考入了北京工业学院，刚入校时感觉学校很神秘，因为有解放军站岗，而且实验室和大门上也都没有牌子。主楼也很气派，据说是苏联援建的，学校就在现在的白颐路，齐白石的墓也在附近。我当时的教室在 2 号楼，现在改造成党委书记的办公室了。

入校后指导员看了我的档案，就指定我来做班长，后来在民主选举时大家还是选我继续做班长。班里有个学生穷得连褥子都没有，大家就凑钱或者撕下自己被褥的一点棉花给他拼凑了一床褥子。妈妈从农村信用社贷款 30 元钱供我读书，我一直没舍得用，为了学雷锋我把一等助学金让给他，自己领二等助学金，饭钱也是省了又省。当时我们这个系叫 51 专业，“5”是五系，就是无线电工程系，“1”就是第一专业，就是我们雷达专业。那 2 年的课程排得非常满，作业也非常重。我入学的时候，第一代军工专业的人才毛二可、周立伟都是老师了。

院长魏思文当时要把北京工业学院规划建成苏联的鲍曼技术学院，当时规划叫尖端武器专业，一系基本上就是导弹、火箭的发动机和弹体；二系是控制；三系是坦克；四系是光学，就是空中远程照相；五系雷达指挥、遥控遥测；六系是能源，TNT 炸药；八系是引信。常规武器比如说雷达，我们上学实习时以学习苏联的雷达为主，后来归到兵器工业部，就剩下了炮瞄雷达这一块，院校建设都随着国家的变化调整。当时北工的雷达通信专业应该是最强的，中国的第一个炮瞄雷达就是由北工周思勇他们设计，在南京制造的。

大学二年级时我自己要求入党，指导员就重点栽培我，让我成为我们这一拨人当中第一批入党的。这一路走来，应该说党的阳光照耀了我。我们一个年级 5 个班大概有 158 个人，就一个指导员，都是班上自立自治，要组织政治学习和一些行政事务，像生活委员要买饭票，到食堂帮厨，还有体育方面等五花八门的事都得自己管。当时我们都是一边努力学习，一边把这些事都做好，班级之间比赛。当时学校的党委书记张培琤也经常到我们班来看看，觉得我们做得还不错。

三

1969 年夏天，我们参加 850 轧钢厂的基建工程，我做钢筋工，专门绑钢筋的。建完后我们就去了首钢迁安，在迁安又建了几个大工程。1970 年，我们在首钢瓦工班垒了一个 180 多米长、24 米高的大的机车修理库。这个建完后是粗破，要把矿石爆破做成矿渣、粉末，然后再采矿。首钢会战是 7 个月零 5 天，是 1970 年 5 月结束的，所以首钢会战就叫 705。后来首钢建成 50 周年的时候，还邀请我们去参观。

1970 年 5 月，我们回到学校，恢复组织生活以后就开始做毕业分配的准备。我在 11 月去了山西 541 工程劳动锻炼，当时是 12 分指挥部，那个地方是坦克的一个分厂。我从事的主要工作是采购砖瓦等建材。后来随着工程建设的需要，也负责五金交电的采购。再后来，我又根据工程需要买了个压路机，压路机在侯马，往回运的话很困难，用板车拖车的话计划也得一两个月。541 工程一个在五机部的人，连夜从侯马把压路机开到了山西运城。有一次他把车开到路面底下去了，我修了一个坡，开足马力一口气把那个压路机从沟里开到了路面上。当时总指挥是张家口炮校的政委，在现场看了非常高兴，叫我以后就开这个压路机，别人不能动，所以那条路的整个压路工作就成了我的任务。

四

1971 年 5 月，我回到学校后就参加了小 860 雷达的研制，具体从事的主要是电源、供电系统和显示部分的研制。

1971 年以后，学校就准备招收工农兵学员，1972 年是第一届，因为要准备迎接工农兵学员进校，所以系里成立了教学筹备组。当时我们筹备组的组长是林茂教授，那时他还是个 7 级讲师，是厦大来的，在雷达界也是比较有名的老师了。林老师是组长，我当副组长。以前的教材面对的是高中生，工农兵学员都是从工人、农民和部队里头选拔来的，有的只有初中文化，有的甚至就是小学的文化水平。我们组织老师重新编写教案，再到工厂去讲给工人听，试试看我们的讲解能不能被接受。从准备教材开始，直到迎接工农兵学员进校。

那时候正好赶上北京市恢复团组织，团干部有年龄限制，只能从我们新留校的这拨人和过去在系里的一些老团干部里挑选。老团干部年龄都大了，最后让我来做系里的团总支书记。做教学科研我还很有兴趣，但对政治工作不怎么感兴趣，领导反复动员，最后对我说让我先做，等团组织健全之后再说。就这样，我就到五系当团总支书记了。当时，系

党总支叫“核心组”，团总支书记也是“核心组”的成员，从事的工作主要是管理青年。开始是管理从电子厂新招的50多个青年工人，后来工作重点还是青年学生。实际上，团总支书记就分管了学生整个的政治思想教育和行政管理。1974年恢复党组织，五系成立党总支，我又担任了党总支副书记，主要还是负责学生的政治思想工作。

那时学校里招的只是工农兵学员，五系当时在国内影响也大，所以五系的报考人数在全校也最多。我们51雷达专业是两个班，每届一百七八十人，当时在工业学院应该是最多的。到1983年，1979级分配结束后，1983级的新生各个班开始进行入学教育，班里干部组织健全之后开始上课了，这时候学校通知我到教育部和北京师范大学合办的“读书班”学习。“读书班”实际上就是后来的教育行政学院。

在这段时间内，我跟指导员主要是狠抓学风校风。工农兵学员入校后，总体来说学习是很努力的。但因为年龄段差别比较大，所以水平差异也比较大，甚至有的人连正负数都没学过。大学一上来就讲微分积分，数学从基础开始，微分积分就很难。怎样组织教师和学生一对一地学习，是我狠抓的一个重点；另外也要加强政治思想教育，要对学生关心爱护。1976年大地震，芝麻胡同我们老的职工宿舍房子都塌了，我就领着学生去抗震。因为我会砌砖，领着学生干活时就成了师傅，带着当瓦工，帮着修房子。

从1972级到1979级等八届，经我手分配的学生有3800多人吧，其中，1980届到1983届当时还在校学习没有分配，后来这些人当中也确实出了一批人才，有几个做了大学校长，有几个当了院士，还有六七个少将，很多人成为业务骨干。从1964年到1984年，我在五系学习、工作了20年。

五

在读书班学了半年，我回来的时候也快40岁了，学校让我再换岗位。大概半年后，学校工会要成立首届教职工代表大会。

1984年10月，学校就要筹备召开第一届职工代表大会，要成立工会第六次代表大会。学校党委要我去做工会常务副主席，12月26日我就到工会报到了。那年1月8日就召开了教代会工会筹备会，1月15日正式开始首届教代会。我报到后就扑在这个工作上，连元旦也没休息。

当时的党委书记田运比较重视工会工作，因此北工工会教代会是北京第四家，是比较早的。我刚到工会后，对工作应该说是一无所知，甚至工会章程都从没认真学习过，等于是从头开始学习工会章程，学习上级领导的讲话。1985 年 10 月，北京工业学院的工会通过了北京市的评比，1986 年 4 月被评为先进，到 1987 年 9 月成为北京市的模范工会，同年 10 月被评为全国的模范职工之家，当时应该说在全国高校里都是唯一的一家。

工会下设了几个工作委员会，比如说教学科研咨询工作委员会，要参加学校的教学科研队伍建设，要提建议、组织教研，等等。我在这里抓青年教师队伍建设，搞青年教师教学成果展。比如当时的教学成果展，就展示了青年教师的教学成果，陈至立①部长到学校来参观时给予了充分的肯定。这是我们理工大学的特色。教学成果的展览工会可以协调，教学副校长、科研的副校长、管队伍建设的副校长、人事副校长我都能把他们团结起来一块干，成果也比较明显。

我们学校很重视教学，通过首届青年教师教学基本功比赛涌现出了一大批先进模范。一些老教师精心培养年轻教师，形成了这样一个氛围。直到现在，这个对学校的影响还是很大的。我们的教学科研咨询工作委员会，委员都是德高望重的优秀教师，经常一起开会，还会搞几个活动，每年抓那么几项活动，都很有影响。

工会还有一个分房委员会，主要委员以教师为主体，其他包括实验员、职工等各方面代表。在 1985 年 12 月召开的一次特别代表大会，专门制定了北京工业学院《教职工代表大会分房条例》。这个“分房条例”就成了北京工业学院分房的依据，不同的时期再进行必要的修订，到后来也一直延续下来。“分房条例”的制定就是集思广益，充分听取各方面的意见，最后代表大会讨论通过，是具有权威性的。所以说制度的建设非常重要。一方面抓建章立制，一方面抓机构设置，凭制度来管事，工会的工作在学校的教师当中也比较被认可，领导也满意，还得到了上级的肯定。

我是北京市教育工会常委，后来就成为北京市教育工会的兼职副主

---

① 陈至立（1942— ）：福建仙游人，曾任第十一届全国人大常委会副委员长、党组成员，全国妇联主席。1998 年 3 月任教育部部长、党组书记。

席。工会一定要跟党走，是党的助手。在党的领导下，要积极去争取党委领导的支持。另外就是一定要围绕着中心工作，一定要了解老百姓的需求，要深入群众，密切联系群众。

我举个小例子。1985 年 1 月，首届教代会、首届工会代表大会闭幕，马上就要过春节了。那时候供应短缺，买点菜很困难。我就到冷库联系，给每个职工发 2 只鸡。那时候联系冷库也很不容易，最后还是通过一些渠道买到了，大家就高兴得不行。秋天的时候，我去通县①张家湾拉鱼，工会小组长领着大家分鱼，每家分上几条。那时，洗衣机、电冰箱、电视机都是稀缺的，需要凭票买，我也通过一些渠道，到广州、北京等一些地方去采购，职工们都很高兴。工会工作就是这样，老百姓需要什么，我们就解决什么。

后来国家实施安居工程，方案是 1998 年出台的，是国家的一个重要政策。当时的房子成了北京理工大学的一个难点，人均（住房面积）4.8 平方米吧，连当时的校长、书记房子都很紧张，也有很多无房户。在当时的兵器部系统和北京高校中，我们都是最差的。那时候每年的基建费用 480 万元、500 万元、600 万元，最多 800 万元，建不了多大的楼，所以房子一直都是一个大难题。这个时期我就提出北京理工大学的一个安居工程方案。匡校长②和我们谈话，他说要抓学科建设，抓教学成果。我说这很对，学科专业建设是学校的根本，但你要见成效，想要有成果实现，就必须实实在在地抓住老师急切关注的重点，得手打鼻子眼睛见。我说你把房子给大家解决了，就能调动他们的积极性。匡校长说这个对，所以我提的建议在他这儿就通过了，焦书记更没有问题，李志祥是常务副校长，我基本上把他们的思想工作都做通了。

然后的工作就是打通其他有关部门。因为北京理工大学过去的房产管理科对住房的人一共有多少、有多少面积这些问题都弄不清楚，也说不明白，所以我要和分房委员会、管计算机的专门队伍把它弄得明明白白。按当时的房改政策方案，向上面了解政策，得到行政司的同意支持，再请北京房改办指示指导。一定要符合政策，要及时执行政策，政策过期就不行了。当时是 2000 年，一共成交了 400 多套房。我做方案时需要

① 通县：今为北京市通州区。
② 匡校长：指当时的北京理工大学校长匡镜明。

根据我们学校的需求，图纸也做了必要的修改，把户型图纸一个一个审，一个一个看，再提出意见，在广泛调研后确定买什么样的户型和买多少，最后取得校长、书记的同意。

不管怎么说，这么大的工程没有任何的腐败和回扣，没有任何一个人在中间做一些非法勾当。北京理工大学一下子就走到北京市各个学校的前边去了。后来清华、北大看北理工这事成了，师范大学的工会也跟他们校长、书记反映，各个学校纷纷仿效，这件事在北京市的影响是很大的。

在工会这几年的工作，总体来说还是取得了一些成绩的，有些调查研究、报告获得了全国调研成果一等奖、五机部思想政治工作一等奖、北京市教育工会一等奖、学校教学成果奖，等等。全国总工会还把五一劳动奖章授给了北京工业学院整体。

我认为工会真正的工作是做群众工作，它是党密切联系群众的桥梁和纽带。围绕中心搞建设、教学、科研，才能调动大家的积极性，出成果，出人才。另外工会每年都要有一个重心，有一个主题，通过一些有成果的主题活动，把职工和领导密切团结在一块。1985 年，我把各系的主任、书记、工会干部组织到北戴河分校，学习工会章程、教代会章程，回去后大家普遍重视工会工作，支持工会工作。1986 年，我们又在承德开了一个教书育人、服务于人的先进工作者报告会，回来后，编写了一个文集，发给全校学习。1987 年暑期，我们在威海开了一个工会、教代会的研讨会。就这样，我们一边开会，一边组织游览，大家特别开心，这种形式也特别容易拉近领导和群众的距离。

1989 年“五一”的时候，青年教师到白洋淀去开成长经验交流会。我在那里出了一个题目征文，是关于这些年的教学科研中你有什么成果和心得，有什么体会，在成长经历里你有哪些经验可以和大家共享。我又把主管教学科研的副校长马志清①、管人才队伍建设的陈仁敏②都邀请来参会，他们听了以后觉得这个活动特别好。这些教师很多后来都成了

① 马志清（1929—2015）：研究员，曾任北京工业学院副院长（1984 年 4 月—1988 年 4 月）、北京理工大学副校长（1988 年 4 月—1989 年 1 月）。

② 陈仁敏（1935— ）：教授，曾任北京理工大学副校长（1989 年 1 月—1991 年 7 月）、北京轻工业学院院长、党委书记（1991 年 8 月—1995 年 5 月）。

学校的教学科研骨干，有的还被提拔到领导岗位上。

从 1985 年 1 月 15 日选举，直到 1991 年 3 月我离开工会，大概有 6 年的时间，后来我又到出版社担任社长，1994 年又到校办当主任，后来又让我当工会主席。从 1994 年到 2003 年，又差不多是小 10 年的时间，工会工作干得也比较长，差不多有 16 年，前边是常务副主席，后边是工会主席。

回想那个时期，党组织安排我做什么，我就做什么，认认真真、死心塌地地干。

六

1991 年，校长让我去出版社，担任常务副社长，主持工作。因为我之前没做过出版工作，对我来说这是个全新的业务。3 月 18 日，我就离开工会到出版社了。当时主持工作的是副社长，社长是校长副校长兼任的。我去了以后有好多活动、书稿、协议急需签字，我就起早贪黑地学习有关的书籍，学习出版业务知识，从编辑、校对、印制直到发行有关的方针政策。

5 月，教育部的新闻出版署在武汉召开大学出版社社长工作会。我也去参加了。这是个好的机会，出版的整个方针政策在会上都做了要求和说明，会上可以交流。会后我走访了当时几个比较有名的出版社，如武汉大学出版社、北京大学出版社、中国人民大学出版社、清华大学出版社、广西师范大学出版社、上海交通大学出版社、上海外国语学院出版社等。有时是晚上到宿舍走访、学习。回来以后就制定了北京理工大学的三年五年规划，制定有关出版、编辑、发行相关的条例办法。

因为出版社的工资奖金由自己分配，我在出版社召开职工代表大会，发挥全体职工的积极性，民主参与，制定办法。出版社队伍很快就稳住了，条件也改善了，出了一批好书，特别是学术专著。我在出版社发行码洋，一年拿到 1200 万元的码洋数。

我是中国大学出版协会的兼职副秘书长。有个杂志叫《大学出版》，我又兼任了《大学出版》杂志社的社长。

我在学校出版社干了 3 年多，其间，我为出版社还做了一件事，让大家始终念着我：用出版社的经济自主权，按照国家的拨款政策，为出版社买了 10 套房，出版社的住房得到了很大的改观，出版社的职工和领导对我很满意。

1993 年国庆前夕，学校让我去当校办主任兼任出版社社长。我在校办干的时间比较短，但是也制定了一些制度和协调会，直到第二年学校开始申报“211”的一个大会。我在 1994 年的国庆节又回到了工会。

八

工会工作一直干到 2003 年，那时我也已经是五十八九岁了。当时部里、国防科委的人事司司长和党委书记都不希望我退休，我执意提前退下来，做一些研究工作。

1998 年高校扩招，很快学校就没有教室和实验设备了，教育资源严重不足。2000 年的时候，北理工和珠海市政府签订了一个协议，珠海市政府出让 5000 亩①土地用于教育。前期的工作很复杂，一直没有搞好，2003 年 7 月 18 日，校党委会决定让我接手，负责寻找新的合作伙伴。

这应该是我一辈子干得最难的一份工作了。跟企业打交道，完全是全新的工作。我谈了 50 多家合作伙伴，法律、经济始终关系非常复杂。2004 年 3 月找了一家发电厂作为合作伙伴，3 月初在珠海市奠基，后来发电厂的老板被调查，又得重新找合作伙伴。当时校党委副书记郭大成和我一块儿见了国防科工委的领导，领导表示理解，支持我们继续独立学院试点。

简单地说，我在珠海，在十分困难的情况下，苦干加实干，还得有巧干。当时独立学院的程序是学校申请，经主管部委批准，由当地主办政府批准同意签字，再报教育部批准后才能办独立学院。从 3 月下旬开始，我拿到了国防科工委批示就往珠海跑。那天正好碰到大风天，飞机都降落不了，那是我坐飞机最危险的一次状况。

向当地政府汇报后必须聘请专家现场评估，在现场一片烂泥里，我和专家们谈我们的决心、措施和办法，结束后我立即赶到国家教委，想在 4 月 20 日左右争取到批件，结果教育部主管的副部长因故没法批文，5 月 8 日才最后批到文件，总算是赶上了当年招生，所以珠海学院的诞生日就是 5 月 8 日。

当年我们完成招生 1000 人，报到是 880 人。因为教学楼和宿舍楼还

① 1 亩 = 666.67 平方米。

没竣工，直到10月18日，学生才在20天军训后勉强进了楼。条件非常非常艰苦，我只能对学生说理工大学就是这样的精神，理工大学在延安窑洞那么艰苦的情况下能培养出来李鹏、叶选宁、叶选平等一代领导人，我们的条件再艰苦，比延安的窑洞不知道要好多少。你们中间必定有一批人今后会是我们国家建设的栋梁。珠海学院经过千辛万苦终于成立了，经历了艰苦奋斗，说是艰苦卓绝我觉得都是可以的。

2004年之后每年招生都要增加1000人，我离开时已经是万人的大学了，现在在校生是5万多人，学科专业、门类比较齐全，教学设施条件基本完备，特色明显。

2008年，学校党委把我召回，回来后，我看到学校的批文上写着“董兆钧院长在珠海学院的建设工作中，做出了卓越的不可磨灭的贡献”。这是学校给了我充分的肯定。

在北京理工大学，是党培养了我，关心了我。我做了10年副处长，10年正处长，最后又在珠海学院当了6年的学院院长。我这一生一世，真的是一颗红心献给党，干什么就认认真真、死心塌地地干，干了一辈子，无怨无悔，我奋斗过了。

杜和戎——教学比科研更需要创造性

个人简介：

杜和戎，1932年3月17日出生，安徽黄山人，教授，教育家，北京树人天地文化机构国家级教育顾问。

1957年于四川大学物理专业毕业后，到北京工业学院任教。教学深入，善于引导学生，曾连续多年被评为教学一等奖。曾任北京理工大学教学指导委员会委员，出版专著有《讲授学》《获胜心理学》《怎样使人变得更聪明》等。

访谈时间：2019年11月4日①

访谈地点：北京理工大学图书馆

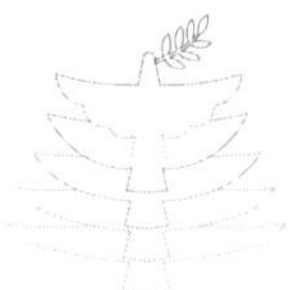

① 2019年11月4日，我们对杜和戎教授进行第一次访谈，后因杜和戎教授生病，本约好的后续访谈一直未能进行。

采访人：郭晓明

摄像：吴哲

访谈提要

杜和戎讲述了自己小时候的学习和生活经历。在四川大学读书时他被推选为学联宣传部部长，大学毕业后到北京工业学院工作，提倡教学要跟科研一样有创造性，善于创新，多次被评为优秀教师，创立了“讲授学”。

一

我是安徽黄山人，生于1932年3月17日。我父亲叫杜维涛，北师大毕业，心理学教授。他参加过北伐，曾经在国民党中央训练团工作，对我一生影响很大。母亲是20世纪20年代的女大学生，就读于武汉大学生物系。抗战时我跟着父母到处跑，过着颠沛流离的生活。

小时候我非常调皮，喜欢游泳，喜欢在水里面捉迷藏，每天在长江中游来游去。上学时在学校也很活跃，这跟我后来的创造性有很大关系。因为我有一个观点：小时候调皮大有好处。一般家长一看小孩儿调皮，心里很担心，其实是多余的，小孩儿心里知道调皮归调皮，但不能过线。

在幼儿园时，老师让我管卖票，我想了一个办法，站在门口拿一张破纸，每来一个人撕一片票，别的小朋友看这个挺好也跟我学。

小学一年级在重庆铜梁，当时我在学校很活跃。老师上课时让读课文，一开始我还跟着读，后来觉得无聊，就去找老师说：“老师我会背了。”老师说你这么快就会背了？我说这不难啊，他拿着书考我让我先读后面的，我说：“这还要看着书啊，后面的35课我都会背了。”老师一看我全会，就说你毕业了，不用来了。父亲知道我的情况后，让我回到乐山，从二年级一下跳到五年级。当时我是班里最小的，不管干什么在班里都是最后一名，有时候为了能让自己名次往前点，就想各种办法出风头，干点有“创造性”调皮捣蛋的事情。有一次校长把我耳朵一揪叫我上台，跟大家说：大家看看这个学生五年级，你们叫他算算7+8是多少。我那时只上了二年小学，突然给我这么一道题，要算出来是很难的。我站在台上就想7+8，7要凑成10个还差3个，8要给3个给7就还剩

5，答案就是15。所以小学阶段给我的印象是随时要应付各种情况，不时有一支暗箭来射我，随时有一个打击，但是我觉得自己还挺行的，从不灰心。

由于父亲的工作变动，我跟着父亲搬到青木关①，上小学五年级。我的学习成绩是学校里面最差的，经常被父亲骂，他望子成龙的心太切。考初中时，其中有一道题，算“5－7”，大部分同学的答案是得2，有一小部分不答，我没有回答，在卷子上写了一句话，“你的题目出错了”。当时父母都在教育部，母亲在中等教育司，正管着中学，父亲回来在饭桌上讲，他们这次出了一个洋相，考题都出错了，有个学生还写了一个“你的题目出错了”，我母亲和姐姐都哈哈地笑。我说，那是我写的。没想到挨了父亲当头一棒：“是你写的？你就是喜欢出风头。”我答道：“就是我写的，而且教育部就应该把我这个考卷提出来，看看这个学生叫什么名字，应该大肆表扬。有的学生没有答，那是他被这个事情搞糊涂了。有的答2，那是蒙，这个人将来危险，不是就不是，蒙就更不对了。只有我杜和戎一个人是明明确确地讲，你的题目出错了！学生可以帮助老师，这是多好的一个答卷啊，我应该考到高中去！”

后来教育部给职工子弟专门办了一个班，我就直接进了中央大学附属中学。在中央大学附属中学上初中时认识了好朋友郭倧闿②，后来是IBM公司很有名的一个工程师，当时他会修收音机、手表、电灯，交流电都知道，做事顾全大局，我很佩服他，从他身上学到很多东西。当时，我比他高一班，我春季班，他秋季班。春季毕业我没高中上，只好再读，所以就跟他一个班了。郭倧闿是重庆沙坪坝分校最捣蛋的一个，我是青木关校最捣蛋的一个，这两个人合在一个班，以毒攻毒。有一次化学老师对我们俩说：“我很喜欢你们两个，你们俩很聪明，要是好好学，都能考90多分，但你们现在不好好学，所以我求你们看在我的面子上，给我考一次90分怎么样？”听老师这么说，我连忙说：“不行不行。”郭倧闿却说：“行，没问题。”我当时没有信心，太难了。最后我考了八十几分，

① 现重庆市沙坪坝区青木关镇。

② 郭倧闿：1932年生于河南，1948年迁居台湾，美国加州伯克利大学科学博士。在美国IBM公司从事研究开发23年之后，携夫人回国创业。曾被我国外国专家局聘为电子工业部顾问。

他 93 分，够厉害的。

除了我父亲以外，郭倞闿也对我的人生有很大影响，我的第一本书《获胜心理学》[①] 就是他劝我写的。

徐蚌会战[②]之后，我父亲受聘到重庆女子师范大学，我们举家逃离南京，从衡阳到重庆，过六盘山、七十二道拐、吊死崖，路上很危险，搞不好就会掉下去。汽车上坡时，刚一换挡，车走不了，车轮底下全都是泥。我做事爱找窍门，当时就想了个办法，找个竹扫把，垫在汽车的后轮前面，这样车就能开起来。还有一件事，当时我们的车比较旧，有时上坡时挂不上挡，汽车一失控就往后倒，我找了一个三角形状的木头，等车挂不上挡往回倒的时候，我用这个三角木靠紧车轮垫进去，帮助司机解决了问题。我父亲说："要不是和戎，都不知道能不能到重庆。"我们就这样一路颠簸，到了重庆。

二

高中毕业后，我考入四川大学读物理专业，因为物理跟调皮有关。上大学期间我加入了中国人民志愿军，参加保家卫国的战斗，回到大学后担任学联的宣传部部长，1957 年大学毕业后听从父亲的建议到北京工业学院工作。

当年朱鹤孙[③]校长提倡教学和科研是一样的，学校老师的教课质量有了很大提升，我们在教学上经常比清华还要靠前。那时也有人反对朱鹤孙校长，对朱鹤孙校长提了很多意见。我当时就对那些人说："朱校长对学校的贡献很大。反右的时候他是党支部书记，为了保护老师，他把自己算上右派了。这个人挺好的。"

当时学校召开职工代表大会的时候，每次教学一等奖都是我，只有一届我到外地去了，得了二等奖，朱鹤孙校长说："都说教学不是科研，是谁说的？今天科研最高的一个奖赏，到香山避暑，给杜和戎了，你们谁不服气，跟他来比一下，跟杜和戎比你真的费劲。"当时底下没有人

---

① 科学普及出版社，1988 年出版。

② 即淮海战役。

③ 朱鹤孙（1930—2015）：江苏苏州人，1951 年毕业于东吴大学化工系，1953 年浙江大学研究生毕业。全国高等学校工业设计学会理事长。在化工传质过程中取得重要成果。曾任北京工业学院院长、北京理工大学校长。

吭气。

有人说教书的不能当教授，那是因为他没有创造性。我辅导同事王志宽家的儿子学习，结果一下子考上清华，把王志宽高兴得带着儿子来我家感谢我，他激动地说："我儿子很聪明，他到山西插队，成了大队党支书，很厉害，但就是读书不怎么行，没想到被你这么一辅导，真考上清华了，我都不敢相信，他一直功课不大好，你教了几招什么鬼玩意，就能对付了？"我没有直接回答，只是说："现在你选三章，出一道题，听过我课的学生要是做不出这个题，我认罚。"我知道他们不会做不出来的，这是我从逻辑上倒推的，倒推的这个招，必然非做出来不可，如果做不出来逻辑就错了。

教书也是这样，现在让我讲"你生活当中的那些小窍门"，比如说讲纸，窗子在那边，风一吹，纸就刮得到处都是，我把一张纸压在底下，卷过来这么一盖，再大的风也不会刮走了，所以生活中到处都有窍门。还有电脑刚出来时，有一次我跟一个人争论，那个人是日本留学回来的。他说"你非得把这个电脑烧了"，我说请问你，它应该是220V，但我用110V，电脑显示屏要220V，这怎么烧啊？他在日本专门学了3年电脑，当时我虽然不了解电脑到底是怎么回事，但我懂得电工原理的基本常识。

三

我一直到现在，都强调一件事，就是要"坐而言，起而行"。想得再多，没有站起来做都是空的，我想了就敢做。

我讲教学就是科研，我的"讲授学"最大的特点，要用一个词讲，这个词就是创造性，要是用一句话来讲"讲授学"，就是教学比科研更需要创造性。

我上课时注重教学生从逻辑上倒推，充分发挥学生的创造性，教书一定要有创造性。

范琼英——我为505火箭探伤

个人简介：

范琼英，1936年9月出生，广西南宁人，教授级研究员。

1955年8月考入北京工业学院化工系，1960年8月毕业后留校在党委政策研究室工作，曾任校科研处科研科副科长、科长，科技管理研究中心（后并入管理与经济学院）研究部主任等职。

范琼英长期从事科技管理及研究工作，主要瞄准科技成果向生产力转化这个关键环节，对科技长入经济的途径进行研究。作为主要研究者和课题组长，先后获得省部级科技进步三等奖、中国高等教育学会教育科研优秀论文一等奖、北京高等教育学会教育科研优秀论文一等奖、北京兵工学会优秀论文一等奖等奖项。获评校级科技进步一等奖2项、校级科技进步三等奖3项、校级优秀论文三等奖2项、高等学校科研管理研究会优秀论文1篇、国防科技成果管理学术研究会优秀论文1篇等。先后在国内学术刊物、国内外学术会议上发表论文30余篇。曾被评为校年度先进管理干部。

访谈时间：2019 年 12 月 6 日

访谈地点：北京理工大学图书馆

采访人：郭晓明

摄像：吴哲

访谈提要

范琼英讲述了她 1955 年考入北京工业学院后，在大学时的学习、生活情况。1960 年范琼英加入“505”科研项目，她最主要的任务是给“505”火箭的火药探伤。她详细讲述了如何为火药探伤、解决了哪些技术难题等具体情况。1960 年范琼英毕业留校，在校党委政策研究室工作。这期间她作为联络员参与了魏思文院长领导的对化工系七专业的调研工作。1962—1988 年范琼英在学校科研处工作，主管全校的科研项目，她讲述了自己参与的几个主要项目并总结了这项工作的经验和收获。1988 年范琼英调入科技管理研究中心工作，1994 年她申请了国家自然科学基金委员会的研究课题，她讲述了这个课题的申请、研究、完成过程。

一

我的祖籍是浙江绍兴，我的祖辈比较早就到了广西南宁。在我五六岁的时候，我父亲到距离南宁 100 多里①的武鸣工作，我就在武鸣上了小学。可是刚上一年级日军过来，我就开始逃难了。后来我在南宁也上过一段时间小学，但是到 1944 年又开始逃难，到处流浪。1945 年日本人投降以后，我们很艰难地回到了南宁。我要继续上学可是交不起学费，正好有个小学的校长是我妈妈的远房嫂子，她没让我交学费，这样我才能把小学上完，这个学校叫南宁市表证中心小学，之后我考上了邕宁县②中，不久后邕宁县中和南宁女子师范学校合并成为南宁中学。

初中的时候我加入了中国新民主主义青年团，高中我就入党了，后

① 1 里 =500 米。

② 邕宁县：今为南宁市邕宁区。

来一直做团支部书记、团总支委员。1955 年我高中毕业，当时我想学医，可是学校领导找我谈话，要保送我留学苏联，只能学理工科，我服从组织的决定。因为留苏之前必须到北京外语学院①的留苏预备部学习俄语，所以让我先报一所北京的大学，我报了北京石油学院。高考时我认为自己考得挺好的，但是没有让我留苏。后来才知道，1955 年中苏关系已经走下坡路了，留苏的学生减少了，并不是因为我考得不好。后来把我分到了北京工业学院。

那时候从南宁到北京很不容易，家里没有钱，我穿着草鞋，挑了两个竹篓，里头放一些衣服、日用品什么的，用了一个星期才到北京。我们学校在北京站有接站的老师和同学，我一来就到了车道沟校区，分到了化工系。化工系一年级有 5 个班，我们班有 2 个党员，我是其中一个。两三个班合到一起是一个党小组，我们年级一共有两个党小组，我是其中一个党小组的组长。

我们 1955 年入学，1956 年我们班就发展了 3 个党员，他们表现都比较好，成为党员以后他们要承担一些社会工作，也担任班长、团支部书记等职务。

1956 年国家号召“向科学进军”，我们学习是很用功很努力的。

我们住宿和学习都在延安大楼，周末就在延安大楼的顶层制图，晚上也学习到很晚，根本没有时间出去玩儿。化工系实验比较多，很多实验是在巴沟的校址做，就是现在的中关村校址。从车道沟校区后门一出来就是庄稼地，我们到巴沟做实验，做完又回车道沟，早出晚归，冬天很冷，我从南方到北方上学，头两年都不适应。1955 年冬天我发高烧了，1956 年冬天又发高烧。当时我拿甲等助学金，每月 12 元 5 角，其中 10 元是伙食费，2 元 5 角是零花钱，我就攒钱买棉衣穿。

1958 年“大跃进”②，学校大搞科研的时候我们 5 个班已经都在城里的校址了。开始是大炼钢铁，后来是大搞科研。我们院长是魏思文，他

① 北京外国语学院：今为北京外国语大学。

② “大跃进”：1958 年 5 月，中共八大二次会议，通过了“鼓足干劲、力争上游、多快好省地建设社会主义”的总路线，“大跃进”运动正式开始。8 月，中共中央政治局北戴河会议提出 1958 年钢产量翻番，作为实现“大跃进”的重要步骤，达到 1070 万吨。全国掀起大炼钢铁运动。运动中，以高指标、瞎指挥、浮夸风和共产风为主要标志的“左”倾错误泛滥，造成国民经济重大损失。

的魄力很大。

我们化工系领导决定把我抽调出来，半脱产，就是让我做我们年级5个班学生的政治指导员，但是要少上一半的课，别的系也都是这样做的。经过自己的努力，我半脱产一年以后，就只差一个制图的大型作业没做，其他的课我都跟上了，所以系领导让我照常跟班学习了。我们半脱产是不算编制也没有薪酬的，我服从组织安排，上级领导让我干我就干，但是我就没时间参加大搞科研了。

大搞科研的时候，我们火药专业分为两个方向，一个搞常规，一个搞尖端。常规就是枪炮火药，尖端就是火箭导弹。1958年年底，1955级成立了两个新专业，固体燃料专业和液体燃料专业，并转到了学校新建的七系，导弹系。1959年苏联专家给这两个专业上专业课，我分到了固体燃料专业，扎扎实实地学了点东西。当时有一位俄文翻译是罗秉和老师，他也是我们的专业老师。后来因为中苏关系紧张，苏联专家撤走了，我们又回到化工系。

那时候考试特别严格，特别是苏联专家在的时候。考试时你抽到哪个题就回答哪个题，什么资料都不能带。当时我们导弹系在三号教学楼西头的两层楼里，在三层入口的地方有个把门的人，他会检查，什么都不带才能上去，下来也是，什么都不带才能下来。

二

1960年4月，有一天我接到通知，下午4点到系主任办公室开会。当时我们化工系的党总支书记兼系主任是孙志管①老师，和我一起开会的还有一系的徐令昌老师和我们系的韩盘铭老师。后来我才知道，在“505”探空火箭②研制工作初期，孙志管主任直接领导“505”在化工系的研究工作，并有权召集各系的技术骨干开会。孙主任对我们说，因为“505”工作的需要，你们今天下午6点坐火车去太原245厂，给你们买

① 孙志管：1958年9月—1960年2月担任化学与工程系主任。

② “505”探空火箭：学校在1958—1960年大搞科研中，曾先后搞过三个主要型号：“505”探空火箭、265－Ⅰ反坦克导弹、265－Ⅲ地空导弹。“505”探空火箭，始于1958年8月中旬，先由部分教师提出，立即得到学校领导的支持。1958年9月8日—1960年9月7日，在宣化、白城子、昌黎、朱日和靶场进行了7次飞行试验，共发射火箭17发。后因学校条件有限，1961年下马后转到外单位试制、生产。

了三张软卧票，要准点上车。我们连晚饭都没吃，赶快坐上公共汽车去了北京站，刚一上车，火车就开了。

“505”探空火箭是1958年开始研究的，一开始用的是橡胶火药，但是发射时多次发生爆炸。后来确定用双基火药。小型双基火药可以在校内实验室研制，大药柱必须在工厂生产。我们去245厂的任务就是订购固体燃料，也就是双基固体推进剂的药柱。到了以后主要是徐老师跟他们谈，要什么样的药柱，什么时间要。工厂领导说你们这是计划外的，没有纳入我们的计划。我们说虽然是计划外，但是这是学校的科研任务，是上级领导批准的。后来总算是说通了，徐老师对我说：“以后具体的工作你来对接。”

“505”一共设有四个工作地点，靶场、学校、西山药库和245厂。到245厂联系火药，把生产好的药柱寄存到西山药库做超声波探伤，合格以后再把药柱运送到昌黎靶场，这些组织工作我都参与了。当时最重要的工作就是探伤，在我们探伤之前，“505”飞了多次，一上去就爆炸，因为药柱上有气泡。怎么解决气泡问题呢？五系无线电工程系研制了一台超声波探伤仪，这种仪器当时国内还没有。我们的主要任务是用这台探伤仪进行火药的探伤，对火药的里外质量严格检查。既看火药的表面也要看它的中心，各个部分都要看清楚，不合乎要求的地方要锯掉。上面如果有气泡，就要去掉这部分然后再黏接，全都没问题之后再把药柱搬进发动机。我现在回忆起来，当时确实很辛苦，凡是不合格的都得去掉，有一点毛疵都不能用。药柱表面光滑，尺寸准确，之后的“505”发射再也没有发生过爆炸。

这台探伤仪是无线电系老师指导，1955级学生罗勋武做的毕业设计的内容。用探伤仪探伤是我的毕业设计，我的指导老师是任务正。另外，弹药系1955级学生梁秀清的毕业设计是火药质量检验，梁秀清的指导老师是蔡汉文。我们3个人的毕业设计钉在一个本上：第一篇《超声波探伤在火药应用上的研究》，学生范琼英；第二篇《火箭固体装药的质量检验》，学生梁秀清；第三篇《超声波探伤仪》，学生罗勋武。

我们三个系密切合作，艰苦奋战、潜心研究、认真操作，在短时间内突破了许多难关，掌握了准确探测与鉴别药柱中暗藏的气泡的方法。之后“505”每一次发射上天都成功了，这是一个很大的转折。万春熙老师写了一份很详细的材料，说“505”之前飞了多次，很少成功，但是我们做了探伤工作之后一次也没有爆炸过，等于肯定了我们的工作。

2018 年是我校“505”探空火箭发射成功 60 周年，我们作为参加科研工作和承担相关任务的师生参与编写了《利箭长空》文集，并出席了学校领导主持的座谈会。编写工作是我校党委宣传部组织的，开始是请宇航学院的研究生找相关教师座谈，学生负责编写，他们写完以后请教师审定。实际上最后教师写的回忆录和学生写的访谈录各占一定比例。

前几天万春熙老师来找我，说学生写这个可能不太合适，他问我写过没有，我就把我写的发给他看了。他觉得我比学生写得更系统，但是实际的科研内容我没写，我说不是保密吗？他说解密了。我不知道“505”已经解密了，所以我是按保密要求写的。万老师说改改吧，那我就改吧，我得再去档案馆看档案，我的毕业设计也在档案馆，实际上这些内容我的毕业设计里都有。我的毕业设计的主要内容包括：超声波探伤基础，火药超声波探伤仪，探伤技术，火药的挑选、黏接及使用。我的这份毕业设计作为历史见证还是有保存价值的。

三

1960 年 8 月我毕业留校了，留校之后我没在化工系工作，那时候强调服从分配，把你分到哪就到哪。我还没有毕业的时候，比我高两级的 1953 级有个学生叫曹青阳，学校让他提前毕业并把他分配到校刊研究室工作，后来他又在我们学校党委副书记郑干的手下工作。他跟着我们班听课，知道我是班上的党支部书记，还是导弹系的学生总支委员，我的写作还凑合，他就推荐我和其他 4 个人到刚成立的党委政策研究室工作。

郑干副书记负责校党委政策研究室的工作，曹青阳具体管我们 5 个人。党委政策研究室 1960 年成立，1962 年就撤销了，在这 2 年里我们做的最有意义的一件事就是对七专业的调研。1961 年年初党中央发出了“大兴调查研究之风”的号召，我们学校领导闻风而动，决定把化工系七专业教研室设为调查对象，七专业是弹药装药工程及火工品技术专业。

七专业教研室主任是丁敬①老师，他是从美国留学回国的专家，后来是我校主管科研的副校长。这个教研室还有陈熙蓉老师。因为我是化工系毕业的学生，又在校政策研究室工作，所以就让我担任了这项工作的联络员。

1961 年 4 月初学校成立了调查研究组，下设三个小组，调研工作由魏思文院长直接领导。参加调研的人员包括院党政机关的部分同志、政策研究室的全体成员和化工系的主要领导。调研内容为教学、科研、生产劳动、政治思想以及教师、学生的情况。

针对七专业的专业情况，我们制订了调研计划和提纲，听取教研室负责人汇报专业情况，分别召开教师和学生座谈会，听教师讲课、答疑，参观实验室及了解教师的实验课情况，找教师、学生单独交谈，深入科研组了解情况以及其中存在的问题等。

我们在获得大量第一手资料的基础上，多次召开情况分析会，魏思文院长经常在百忙中亲临会议，询问情况。他很重视这项工作，对教书育人这件事的要求非常严格，提出的指导意见也非常具体，比如教师的情况，他说要考虑教师的业务水平以及德行，业务不行或者德行不好都不能在这里当老师。当时这个教研室的老师有相当一部分都是我校留校的学生，对他们也要进行考察，如果不合格不能留任。

自从“向科学进军”以后，我们的科研工作抓得非常紧，因为学校绝大部分的研究课题都是国防科工委下达的，我们很强调集体的作用，所以也要考察课题组的人员配备情况，个人和集体协调不协调等。

这一次的调研工作，4 月开始 10 月结束，最后制定了教研室工作条例，为校内的各系、各教研室的管理工作提供了借鉴，具有指导作用。

1962 年政策研究室撤销以后化工系让我回去，我犹豫了，本来我留校就是想当老师，没想到让我去了政策研究室，如果我现在回化工系，

① 丁敬：1924 年生，江苏无锡人，爆炸力学、爆轰学家，力学教育家，我国爆炸理论及应用学科的倡导者之一。1945 年毕业于浙江大学化学系。1948 年赴美国留学，攻读化学工程研究生。1950 年 9 月回到北京，任华北大学工学院副教授。1962 年，组建北京工业学院力学工程系，任第一任系主任。1964 年，组织领导尖端武器使用的高能混合炸药及精密装药技术研究。1978 年调任国务院国防工业办公室规划研究院筹备组副组长。1981 年，调回北京工业学院任副院长、校学术委员会主任、教授，主管教学、科研和研究生工作。

不让我当老师怎么办？我一心就是要搞业务。正好这个时候，化工系的主任陈恬生老师找我谈话，她爱人是我们学校科研处的处长蔡家骅老师，蔡老师通过陈老师来找我，问我愿不愿意到科研处去，我想我要是回了化工系不一定能当上老师，干脆就去科研处吧。

1962—1964 年，我在科研处情报资料科工作，主要是为校内的科研工作服务，比如搜集国内外的一些科技发展动向，还有老师需要的一些资料等。从 1964 年一直到 1988 年，我在科研处下面的科学研究科工作，主要就是管全校的科研工作，从科研项目的立项、过程、结题、成果，包括科研经费，都是我们科管。

那时候绝大部分的科研项目是国防科工委下达的任务，学校自己的任务叫自拟任务，这种任务很少。后来我们学校由兵器部管辖，兵器部是搞常规的，不搞尖端。比如说雷达，无线电系的老师柯有安、毛二可原来搞的是相控阵雷达，归兵器部以后就搞炮瞄雷达了。原来我们研究的是上天的，而兵器部让我们搞反坦克导弹，不是说这些我们不应该做，但是不搞尖端科研对学校学科建设和人才培养的影响比较大。

反坦克导弹我们一直在搞，天象仪也一直搞，还搞了红箭 73 和"1245"。"1245"是激光制导反坦克导弹，也是兵器部下达的任务。"1245"的引导头和红箭 73 不一样，更先进。科研处组织了一系、二系、四系、五系一起研制，1974 年起步，一直干到 1978 年。激光制导的引导头是四系周仁忠老师牵头，导弹总体是一系文仲辉老师牵头，完成以后通过了科研鉴定。据说兵器部的工作重心是红箭 73，所以没有经费再继续搞"1245"了，我们的工作也就停下来了。

科研管理工作还是比较严谨的，比如说立项，即便是上面给的任务，我们也要经过论证。论证需要做很多调查研究，所以我们和各个军兵种关系都很密切，比如说炮兵、工程兵、装甲兵等等，航天部的一些研究所跟我们的关系也很密切，因为我们的很多学生毕业后都分到这些单位了。经费的事我们控制得也很严，什么该花什么不该花，我们要监督，不能随便花。整个科研过程我们也要了解，比如我管"1245"的时候，总跟着四系的科研人员去西安 248 厂，因为激光制导的导引头部分是四系光学工程系负责的，每年至少得跑一趟西安去跟他们做实验，了解他们的情况。如果有什么问题，我得给他们解决。比如我们一系的文仲辉老师是搞导弹总体的，他夫人也很忙，他的孩子没人管了，我还去给他

看过几天孩子。

除了军工任务，民用的项目也有，比如我们和燕京啤酒合作，他们想搞生产自动化，我们自动控制系跟他们有协作，这个项目我也参加了。另外还有一些外协项目，比如有一个公司原来叫长城钛金公司，是搞电镀镀膜的，这个公司的负责人叫王殿儒，他到我们学校来，主动要求把这个公司放在科研处，由科研处来管。这个公司直到现在还在，我们科研处后来的处长就直接接手管这个公司了。类似这样的合作以前比较少，以前绝大多数是科研项目。后来外协任务越来越多，科研科管不过来了，另成立了一个外协科。

在科研处工作期间，教育部科技司每年都召开全国高校科研管理研究会，要求各校支持，以文章参会。个人写的论文通过研究会邀请的高校专家评审通过后才能参会。我几乎每年都写文章，每年我都到会。在高校科研管理工作中，从熟悉业务到管理水平的提高，以文会友帮了我很大的忙。

要做好科研的组织管理工作，我认为首先要公正，不能有私心，要一视同仁，这是很重要的，不管是对内还是对外都要这样。二要深入，深入系、教研室、科研组，都要去了解情况，不了解情况就没有发言权。“1245”激光制导导引头的研制是周仁忠老师牵头的，他们教研室我经常去。三要吃苦耐劳，比如光学系研制 1 米、3 米的长焦距远程照相机的时候，我一直与他们保持联系。他们外出试验条件很艰苦，要爬山要远望，我也跟他们一起去过。第四要团结互助，要有协作精神和整体观念。如果各自为政，科研工作很难开展。光学系的项目基本上都是我联系，他们的夜视技术教研室成果不少，周立伟院士就是这个教研室的主任。这个教研室有一个老师叫张忠廉，现在还在发挥余热，带了很多学生，也得了很多奖励。他对我们科研处的工作是肯定的，他跟我说：“我两个副手现在都评上教授了。”他很欣慰、很高兴，他还说我们科研处过去对他有帮助。

四

1986 年兵器部在我校成立了科技管理研究中心，1988 年我就调这个研究中心了，主要是搞课题研究，包括国家科委、国家教委、北京市科委、兵器部这几个单位的课题，我都参加了。但是我比较熟悉的还是教育部这个系统，因为我跟教育部科技司的工作来往比较密切，所以我在科技管理研究中心的工作主要还是联系高校口，承担这方面的课题研究。1988 年 6 月，我校高教研究室聘请我为兼职研究人员。

1994 年我申请了国家自然科学基金委员会下设的管理科学部的一项子课题，总课题的名称是“高校发展高技术产业研究”，由浙江大学管理学院牵头。1994 年我的申请得到批准，1998 年按时完成了。后来我问国家自然科学基金委员会管理科学部的负责人我这个课题是怎么申请成功的，他告诉我，首先请 4 位专家评审你上报的课题资料，因为要避嫌，没请你们学校的专家。4 位专家都给你打 A 你才能进入下一轮的评选，然后再与其他人进行比较，最后做出选择。我也问了我们学校的科研处，我说类似的课题校内其他人也申请了，为什么选了我呢？他们也如实说了，说你这项是小题大做，另外一项是大题小做。他的意思就是，我的题目虽然小，但是我做的内容很全面，另外一个人的题目很大，但是不够充实。

我是这个项目的申请人和主持人，也是最后执笔人。申请参加这个课题的成员来自我们学校、南京大学、国家教委科技发展中心、江苏省教委，一共十几个人。

我当时做的工作：一是组织科研管理方面的专兼职研究人员（多为高级职称）参加研究队伍，包括我单位及校内的高教研究所、国家教委下设的科技发展中心、南京大学的相关教师、江苏省教委的相关管理人员等。二是开展调研工作。组织在京人员去北京大学调查方正集团、去清华大学调查紫光集团等。三是参加课题研究的人提供案例，我每年到浙江大学参加汇报会。四是研究结束我写了课题总报告。报告的结论是高等学校完全有条件开展高技术产业的研究和实践，各个学校都有案例，都有成果。比如清华紫光、北大方正在国内都比较有名；南京大学的尿激酶也是一项高技术的产品，做得很好；我们学校 1958 年就开始研究的天象仪，后来一直在北京天文馆用着。我们还有很多产品是可以用的，有军品也有民品。

最后结题时还有一次总评审。国家自然科学基金委员会管理科学部规定，凡是在申请课题的结题总评审中得到“优”或者“良”的，以后还可以再申请此类课题；凡是得“中”或者“差”的，以后就没有申请资格了。还好，我得了“良”。

这个课题结束以后，我主要的工作就是出版了几本书。第一本是和李鹏飞老师合作翻译的《世界的高技术园区》。第二本是《托起明天的太阳：中关村科技园区发展规划研究》，我是编委。第三本是《北京高等学校百年科技发展》，我也是编委。第四本是北京理工大学文化建设丛书中的一册，叫《沐浴夕阳》，里面有我写的一篇文章《1984 年校科技成果展览会回顾》。第五本是《利箭长空——“505”探空火箭发射成功 60 周年纪念文集》，里面有我写的一篇文章。

五

我 1997 年 3 月就退休了，但是这个时候国家自然科学基金管理科学部的课题还没结束，我需要完成课题任务，所以到 2001 年才彻底退休。那时候科技管理研究中心跟管理与经济学院已经合并了，所以我是管理与经济学院的退休老师。

对学校未来的发展，我的看法是，现在培养大学生应该德智体美劳全面发展，过去只提德智体，现在看来是不够的。

我校是国家的重点大学，教学固然重要，但是科研工作一定要加强，培养人才是重中之重。我们应该根据国家发展的需要和学校的特色，加强应用基础研究以及应用技术研究，特别是应用技术研究。学校想搞产品也可以，我们搞“505”，几百人干了那么多年，出人才出成果，为国家的国防建设出了力。我们班有一半的同学毕业后分到了航天部。学校较早建设的化工系、电子系、机械系、光学系的基础是比较好的，都出了人才，也出了不少成果。周立伟院士、徐更光院士、毛二可院士，这 3 位是比较早就评为院士的，当然后来也有。我们学校在培养人才方面还是有一些成绩的。

龚绍文——热爱教学，才能做好教师

个人简介：

龚绍文，1939 年出生，天津武清县①人，北京理工大学教授。

1963 年于清华大学毕业后到北京工业学院任教，曾任电路教研室副主任和电路课群副主任，以及北京高校电路理论教学研究会秘书长，中国计算机学会电源专业委员会委员，中国电源学会外事委员会委员，北方工业大学工学院兼职教授，国家教委第三届高等学校本科工科电工课程教学指导委员会委员，（全国）高等学校电路、信号与系统教学与教材研究会副理事长，北京高校第一至四届青年教师教学基本功比赛评委及二至四届的理工组组长等兼职。

主要的科学研究方向是高频功率电子技术，著作有《磁路及带铁电路》、《电路分析》、《高频功率电子学》、《电路及磁路》，《用 PSPICE 分析电路（一）》、《电路原理考试参考书》（署名《电

① 武清县：今为天津市武清区。

路原理考试参考书》编写组）、《为人为学　授业有道——北京理工大学青年教师教案与评析》、《站在大学讲台上——北京高校第四届青年教师教学基本功比赛优秀选手教案选编》、《大学青年教师教学入门——大学施教学初步》，译著《变压器与电感器设计手册（第三版）》。

曾获全国科学大会奖、校优秀教学成果二等奖、中国计算机学会电源专业委员会第四届年会优秀论文奖、中国电源学会第八届年会优秀论文奖、2008 年北京市教学成果（高等教育）二等奖，获得实用新型专利 1 项和发明专利 1 项。曾获校“高水平课教师”称号，以“大学教师的园丁”为名接受中国教育电视台的专题采访，北京高校离退休干部老有所为先进个人。

访谈时间：2019 年 12 月 10—22 日，共三访
访谈地点：北京理工大学图书馆
采访人：张钧
摄像：聂明明

访谈提要

龚绍文讲述了他 1957 年考入清华大学电机系运筹学专业后的大学生活，1963 年毕业后分配到北京工业学院后的教学工作，1977 年开始讲授电工基础课，加入李瀚荪所在的电路教学组后，开展的教学改革和编写出版教材情况，以及获奖和获得专利情况。龚绍文认为，在高等学校，特别是研究型大学的教师要教学科研并重。他在几十年的教师生涯中始终身体力行这一观点，积极参与教学改革和青年教师培养，取得了丰硕的成果。

一

1939 年 2 月 28 日，我出生在天津市武清区的一个亦商亦农的家庭，我父亲有一点文化，从小就给我灌输要好好读书。1951 年我考上了天津一中。

我在天津一中住校6年，1957年我高考考上了清华大学。我报清华有这样一段过程，我上初二时坐火车回家，等车时在候车室里遇到了一些东北工学院①的学生。我问他们东北工学院是干什么的，他们说东北工学院是搞钢铁的，现在是第一个五年计划，技术决定一切，为祖国建设就要靠技术。我问东北工学院是不是全国搞技术最好的，他说清华最好，我问清华哪个系最好，他们说清华电机。那时候就想：我能不能考清华？心里就烙上这个印记。

1957年毕业时报高考志愿可以填12个学校，我报的12个都是工科院校，第一个就是清华大学。

入学后，我被分到运筹学专业，据说运筹学专业是钱学森②回国以后建议国家搞的，我们这个班是清华办的第二届运筹学专业，挑的人基本是数学稍微好一点的。我们这一届办了2年，运筹学就不在清华办了，成立了自动控制系，我就又转到了自动控制系。

1958年建立自动控制系时，从电机系当中选，那时候重新分班，班号都变了，我们开始叫自二，后来叫自三，自二就是1962年毕业，自三就是1963年毕业。当时是5年，后来说我们要上6年，这样班号也从自二变为自三了。“文化大革命”以前，自动控制系、无线电系、工程物理系、工程化学系、工程数学力学系都是上6年。

清华的自动控制系在国内是比较早的，据后来老师们讲，实际上是为了导弹、原子能、飞行器的控制方面而建的。我上学的时候一共是5个专业，第一个是自动控制系统，第二个是检测专业，第三个是自动控制原理（就是自动控制理论），第四个是自动控制元件，第五个是计算机。现在计算机是一个大专业，那时候只作为自动控制系统的闭环系统的一个环节。

我当时在控制元件专业。自动控制元件跟电机比较接近，电机就是民用的那种大电机、大电器，到我们这儿就是微特电机、微特电器，是国防用的小的东西。我们当时搞微电机是新的，老师都是从其他专业转

---

① 东北工学院：今为东北大学。

② 钱学森（1911—2009）：汉族，生于上海，祖籍浙江省杭州市临安。世界著名科学家，空气动力学家，中国载人航天奠基人，中国科学院及中国工程院院士，中国“两弹一星”功勋奖章获得者。

过来的。后来计算机发展越来越扩大，自动控制系整个变成了计算机系，原来我们搞元件的这帮人搞了外围设备，搞了多媒体，现在搞声音识别、文字识别、图像识别，他们搞得都不错。

我在清华时学习还可以。刚上大一时有一门画法几何课，因为我在中学学过制图课，跟画法几何比较接近，我觉得这个课对我问题不大。可是我上完第一堂课下来，画法几何的教材 20 多页就讲完了，复习不过来。当时我们开夜车复习到 11 点，宿舍的灯都熄了。盥洗室晚上不关灯，我们就到盥洗室里看书。大学课程门数多，内容也多，而且讲得快，就不太适应了。我向一些老同学求教，他们就给我介绍怎么抓住重点，他们的看法是在大学不能门门都要求学得好，应该有所取舍。学习上要抓重点，他们告诉我有几门课一定要学好，比如我们搞电的，电路、模拟、数字、自动控制理论要学好，把它搞懂搞通，其他的课程可以暂时学得一般，工作当中用的时候再捡起来，只要有基础就很容易。这样我就轻松多了，时间安排也好多了。

龚绍文在清华大学的毕业照（第二排左 6）

毕业的时候，北京工业学院到清华去挑人，就挑了我。我分配来之前，对这个学校有些了解，因为我有同学在这儿读书。他说这个学校很好，学校很有正气，而且课程抓得很紧，业务水平比较高。我在清华上学时也有体会。在清华我们所用的教材基本上都是本校老师写的，水平比较高。可唯独有两门教材用的北京工业学院的，一个是光学，一个是液压。

我们分配时只能填三个志愿，其实是三个方向，就是想去工厂、科研单位，还是高校，这三个方向可以报顺序。我第一个填的就是高校。这和家里的愿望有关系，我父亲觉得老师是最理想的职业。另外，我也喜欢教学，我遇到的老师都很好，老师的形象在我心目中很崇高。当时分到这个学校，我觉得如愿以偿。

二

1963 年我毕业就分到北京工业学院，一开始在人事处帮忙，开学以后就分到了自动控制系，就是二系。

我的毕业设计是磁放大器，分到自动控制系控制元件教研室，代号 204，主要的课程就是关于磁放大器、继电器、自整角机，都是自动控制火炮系统需要的控制系统里所需要的控制和通信元件。这个教研室和我绝对对口。

后来我听老先生们介绍，工业学院当时自动控制系的专业设置或者教研室设置，基本上是按照一个团的火力来设置的。那时候是结合产品设置，而不是按学科设置。一个团的火力，包括火炮、雷达、指挥仪这一套。用高炮打飞机就是这么一套自动控制系统，根据这个来分的专业和教研室。随动系统专业是控制火炮的运动，就是锁定目标。雷达是测目标的高度、方位角、俯仰角。测定目标后，因为飞机还在飞，就得有指挥仪算未来点，就建个指挥仪专业。火炮、指挥仪、雷达之间的数据信号互相联系，需要联系元件，就建个控制元件教研室，磁放大器是指挥仪里的一个计算部件，继电器也是控制系统的元件之一，控制元件还有自整角机测角度，所以我们教研室叫元件教研室。主要是讲这个系统中的三个主要的电磁类的元件，一个叫磁放大器，一个叫自整角机，一个叫继电器。我估计清华的自动控制系跟工业学院的自动控制系有相近之处，可能我的毕业设计题目和学校的目标更接近一点，他们就找我来了。当时雷达在五系，指挥仪、随动系统和元件在自动控制系。

当时 204 教研室除了电磁元件外还有电子元件，电子元件就是现在

的模拟电路和数字电路。我们这个组教师加上实验员六七个人，电子组也差不多。在我之前年纪最大的是 1956 年来的，比我整整大了一学程，也就是五六年。

我刚来的第一件事，就是给 1957 年来的聂希文老师做助教。聂老师也是清华毕业的。我们这个组的负责人叫范国俭，比聂希文大一两岁。

当时教师的任务主要是教学，没有科研。我辅导的那门课是电磁元件，当时规定助教必须随堂听课。这个规定非常对，因为虽然在大学里学过这门课，但是作为学生和作为老师完全不一样，必须重新学习。所以我说上过课跟教过课，教过课跟写过书是完全不一样的。一定要有听课这个环节才能知道课堂上老师讲了什么，辅导的时候，才知道学生为什么会出问题。我也愿意听课，有的课没安排我做助教，我也去听。我之所以愿意做老师，其中一个原因就是学校里学术资源太丰富了，有机会听好老师的课，这是别处没有的。听完课下来就是辅导，晚上每个班都会在固定的教室上自习，辅导是晚上到同学那儿去，同学有什么不懂的问题，就来找我，我坐在后面。

当时我很认真，有什么问题都记在一个本子上，一方面是为了积累自己的经验，另一方面就是便于我向主讲老师反映学生的情况。如果同一个问题好几个同学都反映听不懂，我就请他下次上课的时候再多讲两句。在辅导的过程中和同学面对面，教师的收获也很大。所以我一直主张，教师到学校来先做助教、答疑。问题是思考的源泉，学生有问题，自己不见得没有，学生的很多问题甚至自己都想不到，解决这些问题对自己也是极大的提高。助教还需要辅导实验，基本上就是这些工作。做助教还是很有收获的。

我助教做得不是太多。到工业学院第二个学期，领导看我辅导的情况还可以，当时又缺老师，就给我分配了一个自动控制元件课，学时少，而且是给光学系、机械系这些外系讲的。我们自动控制系的我还讲不了，因为这是对自动控制系很重要的一门课。二三十学时，自己独立讲，自己判作业，自己辅导。因此 1964 年，我就上讲台了。

记得当时虽然是第一次上讲台，我既不十分紧张，也不怯场。讲这门课时我刚刚给聂老师辅导完，因为缺人手，马上就得上，所以准备时间不那么长。虽然内容我不太生，但还是很认真备课。因为喜欢，觉得有意思，认真搞是很自然的。

那课堂的效果还可以。通过答疑的情况，能看出来在课堂上他们大部分都能听明白。但这终归不是一门重点课，对他们来讲是一门科普性的课。

三

到 1964 年年末的时候，当时好像是周总理有一个指示，应届毕业生要进行劳动实习，一方面和工人同吃同住同劳动，另一方面一定要结合所学专业，学校就把我派到了北京微电机厂，到那儿劳动实习 1 年。

我在工厂里实习时跟工人一起住集体宿舍，一个屋子里有七八个人。到那儿以后我主要做技术人员的工作，电机厂生产微电机，有定子、转子，这些都是矽钢片叠成的。矽钢片由一种硅钢板材经过剪裁、冲压而成。完成冲压需要有冲压模具，而模具是由更硬的钢，经过车、铣、刨、磨等加工，最后由钳工师傅整理而成的。冲压冲模有一定寿命，坏了就得换。高质量的冲模都要经过淬火，就是把做好的模加热后搁在冷水里，硬度变大，寿命就长了。模具很难做，都是六级以上的钳工做模具，这需要相当的水平。这些师傅都是工厂的宝贝。淬火以后，肉眼看不出来，实际上有很微小的变形，对加工质量就有影响，可是不淬火软，磨损大。理想的方法是先把欲做模具的钢淬火使之变硬，然后再加工，这样加工后就不用再修了，模具的寿命也可以长了，但是模具用钢淬火后会很硬，人工加工就很困难。

为了解决这个问题，当时有一种叫电火花加工的新加工方法正在探索。所谓电火花加工，是把被加工的工件作为阴模放在底下，上边是要加工的形状的模，通过两极放电，就像拉闸时冒火花，拉闸的一瞬间两极离得很近，电压在很近的情况下击穿空气了就冒火花，这就是电火花，电火花可以腐蚀掉一些金属。用电火花加工能够把精度做得很高，这是一种先进的加工工艺，那时候大家都在摸索。北京市仪表局给工厂这个任务，是工厂里的科研项目。我去实习时，工厂看我学的是自动控制，就把我分到了这个科研组。这个科研组由 3 个年轻人组成，一个是重庆大学毕业搞电机的，一个是浙大毕业搞机械的，还有一个就是我。这就是结合专业。我们搞得还可以，还有位六级钳工配合我们，把他的工艺心得也融在控制步骤里边。这个项目在我去之前就开始了，我去以后又搞了半年多，我们几个人配合得比较好，后来搞成了。北京市仪表局在工厂开了现场会，学校人事处也派人去参加现场会了，影响不错。

我在工厂劳动1年主要就是做这个工作，完成以后又干了一点总装，还在他们检验科待了一段时间，这些经历让我收获很大。经过这次锻炼，我体验到了自动控制的实际系统是怎么回事。

“文化大革命”中后期我找了不少专业书来看。我觉得未来还是要办学，业务还得搞下去，为了提高，就要多看书。读的也不完全是我的专业，还有更基础的数学、力学等。图书馆、书店我都去，当时也出了一些新书，过去的老书也有。那个时候读书没有别的干扰，也不上课了，心比较踏得下来。

到1972年就开始招工农兵学员了。我们学校的工农兵学员都挺好的，1972级、1973级、1974级我都教过，他们虽然基础差一点，但都很用功。他们上学确实不容易，所以很珍惜这个好机会。

我带过1973级去搞业务。我们整个204教研组带他们到苏州仪器厂实习，这个厂生产PZ5数字电压表。去了有三四个月，在那里，学生到车间劳动，我们结合数字电压表，给他们讲数字电路。结合产品搞教学，这是一种教育革命的方式。这个方式我觉得整体不太可取，但局部上、具体做法上，有一定的可取之处，可以归类在实践教学上。

那时候不管是电磁元件，还是模拟、数字都会给学员讲，用到什么就讲什么。那时候我们也不完全搞得通，就向厂里的技术员学习，因为他们搞了好多年，肯定消化过。根据在厂里的学习和自己的理解，再看些书，现场结合产品给学生讲，用产品带学科，学生很有收获。那批学生里也有留校的。

我还带着1974级的去搞了一次毕业实习，地点在郎家园的北京仪器厂。这是一个国家的项目，叫分色机，就是一个做彩色印刷的自动化设备。彩色印刷是先把彩色的稿子照相，分成红、品红、蓝三原色，还有三补色。三种颜色的底稿，三种颜色的印刷，先印红的，再印蓝的，再印品红的，最后出来就是原貌彩色。

之所以发起这个项目，和当时的中日邦交正常化有关系。我们国家以前没有彩色印刷，在与日本邦交正常化时，东京报纸印出来的大平正芳[①]跟周总理握手的照片是彩色的，咱们印出来的是黑白的，这就是差

① 大平正芳（1910—1980）：日本政治家，日本第68任、第69任首相（内阁总理大臣）。

距。周总理就说，我们能不能也印出来彩色的照片？所以立项搞了彩色印刷。彩色印刷最重要的设备就是彩色分色机，确定学习仿制德国的DC300分色机，由北京仪器厂牵头，联合北京印刷技术研究所，再加上北京理工大学的老师和实习生。

我们自动控制系去了两位老师，一位叫朱华培，一位是我。我们一方面是参与研发，一方面也是带学生做毕业设计。这个项目会战了1年多，后来成功了，得了改革开放后第一个科学大会奖。

分色机要把原稿记录下来，就必须有摄像头。这里包括扫描头、蒙版头、记录头，一共三个头，从三个不同的角度记录。我负责这三个头的研究、设计和制作，朱老师负责另外一个项目，本厂的一个技术员负责一部分，印刷技术研究所的两个技术员负责一部分，所有的行政、后勤都是厂子负责，像购买元器件、厂房、场地之类的。这实际上也是一个自动控制系统。

当时研究和设计的难点在于有的元件我们根本没见过，从图纸上看都不知道是什么。当时请过两次德国专家来讲课，我的蒙版头就有一个电路符号我们都没见过，后来我们查到了，叫磁敏电阻。

后来试制成了。当时北大正在搞数字照排，印刷研究所有一部分人也参与了。我们这个是模拟的，模拟的电子分色机现在用得少了，当时是中国第一台。工农兵学员也得到了一定的训练，虽然他们在理论方面可能弱一点。电子分色机这个项目成功了以后，就给对面的北京第二印刷厂用了，后来还得了全国科技大会奖。

四

1976年，我写了一本关于电磁元件的书，那时候基本都是学校印刷厂印，做内部教材用。这本书我现在还有。“文化大革命”结束以后，恢复高考，1977年全国范围内有招生，但是工业学院没有大规模招生，二系只办了一个进修班，叫作电子线路进修班。这是一个数控方面的进修班，招了几十个人。进修班的期限是一两年，没讲到电磁元件，讲的是最基础的电工基础。

那时候电工基础二系没有人讲，因为当时电工基础在五系，就是电子工程系，那时候叫无线电系，所以二系就让我来讲这门课。“文化大革命”时我看了不少基础性的书，包括电工基础，因为电工基础是我们搞

电的最基础的学问，我觉得这个基础怎么都是有用的，所以我很快就答应了，因为我还有点底子。

电工基础课在我上学的时候是一门霸王课。“文化大革命”之前，电工基础课一般是 200 学时，两个学期，是非常重要的一门课。但是当时没有教材，正好我看了一些书，知道那些写书的教授的名字，他们在哪工作，所以我就去做了一些准备。

当时有本书叫《电路与磁路》，是天津大学的电力自动化系教授杨山与当时的副教授刘美轮合写的。天津是我的老家，我就回去了。拿到这本书以后，我特意到他们那去拜访，实际上也是学习。为了让学生能学得更好，也为了让我自己有更深刻的体会，我把书里所有的 200 多道习题全做了一遍。我上学的时候就知道，学生的问题，很多是来自作业不会做。不会做题，可能是概念不太清楚，或者概念虽然清楚，但是解题的方法、技巧不行。因为这门课又是我自己讲、自己答疑、自己判作业，我估计答疑的时候肯定会遇到问题。所以我带着习题到他们那去，请他们看我做的题怎么样，然后再请教他们教学的经验。

1978 年我出了一本书，就是《电路与磁路习题解》。这是我初期教学工作写的所谓的一本书，也是学校印刷厂印刷出版，发给同学人手一册，作为课程的补充教材。我在序言里说明了这本书怎么用：做作业的时候一定要自己先做，哪道题实在想不出来再看这本书，看这里我怎么做的，可能会有启发。因为我写的过程很详细，就怕有的同学拿它当拐棍，不怎么动脑筋，抄一遍就完了。但那时候同学非常用功，“文化大革命”那么多年没学上，来进修的人都岁数不小了，他们很自觉。这就是我第一次进入电路类或者电工技术类的教学行业。这是 1977 年冬天。

1978 年学校正式开始大规模的招生。当时我的关系在 204 教研室电磁元件课那边。后来我变成教电路的正式老师，这跟我们学校很著名的教授李瀚荪有关。这位老先生相当棒。

1974 年左右搞过教育革命，实行专业连队，就是打破原来的教研室，以专业牵头，把一个专业中从基础课到专业基础课、专业课、实验的教师、教辅都弄到了一起。原来全校电工基础都是五系教，当然也教二系，因为电工基础对二系也很重要。李瀚荪老师的编制在五系，当时教二系的课。1974 年在建专业连队的时候，脱离了五系，到了二系。“文化大革命”以后，他觉得在二系还不错，二系也希望能加强电的基础教学，所以就把他留在了二系。过了一两年，二系要以李老师为核心组建一个电路方面的教学组，原来五系的吴翠兰老师，原来搞指挥仪的罗杏雨老师，还有从一系调到二系的熊坤莉老师，他们和李瀚荪老师就组织了一个教学组。当时，李老师和系里希望我也能到这个组。我心里是愿意的，但行动上还在犹豫。

李老师在"文化大革命"中看了相当多的书，特别对国外电路发展的情况，了解得非常多、非常深入。1977 年"文化大革命"刚结束，教育部教材编审委员会开会，要编写新的教材。过去学苏联的比较多，那时候偏向学美国。学校知道李老师准备的情况，就报了一个题目。教育部也在征求关于电路的教材，那时候各个课程都在重新写，就批下来了让李老师写。他下了很大功夫写了一本新的电路教材叫《电路分析基础》，这本教材写得非常好，影响也非常好。1978 年高校出版社出版了第一版。因为这本书的出版，李老师被聘为教育部高等学校教材编审委员会的委员。当时全国的电路教材有 3 本最突出：一本是西安交大邱关源的《电路》，这本书也非常好；再一本是重庆大学的校长江泽佳写的叫《电路原理》，也写得很好；第三本就是我们李老师的《电路分析基础》。

在时间上邱关源这本书要得比较紧。"文化大革命"以后招生，大家上课都没教材，所以给他们的任务特别紧，要"救急"，希望尽快写出来，所以这本书写得比较快，经过他们集体讨论出了这本书，非常好，但是跟以前的教材相比改动不是很大。真正在内容上、结构上改动比较大的，更偏向于美国同类教材思想的是李老师这本书，确实写得很好，可以说这本书奠定了李老师在国内电路界的地位。

当时李老师这本教材影响非常大。这本书第一次出了上中下三册，内容很丰富，有很多习题，而且都是很新的题，他希望有个配套的习题解的书。当时人手不够，而且要得也比较紧，于是就以帮着一块完成题解任务的名义借我到这个组里。我说这个可以，但是调到这个组，我还没拿定主意。我心里愿意跟李老师在一起，这个课我也愿意教，但是我怕李老师在二系待不住。他原来是五系的，现在有这么好的成绩，五系肯定会到时候把他弄回去。他回去我就比较被动了，因为我一分配来就是二系，而且多少年我都比较用功，各方面都能做点事，从系领导到同事们对我都特别好，我也愿意在这个环境里接着干。我怕到时候李老师走了把我扔在这，原教研室不好回去，因为业务上断了一段时间，再回

到原来的教研室就不好安排了，讲课、科研、实验一个萝卜一个坑，所以顾虑他一走我怎么办，我没有思想准备。

然而，二系非常支持这个教学组，后来给这个教学组建了实验室，添置了设备，这下我就放心了。建了实验室，花费了人力、物力、财力，就不会轻易变动了，李老师留在二系的可能性很大了。系里决心也很大，当时系主任马志清对我说，我是男的，其他几位都是女同志，将来有很多事需要我跑腿，这时候我就答应了。事实上，后来李老师在社会上声誉越来越好，有很多社会活动就是我帮着李老师去跑腿的。

我过去以后，第一件事就是操作习题解这本书。李老师的书出来以后，主教材在全国影响非常好，但是不能光有主教材，还有习题解的问题。第二个是实验的问题，跟这个电路教材相配的实验没有。过去都是苏联的那套实验，比较古老，那时候的电工基础虽然是霸王课，当时内容确实比较老了。过去这个体系是直流电路、交流电路、过渡过程三大块。李老师这个框架是电阻电路、动态电路和正弦稳态这三大块。虽然都是三大块，但是思路不一样，而且后来很多专家都觉得李老师的框架更合理。后来国内出了很多电路方面的书，基本上都是类似李老师的框架。所以实验也要更新，更新实验的任务交给了我，我也有兴趣。当时最难的也是最新的是动态电路实验，过去没有。电阻电路实验相当于过去的直流电路实验，正弦稳态那部分相当于过去的交流电路，那些实验过去都有一些，改一改还可以用。动态电路以前叫过渡过程，比较难，从实验角度来讲做得不多。现在这三大块的结构，就是要重视动态电路，因为这个电路要给模拟和数字电路打基础。特别是数字电路在某种意义上讲就是动态电路，所以动态电路是很重要的基础。因为技术发展了，基础课也要相应进行变动，这时候动态电路实验就非常重要，但没有现成的可供参考的实验资料。

李老师给了我一本 1977 年英文原版的电路书，一本美国人 David F. Tuttle，Jr 编写的 *CIRCUITS*（《电路》），这本书的特点就是动态电路写得特别好。

在该书的动态电路里有一阶电路、二阶电路，还有电路的激励、脉冲，都有相应的非常精美的示波图，测量实验的照片，非常有参考价值。我把书里的内容基本上消化了以后，开发出了三个实验：一阶电路、二阶电路和一个一阶、二阶电路的零状态响应。就是训练同学使用电气测量仪器的能力，示波器要用得非常好。还有电路设计，基本上取材于书里，把书中最简单的、最说明问题的电路拿来作为实验的电路。我觉得这三个实验的效果还不错，最后写了一本《电路分析基础实验指导书(二)》，(二)就指的是动态电路这部分。这个任务完成的过程对我的锻炼也很大，怎么根据主教材设计实验，怎么理解为什么要这么做，而且把硬件设计出来，变成一个装置、一个样机，这个过程走过来，还挺有意思。

这些实验设备后来咱们同学也都用了，这本书也作为指导用书了。不少兄弟院校还来取经，把我们的指导用书要去。后来李老师给全国的电视大学讲课，也有实验，李老师讲课的相应实验，就基本是按照这个走的。另外，对我来讲这是一个很好的工作经历，因为教学工作，一方面是讲课，一方面就是实验。实验很重要。

“文化大革命”结束以后，大家的学术活动、教学活动都非常积极，按郭沫若的说法，科学的春天来了。高等学校里，教师之间的学术和教学活动慢慢开展起来。那时，北京高教局牵头，北京范围内搞电路的老师们凑在一起，想成立一个同行互相交流的群众组织。成立以后就叫北京高校电路理论教学研究会，1981 年 6 月 8 日在咱们学校开的成立大会。

这个研究会最早的牵头人是中国科学院研究生院的教授左垲，他是第一任理事长。左垲所在的学校中国科学院研究生院当时只有研究生，没有本科生，而且学生也不太多。大家也都知道李瀚荪老师，是国内本科电路三大教材的作者之一，就公推李瀚荪老师做副理事长。当时还有一位副理事长是北京工业大学研究生院的院长张德有，他们组织了一个领导班子。还有三个秘书长，一个年轻人跟着一个理事长，我就跟着李瀚荪老师。在电路本科教育里工作做得最多的还是李老师，因为这本教材的影响太大了。那两位老师都是搞研究生教育的，在本科层面没有教材，所以这个学会就挂靠在我们学校，因此我就是秘书长，另两位是副秘书长，一位是中国科学院研究生院的董文彬，一位是北京工业大学的白同云。

我觉得这个研究会对教师的作用很大，对我们组织者的作用也很大。很多时候开会都是我们这边组织；一方面，能够在这个会里做一些牵头工作，说明了社会对我们学校电路课程水平的认可，也是对我们的肯定。一方面，这些工作也锻炼了我们。

李瀚荪老师当时非常忙，各种社会活动、讲课，没时间搞太具体的事务性工作，基本就是我跑。好在还有两位副秘书长，和我年龄都差不多。所以从 1981 年开始，一直搞了十几年。我们的研究会归北京市高教局管，高教局下面办了好多学会，因为北京高校有好多课程，基础课基本上都建立了学会或研究会。

五

1978 级恢复招生后的第一届，电路课是李老师讲的，我们教学组的几个人全部去听，然后分工去辅导各个班，也辅导实验。学校也非常重视，系主任马志清也去听课。1979 年我就单独讲课了，因为确实缺人，李老师太忙，不能都让他讲。我记得当时我带了两个班，讲的是电路分析基础。讲课时我就是有样学样，模仿李老师。

马志清后来是我们学校主管教学的副院长，他把系里管理得非常好，也特别务实。他说，要管理这个系，不懂得这些最重要的课的内容、不了解课堂状况不行。他去听时记笔记，有时候跟我们一起讨论。他不但听李老师的课，我的课他也去听，我非常感动。他还帮我判学生的作业。我有时候晚上到教研室去，会碰到他在 6 号楼加班，办公室的灯亮着，他还在看书。他经常对我们进行鼓励。我问他听课有什么意见，他说听了李老师的课以后，再听你的课，还是有一点可听的。这就是鼓励，他非常注意对年轻人的培养。

我那段时间还发表了很多论文。因为这个研究会每年有年会，年会主要是大家以论文的形式互相讨论。论文涉及自己在学校这一学年教课过程中有哪些体会，特别是对教学内容的理解和如何讲课。我写的论文都是针对电路这门课的，基本上都是我自己完成的，只有一篇是与李老师一起写的。这些老师写的也都是关于电路教学的论文，虽然大家用的教材可能不是同一本，但大多选自这三大本教材当中的一本，也有学校选自己老师写的，所以大家有共同语言。

只有对教学、教材的理解深入了，才能写出文章来。而在写文章的过程中，又会理解得更深。当知识落在纸上，一个问题得有一个结论，结论得出的过程需要合乎逻辑，不合乎逻辑就写不通。这个过程对自己是很好的训练。对教材的理解，所选的题目，差不多都是教材当中的难点，不然也不会在教师当中形成问题。这些难点变成论文，之后再去讲课，感觉在课堂上的信心就不一样了。所以我觉得这个年会论文交流的作用很大。不能只是自己在那儿抠，同行之间相互刺激、相互讨论，思想火花的碰撞是很重要的。这些活动，我觉得非常有助于教师的提高，而提高教师水平，最终还是为了学生。

搞这些活动的同时，我的教课也一直在进行。因为这些论文的题目来源于授课和教师答疑中学生的问题。我们电路分析基础里，到现在为止可能还有一两个问题有争论。李老师的教材现在出了五版，我退休之前出了三版。我发现对其中一个问题的阐述，三版都不一样，说明每一版都加入了新的考虑。有些比较经典的，比如欧姆定律，就没什么变化，因为它经过多年的考验，逻辑上没有问题，实验验证上也没有问题。有的不行，那这些就是要深入研究的地方，将来可以出论文。一次不见得能解决，就多试几次。这样一来二去，教师就锻炼出来了。

1982 年，李老师还去给电大讲过课，那时电视大学刚成立不久。电视大学在我国青年人的培养上功不可没。1978 年，真正考上大学的还是少数。那么多人那么多年没学上，学习的欲望那么强烈，没有一个出口不行。而且国家急需人才，光靠现有的大学不够。因此教育部办了电视大学来解决这个问题。电视大学是全国性机构，各省也有，校长是当时的教育部部长，可见国家非常重视。电大当时挑选了全国最好的老师，第一堂高等数学绪论课是华罗庚教授讲的，全书是北京大学邵士敏副教授讲的；第一堂英语的绪论课是李赋宁教授讲的，全书是北京大学郑培蒂讲的；专业基础课中的模拟电子电路是清华大学童诗白教授讲的；电路分析基础就选到了李瀚荪老师。那时候李老师的教材刚出来不久，正好就用上了。

电视大学录像时的职能架构是这样的：除了主讲老师，还配有两个辅助老师，一个叫监听老师，一个叫助讲老师。李老师是主讲老师，我是监听老师，另一位女老师罗杏雨是助讲老师。具体做法是，每一节课李老师都要写讲稿，写得很规矩，每个字都很讲究。写完讲稿，为了保证质量，先给监听老师——就是给我看，让我看看有没有笔误或者不合适的地方。我还需要从听课学生的角度，看有哪些不足，在他录像之前提出来，认为应该改的，就改过来。

录像的时候，两个助手都要在现场。监听老师在录像时的任务是听李老师讲课有没有口误，有了口误监听不能直接告诉他，需要把口误的

那句话写在准备好的小牌上，举起给主讲老师看，或者用手势告诉他口误的内容。如果主讲老师能不声不响改过来那最好，如果不能，就要停下来重新录这段。助讲老师负责计时，录像的时间很严格，电视台放的时间不能错一点，这就要求助讲老师在录制现场随时向主讲老师提示录制用了多长时间。

那时候我们还有聘书，现在我还存着，挺正式的。每次录制都是车接车送，很重视。我们两个助手是蹭接李老师的车一块儿去，录完了再给我们送回来。

教材前两届用的都是李老师的教材，影响非常大。李老师跟我说，有一年他出差坐火车，就有人认出了他，说您是李瀚荪老师吧？当年电大的毕业生，很多都成了各行各业的骨干。当时的电视大学功不可没。

后来电大越来越发展，就不能光用原来的本科教材了，电大办学定位是属于大专水平的实际应用型人才。用研究型大学的教材，虽然水平很高，但是不太适合他们。他们希望针对学校的定位、教学大纲、教学目的来编自己的教材。编教材还是依靠原来的授课老师，但当时李老师太忙，一个人干不过来。这样由李瀚荪老师牵头，罗杏雨、李立群和我参加，一起编写这本教材。李立群也是一位很棒的电路老师，是电大联系这门课的，他是郑州大学的。李老师是主编，写出大纲，我们分工来写具体的内容。这样先后出了两本书，第一本叫《电路分析》，1985 年由中央广播大学出版社出版。过了几年，电视大学又有一些新的考虑和认识，就又写了一本。因为电视大学有很多毕业后搞强电的学生，所以又加强了磁路，写了一本叫《电路与磁路》，就跟我们理工大学“文化大革命”前电路教材的名字一样。这两本书都是这么一个架构，李瀚荪老师主编，领着我们几个人作为参编，都是中央广播电视大学出版社出版。

这几本书学生反映也都非常好，培养了不少人，肯定比我们本科培养的人要多得多。

六

1984 年，我把功率电子学研究引入工业学院，这个成了我的研究方向，我后来也出过这方面的专著。在高等学校里，特别是研究型大学，老师要“双肩挑”，教学科研并重，如果不搞科研，教学就会像一潭死水，水平不能提高。教师不光要传授知识，还要创造知识，因为在创造知识的过程中会有更深的体会，有助于更好地传授知识。

但是在高等院校的专业基础课或偏基础类的教研室里，科研很难搞。一个是时间少，因为这课是所谓霸王课，一上来就是 100 多学时，而且还有实验，光上课就忙活得够呛，很少有时间去搞科研。第二是题目难找，这种基础课的内容相对成熟，这里面虽然有几个没有解决的问题，但难度很大。毕竟这么多年这些题目都没有啃下来，你想啃不那么容易。而且以前的教研室就是研究教学的，不像现在是教育、科研在一块的综合研究组。我们成立这个课程组也面临怎么搞科研这个问题，到哪找题目，怎么搞，都是问题。

1983 年 8 月，北京邮电学院开了一次关于通信方面的教学科研联合的学术会议。参加这个学术会议的有高校教师，也有科研单位的研究员。在那个会上我听了一个报告，是当时的成都电讯工程学院的校长顾德仁做的，他是搞电路的。他委托他们教研室的虞厥邦老师做了一个关于功率电子学研究的报告，这个报告背景是顾德仁带的一个博士廖瑞林做的一个题目。

功率电子学这个题目是从美国加州理工学院那边介绍过来的。所谓功率电子学，从设备来讲就是搞开关电源。很多电子设备过去用的都是线性的电源，效率非常低，后来有一种电源是开关型的，效率比较高，而且可以做得非常小、非常精。当时的研究题目就是怎么能够把这个电源做得小而且效率又高。当初科学院计算所专门有一个第四研究室，就是研究计算机电源的，电源是计算机当中很重要的一部分。虽然搞电源看起来不像搞主板那么尖端，可是从体积、成本来讲，它是最大的一块。那时候要想革新计算机，最先想到的就是革新电源，电源体积缩小一半的话，整个机器就缩小了三分之一。如果是缩小 CPU，因为它本来就小，所以从体积上占不了多少便宜。

这时候就形成一个理论，认为电子学或电子技术应分为两大块儿，一块儿叫信息处理，一块儿叫能量处理或叫功率处理。信息处理就是搞 CPU 等，能量处理就是把一种能源形式变换成另一种能源形式，更确切地说一种电的形式变成另外一种电的形式。这种变换有四种：交流变直流，就是整流；直流变交流，就是逆变；交流变交流，就是变

压或者变频；直流变直流，就叫变换器。四大变换，就是所谓能量变换，研究电能量变换的理论就叫功率电子学，也叫电力电子学。研究开关电源从理论上讲就叫研究能量变换的电子学或者功率变换的电子学。当时在美国研究得比较好，现在想起来，目标就是现在的手机电源，或者是小型电子设备的电源。能够做到今天这么小，就是科学研究的结果。

我一听到这个题目感觉挺好。第一很实用，第二我们够得上。因为它所用的基础包括电路、电子线路、数字模拟，自动控制理论里面这些基本包括了。当时控制部分用一些集成电路，功率电子电路中主要用开关管为代表的开关元件和电感器、电容器这些储能元件，用到的理论主要的就是电路理论和控制理论。所以我觉得适合我们干。从内容看，我们专业基础课老师可能还干得了。再有，这个题目搞的人还少，因为搞信息电路的人不太愿意搞这个，他们有的是东西可做。而搞强电的人对电子电路好像还不太熟悉，社会上很多技术员、工程师可能还不太知道或者知道也不太感兴趣。我觉得高校应该先进一点，先走一步，因此这个题目对我们很好。回来我就跟李老师汇报，觉得这个挺不错，建议我们也来做，还可以作为研究生的题目，他很赞同。

那时候李老师是副教授，带研究生，我是讲师，还没有资格带研究生。他说我给你一个学生，以我的名义带。于是我就用功率电子学的题目带这个学生。第一个学生叫郭连文，从此开始了我的科学研究和对研究生的培养。

我以后的研究方向就变成它了，我觉得这个项目对于专业基础课的教师来讲，是能促进教学的。后来经过几年的研究，我写了一本专著，叫《高频功率电子学》，是和我大学时的老师蔡宣三①教授合写的，由科学出版社出版。出版后，很多学校的功率电子专业的研究生都把它作为教材，反映比较好。科学院计算所有一位研究员就跟我们说，到底是高校老师，把这个问题写明白了。实际上这跟理论的叙述有关系，工程师们产品做得很好，但理论方面没有那么多时间搞，所以写东西这方面就弱一些。

---

① 蔡宣三（1929—2009）：男，上海市人，清华大学教授，我国著名的电力电子专家，清华大学电器专业创办人之一。

七

前面说高校电路理论教学研究会第一届理事长是中国科学院研究生院的左垲教授，副理事长是李瀚荪教授和北京工业大学的张德有教授。他们干了两三届，左垲教授请辞，大概有年纪了，接着推选李瀚荪为理事长，副理事长两位，邮电大学的诸维明和清华大学的江缉光，这三位一直干到最后。

当时我们这个研究会的会员之间都有联系，我们年轻教师之间也有联系，后来都成了朋友。大家都有教学改革的愿望。北方交大的赵茂如和中国警官大学的王予，都是教这门课的，而且都用的是李瀚荪教授的教材。就在那年暑假前我们就一块商量，我说咱们下学期各自在自己学校里做一个改革，除了做作业、做实验、答疑以外，让学生通过小论文的办法来加强对课程的理解。我们各自做自己的，拟了十几个论文题目。这十几个题目，在我那本书里都有。这么做了以后，效果还不错。那届学生也特别努力，现在好多学生都成了社会尖子。

到11月份学期结束之前，我们找了一天时间，组织北交大的两个班、警官大学的两个班、我们学校的两个班，三个学校的学生一块在北理学校主楼一层一个大教室，开了一个小论文交流会。我们系管教学的主任胡佑德去了，好像李老师也去了，都讲了话，表示支持。每个学校出3个学生，共9个人，每人讲一段，不同的题目，不同的角度，都是对课程内容方面的理解，有些还有所扩大。老师帮着补充一些知识。因为学习的知识点有限，但是解决一个实际问题，不仅仅限于课程上的知识。学生很有兴趣，做了很多准备，花的时间也比较多。后来我总结的时候其中有一条，就是在一个正常的学习秩序下如果要拓展课外知识，所付出的时间代价怎么平衡，怎么能搞得更好。这个改革总的结果还是满意的，还在一次校际的教学改革交流会上进行了交流。

因为原来在电路课程的建设当中做了一些工作，再加上写了一些教学研究的文章，1985年我就晋升为副教授了，李老师也晋升为教授。

我晋升讲师是1978年，因为以前就没有做过职称评定。后来教研室合并是因为电路的教学力量在两个系，比较分散。当时电路的重心在二系，因为李老师在二系。学校领导也曾经说过，李老师在哪，哪就是电路课的重心。而且二系还有了实验室。但是学校电路课程组当初就是在

五系建的，当时李老师也是五系的。可能把两个力量合起来更能发挥作用吧，在1986年一次校长工作会议上，就决定二者合并。

合并的时候我本来不太愿意，前边说过，我原来就有顾虑，我是学自动控制的，分到二系自动控制系就是结合专业的，在学校时学的东西基本都能用上。我在二系讲的虽然是基础课，开始讲电磁元件，后来主要讲电路，但是后续的课我很清楚，那些专业课我也学过，课应该怎么讲，我心里比较有底。而且我在二系待了那么多年，人事关系都比较熟，大家处得也比较融洽，上至领导，下至同事对我都非常好。我提副教授在我们同龄人中是最早的一个。我在二系工作得还比较顺。如果到五系，一是人事不熟，再就是后续的课我不清楚。因为我掌握的知识比较偏强电，我搞的功率电子学也是弱电中的强电，是电子设备当中的电源，也就是是能量处理这部分。五系主要是信息处理，在国内相当有地位，搞得特别早而且特别好，能人相当多。我去了以后，需要重新学习。基于这几种原因，我不太愿意过去。

因为有一段时间我比较抗拒，各级领导都来做我的工作，五系的同事也特别热情，教研组很多同志到我家去聊这个事。经过各方面做工作，我想在电路教学组也待了不短的时间了，而且我的副教授也是因为在电路课程方面做的工作比较多而提的，也不太愿意离开这门课，所以还是过来了。

当时新的教研室是二系204教研室的电路组和五系501教研室全部。501原来也有电路组，就是李老师出身的那个组，合并了。501还有一门课叫信号与系统。就是电路和信号与系统合成了一个新的教研组。

实际上在204的时候也是两门课，电路和电子线路，等于是模拟电路和数字电路，两个组组成一个教研室，五系这边是电路和信号与系统组成一个教研室叫501。新的教研室代号还是用501，新的教研室主任是李瀚荪，副主任是我和原来501搞信号系统的张宝俊。具体负责上，李瀚荪是主任，我负责电路教学，张宝俊负责信号与系统，我们两个年轻点的做副主任。

当时两个教学组的人合起来，实验室也集中起来，从大局来看是合适的。合并之后，课程的对接也面临一些问题。我的科研是功率电子学，从弱电角度讲它是强电，但从强电角度来讲它又是弱电。搞特大功率的现在是直流输电，搞电动汽车就属于很强的强电。我们搞的功率电子学指的是电子系统的电源量级的功率，是弱电中的强电。我来到五系的时候大概只有我搞这个，其他很多教研室都是做信息处理相关的。这样我到这边困难就比较多，但我是讲这门课的，所以就尽量学一学。

电路分析基础这门课到1987年就成咱们学校的一类课了，后来也一直保持一类课。当时不只是我们学校，全国高等学校里都有一个倾向，就是重科研轻教学，职称评定，很重要的就是看科研和论文，教学方面就有点弱。领导也知道这个情况，所以就用各种办法和政策来刺激教学的成长发展，其中一个办法就是评一类课，用这种办法让大家更重视教学。学校规定教学上获得一类课相当于科研上的某种相应的成绩，将来评职称什么的都有用。这是一种提高教学地位的方式。

第一届评一类课大家都在争取，全校好像评上了12门。我们这门课能评上，主要是因为李老师的这本书。同时大家共同努力，心气比较高，教学上也努力做了一些工作，争取达到一类课的标准。学校很重视，教务处也比较重视，因为教务处主要抓专业基础课。高等学校里，当时认为有三类课程，就是基础课、专业基础课和专业课。对于工科院校来讲，最重要的课程是专业基础课，后来有的叫核心课程，当时有的叫霸王课。三个层次都重要，如果再区分一下，最核心、最重要的就是专业基础课了。专业基础课学好了，到社会上只要是搞电类的，就比较容易上手，没有这个基础就比较困难。所以教务处也是重点抓这一类课程。

电路分析也是这类课，又加上了我们确实做了一些工作，在国内有一定影响，所以大家就争取。第一次评审是1987年，那时候对课程建设非常重视，第一次开评审会的时候是李老师亲自写的自评报告，报告里评述了为什么这门课已够了一类课的标准。这里面也有学校规定的几条标准，要求根据这个标准自己给自己先打分。李老师亲自写的，亲自做的报告。那时两个课程组已经合并到了五系，教务处管评估的领导、系里的领导都来了，其他准备申请一类课的教研室主任也都来了，一起听李老师的汇报。我们课程组全体都参加了，开了半天会，领导也都讲了话。这个会开得挺好，接着就通过了。隔了一年，在学校召开的一次讨论授奖的会议上，决定授给我们一个奖，叫教学优秀集体一等奖。集体一等奖，就是一类课的意思。虽然给了这个称号，这门课也不是终身的，过一段时间要复评，如果不行这个称号会被取消。后来我记得连续给了三次，隔2年一次。最后那次是我写的自评报告，我做的报告，因为李

老师的事更多了，这事就交给我做了。

1990 年我就升为教授了，升教授除了教学，还得有科研、论文成果。我的科研主要在功率电子技术方面。

到五系以后不久，国务院学位委员会正式批准在我们这儿设立一个电路与系统的硕士点，这是因为我们到五系以后，力量强大了。原来我们没有自己的硕士点，就是因为没有教授、副教授可以带研究生。那时候二系有一个硕士点，是归类于系里一个大的学位点当中的一个。这次有了自己的硕士点，这样科研也要开展起来，教学也要继续往前走。科研上在硕士点里分成三个组，一个是电路理论组，李瀚荪为学术带头人；一个功率电子学组，带头人是我；还有一个关于测量仪器方面的是张宝俊老师牵头。我这组的科研主要在功率电子技术的理论方面，因为功率电子技术的科研在国内就两个学术组织。一个叫中国电源学会，“文化大革命”中就有，一直延续下来，它是以工厂企业当中搞稳压电源或者生产稳压电源的工程师和技术员为主，这个学会是他们之间学术技术相互联系的组织。还有一个学会是以中国科学院计算机研究所里的一个电源研究室——四室为主，联合全国的计算机专业研究机构中的电源研究者成立的，叫中国计算机学会电源专业委员会。我们搞功率电子学，主要学术活动场所就是这两个学会的年会。

中国电源学会这些成员特别重视实践，因为他们都在生产第一线，理论方面比较弱。后来他们也发现了这个问题，就请清华大学的蔡宣三教授到这个学会做副理事长。蔡教授在功率电子学方面或者是在过去的自动装置方面，是一位国家级的权威。蔡先生比我大 10 岁，1950 年清华大学毕业，毕业以后一直在清华自动装置教研室，是“文化大革命”前的副教授，相当有学术水平。蔡先生和李瀚荪先生是中学同学。那时候他的专长是搞磁放大器，我的毕业设计也是磁放大器，所以那时候我就知道蔡先生了。当时他们清华的教研室有两位很有名的搞磁放大器的人，一位叫顾廉楚，另一位就是蔡宣三。顾廉楚搞理想磁放大器，蔡宣三搞磁放大器动态分析。他们的论文很出名，所以我们经常去找他们请教。毕业以后，我分配到北京工业学院，和他们就没有什么联系了。

我搞功率电子学以后，八几年，有一次参加中国电源学会在天津办的年会，遇到了蔡先生。他对我也有印象，这就联系上了。后来蔡先生就让我到他家去谈学术问题。我搞这个领域时他给我的指导比较多。因为蔡先生搞功率电子学时间比较长，这个学科也叫电力电子学，所以从科研内容角度讲我跟蔡先生更接近。后来我们的研究生答辩的时候，也会把蔡先生请来。

蔡宣三先生是老知识分子，但他一点不保守，对新技术接受得特别快。蔡先生有一次跟我说，现在功率电子学界这两个学会有一个共同的问题，就是理论不够扎实，你愿不愿意跟我一起写一本书？因为那时候在这方面没有很好的专著，也没有很好的研究生教材，技术人员都是看一些文章和看科研实物来解决自己的科研问题，没有比较好的理论。因此需要一本比较清楚系统的，能把现代技术都容纳到里面的专著。我当然愿意，正好跟蔡先生学习学习。就这样，《高频功率电子学》这本书酝酿了一两年就出版了。写这本书也是一个学习和研究的过程。这里面不但有一些很基础的东西，还有一些是把现代新发展的技术容纳进去，而且有我们自己的一些看法。这本书在功率电子学界影响比较大，因为搞这个领域的研究生导师，大多会选它作为研究生的教材或者是参考书。这本书原来是科学出版社出版的，10 年以后又在电力出版社出版了一次，反映也比较好。

这本书的第一作者是蔡先生，评奖要在第一作者的单位去评，所以 1996 年评了清华大学优秀教材一等奖。这本书的出版对我被评为教授起了一定的作用。除了这本书，我在这个领域还发表了一些论文，获了一些论文奖，如 1988 年获得的中国计算机学会电源专业委员会第四届年会优秀论文奖，1991 年获得的中国电源学会第八届年会优秀论文奖。此外还有一些社会兼职，并且取得了两个专利。而且我是以教学为主的老师，除了我所教的课程被评上了一类课，我还得了校教学二等奖、三等奖之类的，这些成绩综合起来，就让我在 1990 年的时候评上了教授。

那个时候我还带研究生，带研究生一直是功率电子学方向。我一共带了 9 个，都有点质量。有一个研究生叫台林，是我第三个研究生。

台林后来留校做助教，也晋升了讲师。后来因为有了小孩，家里负担比较重，工资不太高，他就从学校走了。他在校外办了一家以研制各类开关电源为主的公司，叫北京动力源公司。这个公司是和我们学校八系的一个研究生以及北航的一个研究生合办的。这个公司早已经上市了，他是副总经理兼总工程师，是技术方面的负责人，几个亿的身价。他经过了科班培训，理论上有了一定的深造，而且动手能力很强。他回校时

跟我说，我当过高校老师这件事对工作也很有帮助，在去市政府争取项目的时候，我能在20分钟之内说得很清楚，这样就容易拿到项目、拿到经费，就容易搞出东西来。

我还有一个学生叫谢雪飞，后来到香港大学读博士，又到美国通用公司做了工程师，现在在上海，是一个公司功率电子技术的团队带头人。还有一个叫李文定，在一个瑞士公司搞充电器，也不错。我培养的学生数量不多，但有点质量。

我还有两个专利，但这两个专利其实内容差不多，是一个开关电容型的逆变器。本来我想做发明专利，专利局的人说发明专利考核的时间特别长，您要不就先做一个实用新型专利，能够比较快地批下来。所以我就先做了实用新型。过了两年，发明专利才批下来。教研室的另外一个老师的研究生到日本去读功率电子学，他的日本导师也研究开关型的变换器，想做一个效率比较高的变换器，做过实验，但是没有做成产品。确实在当时不少人在做，但都没有做完整，也没有形成专利。我们这个实验做得不错，做出来这么一个专利。后来我也没往下再做，转移到别的事情上去了。

八

我1994年主持了501教研室电路课程组的电路实验的改革，这是我参与的第二轮改革。我刚刚入行的时候，在二系开发了一组动态电路实验，用美国人的一本书作为重点参考，写了一本实验指导书《电路分析基础实验指导（二）》，开发了一组新的实验。随着教改的发展，大家感觉到原来很多教学实验都是验证性实验，比如叠加定理，做一个实验看理论对不对。这样的实验对学生动手能力的培养并没有太大帮助。实验指导书写得很详细，学生按照写的步骤做就行了，很难培养创新能力。因此教研组就提出了实验研究的课题，研究实验怎么发展能更有利于学生创新和动手能力的培养。

那时候我们两个组已经合并，人员多了，这个事就交给了我。我开始组织了3个人，到北京各院校调研，清华、北工大、北邮、钢铁学院，基本上有这门课的学校我们都去过。调研回来后我们想，实验应该区分不同的类型，除了验证性实验，应该还有其他类型的实验能提高学生的动手能力，培养学生创新精神。

我们想到了两类，一类是测量性的，因为实验经常跟测量连在一起。我上学的时候除了电工基础——就是现在这门电路课程，以外，还有电工量计，就是电工仪器与测量。改革开放以后这门课没有了，实际上那些能力还是需要的。根据这个思想，觉得应该有一些重点在于电子指标测量方面的实验。这类实验可以把电路设计和电磁测量相结合，可以给同学任务，要测量什么，自己找用什么电路，用什么仪器，这样就比光是验证理论，对学生动手能力的培养要强一些。

再一类需要能力更强的是综合性实验，就是让学生设计并制作一个小的电路，但是必须是完整的、有实际功能的电路。比如万用表，让学生做一个简单的万用表，里面要用到很多知识，包括设计、版图到最后制作。

这样一来，我们总结出了学生做的实验应该有三个不同层次，就是验证性实验、测量性实验和综合设计性实验。在这个基础上根据调研的信息，我们拟了三十几个实验，包括了三个不同的层次。在这基础上再淘汰筛选，经讨论以后选出 15 个实验，平均一个层次 5 个。对这 15 个实验的具体开发由全课程组的人参与，每个实验 2 个人，1 个教师，1 个实验员。有的教师可能有 2 个实验，有的实验员可能有 2 个实验，但是一个实验要保证 2 个人参与。根据我们的意见，这 2 个人去策划，找什么电路，怎么做，用什么仪器，什么步骤，最后写出实验指导书。这个实验的总体规划是我写的，从 33 个实验缩减到 15 个，最后 15 个实验规划出来，然后做出样机，找一个班级的学生做试点，就用教师们开发出来的方案去做。根据同学反映，做的效果还不错。后来我做第三次一类课的复评报告时，就把当时学生做完实验以后写的感想引了几句。

这件事成功以后，就把它编成一个教材，差不多一直用到现在。第一次教材是我写的，学校内部印刷。第二次教材是以我们教研室的实验室主任张维中为主写的，那时他已经调到系里做办公室主任了，1997 年由北京理工大学出版社正式出版，取名《电路实验》，二版时他又把我的名字挂上了，基本上用到现在。

我还被聘为系里的教学指导委员会委员。1994 年被聘为学校电子学科专业技术职务任职资格评审组成员。1995 年被评为北京理工大学首批高水平课教师。其中，我最看重职评委的工作，因为觉得这是学校对我学术水平和人格水平的认可。我很认真地在这里工作，因为这件事牵扯

到一个人的学术生命和学术职称的晋升问题，必须认真、严肃、公正地对待。至于学术委员会、教学委员会，当然也很重要，但没有这个任务重要。

关于高水平课教师是这样的：学校一直有重科研轻教学的问题，学校也一直在纠正这个倾向。为了解决加强教学的问题，为了让教师在教学上有所作为，学校采取评选学校的高水平课教师的活动，借此能够让教学更加受到重视。我印象中这次活动是单位推荐，没有个人报名。结果全校评出了16位，其中有我一个。

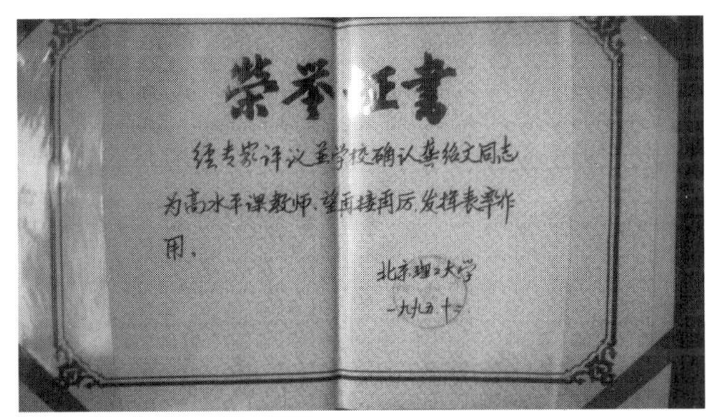

荣誉证书

经专家评议并学校确认龚绍文同志为高水平课教师，望再接再厉，发挥表率作用。

北京理工大学

一九九五.十二

选上以后告诉我说，凡是评上高水平课教师的人都要写一篇文章，讲你是怎么样教这门课的，叫作教学研究论文。我就写了一篇，讲我怎么样教电路分析基础这门课。在写的过程中，我的脑子里涌现出一个问题，就是一堂好课的标准是什么。我觉得教师讲课就得有标准，不能想讲什么就讲什么，想怎么讲就怎么讲。于是就想到了六条：概念明确、重点突出、脉络清楚、语言考究、板书得当、学时准确。我就以这六条为核心写了一篇文章，取名《我是怎样教电路分析基础这门课的》，被收录在1996年6月北京理工大学教务处编辑出版的《北京理工大学高水平课教师教学研究总结及论文专辑》中了。

文章交了以后，高教研究室的一个编辑又改了改，改得很好，我觉得很受益。这个活动一方面给了我荣誉，另一方面也激励了我关于研究教学方法的热情。此后，我有意识地在教学方面进行思考、实践。

九

在1995年到2000年，还有一件对我来说比较大的事，是我担任国家教委第三届大学本科电工课程教学指导委员会委员。这是国家教委聘任的。我觉得这是对北京理工大学的认可，也是对我的教学工作的认可。

1997年学校还搞过教学组织改革，就是取消了教研组，建课群。以前的改革是各门课单打独斗，像我们电路怎么改革，实验怎么改革，教材怎么改革，教法怎么改革，都是围绕这门课。后来感觉这种改革不够了，任何一个人的知识结构都是系统化的，高等学校上的课也应是相互间有联系的。很多课可以归为一类课，可以把它们融合起来，前后衔接，形成一个系统。因为如果是一门一门孤立的课，那每门课都有头有尾，有绪论、有中间、有结论，讲第二门跟它有关系的课的时候又得重复第一门课的一些基本东西，这样课与课之间的衔接浪费很多时间，也容易故步自封。所以要把有共同功能的几门课组织起来，成为一个课群。这个思路不只我们学校有，当时很多高校都在搞。开始是一两个学校，一推广就全开始了，各个学校的特色也不是太明显。

当时学校是五系的501和502在搞这个课群改革，502变成了课群，501里只有电路和信号与系统，但觉得这两门课的联系不是特别紧密，好像电路跟电子线路更紧密。所以组织课群的时候，信号与系统就转到信息处理那边了。电路这边就跟电子线路即数字、模拟、高频通信电路弄到了一起。现在又变成了三电中心，就是电工电子国家实验中心。我们学校的这个中心搞得挺好，是国家级示范中心，底子就是这个课群。课群主任当时是李瀚荪，副主任一个是我，一个是罗伟雄。罗伟雄原来是502教研室的主任，是搞通信电路的。课群延续了有四五年吧，后来就变成了三电中心。三电中心除了这两个又加上了电工教研室，就是原来给非电类开的电工学的教研室。北京理工大学原来需要学电的知识的有两部分，一部分是无线电系和自动控制系，一部分是除此之外非电类的机械、光学，他们的基础课当中有一项概略性地讲有关电的知识课，叫电工学。电工学有时候在机械系——过去的七系，有时候在基础部，有时候在二系。建课群的时候就都归到三电中心了。

十

我是2000年退休的，年龄到了。

2003年，我还编了一本书。当时学校抓青年教师的教学抓得很紧，再加上有北京市的教学基本功比赛，就抓得更紧了。几年下来，北京市教学基本功比赛，北京理工大学的工会也起了很大作用，第四届就是在我们理工大学开的。为了推进以后的工作，学校想编一本书，把前几年青年教师基本功比赛优秀选手的教案汇集起来，再找一些专家、老先生，每个教案都写几句评语，形成一本书，发给青年教师参考。

这本书是学校工会牵头做的，时任工会主席董兆钧作为主编，我作为第一副主编去操作这件事。当时教务处处长庞思勤也起了很大的作用。策划这本书的时候，他建议我写一篇所谓指导性的文章。因为这本书的主要内容都是青年教师做的，他希望我写一篇我的教学经验，给这本书再加点分量。这样这本书就有青年教师的一面，也有老教师怎么看。

我觉得这正好可以作为我之前一段工作的总结。刚才说的评高水平课教师时候的论文，再加上八几年的时候，北京市教委高教处组织北京的四五十个教授作为他们的代表，到北京市各高校听课，然后对北京高校课堂教学现状做一个描述。这四五十个教授中有我一个。这项工作用了两个学期，听到了不少讲得好的课，有问题的也有。研究这些讲得好的课是怎么讲的，对我也是一种学习，这样我的眼界就从自己所在的学校扩展到了北京市的范围。再加上我是国家教委大学本科电工课程教学指导委员会的委员，工作涉及全国性的教材、教学方式改革与建设，眼界又扩大了。我就把在这些工作中的认识、心得，加上自己的教学经验，写了一篇文章，讲讲一堂课和一门课要注意哪些问题。为了跟后面青年教师的教案相呼应，我就写了十个问题。第一，从总体角度来看，如何讲好一门课。第二，一堂好课的标准是什么，是这篇文章的重点。第三，注意讲好第一堂课和最后一堂课。第四，课要常讲常新，总是老生常谈不行。虽然教材一样，但是讲的方法、局部内容要有变化。第五，关于多媒体教学手段。那时候就感觉到用多媒体教学手段也有不少问题，所以专门作为一个问题讲它。第六，关于启发式教学。第七，关于创新能力和创造能力的培养。第八，教案应该怎么认识、怎么写。第九，要注意讲课和其他相近活动的区别，比如科研报告、演讲、朗诵、评书等。

这些工作有点相近，但又各有不同。第十是关于教学基本功。

这十个问题写完，我就把稿子交给了教务处处长庞思勤，庞思勤又把该文转给了我校当时主管教学的副校长孙逢春。庞在我的稿子上写道："这一篇我们打算作为这本书的指导性文章，你看怎么样？"孙校长也在稿子上批了几句，认为这是一篇不错的文章。同时提出，鉴于这篇文章写的是关于讲课的问题，是不是能够加上教书育人的内容。

反馈到我这儿，我觉得孙校长讲得很有道理，就加了一些关于教书育人的内容。但是我还是很想用十个问题这题目，就把原稿中不太重要的一条，"讲课和相近活动的区别"删掉了。这个可以在别的章节里渗透点，用不着一节。这样这篇《关于如何讲好一堂课的十个问题》就作为这本书中的首篇发表了。后来我到各地去做讲座，就是用这十个问题做题目，一直到现在。《为人为学授业有道》这本书反映还挺好，基本是发给青年教师的。

我写的这篇文章是我写教学研究里比较深入的。后来这篇被教育部高等学校电子信息与电气学科教学指导委员会主办的《电气电子教学学报》主编、东南大学的孙文治教授要去，作为首篇刊登在了该学报 2004 年第 26 卷第 6 期上。

这本书出版以后不久又出了一本书，可以说和上面这本书是姊妹篇。我把原来在《为人为学授业有道》那本书里的《关于如何讲好一堂课的十个问题》那篇文章又做了一些修改，取名《再谈关于如何讲好一堂课的十个问题》，作为这本书的指导性文章出版了。

2006 年，我还出过一本《大学青年教师教学入门》的书，是我自己写的。缘起是因为 2004 年那本书出来以后，学校教务处当时的一位副处长王悦音说，龚老师，您写的如何讲好一堂课的十个问题的文章，大家受益很大，而且您到各处去演讲、做讲座，挺受大家欢迎。但是无论那篇文章，还是讲座，都时间太短。他说这些内容当然很重要，但是现在的青年教师虽然一般都有博士头衔，学术水平比较高，但是他们教学水平普遍不高，对教学的研究很少。您能不能把高等学校教学上最基本的东西，比较全面地写一本书，谈一谈刚入门的青年教师应该注意哪些问题，应该做哪些准备工作。我说这是好事，可对我来说比较困难。因为那篇长文也不过 1 万多字，讲座是 3 个小时，就如同是一个专题电视片，内容不多。您现在让我写本书，就如同把它拉成电视连续剧，肯定会加

进去不少废话，这就比较难了。我说我考虑考虑。

我准备了小一年，各方面收集资料，去听优秀教师的课，在自己的课堂上再多加体验，根据这些经验就写了这么一本，取名《大学青年教师教学入门——大学施教学初步》，2006 年 8 月由北京理工大学出版社出版，大概 30 万字。

这本书出了以后，反响还比较好，连续 5 次印刷了 1 万多册。各方面评价也不错，读者认为是年轻教师比较需要的一本书。很多高校做教师培训的时候拿它作为培训教材。写这本书对我也是一个提高。这确实是我自己的亲身体会，很少引用别人的话，我怎么想的就怎么去写。

后来 2007 年教育部第三次来学校做教学评估的时候，学校还把这本书作为礼物送给评估专家，人手一册，而且每本都让我签了字。学校当时送给评估专家两本书，另一本书是四系的周立伟教授（工程院院士）写的《科学研究的途径》。这是他个人的科研经验凝聚成的一本书。

我退下来以后一直还在咱们学校教学督导组工作，因为我在教学方面的活动，各方面还都认可，所以督导组一直聘我，连续聘用了四五届。督导组成员的任务就是听课，差不多每个学期要听 40 个学时。每一堂课听了，都要填表打分，评价一下这堂课老师讲的优点和缺点。到了学期末写一个小结，最后再给学校提点意见或建议。这项工作我一直做到 2018 年，做到 80 岁。

这里有一个工作要说一说，我们学校有一个教学上很高的奖叫“T－more 优秀教师奖”。这个奖是我们学校的几位校友或者他们的公司出资，联合学校教务处专门支持学校教师教学的。第一届时他们让我做评委，几位获奖者都是现在学校顶尖的教学和科研方面的带头人。发奖会上让我代表评委发言，而且教务处他们在 2006 年 9 月出了总结文集《为了学生成长，提高施教水平——北京理工大学 T－more 优秀教师奖获得者教学总结专辑》，又让我在文集中写了一篇指导性文章。我就把我听课以后的感想写了下来，取名《加大教学投入，提高教学水平》。我觉得把这些人推出来，对学校是非常有意义的。这次获奖的像韩伯堂等人现在都是各自领域的尖子。

我这段时间还到各高校去巡讲，讲了几十场。北京高校第二届青年教师教学基本功比赛的颁奖会上，我对获奖选手和整个比赛进行了点评，参加会议的除参赛选手外，也有各校管教学的副校长、教务处处长等与教学有关的负责人。

这段时间本校和外校也都有人找我去辅导青年教师参加青年教师的教学比赛。这个工作有一对一的指导，也有集中培训。就是因为这个培训，我校教师有 7 个人获得了北京市一等奖，3 人获得了二等奖，校外的有 3 人获得了一等奖。这也证明了我的教学方法是有效的，特别是给外校培训，他们学校以前从来没得过奖，培训以后连续三届都得了一等奖。

在这些讲座和这本书的影响的基础上，2009 年，中国教育电视台提出来要采访我。录制大概 1 个小时，浓缩成 20 分钟，2009 年 9 月 10 日播出的。播出时取名叫"大学教师的园丁"。主持人说，不少青年教师反映您的教学方法对教学效果的提高很有帮助，说您所提出的"讲好一堂课的十条标准"被许多高校青年教师奉为过好教学关、成为受学生欢迎的好老师的宝典，现在就请您揭秘一下这个龚式宝典具体是什么。我给她讲，我这么多年对于高等学校教学的心得，实际上核心内容就是两个，叫双十理论。第一个十，是讲好一门课或者一堂课要注意的十个问题。第二个十就是一堂好课的标准有十条。其实我写的那本书的核心也是这两个东西。我觉得年轻人如果能够理解它，然后再变成自己的东西，对于讲好一门课是有作用的。这个专访视频，我们学校一直把它挂在校园网上。

2009 年，我还得过北京市教育教学成果奖。学校教务处、工会跟我联合搞了一个教改题目，里面既有教学法的研究，也有教学质量监控的研究，取名《大学课堂教学法和教学监控体系的研究与实践》。这个研究人员的阵容比较强大，挂帅的人层次比较高，得了北京市教学成果二等奖，是北京市人民政府发的奖状。

我退休后在课程改革研究方面还干了一些事。之前提到，我们学术研究领域有两个学会，我们经常参加，这是我的学术活动的阵地。在教学研究上也有两个阵地，一个是教育部的教学指导委员会，每年开一次会，研究当前国内关于电路、信号与系统和电磁场课程的教学发展问题；第二个是全国的高等学校电路、信号与系统课程教学与教材研究会，我是这个研究会的副理事长，这个会也是我参与组织起来的。这个会参加讨论的形式是写论文或在会议上做报告或发言。后来这个会又和论坛结

合起来，我经常在这个会或论坛上发表文章，收集在会议文集里。我最后一次参加全国的高等学校电路、信号与系统课程教学与教材研究会年会是 2014 年，在内蒙古。我在会上做了大会报告，题目是《从几本国外有关电路的教材看我国电路课程教学内容的改革趋势》，后被收录在全国的高等学校电路、信号与系统课程教学与教材研究会编辑的《电路、信号与系统课程改革文集》中。

电路课程是比较传统、内容相对稳定的一门课，要使它内容跟上现代化，确实比较难，我们一直到最后还是在讨论这个问题。说到电路课程的改革，还要提到一个人，就是清华大学电子工程系的郑君里教授。他是国家教委第三届高等学校工科本科工科电工课程教学指导委员会电路、信号系统和电磁场课程教学指导小组的组长，全国的高等学校电路、信号与系统课程教学与教材研究会的理事长，是搞信号与系统的，但对电路也很关心。我们经常在一块儿研究、讨论，还一块儿还审阅清华大学出的一本《电路原理》。这本书从策划就找到我们俩，要求帮助他们一起搞，一直搞到他们出版。我们认为这本书是国内适应现代科学技术发展，对电路课程内容进行改革的最好的一本书。

后来我们俩还合写了一篇关于电路课程总体改革的文章《电路原理课程改革之路》，在《电气电子教学学报》2007 年第 29 卷第 3 期上发表了，学报编辑部还写了编者按推荐这篇文章。

我还翻译过美国的一本书，是功率电子学方面的，书名叫《变压器和电感器设计手册》，该书在功率电子学界是很重要的一本书。写书的这个人非常有水平，他参与了很多美国航天里面用到的磁性器件，有非常丰富的实践经验，后来写成这本设计手册。我翻译的已经是第三版了，后来还有第四版。我们国家搞磁的人不多。这本书是电力出版社出版的。

十一

我回想自己这段过程，从 1963 年到现在，在北京理工大学，退休以后还一直在北京理工大学。56 年的时光，除去劳动实习、四清、“文化大革命”以外，也得有 40 多年的时光。我实际上就做了三件事。第一件事，本科教学和课程研究；第二件事，科研和研究生培养；第三件事，教学方法研究和青年教师培养。

再稍微具体一点，本科生的教学和课程中，我实际上做了这么几件事：

第一件事是上课，45 年当中平均到每个学期大概 70 个学时，45 年总的大概 3150 个学时。每一年所涉及的学生 50 ~ 60 人，总共涉及有 2500 人。这是上课这件事上我整体的工作量。

第二件事是科研和研究生教学。功率电子学的科研在我校开展，而且有了一些成果，培养出了一些研究生。总结起来，发表了比较有意义的论文 6 篇，专著 1 本，译著 1 本。讲了两门课，一门非线性网络理论，一门高频功率电子学。获奖 3 项，分色机是 1978 年的全国科学大会奖，1988 年的一篇论文获优秀论文奖。还有教材，获清华大学优秀教材一等奖。培养了 9 个研究生。有发明专利一项。社会兼职两个，一个是中国电源学会理事，还有它的外事委员会委员；中国计算机学会电源专业委员会委员，还有它的学术委员会副主任。这是关于科研和研究生的培养。

第三件事就是教学方法的研究和对青年教师的培养。为了教学研究，写了论文 8 篇，写了教材、教学参考书 7 本。在教学课程改革和课程建设方面，进行了两次关于教研室课程的实验改革跟实验室的建设。写出了 2 本实验指导书或者实验教材。还写了 1 本关于更新教学内容方面的教材，就是用计算机分析电路，成为对时用教材的补充，原来的教材也没有这方面的内容。在教学方法上的改革，也有三个：第一个是精讲多练，这是学习李瀚荪教授的精讲多练的教学方法；第二个是小论文；第三个是考试改革。考试改革是在教务处聘请我做学校试点班教师讲的《电路分析基础》的时候做的。试点班实际上是尖子班，培养出来我们学校很多学生尖子。试点班聘用的都是学校在课堂中最好的或者是比较好的老师。这个班也积累了不少的经验，开了两次总结会。

还有一些跟课程有关的社会兼职。我的社会兼职一共有 13 项，这些兼职实际上就是人家对你教这门课的认可。我比较看重的，一个是国家教委第三届大学本科电工课程指导委员会委员；第二个是学校职称评审委员会，就是任职资格评审委员会电子学科组成员；还有一个是北京市青年教师教学基本功比赛的评委。基本上这些社会兼职，无论是校内的还是校外的，都是跟这门课相关。

培养青年教师这方面，首先就是讲座，从 1998 年到 2013 年 17 年间共举办了 40 多场讲座。每场讲座五六十人，涉及 2000 人。写了关于教学方法的论文 8 篇，在不同的地方发表。出版有关这方面的著作 3 部。培养优秀青年教师获得北京市的一等奖或二等奖的一共 16 人，本校的 13 个，外校的 3 个。在这方面获奖有 2 项，一项是北京市那个二等奖，一项是所谓的“老有所为先进个人”，这是后来的。其实老有所为，为的就是青年教师培养这件事。

青年教师培养方面的社会兼职有 4 个，一个是本校的督导专家组，一个是北京市教育工会的基本功比赛的评委，还有北京工业大学连续几年请我去为他们的青年教师培训，北京电子职业技术学院同样是年轻教师培养工作。这方面的核心心得有“双十”理论——十个问题和十个标准。大概我这些年就做了这么三件事。

还有，怎么样做一个高等学校的教师，或者说怎么样做一个好教师，我有一些体会。

第一点，必须热爱教学。不是因为在大城市，不是因为工作环境优美，不是因为有寒暑假，不是因为社会地位高。这些东西都很吸引人，但是更重要的是你得真热爱它。工作之所以能有一些成绩，是来源于你喜欢它。

第二点，我觉得做事不要贪数量。我的文章不多，著作也不多，研究生数量也不多。我看的书虽然不少，但是看得慢，我自认为是比较重质量的，不是重数量。我觉得这是作为一个好教师、好学者应有的思想。当然如果质量够了，数量越多越好。所以我为什么没有更大的成果，因为我的能力就这样，既然要一定的质量，我就没有再多的能力和时间搞得更多了。

第三点，就是觉得你真正热爱事业，就会干一辈子。不管退休不退休。退休不是一切事情都结束了。我现在还在参加各种我爱好的活动，比如戏剧、朗诵。我加入的清华校友剧艺社，每周都有活动。只要喜欢，爱好会跟着你一辈子。

当然我自己短板也很多，为什么我没有更多的成果，是因为我能力就这么大，因为我有短板。我的第一个短板是动手能力很差，相对我的理论思维水平来看，我的动手能力极差。很多需要动手的东西我都做不好，就影响我出更好的成果。第二个外语水平不高，虽然也能够翻译一本书，口语也还可以，但是跟现在的年轻人相比差远了。这就妨碍我信息的进入。别人翻译出来以后，虽然你可以很快理解，但是已经晚了不少时间。

再就是做人胆子小，不敢闯，这也是做不到很高级、很好的一个缘故。我搞东西自认为比较深入，但是知识面不广，这样也影响自己。到这个年龄我已经没有办法了，我只有让我的学生把我的短板补上，让他们能够更开阔一点。

郭明书——为国家培养更多尖子人才

人物简介：

郭明书，1933 年出生，河北平山县人。1954 年以调干生身份考入北京工业学院无线电系雷达专业。1958 年提前毕业后在无线电系无线电基础教研室当教师，1963 年调到科研处做师资培养工作；1980 年任北京市研究生招生办公室副主任；1984 年国家批准成立研究生院，任办公室主任；1989 年借调到国家教委研究生司主管全国招生；1993 年离休。在职期间学校曾两次获得北京市研究生招生先进单位称号。

访谈时间：2019 年 10 月 31 日（一访）

2020 年 1 月 6 日（二访）

2020 年 1 月 13 日（三访）

访谈地点：北京理工大学图书馆

采访人：张钧

摄像：聂明明

访谈提要

郭明书讲述了他1954年以调干生身份考入北京工学院无线电系雷达专业及毕业后留在无线电系无线电基础教研室当教师时期的学习工作情况。

1963年，郭明书从五系调到科研处做师资培养工作，负责整改本科教育，组织管理教学和招生、培训工作。自1984年起，他担任研究生院办公室主任，负责招出国预备研究生和申报、设立硕士点、博士点等工作。在《学位与研究生教育》杂志的创办过程中，从封面设计、稿件组织到印刷、制版等工作都亲自参与，后被借调到国家教委研究生司主管全国招生，1993年离休。

一

1933年，我出生在河北平山①。小时候家里很苦，我父亲在农村当画匠，能画壁画，还能做些庙宇里的神像，靠着手艺吃饭。我的母亲在家里种地。

“七七事变”时，我才5岁多。日本人攻占平山城那年，我还很小，记得早晨起来就能看见七八架飞机来扔炸弹。当时我父亲在家里看门，母亲带着我们几个孩子逃出来了。父亲和留下的村民跑到滹沱河的支流冶河，在假井里藏了起来。日本人发现后就用机枪扫射把他们给杀害了。当时我母亲刚30多岁，因为有6个孩子，亲戚们都劝她改嫁，让她把我和弟弟送给有钱的人家，甚至连收养的人家都找好了。母亲听后哭了一场，说：“以后我就是要饭也要把明书和他弟弟养活大，绝不改嫁。”

我们县城是在1945年解放的，解放后，我当上了儿童团团长。当时去哪里都得村里开个纸条，儿童团的孩子就拿着棍子、红缨枪，负责查看过路的批条。

1947年的时候，晋察冀边区有个冀津区，相当于现在一个大的专区。有个亲戚把我介绍过去，在冀津区城市工作部做地下工作，组织经营

---

① 河北平山：为河北省直管县（财政体制），隶属河北省石家庄市，是中国革命圣地西柏坡所在地。

商业。

那时候我们被称为业务员。因为经济困难，国家供应不上物资，就搞些生意赚点钱做经费，就是收购一些粮食、布匹、棉花往外卖。当时边区有个禁烟局，把大烟土搀到面粉里做成面筋一样的东西，送到敌占区，再从敌占区买些药品带出来，解决边区的经济困难。有一次，部里给我一匹马，让我从敌占区买些洋布回来，给地下工作者做衣服。去的时候滹沱河水还不深，回来时还不知道水库已经放水，当时水都涨到马肚子的位置了。我一个人骑着马驮着布过河，真的非常危险。后来是几个大人看见了我，才赶紧把我救上岸。

一年多以后，解放战争胜利的消息不断传来。我被调到阜平县，在北岳区党委城工部招募地下工作者。这些地下工作者都是单线联系，不能让他们互相见面。偶尔会有一些比较高级的干部，来给他们上政治课。窑洞的门上挂着白布，一个人一间窑洞，我们就去窑洞一个一个把地下工作者带过来，讲完课后再把他们带回去，还给他们送饭。那时候的形势变化非常快。解放济南后，蒋介石派飞机来轰炸，飞机来了，我们就都跑到山头上。我一直没离开过家，坐在山头上看着家的那个方向，心里非常想家。

1948 年，随着地下工作单位的撤销，我和一个干事被调往北京。我们牵着毛驴驮着行李，从阜平、涞源走山路赶往北京，晚上就住在车马店里，睡的都是那种大通铺。我们先是到涿县①，又到了长辛店。那时候从四面八方调到北京的干部很多。我们在长辛店住了一段时间，后来，我们又到了门头沟三家店住了一些日子。那时候崔德兴是负责人，我们中有北大、清华的干部，还有些高校的青年学生，我们穿着发的军装准备进城，粮食也都是自己带的。华北大学的文工团来的时候，气氛就变得不一样了。在这儿过元旦的时候，毛主席发表了《将革命进行到底》的讲话，真的非常鼓舞人心。

我们是在 1949 年 2 月 4 日，也就是入城式的第二天进的北京，我们从门头沟坐火车到西直门，再从西直门进来，经过西四、西单，一直走到台基厂东交民巷，就在大使馆旁边的日本旧兵营里住了一段时间。当时北京市职工总会已经成立了，那时候的职工总会是相当重要的，要组

---

① 涿县：今为涿州市。

织工厂恢复生产，由工人领导一切。后来我到职工总会当干事。我们跟北京市委是一个系统，还有团市委、市妇联几个单位都是市委直属的，在北京市职工总会党校成立后，我又去上了党校，也住在那里，都是各个厂的工人骨干，给我们讲社会发展史，讲猴子进化为人，还会讲一些时事。当时听着都很新鲜。

我是在 1949 年 5 月 21 日入党的，当时职工总会里的大部分人都是党员，大家看我表现不错，就争取我入党，让北大、清华的学生和中层干部做介绍人。我家之前没有共产党员，但我知道没有共产党就没有我，我父亲是被日本人打死的，要不是国家很快就解放了，说不定我早就饿死了，我对党和毛主席的立场始终都非常坚定，一点也不动摇。

1949 年 7 月 1 日，在先农坛体育场，我第一次看到了毛主席。那是召开庆祝建党 28 周年大会的时候。北京市的中学生、大学生们都在场地里，看台上坐满了各机关、部队的干部。我们就坐在主席台东边的看台上。华北大学第一文工团、第二文工团还表演了腰鼓，那是我第一次看到打腰鼓。天快黑的时候突然黑云密布，还打起了雷，下了一阵暴雨。当时学生们穿的都是单衣，都湿透了。过了一会儿天晴了，毛主席、周总理都来了，灯光都亮了。那是我第一次看到毛主席，心里非常高兴。人民群众一致欢迎毛主席讲话，讲七届二中全会的精神，还有进城后怎么建设城市这些大问题。叶剑英、彭真等中央和北京市领导也都参加了会议。

二

我在北京市职工总会党校的总收发室还干过总收发的工作，只是做了没多久，在北京市成立速成中学①的时候，我就在 1951 年年底通过考试入校了。

我在速成中学学了 3 年，集中学初中和高中课程。那里的老师都是

① 速成中学：原名为北京市工农速成中学，中华人民共和国成立后，为了对革命干部进行再教育而成立。1952 年年初，北京市工农速成中学改为附设于北京工业学院，学校改名为北京工业学院工农速成中学。1958 年秋季，学校改为北京工业学院预科，实行双轨制办学体制，一部分作为大学预科，培训后多数都上了工业学院，另一部分招收高中学生。1962 年，学校更名为北京工业学院附属中学。

在中学拥有丰富教学经验的。当时的副市长吴晗①还去过我们学校，教育部长马叙伦②也来讲过话。1952 年速成中学划归北京工业学院，成了北京工业学院附中。

我在速成中学报考了北京工业学院的无线电系，之后作为调干生被分到了无线电系雷达专业。我在速成中学属于年纪较小的，周末也可以安心学习，成绩还可以，有些年纪比较大的调干生都结婚有孩子了，他们还得回家照顾家庭。为照顾我们调干生的学习，学校在 1954 年把调干生都集中起来，成立了一个 0 号班。

当时学校搞国防教育，成立了各种组织，号召各个学校加强军事体育运动，我们学校就成立了全国第一个摩托俱乐部，有 20 多辆摩托车，当时在全国都很有影响。暑假组织学骑摩托车时，我还报名参加过，训练都是在每天晚上和星期天，学习和训练都要兼顾。这个摩托俱乐部每次暑假都办训练班，由三系的教师负责管理，不光教摩托车驾驶，还教大家修理、拆卸。像杨景义、赵家淮、吴大昌等一些老教师，都给我们讲过几次摩托车发动机的课。

因为我是党员调干生，所以在 1955—1956 年还做过两期的学校摩托俱乐部主任。1956 年“五一”的时候，我们还参加了北京市组织的天安门游行。我们在东单广场集合，骑着捷克的佳娃（Jawa）三轮摩托车，车上插着旗子，走在群众游行队伍的两边。照片也刊登在当天的《人民日报》上，因为我是领队，所以在群众队伍当中还有我的一个特写镜头。后来，摩托俱乐部里的一些人还参加了国家体委的摩托运动队。有个叫侯志静的广东人驾驶技术好，在参加全国越野摩托赛时还得过名次。

因为当时全国都提倡军事体育，所以还要学跳伞。我在学生会工作，

---

① 吴晗（1909—1969）：原名吴春晗，字辰伯，笔名语轩、西生等，浙江义乌人，中国历史学家、社会活动家、现代明史研究的开拓者和奠基者之一。曾任云南大学、西南联合大学、清华大学教授。1949 年后，历任北京市副市长、中国科学院哲学社会科学部学部委员、北京市政协副主席等职务。

② 马叙伦（1885—1970）：字彝初，号石翁、寒香，浙江杭县（今余杭）人，是中国民主促进会的主要创始人和首位中央主席，中国共产党的亲密战友，著名的教育家、社会活动家、忠诚的爱国主义者。1949 年 9 月，出席中国人民政治协商会议第一届全体会议。中华人民共和国成立后，先后任中央人民政府委员，政务院政务委员，文化教育委员会副主任，教育部、高等教育部部长，中国文字改革研究委员会主任等职，是中国科学院学部委员。

就必须参与进来。学校的足球队也相当不错，虽然是业余队，但是在北京市也得过冠军，特别是在1953—1956年，有好几个优秀的队员，其中有个前锋就是后来足协主席李凤楼的儿子。

从1952年起，学校开始培养研究生。那时候不是全国统一招生，而是从毕业生中挑选一部分人分配过来，是不需要经过考试的，而且指定指导教师培养。当时从清华大学分配来一批学生，学校留了一部分。三系的魏宸官就属于第一批。那时候各个系还搞了一些重点的师资培养工作。苏联专家来了以后，有一部分年轻教师就跟着苏联专家学习。

当时的教师数量不够，干部也不够，学校各个系都抽了一批学生，没做毕业论文和毕业设计就提前毕业了。1958年我被提前一年调出来，留在无线电系无线电基础教研室当教师。学校还成立了电磁控专业，让我教超高频技术课程。因为没什么经验，每次上课之前都要备好课先给组长试讲。当时的无线电专业的课程，除了数理化基础课，还包括实验、专业课。课程都是按苏联的方式学习，包括无线电基础、无线电发射、无线电接收、雷达原理，还有雷达站实习，教材也都是苏联课本翻译的，还请了苏联专家讲课。像1951级的毛二可、柯有安，都上过苏联专家的课。

当时的培养方案、培养计划都不正规，雷达专业也没有专门的老师。直到1961年，教育部才统一发行《研究生培养工作条例》。1961年和1962年每年能培养20个左右的教师。1963年科研处里有科研科、情报科，我在师资培养科，主要培养研究生，还参加了师资重点培养的学习。那时候大家学的都是俄文，过关后就可以升讲师。基础课由学院组织讲，专业方面的知识由各个系里挑选出来的老教师来讲。

1958年的时候，我们还搞过电子管的试制，那时的技术水平很低。我们从电子管厂进了一些元件、材料、真空泵，然后自己组装，成品还参加过展览。

四

1963年10月，我在五系当教师时，学校调我到科研处从事行政工作。当时的总支书记是李庆荣，我听旁人说，我走后他在五系教师大会上还表扬了我，说郭明书关键时候能服从组织的分配。科研处的负责人是蔡家华，后来调到五机部教育局当副局长。

教育部颁发了《研究生培养工作条例》① 以后，就开始统一招生，再分配到各个学校。那时候有了培养方案、培养计划，程序也逐渐走向正轨。后来科研处改为教改组，负责组织教学、整改本科教育，教学、科研、师资培养都包括在内，一步到位。我当时的工作是负责招生、培训工农兵学员。

1972 年，我去湖北省招工农兵学员。当时招生要分别通过个人报名、地方推荐、组织政审。我们去招生时，会出两道简单的中学数学题，能当场做出来就算通过。那时候的人只要有点初中水平的文化就很不错了，学生总体质量不高，但也有优秀的高中生，后来一些出国的研究生，就是这些工农兵学员。那时候清华的工农兵研究生一律转行不当教师不搞教学，顶多做行政管理或者调出去工作，我们学校还有留校的工农兵研究生，像原计算机系副主任就是工农兵学员出身的，留在大学以后还出版过教材。

我在科研处一直搞研究生的培养工作，直到改革开放后也没离开过。从开始的一点一点做起，到后来成立研究生部、研究生院，我一直都在。因为北京市的招生办公室都设在我们学校，所以我们和教育部研究生司很熟悉。改革开放以后，我也一直负责研究生科、研究生部、研究生院、学位申请等工作。

全国研究生招生工作会议是在 1977 年年底召开的。从那以后，全国招收大学生要统一考试，同时研究生招生工作也开始了。

1978 年开始恢复研究生招生，教育部统一制订了培养计划，选拔指导教师，算是当时招生比较正规的。研究生招生是教育部组织全国统一考试、统一命题，数学教研室的孙树本参加了全国研究生招生命题。考试的外语评卷在我们学校，数学评卷在清华，政治评卷在人大。

1980 年，北京市研究生招生办公室设在我们学校，所以让我兼任副主任。还有北京市教育局的一些参观活动和会议，也都是在我们学校。那时候学校的工作做得很不错，得过两次“北京市研究生招生先进单位”称号，我个人也受过表扬。

1984 年学校成立了研究生部，柯有安是主任，我是副主任，一共十几个人，负责招生和教师的培养。研究生工作包括招生、培养、订计划、

① 《高等学校培养研究生工作暂行条例（草案）》1963 年 4 月颁发试行。

指导教师的选择等各个方面，管理都很有条理，还编写过研究生概览。学校内部也组织得比较好，每一年的研究生管理计划都是根据导师的科研情况和任务，具体由各个系来制订的。

硕士、博士点授予都是教育部每两三年开一次学位工作委员会，由各学校申报导师材料，最后进行严格评审、审批后确定的。一开始，我们学校的博士点有化工系、二系、三系、五系、六系，还有光学系，后来研究生部发展成研究生院。研究生院资格申请是由教育部统一确定的，当时全国有 22 个学校，主要有北大、清华、人大、北航、钢院、北医、北师大和我们学校。20 世纪 80 年代国家根据招生计划拨给研究生每人 6000 元的经费。我们学校报名的人很多，生源质量也都不错。我印象里研究生毕业后留校的比较多，我们的研究生部获得了北京市先进集体称号，培养科的王亚玲同志还代表学校在人民大会堂领过奖。

1984 年和 1985 年时，研究生招生都是 200 多人，多的时候能达到 330 人。各个系每次分配指导研究生的名额限制很严格，教育部选出国预备研究生的人数也很少。当时通过出国预备研究生渠道出国的学生，回国的很少。这跟国家的形势、科研各方面的工作条件、国内外之间的待遇差距大都有关系。现在国内这方面的条件相当不错，学成回国的人也越来越多。

五

1983 年年底，研究生司司长吴本相和学位办公室干部刘辉找到我，说想出一本研究生教育的全国性杂志。我跟学校研究生院院长柯有安反映后，他说学校可以承担这个任务，由我来主持筹办这件事。

因为国家教委在西单，办公楼很有限，所以杂志的办公地点、工作人员都设在我们学校。一开始是在 2 号楼找了两间房子，后来才搬到现在的研究生楼。我和另外两个同事一起筹办这件事，编辑人员则是由清华、北大、人大、北医、北师大和我们六七个学校的人共同组成的，负责收取稿件。那时候外地稿件还比较少，主要来源是本地稿件。

从印刷、制版、设计封面到审查的整个过程，大事小情都要自己亲自来做，我都参与。当时杂志封面的标题是《学位与研究生教育》，柯有

安任主编，何东昌[①]给题的字，封面设计由基础部的一个教师做。

我们条件很艰苦，发行、包装都是让招办的同事们晚上加班，推着平板三轮车送杂志。大家都没考虑过报酬，都是在发扬艰苦奋斗的作风。那时候也没什么稿费，没考虑怎么给大家稿费，只有印刷、发行费。办期刊的经费是一期拨 1 万元，发行时学校贴了一部分钱，一开始的发行都是赠送。第一期试刊的时候，全国不少高校，还有科研单位，包括部队培养研究生的单位都想要。

1984 年，第一期杂志在各个学校里试刊，试刊两三期，发行 1000 多份。这个杂志后来的影响还是不错的，特别是培养研究生的单位对稿件都很重视，也都希望多刊登他们的稿件。杂志的内容中还有一些经验交流，介绍了国外的一些研究生教育情况。教委也始终肯定我们学校在这方面做出的成绩。

学校研究院成立以后，研究生院办公室有很多招生、培养的具体工作需要我去做，逐渐没有力量干这个了，后来期刊有了专职人员负责发行，相关的工作人员也多了起来，属于学校一个独立的部门了。

现在这个杂志的具体工作还在我们学校，属于全国性的期刊，交由国务院学位委员会主管、主办，并掌握总的原则，一些重大问题还要请示教育部学位办。每一期会拨给学校经费，这个也是学校研究生培养当中的一部分。

1989 年，我被借调到国家教委研究生司，主要负责全国的招生。全国招生工作会议每年一次，会上发布一些招生计划、名额分配，以及政策、招生制度和修改办法。司长、副司长经常来我们学校参观，我们学校的工作还是搞得挺不错的。

1993 年，我 60 岁了。退休后，我在教委又工作了 5 年，直到 1998 年正式离开了岗位。

六

从一开始到现在，和全国各大学比较起来，我们的研究生工作做得一直很好，招生的数量也在明显上升。现在的办公条件也是我们那时候

① 何东昌（1923—2014）：男，浙江诸暨人，教育部原党组书记、部长，原国家教育委员会党组书记、副主任。

没法相比的。

在学校工作了这么多年，我对学校非常有感情。我觉得搞教育就要把创新这个东西搞好，着重培养一些尖子人才，尖子起的带头作用太重要了。过去清华办学好，各个学校的尖子和各个省、市的头两三名人才都在那里，所以能出优秀的成绩。过去不能突出个人，反对个人主义，但技术就是得突出个人、培养人才。

当然教师和设备水平高那就更好了，这需要创造条件。怎么创造条件？招生是第一关。所以我今年听校长张军到各个学校宣传招生，心里非常高兴。校长作为院士，能亲自到中学里去招生，到全国各地的重点学校去讲去争取，这在过去是没有过的事。招到好学生，这是第一步。学校的情况、教师水平、科研水平、学校的作风生态、学习生态、政治生态各方面都要抓。我希望学校能够抓住尖子，培养更多高水平的人才。

黄正平——活到老，学到老

人物简介：

黄正平，1936年出生，上海市南汇县（今浦东新区）人，北京理工大学教授，享受国务院政府特殊津贴。

1955年考入北京工业学院化工系7专业，1960年留校任教。曾任83教研室副主任兼爆炸技术实验室主任。曾兼任第三届力学学会实验应力分析专业委员会委员、冲击波物理与爆轰波物理实验第二届学术委员会委员等职。

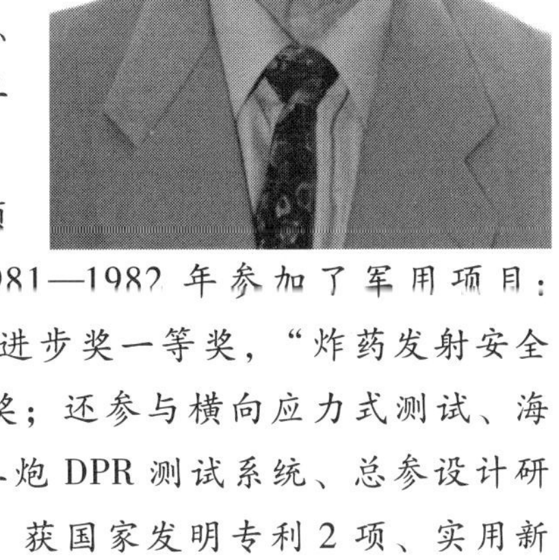

参与或主持多项重点研究项目，发表论文数十篇。其中，1981—1982年参加了军用项目："七七工程设计"获得省部级科技进步奖一等奖，"炸药发射安全性"获得省部级科技进步奖二等奖；还参与横向应力式测试、海军水中爆炸测试、脉冲恒流源、二炮DPR测试系统、总参设计研究总院西部导弹研究等多个项目，获国家发明专利2项、实用新型专利5项。

先后讲授“炸药装药技术”“爆炸测试技术”和“爆轰反应流理论”等课程，并编写相关教材。1997年退休。

访谈时间：2019年12月12日（一访）
2019年12月24日（二访）
访谈地点：北京理工大学图书馆
采访人：郭晓明
摄像：吴哲

访谈提要

黄正平讲述了他1955年考入了北京工业学院后在化工系学习、生活和实习的情况，他谈到了大学期间丁敬等几位老师对他的教导。大学毕业后，他在化工系65专业教研室开始了教学和科研工作。在此期间，他编写和翻译了《爆炸测试技术》《材料动力学》等教材；参与和主持了横向应力式测试、海军的水中爆炸测试、二炮的DPR测试系统、脉冲恒流源等多项科研工作。1997年黄正平退休返聘，其后的20多年里，他一直坚持学习和科研，取得了多项成果。

一

1936年，我出生于上海浦东南汇县新场镇，现在叫浦东特区新场古城。家里开了一个茶食店，卖南北货及自制糕点等。父亲是个制作糕点的师傅，带一两个学徒，所以经济条件还可以，接近小康水平。后来公私合营后，父母二人也都成了工薪阶层。

我小学一年级是在新场小学读的，二年级到六年级是在肇南小学读的，学校离家很近。初中是在私立乐育中学①。

初中毕业后来到上海县高级中学②读高中，记得我当时数学和物理的成绩是班上最好的，美术也很好，班里的同学还劝我去上美术学院，但

① 私立乐育中学：现上海市新场中学。
② 上海县高级中学：现上海市闵行中学。

我心里不愿意上美术学校。那个时候强调学工科，学工的可以直接为建设我们国家服务，大家都有这样一颗心，这是共同的，都想发挥自己的一些能力。

高中时期学习条件也是比较好的，上海县中学的教师多数是大学毕业生。我们那时候主要学俄语，但英语教师不缺，我们校长与教导主任都担任过美军的翻译官，英文水平都很高，但那个时候都改学俄语，不学英语了。直到初中才学了一点英语，但水平很低，后来高中学的就是俄语了。

二

高中毕业时，我成了北京工业学院的定向报考生。报考志愿里必须填服从分配，因为我们那时候大学考试不难，学校录取成绩差异较大，不管你考好考坏，基本是半保送型的。那时候的要求就是我们在报考表上必须写上北京工业学院是唯一的志愿，其他志愿就象征性地填一填，基本上就定了北京工业学院。我们保送的第一批学生是留苏的，第二批相当于是重点学校，也就是重要的军工学校。我们高三共有 5 个人到了北京工业学院，成为 1955 级学生。

从上海到北京上大学，首先要过语言关，因为大家都带有地方口音，经过一段时间的学习才过关，但普通话说得也不标准。因为我高中时比较喜欢无线电，本来希望分到相关的专业，结果最后分到化工系，电子技术也只能成为一个业余的爱好了。其实我们那时候的高中毕业生都不明白就读专业的学科分类、专业内容与特点，那时候都提倡党的需要就是我的第一志愿。

上大一的时候，我在车道沟北京工业学院第一校舍中的红楼住宿与学习。当时巴沟校舍正在建设中，东皇城根有原中法大学的校舍，是北京工业学院的第三校舍，供化学系四、五年级学生住宿。

我们的住宿条件不错，我在上海的住房都是透风的，到这以后不仅住上楼房了，窗门密封好又有暖气，唯一的缺点就是臭虫太多。我记得学生都住在四层，住房都是那种大教室，可以放几十张上下铺。食堂吃得也相当好，一开始是每月 9 元，后来变成每月 12.5 元。

正式开学后，老师们给我们做专业介绍，特别是 7 专业主任丁敬教授专门给我们介绍专业情况。当时我们都听不懂什么是炸药装药、火工品、烟火、爆炸作用，因为缺少专业方面的知识，所以他讲了半天，我也不知道专业是怎么回事，也没有记下来，但是认识了我们的老师，教研室主任丁敬教授。那时他还很年轻。我后来才知道，丁敬比我大 12 岁，我 18 岁，他应该是 30 岁上下。

正式开始学习后，第一学期因为我高中的基础比较好，顺利通过了俄语水平考试，所以俄文就免修了。其他课程的学习对我来说，也是很容易的，做作业特别快，考试成绩也比较好，所以老师就让我当学习委员。但我这个人没有领导能力，所以学习委员只有一个学期的任期。我那时上大学先学了 3 年基础课，后 2 年学习专业课，专业课的课程门数少，与基础课比考试压力很小。上四年级的时候，学生们都很分散，分别跟着不同的老师做科研，所以有些课程是老师讲的，有些课程是自学的。我学炸药装药课时，是黄友之老师负责的。他给我们讲："你们自己看，有问题我答疑，看完以后考试。"就这么简单。

我学习时特别专注，其他同学没有办法打搅我，所以我被同学起了个外号，叫"孤立系统"，就是说我在思考的时候，其他同学叫我也听不见。有时候甚至很糊涂，走路或爬楼梯时经常爬错，走到地下室去的情况都有过。

那时候学校的业余生活、课外活动比较丰富，只要你有空就可以参加各种活动。我是无线电俱乐部的成员，参加无线电俱乐部需要学习无线电方面的基础知识，听无线电系老师讲课，那时候都是业余时间听的，然后靠自学。在大四期间，"大跃进"提倡改革，我装了一个电子管电容电场报警器，靠近了就有报警，还在化工系展出过，所以我的无线电知识比同班同学要丰富多了。

当时学校里还规定学生必须通过劳卫制测验。所谓的劳卫制，本质上就是大学生的体能测试，能达标的只有一半左右。劳卫制在我看来有一项是特别难通过的，就是长跑。我别的项目都可以轻松通过，但是因为我心脏是天生的窦性心律，所以不适合长跑，测试了多次才勉强通过。在学校的课余时间，我还专门搞了一些展览，参加过美术社，后来"大跃进"时期社团活动都不参加了。

大四、大五那时候，我就到皇城根上课去了，高年级的学生都在那里。东皇城根校址是中法大学的旧址，离故宫、景山公园还有北海公园很近。考完试以后，我们可以去划划船，日子过得也挺舒服的。当时我

们学校在国防部的一个礼堂里搞过主要的科研成果展览，我也参与了。这个展览主要是为“八一”和“十一”献礼。我参与的是展览会的展报制作，主要工作就是制作展报，很累的，需要加班加点。展览会布置完成后，国防部的领导都去参观过。

我们7专业两个班65551班和65552班，一共有80多人，六系成立新专业的时候调走的学生比较多，后来两个班合并后剩下60多个人。到了1959年，校内的学生少，班里面已经没几个学生还在上课了，因为有的学生到工厂去了，所以上专业课时人也不多。有的课程只能让留校的学生自学，考试合格就可以。

学校特别强调社会实践，大学四年级的时候，要求我们去工厂搞烟火。既是实习，同时也是研究新烟火剂。我们在齐齐哈尔烟火厂实习与研究的时间很长，要30~60天。在那段时间内，我们先后搞过汽油弹的燃料、高温熔剂、多彩烟火剂，也参与过-40℃的靶场爆炸试验，这种实习已经接近生产实习了。我那时候胃不好，不得不中断实习，但因为搞了几个月科研，也可以顶替实习了，等于是学生时期没怎么实习就开始搞科研了。

三

我大学是化工系7专业的，但直到大学四年级的时候，我才明白7专业是搞炸药装药而不是制造炸药的，属于炸药的应用专业，具体就是把炸药装填到炮弹里去。炸药装药专业里还包括火工品和烟火技术，如礼花弹等。1960年，我们学校校庆时的礼花弹，就是65专业毕业班的学生们制作和燃放的。

入校后，我印象最深的是丁敬老师。他是留学美国的归国教授，也是7专业的主任。除了精通英语与俄语，他记学生名字的能力也特别强，只接触几次就能记住对方的名字。我一直尊敬丁先生，他作为一名教师，不仅没架子、平易近人，还注重教学相长，这一点很重要，给我做出了很好的榜样。

1958年，我读大学四年级时，丁先生带我到海军大院。我当时是帮他拿皮包来着。到了海军大院后，我才知道丁先生此行的目的是接受破“轨条砦”任务。这个项目给了1954级毕业生。这也是学校在1958年“大跃进”期间争取到的项目。实际上，7专业教研室那些大一些的研究项目，几乎都是丁先生争取过来的。032 科研也是他争取来的，原因是请外国专家只有他才能做到。1962 年我们能成立八系，也是他多处活动的结果。

后来丁敬老师为研究生开反应流理论这门新课，我和赵衡阳是他的助教。丁敬老师应邀到美国讲学以后，这门研究生课程也是我和赵衡阳参考了丁先生的手稿，然后和 Detonation 等人为博士研究生和硕士研究生讲的这门课。我对丁先生一直都很崇敬，也很尊重他，可惜后来丁先生在 70 岁的时候患上了阿尔茨海默症。他留下的那些研究生、博士生，后来都是我负责指导的。我曾经申报过博士生导师，但没有成功。原因很简单，一个专业一次申报 3 人，是很难的。其他 2 个人，一个是九院九所所长，还有一个是我们专业的著名教授徐更光老师，比我资历高。这个专业的人都太强了，都很厉害，丁先生更是这个专业的掌舵人。

印象比较深的，还有恽寿榕老师和张鹏程老师。

恽老师的基础知识很扎实，概念也很清楚，他是我国最早搞破甲弹的专家，主攻高速射流。最初的时候，他带着我们 7551 班的学生到 282 厂做破甲弹实验研究，还在理论方面与中科院力学所合作。他自己也提出了若干新思想、新观点。后来国内从俄罗斯引进了一些新型破甲弹，很快就仿制成功了，恽老师在这个过程中也做了不少贡献。在理论方面和设计能力等方面，恽老师都是国内一流水平的。他还搞了一些测试方面的研究，测量了炸药装药的热性能，其中引用了其他的测试技术。这些方面都是恽老师独创的。

张鹏程①老师在破甲弹制造工艺方面是有突出贡献的。他是研究药形罩的，所以更注重破甲弹制作工艺方面的研究工作，很大程度上提高了破甲能力。在反应装甲研究方面，他的贡献更大，研制的新型反应装甲

---

① 张鹏程：教授，1929 年 11 月出生，上海人。1950 年考入东北兵工专门学校弹药系。1952 年随东北兵工专门学校并入北京工业学院六系 7 专业（装药专业）。1956 年毕业后留校，在六系化工原理教研室任教。1962 年八系成立，调到八系爆炸实验室，此后一直在实验室工作，曾任实验室主任。长期从事爆炸理论与应用研究和教学，在爆炸实验室建设、爆炸测试技术、爆炸装甲与防穿甲弹等方面均取得成果。曾获 1978 年全国科学大会奖（排名第一）。参见《口述北理——北京理工大学口述史料（第二辑）》。

具有三防能力，具体说来就是防破甲弹、防穿甲弹、防串联穿破甲弹。我在大四的时候做的电子管电容电场报警器，就是在张鹏程老师指导下完成的。

还有我们学校的校长魏思文，会经常给我们做报告。他做报告的时候是不拿稿子的。还有尚英副校长，也很善于做报告。

总的来说，在我学的这个专业里，那些专业课老师都是特别优秀的，年轻有为，我们的专业知识就是在这个时候打下的基础，这也为我后来的学习和转行奠定了一个很好的根基。

四

1960 年毕业后，我留校被分配到教务处的教学研究科搞行政工作。大概也就三个月的时间。

因为我的毕业设计是关于高速摄影相机的，由我负责总体设计和绘制总装配图，其中一些重要部件也是由我完成的，其他 2 个同学和四系的 1 个同学负责其他零部件的设计。直到 1960 年年末，有了经费的支持，才顺利加工制作了这台高速摄影机。也是因为这个原因，1960 年年末，我被借调到化工系 65 专业教研室。

65 专业制图是张洪惠老师教的，画法几何是陈英良老师教的，我两门课成绩都是优，绘制的工程图也很标准，再加上我熟悉相机的总体与零部件的结构，后来又借调我去沈阳某工厂加工制作高速相机，之后，1961 年我又被调到化工学校。

1962 年，在丁敬教授的主持下，八系得以成立。这个系就是导弹战斗部系，包含了引信专业、火工品专业、炸药装药结构设计等。八系除了为导弹服务，还有核弹，包括核弹的炸药装药引爆核燃料、核弹的常规炸药装药，还有大型的、精密的炸药装药。

因为八系的成立，我在 1963 年前后从化工学校被调回来了。我们系里好几个老师也是这样的，也是先被调出去，在八系成立后又被调回。

回到学院后，我先搞了一段时间的模具设计，还自学了弹塑性力学。这些是我们的教研室主任恽老师安排的。

在 142 会议把研制核弹中使用的高能量密度炸药的研制任务下达后，

北京工业学院成立了以周发岐①副院长与丁敬教授为首的032科研组。丁老师既是科研组的领导，又是这项研究的参与者。科研组成员由八系和六系的部分老师组成，还有院里领导、系里领导。我参加课题组的时间比较晚，已经是1964年前后的事情了。

丁先生是032科研总指挥。要想完成这项研究，就必须发挥每个成员的积极性，大家要分工合作。丁先生熟悉教研室每个成员的特长和能力，1950级毕业生恽老师熟悉爆炸与作用；1951级毕业生徐老师熟悉化工工艺技术；张老师也是1951级毕业生，他熟悉自动控制技术和电子测量技术。八系的科研组就分成三个项目组，徐更光老师负责混合炸药的配方研制，还有一个组是炸药爆炸性能测试组，由张鹏程老师负责。恽老师负责造型粉的压制、炸药装药的物理性能和机械性能等测试，要完成032科研任务，就必须成立三个组共同合作。

丁先生来检查我们的研究工作进度时，多半会找到组长，有时开组长会，有时开组长扩大会议。因为我是恽老师的助手，除了完成他布置的任务外，其余的工作也挺有主动性和创造性，多次获得丁老师的赞扬。

在032科研中，我就在恽老师这个组，当时主要做炸药装药的物理性能方面的测试、机械性能测试与粒状炸药压制成药柱等方面的工作。

当时实验室工作方面要求为百吨油压机配置一批压药模具，特别是热压模具。我具体负责的内容包括设计直径200毫米的热压模具，以及找模具厂进行加工。我记得模具是在北京一个比较大的厂也就是北京模具厂做出来的，质量相当好，时间过去几十年了，它的各零部件镀铬层还是像镜子一样，还是一个相当棒的模具。这批模具在032科研中也发挥了作用。

在国内，我们是最早加工和应用这套模具的。当时这套垫压 $\phi200$ 模

---

① 周发岐（1901—1990）：直隶（今河北）蠡县人，我国享有盛誉的有机化学家，是新中国炸药制造工艺学科的奠基人。1920年留学法国，1928年在里昂格里雅德研究室获法国国家物理科学博士学位。1929年回国，曾任北平研究院化学研究所研究员、所长，中法大学教授、化学系主任、教务长、理学院院长。中华人民共和国成立后，历任北京工业学院教授、教务处处长、科研部主任、副院长，1953年在北京工业学院创办我国第一个炸药专业。在20世纪80年代，组织创建了北京工业学院第一个含能材料学科博士点。中国兵工学会第一届副理事长，为我国的炸药事业做出了巨大的贡献。

具只加工了两套。由于模具太重，靠人工不仅困难，而且很危险，所以就必须有配套的工装部件，才能保证模具到达油压工作台的中央位置，而且是在防爆室隔离操作的，为此还专门设计与制作了必要的工装设备。

模具做成后，还要根据作用设计加工，就是把造型粉（粒装混合炸药）压制成药柱，然后再加工成小方块。这是为了测量原压装药柱中的密度分布，分析其密度均匀性。还有另一个目的，就是评价这个药柱的可切削性能。我记得当时从院工厂调来了两位师傅，一位是高级钳工，另一位是高级车工。药柱的切削加工在防爆间内，控制开关在室外。这就要求既要保证切割不裂，还要保证它里面没有伤，也就是密度要均匀，要控制转速和力量，才能保证切削产品的质量。

这套模具做出来以后，恽老师那边负责炸药装药的性能测试。因为他是成型与性能的测试组组长，我是他的助手之一。实验需要使用压机，压制 200 毫米的药柱需要 400 吨油压机，实验室中只有百吨油压机，后来就从五机部的一个下属厂调来了 400 吨下动式油压机。我们那时候搞研究如果需要仪器、设备，只要提的要求合理，上级审批后就由设备处负责购买。

除了 400 吨的这个油压机，我们还有一个 5 吨的杠杆式材料试验机和简易式热天平，其中简易式热天平的技术，我们是向北大学的。我到北大去调研人家的热天平时，一看就明白了制作原理。因为我的制作能力比较强，所以就做出来了。

032 科研中组建了多种物理性能与机械性能测试系统，在性能测试过程中没有发生过什么大的爆炸事故，但处理炸药还是存在危险的，我们实验室也发生过一些小事故，不过因为我们实验室压炸药都是在防爆室中进行的，都是隔离操作，没有造成伤人事故。

032 科研项目是 1964 年正式开始的。“文化大革命”开始不久，八系的 032 科研就基本完成了。北工 032 科研课题的研究成果是阶段性的。虽然 032 科研的直接成果不多，但爆炸性能测试项目还是获得了全国科学大会奖。我们的混合炸药性能好，价格还相对便宜，所以国内很快就开始大量生产，更重要的是为后续的研究打下了良好的基础。后来 903 所的同行们完成了核弹战斗部的炸药装药研制，他们承认是参考了我们 HBJ 的基本配方才完成核弹中炸药装药的研制，没有忘记北工 032 科研组做出的贡献。

五

在教学方面，大概是在1964年上半年的时候，我曾经带着1960级学生去太原763厂实习。当时马宝华老师是实习责任老师，我是他的助手。

“文化大革命”期间，学校办过几届短训班。工农兵学员是1971年、1972年入校的，由于这些学生的文化程度不同，教材就得改写。那时丁先生要给他们讲普通化学，我给他做辅导教师。我们还得参加教材的编写，我具体负责的是压装与螺旋压装这一章。当时炸药装药教材的内容比较简单，虽然也参考了苏联的教材，但还是缺少深入分析。我引用了工程力学的基础知识，深入分析了炸药压装过程和螺旋装药过程的基本原理，其中也包含032科研中热压模具的设计经验，算是让炸药装药的教材前进了一大步。我还把原来教材没有的高等数学和力学分析的内容也都加到改写后的教材里了。丁先生看到我改写的压装与螺旋教材后，很满意。

在“文化大革命”期间，我的工作主要是给工农兵学员讲课，然后编写这本教材，还有就是在讲课的同时做一些实验。那时候没有科研任务，直到77级招生以后才恢复正常的招生与教学，也开始走向正规，我们备课、选教材或是编写工作也都恢复正常了。

六

“文化大革命”结束后，八系在教学上也有了很大的变化。这是因为丁敬先生掌握了较多国内外信息，一直都注重紧跟发展的潮流。而且，他熟知八系的师资水平，爆炸力学是力学的一个分支，属于工程力学的一部分，也是工程力学的一个分支，这就要求转行的老师们必须具有足够多的力学基础知识。我们专业的教师大都是学化工出身，数学、力学的基础较差，需要补课才能让部分老师顺利转行。所以丁先生就要求我们这些教师和助手，一定要注重技术知识的更新。

在整个研究方向上来说，随着国外先进的技术和理念传入国内，就对大家的基础素养提出了更高的要求，包括计算方面的、数学与力学方面的基础要求都水涨船高。如果没有正确的物理模型，计算是无法进行的，结果也是错误的。所以一名优秀的相关专业的老师，在数学与力学

上的基础素养必须同时保持优良的水准。

在这个过程中，我是转向比较快的。优势就在于我爱人是北大力学专业的毕业生，她给我带回来很多北大出版的力学专业教科书，我不仅可以自学，有问题还可以随时请教她。

那时候我们都需要补课，专业课、外语都需要补。因为像我们这些学生，原来很多都是学俄文的，但俄文资料在我们和苏联的关系破裂后就没办法找到更新的内容了，所以后来大家都不得不转向去学英文了。

我学习英文的目标不高，只要能看懂专业的英文资料就足够了。除了学英文，数学与力学方面也是要补课的。为了补足力学方面的知识，我们还专门请来了原本在力学所工作的几个研究员，还请来几位国内的权威学者和专家来给八系讲课。当时来八系讲课的，有王礼立①，还有王礼立的老师朱兆祥②研究员。他们都是力学所的。

我那时候已经有了孩子。那边要照顾孩子，这边还要给学生上课，自己本身还得学习，加上那时候已经开始搞科研了，还要参与实验室的建设工作，所以真的是很忙，也很充实。

学基础专业课的同时，我们还开始编写爆炸测试技术方面的教材《爆炸测试技术》，主编是张鹏程老师，这本书就是他和我合作编写的，张老师负责光测部分的内容，我主要负责电测部分的内容。

我一直都很关注爆炸电子测量技术，还曾经做过一些研究。当时国内外这方面的技术发展很快，所以我在编写教材时一边学习国外参考资料上已有的信息，一边参考学术会议上发表的论文与资料，同时还学习了其他单位已有的技术。

当时我们搞的爆炸测试技术在国内不是最先进的，很多国内同行的

---

① 王礼立（1934— ）：浙江宁波人，宁波大学教授、博士生导师，历任中国科学院力学研究所助理研究员、化工部化工机械研究院工程师、中国科学技术大学教授。1985 年参与宁波大学创建，曾任宁波大学副校长。浙江省第七届人大代表，多项科研成果先后获得浙江省科学技术奖二等奖、宁波市科技进步奖一等奖和教育部自然科学奖一等奖等奖项。2012 年，作为第一完成人获得国家自然科学奖二等奖（一等奖空缺）。

② 朱兆祥（1921—2011）：力学家、教育家和科技事业活动家，中国科学工作者协会和中华全国科学技术普及协会的早期组织者，协助钱学森创建了中国科学院力学研究所，宁波大学首任校长。从事爆炸力学和冲击动力学的研究，在应力波的传播及其引起的损伤和屈曲以及高分子材料的非线性本构关系等方面做出了贡献。

能力都比我们强。在光测技术方面，人家的光测设备比我们先进很多。1963 年，我们曾引进了三套仿苏联 CΦP 光学高速摄影系统，但是比不上国内其他研究所的光学仪器设备。他们在光测技术方面远强于我们的实验室，所以那时候我们基本上就是学习别的单位先进的技术与方法。

我们在爆炸理论与应用专业上算是比较早地接近了国际水平，这是学校的支持以及本专业全体教职工努力的结果，也跟丁老师不断邀请美国、俄罗斯等外国知名专家与学者来我们专业讲学和学术交流有很大关系。我们这个专业发展很快，那时候我们专业里一些熟悉测试的老师，主要任务就是把爆炸与冲击领域的一些较先进的测试技术尽快地建立起来。

所谓的测试技术，是指爆炸与冲击相关的测试技术。如锰铜压阻法、电磁法还有压电技术，等等。当时我们这个学科的测试技术水平，在国内来说也是比较高的。尽管我们压阻技术不是国内率先搞的，但其中的一些技术已经达到了国内领先的水平。比如锰铜压阻法，人家就比我们搞得早；电磁法也是人家比我们先搞的。我们虽是后来搞的，但有些技术也算是后来者居上了。因为我们的消息比较灵通，与国外的交流多一点，这方面的研究就比较深入，加上有自己的独创与新发展，还有多项专利技术，获得过北京市发明展览会的银奖。在电磁法研究方面还研制成了直径 1 米的用不导磁不锈钢制作的亥姆霍兹线圈，这是国内唯一的一台中心爆炸药量不少于 1 千克 TNT 的设备。还有，比如最先利用压阻法测量雷管端部输出压力，锰铜压阻敏感元件小型化，锰铜压阻应力仪等还获得过多项国家专利。第一代脉冲恒流源就获得了北京市的发明展览会银奖。锰铜压阻法测压阻应力仪也在国内得到了比较广泛的应用。

在学术上，我喜欢找出别人的毛病，看资料也不是单纯地阅读，而是喜欢找问题。我认为只要是人，包括我自己，总是要犯错的。资料是人写的，那就很有可能也存在错误。我这样的行为有人喜欢，有人不喜欢。没办法，我就是这样的性格。比如 C. Yong 最早发表电磁应力计理论，我发现他的文章中有多处存在问题，就采用更严肃的理论证明电磁应力计实质上是电磁冲量计，完善了他的理论，完成了电磁冲量计原理的证明的理论研究，但实验研究就不那么容易了，因此电磁法主要用于绝缘介质的动态力学性能。这个理论得到完善后，我就写了篇论文还有其他一些文章，都陆续得到了发表。

七

20 世纪 80 年代初，我们这个系在丁先生的带领下，频繁地开展一些学术交流活动。当时要参加国内外的学术会议必须写文章，这也就促进了我们这方面技术的发展。因为我们知道必须快速向国内外同行学习，也只有互相交流与学习才能实现进步，在会议上我也发表了一些相关文章。

当时好多国内主办的国际会议，都是丁先生主持的。有不少国内外著名学者、知名教授来华讲学。其中美国人最多，还有日本和其他一些国家的，俄罗斯人也来了一些。比如林·西曼就带来了他的专著《材料动力学》，还做了一系列报告。国内力学界的同行来了很多，会场内都人满为患了。他的讲学与他的专著，对促进我国的材料动力学发展有很大贡献。会后，八系组织国内同行翻译《材料动力学》，参与此书翻译的还有力学所的专家、国防科大的专家和中国科大的专家。

这本书第一章与拉格朗日分析与测试技术相关，因为当时有人讲这个分析问题，我对此还提了一些意见，别人看起来我对拉格朗日分析就很熟，所以我来负责这部分内容的翻译工作。翻译成中文后，原始材料和翻译后的材料都保存在我们八系，最后形成中文版的《材料动力学》分为上下两册，是油印出版的。

80 年代学校里开始有了一些对外合作，包括跟民用产品的一些合作，就是普通民用产品的研究。八系也做了一些，而且做得还不错。

我与 851 教研室的白玉鹏老师合作，先后为吉林扶余油田、黑龙江大庆油田和广东佛山油田服务，测量深井中石油射孔弹群爆炸过程中油管环壁承受的冲击压力随时间变化的历史、压力时间曲线等。在徐院士的带领下，我们研制的油井中冲击压力测试系统为石油射孔作业增添了一种检测手段，这个意义是相当深远的，后来国内主要的油田都使用这个系统。

当时我们为扶余油田和黑龙江大庆油田研制的深井环压测量系统，是一套软硬件产品，试用合格后才移交给油田使用，当时测压系统只试用一次就移交给大庆油田了，因为当时我们的技术已经很成熟，这个技术真的让我们“一炮打响”了。

在军用方面，我参加了“七七工程”设计（1977—1983）的一个项目，也是国家计委大型爆炸实验研究项目。副总指挥是兵器安全所所长王泽甫，他多次邀请北京工业学院八系派人来参与这项研究。因为这是“文化大革命”后的首个爆炸实验。831 教研室就派我和张汉萍去参观“七七工程”的大型爆炸试验，我参加的那次，现场就是在兰州附近的黄土山区里。1980 年年初的时候，我还参加了在武汉召开的爆炸量测会议，副总指挥王泽甫介绍了“七七工程”的进展，还邀请与会者去随县试验地参观。参观后，我就和副总指挥说我有一种新办法，可用测量洞库顶部获测壁压力界底部。后来，系里就决定由我来主持这项测量研究，参与人员还有赵衡阳、梁云明和刘长林。

我参与项目的时候，是在 1981 年年初。当时项目已接近尾声了，我的具体工作就是搞一些新的测试，后来“七七工程”设计总项目还获得了国家科技进步二等奖，而我参与的子项目“条形装药开口爆炸应力波实验研究与理论分析”，也在 1986 年获得了国家计委科技进步奖一等奖，相当于部级一等奖。

除了这个项目，我在军用方面的研究还有一个就是炸药装药发射安全性的研究。我设计了一套小型的后坐冲击模拟实验装置，尺寸只有 15 毫米，算是比较小的。因为任务很紧，我还请 123 厂帮我把总图拆成零件图，然后加工成一套实验装置，加工制作是在齐齐哈尔的一个附属工厂里，这个设备设计制作完成后，就提供给有关人员做实验了，我们课题组就有好多老师都是用这台设备做的实验。

炸药装药发射安全性研究是从“七五”期间开始的，北工项目组完成了实验系统工作原理分析，还成功完成了小型后座冲击模拟实验系统。“八五”期间，204 所项目组还完成了组建大型后座冲击模拟实验系统。“九五”期间，我们还利用大型与小型后座冲击模拟实验系统完成了更深入的研究与分析。这个项目我也获了奖，是作为一个项目整体得奖的，虽然属于部级二等奖，也很满足。

我还曾经作为电子控制技术的专家之一，受到 123 厂的“921 工程”的邀请。当然我本质上是个炸药技术专家，还谈不上是什么电子技术专家。我被邀请到 123 厂当技术顾问，待了 2 年，其间还到法国去学习了一个多月。我本来是搞炸药装药和爆炸性能测试的，却搞起了电子控制系统，看起来似乎有点不务正业。其实是因为 7 专业属于化学工程系，化工生产的自动控制技术课程也是门必修课。炸药注装生产炮弹的技术

实现自动化，是有很多难点的，所以我也是带着这些问题去主动向法国人学习，直到自己真正学会学懂。

学成归来以后，我就在 123 厂做技术顾问。这样一来，123 厂的同行们也很快掌握了全套的新技术。那些外国人也是喜欢吹，说是能装任何炸药，但他们不知道的是，中国的 TNT 是很不容易被注入炮弹的。因为我们的 TNT 炸药生产线是从俄罗斯引进的，和美国、欧洲生产的炸药不一样。后来，徐院士把这个 TNT 改造得跟外国的几乎一模一样，徐院士在这方面的贡献是毫无疑问的。

八

直到 50 多岁了，我才开始评职称。从“文化大革命”前到“文化大革命”后很长一段时间里，我都是拿着 50 多元的工资。恽老师是在 1986 年 8 月评为教授的，等到我也被评为教授的时候，已经是 20 世纪 90 年代的事了，比恽老师至少晚了 10 年吧。我们那一代人，都是四五十岁升的副教授，然后 50 多岁升的教授，有的老师直到退休时才升教授。当时升为教授的工资也是很低的，买不起汽车，生活水平比较低。只有丁敬先生不一样，我那时候刚上大学时，就知道丁敬先生到北京工业学院 28 岁就已经升了副教授。

1986 年 8 月我被聘为副教授以后，开始正式招收硕士研究生。爆炸测试技术是一门专业课，课程的教学实验是在 20 世纪 90 年代初才开始的，后来是由焦清介教师、严楠教师等人完成的，也是从这个时候开始，他们培养出了一批博士研究生和硕士研究生。

1997 年退休后，我又被返聘回来了。这 20 多年里，我和同事们一起研发了很多新技术、新发明，还提出了一些新观点。我还申报了多项专利，在职期间的专利归学校所有，首名专利人都是较年轻的教授们，我的名字就排在后面。

直到现在，一些在职的老师每当测试方面遇到困难的时候，有需要就会请我去排除。一些研究生也是这样，抓不到信号了就请我去救急。有一次，吴成教师请我去西安解决水中爆炸试验中抓不到测压信号的问题，我当天上午买的机票，到达西安实验现场后就很快捕获了有用信号，然后做了两次试验都成功了，当天晚上就飞回北京了。

还有一次，严南教授请我去西安 804 厂，我很快就查出了问题，本来还想着要立即返京，但是又想参观一下21所的轻气炮。与21所所长周刚联系后，他立刻就开车来接我，因为我曾经是他的硕士学位指导教师。当时我参观了实验室，交流了经验，又做了一次测试技术报告，才返回北京。

这些学生现在都能独当一面了，可是遇到测试技术问题还是会想到我这个老师，很多在职的教授还是信任我这个老头的，退休后还把我返聘回来继续工作，为爆炸与冲击测试技术的发展尽一份绵薄之力。

我还参加了横向应力式测试。因为我是901所的学术委员会委员，而他们作为国家的一个重点实验室，要有一个外面的专家作为学术委员会。正好他们有课题，我就拿了个横向应力的测试技术研究的课题。这是锰铜压阻法测量技术中一项探索性研究，制作成50Ω锰铜压阻传感器，并在901所轻气炮上标定这种横向应力传感器。

我还参与了黄风雷①教授为首的学科组威力测试研究人，先后为二炮三所、总参设计研究总院提供服务，建立战斗威力测试系统，还参与了靶场试验、测量爆炸压力场强度等工作。和二炮三所的合作是测量导弹战斗部的爆炸威力，测压系统采用的是DPR测压系统，我就负责DPR总体设计及模拟电路设计。在参与总参设计研究总院的测试时，我为设计研究总院配置了一套战斗部爆炸压力差测试系统，前后用了一个多月的时间就完成了研制任务。

70岁的时候，我还去了甘肃玉门西部靶场和新疆楼兰的实验基地，参与大型爆炸试验。

我现在还在干，是因为大家还需要我，也是因为我要找一个接班人，希望是那种有学科知识的接班人，我的工作实际上已经是跨学科了，要深入研究爆炸与冲击过程中的测量技术，必须既是爆炸力学专家，又是熟悉电子技术的行家，这样的接班人是相当难找的。我现在寻找爆炸与冲击电子测试技术接班人的办法是搞力学的找一个，然后搞电子的再找一个，两个人结合起来，合作完成接班工作，使北理工的爆炸与冲击电

① 黄风雷：男，1965年6月生，工学博士，爆炸科学与技术（北京理工大学）国家重点实验室教授，博士生导师。1999年获教育部首届“青年教师奖”并入选教育部“跨世纪优秀人才培养计划”，2000年被评为国家“百千万人才工程”第一、第二层次入选者。

子测试技术水平保持国内领先地位。

我已经 85 岁了，能为爆炸理论与应用学科的发展继续做贡献的时间不多了，只能是尽力而为。我将继续努力。人是活到老学到老的，要坚持学习。在我看来，只要是人，总是要犯错的，都是在改错中前进的。搞科学研究探索是这样的过程，任何学科的科学研究也都是这样的过程。知识是无限的，人的认识能力是有限的，所以有限的知识，特别是经验积累起来的知识，未必就是客观的真理，必须特别小心，不要上当。

贾玉林——忠诚的革命情怀，顽强的战斗精神

人物简介：

贾玉林，1932年10月1日出生，吉林省扶余县（今扶余市）人。1945年在吉林省扶余县参加抗日联军，1947年在东北解放军夏季攻势中荣立一等功；半年后，所在部队党委特批准16岁的贾玉林加入中国共产党。1948年，中共中央、东北局在部队里抽调精干战士组成30人的分队，任分队负责人，执行护送共产国际人士到西柏坡的特殊任务。完成任务后转到41军军部。北平解放后，先后在北平军事管制委员会和北京市委宣传部工作，后考入北京市工农速成中学。

1953年结业后，速成中学并入北京工业学院，留校入职人事科。历任五系专职党总支副书记兼行政秘书，校直属教研室书记、校技术干部科科长、校实习工厂副主任、三系党总支书记等职。1960年被评为北京市先进工作者。

访谈时间：2019年7月30日（一访）

2019年9月6日（二访）

采访人：郭晓明

访谈地点：北京理工大学图书馆

摄像：吴哲

访谈提要

贾玉林讲述了他少年时父母因病过世，相依为命的爷爷和弟弟又被日本人害死，他独自流浪街头，被抗日联军松江支队政委收留，参加革命的经历。他在1947年东北夏季攻势中荣获一等功，此后年仅16岁的贾玉林被破格批准入党。1948年，贾玉林被中共东北局抽调并被指定为负责人，执行护送共产党国际友人的特殊任务，任务完成后受到周恩来的亲切关怀，令他深受感动并铭记终生。

北平解放后，他从41军先后被调到北平军事管制委员会和北京市委宣传部工作，后考入北京市工农速成中学，此后北京市工农速成中学并入北京工业学院。1953年他结业后留校工作，1956年调任五系专职党总支副书记，又先后担任校直属教研室任书记、技术干部科科长和人事科科长，从事审干和党务工作，深受领导和同志们的信任。改革开放后，贾玉林担任三系党总支书记，因为在战争年代落下一些伤病，他在三系书记的任上提前退休。回顾在学校几十年的工作经历，他感觉在20世纪五六十年代，不论在学校建设、大搞科研，还是教职员工的思想状态、精神状态和工作作风都十分符合延安精神。

一

我只记得自己的生日是大同①二年阴历九月多少号，普选②的时候，人家根据这个日子推算出来，我的出生日期是阳历的1932年10月1日。

① 大同：末代皇帝溥仪1932年3月9日—1934年2月28日任伪满洲国执政，年号大同。

② 普选：1953年7月—1954年5月，在全国范围内开展了基层人民代表大会代表的选举。

我很小的时候，父母就因病过世，爷爷抚养我和弟弟。后来日本人用我们村的老百姓做细菌试验，爷爷和弟弟被日本人害死，刚巧那天我没在家，才逃过一劫。家里亲人都没有了，我成了孤儿，独自在大街上流浪，挨家乞讨。那时老百姓都很穷，虽然觉得我可怜，但没人有能力收留。我只好靠在街上捡食物充饥，只要能吃的，我都捡着吃。

日本投降前，1945 年上半年的一天，我在街上流浪，看见一辆拉菜的马车，上坡时掉了一棵菜，马车过去后，我把这棵菜捡起来，坐在路边吃。被车老板发现后，我挨了一顿打。正巧东北抗日联军①松江支队的政委带着几个人路过，他们穿着便衣，都是老百姓打扮。看见我挨打，就了解了一下情况，问了我的身世，又给我买了点吃的，问我愿不愿意跟他们走，有地方吃饭，我当然愿意。就这样，在吉林省扶余县，我 13 岁就参加了革命。

二

抗日联军一直接受共产党领导。抗战胜利前，河北和山东的两路八路军、新四军步行进入东北，和抗日联军合编成立了东北人民自治军。我参军后，在东北三四年的工夫，部队番号变了五次，从抗日联军、东北人民自治军、东北民主联军、东北人民解放军到中国人民解放军东北野战军。1949 年 3 月，改称中国人民解放军第四野战军②。我参军时，部队有的叫大队，有的叫支队，我所在的松江支队，一共不到 300 人。日本投降以后，我们这支部队和山东过来的新四军合编，改叫嫩江军区独立一团。我们在齐齐哈尔日本人的兵营驻扎了一段时间，部队番号改成东北民主联军，我的故事从这里开始。解放战争时期，我荣立过一等功，2019 年国庆前，还获得了“庆祝中华人民共和国成立 70 周年”纪念章。

---

① 东北抗日联军：简称东北抗联，中国东北地区的抗日武装，前身是东北抗日义勇军余部、东北反日游击队和东北人民革命军。1931—1945 年抗战，其高级将领皆由共产党员担任。中国共产党曾由于进行长征而与其失去联系，它是中国人民解放军的前身之一。

② 中国人民解放军第四野战军：简称“四野”，是解放战争时期中国人民解放军主力部队之一，是由抗日战争转入大反攻后进军东北的八路军、新四军主力各一部及东北抗日联军逐步发展起来的。

当时部队绝大多数人都出身农村，基本上都是文盲。我只上过两三年小学，后来能写点东西，都是在部队里得到的锻炼和自己刻苦努力的结果。

1947 年 5 月，东北解放军发展形势很好，我们部队准备在新立屯发动夏季攻势①。当时国民党在东北的王牌 71 军想要北上，他们都是美式装备，因此很狂傲，只派了一个团来攻占我们的阵地，我们打了一场阻击战。那时团和营之间已经可以靠拉电话线，用手摇电话机通话。但营和连之间还只能靠通信员送信，有条件的部队可以用旗语联络。我那时也就 15 岁，是九班的战士，副连长平时挺喜欢我。国民党这个团绕到我们后面，想掐断我们部队的南下反攻路线，敌军正要进攻的时候，我们部队先动了手，一下就把敌人打蒙了。

战斗打响时，我就在副连长的旁边。国民党军队的装备好，他们反应过来后，用迫击炮封锁住了我们的阵地，连队通讯员去送信，刚出去就中弹了。副连长让我去给营指挥所送报告战况的信，说你肯定能完成任务，没想到我还真完成了任务。任务完成后，从营指挥所回连队的路上，我看见营部在打旗语，我知道肯定是通信中断了，而且看见被炮弹炸断的电话线就在我跟前，但不够长，我一心只想着得保证通信畅通，当时灵机一动，干脆一个手里缠住一个线头，躺到了炮弹坑里。那种滋味无法形容，电话线路上越有人说话，身上越难受。当时战斗很激烈，我自己也不知道是被炮弹震晕的，还是被电晕的，等我醒过来，发现自己躺在了团卫生所的行军床上。指导员说发现我的时候，已经变成了土人，腿上还沾着一块炮弹皮，现在还有当时落下的伤疤。

这次战斗，我们成功地消灭了国民党的一个团，缴获了敌人很多武器装备。因为我的英勇行为，保证了团部和营部的通信联络，荣立一等功。立功半年后，团党委特批我入党，当时我只有 16 岁。那时 100 多人的连队只有十来个党员，尽管党员数量少，但能量很大，党员起到了相当大的主导作用，部队的战斗力非常强，这一点值得我们深入研究。

---

① 夏季攻势：1947 年 5 月中旬—7 月 1 日，东北民主联军对收缩兵力、转入守势的国民党军展开夏季攻势，共歼敌 8 万余人，收复城镇 36 座，扩大解放区 16 万平方公里，控制铁路线 1250 余公里，沟通了东满、南满、西满、北满根据地的联系。夏季攻势迫使东北国民党军队收缩于中长路及北宁路沿线的狭长地带，从而改变了东北民主联军被分割成为南北两个作战集团的局面。

在战场的环境中，遇到这种情况容不得多想，需要马上做出选择，自己也不知道当时是怎么想的，只知道得这么做。现在回想起来，我们是一支苦大仇深的队伍，在旧社会受国民党的压迫、剥削，想起国民党，仇恨就来了。当时共产党扩充队伍叫招兵，在村里、城市街道贴布告，大家去报名，然后再筛选。国民党是抓兵，抓来的兵什么人都有，什么想法都有，所以国民党的兵虽然吃得好、穿得好，武器也好，但打仗没有战斗力，军队士气不高，就是因为思想状况不一样。1948 年秋天大反攻，当时东北部队的口号是：打过长江去，活捉蒋介石，解放全中国！

解放沈阳时，东北局从部队挑选出 30 名战士，平均年龄在 25 岁以下，我的年龄最小，任命我当领队，副领队是一位姓申的朝鲜族同志。

我们执行的这项特殊任务是护送已经从莫斯科到哈尔滨的英国、意大利、德国、法国和卢森堡 5 个国家共产党的代表到西柏坡①。这些国际友人里我最熟悉的叫约翰·高兰②，他是英国共产党中央委员会的干部、英国共产党的机关报《工人日报》的创办人。因为他看我年龄小、个头也小，喜欢和我开玩笑。

我们这 30 个人的任务是把这些国际友人安全护送到西柏坡，东北局另外派出了十几位同志负责其他工作。从哈尔滨到西柏坡，当时还有不少地方是国统区，需要绕道，因此这次护送任务用了一个多月的时间。从哈尔滨到沈阳的铁路并没有全通，有些地段也需要绕道，我们跟着部队一块儿打到沈阳。

1948 年 11 月 2 日沈阳解放，我们进入沈阳后，住在沈阳火车站旁的国民党东北“剿匪”总司令部所在的铁路宾馆，这是一座西洋式建筑，当时感觉非常豪华。东北局的同志选了 5 辆缴获的美式汽车，有专人负责维修改装汽车的工作，因此我们在沈阳停留了大概半个月。那时山海

---

① 西柏坡：指西柏坡村，在河北省石家庄市平山县西北部，1947 年 7 月 12 日，中央工委在西柏坡正式成立，1948 年 5 月中旬，毛泽东同志率领中共中央、中国人民解放军总部移驻西柏坡，在这里指挥了震惊中外的三大战役，并在 1949 年召开了具有历史转折意义的七届二中全会。因此，这个普通的山村成为“解放全中国的最后一个农村指挥所”，成为中国共产党领导全国人民和人民解放军与国民党进行战略大决战、创建新中国的指挥中心。

② 约翰·高兰（John Gollan，1911—1977）：英国和国际共产主义运动的政治活动家，1947 年任英国共产党副总书记。

关、天津都还没解放，我们得绕道喜峰口①。有一次向导带错了路，我们差点进到大兴黄村国民党的飞机场里，敌人已经看见了我们，好在我们这是一支美式汽车的车队，才没引起怀疑。1949 年 1 月 3 日晚上，我们一行人到了石家庄，住在石家庄华北军区招待所，第二天换车，到晚上我们终于把这几位国际友人安全地护送到了西柏坡。

在西柏坡的一段经历让我受益终生。时任党中央副主席周恩来亲自迎接国际友人，所有工作人员的焦点都在这些国际友人身上，忽略了我们这支护送队伍。那天晚上刮大风，天气很冷，我们外面等着安排，没吃饭也没喝水。周副主席得知情况后，亲自出来，看到我们这一队战士都很年轻，每人一身新军装，身佩双枪，一支马步枪，一把盒子枪，显得格外精神，他非常高兴，说都到家了，但没接待好你们，这是我的责任，我向你们道歉。周副主席把我们请到他住的小院，让厨师用他的大白菜给我们煮了热面条，还亲自给我们盛饭，一边盛一边说我给你们道歉，有的战士感动得都哭了。吃完饭，周副主席说，我跟廖承志②讲了，你们住在他那里，大家好好休息，吃饭按中灶待遇，有什么事情，去找警备局的科长，我已经和他说好了。廖承志住在离西柏坡 3 里路的通家口的新华社总社，当时实行供给制，分为小灶、中灶、大灶，我们这些大头兵的待遇应该是大灶，周副主席安排我们吃中灶。后来周恩来到通家口办事，还专门来看望我们，扶着战士的肩膀，让大家坐下说话，再一次给我们道歉，还跟我们拉家常，叮嘱我们好好休息，准备执行新的任务。

这件事在我心里埋下了很深的种子，周总理逝世的时候，我从学校骑自行车到北京医院，想看总理最后一眼，可惜没能进去。我又骑车回到天安门广场旗杆下，等着周总理的灵车。广场上人山人海，里三层、

① 喜峰口：河北省、热河省交界一带长城的隘口，北平与热河的交通咽喉。1933 年 3 月，国民革命军第二十九军在此顽强抵抗了日本侵略军，史称“喜峰口战役”。这场战斗是自“九一八”事变以来，日本在中国受到的最顽强抵抗。1937 年 7 月，著名作曲家麦新创作《大刀进行曲》纪念二十九军抗日英雄，流传至今。

② 廖承志（1908—1983）：曾用名何柳华，广东惠阳县（现惠城区）陈江人。1908 年 9 月 25 日出生于日本东京。1927 年“四一二”反革命政变后，于 1928 年加入中国共产党。廖承志同志是中国共产党的优秀党员、无产阶级革命家、杰出的社会活动家、党和国家的优秀领导人。

外三层，但秩序很好，总理的灵车过去时，给总理送行的人们哭声一片。从周总理逝世直到今天，我的书架上一直放着周总理的照片，即便搬家，这张照片也一直跟随着我。虽然只接触过这么两次，但我觉得周总理的人格太伟大了，他那么高的职位，却像慈父般地对待我们这些大头兵，扶着我们的肩膀，让我们坐下和他说话，一点当官的架子都没有，让我们在平凡的小事里感受到他的伟大。周总理这种朴实的作风对我的影响非常大，后来在理工大学工作了几十年，我一直都以周总理为榜样要求自己。

我们这批人从西柏坡调到东野 41 军，我调到军部，驻地在青龙桥。那时候部队每个连队里配一位文化教员兼连队文书，以教国文为主，稍带教一些数学。我利用这个机会，非常努力地参加学习。

北平和平解放后，我被调到北平军事管制委员会，军管会由两部分人组成，一部分来自东野，一部分来自华北军区。北平军管会解散后，多数人分配到了公安局，我被分配到北京市委宣传部。北京刚解放时，市委机关里有很多原来的地下党员，尤其我们宣传部有不少是辅仁大学、清华大学、燕京大学的学生。组织上安排我做党的工作，同时负责一些行政事务。在宣传部我的文化程度最低，因此我要求参加学习。组织上同意我去学习，但要先通过考试，考试地点就在中南海里面。没想到我通过了考试，被北京市工农速成中学录取。我分到二班，学语文还可以，但是数学、物理等课程听得我一头雾水，学了不到 2 年时间，我算结业。同班同学都是毕业，有的同学还考上了大学。结业后，北京市人事局准备分配我去几个商业部门做党的工作，职位都不低，我说我不会做买卖，所以没去。

三

1952 年大学院系调整时，北京市工农速成中学附设于北京工业学院，直接在大学的领导和帮助下发展。正好我在等待分配，学校了解我的情况后，让我留校做人事工作。那时我还不知道北京工业学院是军工院校，工作后才了解到学校的性质。院系调整时，从我们学校和清华过去的一部分人组成了北航，过去冶金方面很著名的一些人也调走了，留下的主要是军工方面，尤其是常规武器，坦克和枪炮弹方面后来发展得很有名气。

1953 年我来学校的时候，正赶上学校发展建设的阶段。那时中华人民共和国刚成立不久，国家一穷二白，学校刚开始也是一张白纸，什么都没有。当时资金很紧张，建设图纸一改再改。学校的领导机构和我们人事科，还有电机系、化工系等一些系都在东皇城根的中法大学，那时车道沟的楼刚开始建设。学校很注重培养学生的动手能力，接收了中法大学的一个比较小的机械车间，最初没有几台机器，只有点钳工设备和车床，接收的这些机器设备虽然不是新的，但比新的还贵还好，都很好用。学校的实习工厂逐渐壮大，人员逐渐增加，后来发展到几百人。学校还接收了中法大学的基础物理和普通化工两个实验室，学校那时开办了一个俄语专科学校，主要是为学校自己和外单位培养师资力量。

我被分配到人事科，科长高玉章（音）那时 50 多岁，他人很好。人事科只有 6 个人，分工很简单，有管教师的，有管试验员和技术工人等辅助人员的，还有管公勤人员的，这种情况延续了好多年。我刚来时跟着李杰（音）一边熟悉学校的情况，一边主管教师工作。

咱们学校 1955 年以前叫党总支，宗凤鸣是党总支书记，1955 年下半年学校成立党委，魏思文是院党委书记。成立院党委之后，系里成立了党总支。1956 年，我从人事科调到 8 专业光学专业和 9 专业雷达专业合并成立的五系，五系后来又分为光学系和无线电系。我当党总支副书记时，毛二可还是 1953 级的学生，他学习特别努力，上进心非常强，别人玩的时候他也在学习。我是专职副书记，主管党务工作，还兼行政秘书，负责办公室的行政工作，工作内容比较繁杂。

当时一届只招两个班，学生党员大都是在中学入的党，人数很少，系里教职工党员也比较少。那时一个月最少有一次党课，有时一个月两次。魏思文院长有时会亲自讲党课，他原来在三野，在部队的人脉很广。他定期从部队或者国家部委请来一些首长或领导，在全校教工大会上给大家讲形势和政策。系里也讲党课，一般是结合系里党员的思想状况，党员思想上容易产生的一些问题，或者结合当前的形势和政策讲党课。党课不仅党员要听，要求入党的积极分子也要听。还有组织生活，开展批评和自我批评，也是每个月最少一次，有时两次。组织生活通常在每周六的下午，事先通知组织生活会的内容，大家都要提前准备，深挖自己的思想，开展批评和自我批评。那时不讲究隐私，尤其是党员之间都很了解，有问题和看法都敢于说出来，然后大家再互相分析，该批评的就要批评，批评完了大家之间还是好同志，不会因此产生隔阂。

我当党总支副书记，包括后来到三系当书记，除了日常的党务工作，我对全系所有教师的基本情况，不管是不是党员，全都很清楚，这是我在部队养成的习惯。后来走过好几个系，还在人事部门专管过教学人员，所以在这方面有些方便条件。教师大都愿意和我聊天，我也通过这种方式去注意了解掌握教师的情况。那时谁家里有了矛盾解决不了的，都愿意给我打电话，让我帮助去解决。像谢篴两口子有时候吵架，谢篴就给我打电话，老贾你来吧，我解决不了了，我就去给他们两口子说和。还有像工厂的工人，两口子闹离婚，得有学校人事部门的介绍信，民政部门才受理，我给他们说和说和，俩人不离了，后来见到我都主动打招呼。有一次我们科里有一个同志生病做手术，住了一个多月的医院，他家住在房山杜家坎，他爱人带着两个上小学的孩子，还要上班，没时间来学校领他的工资。我就趁着星期天，从西郊骑自行车到杜家坎，把他的工资给送到家里，然后再骑车回来。

那时同事之间的关系很好，有了困难都愿意帮一把，有了矛盾也愿意找我帮着解决。像五系那时有几位从西工大调过来的业务骨干，他们不管在职还是退下来以后，和我关系都挺好，有事都愿意找我。我退下来以后，在学校操场里遛弯，那些教师、教授离老远就和我打招呼。后来我记忆力不行了，有些老同志还爱和我开玩笑："老贾你知道我叫什么名字吗？你给我说说吧。"今年有一位老太太，我都不认识了，老远就喊我，拽着我的手说，老贾你可是个好人。

后来我从五系调到学校直属教研室任党支部书记，直属教研室包括化学、物理、数学、力学、外语和体育等，一共 11 个教研室，那时党员人数不多，但摊子铺得挺大。1957 年、1958 年前后，学校为了加强管理，把教学部分的人事工作从人事科分出来，成立了技术干部科，我调到技术干部科任科长，后来又调回人事科任科长。

当年学校很重视师资培训，培训后都要经过考核。这方面我是外行，但科里的人都是大学毕业，他们都是内行。那时系里有专职的人事干事，归系里领导。实际上人事干事是人事处派出的，业务上要经常到人事科开会，研究工作。人事干事要对教师的工作表现、思想表现进行记录，定期研究汇总。比如数学教研室有一个女孩子当时是助教，我们人事科有人去听她讲课，学校领导对她的业务评价很不错，魏思文对她也很欣

赏，由于她的家庭出身和社会关系等原因，没能提职。现在看来当时的政策有点偏“左”，但毕竟刚解放不久，咱们学校又是军工院校，所以对人员的政治可靠性要求比较高。

除了考评教师，人事科还有一项重要工作是对调入的教师进行调查。我当技术干部科科长时，凡是调入的教师都必须到他毕业的学校去调查，尤其涉及机密专业，要求更严格，通过了审查学校才能接收，这是国家的规定。对从外单位调入的教师，要比新毕业的大学生在政治方面的要求宽松一点，但也必须要通过审查。当时调入的教师比较多，政治审查方面，每年的工作量挺大。魏思文院长对政治审查的要求特别严格。我当技术干部科科长时，魏院长有时会越过主管人事的副院长，直接安排我去办事。“文化大革命”开始前不久，有一次魏院长给我一份材料，说这个人准备去英国进修，家里亲戚有高级官员，但他的家庭关系很复杂，叫我去调查。调查还没完“文化大革命”就开始了，我把很厚的一摞档案锁在专门的档案铁皮柜里。因为是魏院长直接给我安排的任务，别人不知道这个情况，我后来还为此受到牵连。

那时人们干工作都非常认真，一门心思都在工作上，当天的工作尽量当天完成，完不成的会主动找领导说明没完成的原因。大家都主动加班，领导得操心去赶他们走。因为大家都住在城里，学校没有宿舍，来回要坐班车，回城的末班车是晚上九点半，晚了就赶不上末班车。那时晚上各个楼都是灯火辉煌，很多人都在加班。负责后勤的总务处会让各单位上报加班人数，给加班超过晚上 11 点的人准备免费的夜餐，夜餐很简单，一般是一个馒头，一碗粥，一块、半块酱豆腐，或者一个咸鸭蛋。远一点的地方，食堂用餐车给送到教研楼里，送到的时候饭菜还是热乎的。

过去人际关系都很好，谁家里有事，大家都会主动帮忙。我作为科长，除了日常工作，还要经常关心同事们的家庭情况，时常到家里去看看，了解是否有困难。比如有的同志几天没来上班，我就从学校骑自行车到城里同事的家里，去了解是本人还是家属生病了，或者有别的原因，是否需要帮助，等等。

我在工作上从来没有发过脾气，但大家都信服我。我在人事科的时候，我家住在前门外我老伴家的房子，那时学校晚上九点半的班车只到东四，所以我每天都骑自行车上下班。学校领导看我的工作挺繁杂，每天来回跑很辛苦，就分给我一套两居室的房子。我那时手头紧，这么远没钱雇车搬家，又不能随便用学校的车，我就拖着没搬。周围的同志们知道了这个事情，他们都了解我的脾气，提前告诉我，我肯定不同意，就瞒着我一起商量帮我搬家。晚上下了班，我刚吃完晚饭，来了一辆卡车，六七个人，不光是我们科室的，一共来了四个科室的人，我什么都没准备，大家帮我把东西都搬上车，搬过来又帮我把一切都安顿好，连床都帮我装好，可见当时大家之间的关系很亲近。

四

1958 年大搞科研的时候，大家心气都特别高。那时我家在前门外，我的办公室在主楼的三层，有时我就睡在办公室。我记得学校搞过飞行坦克，在主楼前做试验，当时很热闹。还搞过 505 火箭，好多系都参与了这个项目，在白城子搞过发射试验。

那时学校缺乏试验设备，一方面是国家底子薄，再就是中华人民共和国刚成立时，以美帝国主义为首的西方国家对我们进行封锁，有钱也买不到东西，苏联真正好的东西也不会给我们。试验设备要靠教师按照需求自己动手去做，或者改装。魏思文院长的人脉广，各军兵种的老总他认识很多。有时他在学校吃完晚饭不回家，坐车到某位老总家里去，要人家用不上的闲置设备。老总同意之后，去人家单位库房挑一些学校用得到的，拿回来改造成我们需要的设备。不管教师、教授都愿意亲自动手，我在五系时，有些老资格的教授，晚上也跟年轻人一起加班，有时我们得去劝说，让他早点走。那时的人们干工作都很自觉，没有人谈报酬。

我们当时叫作当官不发财，我从部队过来时的级别不算低，但我当了科长多少年还是科员的工资，工作任务重了，但工资不涨，没人有怨言。组织上安排的工作，没人挑肥拣瘦说这事自己不干。在技术干部科时，1960 年，我被评为北京市先进工作者，学校的职工干部中只有我一个人被评上了劳模，现在逢年过节，北京市工会还给我发慰问品。

那个年代，提一次工资很困难，因为国家缺钱。比如某个单位今年要调工资，给 35% 的名额，教学人员是主体。人事部门给分配，教学人员提 15%，技术工人提 10%，科室工作人员提 8% 或者 5%。那时大家工资都不高，给谁不给谁，大家一起开会就能定下来。有一次调工资，

职工干部只有 5% 的比例，我是劳模，当然能评上。我在人民大会堂开会时，学校组织部副部长刘庭宪打电话告诉我，这次提工资有我一个。等我开会回来，有一个人闹意见。刘庭宪跟我商量，把我的名额让给他行不行，我就让了。我在北理工让过两次工资，还有一次是贾克当校党委书记的时候，他把我叫到他的办公室跟我商量，还说我就知道你能发扬风格。我让了两次调工资，虽然钱不多，但我是做人事工作的，知道差两级工资的影响，等到退下来，待遇方面差别很大，我没去计较这些个人得失。

“文化大革命”期间我担任过一段时间校实习工厂的副主任，大概是 1977 年年底，我调到三系坦克系任党总支书记，原来三系的学生曹永义是三系的系主任。那时“文化大革命”刚结束不久，隔阂比较深，两派的人相互都不说话。我想如果不借着中央落实政策的东风，把这件工作完成好，时间拖得越久越不好办。我这个人不怕麻烦，第一步是先去搞清楚每个人到底有什么问题。搞清楚后一个人一个人地分析，他的问题是什么，道理是什么，不对在什么地方。然后一个一个地去做工作，一个一个地谈。我是外来的书记，相对容易开展工作。我给每个人逐一进行分析，对错在什么地方，和别人的关系、工作上的关系，应该怎么解决，逐一去做工作，然后开小会、开大会讨论。有些同志的工作确实难做，一提这些事情就发脾气，有的教师跟我拍桌子，甚至把衣服摔到我的椅子上，还有的人提出来各种各样的要求。这项工作非常难，尤其是要化解人与人之间的矛盾更难。我这个人脾气好，关键在于我觉得自己不怕麻烦，有一份责任心，能把这些事情不厌其烦地想办法做下去，结果我们系成为全校第一家完成落实政策工作的单位。

党委书记贾克几次让我介绍完成落实政策工作的经验，我说没什么经验，只能是不厌其烦地去做工作，同时还要把握好尺度，最重要的是敢于承担责任。我的性格是从小锻炼出来的，流浪生活对我的性格和做事风格都影响很大。

三系对党务工作抓得很紧，上级领导布置的工作都能真正落实。我们那时的工作方法是，领导把工作布置到中层，中层回去抓科室，科室把工作做到什么程度，怎么执行的，执行的情况，中层领导都能掌握得很清楚，上下级之间也能够及时沟通。我们不是坐在办公室等着听汇报，而是充分发挥职能部门的作用，既要到基层去了解情况，又要向上级汇报。过去的系现在叫学院，下面还有很多部门，学院党委书记布置完工作，如果只坐在办公室，不到下面去了解情况，就不知道是不是一竿子插到了底，是否真正得到了落实。

以我的水平，无法深入教学科研里面去，但在这方面我们有骨干，其中有少数党员在里面，同时依靠那些靠近党组织的教师在其中发挥作用。我在职的时候，从 20 世纪五六十年代到我退休前，党员的数量都比较少，发展党员也比较缓慢，因为政治审查方面一直比较严格，有时候还需要去外调。虽然党员数量比较少，但党员之间、同事之间都非常亲近。魏思文院长夏天热的时候，穿个背心，拿个大蒲扇，这个系走那个系串，去基层了解情况，发现工作上有问题，不管是谁，就算是副院长他也不饶，该批评就批评，该发脾气就发脾气，但平时他一点架子都没有。还有尚英副院长，平时见着谁都叫同志，那么多年一直这样。管后勤的李振生哮喘病相当厉害，走路都喘，但他不在办公室坐着，而是到处走到处看，哪里有活他都帮着干，发现问题就解决或者及时向上级汇报。

我们学校从延安辗转过来，然后不断发展壮大，我觉得延安精神不能丢，要不断发扬。在过去的年代，没有人把延安精神挂在嘴上，也不开研讨会，延安精神是潜移默化融入思想中。我认为延安精神的内涵只有几条：第一，坚定的政治方向；第二，实事求是的思想路线；第三，全心全意为人民服务，这是党的根本宗旨；再有一条，勤俭节约、艰苦奋斗和创造精神。

五

我坐在这里看不出来，其实我现在走路都困难，从我家到这里要走 40 分钟，因为我有慢阻肺的病史。刚参加革命时，部队不发工资，也没有津贴，有时候给每人发一包烟叶，随便用什么纸就卷着抽。不够抽的时候就用老乡家的茄子叶晒干了掺着抽，这样落下了病根，这个病不可逆，现在只能控制发展。另外我还因为左心室急性衰竭，差点死过两次，都抢救了过来，没办法继续工作，所以提前 3 年退了下来。

姜文炳——艰苦创业，筹建管理系

个人简介：

姜文炳，1926年11月25日生于辽宁省丹东市石佛屯，北京理工大学教授。

1944年毕业于丹东市第二中学，1946年考入沈阳东北中正大学。1948年怀着对国民党反动政府的强烈不满，毅然决然地投奔解放区，参加革命。先到华北大学学习，毕业后调到华北大学工学院学习，1953年于北京工业学院机械系毕业并留校任教。先后担任校工厂的技术科长、机械系副主任、管理系主任等职务。

在几十年的教学、科研、生产中，积极进取，不断探索，取得了较好的成绩。在国内外有关杂志上发表多篇文章，翻译了几十万字专业资料，修编了《日汉机电工程词典》，成功地将国外的生产管理模式——成组技术引进国内，并得到广泛的推广，取得了较好的经济效益。

访谈时间：2019年11月11日（一访）

2020年11月18日（二访）

访谈地点：北京理工大学图书馆

采访人：张钧
摄像：聂明明

访谈提要

本文记述了姜文炳考入东北大学工学院电机系，进京后，亲历“七五血案”。了解到解放区的情况后，到华北大学工学院学习，后随校回京，重新考试，进入华北大学工学院机械系学习及毕业留校的经历。1980 年后，负责筹建管理系，引进国外生产管理模式——成组技术。

一

1926 年，我出生在东北辽宁省丹东市，上小学、中学的时候，东北被日本统治。我中学毕业后，日本就投降了，丹东是个小城市，只有中学，我们上大学要到沈阳、长春、哈尔滨去，我就准备去沈阳念大学。

1945 年日本投降那一年东北很乱，到沈阳没有正式的交通路线，得走小路过封锁线到沈阳。国民党对伪满学校的学历不承认，按正规制，念 6 年以后才能考大学，所以先念东北中正大学①的先修班。1 年后就可以考大学，考不上再念 1 年。我到沈阳考上先修班已经是 1946 年了。

念了 1 年，成绩还可以，考上了东北中正大学。那时候经济困难，和家里也没有联系，东北学生比较多，都寄宿在沈阳。沈阳是国民党统治，学生都奔着国民党来的，叫流亡学生，有钱就交点儿钱，没钱就赖着，也让你念书。

我在东北中正大学的工学院电机系，当时就我一个人拿了奖学金。1947 年，沈阳还比较稳定，第二年，东北逐渐解放，国民党守着沈阳、长春几个大城市，形势渐渐不稳定了。国民党骗东北学生说可以到北京来上大学，我们这些东北学生也不太了解，就都跟着来了。

---

① 东北中正大学：1946 年 5 月创办，8 月正式成立，设 4 个学院 12 个系。先修班是为投考大学的学生办的补习班。1947 年正式招生，1948 年迁到北平，1949 年 2 月，北平和平解放，东北中正大学停办，在校学生并入其他各个大学。

1948 年 6 月份，我们这些流亡学生到了北京之后，没人管，就在西单附近找了一个几层小院的大院子，学生吃住都靠自己去申请救济。

东北好几个大学、中学成千上万的学生北京市接收不了，而且东北学生来了也没正式上课，还经常闹事，国民党一看不好弄，北京市参议会决议让东北学生去当兵。这下东北学生不干了，说："让我们到北京来上学，上不了学让我们去送死？"这时候东北学生渐渐明白了：这是国民党的欺骗。

7 月份东北学生在北京市联合起来大游行。开始可能没有地下党组织，都是学生会组织。

第一次游行我记不清楚了，第二次在北大集合开始游行。我们打的标语是"反饥饿、反内战、反对摧残东北青年"，我还亲手做了一些标语。游行的时候路过北京市参议会的大楼，大楼上面的牌子写着"北京市参议会"，东北学生比较野，有脾气，体育系的学生搭罗汉架上去，把"北京市参议会"这几个字都给去掉了，改成了"土豪劣绅会"，北京市老百姓都非常惊讶。

游行队伍去东交民巷找北京市参议会会长许惠东去算账。北京市一看控制不了，就调动国民党的青年军好像是 208 师进京。国民党军队用坦克车、机关枪堵住路口，不许往前走，学生过不去，对峙了一段时间。东北学生不像过去的北京学生搞学运有经验，东北学生比较自信（就开始往前冲），国民党一看控制不住就开枪了，打死了不少学生。大家一听机枪响就都跑，躲在路两旁，这就是"七五血案"①。

血案发生以后，东北的学生组织"东北学联"和北京的学生组织"华北学联"联合了起来，因为北京的学生长期在国民党统治下斗争，搞学联更有经验。7 月 9 日，东北学联和华北学联联合起来游行，把北京市闹翻了，当时喊的口号是"枪毙许惠东""枪毙傅作义"。

"七九大游行"我记得是在北大红楼集合，北京市派警察堵住了北大

---

① 七五血案：1948 年 7 月 5 日，在京 5000 多东北学生赴市参议会请愿，要求撤销《救济东北来平学生决议案》。下午，学生包围了市参议会会长许惠东的住宅。傍晚，国民党警备司令部下令向学生开枪扫射，当场死 9 人，重伤 38 人，轻伤 100 余人，逮捕了 37 人。这就是震惊全国的"七五血案"。

的校门口不让人出来，学生从里面推，最后大门被撞开，学生都出来在北京大游行。那时候李宗仁在北京，学生去找他请愿。国民党对共产党的宣传都是反面的，大家对共产党不太了解，但是也有很多东北学生去了解放区，这些学生在解放区吃住都很好。大家渐渐知道了解放区的情况，就都往解放区跑。

开始我不太知道，后来听说解放区设立了学校，叫华北大学，接收从蒋管区跑到解放区的学生。当时我还没有更高的觉悟，就是奔着生活安稳还能念书，从这个角度出发到华北大学去念书。当时不是说想去就能去，得有地下党的关系，人家领着通过封锁线才能过去，一路上吃住也都包了。我是由同学带着去了正定，华北大学在那里。到华北大学以后，我分到 29 班，一个班一二百人。到了以后给我们都发衣服，基本上是灰色的衣服，吃住全包。华北大学工学院最早在张家口有个工作站，之后搬到井陉。后来以张家口过来的学校为基础，包括北方大学的一部分，几所学校合并，当时叫华北大学工学院。

从蒋管区去的青年学生很多，文化程度也是参差不齐，我是先到的华北大学，在那儿学习了将近三个月，主要是听政治课，也有一些军训，练习队列、射击，再就是拉练。还到华北解放区的冉庄镇去参观地道战，了解共产党在抗日战争中所经过的历程，了解共产党是怎么抗日的。这段学习对我很有用，让我对中国革命和中国共产党有所了解。当时华北快解放了，我们在路边欢送大军南下。经过这一段时间的学习，毕业分配的时候大家都自觉服从分配，组织上需要我们干什么就干什么。我们一批三四十人，分配到华北大学工学院学习，当时也不明确具体要学习什么。

华北大学工学院在井陉，井陉是个矿区，矿区有个小学，有几间房子，华北大学工学院就在那儿落脚。跟我们一起过来的学生水平参差不齐，有几个班补初中、高中的课。而我们这些上了大学的有十几个人，有的念了一两年，也有的念了 4 年快毕业了。有清华大学、复旦大学、北京大学、北京铁道学院的，其中三四个和我是同班的同学。我们不是一起去的解放区，最后又都集中到一块儿了。我们这些人主要是自学，也有一些老教师给我们讲讲课，像微积分、物理等。北京解放以后，我们前面一个班有一批人调去参加接收北京的工作，6、7 月份我们就到了北京。

二

我们当时背着挎包从北京到了正定，然后经过石家庄到井陉，完了以后又回到北京。

我们从井陉坐火车经过天津到北京后住在钱粮胡同，到北京的时候天已经热了。当时学校没有房子，是学校派人到北京现买的房子，钱粮胡同的一个大四合院，也在别的地方买了房子，都分散住，这时大约是7月份暑假。

学校怎么往下发展，我们也不太清楚。当时学生思想也不稳定，特别是已经上了大学的，据说要让我们要继续上大学。以前华北大学参加接收北京的一些学生，比我们早到北京，那会儿也都回来了，我们叫大学班。

学校进城后归重工业部领导，没有几个教师，在井陉的时候那些教师给高中学生上课还可以，给大学生讲课，水平就比较差了。后来学校就在北京公开招聘教师，一听说解放区来的大学招聘教师，北京很多大学的教师都来了，还有从国外回来的教授。学校自己没有房子，就是在四合院的大通房里上课，三间正房打通了，60多人在一个大班里上课，现买来桌椅板凳。吃饭就在前面的大厅和院里。弄两个凳子支起一块木板就是床。和中法大学合并后，学校开始走向正轨，进入正式教室上课。正式分班，设了几个系，一个机械系，一个电机系，还有一个航空系。我被分到了机械系。中华人民共和国成立初期，建设发展需要各种人才，学机械的人需要的更多一些，我在机械系一直到1953年毕业。

我们这一班同学都是从解放区来的，待遇不一样，按照参加了革命的待遇，服装、吃住都是学校包了。当时一些基础课的教师，都是从北大请来的，解放前对教师可能要求比较严，特别是在名牌学校，像北大，想提教授比较难。一些老的教师应该提教授，老提不上去。当时咱们学校正需要教师，来咱们学校很多老师给提了教授。那些教师都挺认真的，刚来的教师当助教，也都挺认真，我们那时候学习也挺认真。

毕业时，我们那届留校的很少，第一批学生大部分都放出去了，电机系一个人都没留，机械系留下一个我和我同班的杨述贤，班里还有一个同学吕育新留在八系工作。

1952年学校改称北京工业学院。我毕业是在北京工业学院，算是北京工业学院最早的毕业生，第一期。

三

大概是在 1980 年年初，那时我还在七系，有一次院里党委书记到七系总支委员会开会，党委书记宣布让我调到管理系，没说让我去做什么，就是调到管理系。我听了也很突然，我说我不是学管理的，他说党委已经决定不能变，没有二话，就这样我调离七系到了管理系。

为什么叫我到管理系，因为我在过去从系里调到过院里的工厂，挺大的工厂。当时讲教育要为生产劳动服务，大家要搞生产。工厂原来就是为了学生实习，现在要生产，要做出东西来，把我调去管技术工作。

那时候没有管理系这个牌子，上哪去找管理系啊，我也知道过去没有管理系，找来找去就找到一间小房子，当时是给一些在楼里的服务人员休息的地方。当时总务处书记张凤鸣就坐在那儿。我就问他，他说这就是管理系，你到时候来吧，都是老人，都熟悉，就这样，我调到了管理系。

过一个星期下文件了，任命张书记、我还有洪宝华筹备管理系，又过一个礼拜下正式文件，任命张凤鸣是书记，我是系主任，洪宝华是副主任。我吓一跳，我说这一下子让我当系主任我也没思想准备，开始还真不知道怎么办，我赶紧熟悉情况。后来有了办公室主任，一般事务就是他办。渐渐人就多了，但管理系不能就在这小房子里啊，不像是个教学单位。我赶紧到总务处要房子，总务处说没有，我去了几次总务处，都没要到房子。系里的人一点点地来了，实在没办法了，我一看这不行，这屋都满了。后来我就自己找学校党委书记，我说现在我们管理系已经成立了，教师也来了，但现在连个房子都没有，这怎么往下做。当时书记就拿电话给总务处："要给管理系找房子，没有房子不行。想办法，一定想办法给倒出房子来。"

这个电话起了作用，总务处就赶紧想办法解决问题，后来找到一栋学生宿舍楼，一层楼都住的是年轻教师。总务处说从那栋楼倒出来几间房子给我们，最后是把宿舍楼一层的一半全腾出来给管理系。有几间房子，大家就能坐下了，我们又把两间房子打通做个会议室。就这样，管理系有了个落脚的地方，开始进行教学准备工作。管理系的教师有的是从别的系转过来的，也有的是从外边调来的。那时候学管理的人很少，

找人很难，不像别的系容易找人，所以，有些外地的老师愿意到北京来，这就进来了。有了教师，有了学生，就开始教学活动了，管理系就算正式成立起来了。

我们先招生，然后再一点点凑教师。开始都是基础课，数学和外语这些，还上不了专业课，专业课都是到了三四年级再上。教师也都是现学现卖吧，很勉强，有的是学工程的到这来再学管理，拿我来讲，我就不是学管理出身，工厂管理的知识那倒不少，而且真正处理的事情也不少，但是对于管理专业应该有哪些课程，应该有哪些专业课，还需要通过学习去逐渐了解。大部分老师是现学现卖，所以起步这一段挺难。有的老师可能合适一些，也有的可能差一点。那个时候怎么过来的都不重要了，最重要的是把这个摊子支起来了。

随着管理系慢慢发展，讲课也逐渐正规了，也可以做点科研项目，系的架子就支起来了。那时候一二十人都有了，洪老师找了几个真正学管理专业的老师，其他大部分都是别的系转过来的。

管理系的第一届学生是1980级的管理工程系，招生31人，教师大多都不是科班出身，大家虽然都是现学现卖，但可以肯定的是，老师们都在相当认真地学，生怕耽误了学生。1984年的时候还开了有五六十人的干部班，这些学生都是作为军工系统管理或者领导岗位的接班人被选派到学校进行进修学习的①。

管理系在宿舍楼里待了有两年多，但宿舍楼毕竟不是适合教学的地方，楼上楼下都是学生，一楼是教室，学生一会儿上课下课，一拨一拨地上楼，吵吵闹闹的，教学环境比较差。后来图书馆要从二号楼搬迁到新楼，我一听就赶紧去找新的党委书记，党委书记和我都是学校的老人，学校没建成还在解放区的时候，我那时候是学生会的委员，他是学生会主席，互相都比较熟悉。原来院里领导考虑二号楼给别的单位，书记就说你们在那不是挺好吗？我说："那楼里吵吵闹闹，那怎么能教学，怎么能备课？"我说这个房子就得给我们，我们是个教学单位，应该在教学区里面，不应该在宿舍里边待着，大家都没法备课，开个会都困难，全系就一个电话，有什么事都不方便。书记听了也没马上答应。过了一段时间以后，学校决定二号楼给我们，二号楼就是现在的主楼，是个三层楼，

① 本段摘自管理与经济学院晨帆新闻社2010年7月16日对姜文炳的访谈。

两旁有个能装几百人的大教室，说实话我们当时也用不了那么多房子，搬过去以后教务处有意见，说教室不够用，就把一楼拿走了，二楼、三楼就归了我们，各方面条件都改善了很多。

搬到二号楼以后，大家都有了正式落脚地方，管理系开始发展。

我是系主任，洪老师是副主任，他安排教师讲课，开始没安排我的课，我正在搞一个科研项目，叫成组技术。然后给我安排课就讲这个，我是专门把这段扩大成一门课。这是一门什么课呢？原来工厂生产就是单一品种，比较简单，量越大生产越简单，成本越低。可是社会需要越来越多，品种越来越多，工厂就需要多品种生产，而每个品种需要量又不都是很大，经常是这个品种 10 台、那个品种 2 台，另外一个品种又几台这样多品种、小批量生产，给生产带来很多麻烦。怎么解决这个问题呢？我的科研项目就是研究这个问题的。

怎么把这个小批量变成一个大批量生产？这个不仅是管理问题，也有很多技术问题。系里也有几个教师也跟着我一起搞这个项目，讲这个课。这个项目成果推广比较难做，一个首先得说服工厂接受这套办法，接受办法就得打破传统生产。打破传统的话，生产失败怎么办？给工厂领导讲通道理，还要给科处一级干部都讲通，给工厂工人也得讲课，都认可这是一个好办法，这才行。原来在工厂，每个工种都是各管各的，

离休后仍精神矍铄的姜文炳老师

现在我把这些工种放到一块；每个零件需要好几个步骤，我把这些步骤给凑到一块，把这批量也都凑到一块，这小批量就变成了大批量，生产效率提高了。后来这个项目成果在好几个厂都见效了。

我最后做的是一机部“七五”攻关的一个科研项目，这个项目做完我就离休了。

焦文俊——把握历史机遇，促进学校发展

个人简介：

焦文俊，1944 年 5 月出生，山西运城人，研究员，硕士生导师，第九、十届全国政协委员，全国政协教科文卫专门委员会委员，北京市第十一届人大代表。

1964 年考入北京工业学院光学工程系精密光学仪器专业，1969 年毕业后留校任教。历任光学工程系团总支书记、党总支书记，北京理工大学总务处处长、副校长、常务副校长、党委书记（副部级）等职。

长期从事高校教育管理和党务工作，注重经验积累和政策研究，探索并不断总结高校党的建设和思想政治工作的新途径、新方法，积极推进学校教育改革，加强和改进学校党的建设和思想政治工作。主要研究方向包括高等教育管理、高等教育与社会发展、教育经济学、高等学校党的建设，撰写了多篇理论文章并获奖。

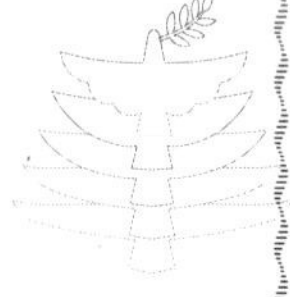

1993 年起享受国务院政府特殊津贴，曾获全国总工会优秀工会积极分子，有突出贡献的中青年科学、技术、管理专家，全国“依靠教职工办好学校的优秀党政领导”，全国普通高等学校党的建设先进工作者，全国教育系统劳动模范，全国优秀教育工作者等荣誉称号。

访谈时间：2019 年 11 月 27 日

访谈地点：北京理工大学图书馆

采访人：张钧

摄像：聂明明

访谈提要

焦文俊讲述了他 1964 年考入北京工业学院后被任命为班主席，第二年当选团支部书记，1965 年 12 月入党的经历。1970 年 8 月焦文俊毕业留校，被分配到 412 教研室 1 米照相机科研组，1973 年 3 月任团委委员和四系团总支书记，1975 年任系党总支书记，1979 年任系党总支副书记。

焦文俊讲述了改革开放后学校五个重大历史转变。1984 年他担任副校长，分管后勤工作，解决基础设施等问题，一直坚持“三服务两育人”；任常务副校长时组织制定学校发展建设规划和重大项目设计、实施，以及担任校党委书记后的工作重点。在他 1984 年任校领导到 2008 年 24 年间学校有几件大事，一是拓展办学空间；二是进入“211”“985”工程；三是校长、书记成为中管干部；四是解决教职工住房和提高收入；五是 60 周年校庆。他还讲述了学校人才建设的情况，参与制订校中青年教师发展计划，学校的学科建设情况，党建工作情况和学校集体及个人获得的荣誉。

一

我 1944 年出生，1964 年从山西运城康杰中学毕业，高考填报志愿的时候，我和我们班另外一个同学的第一志愿都是北京航空学院，班主任老师审核我们的志愿时，跟我们两个说，你们俩学习都不错，但是一个学校在一个地区录取的学生是有限的，你俩都报同一个学校，相当于互相竞争。所以他建议我们分开报不同的学校。班主任老师是北京师范大学毕业的，对北京高校的情况比较了解。他说北京工业学院和北京航空学院在办学规模、办学水平和办学性质方面都相当，所以建议我们分别报这两个。这样我第一志愿报的就是北京工业学院光学工程系，后边还报了机械工程系等。

我们家在农村，高考结束以后就到村里去干活了。8 月中旬，一个同班同学告诉我，我被北京工业学院录取了，我很高兴。一个农村的小孩能够到首都北京在全国重点大学上学，当然很激动。我的叔叔，我的姐姐，学习都不错，但是因为家里孩子多，又在农村，没有那么多钱供他们上大学。他们为了找工作，报的都是中专或者大专，所以我是家里第一个大学生。

坐火车到北京站以后，一出站就看到北京工业学院迎新的校旗，还搭着帐篷，我就背着行李，往校旗这边跑。迎新员知道我是北京工业学院的学生，非常热情地迎上来，帮我拿行李，让我到帐篷里面去休息、喝水。迎新的校车来了以后，迎新员把我们送上了汽车。去学校的路上，路过天安门广场的时候，工作人员给我们介绍这是故宫，这是天安门城楼，南面是天安门广场，到北京第一天就能看到我们向往的天安门，别提多高兴了，我感到特别幸福、特别激动。汽车开到学校的露天剧场，看到迎新的标语、横幅，热闹非凡。每个系都有迎新站，再加上满脸微笑的老师们，感觉就像回家一样，特别温暖。

我们报到办完手续后，刚好快到中午了，迎新的老师带我们到食堂吃饭，吃完饭，这位女老师又把我们一直送到宿舍里。我就感觉学校很关爱学生、很热情、很温暖，这是入校的第一个感觉。

第二个感觉是学校很注重保守国家机密。我们在北京站迎新帐篷里休息的时候，就有高年级学生给我们讲，这个学校是国防性质，保密单位，一定要有保密观念，不该去的实验室别去，不该打听的问题别打听。当时学校里驻扎着部队，一些实验室都有战士站岗。学校不挂校牌，我们给家里写信，地址都是海淀区 327 信箱。再加上后来的保密教育，我就感到这个学校很神秘。我记得刚入校时辅导员找我谈话，除了说让我当我们41642 班的班主席之外，还跟我讲我是被学校破格录取的。因为

我们家是上中农成分，按说这个家庭出身可能录取不了，但我考的分数比较高。我就感到这个学校对学生政治上的要求非常严格。所以一入校，我们思想上就建立起了保守国家秘密的观念。

第三个感觉，这个学校的培养目标非常明确，从接到学校的录取通知书，一直到迎新时看到的标语、横幅，都写着“培养红色的国防工程师”“培养又红又专的社会主义接班人”。所以说做红色的国防工程师的观念，从入学之时起，就深深扎根在我的脑海当中。做红色的国防工程师，也成为我在大学里努力奋斗的目标。

第四个感觉，就是大学课程门类比中学多好多，一学年要学十几门课程，而且老师讲课的速度和进度都很快。以前在高中，一节课也就讲两三页书，大学一堂课十几页就过去了，一天讲好几门课。而且中学学的东西，研究的对象基本上都是静止的、平均的，大学里讲的课，基本上都是变量的、瞬时的，一开始确实有点不习惯。

入学以后，我们光学系住在6号学生宿舍楼，我记得6号楼有四系和六系化学系。我们班住在6号宿舍楼的二层，我当时住的是207宿舍，12平方米6个学生。学校食堂办得非常好，每个月15元的伙食标准。我在学校里享受二等助学金，每个月发17.5元，除了交伙食费，还有2元多的零花钱，感到很好。当时实行的定量制，把饭票或饭卡上的格一划，就可以打饭、打菜。不仅够吃，还吃得很好，我感到非常满足。因为1964年，国家刚度过了三年困难时期，我父母和好多亲戚怕我在外面离家那么远吃不饱，所以找亲戚借和换，给我带了100多斤全国粮票，还给我带了好多烙饼、炒面。到学校后证明这些完全不需要。我带的东西都分给同学吃了，粮票没花，假期回家之后都还给家里了。

学校业余生活非常丰富，我们班每天早上大家都是集体出早操，先跑步，然后自由活动。中午起床后，都是列队去教室上课，有点半军事化的样子。下午4点多钟下课后，除了在教室打扫卫生的同学，其他同学都去操场锻炼，打篮球、打排球等等。晚饭后我们6号宿舍楼前面人很多，因为有挂排球网的杆子，老师、学生自己组织打排球，旁边也有打篮球的，非常非常热闹。学校还有各种体育代表队、社团，有什么爱好或者特长都可以报名，录取了就能参加。我当时报的是无线电测向，星期日参加活动，还组织到野外搞测向活动。我记得当时每搞一次测向活动，差不多得用整整一上午的时间，拿测向机去找电台，找到就算成功，很有意思。系里或班级，在周末或节假日的时候，还组织一些文艺比赛或者文艺汇演。春季组织春游，我们班 27 个人，就曾坐火车一起去长城，还到香山等一些地方去玩，课余生活非常丰富。

大学的管理不像中学，学生主要以班级为单位进行自我管理，班上有团支部，有班委会，班干部分工明确，而且大家非常负责任，所以班级的各项活动都有条不紊。

当时一个行政班有一个班长，有一个班主席。按我的理解，班长管学习，管班的全面，班主席就是副班长，重点管生活的各个方面，还有生活委员、体育委员、学习委员。我第一年是班主席，第二年被选举为团支部书记。

我对辅导员制印象很深刻，当时一个年级配一个专职辅导员，主要管这个年级学生的思想政治工作，组织学生政治学习活动，了解学生的思想情况，做学生的思想工作。每个班还配一个班主任，主要了解学生的专业学习和生活情况。

当时我们年级的辅导员是赵立平老师，她政治觉悟很高，工作能力很强。她是一位非常慈祥、非常正直、非常善良的女性班主任。她经常找学生谈心，深入学生的宿舍和教室。我印象中她几乎每一天都在学生的教室里，尤其是晚自习。当时每个班有一个独立的教室，我经常看见她在教室里。她很负责任，关心学生的思想、学习和生活，解决学生的实际问题。现在她已经是 80 多岁老人了，但是我们大家还经常和她联系，我们班同学返校、在北京聚会时都会把她请来参加。

在大学期间，有个日子我忘不了，就是 1965 年 12 月 20 日，这一天，我加入了中国共产党，成为一名预备党员。1966 年 6 月“文化大革命”开始以后党的组织发展工作被中断，所以我是我们班唯一一名学生党员。那时候党员有预备期。我的入党申请书是在高中三年级上半年写的。有一次我的班主任老师跟我交流，他说你学习不错，但是不能光满足于学习，还应当要求政治上的进步。在我们高中班主任老师的启发下，我写了入党申请书，这个入党申请书随着我的档案转到大学，所以我大学入学后，就参加了年级党支部组织的入党积极分子的学习和活动。当时我经常向党组织汇报，也得到了党组织的教育和帮助，对党的信仰更加坚定。我严格按党员标准要求自己，做到从思想上入党。北京工业学院是红色工程师的摇篮，我要为党的事业奋斗终生，为国防事业奋斗终

生，要做一名红色工程师，要做一名合格的共产党员。这就是我当时选择入党的原因。

1968年工宣队进校以后，党的建设工作就恢复了，我们就转正了，手续都很全。

二

正常按学制我应该是1969年毕业。因为“文化大革命”的原因，实际上我们是1970年8月毕业，推迟了一年，跟1970届一起毕业。宣布分配方案时，开始分配我去山西541工程①，那是我国新建的国防生产基地。我是山西人，刚好541工程也在山西。快离校时，系里领导找我谈话，又宣布我留校。我记得是中央有一个文件，凡是“文化大革命”中，在造反派组织里头做过头头的，一律不能留校。因此我们这些“文化大革命”开始前做过学生干部的一些学生就被组织上留校工作了。

根据当时国家规定，大学毕业后要到基层锻炼一年。当时我们这一批毕业留校的学生一共是28名，1970年8月宣布留校，11月我们就集体到山西541工程的一些工厂去参加劳动锻炼，跟工人一起劳动。541工程有13个分指，就是13个工厂，我们下去按专业分到各个分指。我是学光学的，十一、十二、十三分指都是搞光学的，我在十二分指。一开始就是和大家一起修公路，过了两个月，又抽调我到机关里做党委秘书，负责新调进来人员的档案管理和党委开会时的记录等工作。那时候就一边干活，一边做一点管理工作，后来就以管理为主了。

因为工作需要，我们1971年4月又集体回到学校，分配我回光学系做老师。系里分配我到412教研室的1米军用照相机科研组。当时我们系里承担两个项目，一个是3米照相机项目，一个是1米照相机项目。这里的1米和3米指焦距长度。我在1米焦距这个组，叫小401，3米的叫大401。

我到项目时刚毕业，所以就向老师们学习。我参与了镜筒设计，把照相机里的光学机构装在前面的镜筒里。后来大401、小401都做成了，尤其是大401，设备在福建前线做过好多次实验，能直接照到台湾的大、

---

① 541工程：我国第二个大型坦克生产基地，是20世纪70年代在山西部署的重大兵器制造项目，代号为541工程。

小金门。

1973 年 3 月，我们课题组正和炮兵的同志一起在沈阳军区的黑河军分区去做冷冻实验，在低温下看照相机能不能正常工作。本来还应当到大连去做海上实验，但学校里几次打电话让我回校。因为学校要开团代会，安排我做校团委委员和我们四系的团总支书记，让我回来开会参加选举。从这个时候我就开始做管理工作了。

三

从 1977 年 1 月到 1978 年 1 月，我参加过学校的“五七”干校。当时学校的“五七”干校在北京大兴的团河农场。我 1975 年 11 月做光学系党总支书记，1977 年 1 月，我从总支书记任上调到“五七”干校做党委副书记兼校长，当时党委书记是赵学仁①同志，他后来是我们学校的副校长。我们那一年受冰雹的影响比较大，5 月份下的冰雹，把麦子什么的基本上都砸了，但是即便有冰雹的影响，那一年我们“五七”干校的粮食产量也是历年最高的。后来“五七”干校种水稻比较多。当时在“五七”干校，尽管我是校长，也和学员同吃同住同劳动。当时我 30 岁出头，正当年，翻地、送粪、插秧、浇水，白天黑夜拼命干。

1978 年 4 月以后，我又在干校劳动了几个月。原本我是系里的党总支书记，后来在恢复我工作时，当时的党委副书记黄庆祺同志找我谈话，说你年纪还小，先做一段时间副书记。所以我 1979 年 5 月又在系里做副书记工作。

我们学校从 1972 年开始到 1976 年，一共招收了五届工农兵学员。1976 年我参与了我们系在青年工人当中推选学员的工作，当时有一部分同志说推荐表现一般的就行，我坚持要把青年工人当中各方面都表现比较优秀的成员推荐上大学，我说既然上大学，就要把最好的推荐上去。

这几届的工农兵学员，我都有过接触，我感到这批大学生尽管年龄差距比较大，文化水平参差不齐，但是他们都很努力。我在做总支书记和副书记期间，跟他们接触得都比较多，尤其是做副书记这一段，除了负责他们的政治学习，组织他们的政治活动之外，还经常找他们谈心，

---

① 赵学仁：男，籍贯辽宁，大学，教授，1960 年毕业于北京工业学院。曾任北京理工大学副校长。

做思想工作。我记得当时我和我们系主管教学的系主任配合得非常密切，协调得很好，一块把工农兵学员的教学工作做得很好。另外我和当时的辅导员一起，除了做好思想政治教育工作外，也经常组织他们开展文化体育活动。我做过系里的团总支书记，跟青年工人接触很多，动员青年工人和大学生一块搞文体活动。当时在学校，每年体育运动会、文艺汇演，光学系经常拿第一名，影响比较大，气氛很活跃。

后来这批学员也有不少留学校的，他们表现不错。出去的也有干得很好的，在部队有做到少将的。

四

1978 年年底十一届三中全会召开，国家的工作重点转移到以经济建设为中心，学校的工作重点也转移到以教学科研为中心上面来。

从 1978 年年底到 20 世纪 80 年代末，经过 10 多年的改革开放，理工大学确实实现了五个重大的历史转变，即由单一的工科院校，向以工为主、工理管文多学科综合方向发展；由单一的产品型或军工型的专业，向以学科为主，军民结合型方向转变；由以教学为中心，向教学科研两个中心转变；由主要培养本科生向培养高层次人才、复合型人才方向转变；由封闭办学向开放办学方向转变。这五个转变，我认为确实是拨乱反正改革开放的成果。

1984 年 9 月我担任学校副校长，分管学校的后勤工作。由于“文化大革命”影响，当时后勤设施和后勤服务千疮百孔，问题很多，不能满足学校的教学科研和为师生员工服务的需要。我当副校长以后，就和后勤的干部、职工，经常跑国家机关、上级单位和北京市一些单位，解决供水、供电、供暖等一些问题。冬天暖气不热，都找我反映，这么冷怎么工作？但是他们看到我跟大家一样，也看见我们后勤职工经常站在水里去修暖气，到处挖沟去解决暖气管道问题和水管道问题，大家也就慢慢理解了。我们通过各方面的努力，争取经费，在基本建设、供电、供水、供暖等方面大力开展工作，解决存在的问题。

后勤工作除了水、电、暖之外，就是食堂伙食问题，它是后勤工作的重中之重。我们大力推动后勤社会化改革，努力提高后勤工作的水平和质量，学校的食堂一直办得不错。我记得改革开放以后，教学副校长马志清同志对我说：老焦，咱俩一块儿把学校实验室的整顿验收搞好。

因为整顿验收需要条件，实验室没水没电，尤其没电不行。这里需要修，那里需要建，后勤跟不上不行。所以他拉着我一块连续搞了3年，把整个学校的实验室整顿验收工作完成了。

通过这些努力，到20世纪80年代末时，我们后勤工作基本上保证了学校教学科研的需要、发展的需要、为师生员工服务的需要，特别是满足学校扩大招生的需要，后勤服务保障工作对学校的发展改革至关重要，没有高质量一流的后勤服务，就不可能有好的教学科研。

2004年焦文俊书记参加植树节

我一共做了8年后勤副校长，8年期间一直坚持“三服务两育人”，这是后勤工作指导思想。“三服务”就是为教学服务、为科研服务、为师生员工服务，“两育人”就是管理育人、服务育人。我坚持这个指导思想，扎扎实实地把学校的后勤工作做好。所以到20世纪90年代初的时候，学校的后勤改革、后勤服务工作，取得了比较好的成绩。在北京市和全国高校当中，北京理工大学后勤工作有一定的影响力。

五

因为“文化大革命”期间好长时间没有评职称，欠账较多。“文化大革命”后第一次评职称时，人员经历相对来讲参差不齐，像我们是20世纪60年代毕业的，还有比我们早的，也有比我们晚的。当时学校是第一次确定评讲师或副教授的条件。我是1983年7月被学校确定为讲师，1989年3月评为高级工程师，1994年4月被评为研究员。这些职称的评审工作，都是按照当时学校关于职称晋升的相关政策和条件来进行的，不管干部还是普通教师，都一视同仁。条件一样，程序也一样。有好多

程序，小组过了，学科组过了，还得大组过，然后学校统一评审，都得投票，完全按照当时学校规定的程序来做。

我是人文学院高等教育管理学科硕士点导师，所以除了管理工作，我还需要带研究生。1998—2004 年这几年，我带过三届 5 个硕士研究生，他们都是学教育管理的，他们留校以后有的是老师，大部分是管理人员。

我的第一个研究方向是高等教育管理研究，还参与编写出版了几本书。一本是《高等学校后勤管理承包经费的测算与管理》，另外我参加编写并主审了《后勤现代化管理》，获得了机电部科技进步三等奖，这本书我是从头到尾一个字一个字审读的，耗费了相当多的时间。我还进行了高等学校后勤管理工作规范化的研究，这个研究成果面比较广，参加人数也比较多，汇编成为《高等学校后勤管理工作规范》，上中下三册，都出版了。我是全套书的编委，也是下册的副主编。另外我写了好多文章，比如《后勤改革的同步配套深化问题》《坚持改革方向，继续深化高等学校后勤改革》，等等，在一些杂志发表，还得过奖。在此期间，我分别担任过机电部院校后勤管理研究会的常务副会长、北京市高校后勤管理研究会会长、全国高校后勤研究会常务理事。1988 年我获得了北京市高校后勤先进工作者称号，1989 年被评为全国教育系统劳动模范，还有全国优秀教育工作者称号。

我的第二个研究方向是高等学校的民主管理。在任校领导期间我比较重视学校的工会和教代会工作建设，注重落实相关的制度和职权，尊重广大教职工的主人公地位，充分发挥工会、教代会在学校民主管理中的作用。我写了一部分文章，比如《对加强高校民主管理的几点认识》，曾在全国性的大会上读过。在工作实践中，狠抓落实教代会的几项职能，充分发挥其在高校民主管理建设中的作用，等等。1987—1996 年，我分别担任过学校第二到第四届的教代会主席。在这期间，多次被北京市有关部门评为“依靠教职工办好学校的优秀党政领导”，还获得了“优秀教职工之友”“荣誉教职工之友”等称号。

我的第三个工作方向是高等学校的经济运行模式研究，还有财务管理。因为我长时间管过学校的财务工作。这个经济运行模式和财务管理主要是以成本、质量、效益作为核心内容。组织力量对高等学校的经济运行模式、会计财务管理制度、人才培养、科研、实验、后勤、校办企业的成本核算，以及学校的国有资产管理和经济运行的综合评价等方面，进行反复的研究和测试，并在我们学校财务管理过程中加以实施。

第四方面的工作，是我在担任常务副校长的 4 年中，作为学校规划领导小组组长、改革领导小组组长，参与组织制定了学校的发展建设规划，几个五年计划，还有深化学校改革的一些方案，就是学校内部管理体制改革的一些方案。还有一些重大的项目设计并加以实施，这些工作对推动学校发展改革，起到了积极作用，取得了一定成绩。

第五方面的工作，就是推动学校的发展改革。任学校的党委书记后，我与学校领导班子成员一起，重抓学校大事，谋学校发展，勇于开拓，敢于创新，整体上考虑学校的发展改革。在这期间，我们十分关注高等教育发展改革大势，把学校的改革发展融入国家或行业的发展当中，主动适应国家的重大战略发展需求，那几年紧紧抓住了国家加快高等教育发展和国防科技工业战略重组、结构调整的历史机遇，不断拓展发展空间，积极营造学校发展的良好环境。1996—2008 年，这十几年学校的办学规模、跨越发展、综合实力、核心竞争力、内在凝聚力、外在影响力都大幅提升。

在管理和研究方面，我想我主要就做了这五个方面的工作。

2005 年 3 月焦文俊书记参加春季研究生毕业典礼暨学位授予仪式

六

学校真正开始大发展，是因为刚好赶上了国家改革开放这个机遇。改革开放随之而来的是教育大发展，我们跟上了这个机遇，也和国家战略发展吻合了，学校才得以发展。另外我们学校的领导班子非常团结，能拧成一股绳，学校内凝聚力很强。

在这段时期，我的工作也主要和学校改革发展工作有关。

从 1975 年开始，我做总支书记、党委委员、后勤副校长、校党委常务副校长、书记，到 2008 年 3 月一共 24 年，所以北理工的这些大事，基本上我都参与过决策或组织实施。

20 世纪 90 年代中期，我们学校搞金边银角工程，主要是海淀中关村科技园建设。我们与海淀区政府合作建设大楼，占了学校三个角。但是这个建设占了学校的部分教育用地，必须在别的地方给它盘回来，所以我们在西山火工区又买了 280 亩土地。中关村校区原来有 1200 多亩地，修三环路占了 100 多亩，现在只剩 1100 亩。2000 年，学校和北京市人民政府、教育部、国防科工委签订了共建北京理工大学协议，北京市为学校在良乡提供 3000 亩教育用地，是零地价的。2001 年，我们跟珠海市人民政府签订了合作共建北京理工大学珠海校区的协议，珠海市人民政府提供 5000 亩教育用地。

这些教育用地，特别是良乡校区的 3000 亩地，极大地拓展了学校的发展空间。我认为这对学校的未来发展具有里程碑的意义。错过了机会就不可能了，所以这是一件大事。

第二件大事是学校进入“211”工程和“985”工程。经过几年的努力，1995 年 12 月，我们学校被列为首批“211”工程，是重点改善和提高的 15 所院校之一。国家“211”工程从 80 年代起步，到 1995 年开始建设，第一批一共有 15 所院校，我们理工大学是这 15 所之一。另外，2000 年 9 月 23 日，学校和国防科工委、教育部、北京市人民政府签署的重点共建北京理工大学的协议，使我们学校成为全国第十所进入“985”工程的院校。经过这两个重点工程的建设，学校的办学实力大大增强，学科建设加快发展，水平大幅提高，高层次的人才队伍建设大大提升。这两项工程极大地增强了学校的凝聚力，这非常重要。这也使得广大教职工办好学校的积极性大幅提升，感到这个学校有希望。

焦文俊参加本科评估会议

第三件大事，就是1999年，成为书记和校长由中央管理的学校。这一年，由我校组织国防科工委所属的哈工大、北航、西工大四校，并经国防科工委同意，向中组部写信，反映这几所高校的发展历史、办学情况及在国家和国防建设中的重要地位，并得到批复，使我们成为第一批书记、校长由中央管理的院校之一。目前全国这样的高校一共才37所，我们是第一批23所。这样就从组织上确定了学校是国家重点院校，这也是很重要的一件事情。

这些工作都经过了很多年的努力。比如争取进“985”最重要的时间是2000年，当时我在中央党校学习，在我们班里请假最多，从这来讲我不是一个好学员。那时候刚好是高校争进“985”工程，校长很着急，老给我打电话，我就只能请假，和校长一块找北京市，找教育部。光陈至立部长的办公室就去了好多次。当时她开玩笑地对教育部的办公厅、高教司等几个司长说，咱们机关里这些干部能像北理工这两位这样，咱的工作就好做了。那一年我们还跑到北戴河，利用中央开会休息的时候，找中央有关领导汇报，争取支持。

第四件事，是解决学校教职工住房困难和提高收入的问题，就是民生问题。20世纪90年代，因为各种原因，北理工教职工的住房很困难，留不住人，教师的收入在高校里也相对比较低。经过认真调研和分析，

经过多次研究，学校常委决定，在“十五”期间别的事少干，把学校的自有经费主要用于解决教职工的住房困难问题，实施学校的二期安居工程。当时，在学校里头通过改扩建、新建和用3.5个亿的银行贷款，从社会上购买，一共增加了10万多平方米教职工住房，用来解决教职工住房困难的问题。这次就使1999年以前晋升的教授和正处级以上的干部，住房全部达标。同时一腾退，又腾出房来了，这就使另外1000名左右的教职工住房得到比较好的改善。另外，当时我们领导班子决定，连续5年，每年提高教职工收入10%，一下使我们学校教职工的收入大幅提升，当时统计居北京市高校和部属高校教职工收入的前列。

这两件事我认为是关系到教职工切身利益的大事。解决以后，不仅稳定了现在的队伍，还有助于引进一批高质量的人才，这也使教职工的办学积极性得到充分提高。因为住房解决了，我们学校的教职工好多人比较早买了小汽车。

当时我们符合北京市的要求，福利分房。我们买的住房的平均价是每平方米6800元，加上当时的政策，福利分房和教师还优惠10%，实际上卖给教职工是每平方米1000多元。我们学校在当时北京高校当中首创了贷款买房，我们开始定的贷款是3个亿，后来不够，再加5000万。贷款的钱在后面的5年中，全部用学校的自有资金偿还了。我们当时就说，解决教职工住房的银行贷款，本届班子一定要完全还上，不能把包袱留给后面的人，我们也做到了。

第五件大事，是60周年校庆。2000年9月23日，北理工迎来建校60周年华诞，并举行60周年校庆纪念活动。时任全国人大常委会委员长、政治局常委李鹏，还有国务院总理朱镕基，军委副主席、国防部长迟浩田，全国政协副主席任建新等中央领导题词，表示祝贺。国务院副总理李岚清、吴邦国等发来贺电。来自海内外的校友有7000多人，还有各兄弟院校的代表，美国、英国等10多个国家的外国大学的代表团和一些嘉宾，应邀参加校庆活动。当时参加校庆活动的，加上校内的师生员工，一共18000多人，规模很大。时任全国人大常委会委员长、政治局常委李鹏校友到会并做了重要讲话，时任中央政治局候补委员、书记处书记、中组部部长曾庆红校友，刘华清、倪志福等中央领导，以及时任教育部长陈至立，国防科工委主任刘积斌，总工会主席张俊九，吉林省省长洪虎，北京市常委、教工委书记徐锡安等有关部委领导、省市领导参加了大会。这天上午还签了三部委共建北京理工大学协议。总之，60周年校庆活动规模之大、规格之高、影响之深远，在北京理工大学的历史上，应当是迄今为止最隆重的一次。

这么几件大事，我都参与决策了，这是我们校领导班子团结一致共同努力的结果，也是上级领导部门关心的结果，更是全校广大师生共同努力的结果，不是哪个人的成绩。

七

发展目标与办学定位是学校经常讨论的事情。我在任的这些年，围绕“建设一个什么样的大学”“怎么样建设好这样的大学”，经历过充分的讨论和长期的战略思考。我们对学校的定位就是立足国防，面向全国，服务地方；理工为主，工理文多学科协调发展；研究型、开放式办学。

焦文俊阅览本科教学评估快报

每一届党代会都定发展目标，我在任时的学校第十一届党代会确定了学校三步走的发展目标。第一步，到 2010 年，学校进入研究型大学行

列；第二步，到2020年，把学校建成国内一流、国际知名的研究型大学，这个也基本上实现了；第三步，到2040年，建校100周年的时候，把北理工建设成为具有延安精神文化和国防科技特色的世界一流大学。我认为目标和定位比较切实可行，现在经过了十几年，基本上定位也是这样。

学校人才建设这一部分虽然不是我主管，但是这件事我们非常重视。我任职期间，学校非常重视人才队伍建设，特别是教师队伍建设，包括管理队伍、后勤队伍等等，充分认识到人才问题始终是学校发展改革的核心问题和头等大事。人才是学校发展和一切事情的基础、前提、关键和保证。要牢固树立人才资源是第一资源、紧缺资源，也是高投入资源的观念。

校领导经常教育干部群众，树立人人可以成才的观念，不拘一格选人才，争取把每一个人的潜能和价值都充分发挥出来。学校里各个方面的人都有，各行都能成才，行行出状元就是这个道理。但同时，也坚持人才不是全才的观念，主要看主流、看本质，不求全责备，也不能文人相轻，更不能嫉贤妒能。放手让一切劳动、知识、技术、管理等人才的活力竞相迸发，让广大教职工、学生的聪明才智充分发挥。

2008年焦文俊参加留校学生新春联欢会

学校确实有文人相轻这个问题，我们经常遇到学校里想引进高层次人才，但是有的基层干部认识不到这点。我们有时候介绍一个引进人才，他说我们这里不需要，我们没有这个方向。正是因为没有这个方向，这些人来才能弥补这个方向。我们就要扭转这个思想，不能求全责备，不能面面俱到。学校大力推动人才强校战略，实施了师资水平的提升工程，重视引进和培养领军人才，因为一将难求。我们认为当时的理工大学缺的就是高层次人才、领军人才、有话语权的人才。

学校制订并实施了“杰出中青年教师发展计划”“百人引进计划”等，支持学校高水平团队建设，宣传像毛二可团队等优秀教师群体。还制订了学校“科技创业团队建设计划”，加快学校人事制度改革，建立以竞争和流动为核心的人事管理制度、科学全面的人才评价体系和分配激励机制。

我虽然不分管学科建设方面，但是非常重视学校的学科建设。学科是大学发展的基础和核心，是一个学校赖以生存的基石，也是学校办学实力和办学水平非常重要的体现。一个学校之所以强，一个是有队伍、有人，一个是有学科；这个学校在光学上比较强，另一个学校在计算机方面比较强，等等，都是以学科为基础，它是办学实力和水平的体现。所以我们强调学科建设是龙头，是高水平研究型大学的关键。

我还记得2002年召开的学科建设工作会议，这个会结束的时候，研究生院让我讲一讲，我在发言中肯定了学校学科建设的思路：总体规划，突出重点；扬优扶新，办出特色；提倡融合，鼓励交叉；加强基础，提高内涵；瞄准前沿，科研驱动。还提出了5～10年，从学校的战略定位角度考虑，学校学科建设的发展目标。具体就是坚持军工特色，发展工科优势；理工结合，文理相融，加快理科管理和经济学科的发展，完善人文、艺术学科布局，争取在优势学科和重点扶持的学科有所突破。经过这些年也有了一定的成绩，比如学校的法学学科发展很快，把法学的建设与军工特色结合，在空间法这一领域有所突破。

八

学校的党建工作也做得很好。我担任党委书记10多年，这个工作的职责就是主管党建。所以我从自己的工作角度，一直把做好党建作为我的第一要务。书记不重视党建，不抓党建，就不叫书记。

焦文俊参加学校第十一届党代会

我按照党的建设新的伟大工程要求，扎扎实实去做。

第一，我始终坚持党对学校工作的坚强领导，坚持社会主义办学方向，有力推动了学校的改革发展。

第二，坚持党委领导下的校长负责制，把领导班子放在党建的突出位置，因为学校里班子不强就不好办。我记得在部委院校召开的工作会议上，我们专门介绍了领导班子建设的情况，在北京市高校领导会议上我们也做过介绍。我们学校一直实行党委领导下的校长负责制，没有搞过校长负责制，从来不搞。个别学校搞，现在都改过来了，可见我们这个坚持是对的。把领导班子建设与党建相结合，加强思想政治作风等各个方面的建设，形成了强有力的领导班子和干部队伍。

第三，按照围绕中心、服务大局、拓宽领域、强化功能、扩大党的工作覆盖面的要求，始终重视和加强学校基层党组织建设。基层不稳地动山摇，基层党组织建设，既是党建薄弱环节，也是最重要的环节。我们始终重视和加强学校基层党组织建设，充分发挥了政治核心、战斗堡垒作用和党员先锋模范作用。

第四，以理想信念教育为核心，思想道德建设为基础，民族精神和国防特色为中心，继承延安精神办学传统，始终服务中心、把握大局、以人为本，做好新时期思想政治工作和学校的德育工作。

第五，认真贯彻中央关于党风廉政建设和反腐败工作的原则和总体思路。始终坚持做好党风廉政建设和反腐败工作，为学校的改革发展提供比较好的政治环境。

第六，始终重视学校的老干部、工会、共青团，还有统战工作，等等。

第七，注重学校党建工作在工作内容、方法、方式、手段、机制等方面的创新。在加强针对性、实践性、主动性方面下功夫，努力开创新局面。

总之，我们学校的党建工作，在北京市甚至全国高校都有一定影响。我在任期间，学校党委被评为1995—1998年党的建设和思想政治工作先进高等学校，这是中组部和中宣部、教育部共同来评的。2001年7月，建党80周年的时候，学校党委获得全国先进基层党组织称号。2002年，我们学校被全国总工会授予五一劳动奖章。学校两次被评为北京市党的建设和思想政治工作先进普通高等学校称号。我们有好多党总支、党支部，还有党员被评为北京市的基层党组织先进单位、先进个人，我本人也被评为全国普通高校党的建设和思想政治工作先进个人。

九

我担任校领导20多年，工作体会如下：

第一，必须始终坚持党对学校工作的坚强领导，不断完善党委领导下的校长负责制，建设一个强有力的领导班子。

第二，必须坚持正确的办学方向，把人才培养作为学校的根本任务，这一点什么时候都不能忘。办学方向掌握不好，就要走偏差，就得走弯路。学校离开人才培养搞别的也不行，学校就是教育人、培养人，这是学校的主要工作。

第三，就是必须始终坚持将发展作为办学兴校第一要务，坚持改革开放，把学校的发展融入国家、行业发展的大局当中，适应国家战略需求和服务国家战略需求，增强适应性，抓住机遇，改革创新。在改革开

放中，这一条非常重要，发展是第一要务，改革是强校的必然途径。要与国家大的方略政策相吻合、相适应才行，学校发展必须服务国家战略需求才有前途。

第四，必须始终遵循高等教育的发展规律，走内涵发展道路。正确处理规模、质量、效益的关系，走人才强校的道路，把提高办学质量放在重要位置。学校不在于规模怎么样，关键是人才培养质量怎么样，这是衡量学校非常重要的标准。

第五，必须坚持军工特色和延安精神，这是理工大学的优势和办学特色、立校之本、特色之基。延安精神和军工魂对理工大学来讲什么时候都不能丢。

第六，必须始终坚持以人为本，全心全意依靠广大教职工办好学校。关注民生，把学校教职工的办学积极性引导好、发挥好、保护好。学校也要把民生搞好，光让发展，教职工不能安居乐业也不行。共产党不是光讲口号，得实实在在为老百姓办事。

离开岗位十几年了，我认为现在这些年轻人干得不错。我就对他们提两条建议：

第一，进一步继续重视和加强军工学科和专业建设。别看我们现在兵器科学技术在全国排第一位，但是压力很大，挑战也非常严峻，其他几个学校，包括南理工、西工大，在兵器科学技术方面穷追不舍，所以我们不能满足于现状。实际上很多领域我们并不处于最领先的位置，所以还要继续注重和加强军工学科专业，特别是兵器科学技术学科建设，这里尤其重要的还是引进人才。比如说，我们现在火炸药、引信这一块都需要继续加强，否则有可能失去领先位置。另外就是加强与兵器工业所属的企业和院所的联系和交往，这也非常重要。现在学校的主要领导都很重视军工学科专业建设，我说还要继续加强，因为离开了这个，理工大学就没有特色了。

第二，加强学校基金会和校友会建设。我认为在高校当中，理工大学和其他学校比，没有这方面的优势。因为大多数高校参与军工的项目不多，好多毕业生可以在国外或者在港澳工作，对学校的支援就比较大。社会上支持理工大学发展，就靠学校基金会和校友会，学校这方面的工作的人员较少。我们经常说校友是学校办学的重要资源，校友对社会经济的贡献是衡量一个大学办学质量和水平的重要因素。现在评价一个学校，好多指标都和校友的影响力有关，这排在非常重要的位置。我们这方面还需要通过工作去挖掘、去发扬。这方面投入的力量，我认为不是很多，学校主要领导要亲自抓这项工作才行。因为我退下来以后，和校友会、基金会的同志打交道较多，体会比较深。

匡镜明——传承延安精神，建设“双一流”大学

个人简介

匡镜明，1943年7月出生，湖南益阳人。通信与电子系统专家，北京理工大学信息与通信工程学科教授、博士生导师。

1961年9月考入北京工业学院电子工程系雷达专业，1966年7月毕业留校任教，1988年西德西柏林工业大学通信技术研究所博士研究生毕业，获工学博士学位。历任北京理工大学电子工程系副主任、主任，副校长兼研究生院常务副院长，校长兼研究生院院长等职务。

长期在通信工程专业领域从事教学与科研工作。研究方向主要集中在数字移动通信系统、低比特率数字语言编码、信道编码与调制及数字信号处理等领域，特别在数字语音编码、信道编码及无线通信领域取得突出成绩。曾主持包括国际合作项目、“863计划”项目、国家自然科学基金项目、国家重大科技专项等30多项科研项目，研究成果曾获部级科技进步一、二、三等奖各1项；在国内外重要学术刊物及学术会议上发表论文300余篇，其中被SCI和EI收录150余篇，授权发明专利25项，出版专著2部。所领导的现代通信实验室于2007年被国际电信联盟（ITU）确定为中国首家国际数字语音编码评测单位。主讲研究生数字移动通信等课程，培养了出站博士后4人、毕业博士生78名、硕士生40余名。

曾获国家教育委员会、人事部联合授予的“全国优秀留学回国人员”“国家有突出贡献中青年专家”“全国国防科技工业系统先进工作者”，北京市授予的“依靠教职工办好学校的好校长”，以及“全国优秀博士学位论文指导教师”等荣誉称号，并获得国务院学位委员会授予的“学位与研究生教育突出贡献奖”“全国工程硕士研究生教育工作突出贡献奖”等奖项。享受国务院政府特殊津贴。

访谈时间：2020年1月17日

访谈地点：北京理工大学图书馆

采访人：张钧

摄像：聂明明

访谈提要

匡镜明讲述了他考入北京工业学院后的学习、生活情况。他毕业留校后参加预警雷达的科研项目，曾担任校工农兵学员的党支部书记并授课；1978年匡镜明就读本校的研究生，成为我国首批工学硕士；1984年7月份到西柏林工业大学电子系通信技术研究所攻读博士。回国后，匡镜明曾任教研室副主任、系副主任、系主任。

1993年8月匡镜明担任副校长，主管学科建设和研究生教育，1999年担任北京理工大学校长。他讲述了在此期间的工作情况，包括学校进入“985”大学行列，建设良乡校区，解决教职工住房，确定学校的发展目标、指导体系、学科建设、队伍建设等；最后，匡镜明谈了他对延安

精神和“延安根、军工魂”的解读、办学经验的总结以及对学校发展建设的建议。

一

1961 年 6 月，我在湖南省益阳市第三中学以第一名的成绩高中毕业，高考报考时，班主任刘老师跟我说：“北京工业学院是一所国防大学，政治条件要求非常高，家庭出身等各方面都很严，你报考这个学校很合适。”因为我数学特别好，所以就报了北京工业学院的数学力学系。

那时候家里比较困难，到北京都要坐火车，快车坐不起，坐的是慢车，从长沙到武汉，大概要 10 个小时，从武汉到北京要十六七个小时。我自己拿着行李来到北京永定门站，车站有横幅“北京工业学院新生接待站”。

来到学校看到院子里这么多楼，一切都很新鲜。当时，因为是国防院校，我们校门没有校牌，就是北祥庵 5 号，北京卫戍区有一个连进驻我们学校，在校门口、实验室、雷达场这些地方都有军人站岗。

我们学校的领导魏思文①院长以前是个中将，几个副院长还有很多中层干部大部分都是部队转业的，三大纪律八项注意这种校风和作风特别严格，感到这个学校好像是部队的院校一样，特别紧，特别严。

1961 年困难时期，粮食定量是一个月 30 斤，油很少，缺乏副食，根本吃不饱，我们吃过晚饭后就去上晚自习，8 点 45 分左右就都离开教室，9 点钟全校灭灯，那个年代叫劳逸结合，因为吃的不够，学校照顾我们这些学生成长，9 点钟就睡觉，所以晚上基本没有什么业余活动。

我们班是 83611 班，就是 83 专业，1961 年进校，这个专业的第一班。因为我数学和外语的成绩比较好，老师指定我当学习委员。我们这个专业到二年级，因为缺乏专业课老师，办不下去了，所以就只招了 2 年，1960 年招的一届转到自动控制系，1961 年我们这一届转到五系电子工程系，我就到五系电子工程系学雷达专业，在 51612 班。

一年级的时候我在数学力学系，主要课程是数学和物理这些课，二

① 1952 年 1 月 1 日，华北大学工学院更名为北京工业学院，同年 10 月改归中央人民政府第二机械工业部领导。魏思文 1952 年 10 月调至北京工业学院任副院长、代院长，1954 年 5 月任院长。

年级转到电子工程系雷达专业，主要是雷达专业的一些专业基础课和专业课。专业基础课包括信号与系统、电路分析基础、微波技术、电磁场理论，等等；专业课主要是雷达总机原理与设计、雷达的结构等，这些课我们学了5年，基础打得非常牢。

当时我们雷达专业系主任是张德齐教授，他搞天线和微波技术，林茂庸教授是厦门大学1948年毕业的，柯有安①教授是搞雷达理论的，毛二可教授研究雷达信号处理，还有王中教授（柯有安教授的夫人）、李育珍教授、厉宽②教授，等等。

老师很下功夫，学生也很努力，当时北京工业学院的雷达专业是全国最好的。像清华的雷达专业是北京工业学院的老师调过去，他们那边才搞起来的。

那时候我们学校有8个系，每个系里有一个党总支，有一个团总支、学生一个年级有一个党支部、一个政治辅导员。

我们当时的学生管理是辅导员制，就是辅导员负责学生的政治思想工作，由校党委统一领导。我们五系1961级是6个班300多个人，分3个专业，51专业搞雷达原理的3个班，有一个辅导员；52专业搞遥控遥测的1个班和53搞雷达结构的2个班，这3个班又是一个辅导员。每个班里面有团支部和班委会，年级设了学生党支部。学生的管理、政治思想工作，就靠这一套体系来管理和运行。

我大学一年级进来当学习委员，当了一个学期后，叫我做班长了，班长是一年改选一次，每次我都选上，一直当班长，直到毕业。

---

① 柯有安：湖北武汉人。1955年毕业于北京工业学院无线电工程系。北京工业学院教授、副院长兼研究生院院长，国家科委电子学科组成员，国务院学位委员会第二届学科评议组成员，中国电子学会第三届理事和雷达学会第二、三届副主任委员，信号处理学会第一、二届副主任委员。

② 厉宽（1899—1976）：浙江东阳县（今为东阳市）人，中共党员。1917—1918年就读于上海法文翻译学校，1921年留学法国，1924年10月毕业于法国格勒诺伯大学电工学院，获工程师学位。1925年年初回国，历任中央陆军学校交通科技正、南京市工务局技正、杭州市自来水厂工程师等职。1946—1950年，任成都四川大学工学院电机系教授。1950年任华北大学工学院教授，北京工业学院教授、教研室主任，教授电工原理课程，关心教学基础建设，指导培养了一大批中青年教师，为学校无线电系基础课实验室的建设做出了重要贡献。1959年被授予“北京市文教、卫生系统先进工作者”称号。

1965 年 7 月 1 日，我加入了中国共产党，当时大学四年级。我们班只有我和弋稳两个学生入党，我是班长，他是班团支部书记。当时入党必须学习成绩要好，我们二人，有时候他是第一，有时候我是第一。

当班长当然要有付出，要给同学服务，当班长时不光是学专业知识，还学了点社会知识和管理知识，对后来做一些管理工作打了点基础。

二

1966 年 5 月底，我的毕业设计、论文答辩都搞完了，毕业分配也定了，给我分配的就是留校，我们年级 6 个班 300 来人，留校 3 个学生，我是其中之一。

1966 年 6 月 1 日，北大的大字报①出来了，“文化大革命”一下子掀起高潮，即使分配的，也还要留校参加“文化大革命”。到 1968 年 7 月，要重新分配，我还是报愿意留校，这次还是留 3 个，我又留下了。

9 月份，我们这个年级留校的，还有一些外边学校分到我们学校来的，大概有 50 个人，到河北省安新县白洋淀的 38 军 112 师 4793 部队的农场去种水稻，接受解放军和贫下中农的再教育。1970 年 2 月，我回到了学校的电子工程系。我们电子工程系办了一个电子厂，我又当工人半年，接受工人阶级的再教育。

1970 年的下半年，国家搞了一种新体制的雷达，我们要搞预警机，我们的系主任周思永教授、五系的柯有安教授还有我等 6 个人到南京的 14 研究所，去搞了差不多将近 1 年，搞远程警戒雷达的整体设计和方案认证，到 1971 年下半年回来。

回到学校以后，继续搞这个雷达的研制，我们自己研制了一个接收机，装配调试搞了 1 年多。后来这个预警雷达搞成了，也通过了鉴定。

1972 年学校招工农兵学员，1973 年五系招了雷达专业的一个班，有将近 80 个学生，让我当这个班的党支部书记，然后还教了 5 门课。

当时我们一个团队大概 9 个人，工农兵学员 3 年的课，这 9 个人全部包了下来。学员要学三十几门课程，除了体育课是由体育老师上，其他的课都是我们这几个人上，每个人都有四五门课。我教的几门课都是雷

① 1966 年 5 月 25 日，北京大学哲学系党总支书记聂元梓等 7 人，张贴了“文化大革命”的第一张大字报。

达专业的专业基础课和专业课，接收机、发射机，等等。一直带了他们3年，到1976年7月份他们毕业。

工农兵学员的基础相对要差一点，很多都是初中毕业，没有上过高中，但他们学习都很努力，很多后来都成了高层次的管理人才和教学、科研的骨干，我们的副校长赵显利就是其中之一。

三

1978年恢复高考，然后又恢复研究生招生，我就开始准备要考硕士生。

我本科毕业到1978年已经毕业12年了，搞过一点雷达的设计，也带过工农兵学员，但那并不是很高水平的。大学毕业生应该是毕业的最初十年去打基础，我们这十年耽误了很多时间。当时我已经35岁，年纪比较大了，还有两个小孩，工资也不高，每月才56元，家里生活挺紧张，但我还是想着要充电，就报考了研究生。

那时候研究生招生是宁缺毋滥，每门成绩都必须60分以上，都要及格。全校的研究生才一个班，一个班才40个人。报五系的学生有40多个人，第一年只收了4个人，两个清华1966年毕业的，一个是西安电子科大毕业的，本校就我一个，我是毛二可教授带的。

我读硕士研究生，脱产3年，到1981年的10月份毕业。当时我的研究方向是雷达的一些理论和关键技术。因为是头一届，毕业论文很严，答辩的时候请的是国内很高水平的专家，外面都是请的研究所的所长、总工，还有我们系里的柯有安、毛二可、林茂庸这3位导师，在我拿学位以前，我们国家没有学位制，所以我是我们国家首批工学硕士。答辩完了，我回到五系工作，1982年升成讲师以后，我继续在学校教课、搞科研，我教的课有统计信号处理、雷达接收机的应用等，还参加一些科研。

1983年，北京工业学院、上海交通大学和浙江大学三所大学和西德西柏林工业大学签了校际合作协议。其中有一项内容就是西柏林工业大学为这三个学校每个学校培养4个博士研究生。

我们学校就选了包括我在内的4个人，先到北京语言学院去学德语，这时我已经40岁了，还有2个小孩，重新学一门外语也是挺困难的。我骑自行车，一大早到语言学院去上课，买一个小小的录音机，

天天听德语录音带，读了1年，参加考试，考试合格以后，学校批准我们出去。

我是1984年7月到西柏林工业大学电子系通信技术研究所去念博士。

念博士真是苦不堪言，刚开始对方都不承认我们本科的学历，说你还不够，要考几门试，才算达到本科的标准。在国内学1年德语，生活用语凑合一下还行，老师讲课讲得很快，根本就听不懂，每天早上我去听课的时候，都是老早到第一排占个位置，小录音机搁到前面，把老师讲的课录下来，回到宿舍要听五六遍才能把他讲的听明白。

在西德，平时我就骑一个破自行车，早饭就自己随便吃一点，中午到学生的食堂吃顿饭，3个马克，晚上回到学校宿舍自己学习。那时家里连电话都没有，每个礼拜给家里写封信，到了礼拜天就等着家里的回信，也想家，想着家里的孩子怎么样，那时候我的孩子也还小，我走的时候，老大才11岁，上小学，老二还没上学，所以那也是挺辛苦。

我的德国教授Peter Noll要求非常严，他在无线通信领域里面也是世界的顶级专家，很多西德的学生读他的博士生都不能按期毕业，差不多三分之一的学生没有拿到学位。

1988年5月我就答辩了，我们答辩的时候，打了一个领带，他叫我们把领带绞一截下来，在上面写上名字和答辩日期，丢在他的书房里边。我答辩之前，他一共才授了15个学生的博士学位，要求非常严。

在我答辩前几天，我导师的西德学生就找他，说匡镜明是一个中国人，他为什么4年就能够给他毕业，我们都搞了7年了，你为什么还不让我们毕业？后来我去和他们解释，说这4年，我每天早晨8点钟就到实验室了，晚上12点钟才走，没有星期六、星期天，天天如此。你们每天早晨9点半才来，到了10点半就是喝咖啡，一天干了几小时？我说我这4年加起来比你们7年工作的时间都多。

我1988年5月博士论文答辩，那时候他们搞第一代移动通信，模拟信号的，二代已经搞初始的了。我的论文就是移动通信信道建模，消除信息在移动通信信道传输中产生的误差，研究信道编码、语音编码来提高通信质量。答辩完成以后论文要修改、要出版，搞了两三个月，8月份我就回来了。

四

我 1988 年回国先是当教研室副主任，1989 年做了系副主任，负责本科生、研究生的教学，当时我还讲数字信号处理、通信原理、统计信号处理等几门课程。

1989 年学校提职称，当时学校有 10 个系，提了 10 个正教授，每个系一个名额，我从讲师直接破格提拔为教授。

在当副主任期间，我很重视跟国外合作，我从柏林工大，就是我原来导师那边引进了一套我参与研制的关于数字信号处理、无线通信方面的一个操作软件。那套软件很贵，我的导师无偿送给我，我将其放在我们电子系实验里，供电子系的硕士生、本科生做实验用的时候，大大提高了学生的水平。

1992 年，我们国家自然科学基金会跟德国的国家自然科学基金会合作，互派访问学者，我又到德国去工作了半年，在柏林工大当客座教授。

我到德国后又申请了一个项目，叫作 GTE，就是国家自然基金项目。申请这个项目有两个条件，第一个条件是在德国的大学博士毕业，拿了德国的博士学位，第二个条件必须到第三世界发展中国家工作。我这两个条件都满足，就在我原来导师 Peter Noll 指导下，申请了这个项目。获批后，项目支持经费为 5 万马克，全部用于购买实验室的仪器设备。我花了差不多一个月的时间购买各种设备，除了当时最先进的 386 的计算机，还有很多电子仪器设备，最后他们把这些仪器设备给我运过来，邮费都是他们出的。这些设备最后用在电子工程系的通信实验室里，这个实验室全是靠这些设备建立起来的。

我们原来五系，就是雷达、遥控遥测这些专业，没有通信专业。我真觉得这么一个大学没有通信专业实在不行，所以我就跟其他老师商量，经过方案论证，最后报教育部，就在我们电子工程系设置通信工程专业，最终获批了，开设了一个移动通信的研究方向。

五

我对研究生教育感情很深，我在系里做主任、副主任的时候，对博士点、硕士点和研究生的水平的提高做了很多工作。到现在为止，我带

的博士生毕业的有82个，还有4个博士后，加上硕士生就更多了。

我那时候特别喜欢做研究生的工作，在研究生教育这条战线担任过很多职务。我是国务院学位办学科评议组召集人，组里都是各个一级学科顶层的高级专家，申请国家级重点学科、设立研究生院、评审全国优秀博士论文等，都要这些人来评。我做过四届，其中两届还做了信息与通信工程一级学科评议组第一召集人。

我还在中国学位与研究生教育学会做过副会长、北京市学校办的副主任、全国MBA教育指导委员会的委员、工程硕士教育指导委员会的委员，还做过四届中国学位与研究生教育学位评估委员会的主任委员。

我在系里当副主任、主任时候，也管本科生的教学。我们做了很多课程改革，评了一些国家级的学科、重点课程，进行了实验室的一些改革，等等。五系在学校里一直是一个超级大系，学科专业也比较好，在国家的高校里我们这个专业的层次算是比较高的，学校的实验班就设在五系，报这个系的学生特别多，学生的录取分数都挺高的。

六

1993年8月兵器工业部任命我做副校长，协助校长主管学科建设和研究生教育，还兼研究生院常务副院长。1996年我们一个副校长范伯元调到北京市，他走了以后学校也没有增加副校长，就把之前他管的科研、产业交给我，等于我是主管学科建设、研究生教育，还有科学研究以及产业这么几块工作。

学科建设是重点。抓学科，一个是人才队伍，培养和引进高层次人才和建设学科的基础条件，学科的结构、层次这些，都很重要的。那时候在申报硕士点、申报博士点，申报国家级重点学科等方面，我做了很多事情。

研究生教育一个是质量，一个是数量，还有一个是研究生的水平。

学校这些年创造了很多条件，在这上面投入的比较多，一个是给研究生待遇，一个是学术诚信教育，还有博士导师的选拔和培养。我们每年都要办一些博士导师的培训班，通过这些工作，不断提高研究生教育水平。1993年，刚开始我们才100多名博士生，后来慢慢可能达到了将近每年600人，博士生数量是一年一年地增加。

1996年以后，在学校的科研方面，我们功夫下得比较大，突出军工、国防、军民结合，一个是要突出国防特色，因为我们是国防院校，所以我们的科研经费大部分都是来自国防或者军口；再一个我们很重视科研成果，每年都评国家三大奖。那时候我们科研成果的奖项在高校排名靠前。

我们也很重视产业方面，主要是有一些科技成果的转化，另外还有房地产、出版社、传统教育、远程教育，办一些培训班等，这些收入主要是给教师发岗位津贴，那时候岗位津贴不能用国家拨的资金，必须是学校的自有资金。

我们学校是1995年进的“211”工程，“211”工程110所大学，我们是第15个进的。研究生教育、学科建设以及科研等这些方面的成果对于我们进“211”工程，是一个硬指标。

1996年我还促成了学校和爱立信公司①的合作。

我在德国读博士的时候有两个师弟，都是德国人，有一次我们开国际会议见到了，他说他在爱立信工作，我说正好，爱立信搞移动通信，想办法跟他们搞点合作，他们就找到了北京爱立信的副总裁。我记得1996年6月，那个副总裁打电话说一起喝杯咖啡，我们谈得挺好，他首先请示北京爱立信的总裁，然后跟瑞典总部的总裁请示商量。一个月左右我们就把这件事情搞定了。北京理工大学和瑞典爱立信公司联合成立数字通信研究中心。

1996年9月，瑞典首相访问中国，中国政府和瑞典政府签订经济合作协议，王越校长去了，把北京理工大学和瑞典爱立信公司的合作协议，纳入中国政府和瑞典政府经济合作备忘录里。

后来由于各种各样的原因，再加上爱立信自己也不是很景气，全世界与爱立信合作的30所高校最后都停止了。现在为止全世界就我们北京理工大学一个，从1996年一直合作到现在，培养了80多名博士、300多名硕士，取得了一系列重要成果。

---

① 爱立信公司（Telefonaktiebolaget L. M. Ericsson）：1876年成立的瑞典通信公司，爱立信的业务遍布全球180多个国家和地区，是全球领先的全面通信解决方案以及专业服务的供应商。

1996 年代表学校与瑞典爱立信公司签订开展无线通信领域国际合作研究协议

参加签字仪式的有（后排左起）校党委书记焦文俊，爱立信公司技术总裁沃顿·费尔德，时任北京市委常委、北京市教育工委书记、北京市教委主任徐锡安等

七

1999 年的 7 月份，我被国务院任命为北京理工大学校长，北京理工大学是重点大学，也是名校，要求校长做政治家、教育家，我是严格按照这两条要求自己的，还有一条就是要严格执行党委领导下的校长负责制，重视党建和思想政治工作。

第一件事，先讲我们是怎么进的“985”和良乡校区的建设。

我当校长的任命书是 1999 年 7 月 7 日，7 月中宣布。当时“985”大学已经有了 9 所，首先是学校水平，其次是按地区分配，北京两个是清华、北大，华东地区是南京大学，上海是上海交大、复旦，然后浙江是浙大，安徽是中国科技大学，还有西安交通大学，东北的哈尔滨工业大学。

我们学校开党委常委会和校长办公会时，我就明确提出，明年 2000

年，也是学校60周年校庆，我们一定要争取进入国内一流、国际知名的高水平大学的行列。谈何容易？我们面临非常大的困难。于是，我就跟焦书记两个人商量，我们两个人想法挺统一，很多的工作必须去沟通，去向上级请示报告，为此我们做了很多很多艰难的工作。

在全校教职工的共同努力下，终于在2000年9月23日，我们校庆那一天，就在逸夫楼签订了教育部、国防科工委、北京市人民政府三家共建北京理工大学协议，教育部部长陈至立、国防科工委主任刘积斌、北京市市长刘淇①，他们三位签署了这份协议。9点半我们60周年校庆正式开始，我首先就把这个好消息在全校宣布，从此北京理工大学进入“985”工程大学的行列，全校参加大会的教职工和同学们鼓掌不知道多长时间。这是我当校长之后学校做成的第一件大事，用了1年左右的时间，是我感到非常满意的一件事情。

2000年9月23日，匡镜明校长在北京理工大学60周年校庆上讲话，宣布我校进入“985”高校行列

共建协议签了以后，每家要给我们3亿元，教育部的钱是通过财政部拨的，国防科工委也给3亿元，北京市人民政府也给3亿元，总共是9亿元，那时候是2000年，9亿元已经非常好了。教育部、科工委的3亿元都没问题，北京市政府一下拿不出来，就在良乡给我们3000亩地，1亩地算10万元，3000亩就是3亿元，我一听比那3亿元要值得多。到2007年，良乡校区第一期工程建成，有20万平方米，招第一届本科生，4000多人，我们良乡校区就是靠“985”工程的支持建设起来的，不然我们也买不起那3000亩地。

---

① 刘淇：男，汉族，1942年11月生，江苏武进人，1968年6月参加工作，1975年9月入党。北京钢铁学院冶金系炼铁专业毕业，研究生学历，教授级高级工程师。曾任中共中央政治局委员、北京市委书记。

第二件事就是我们怎么稳定和培养教师队伍。

1997 年，我们学校调走了很多教师，其中有很多是教授，主要原因是住房紧张。我们校领导班子研究，在第一期安居工程的基础上，搞第二期安居工程。首先用自有资金，又贷款贷了 3 亿元，在万柳小区买了 5 万多平方米的房子，均价是每平方米 6800 元，再加上我们自己建了一个 18 层的高楼，又搞了三栋楼的贴建，就是两间改三间，增加了几万平方米，这样 1 年多一点的时间，学校合起来就增加了 10 来万平方米的住房。

安居工程领导小组由常务副校长牵头，我们提出按照“突出重点，优先保证教学科研和管理第一线的在岗高层次骨干员工住房，兼顾解决一般在职人员的住房改善，适当解决离退休人员的住房改善的原则”，全面缓解了学校教职工的住房紧张状况。到 2001 年，在岗的 220 余名教授的住房基本达标，共计有 1200 余名教职工住房得到较大幅度的改善，150 余名退休老同志改善了住房面积。我们还留了 80 套住房用于引进人才，高层次人才也进来好多。

购房的贷款我们 3 年就还清了，原来银行说要 5 年，我们提前 2 年就还掉了。

2000 年我们又做第三件事，当时教授工资待遇比较低，我们就研究制定岗位津贴制度，把岗位津贴分了 9 个档次，一年全校的岗位津贴要四五千万，这些经费全靠学校自有资金运行。

通过办这几件大事，一是进“985”，大家热情很高；二是创建良乡校区，学校发展潜力极大提高；三是改善住房条件，大家安心工作；四是岗位津贴进一步提高了教职工的生活水平，大大调动了教师的积极性，所以好多教师也愿意来，在这儿安居乐业，奋发有为。

七

晋升到一流大学建设行列之后，我们认真推敲一流大学的目标和指标体系，研究学科建设、队伍建设以及学校高水平教学与科研的一系列问题。我们找准了自己在我国高等教育发展中的地位和目前存在的危机，以及走跨越式发展道路的紧迫性，主动适应国家实施科教兴国、西部大开发战略和国防科技工作战略重组和结构调整形势的突破口和发展机遇，在全校形成思想统一、意识统一、目标明确、齐心协力努力奋斗这么一个政治局面。

经过反复讨论，我们提出了创建国内一流、国际知名高水平大学的奋斗目标，并进一步完善了学校的教育思想和办学思想，明确了学校改革发展的建设思路，确定了学校的基本定位和发展目标。

学校的基本定位是立足国防、面向全国、服务地方，研究型、开放式，理工为主，工理文协调发展。

我们制定了三步走的发展战略目标：第一步是到2010年学校的教育资源进一步扩大和优化，学科覆盖面不断扩大，学科专业结构趋于合理，学术声誉、地位和成果显著提高，进入我国研究型大学行列。第二步是到2020年，通过高层次专门人才，承担国家重大课题和从事高水平和原创性的一些研究，为国防现代化建设、国民经济发展和社会进步服务的能力显著增强，成为一所国防为主、寓军于民为特色，理工为主、工理文协调发展的国内一流、国际知名高水平研究型大学，成为国家知识创新、科技创新体系的一支重要力量，确立学校在全国高校中发展成稳居第一方阵的地位。第三步是到2040年，也就是我们学校建校100周年，将学校建设成为一个具有国防科技特色高水平综合性的世界一流大学，成为培养和造就高素质创新人才的摇篮，成为认识未知世界，探索客观真理，为人类解决面临重大课题提供科学依据的理论前沿，成为知识创新，推动科学技术、成果向现实生产力转化的重要力量，成为民族优秀文化与世界文明成果交流、借鉴的窗口和桥梁。

成为一流重点大学，不仅要具有培养高层次专门人才、高级专门人才的社会责任，还要具有发展科学和直接为社会经济服务的责任，因此在形成北京理工大学完整的教育思想的同时，还要形成一个完整的办学思想。

我们提的办学理念是以人为本、重视学术、服务社会、改革创新。什么叫以人为本？就是坚持把培养社会所需求的具有全面综合素质的高层次人才作为学校教育活动的中心，这个就是以人为本，就是要把培养人作为学校的中心工作，培养社会所需求的人，培养具有全面综合素质的高层次的人才。

为了培养高层次高素质人才，学校要以教学和科研为中心，我们上课培养学生，参加一些科学研究，进一步锻炼和提高他们，这是我们以人为本的这么一个办学理念、发展目标以及我们的办学思想。1999年，

教育部对高校本科的教学评价，以优秀的成绩通过的就那么几所学校，我们是其中之一。

2018 年，匡镜明教授在实验室指导博士研究生

学科建设我们也很重视，学科建设就是三条，第一个是凝练学科方向，第二个是汇集学术队伍，第三个是构筑学科基地。我们按照这三条来搞，以内涵发展、拓展领域、调整结构为重点，创建一流学科为目标，所以我们增加了很多国家级、部级的重点学科，国家级、部级的重点实验室，等等。

还有一点是学科建设。过去我们提的是“以工为主，理工结合，多学科综合发展”。我当校长时，改变了这个观念，要理工为主，我把“理”搁在第一，改成了“理工为主，工理文多学科协调发展”。

我们理工大学过去毕业的学生，去到用人单位，刚开始绝对是最好用的，要设计一个产品，他们接受得很快，清华毕业生赶不上我们理工的实践能力。但是 10 年、8 年以后，那清华的就起来了，我们理工大学的毕业生发展就没有那么快了，因为清华的数学、物理等理科基础的知识特别扎实，持续发展的能力就比较强，我们理工大学这方面就赶不上了。我们通过调查研究以后，决定要把理科队伍加强，我们有意去号召工科跟理科结合，比如，我们学自动控制这些工科的，都跟数学的、物理的、力学的这些联系，学校还给一些经费支持，加强理科建设，理科和工科交叉，培养的人才可以持续发展。

学校其他方面的改革发展，也都取得了大量的成果，一个是学校合并；再一个学生扩招。我当年上学的时候，学校本科生招生人数一年不到1000 人，根据中央有关扩招精神要求，2000 年开始我们学校每年本科生招生人数将近4000 人，硕博士研究生从原来的二三百人，增加到近3000 人。今年是我们研究生院建院35 周年，在校的研究生已经有17000多人。

八

北京理工大学的前身是创建于1940 年的延安自然科学院，是中国共产党创办的第一所理工大学，首任院长是李富春，后来院长是徐特立、李强等这些老一辈革命家，学校有着光荣的革命传统，延安精神始终是学校的办学特色之一，这是“延安根”。

北京理工大学也是我国一所重点国防科技大学，学校始终坚持国防特色，开始我们叫北京工业学院，也是老的国防科工委的11 所国防院校之一，是为国防科技战线培养红色工程师的摇篮，过去我们招生的广告就是“为国防战线培养红色工程师”。我们承担的科学研究，绝大部分都是国防的一些项目，包括国防的以及军队的一些型号项目，为国防科技战线服务是我们神圣的职责和使命，这是“军工魂”。

我们要继续传承和弘扬延安精神，推动学校各项工作的改革和发展，这是我对延安精神的一个初步的认识。

我觉得我们学校历代领导和教职员工，传承了延安精神和延安根、军工魂等富有我校特色的大学文化，在80 年的艰苦奋斗之中，我们积累了丰富的办学经验，进行了富有成果的实践和创新。

第一，我们传承了延安精神，从建校一直到现在，历代的校领导和全校的教职员工、学生一直都是用延安精神来武装头脑，指导我们教学、科研、改革、发展、创新等各项工作。延安精神促进了学校各项工作在正确的轨道上突飞猛进，这是核心，是我们的原则，是我们学校的一个根。

第二，我们抓住了改革、发展、创新的各种机遇，比如说国防科技工业重组、西部大开发、进“985”行列，等等。

再一条是以人为本，充分调动全校教职员工的积极性，关心和解决

教职工的一些问题，凝聚队伍，才能够把各项工作做好。

希望学校在“双一流”大学建设进程中间，要结合实际，提出更高的奋斗目标，在习近平新时代中国特色社会主义思想的指引下，不忘初心，牢记使命，为实现两个一百年奋斗目标，实现中华民族伟大复兴的中国梦做出应有的贡献。

2020 年，匡镜明教授与他的教学科研团队

后排从左至右：王晶副教授、杨德伟副教授、费泽松教授、何遵文教授、武楠教授、邢成文教授、赵胜辉副教授、王华教授、谢湘教授、刘家康教授、张万成讲师、张焱副教授

李国光——开启校史编纂，推动校友会成立

人物简介：

李国光，1935年9月出生，湖南省涟源市龙塘乡金鸡村人，教授、工程师、研究员。

1955年考入北京工业学院，1960年9月毕业后留校。曾任校党委副书记、副院长时生的秘书，历任校刊总编、人文社会研究所常务副所长、校跨部委学术机构北京科技管理研究中心秘书长、校科协常委、校学术委员会常委、校“211”工程专家组成员等职，以及中国科学学与科技政策研究会理事、《科学学研究》杂志编辑部主任等兼职。

与他人合作承担过国家、部委和有关省市关于创建高新技术产业开发、发展民营科技企业、转化高校科技成果等软课题30余项，发表学术论文50余篇，出版学术著作10余部。在全国率先提出关于“科技企业”“科技产业”“民营科技企业机制”等方面的概念和系统理论。

获得国家科技进步奖三等奖1项，部委科技进步奖二等奖2项、三等奖3项，学校科技进步奖一等奖5项等奖励。享受国务院颁发的政府特殊津贴。

访谈时间：2019年8月28日（一访）
　　　　　2019年9月4日（二访）
访谈地点：北京理工大学图书馆
采访人：张钧
摄像：聂明明

访谈提要

李国光老师讲述了他在北京工业学院读书时的经历。他参与“505”火箭科研项目实验时曾受伤住院。毕业留校后，他担任过学院党委副书记时生的秘书，回忆与魏思文院长、时生书记交往的往事。20世纪80年代恢复工作后，李国光先后担任校刊主编、校史办公室主任、人文所所长等职务，其间他开始并推动了校史编纂工作，参与并推动了校友会的成立、徐特立奖学金的设立。担任科学管理研究中心秘书长后，他参与调查、起草了《关于中关村一条街的调查报告》，推动了中关村试验区的建立，自筹资金创办了《中国科学产业》刊物，开展了相关课题的研究。退休后，他继续参与开发区民营科技企业相关课题的研究，为北京理工大学争得了荣誉。

一

我是湖南娄底人，1935年9月16日出生。祖父是乡里私塾的教书先生，父亲是农民。七八岁时，日本人打到了湖南，我的家乡在娄底山区，日本人没来过。当时有不少东北流亡的学生到我们家乡避难，我对此印象蛮深刻。

我跟着我祖父读的私塾，没念过小学。1949年春天，在我们当地的建国中学读初中时，有一位老师是地下党员，我跟着他写过大字报，贴过标语。1949年下半年，我们家乡解放了，我读初中二年级时入了团。

1950 年，我在老家以干部身份参加过土改，县公安局讯问时，我给做记录、写报告，干了半年多，公安局想把我留下工作，我想继续上学，就回到建国中学，还担任了学校团支部书记。高中在从长沙迁过来的湖南省立十五中学读的，这个学校在娄底的涟源县①，后来改为涟源一中。

抗美援朝时，我报名参军，因为年纪小，个子又矮，没被录取。我们班有位同学去参军，几年后，他转业去读了政法大学。

二

我 1955 年考入北京工业学院。我的家庭社会关系比较简单，初中、高中的学习成绩都比较好，学校老师找我们谈话，说北京有一所军工学校，教学条件好，推荐我们报考。我们这一批有 20 多人报考，通过考试后，录取了十几个人。

1954—1956 年，学校还在车道沟的延安大楼，1958 年以后才到现在这里。

我刚来时，学校有化工系、机械系、坦克系、无线电系和光学系五六个系。当时化工系有火药、炸药和火工品 3 个专业，我分到化工系火药专业 5551，炸药专业是 6551，火工品是 7551。我们专业有两个班，一个班 50 多人，一共 110 多人。班上除了我们这些应届毕业生，还有调干生，比我们大三四岁，都是党员。来学校的第二年，1956 年 9 月我入了党。

当时的老师大部分是解放初期从各个学校过来的，还有一部分是 1954—1956 年咱们学校毕业留校的。我们化工系的王凡老师是从晋察冀边区来的老兵工。老师们给我留下的印象都不错，我和几位老师后来还成为同事，大家一起做科研。给我印象最深的是我们的班主任，也是我们的指导老师、教研室副主任任玉立，他爱人马庆云是留苏回来的，现在已经 94 岁了②。

我们学制 5 年，先学一年基础课，第二年是专业基础课。1956 年我们大学二年级时，苏联专家过来，开始按照苏联的教学计划上课。苏联

① 涟源县：今为涟源市。

② 我们曾在 2018 年对任玉立老师、马庆云老师进行过访谈，其口述内容收录在《口述北理——北京理工大学口述史料》第一辑和第二辑中。——编者

对基础课很重视，一年级是普通基础课、二年级是专业基础课、三年级开始接触专业课。

苏联专家过来一般是给高年级的同学上课，我们一、二年级的同学一般跟他们都没有接触。那时候考试是按照苏联的方式，考场桌子上有很多考题，学生自己抽一道题，准备半个小时后，用口试的方法答题。我那时学习比较好，一年级、二年级大部分是 5 分，个别的是 4 分，所以不觉得考试有困难。我们 1955 年入校，1955 年、1956 年读了一点书，1957 年以后主要是搞运动，1958 年“大跃进”以后开始搞科研，重点是搞“505”探空火箭，没怎么好好读书。

1958 年，我们三年级以后开始有实习，实习主要在两个地方：太原的 145 厂、245 厂，还有哈尔滨的 475 厂。刚开始实习是劳动和学习相结合，叫认知实习。当时工厂生产两种火药：一种是单基药，就是枪的药；另一种是双基药，就是炮的药。我们要了解单基药和双基药的生产过程，工厂有四五个生产车间，包括清洗、过滤、硝化、压延和压伸，我们每个部门都要去，熟悉工艺过程，劳动一两个星期。第一次是认知实习，我们去的东北 475 厂，距离哈尔滨几百公里，离苏联很近。第二次实习是在辽阳 375 厂，实习的重点是熟悉火药的配方、工艺等内容。第三次是 1959 年年底的毕业实习。

1958 年，学校为向“八一”献礼，搞了一次展览，有四五十个项目，一部分是样品，一部分是一些实验室的成果，其中就有“505”探空火箭，当时还只是一个很简单的模型。这个模型引起了彭德怀和其他几位司令员的注意，周总理、彭德怀来看过好几次，刘少奇也来看了两次。钱学森那时刚回国搞了五院①，但还没出成果，中央领导和老帅们希望我们学校能有所突破，因此对我们的模型很感兴趣。首长们问魏思文院长能打多远，什么时候能搞出来，提了很多问题。

学校在 1958 年 8 月份以后下决心要搞“505”。“505”的要求很严格，因为是绝密项目，必须政治上可靠，家庭出身简单，还要专业性强，符合条件才能参加。我参与过“505”中的两个项目，一个是 1958 年的

① 五院：中国兵器工业第五设计研究院，创建于 1953 年，1992 年更名为五洲工程设计研究院，是一所亦军亦民的大型综合性甲级设计研究院，隶属于中国兵器工业集团公司。

橡胶药柱性能分析，另一个是改性双基药的研制，这也是我的毕业设计。

学校搞“505”时，机械部分包括发动机、火箭外壳归机械系，药属于化工系，我们教研室副主任任玉立是搞药的总指挥，老师们搞配方，从学生里抽一部分人出来搞分析、化验。领导指定我为科研组长，我们组里有林鸿植教授和历宝琯、云主惠两位老师，另外还有 4 位同学。配方做好以后，在实验室里压出来一个小药柱，我组织几位同学和老师一起分析药柱的成分。搞了几个月，小药柱在实验室里搞成功了，到工厂搞大药柱时，因为是橡胶火药，要在橡胶里加硝化甘油，硝化甘油和橡胶都很软，药柱立不起来，要经过加温固化才能成型，在这个过程中出了事故，我们班的 2 位同学，还有 1953 级的 1 位同学和 1958 级的 2 位同学共 5 人遇难①。出事故后，这个产品就停了下来。后来“505”实验，我估计用的是一般的双基药。

1959 年年底，我到太原 145 厂做毕业设计，为“505”火箭研制一种新的火药。我们支部书记张炳智是组长，我给他当助手。这种新火药叫改性双基火药，是在一般的双基药里加铝粉和过氯酸铵粉来提高能量。试制产品混合后，要过两三天才压延，在一个屋子里用机器压延时，因为药的水分太少，压不成型，瞬间起火。我们距离很近，爆燃的速度很快，我们 4 位同学和 2 位工人都负了伤，身体暴露的部分，主要是手和脸都烧伤了。我爬到厂部办公室报信后，就昏了过去，自己怎么到的医院都不知道。第二天院党委书记、院长魏思文和副院长尚英都到医院看望我们，喊我名字时，我才知道自己在医院，我们几个受伤的人都住了两个多月医院。

伤好出院后，我们又继续实验了几个月，把产品搞了出来。145 厂对我们很重视，经历了这次事故，我们得到了锻炼，也分析出了事故原因，对怎么掌握工艺条件也有了经验，厂里想留下我们当技术员，魏思文院长不同意，让我毕业后留校。

“505”搞了多次发射，虽然我没参与发射任务，但去过白城子和河北昌黎的发射场。我们班是魏思文院长的试验田，我是党员，又是班团

---

① 1958 年 10 月白城子靶场“505”火箭第二次发射前，太原火箭火药加工小组在加工火药过程中发生爆炸，余家荣、方修文、杨运昌、丁玉峰、王世荣 5 名青年学生牺牲。

支部书记，与魏院长联系比较多，魏院长对我很信任。当时已经进入困难时期，魏思文院长和罗瑞卿提前已经联系好，他让我找罗瑞卿取两支步枪，送到白城子打黄羊，用来改善伙食。我买了一张软卧票，把枪藏在被子里，偷偷送到了白城子靶场。从太原把火药药柱拿回学校，也是我藏在被子里带回来的。我知道这种做法违规，也很危险，但在当时的条件下，也没有更好的办法。

三

1960 年，我毕业后留校，分配到科研处工作。当时科研处处长是谢簃，副处长是蔡家骅。科研处下边有科研科、研究生和师资培养科、情报资料科、苏联专家科四个科，当时苏联专家还没走，需要翻译，另外还要翻译英文、俄文的资料，所以成立有苏联专家科。师资培养科主要是培养研究生和重点教师，科长是袁明道副教授，科里只有 3 个人，我负责培养重点教师的工作。

魏思文院长从 1959 年开始，在校内确定了一批年轻的教师骨干，希望通过重点培养，促进他们成长。这批骨干有六七十人，由科研处负责培养他们提高外语能力、基础训练能力，这种方式还得到了教育部的表扬。这批重点培养的教师包括周立伟、毛二可、魏宸官等，有些人现在成为院士，他们都为学校的发展做出了贡献。

我在科研处的主要工作是做调研，了解这些重点培养教师的水平、能力、日常情况，向魏思文院长汇报。再就是为他们做服务工作，了解他们的情况，请人为他们补习外语，有的人还送到国外去培养，我跟了他们 2 年多的时间。1963 年夏天，我被调到党办给时生当秘书。当时学校的一把手是魏思文，二把手是时生。上学时，我就和魏思文院长接触比较多，上班第一天魏院长就过来看我。我有一个笔记本，魏院长把苏联小说《钢铁是怎样炼成的》中的一段话抄给我，并题词鼓励我奋勇向前。

魏思文原来是军人，1952 年来到北京工业学院，他聘请了 20 多位苏联专家，到 1957 年，我们学校的兵工专业能搞起来，魏思文院长功不可没。1958 年大搞科研，学校又成立了一批火箭、导弹等方面的新专业。1959 年，北京工业学院成为全国重点院校。中华人民共和国成立初期，学校先后归属过重工业部、三机部、二机部、五机部，1961 年正式划归国防科委领导。当时国防科委以钱学森为首的五院已经成长起来，国防科委的科研开始新的布局，聂荣臻元帅要求各学校进行调整，北京工业学院要从大搞科研转到以教学为主。1961 年以后，我们学校很多大项目，包括“505”都下马了。

在这种情况下，1960 年时生从浙江大学调来咱们学校。时生曾任新四军某师政委，1955 年抗美援朝回来，1958 年转业到中国科学院，后来调到浙江大学担任党委副书记。时生调到我们学校后，负责科研工作。1962 年，学校召开了一次党代会，时生从主管科研转到负责政治思想工作，主管党务、干部等。当时调到党办工作的，除我以外，还有魏思文的秘书娄史进，校刊编辑李力康、徐晓峰等一批人。

我在学生时代做过团支部书记、党小组长，还做过一些文秘工作，对政治思想工作也比较熟悉。给时生当秘书以后，我又担任了两个任务，第一个是调查研究，回来写报告，做分析，提出建议。我搞科研时也去教研室等基层搞过调查研究，这方面比较熟悉。第二个是起草报告、整理报告、整理记录。时生对我很满意，认为我比他前任的秘书要顺手一点。

时生主管党务后，事情有不少，像布置学毛选、学雷锋等工作。1964 年以后，国防部提出要把“三线”搞起来，把很多兵工厂迁往四川、宁夏、甘肃、陕西等地区。那时北京工业学院、北航都要到“三线”去搞分校，咱们学校选址在四川内江，时生任分校主任，负责分校的筹备工作。内江有几百亩地，房子已经盖了起来，准备把一部分专业转过去，后来没去，把房子和地都交给了部队。

时生对身边的工作人员要求很严格，要求党办的工作人员和秘书们加强学习，要学英语、学政治，因此我们都是白天工作，晚上去主楼学习。我印象里面，时生有三个特点：

第一个，他对自己要求很严格，他不抽烟，只喝点茶。

第二个，他很注重了解基层的情况，喜欢去蹲点。主管政治思想工作以后，他对下面的学生支部、教职工支部抓得很紧，经常跟基层干部谈话。他还搞了几个试点，一个是力学系的教研室和党支部，力学系赵学仁后来当了副校长，他临去世的时候，我去看望他，他说在北京理工大学他要感谢两个人，其中一个就是时生，如果没有时生的培养和帮助，他不可能从一个普通教师成长为副校长。时生抓的另一个点是化工系的

固体燃料教研室和党支部，他把部队的作风带过来，组织大家学习解放军的政治思想工作，这点让我印象很深刻。

第三个是他过来后，抓教职员工和学生的思想工作，搞了一套组织系统的规划。他把部队的一套辅导员制度运用到学校，以前咱们学校没有固定的辅导员制度，有的系有，有的系没有。1963 年后，学校开始在学生中建立政治辅导员制度，教师里有协理员制度，思想工作有了一个系统。1963 年专门召开了党委会，把辅导员制度、指导员制度、协理员制度确定下来。

四

“文化大革命”中时生受到冲击，我作为他的秘书也受到牵连，1970 年年底到 1978 年，我一直被审查，1978 年秋，被下放到工厂铸工车间劳动。1981 年给我落实政策，恢复了工作。时生 1982 年平反，他到中央党校学习之后就离休了。1982 年年初，我被调到学校宣传部，担任校刊主编，干了 2 年多。

校刊创办于 1956 年，主要刊登学校的教学、科研情况，学校的文化、师生的互动和一些好人好事。“文化大革命”时校刊停办，后来又恢复。

我当校刊主编时，校刊编辑部加上我一共只有 4 个人。当时校刊只是报纸那么大的一页纸，每月出两期。除了编辑校刊以外，我还做了两件事：1982 年，谢籁院长任命我兼任校史办公室主任，我开始和吉多智同志一起搞校史。之前咱们学校没搞过校史，我们是校史的开拓者之一。第二件事，我开始考虑搞校友会和关注奖学金的问题。

搞校刊时，我喜欢到基层去调研，我曾经访问化工系的陈博仁教授，把他从一位归国华侨通过努力奋斗入党以及取得丰硕教学的成果等内容和同事李冬青合作写了一篇文章。这篇文章在《北京日报》刊登后，反响很好，也引起了北京市委的重视。

1983 年陈老被北京市推荐为全国人大代表后，参加全国人大会议时，发现全国人大代表和政协委员中，我们的老校友有 10 多位，其中既有化工系、坦克系毕业的老校友，也有延安自然科学院时期毕业的老领导，像广东省省长叶选平。陈老给我通信息后，我以校刊记者的名义，带了有关人员，一个一个去访问这些校友。访问之后，还把他们请到学校来做报告，受到师生的热烈欢迎。记得1983年在大礼堂举办的那场报告会，我请当时的校办主任张敬袖主持，效果非常好。

为了搞校史，我们首先把延安自然科学院的校友会组织起来，延安自然科学院的校友中，我们联系比较紧密的有三位：一位是电子工业部科技委副主任何华生；一位是铁道科学院研究生部主任张惠生；还有一位是北工大的干部师秋朗。通过他们的介绍和联系，我们进一步联系了叶选平、林汉雄，以及国家科委的纪委书记谢绍明等，把他们请到学校来参加相关活动。他们提出要搞校友会，于是又先后请来了经贸部部长李强和国务院副总理李鹏，联系到的人逐渐多了之后，就成立了延安自然科学院校友会，同时也把延安自然科学院的校史搞了起来。

搞校史的时候，朱鹤孙校长等校领导都很支持，我和吉多智等几位同志搞出了延安的、晋察冀的、北方大学的，还有东北工学院等一套校史出来。这是我在办校刊的同时，利用业余时间在进行校史和校友会的工作。

以前咱们学校没有奖学金，经过校委会讨论，同意以徐特立同志的名义设立奖学金。通过校友会的努力，由校友所在单位出资，1985年7月，北京工业学院设立了徐特立奖学金。

五

1985年春，党委书记谈天民和院长朱鹤孙分别跟我谈话，说“文化大革命”对我的批斗是错误的，要给我平反。谈分配工作时，书记和校长都跟我说，让我在党办主任、宣传部部长和政策研究室主任三个职务里选一个，我对谈书记和朱校长说，这些我都不干，我想去基层，干点自己感兴趣的事情。

北京工业学院过去是工科院校，很多人给校领导提建议，说应该搞一点文科。我在文科方面有一点特长，就跟校领导提出，我可以试试搞人文所。因此，1985年我离开校刊去搞人文所，并担任人文所常务副所长。

人文所是一个教学机构，为给学生解放思想、陶冶情操，从外单位聘请教师，开设了唐诗、宋词、古典文学等选修课。我任所长后，聘请了北京师范学院的一位文科教授担任名誉所长，负责主要业务工作，名誉所长介绍来了包括北大、人大、北师大等学校的教师讲课，开设了历

史、法律、文学等方面的十几门课程。除了我们2人，所里还有1位干事、1位秘书，大家一起把人文所搞了起来。

学生对这些选修课很感兴趣，上大课时有100多人来参加。我们的大部分课程是讲座性质，这样搞了一两年，后来人文所跟社会科学系合并了。

1987年，学校领导要对社会科学系和科技管理研究中心进行调整。校长找我谈话，想调我到社科系当主任，并对我说要调赵祖华到科技管理研究中心当秘书长。我考虑了几分钟后说：我希望能与赵祖华对调，让他到社科系当主任更合适，因为他是人大研究生毕业的，肯定搞得比我强；我去科管中心当秘书长，保证能搞好。朱校长同意了我的提议，因此1987年我转到科管中心，赵祖华到社科系当主任。

科管中心是1984年成立的，当时有一个大背景是技术革命，那时国外有很多像《第三次浪潮》《信息社会》《后工业社会》《大趋势》等书传入中国，引起了很大反响。中央请了部分科学家，包括钱学森、钱三强等许多人到中南海给中央领导讲课、座谈，提出中国要赶上这次浪潮。过去第一次科学革命、第二次科学革命，我们都错过了，第三次科学革命、第四次科学革命，我们不能再错过。在这个大背景下，当时国家科委的吴明瑜、中国科协的田夫、国家教委的曹青阳等专家联名向学校领导提出建议，在北京工业学院成立北京科技管理研究中心。因此学校拨了一点科研经费，在图书馆的三楼，成立了科技管理研究中心。校长担任科管中心主任，秘书长主持日常工作，请了一批外单位的学术界权威来讲学，研究信息革命的问题。

从1984年到1987年，是由原来科研处处长胡启俊教授担任科管中心秘书长，他是搞学问的人，但不善于发动群众和协调各方面的关系。之前我在科研处工作过几年，对科研管理、科研和学术的范围，都有所了解。

我任科管中心秘书长时，科管中心办公室主任是原来无线电系的学生辅导员王建华，他的活动能力很强，还有2个工作人员，我们一共4个人。我过去之后，做了几件事情，逐渐打开了科管中心的局面。

首先我抓住了中关村民营科技企业的发展问题。中关村在国际信息革命的影响下，有一批民营科技企业在20世纪80年代末期从各研究所冒了出来，包括华夏、京海、四通、科海、信通、海华、联想，等等。

当时对待这批小企业有两种不同的态度，有些科学家认为这样做，把科学院的研究、学术气氛搞乱了，是不务正业，甚至有人给邓小平写信，反映中关村地区公司林立，有的纯属倒卖投机而牟取暴利的非法组织，要求中央查处。邓小平批示，要求北京市、国家科委进行调查研究。国家科委的吴明瑜副主任是我们科技管理研究中心的顾问，他说你们好好调查研究一下中关村小企业的发展方向，国家该不该支持、怎么支持、用什么政策支持。因此我抓住这个问题，然后跟北京市科委联系，1986年、1987 年，我们到中关村地区调查，得出的结论是，发展方向总的是对的，国家应该支持。调查报告交给了北京市，1987 年，北京市在我们调查报告的基础上出台了一个条例，支持中关村的民营科技企业的经营活动，还给予了税收优惠政策。

在我们调查的同时，新华社记者也去调查，并写成内参把这个问题反映给主管领导，领导批示让中央办公厅的科技组，组织调查中关村一条街的方向究竟对不对。中办科技组组织了包括国家科委、北京市政府、北京市海淀区、中国科协、中国科学院在内的 7 个部门，组成调查组。调查组的组长是时任中央办公厅主任的温家宝同志，副组长是中办科技组组长于维栋同志。因为我们科管中心调查过中关村一条街，调查组把我们也请过去参与调查。

从 1987 年年底到 1988 年年初，我们搞出了一个调查报告，由调查组的实际负责人于维栋起草，我们参与修改。温家宝同志主持，在中南海组织了两次讨论，通过了调查报告，并报送给总书记审批，得到了肯定和赞扬。中央把中关村一条街定为高新技术产业开发试验区，这是我们国家第一个高新区。后来我们调查人员自己动手，把调查报告和附件编成了一本书，叫《希望的火光》。经过中央联合调查组调查及中央认定，看待中关村地区的思想基本统一了，中关村电子一条街也发展了起来。

在试验区成立初期有两个重要条例要求调查人员参与制定，一个是高新技术企业认定条件的规定，另一个是关于若干政策的规定。因为我 1988 年 3 月曾随中国科协代表团去日本考察过高技术企业的管理，也看过这方面的书籍，有一些知识和经验，因此参与了第一个条例的制定。

调查完中关村一条街以后，科管中心获得了部级科学进步二等奖。由于我在调查中表现突出，1987 年被北京市科委聘为“北京科技政策法

规顾问”，连任了两届。

科管中心的工作打开局面后，我想，要把科学技术转化为生产力，没有人摇旗呐喊、没有人写文章介绍国外的情况，光靠自己闭门造车搞不起来的，必须要有刊物。另外，我受到邓小平 1978 年讲话的影响，构想要创办一个刊物，研究科学技术转化的课题。所以我联合了四通创始人万润南等几个人，由他们出资，向国家科委申请了刊号，我们主办了一个刊物。科委副主任吴明瑜任主编，我是副主编，王建华是编辑部主任，又请了几个人，把刊物办了起来。最初这本刊物叫《科技开发与管理》，1988 年更名为《中国科学产业》，温家宝还给题了辞，这个刊物现在还有。

那段时间，我搞开发区的调查研究和办刊物，另外还在做国家的课题。

国家科委给我们的第一个课题叫“民办科技企业的政策研究”；第二个课题叫“科技产业发展机制研究”。这些课题由我带头，现在常讲的科技产业、科技企业等这一套概念是我们在国内第一个提出来的。

邓小平同志发展了毛泽东思想，从马克思关于科学的论述中认识到科学发展的规律。他认为 20 世纪 40 年代，特别是 50 年代以后，科学不但是一个精神的东西，还是一个物质的东西，从而深化了科学的概念，特别是科学的转化问题。邓小平看到美国硅谷的这些科技公司，认为我们中国也必须走这一步。后来吴明瑜同志批了 20 万元，让我们搞“科技产业发展机制研究”这个课题。三年后，我们的成果通过了国家科委的鉴定，还授予了我们部级三等奖。

中关村一条街是科技企业的族群发展，到后来搞科学技术产业开发区，也是我们跟科技部提出来，这是我们为北京理工大学做出的贡献。开发区的课题是北京理工大学和北大、中国科学院一起做的，由中国科学院政策所统一组织，国家科委统一给课题经费。开发区要搞多少比较好？路子怎么走？我们搞了一个大体方案，报送给了国家科委，我因此获得了国家科学进步二等奖。

这些事情是我在 1987 年到科管中心担任秘书长期间做的，我们就几个人，学校不给编制，也没有资金支持，办刊物是中关村科技企业出资支持，搞科研是国家科委给的费用。我们大家互相支持，取得了一些成果，荣誉属于我们北京理工大学。

六

1996 年我 61 岁时，患上了严重的心肌梗死，李志祥副校长问我是否愿意继续干下去，如果想退休，他让我找一个接班人，我就推荐了我的副手孔昭君接班。

1997 年，学校为加强领导，派李志祥副校长担任科管中心副主任。2 年多后，孔昭君秘书长和李志祥副校长为了扩大研究范围，与国家发改委合作，搞“国民经济动员学”的理论研究，承担国家国防动员委员会国民经济动员办公室的培训任务，因而把科管中心改称“国民经济动员教育培训中心”，同时仍然保留了北京科学管理研究中心的牌子。

1997 年，我的病好了一点，国家科委让我继续研究高新技术企业开发区和民营科技企业的问题，所以从 1997 年秋开始，我又干了 20 年。

我、于维栋和北京科学研究中心的彭树堂研究员等人一起，组织成立了一个民办的科研所，共同研究开发区及民营科技企业问题，研究报告上交给国家科委。我们搞了 20 年，对民营科技企业的性质、发展、基础、作用、地位、企业家等问题，进行了全面的调查研究，一共搞了一二十个课题，出了十几本书，其中一部分还是挂的我们学校的名字。

当时我们申请课题经费，国家科委坚持要批到北京理工大学，有时我们就让孔昭君挂名当课题组长，还挂上合作单位北京市科学研究中心的名字，具体事情我们去做。这样合作了 10 多年，直到前几年，我老伴生病后离不开人照顾，我才退下来。

我 20 世纪 60 年代主要是当秘书，70 年代受到“文化大革命”冲击，80 年代小平同志主持工作以后，知识分子能发挥作用了，我在这二三十年，做了一点工作，取得了一点成绩。

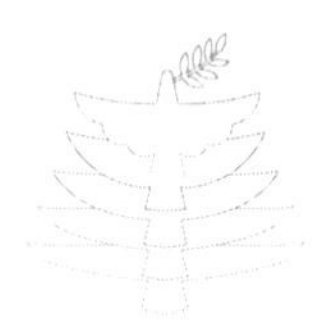

李鸿屺——感念国家，奉献终身

人物简介：

李鸿屺，1938年出生，湖北汉口人，北京理工大学教授。

1956年考入北京工业学院仪器系，1959年提前毕业留校，在天线与馈电系统教研室工作。在校期间，先后参与了炮瞄雷达的总体方案和相控阵雷达可行性分析的两次科研论证，以及“7701”和“116”两个重要科研项目的研发。1983—1985年赴美留学，师从斯坦福大学卢希恩教授，开始学习卫星通信的相关知识，为此后的转行奠定了坚实的基础，归国后又先后参与了教委卫星电视教育网建设、山东教育电视台搞地球站建设以及中国兵器工业总公司（以下简称“兵总”）的国际合作项目等。

2000年退休后任农业部渔政司通信专家一职，仍为祖国发挥余热。

访谈时间：2019年12月10日（一访）
2019年12月20日（二访）
2020年1月6日（三访）

访谈地点：北京理工大学图书馆

采访人：郭晓明

摄像：关哲

内容提要

李鸿屺，1938 年出生在汉口，1956 年保送进入北京工业学院仪器系，并于 1959 年提前毕业留校。他在校期间，先后参与了炮瞄雷达的总体方案和相控阵雷达可行性分析的两次科研论证，以及“7701”和“116”两个重要科研项目。1983—1985 年，他赴美留学，师从斯坦福大学卢希恩教授，开始学习卫星通信的相关知识，并为此后的转行奠定了坚实的基础。归国后，他又先后参与了教委卫星电视教育网建设、山东教育电视台搞地球站建设以及兵总的国际合作项目等，享受国家一级专家待遇。因感念国家的绝对信任，他始终秉持不慕名利的人生信条，始终如一地为祖国和人民奉献着自己的全部光与热。

一

1938 年，我出生在汉口。父亲是一名普通职工，母亲是家庭妇女。解放后，父亲从学徒工慢慢干到了工会主席，而母亲也学了文化参加工作当了会计，所以我们一家对国家都是比较感恩的。

我小时候家里很困难，经常搬家，我也换过很多地方学习。印象比较深的是我们一家刚到城里的时候，住的地方连灯都没有，白天要靠开着门照进来的光才能看得见东西。之后一家人搬到了诚昌里，每天也只能偷偷从后门进到杂物间生活，不能从前门进入其他房间。我的学校也时常更换。我直到 9 岁才真正读上书。在这样的环境下长大，导致我的基础不是很好，成绩也不那么理想，但我非常用功，很珍惜读书的机会。

高中我是在武汉市一中念的。一中的老师都教得非常好，我记得当时教我们化学的是金季林老师，他每讲一个内容都要问为什么，会带着我们追本溯源。我们的课堂也非常活跃，学生敢于问问题，老师也不厌其烦地为我们解答。在学习内容上，老师把关于化学的知识、脉络以及每个环节都讲得很清楚，这使我受益匪浅，到了大学都能用到。

我当时进入北京工业学院属于保送，是班主任叫我到他办公室与我

进行的个别谈话。因为我对党是非常尊崇的，又知道北京工业学院是我们党办的军工院校，所以没有任何犹豫就把我们学校当成了第一志愿。能到北京工业学院来，我想应该有两个方面的原因，一是因为我当时是团支部委员、军体委员，比较要求进步，另外就是家庭出身没有问题。

二

1956 年，我被北京工业学院的仪器系录取，这是我第一次来北京。当时对北京的印象就是东西很贵，感觉周围的饭馆都吃不起。那时候学校建设得也还不太行。学校位于车道沟，最漂亮的建筑是一座红楼。我们当时睡觉和上课都在这座楼里，除了这座红楼以外，其他的教室都在小平房了，别的建筑当时都还没建呢。

当时的北京工业学院属于保密单位，学校大门口没有牌子。我刚来到学校时还不知道自己是什么专业，只知道是 9561，也就是仪器系。9561 实际上是搞雷达的。后来成立五系后，雷达也是系里的主业。关于光学仪器的各种东西，只能算仪器系的一部分。从 1956 年入学到 1957 年上半年，我们的课业很重，光是基础课就包括无线电、有线电的电机、仪器仪表，还有理论力学、材料力学等。所以说我们当时的学习内容是比其他系多很多的，光是习题每天就几十道甚至上百道。我们那时候基本上每天要学到 12 点。即使是熄了灯，也要在外面继续看书。课外时间相对来说很少，大家都很刻苦。

我们的锻炼要比现在的学生多得多，每天早上五六点钟就起床到外面跑步，不分寒暑。所以我们的身体状况还都不错。至于伙食，是非常丰盛的。伙食费大概是每个月 12. 5 元。早上有松花蛋、香肠、炸虾，中午 8 个人一桌吃四脸盆菜，主食就是米饭和馒头，都热乎乎的。有时饭菜满满一盆全都是鸡肉，还有四盆鸡蛋炒西红柿、红烧肉或是别的什么，都非常好吃。

在学校期间，我还有幸参与了国庆游行和观礼。游行是要提前一天做准备的。在“十一”的前一个晚上，我们就先到指定的地点集合了，在长条椅上睡一夜。第二天早上四五点钟就要起来，赶往天安门广场。另外我们学校还负责最后一个节目的演出，就是冲向天安门。接到信号后，我们就和少先队员们一起朝城楼方向跑，前面是他们，后面是我们，我们保护着祖国的“花朵”，也和“花朵”一起奔赴祖国更美好的未来。

观礼给我留下的印象是更深刻一些的。我记得那时候的天安门广场还很窄，可能都没有 100 米。它的前头有两个角，我们就被安排在此处进行观礼。当时还见到了毛主席，因为我们这个角离城楼很近，所以看城楼上的主席非常清楚。大家都觉得非常惊喜和自豪。

提到主席，其实我不只这一次见到主席。看得最清楚的一次，是在 1957 年伏罗希洛夫①访问中国的时候。当时伏罗希洛夫从西郊机场下飞机，毛主席和他坐车经过车道沟，正好在我们学校门口。大家就都站在道路两旁。毛主席跟伏罗希洛夫坐在车上，距离我们也就 20～30 米的距离时，大家就兴奋地鼓掌。毛主席也站起来一边鼓掌，一边向我们招手。那天主席好像穿的是银灰色大衣。大家都非常激动，直到车开出去很远，我们鼓掌的手还是不愿意停下来。

三

从 1956 年入学到 1957 年上半年，我们的课业都学得很认真。之后的政治学习就多了起来，开始了“反右”运动，课业学习也不得已停了一段时间。

我是 1959 年提前毕业留校的，那时候实际上才三年级，还没念过多少书，所以当时不能直接当老师，而是要边工作边学习，听课学习的次数反而更多。

我们当时教研室的名称是天线与馈电系统，就是负责分析处理从雷达天线进来的无线电信号通过馈电系统到发射接收机这一部分的运作。教研室有 4 个组，一个天线组、一个微波技术组、一个电磁场理论，还有个测量组。当时教研室有七八个人，系主任是张德齐，实验员有甘翠英、刘静贞、卢荣章、毕万钧等。我被分配到了天线组。当时我们的组长是刘静贞。我当时的工作就是处理实验室一点零七八碎的活，再就是巩固已学的相关专业知识。张主任指导我学习，从苏联的《电学原理》到北大的《电动力学》，再到苏联朗道的《场论》。这些书的层次水平都

---

① 伏罗希洛夫（1881—1969）：出生于乌克兰第聂伯罗彼得罗夫斯克，苏联陆军元帅，“二战”时期曾任西南方向总司令，列宁格勒方面军总司令，1953—1960 年任苏联最高苏维埃主席团主席。1957 年 4—5 月伏罗希洛夫率团访问中国，受到高规格的热情接待。

很高，是超出本科生范围、提供给研究生和博士生读的。张主任带着我刻苦学习，使得我在专业技术理论上打下了一个很好的基础，也让我在相关领域的研究更有底气。

我们这几个实验员都算是助教，需要跟着去听课、自学、答疑等。因为我大学只读了 3 年，所以拿的是 3 年制毕业的证书，只不过后来发现 3 年制与 4 年制的证书没什么区别。刚毕业留校时，我拿的是 39 元的助教工资，此后很快就涨到了正常的助教费用，到 46 元了。作为 1956 级的学生，我要为 1957 级的学生们答疑。出于责任心和要强的性格，当时只要是国内出版的天线方面的书，无论中文还是外文的我都会买来仔细阅读。除了学校开会或是正常的教学，我所有的时间都用在努力学习答疑的专业课上了，加之教学相长，所以我的进步飞快。这种状态一直持续到“文化大革命”前。当时学校还给我们这些年轻老师办了个外语班，白天我们正常工作，每个星期有两到三个晚上去上英语班。这为我们日后留学也奠定了一个很好的基础。

“文化大革命”之前，我们系教研室还有两件事让我印象深刻，一件是科研，另一件是关于相控阵雷达的论证。科研是一个有关炮瞄雷达的总体方案论证。当时的组长是甘翠英的爱人。我参加了这次科研，但因为经验少，主要还是跟着老同志学习，自己起到的作用不大。在后来的 1963 年，也就是“四清”前，我们还搞了一个重要的论证，主题是我们国家要不要搞相控阵雷达。相控阵雷达是一种最先进的雷达体制，直到现在还是最先进的，可以用在预警机上。当时这样的预警雷达战略系统只有美国搞出来了，因为我们学校的雷达专业是当时全国最好的，具有一定的权威性，所以要不要做、怎么去做这个任务，就经由上级交到我们的手中去论证了。

预警雷达战略系统当然是很先进的。平常的雷达只有一个波束，只看一个目标，而相控阵雷达可以看多个目标。美国的休斯飞机公司将相控阵雷达弄出来之后，就在《微波杂志》（*Microwave Journal*）发表了，并发布了照片。但照片只有一张，且其他资料也少得可怜，一点英文资料而已。我们就是在这样的基础上，进行讨论和反推。当时的条件确实是艰难了点。一是资料缺乏，二是我们教研室里的人也只有 7 个，三是因为有保密性，禁止走动和归家。我们就吃住都在系里老楼四层往右边拐的第一个小屋子，也就七八个平方米，大概是待了有半个月的时间。

我们快速进行了分工和计划制订，思考相控阵雷达的设计理念。由柯有安看一些英文资料后为我们讲解，我来搞天线部分，根据他讲的东西反推天线大致的模样。最后我们写了个报告。第一是结论，我们国家应该搞这个东西，对我们有好处。这是国家级的论证，相当于现在的院士们论证我们国家要发展什么。第二是弄了一个方案，这是根据理论搞出来的。

方案出来后，我和韩月秋就一起到电子工业部的情报处送保密的论证报告。接待我们的是陈可君。那个报告送完以后，从 1963 年到“文化革命”期间，我们相继搞过“7701”和“116”，都是相控阵雷达，但是否有赖于这个报告的推动还不能确定。

四

“文化大革命”期间，我们学校先后做了“7701”和“116”两个项目。

“7701”项目是炮兵委员会下达的任务。接到任务后，系里就组织总体组来研制，我们正好对口，因此就都参与了。

这个项目的后续推进分了两个地方，一个是电修厂，一个是开关厂，都在东郊那边。开关厂的人白天搞相控阵雷达的科研发射接收，晚上也在那边住。电修厂因为地方小，晚上就回家。我们这边主要搞相控阵天线，和那边的发射接收拼在一起，就是整个的雷达系统。

当时应该说是搞出了一些东西来的。至少在理论上，一些技术上的理论论证、关键技术，我们都分析得很清楚。相比于 1963 年是进步非常多的，有具体的东西了。比如说移相器的制造成功。移相器的主要制造者，是邓次平老师和李振祥老师。他们晚上就住在电修厂，不分昼夜地烧转炉，把一块一块的石头磨成粉末，再烧成所需要的形状。那时是很有精神的，一不怕苦，二不怕死，大家都非常拼命。

做“7701”项目时，我们可用的资料特别少，其实只是杂志上的一点内容，没有具体可以接触的东西和维度。在这样的情况下去分析或反推，真的很难。我也参与了这些项目，根据尺寸等数据来推导公式。所以我们这个东西应该算是成果。因为是有理论、有计算、有实际的东西做出来，甚至是能用上的，最后我们还做了一个小阵雷达。

此外我们还做了整个天线，1 米多长。不仅通过了测试，关键指标也

跟实用的指标不差。最后，我们“7701”的成果都归给了航天部23所。

“7701”项目后，我们还做了“116”项目。这是我们学校和电子工业部的14所一起做的，当时叫“116”工程。这个也做了一些实验，但没什么成果。“116”就是论证。电子工业部里雷达做得最棒的就是14所，航天部里雷达做得最好的是23所。这两个科研所对我们学校的科研能力都有很高的认同。

“116”工程是和14所一起搞的，也是雷达。“116”就是平相扫相控阵雷达。这是一个新的相控阵雷达。14所和我们一起论证的这个方案。论证完成后，天线的部分是按我们的方案弄的，但那时候做得还不太成熟。当时这个雷达是战略性雷达，所以我们有一项指标是抗核轰炸，就利用了矩形波导。我们做了一段矩形的合金铝，大概3米或者5米。后来我们做的这个东西被拿去做试验了，看能否抗核爆炸，所以现在手里没有什么具体的东西了。提到“116”工程，就只剩下了论证。

“文化大革命”期间，我还带过一阵工农兵学员。这是由我和邓次平老师两个人负责的。我们带工农兵学员到西安的786厂，住在西安交大。学员那时候搞毕业设计就在786厂，还有原来兵总的研究所。时间大概是半年吧，当时还要凭票吃饭，条件不是太好。中午吃饭时，每个人有一碗汤，就算是额外的高级优待了。这一碗汤里有一点青菜，没什么盐，等于在喝白水。菜上还有小虫子，我们喝的就是这样的东西。

工农兵学员的文化程度可能会差一些，但也不是很低。在我的印象里，讲课时感觉他们也是有些基础的，就是要讲得稍微浅一点，也不用太浅，跟普通本科差不多。我那时还是没讲上课，还在做辅导、答疑的工作，再就是参加科研，就这么一直持续到“文化大革命”结束。

五

1978年恢复高考后，学生进到学校来的时候，我还是没教课，还在做答疑的工作。就算有时候也会讲一点课，也不是很正规地给本科生讲，而是给他们的实验员讲。我还负责过一段时间的培训工作。那时俞宝传老师是航天部导弹所的所长。他派技术员到我们这儿来学习时，我就给他们讲过一些课，包括天线、馈电系统还有微波技术。

那时我们系在天线专业的教材都是自己编的，水平很高。我们编写的天线专业的教材，后来被全国通用了。其中的主编“张方英”是个假名字，“张”就是五系的主任张德齐，“方”是西电的教授谢淑方，“英”是我们这里的甘翠英老师。因为 1981 年我在美国斯坦福大学进修时发现，我们编教材用的参考书目是《近代无线电中的场与波》这本书，而斯坦福也是用的这个，所以说我们的这个教材比美国的也不差。

我们学校的图书馆水平也是很高的。那时候图书馆在原来化工系楼的顶层，我经常去，想了解一下国外的无线电技术、雷达。就我个人的体验而言，我们图书馆的水平是很高的，有两点可以体现出来。其一，在于图书馆管理员对国外的先进技术知道得非常清楚。当时的图书管理员是陈新武老师。她是俞宝传教授的爱人。她对我的诉求，回答明确。另一个日语老师对他的业务范畴里的东西，包括世界上的大事小情的了解也都非常清楚。其二，我们学校对国外情报的收集非常丰富，相关杂志仅雷达方面的就有两种：一个是外军无线电技术动态，这是 10 所情报所编写的，里面记述的都是国外最先进的无线电方面的技术。还有一个是 BHTG，就是贝尔西的技术杂志，里面记述了世界上最先进的技术，且不限于某一门。通过对图书馆这些馆藏的参读，我对世界上雷达方面的各种先进技术都掌握得不错了，这为日后我们系的发展也奠定了坚实的一步。

六

我是 1981 年到 1983 年去的美国。当时去美国是要先参加考试的，要考三门课，数学、物理和外语。当时我考上了，而且总分也是最高的，因为一些原因才没走成。但机缘巧合下，我还是最先去美国的人。因为当时正赶上斯坦福的教授来我们学校的天线实验室参观，是我来接待的。我就提出了想去他们学校进修的要求，教授表示同意，并在几个月后给我发了询问信，我就这样戏剧性地再次得到了出国的机会，到美国斯坦福大学开始进修。

斯坦福的这个教授名叫卢希恩，研究的是卫星通信技术。我之前在国内是研究天线的，回国后就被调到了通信教研室，开始转行搞卫星通信了。我在美国的待遇是一个月 400 美金，由斯坦福大学来支付。留美期间，我学了好多有关卫星通信的东西。卫星通信有很多跟雷达系统是类似的，我学起来上手就非常快。

在美国留学期间，我学习特别刻苦。去美国时，我的眼镜大概是 550

度，回来时已经涨到700度了。在那里学得最认真的，大概就3个人，一个是北大搞地质的，一个是科大搞材料的，另一个就是我。

那时候我也做出了一点成绩，其中一个是帮助赤道公司改进卫星系统。赤道公司是世界上第一个用笔记本电脑连地球站发信号到卫星上的公司，有着以两个笔记本电脑作为终端，通过卫星连线通信系统的先进技术。当时赤道公司所需要的卫星天线，他们已经做成了。这里有两大技术。一个是接收，用了扩频技术。这个设备我当时操作过，但它是保密的，不许看资料，只知道简单的操作方法，详细的东西没有。我记住了这个技术，回国后就抓紧搞扩频，后来现在信息学院的院长安建平也开始抓扩频，搞得很好，在全国都数得上。这也算是我为国家做的一点贡献了。

再一个是天线。天线的问题在于当天线的线极化到天上后再下来，垂直极化就会变成水平极化，但这个信号经过电离层时要发生旋转，线极化的方向会发生改变，线极化得改成圆极化。其真正的难点在于，原本的天线太小，现在的体积虽然更大，但剖面却小，搁在前头会阻挡效益，电磁波上来发出去后性质就会很差。当时教授和其他同学都解决不了这个问题。其实我的专业也不对口，但当时就是有一股劲，想证明自己，所以就努力去做，后来还真就帮助他们把这个系统做出来了。这个技术有两种是值钱的：一是产品，做成产品就能卖钱；再就是原创，也就是我们现在常说的创新。我做的改动是此前没有的。后来听说七国集团（现在是八国集团）都是在用这个。这个东西做了21套，在罗马也已经被使用了，这给了我很大的成就感。

除了研究和学习外，我还增长了许多见识。我到美国看到了很多之前未曾见过的东西。一个是看到了太平洋舰队，还有当时最先进的平扫雷达，照了两张照片。我还参观了NASA，就是美国宇航局。这是有一点碰运气的，而且也照了很多照片。后来有个搞火箭的美国人告诉我，火箭上去时喷火的温度是有一个曲线的，应该是三个点才能连成，两个点就只能连出直线。但他们只能测出两个点，第三个点因为温度太高没法测算，也没有用于测算的仪器。他们就只能是根据目测的情况搞出第三个点来，然后再连出一个曲线。后来到第三次的时候，才真的弄成。那时候给我印象的就是，有些东西在理论上没办法做的，就需要靠经验和大胆。

李鸿岜（左二）等人到美国 NASA 考察

在美国的收获，我觉得最主要的就是开阔了眼界，有了胆量。大概是到美国 3 个月后，我就做了一个地球站报告的题目，还认识了斯坦福的一个电化教学办公室的主任。我抓住机会提出了参观的请求，这个主任就领我到他的电化教学设备教室去参观。老师在上面讲课，先传到摄像头，再由摄像头传到整个旧金山地区。这样一来，老师在课堂上讲的内容，学生不需要来到教室就可以听课，而且还可以提问。这件事给当时的我带来很大冲击，真的很先进。

再一个印象比较深的，是讲系统论的一个印度教授。他是当时世界上排名第一的权威。我听了他的一节课，讲的是一个矩阵里有四个元素的关系。因为这个关系比较复杂，他也拿不准，所以最后他在课堂上向学生致歉："对不起，我这个没准备好，下节课的时候我一定准备好。"我很震惊世界第一权威的人物会这样诚实和谦逊，后来我又听了一节课，他就讲得非常好了。

另外，斯坦福大学还有两个东西也很吸引我的注意，一个是直线加速器，还有一个是天文望远镜，大概十几面的抛物面天线。通过教授和同事的帮助，我都有幸亲眼看到了。眼界打开了，胆量也提升了，这一

段令人难忘的经历，让我此后的工作受益匪浅，变得敢于试错，敢于设想，取得了很大的进步。

七

1983 年归国后，我最初还在天线组任职，负责给研究生讲科技英语，1985 年才被调到通信教研室。

因为在美国做出了一些成果，回国后我也得到了国家的奖励。当时国务院国外智力研究领导小组来校，一共给了我们学校 6 万元，学校给了我 3 万元，让我自由支配。国家对我的信任，让我的使命感油然而生，也决定此后要尽己所能为国家做贡献。后来这 3 万元我一部分花在了从日本买来两套 Kμ 波段的卫星接收站，另一部分买了一套光纤设备。这两套东西都是当时国内实验室最先进的，在世界上都是排在前列的。再就是我还跟另外一个单位合作，搞了个 5 厘米的地球站，所以当时我们教研室的测量设备在全国来说都是最好的。

在调到通信教研室后，我还开了一门新课“卫星通信”。这也是国内最早的有关卫星通信的课程。卫星通信的教材我选用的是 54 所出版的，我负责讲其中的一部分。这门课我同时还讲给研究生和本科生。其中本科生会比较浅一点，研究生就相对深一些。我觉得这也算是自己对实验室在教学上的一个贡献吧。

李鸿屺老师在办公室看书

退休前后，我还给工程硕士开了一门空间通信技术，名称是深空通信。此前的卫星通信辐射面只是地球附近的卫星，而深空通信则是进一步的延伸，如月球、火星等。我们国家的卫星通信进展得很快。到了1990年的时候，我们的轨道控制技术就已经在国际上领先了。一般来说，卫星的寿命在国外差不多是5年，而我们不仅能用到5年，甚至还能用到7年。卫星寿命的长短，和轨道的运转是息息相关的。速度的调整和运行的分毫之差，都会缩短卫星的寿命。我国设计的卫星，寿命只有3年，却可以用到7年之久，不得不说这有赖于我国轨道控制技术的先进程度。

回国后，我还得了一个兵器工业部的一等奖。这个奖项的成果是先前我在美国斯坦福进修时赤道公司通信设备的两大技术之一——扩频技术。我在美国时记住了这件事，回国后就在努力开拓扩频技术的发展。我们买了美国的设备，然后将几个设备联在一起，弄成了一个网，实现了扩频的目的。因为这项成果的水平还是比较高的，所以也就得了这个兵工奖。

八

到了通信教研室以后，我还建起了国家教委的卫星地球站以及一个卫星电视教育网。

这个卫星电视教育网的整个筹办过程，都是我在负责。最初这件事是因为唐邑①找到了我。他听说我在美国搞卫星通信，就找我来了解美国的情况。因为他是参加过“12·9”的老同志，又和我们主任张德齐很熟，所以我很放心，又觉得和人家拉近了距离，就把入美以来的所见所闻都和他说了。其中提到在斯坦福看到有远程课程时，这位参加过“12·9”的老革命就有些动容，告诉我现在国内的“老少边”地区都很穷，教育落后（老就是革命老区，少是少数民族，边是边疆地区），他很想改变这个状况。我提出可以用卫星来广播，因为在美国时就有用卫星广播的经验，这样就可以打破无线电广播的限制，实现“老少边”地区的广播教育普及。后来这件事就交给了我。我的构想是在北京做个基站、

---

① 唐邑（1925—1988）：男，中共党员，河南信阳人。1953年参加了北京航空学院的创建工作。1983年5月任中央广播电视大学副校长。1985年8月，作为国家教委卫星电视教育领导小组成员，向国家教委党组提出了利用卫星发展电视教育的论证报告，推动了我国卫星电视教育事业的发展。

中心站把课堂的讲课内容录下来，再弄到地球站，用大天线发到卫星上，再进一步发到全国各地。“老少边”地区只要有一个接收站，就可以实现上课的目的了。

后来在时机恰当的时候，这个项目就被批了下来，我也被聘为建地球站的顾问。当时世贸批了300万美金，我们这个项目拿到了150万美金，也是相当大的一笔数目了。做这个卫星地球站时，我们先是参与了调研。当时国内的设备还不具备生产能力，就只能买国外的，于是又弄了个国际招标。在这一部分，复旦大学的处长沈伯埙向我们提出了两点建议，一是中文、英文都各要一份，二是不能乱定指标，指标要在理论上可能、技术上可行、工艺上做得出来，再就是在商务谈判时可主动降价。最后是日本的NEC中的标。我们谈判敲定了16米天线，合同上的细则也逐条筛选，力求做到对我方平等，双方也在每一页的合同上都签了字。设备最后是以88万美元的价格拿下来的，当时大家都特别高兴。只是可惜在该验收的时候唐邑先生去世了，所以最后只是我一个人去的。

到日本NEC工厂验收的第一天，我就熟练测量了数据。虽然弄到很晚，但做到了心里有数，第二天就提出了测试前要校准仪器的要求。我也不怕费力，就开始一个一个弄，先从仪表的校验开始，再测试，一直折腾后半夜两三点钟。等第三天的时候，日方负责人芝一裕就主动和我交代了有的仪器内容指标不够的情况。大概有两项指标没有达到，一是我们提出来的三路伴音，日本人的标书里只搞出来一路伴音，那两路还不行。我提醒他们应该赶快补上才能达标。之后在那里把其他的指标都测完了，除了没达到指标的那项，剩下的每一项我都签了字。后来日方把这套设备运到中国，此时的效果虽然还是差一点，但问题也不是很大。毕竟我们招标的要求很难达到，最后的成果已经很不错了。

东西运回来后就进行了安装、调试，误差得以均匀分布，整体系统运作得很好，项目也算是圆满地完成了。有了这个设备，此后才成立了CETV。我们中国教育电视台的这个天线，指标是非常标准的，这也成了NEC卖给别国的同类产品的标杆和范本。

随后我们就进行了入网测试，地点在沙河，时间是5天。测试时出现了一点问题。在测完第一个指标后，我按照结果用理论核算，发现这个结果超过了理论值，就要求再测一遍，第二遍的结果又太低了。当时负责测试的日本人也很紧张，后来我清醒了一下，发现雨雪才是指标低的根本原因，修正后就通过了测试。

在教委，我还享受了一次国家级待遇和一次一级专家的待遇。除了这两次，再没有得到别的什么报酬。这个全国卫星教育网我从头到尾负责技术层面的东西，但我不常说，也不向国家要钱，所以做到了问心无愧。我觉得这也是我报答祖国的一个方式。这个站建成后，联合国教科文组织和教委联合组织了一次研讨会，我作为教委成员也参加了，还和孙宝怡一起在会上做了一次报告。

九

建成卫星电视教育网之后，我又被聘为技术顾问，作为专家组的组长去着手筹建山东教育电视台。

我们的国家发展得很快，相比于第一次教委需要的电视教育网，山东的相对简单。此前我们的设备只能买国外的，到了建山东站的时候，国内的设备已经不错了，所以我们专家组 7 个人一致认为可以买国产的设备。

国内当时有三个单位来竞标，分别是 54 所、14 所和 39 所。三家都需要提交自己的标书，然后我们每个专家就各自看竞标的资料，并附上自己的意见。当时我们几个专家的意见不一致，我偏向 14 所。一是因为合作多次，知根知底，还有就是因为 14 所是当时国家认定的国内唯一一个可做 13 米大天线的研究所。我觉得这个是最合适的。最后大家也都同意了我的选择。

后来山东教育电视台 SETV 地球站也圆满建成了，建成后联合国教科文组织还派人来参加了开幕式。我为教委和山东电视台建站都是没要报酬的，但我很感谢教委的党委给了我这个机会，让我为国家做了一点贡献，让我觉得自己这一辈子都没白活。

十

1990 年还有一件关于通信网的事，现在想想还是觉得挺可惜的。兵总的赵家珍当时要弄一个覆盖东南亚的卫星广播网。因为这涉及国际合作，所以参与其中的有以色列、美国、菲律宾、汤加等国家。这个项目特别好，可以从中心站发信号，利用远端接收。我们可以通过这个项目为国家创收大额的资金，而项目做成后的国际地位和影响也会是非常深

远的。

项目前期很顺利。我们用的是美国在菲律宾的地球站，用了汤加的卫星位置，在我国制造终端。后来谈判已经进入到要形成文字的阶段了，包括全套设备和技术，还压价到 350 万美元，已经是非常合适的一个价位了。但因为当时的国家政策发生了变化，最后没有获批。

我参与的科研项目还有两个关于扶贫的项目和之后的渔业通信传达项目。所谓的两个扶贫项目，一个是给当时北京西南的 206 所帮忙，他们希望能和我们学校达成合作。我们就签订了一个合同，由北理向 206 所提供小滤波器，206 所为我们制作一个 5 米的接收站，以及一个 29 寸的东芝电视，得来的装备我们都安在了实验室。另一个项目是在中越战争时我以我们学校和云岗那个所的合作社的名义，送给老山前线一台卫星地球站。我觉得这也算是很有意义的一件事。

十一

我是在 1997 年、1998 年才提的教授，之前一直提不上去。按理说我 60 岁的时候，也就是 1998 年就该退休了，但当时党支部征求了学校和教研室的意见，希望我再多留 2 年，所以我是在 2000 年才正式退休的。

退休以后，我依然没有停下工作的脚步，开始做一些关于渔政司通信方面的工作，带有军、民两种性质。

在 2003 年或 2004 年，农业部渔政司就找到了我，给我看了从渤海、黄海、东海到广州这一部分有关南海的文件。我们国家鼓励渔民到远处去打鱼，而如何保障渔民的出海安全，如何加强通信联系，就是我要考虑和解决的事情。

在勘测了实际情况后，我提议采用卫星通信，也就是在每个渔船上搞一个卫星通信的机器，将 GPS 的定位信号发到卫星上，由卫星再发给中心。在通信这一块，我们建好了一个叫四网合一的混合网，有卫星网、短波通信、移动通信和超短波网，四位一体。自此我们就能即时即刻掌握渔民的出海情况了，这也对此后的发展有很大的助益。

回首我这一生，从大学时代就一直在我们学校学习和工作，到现在也有几十年了。我对学校是很有感情的。这么多年来，我一直兢兢业业，最感谢的就是国家。国家栽培了我，国外智力小组给我奖金，让我知道自己获得了国家的绝对信任。这让我非常感动。直到今天，无论我做了多少有益于祖国发展的项目，也不会提要钱的事。我愿意把自己的一腔热血都献给国家，为祖国献上我的微薄之力。再者，我很感谢教委和渔业的项目，让我得以施展拳脚，将自己的价值发挥出来，更好地为祖国的建设添砖加瓦。看着祖国的发展越来越好，我打心眼儿里高兴。最后，我也要感谢兵总党委的那个项目，虽然最后没能弄成，但这都体现出了国家对我的绝对信任，都让我觉得惶恐，在自问何德何能的同时，也愿意为祖国奉献终生。

李品生——勤，默，忍

个人简介：

李品生，1934年6月生于天津。

1949年5月考入天津一中，1955年到北京工业学院在雷达专业做教学辅助工作，后考入北京工业学院夜大一边学习一边工作。1958年任校无线电工厂车间副主任，通过研究实验成功仿制了示波器。1960年工厂缩编后，调系食堂做管理员，1962年调入系实验室从事管理工作。1980年组织成立506基础教研室，任实验室副主任兼党支部书记。1983年任无线电系办公室主任，任职两届。1989年9月18日调任学院人事处职工教育科科长。1990年由国务院事务管理局体制改革司牵头下设机电专业工作小组，代表学校任副组长，负责组织、管理工作。1994年退休，退居二线工作一直到2016年。

多次荣获学院先进工作者、思想先进干部、优秀党员等荣誉。

访谈时间：2019 年 11 月 28 日
访谈地点：北京理工大学图书馆
采访人：郭晓明
摄像：吴哲

访谈提要

李品生 1955 年高中毕业后来到北京工业学院，被分配到雷达专业做教学辅助工作。他讲述了初到北京工业学院时的生活和工作情况，并介绍了雷达专业实验室的建设情况。1958 年李品生任无线电工厂车间副主任，主要任务是仿制一台苏联的示波器，他讲述了在仿制过程中遇到的难题。1980 年李品生任无线电系实验室副主任、党支部书记，这期间他恢复了实验室的主要工作，完成了设备的更新。1989 年李品生调入人事处任职工教育科科长直到退休，他详细讲述了这项工作的主要内容。

一

我是天津市人，出生于 1934 年 6 月，1949 年我父亲突然病故，生前他给我留了一句话，“今后没有文化、没有知识不行，你一定要学好文化、学好知识”。

1955 年年初，在我中学毕业前夕，供我读书的长兄生病去世了，那年他才 23 岁。父亲和长兄都不在了，我要承担养家的责任，所以我不准备考大学了，我预先跟班主任说不参加高考了，能不能帮我就业。可是就在 9 月 14 日，我突然收到一封北京工业学院的来信，信上说“北京工业学院有这么几项工作，你愿不愿意做，一个是行政管理，一个是教学辅助。如果你愿意做，18 日到北京东皇城根甲 20 号报道”。到底为什么会收到这封信，我至今也不知道。可能是因为我的学生档案在北京，工业学院的人事部门到教育局查到了我的档案。我拿着这封信给我的班主任张建昌老师看，他立刻决定，你要去，这是大学，而且是首都北京的大学。

我 14 日收到的这封信，在家准备了 3 天，1955 年 9 月 18 日到东皇城根北京工业学院中法大学那个老校址报到了。

我到北京工业学院报到的时候学校分两个地方，一个是东皇城根，

另一个是车道沟。东皇城根这边有党委、人事处、保卫处、保密科、财务科、图书馆，还有化工和雷达专业。我被分在雷达专业，雷达专业是仪器系的第九专业，我在雷达专业的第五教研组，主要负责给无线电测量课程组、无线电测量实验室做教学辅助工作。那时候1953届的学生正在上无线电测量的课程，教研室要求我们去听课，我也都能听懂。

刚开始工作的时候，我们的待遇是供给制，按小米计算。1956年工改，从供给制改成了工薪制，给我定的是最低级，好像每个月二十多元吧。不过那时候东西很便宜，有工资已经觉得很满足了，我还是单身，也花不了什么钱，每个月还给家里寄钱。学校宿舍在钱粮胡同，条件还可以，我住在一套四合院的前院东厢房，3个人住一个房间，每个人有一张床、一个课桌。魏思文院长住在后院，北房住的是学生。吃饭都在食堂，那时候要买饭票，一个月十几元就能吃得挺好。1955年以前咱们学校对学生也是供给制，学费全免，讲义都不花钱。1955年以后有些教材就得自费了。

我们系副主任叫戚叔纬，主管教学，他比较重视培养人。实验室也归他管，九专业实验室1953年就已经建好了，第一批参加建设的人大部分是从空军转业来的，有凌文宝、谭淑芬、苏美云、张巾等，后来又从河南来了几位老师，比如穆正峰、陈文彬、李瑞霞。我来的时候人就更多了，当时还从成都技术学校来了6个人。九专业实验室这时候已经初具规模了，戚叔纬主任跟我说过，九专业的实验室在亚洲来讲都是非常领先的，他说这是一个苏联院士到我们实验室参观以后得出的结论。那时候苏联专家还在学校，也经常到实验室检查工作。

实验室的仪器都是国外的，有日本的、美国的、东德的、苏联的，还有一些东欧国家的，这些都是我经常接触到的仪器，我喜欢它们，所以就很认真地去学习。首先了解它叫什么名字，然后再了解它的用途和使用方法，听课以后了解了它的原理和结构，对我的帮助很大。我比学生更了解这些仪器，因为学生听完课以后也不是立刻就做实验，而我接触仪器比较方便。

那时候雷达专业还没有雷达，只有缴获的一个机载护尾雷达。1956年，从朝鲜战场上缴获了美国的268型号雷达，国防部批给了咱们学校。因为它属于保密设备，夜里边从青岛运到了皇城根，雷达专业终于算有一部雷达了。苏联专家库里柯夫斯基也没见过这样的雷达，他看了以后特别高兴。库里柯夫斯基的主要工作是教五系的技术课，他好像是一个工程师，经常来实验室检查实验项目，所有实验说明书都由库里柯夫斯基最后审定。专家办公室的卢懿生老师是他的翻译，他的警卫员是陈国瑞。

后来苏联把 π20、COH－9、COH－4 雷达站卖给咱们了，松－9、松－4 都是炮瞄雷达，咱们还生产过小 860 雷达，五系可以说是一个雷达博物馆。在现在的国防科技园有一个雷达场，里面放着咱们国家自己生产的 406 远程雷达和苏联的几部雷达站。

1956 年咱们学校办了夜大，校长是陈殊，他是魏院长的秘书。夜大的第一个班就是雷达专业班，班主任是苏时敏，我有幸考上了，之后就一边工作一边学习。当时就一个班，学生都是经过考试进来的，除了咱们学校的一些同志以外，还有机械部十局的一些技术人员，再有就是国防部的一些参谋和现役军人，有 30 多人。这个班是晚上上课，教学大纲采用的是当时雷达专业的 5 年制教学大纲，我们的学制是 6 年。高等数学、物理、化学、制图、零件是基础课，由学校基础部老师授课。专业课都是无线电系的老师来上，李瀚荪①老师讲电工原理，范家惠老师讲无线基础，林泽恩老师讲无线电测量，陶楚良老师讲电子管，戚主任讲发射设备课，苏坤隆老师讲接收设备课，刘静贞老师讲天线馈线课，毛二可老师讲雷达站，彭定之老师讲自动控制课，可以看出这个班的师资配备特别强。

上课对我来讲是一个很大的享受，也是一个提高，是北工培养了我。

二

那时候学校的仪器设备坏了没有地方修理，我们系的副书记李文很看重我，1957 年年底把我从实验室调出来了，调到仪表组解决修理仪器的问题。

1958 年开始“大跃进”了，这时候雷达专业要变成无线电系，设四

---

① 李瀚荪：1927 年 8 月出生于上海，1946 年考入上海交通大学化学工程系，后转电机系；1950 年毕业后到北京广播事业局工作，1951 年 5 月被招聘到华北大学工学院电机系任教。北京理工大学教授、教研室主任。北京高等学校电路理论教学研究会理事长。获首批国务院特殊津贴。长期从事电路分析和网络理论的教学和研究工作。

个专业，仪器设备也要扩充，经费很有限，没有条件从国外买，很多仪器国内又没有，所以我们就想办法自己研制。研制无线电仪器必须看波形，看波形得用示波器，所以我们要解决的第一个问题就是生产出示波器。雷达专业曾经进过一台苏联的示波器，型号是 эО7，频带比较宽，这台仪器可以算是我们的宝贝了。书记给了我一个任务，仿制这台示波器，还请来张润泉老师跟我一起负责。我们没有图纸资料，只有原文说明书，张老师负责翻译说明书。说明书里有路线图，我们就按照路线图和机器结构测量绘图，准备器材。准备器材很困难，有些元件找不到，国内也没有，我们就从缴获的机器里边找。当时有一个刊物叫《无线电技术》，我在里边看到一篇文章说国家计划生产哪些仪器，已经在上海下达了指标，我看都是仿苏联的，其中有一项就是咱们选的 эО7。

在仿制这台机器的基础上我们成立了无线电系，又成立了一个无线电工厂。组织工厂时有这么 3 个领导：厂长、书记是赵顺福，他是 1953 届的一名调干生，是从老区来的；管办公室是卢贵海；还有一个叫韩元臣，是 1954 届的调干生，他负责采购和销售。这 3 个人是无线电厂的党支部领导。厂里一共有 3 个车间，15 个工种。张润泉老师是总装车间的主任，我是副主任，具体负责技术、计划、调度，车间有一批得力的技术骨干。

仿制过程中解决了几个技术难题。因为受到电流的干扰，示波器的扫描线上老有一个亮点消除不掉。我们分析，干扰是从电源变压器上来的，变压器屏蔽不好，我们做了很多实验，最后解决了这个问题。还有防震问题，那时候没有震动台，也没有高低温箱，我们就在冬天把机器放到户外，然后用一个手推车推着机器到处跑，做震动实验。那时候我们系主任是李宜今，李宜今就坐在我的实验室门口等着。

因为这个仪器要参加 1958 年的“七一”献礼，所以我压力很大，我几乎天天就住在实验室，不回宿舍，用了不到 1 年的时间完成了，参加了“七一”献礼。后来定型生产了，不但满足了教学和科研需求，而且还供应了社会，《北京日报》《人民日报》都登载过咱们学校生产示波器的消息，北京市交电公司收购包销，我们生产多少，他们就要多少。

除了仿制示波器，无线电工厂还做了一些别的东西。为了丰富大家的文化生活，我们搞了一个收音机生产线，生产了红旗牌收音机，是六管全波段电子管收音机。

当时的教育方针是学习与生产实践相结合，学生的实践活动也会到我们工厂来。生产示波器的时候有1957级的学生参加。还有一部分1956级的学生是到718厂，就是北京大山子那边的无线电厂去实习，这个无线电厂是1958年苏联帮助咱们国家建设的，由苏联设计，完全按照东德标准建造，是一个大型的综合型的无线电厂，叫华北无线电器材厂。

我们的无线电工厂办了3年，1960年停办了。

这时候国家已经困难了，学校也困难，学校就让各个系自己解决吃饭问题，一个系一个食堂，自己管理。我们系把我调到食堂做管理员了，本来有几个人管，但是学生有点意见。正好1960年1月26日我入党了，有一年的预备期，系里就把我派去了，因为我这个人性格比较内向，不会跟学生发生争执。无线电系的学生最多，有1500人，还有100多名教职工。一天三顿饭，每一顿都有3000只眼睛盯着你，审视着饭怎么样、好不好、量给得够不够。另外还要管理食堂的厨师们，因为厨师吃饭是包伙制，就怕他们多吃多占。学生们菜汤里边的油星都能数得过来，可厨师们吃咸菜的时候却搁了不少油，这种情况等于剥削学生，我们就要做工作。我给自己定了一个要求，不在食堂吃饭，干完活我就回家吃，学生也好，教职工也好，不会担心我多吃多占。

我管食堂这一年多基本没出过问题，从四个方面来说：第一，食物充足，那时候有规定，食堂不能克扣粮食定量，每个人多少粮食要足斤足两地给够。如果有节余，到了过节的时候，比如春节、中秋节就举办一次免费会餐的活动。第二，没有误过餐。有一次食堂停电了，大早上没法做早饭，我想办法也得按点开饭，因为学生要上课，必须保证餐食供应。第三，没有发生过炊事员和用餐人员的纠纷。第四，没有发生过学生发泄不满情绪、摔打餐具的情况。

当时有一个学生叫蔡朝友，他是从湖南的偏僻山区考到咱们学校的，但是考进来以后他体检不合格，又要回湖南老家，这是1960年的10月，那时候吃饭要凭粮票，他没有粮票，我就以个人的名义借了9斤粮票给他，临走的时候我又给他买了点馒头。这个同学回到家乡后给我来信说非常非常感谢。

还有一件事，食堂搁馒头的笸箩在食堂一个小门的门口放着，有个

同学吃完饭离开的时候，可能顺手拿了几个馒头，被炊事员发现了。炊事员把这件事告诉我，我觉得要人性化处理，我就找到这个学生当面跟他说：“我理解你，大家都吃不饱，我不会向你单位举报的。”那时候确实困难，年轻人吃不饱我理解，所以特殊时期不要激化矛盾，这也是系领导派我去的目的。

后来国家经济好转了，学校又把食堂收回去了，我又回到了无线电系。

三

1962 年我回到雷达专业实验室，当时的党总支书记是李青龙，他给我两项工作让我选，一个是教学管理，一个是实验室管理，我说我想回实验室搞业务，李青龙不同意。戚叔纬副主任说你就做实验室管理工作吧。从心里来讲我不大愿意干这些事，我愿意干点具体的技术业务工作，但是我服从组织分配，就接受了这份工作，在戚副主任的直接领导下负责实验室的管理。

当时国家要求学校集中管理无线电设备，只要有发射能力的都要集中管理，比如三系的坦克车电台、二系的电台，国家的要求比较严格，不能够随便发信号，如果我们要做实验，必须先向北京卫戍区报告，北京市无线电管理委员会批准了，我们才可以开机实验，平时都要封起来，有专人管理。

那个时候学校的实验室是两级管理，院一级管理和系一级管理，我负责管理全系的实验室设备，叫设备干事。系里只负责管理使用，没有对外采购、订货的权力，只能向学校提计划、提预算，之后学校分配给系里。买设备的计划和预算由我掌握，开多少实验项目要上报，新增加的实验也要上报，学校批准以后召开实验室主任会议，再分配资金。我主要帮助系主任做这些事务性的工作，我一上班好多人围着我要这个要那个。

另外，之前的工厂解散以后，剩下几个人搞了一个车间，做修修补补的工作，这几个人没有归属单位，就让我来管。虽然我没能回教研室，但是这份工作让我可以到各个实验室去了解情况，对我以后的成长也有好处。

我 1958 年离开实验室，1962 年回来，5 年时间实验室的变化很大。

首先雷达专业变成了无线电系，设有四个专业，规模更大了。原来的天线实验室变成微波专业了，雷达专业基本没变化，新成立了遥控遥测专业、雷达结构与设计专业。遥控遥测专业是一个保密专业，有军人站岗，雷达都集中在雷达场，有军人把门。因为我的工作需要，所以可以得到保卫部门的批准进去了解情况，对我掌握各方面知识有很大的帮助。

魏思文院长非常重视无线电系的建设和发展，他对无线电感兴趣，请毛二可做他的老师，给他讲课，他还到工厂去看仪器怎么生产。我跟魏院长接触不到，但是我能观察到他对五系非常关心。曾经有一次快下班了，他还要到遥控遥测实验室看研究的成果。这个院长事业心很强，水平高，有领导能力，非常重视学校的发展，一心扑在工作上，我很敬佩他。

系里的这几届领导都不错，1955 年我刚来的时候，李宜今是书记、代理主任，对建设雷达专业有功劳，他很重视新专业的成立，专业扩成系也是他主管的，他的贡献比较大。他离开以后是李淑仪当书记，再后来就是李青龙，他是党总支书记。这几位领导都挺不错的。

我管实验室没多久就“文化大革命”了，基本上一切工作都停顿了。“文化大革命”当中军宣队到学校来了，那时候要到干校劳动，大家排队，今年你去，明年他去。1975 年赶上我要去干校劳动，但是我去干校就没有人帮戚叔纬主任了，所以戚主任不让我去。但是我以前没有参加过这些劳动，我得争取，所以我说：“戚主任，您让我去劳动吧，我每个月有休假，我休假的时候回来帮您干事。”这时候正好又赶上了 1975 年的清产核资，是全国性的，国防科委八局派了很多现役军人来监督学校里边核资的情况，每个实验室的设备、元器件都要清点。因为这些事情我最清楚了，所以离不开我，后来我干脆请了半年假，帮助戚主任把这些事做好。后来我又去干校补了半年劳动，这是我自己愿意的。

1980 年恢复高考招生以后，专业基础课必须得有实验室配合，实验室不配合你的课就没法上了，所以系里很着急，要马上解决实验室问题，又把我调去了。系里首先成立了 506 教研室，叫作电工、电子线路、脉冲数字电路基础教研室，编制是 25 个人。这个教研室的任务就是实验教学，把所有过去分到各课程组的实验室都集中起来，成为属于系里的一个大的实验室，主要包括电路分析实验室、信号分析实验室、电子线路实验室、高频低频实验室、脉冲和数字电路实验室，这是按照新的教学

大纲设立的五个实验室。我被任命为这个大实验室的副主任，兼任党支部书记。我的工作就是要把实验室尽快恢复，系领导给我派了4个年轻人。恢复过程当中最需要解决的问题就是好多设备要淘汰、要更新，需要钱，我跟学校反映，争取了30万元，把实验室的设备更新了。根据教学需要，每一个实验要有15套设备，一组2个人，一个班一次做完，实验室都是按这个规模准备设备。学校很支持，这个过程比较顺利，我把系里的一些老同志都集中在一起把这事办成了，1980年获得了“先进集体”的荣誉。

当时教研室编了一册实验教材，40个学时，要求学生必须上这个课。我是管理实验室的，学生要学的东西首先我自己得学会。这门课是我讲的，我给53811班讲了40个学时的实验课。从10月份讲到12月份，一周两次，这个经历给我以后的工作创造了一个很好的条件。我这人很笨，也不能说，也不会说，但是我逼着自己学习、讲课。

1983年我被任命为系办公室主任，其实我不想离开实验室，但是刚好赶上系领导班子调整，办公室的老主任退休了，老主任推荐让我做系办公室主任，给他们搭班子，新的主任们也接纳，这样，我就在办公室工作7年，干了两届主任。当时的系主任是周思永、吴祁耀、李英惠。

系办公室的主要工作是管理和服务，当时没有行政主任，所以行政这部分的工作也是我来做，我还兼管实验室和财务。

那几年正好是曹永义当总务长的时候，行政工作抓得紧，特别忙。当时院里的建设全靠自己的职工，没有从外面请工人，学校的爱国卫生委员会经常组织教职工星期六义务劳动，建设校园、植树、搞卫生。咱们学校的中心花园就是那时候建的。以前这块地方有几排平房，是总务处的文具库房，20世纪80年代的时候把平房拆了建了中心花园。家属区里边的梧桐树也是系里组织教职工种植的。春天的时候，还曾经组织全系的教职工去昌平的山上种树。

四

我当了两届办公室主任以后，院里边又在大调整，人事处有一个老同志要退休，他的工作需要有人接替，人事处处长王富荣来找我，希望我能接这个工作。当时院里边的陈仁敏副院长主管人事处。我不太想离开无线电系，可是院里一再做工作，校长办公室的主任吉多智到家里来动员我，后来我同意了。1989 年 9 月 18 号，我到人事处接替了职工教育科科长的工作。这项工作我也算熟悉，因为我当办公室主任的时候，教育科曾经委托我办一个电子中专班，聘请我组织这个班，还给他们讲无线电测量课。

职工教育科的工作主要是提高学校在职职工的素质，当时好多年轻人是“文化大革命”后期进校的，文化程度比较低，需要培养。机电部、人劳处也有要求，要给年轻的干部补文化课，并且进行国情教育。

我到人事处以后主要就开展这几项工作，培养青年教师怎么讲课，就是讲授学，我请杜和戎老师给他们讲，每星期都有课，对青年教师很有帮助。另外有的青年工人要到实验室去，还有的人到院、系机关做干部管理工作，我们就给他们介绍学校的情况，比如我们请原来的校长办公室主任单加木讲校长办公室的作用，请吉多智讲学校的发展史，请研究生院的王远院长讲研究生的管理和培养，请教务处的陆巨林处长讲教学工作的管理和学生管理，请侯光明讲学生工作，请科研处张处长讲科研方面的工作，请实验室设备处刘榘忠处长讲实验室的管理，请马集庸讲管理工作报告的写作，等等。

另外，人事处还有一个很重要的工作，给技术工人评级。当时有一个变革，技术工人由原来的老八级制变成五级制。五级是初级工、中级工、高级工、技师和高级技师，由国务院机关事务管理局牵头成立的中央国家机关工人考核委员会培训、考核、发证。共设立了七个专业，机电专业、服务专业、烹饪专业、保育专业、汽车专业、印刷专业和修建专业。当时咱们学校归机电部管，国务院机关事务管理局让机电部找一个机电专业方面的单位做培训点，机电部就把这个任务下达给咱们学校了，培训、考核、评定都由咱们学校负责，咱们评定完以后上报，然后国务院机关事务管理局颁发证书。这个证书是国家认可的，含金量高。有了级别证书，工人的待遇就能得到改善。

咱们学校这个培训点的具体组织形式是设立一个机电专业领导小组和工作小组，人大常委秘书处、人大会堂机电处、财政部人事厅、机电部人事处、邮电部行政局、科学院各出一人组成一个机电领导小组。下设的工作小组组长由机电部牵头，我是副组长，具体的工作都是我来做。这份工作的责任很重，因为首先我代表咱们学校，但是机电部也来了通知，说我们是代表机电部的，对于参加培训的对象来讲，我们代表的又

是国务院机关事务管理局。

我具体的工作是策划、组织、领导这项工作，按照劳动部的培训考核要求去执行。开展这项工作很难，因为没有培训场地、没有教师、没有教材，所以首先就要解决这三个问题。那时候咱们学校的教室很紧张，中心教学楼还没建，所以不可能到咱们学校来培训。国务院机关事务管理局派一名联络员具体领导我的工作，我就通过他联系各部委和在京的单位，比如外交学院、社科院、水科院、公安部一所、工运学院，还有轻工业学院，让这些学校帮忙提供场地。教师还是以咱们学校的教师为主，不够再请外面的教师。这个专业有 15 个工种，根据不同工种请不同的任课老师，比如电工课就请咱们电工教研室二系、五系的老师，另外也请了六系、七系的老师，还有咱们后勤部门的熊威廉老师。外校的请了轻工学院、北京联合大学、北航、北方交大的老师，总共请了 50 多位老师，这是有报酬的，老师们都愿意来，而且这是国务院和机电部下达的工作，以这个名义请他们，他们都很支持。

我到各个专业书店去选择教材，比如机械工业出版社书店、劳动部的书店等。咱们国家各个口都有通用的教材，比如有兵器系列、纺织系列，我就选择通用教材。

考试的时候，一共 15 个工种，每个工种 5 个等级，每个等级要有 3 套试卷，这就是 200 多套试卷。国务院机关事务管理局要求讲课的老师不出题，出题的老师不能讲课，所以这也比较困难。因为每个工种都找这么多老师也不好找，所以我一边工作一边学，过去我在工作当中得到的知识和锻炼在这时候发生作用了。机械方面我也懂一点，电子方面我也懂一点，所以我负责出题，负责组织考核。除了理论考核以外还要进行技能方面的考核，也就是实际操作，这就涉及实际操作的场地问题了。比如说电工专业，就到咱们学校的电工实验室进行实际操作考核。但是机床部分就比较麻烦了，因为机床具有一定的危险性，怕出问题，所以机床就在考生所在的单位去考。后来规模比较大的时候，就统一在一个考场了，使用同样的设备。

第一期是 1990 年，国务院机关事务管理局选择了人民大会堂作为试点，因为人民大会堂的工人比较多，水平也比较高。第一期有 70 多人，都是老工人，是建大会堂的时候从各个工厂里抽调上来的，工作表现比较好的优秀工人就留下来了。这些人面临退休，但是没有等级就没办法改善他们的待遇，所以最先在大会堂进行了试点。效果不错，领导比较认可，后来国务委员李铁映还接见了他们。

这项工作我一直管到2000年，是我主动提出不再负责了，因为这项工作责任很大，我年岁大了，万一失误会给学校的声誉造成影响。但我还是继续做了二线工作，比如讲课、出题、判卷，还有实操考核，一直做到2016年。其实我早就说了，我已经80岁了，别再做了。后来人事处领导说有的事还得需要你，我说行，但是别让我负责就行。

从1990年到2016年我一共经手了8601个人的考评工作，及格率是70%~80%。考评完成后由我向机电领导小组汇报，他们审核后签字。咱们学校的后勤工人、校厂工人总共有几百人受益，各个系的工人都被纳入国家技术等级系列了，在管理上还是属于学校人事教育科，但是那个证书都是国家机关颁发的，劳资科按照工人取得的证书给他改善待遇。

我觉得这项工作对我来讲是一个提高，是一个锻炼，也是一个检验。

在五系这段时间我做了很多具体工作，这些工作锻炼了我，培养了我，使我能胜任机电专业整个工种的出题、考核、评定。

我还给学员讲过辅导课，国家机关有好多零散工种，比如保管，每个部委里边都有保管，保管工作属于哪个专业呢？没法分类，给哪个专业，哪个专业都不要。我说我试试看吧，因为这也涉及不少工人的待遇问题，所以我就接下来了。开始我也不知道保管应该讲哪些课程，后来知道北方交大有物资管理系，这个系有采购、保管课，于是我请了北方交大的5位老师来讲课，每个老师讲一门。我听了课以后自己也努力看书学习，还写了讲义，有时候这些老师太忙来不了，我就讲课。

五

我这一生比较幸运，觉得做了一些工作，当然心里也有过矛盾，因为我一直想搞业务。最后我也没有按行政管理干部来考核，是按照业务干部考核的，所以我付出的比较多。比如考高级职称的时候，因为我管实验室建设、实验室管理，所以考的是高级实验师系列，要额外再学外语。我这一生过得挺充实的，我也很感谢我们系领导对我的信任和使用。

1994年我要退休的时候，机电领导小组给学校写了一封信，对我的工作给予了肯定。8月底人事处召开了一个欢送会，赵学仁副校长对我的工作做了一个评价，我觉得这是一个很大的享受。因为我级别不够，就

是一名普通的工作人员，能得到校长给我的评价，这是我人生最大的一个享受吧！

“海到尽头天是岸，山登绝顶我为峰”，我很欣赏这两句话，几乎是我人生的写照。我本来已经放弃升学了，没有路再走了，只能去工作，到哪工作也不一定，就像是到了尽头。可是往远看，“天是岸”，工业学院就是天，工业学院就是岸。第二句“山登绝顶我为峰”，我就是一个中学生，我对无线电可以说是一窍不通，到了工业学院，我有幸被分配到雷达专业，做了许多具体工作，甚至跟业务无关的工作我都接触了，好多事务性的事我也去做，组织让我干什么我就干什么。

我做人有三个准则，第一个是勤，要勤快，不能偷懒。我认为自己最大的一个特点就是爱学习，不断地学习，只要有机会有时间就学习，即使是有了家庭以后，晚上孩子们睡觉以后我还会学习、备课。我过去学的是电子管，现在看来都是过时的东西，在还没有条件实践的时候，我就画图、背图、学原理。我特别喜欢无线电测量这门课，我曾经给学生讲过这门课。我还跟着电视听半导体电路基础，还有童诗白①先生讲的模拟电子技术基础。最关键的就是学习，无论工作多忙也不能忘掉学习，这一点对我的工作很有帮助。我也有些业余爱好，我喜欢雕刻、写毛笔字，退休以后没有事干，我就在家看看书。

第二个是默，做人默默无闻不张扬。我讲一件事，有一次评涨工资，系里给了我一个名额，因为我在实验室建设这事上出力了。但是在我们教研室里有比我年岁还大的老同志，所以我不敢要，我就跟系里说，这个指标我不要，要给这个老同志，他工作比我早。我的私心是，如果我要了，别人会觉得我做这些工作就是奔着这一级工资来的，虽然我涨不了工资好像有点亏，可是我要考虑大局。我做人默默无闻，干什么事都不张扬。过去学校没有清洁卫生工人，各单位负责自己周围的卫生，自己清扫。我们的教研室边上是一个厕所，去这个厕所的人很多，我每天上班都主动去打扫厕所。

第三个是忍，忍耐的忍，容忍的忍，忍让的忍。什么都要忍让，不跟人争高低，就跟自己比。我这辈子是知足的，非常满足，满足什么呢？

① 童诗白（1920—2005）：清华大学自动化系教授，中国电子学学科和课程建设的主要奠基人。

工业学院是一个在老解放区党创办的学校，成立 15 年以后，我来到了学校，圆了我上大学的梦。而且我很意外却又很幸运地被分配到雷达专业做一名实验室的工作人员，我非常满意。无线电在当时是很新鲜的，我又搞无线电测量工作，能接触到各国的仪器，对我来讲真是大开眼界。我热爱北理工，我热爱这个系，我热爱这个专业，是北理工培养了我。

这一生，我知足，我非常知足，我活得非常充实，我非常幸福。

李世义——对待学生就像对待自己的孩子一样

个人简介：

李世义，1942 年 10 月生于陕西省汉中市留坝县，北京理工大学机电学院教授，博士生导师。

1960 年考入北京工业学院引信设计与制造专业，1965 年 7 月加入中国共产党，同年毕业后留校，在引信设计与制造专业（82 专业）并参与教学改革工作。

主要研究方向为动态测试技术、引信安全系统技术。完成的主要科研项目有：引信环境试验模拟等效与监控技术、引信全电子安全系统、长二捆火箭螺栓预紧力测试系统、引信与爆炸逻辑网络匹配技术、智能雷弹随动系统、155 毫米榴弹引信瞎火问题试验研究，主持国防关键技术项目，型号背景预研项目与型号研究项目。获部级科技进步奖二等奖 3 项，三等奖 3 项。讲授过的课程：“引信测试技术”、“动态测试技术”（本科生）、“实验系统设计”（硕士研究生学位课）。现在为博士生讲授“现代传感与测试技术专题”。编写的教材《动态测试技术基础》获校级优秀教材一等奖，参编的教材《机械工程测试技术》获部级优秀教材二等奖。共发表学术论文40余篇。培养硕士生、博士生、访问学者30余人。2009年退休。

访谈时间：2019年12月11日（一访）

2020年1月2日（二访）

访谈地点：北京理工大学图书馆

采访人：郭晓明

摄像：吴哲

访谈提要

在北京工业学院求学期间，李世义认真刻苦学习了马宝华等老师的优秀课程，1965年毕业留校后，更是亲身经历和见证了八系教学的转型和发展。他曾兼任教研室支部书记，一面负责党务工作，一面负责教学、科研、测试工作。晋升为教授后被聘为博士生导师，因材施教、宽严并济，帮助很多学生解决困难，受到一致好评。培养硕士生、博士生、访问学者30余人。2007年退休后，继续指导研究生院的博士论文。

一

1942年，我出生在陕西省汉中市留坝县，家里很贫困，小学和初中我都是在留坝上的，在刻苦学习之外，我一直都很喜欢读书，家里和文化馆离得也近，所以寒暑假就整天泡在里头，看杂志和书。初中时代我就读了不少当时的新小说，比如《铁道游击队》《野火春风斗古城》《苦菜花》，等等，虽然住在小山沟，但眼界却因为阅读开阔了不少。

1957年初中毕业后，我考上了汉中一中，那是当时陕西省最好的重点高中，每年考上清华、北大的毕业生有的是。我那时候的学习成绩还是不错的，到了高考的时候，我自己是想去北京，正好当时北京工业学院在我们学校招生，就选中了这个学校。

收到录取通知书的时候是1960年的8月底，从老家到北京工业学

院，我坐了两天两夜的火车，换了 3 次车。

考上大学对我的人生起到了至关重要的作用，我当时身体不好，以前还得过骨髓炎做过手术，上了大学以后，我觉得医疗方面就有保证了。再有一点就是，经济上我一直是二等助学金，当时一等是 18 元 5 角，二等是 14 元 5 角，基本上吃和零用是够了，一个月也就吃个不到 10 元钱。

到校后第一感觉是这个学校太大了，当时那个车道沟旧址已经没有了，全搬过来了。我入学时毕业生还没离校，我们还在教室里住了几天。进校以后，因为 1960 年还是三年困难时期，感觉在这儿就是吃不饱，很困难。气候上对我来说，北京是真冷，风沙也很大，几乎是一个星期一场风沙，生活条件特别苦。

我们班叫 82602，班里一共 34 个学生，有 6 个女同学。学生里至少三分之一是干部子弟，还有大概三分之一的人家境比较好，再有将近三分之一的人就像我，基本上是靠助学金过日子的。

从小家境好和家境不好的人，成长经历和思想状态其实是不一样的。我心里非常坦然，就是我学习不差，虽然是小地方来的，但是我读的书比较多，在见识上我也不差。

二

我所在的专业叫引信设计专业，正式教学开始的基础课主要就是数学、外语。我们必须把方程、积数和数列这种数学工具的课程学好，因为后面的普通物理、理论力学、材料力学、电子学，稍微深一点的比如电磁场理论，都会用得到。

我们当时的专业教材就是两种：一种是苏联教材直接翻译过来的，从哈尔滨军事工程学院来的，以及马宝华老师编印的讲义；还有一种像普通物理、电子学这些，都是很正规的高等教育出版社的教材。

那时讲课的老师功底都非常深厚，教得非常好。印象最深的就是马宝华老师，大家都喜欢听他的课。他讲课有三大特点，第一逻辑交代得很清楚；第二他的板书和图都非常规范；再一个就是讲得很生动，有很多具体结合实际和拓宽知识的内容。他不仅智商高、很勤奋，眼界也十分开阔，是国内知名的国防系统、兵器方面的顶级专家。

二年级，老师就开始讲引信的构造和作用了，这是最基本的一门课程。拿一个引信来分析，它有多少零件，怎么装配起来的，一发射怎么解除保险，碰到目标以后怎么起爆，就是构造与作用，一共讲了十几个引信，这就是我们专业的基础课。大二到大三，我们考试也非常严格，有三门不及格就留级，两门不及格就补考，一下子就能毫不客气地刷下去三四个人。

三年级把基础课差不多学完后，四年级就开始学专业课。我们那个时候学的内容多，专业课中，引信方面的就是构造与作用原理，然后就是机械引信的引信设计原理，还学了无线电技术基础、无线电引信设计，等于我们机和电都学了，所以我们毕业后，有人搞无线电引信，有的就搞机械引信。

学校不仅理论内容设立得比较全面，为了培养我们理论联系实际的动手能力，还结合一门金属切削的课程，白天分到车间里劳动，有车工、钳工、铣工，晚上再结合这一门的理论讲课，持续了多半年。还有机械制图，每个人要花一个礼拜，画零号图纸那么大的一张大图做设计，这些训练都非常珍贵。

后来还有过两次产学研的实习经历。由于我们是军工院校，入学时就到郑州炮校过了一个月正规的军事生活，增加对军队的认识和了解。部队实习对我们的集体主义精神和性格磨炼都起到了十分重要的作用。

再有就是去工厂工艺实习一个月，因为我们除了引信设计以外，还要学一门课叫引信制造工艺，就是讲引信零件设计出来以后，怎么加工制造出来，车钳铣刨这些工序怎么排。

我们先是到吉林 524 引信厂的机架车间、装配车间、技术室去参观，还去了实际加工的流水线，去看这些东西是怎么一步步实现的，认识制造是怎么一个过程。

让我们大开眼界的是长春第一汽车制造厂，它的整个流水线都是苏联援建的，是我们国家第一个全自动化的汽车制造厂。仅利用各个传送带把零部件送到流水线的工位上一装，大概 4 分钟一辆车就能开走，这个大规模的生产，让人非常震撼。

我们还去了首钢看轧钢车间，那个钢筋过来的壮观场面，见和不见真是不一样的。我们是学工、做制造或者是科学技术的，这些动手和参观实习的经历，对于我们理解大工业生产的想象力、感性认识和学习研究都是非常有帮助的。

三

主抓思想教育和政治学习一直都是军工类院校的传统，我们学校每个班都有一个党支部，特点是入学时录取一批调干生，这些人在政治方面比较强，党员比较多，他们在促进我们这些年轻学生思想进步方面起了很大的作用，用现在的话说就是引导我们正能量成长。但是他们的学习基础一般不太好，我们也辅导他们学习。大家都是心甘情愿地、很认真地互相帮助。

那时候也没有太多的娱乐活动，学校非常重视学生的身体素质，早晨起来班上组织跑步，下午 4 点到晚饭之间的时间就到操场上活动、打篮球，把体育锻炼当作一项很重要的事情来做。我就始终把身体锻炼当作习惯，每天早上保证一小时，所以身体一直还不错。

1964 年 12 月我们去山东搞“四清”待了半年，我那时表现比较好，回来就入党了，是 1965 年 7 月宣誓的，当年毕业之前就被选中留校，到马宝华老师负责的引信设计与制造专业教研室工作，代号就叫 82 专业。

当时学校里推广“郭兴福教学法”，马老师他们当时就成立了一个八系教改组，也让我跟着他做一些辅助工作。

那个时候学校对教改十分重视，有一个思想就是需要什么学什么，不要学那么多，把学的内容简化一些。我还做过一张大表，上面就把引信设计里用到的数学、理论力学、材料力学、电工等知识列出来然后往下推，分析这个课程，一直追踪到数学和基础课。宗旨就是要把所有课程都能改革得精简一些，再更加密切地结合专业。

1966 年“文化大革命”开始，结束时已经过去了 10 年，这期间教学工作基本处于停滞状态。“文化大革命”结束后，我们这一批人也迅速地补课，把这 10 年来科学技术和基础方面落后的知识努力补回来。

四

20 世纪 80 年代，改革开放初期，国家政策是发展民用经济，军工这一块太费钱，就先搁下了。这样我们的军工任务、科研经费就都很少，我们专业也面临着如何更进一步发展的问题。当时我们八系是马宝华老师当系主任，他特别注意学习时事政治和党的方针政策，对形势的分析和理解也十分到位，把我们系搞得整体都比较活。

在经济方面，那时候从清华、北大开始，各个单位都在办公司。马宝华老师也在我们系里办了一家公司，叫硕海公司，开始做一些工作，把烟花也搞起来了，挣了一些钱，给大家做了一身西装。他还十分关心学生的生活，比方说给学生煮鸡蛋加强营养，还给学生买可移动的手摇式洗衣机。

当时科研不多，我们这个军工专业的生源也很成问题。后来经学校研究后，就拓宽了我们的专业基础，把原来引信设计制造改成精密仪器与设计，后来又改成机械电子工程，到现在我们学院都叫机械电子工程专业。

八系改革和转型后，相应的教学课程也进行了调整，适当减少了专业的东西。比如说原来的引信设计与制造这门课，就讲得很少了，从精密仪器与制造这里开始，加强应用基础课程的学习和建设，讲一些机电工程、机械电子方面的内容。

因为改革开放初期，国外家电产品的进入和一些机电工程产品的应用也很多，民用方面也在开发一些这样的东西，所以就在原来单纯学机械的基础上，增加了电方面的内容，比如电子电路、数据处理、测试技术等课程。

再有就是软件设计，开始是学 BASIC 语言，我当时讲了一些实验测试课程在计算机的应用，比方说我们用单板机，现在都知道是小的单片机，当时北京工业学院生产了像两张 A4 纸这么大的一块板子，叫作单板机应用。我们还学了最基本的原代码编程来搞一些实验设计，给学生上实验课。

在计算机应用方面，当时开发一些东西要自己编程，我们就是要求学生必须掌握一些基础语言，比方说原来学 BASIC，后来学 FORTRAN、C 语言等。在实验课、教学里也加强了这一方面的应用，还有就是数字电路与数据处理、计算机原理与应用的内容。

五

1985 年左右，我当上支部书记，一面负责党务工作，一面负责教学、科研、测试工作。

我们学校教研室的支部书记都是兼职的，只有学院系一级的叫总支书记，那是专职的。当时每个教研室有一个教研室主任，有个支部书记，

这两人配合工作。我们的教研室主任是谭惠民，我们配合得还可以，马宝华老师经常说我们是“谭李体制”。整个教研室的气氛都比较和谐，在学科建设、人才建设、科研等各方面在理工大学都数得着，都算是先进单位。

我当支部书记的时候发展过几个党员，开一次会大家提一次意见。这个人哪一方面还有毛病需要继续改正，大家都是真提意见，他也认真改正了之后，再汇报申请入党。那个时候基层支部的力量也很强大，党员不仅对于团结群众起着模范带头作用，对于整个集体的荣誉、和谐的正气氛围，都是很有用的。

我当支部书记期间，总结了两条经验：一个是要维护好我们内部的团结，让大家有些什么事情能互相帮助，有些矛盾能协调解决；再一个就是对外维护好我们的形象。

当时由于科研搞得好，大家收入也有提高，教学方面也比较好，还评过北京市的先进单位。那个时候八系的老师无论走到哪儿人们都很羡慕，比如说到校医院，到财务科，人家都说你们八系不错，在全校里真还算是挺好的。

20 世纪 80 年代末，我们国家从美国引进了一个 155 毫米口径榴弹炮的机械引信，这个引信是从美国引进的全套技术。那个时候两国关系还不错，引进以后在工厂里生产，同时对这个引信的性能进行反设计、反求工程。

你把国外的产品引进来了，它最基本的组成是什么，为什么零件设计成这样，它的性能、公差、尺寸和运动动力学状态是怎样的，都要做一个反求。反过来就是对这个东西消化得更深刻一些，实际上有些国家包括日本在内都经过了引进、反求、学习、创新的一个过程。

1990 年以后，慢慢地军工方面科研任务明显开始多了起来。比方说找个反设计的项目给你几万元，那就很了不得了。到 1995 年以后，我们的科研项目就多了，整个国家对军工科研也开始重视了。无论横向的还是纵向的都存在，纵向的是国家来的，横向是直接和工厂联系的。

那时候我们的科研项目就是主要做军工方面的，在科研工程当中，我们的水平也都提高了，国家也逐渐开放了一些国际信息范围，尤其是美国人的研究状况，查情报资料都能看到，知道人家是什么水平，我们应该向哪些方面发展。

还有就是搞产学研相结合，把国家科研项目横向和一些工厂的项目一起研究。比方说我们和长治的一个叫304厂，还有和重庆的一个厂叫5013厂，都成立有联合体，给他们培养人、做项目、共同研究。我是我们和304厂和5013厂的这两个联合体的秘书长，每年开一些会，筹集一些经费，搞一些活动。这期间，整个国家形势在好转，我和工厂之间的合作科研项目的设计结合也很紧密。

这些工作实际上主要是在马宝华老师的引领下进行，他开过全系范围主要骨干教师的若干次研讨会，就是促进大家去找项目，多做研究，提高水平，而且能出去的就出去，访问、了解情况。他在任期间最初全系一年也没有几万元经费，到后来他卸任的时候已有上百万元了。

六

在这期间，我个人教学方面主要是搞测试技术及仪器，在这个大的学科下结合专业需要，主要进行测试技术的教学和科研。因为我们是引信专业，各行各业都要用到它的测试技术，科研也跟这一方面有关系。

2000年以后，一些大型企业和科研单位的工程项目增多，国家给它们投资搞条件建设，买大型的设备、加工中心、测试仪器，还有建厂房等，我就给他们当专家，负责评审。主要是负责审查投资的合理性。一台加工中心都是几十万、上百万美元的，买一台示波器就要两三万美元，当时汇率是一比十，合二三十万人民币。

随着军工行业不断发展壮大，我自己也在从事一些研究，就是做一些动态测试；在教学上主要是从理论上讲一些东西，这方面我也在国内小有名气了。

这一时期，在加工方面，国外的大型组合加工中心进入市场，使相关技术有了非常大的飞跃。过去我们设计一个零件，要考虑一步一步怎么把它做出来。比方说先车个圆，然后再打个孔，然后再铣个槽，得想办法要设计得能够加工出来，因为它是分散的、单道工序的加工。后来这种组合加工中心进来以后，可以几把刀同时工作，车外圆、车端面，或者打孔、铣槽，等等。计算机程序排好，各个工位转过来一下就出来了。所以现在即使是没有见过的引信零件，只要能设计出来、画出来，不用管加工，保证能够做出来，效率还高。这对提高生产能力和产量、加工精度、整个产品的性能都非常有好处。

测试这方面的手段那就更多了，比如说高速运动过程，仪器只要是拍摄速度足够高，就可以把它的动态过程记录下来。主要是依靠测量子弹飞行轨迹的高速摄影机、激光跟踪，有各种各样的经纬仪、夜视仪进行动态数据存储记录、分析，还有动态发射、旋转模拟设备，等等。再有就是传感器及其标定设备，炮弹发射的时候有后坐力，就像汽车猛一开人还能感觉到后坐力。炮弹那个加速都是很大，膛内发射的时候都是几千个 G，在十几个毫秒之内，要把它的速度从零提高到每秒几百米，这个加速度很大，这些东西都得做膛内受力的测试。

针对这些测试，我也做过一些工作。比如说传感器装进去它要用电，因为它跟着炮弹跑。这个动态信号、加速度的变化怎么把它记录下来，怎么把它传出来？这得从炮口引一根线出来，信号出来了，弹飞线拉断了，但是信号也记下来了，类似的各种各样的传感器都会用到。还有传感器的标定，比如说加速度传感器能测几个 G，它是机电转换，一个 G 输出几个毫伏的电压，记录电压就能知道这个加速度是多少。一个传感器它单位受力情况下的输出是多少，是要进行标定的。还有线性度、瞬态频率响应这些知识，都是有一些理论基础的。

引信专业会涉及光、电、力、冲击震动等方面的测试，我们主要还是研究一些应用。比如说各种各样的传感器，测力的、测加速度的、测温度的、测速度的。从原理上来讲有压电的、有电容的、有磁电式的，各种各样的原理都有。民用的东西都比较好解决，在军工方面牵扯的动态范围大，作用时间短，比如说十几个毫秒就完了。瞬态和动态响应，主要是研究瞬态、动态的测试。信号是单次的，时间很短，量值很大，几万个 G，牵扯学科门类比较多，牵扯有关理论也比较新。再一个就是说有关的设备，我们国家都很落后，得引进。

当时我们就引进了美国 ENDEVCD 公司一套几万个 G 的压阻式加速度传感器标定设备，还去该公司培训学习。在 20 世纪 90 年代初我们在建国家重点实验室，主要就是搞测试设备，然后结合科研项目把一个一个项目的性能做出来，做出来之后还要测试。

七

我是在 1996 年当了教授，在这之前，1988 年当副教授后，我给本科生讲课就讲一些基本的测试技术原理、传感器的原理、一般仪器的使用方法，还有一些实验系统设计，这些在本科都属于必修课。当教授以后，本科生的课就不讲了，就给硕士生和博士生讲一些专题，主要就是测试技术方面的专题，会牵扯到比较多或者比较深一些的理论。

其实在1996年之前，我就开始带硕士生，提了教授以后就申请了博士生导师，批准后就开始带博士。我这儿一共毕业了十五六个博士，硕士生有二十五六个。

在培养硕士生和博士生的过程中，就是要因材施教，一般通过学生的入学考试和面试，就能把这个学生的学习基础、性格、本人的特点掌握得差不多了。有些人基础很好，那就给他一些复杂的题目。有些人基础差一些，就得给他一些不是很深的理论研究，做一些不是很深的东西，让他研究简单一点的专题。基础好的学生就加入我的科研项目团队，给一部分工作让他进行研究。

博士生做理论研究，都要求在某一点上有突破、有创新，有的还要做一些电路，编一些软件。在理论上有一些应用的话，得把它实现出来，所以就是要因材施教。我跟学生们划了三个方面，我说人贵有自知之明，你们要清楚自己将来是去经商还是去从政，还是要做学问。

有些人整天也不爱说话，现在有一个我的硕士研究生在京东方工作，你让他讲点东西，表达能力还是不行，但是人家现在就在京东方做液晶显示屏的控制器研究。京东方液晶显示屏很牛的，都出口了，包括华为手机的显示屏、折叠手机都是他们做的。他就研究这个显示屏的控制系统，现在已经是个研究项目的负责人了。2015年还是2016年，他申请了一个屏幕驱动方面的专利，获得了那年国家专利局授予的国家发明专利一等奖。这样的人才你就让他去搞研究，给他出题目、加压力，他就能给你做出来。

还有一个我们学校军乐团团长推荐的研究生，我一看他讲话很溜，很活跃，但是基础不行，就给了他调研方面的一个题目，主要就是查资料综合研究，根据世界各国的情况写一篇论文出来。毕业后他到上海中国船舶重工集团公司726所科研处管项目，现在他们所在镇江买了一个公司，他去当了总经理，这是管理一类的。

再有一类就是人也很稳当、很聪明，两方面都行。我有个硕士研究生，1993年毕业后先到了中国北方工业公司，那是一个对外销售军工产品的公司。从那里上去又当了兵器工业总公司的副总经理，然后就调到

东北一重集团当了一年总经理，现在当上了陕西省的副省长。这种人就是有从政的能力，为人也很好。所以说要因材施教，不同的人咱们做不同的题目来培养他。

培养博士生和硕士生，要宽松和严格相结合。所谓的宽松是我给学生充分的自由，不把学生看那么死，学生从事一些必要的活动、交际，到外边去看一些自己感兴趣的东西，我不管。严格就是说课程必须上完，题目要给做好。尤其是博士生，硕士生是严进宽出，博士生是宽进严出。博士生招生现在就考一门外语，然后专业课考试也不难。我就给你出几个题，看你这人合适，愿意你就进来念吧，但是念三到四年，读这个博士你得脱一层皮。

论文你必须在这个研究的题目方面，写出一些创新点。我有几个博士生也是拉家带口，有的孩子都上中学了才来读博士。到第三年，第五个学期的时候，我说这一年你必须屁股坐下来，一天三个单元我都要能看见你。我们有几个博士早 7 点钟进来，晚上十一二点才走，拼命在那干，一年下来论文就能出点样。

念博士的这些学生里，有一类是资深的，比方我现在留校的一个学生，他本科的毕业论文，硕士、博士论文都是跟着我做的，就是很顺利这么上来的。另一类就是工作了很多年，本人也很有能力，但是之前所处的地位和经济收入都让他觉得很不好，这些人是有志向要改变的。坚持在我这儿读完了硕士、博士以后，基本上都留在北京了，就业都很好。有一个 2003 年还是 2004 年毕业的博士，原来在郑州大学学物理，硕士学的是强电，被分到一个地方去管个变电所。在这儿读博了以后，现在是中国电力科学研究院下面一个分公司的总经理、董事长兼党委书记。所以这些学生们都一再感激李老师在学习期间对他们的照顾、帮助和培养。

我的想法是，你在我这里不付出劳动，就想得到这个学位那是不行的，你必须得努力，得有个态度，做事也必须认真。

我举个例子，我拿资料让学生去复印，回来发现他只印了正面，我说你这就是对自己要求不严格。我给你的是双面的资料，你不认真就丧失了一个学习的机会，而且你干事不严谨，没有把老师交代给你的每一次任务，当作提高自己的机会。

有时我让学生出去调研个什么东西，跑了很多次回来说，李老师我没找着。没找着、没办成等于没做，你就得动脑筋去办。无论用什么方式，你都得想办法把要办的事情办成，这是严格要求。

还有写东西，无论硕士生或者博士生，在就读期间都要写好几篇论文。第一次这论文怎么写，我教他们怎么列提纲，怎么找材料，怎么分析问题，从哪几个方面写。写完了第一遍就帮他们把大概的结构改一改，第二遍把里边的主要观点改一遍，第三遍文字逐个抠，把错别字、文理不通、口语化的东西改掉，比如说，因为、所以，但是、而且，把这些虚词全都去掉，这个论文读起来就是非常通顺的。就是要对学生进行这些非常具体的培养和指导，这样两篇论文写下来，再写论文就不找我了。

我们要清楚地认识到，学生在这里读书，是学习知识的过程，也是能力培养的过程，这一点非常重要。把课上好这是最基本的，然后就是要能够会干活、做工作，从文献调研到分析怎么做实验、写论文，最后测试，这些是一个全流程的培养。一个航天一院的硕士生说："李老师，我们去工作了以后很快就能上手，人也很快能进入情况，能干活，都是这些严格要求的收获。"

另外，当老师就是要帮助学生解决困难。到我这儿的有年轻的，也有年龄比较大的。有一个现在在北京石油大学当老师，他从大庆油田到这儿来读博士，后来身体不好，颈椎不行了，头抬不起来没法写论文，回去休学了半年治好了。当时他年纪也比较大了，想要按期毕业，时间上有些仓促，大家就一起辅助他，毕业的时候都三十六七了。

还有个硕士生是第二年夏天毕业，头一年春节前就开始找工作。签了一个陕西阎良试飞院，后来过了年航天一院来招聘，他也投了简历。航天部一院有一个研究所也有意向要录取他，他就来问我怎么办。他说他直到现在都还记得我当时那句话，我告诉他：你觉得这一生在哪儿能活得最精彩，你就上哪儿去。他想留北京，但之前和陕西签着三方合同，我就找人帮忙把合同解除了。类似这样的事情还是挺多的。

我儿子是 1970 年的，当时我学生的年龄有的和他都差不多，我对待他们就像对自己的孩子一样。学生前进道路上有时候就差那么一小步，帮他一把，对他整个人生来讲，就是进了一大步。

九

2000 年前后我就不做支部书记了，2005 年、2006 年每年还在上课，

有一门给博士生讲的技术专题课，2007 年我退休了，最后一个博士关门弟子是 2009 年毕业的。

我们这个专业现在分两家，一家搞机械引信，一家搞无线电引信，这两个在一起分分合合也是很多年了。现在就是马宝华这边的有些不景气，崔建中那边的还可以，为什么呢？主要是我们这个年龄的人退休以后，下面接茬的人有点接不上。就是说 20 世纪 80 年代初毕业的，1978 级、1979 级、1980 级，这几个年级就是 1982—1984 年毕业的这些学生，我们曾经留了五六个，但是后来都走掉了。剩下的就是后来留校的，有我的一个博士生和一个硕士生。就是说 1960—1970 年这当中的 10 年，我们单位没人了。“70 后”这些人上来以后，人都很聪明、做项目、挣大钱，都很能干，但是在团结队伍方面、无私奉献方面，和以前比有些差距，比较容易出现各自为政的情况。

我们这个学院和教研室，从 20 世纪 60 年代入校一直到 90 年代毕业的，中间几乎就是断档，没有留校做老师的了。

1994 年的时候，要动员学生留校，我留下一个当年毕业的硕士生叫李杰，他原来是在航天部二院找的工作，后来动员他留校了。他现在觉得留校非常好，比去哪儿都强。高等学校比较自由，有充分发挥潜力的余地，另外有项目可干，也就有钱。

当时的问题就是没有一个比较好的领军人物能把大家团结起来。我们机电学院之前的院长是黄风雷，他比较年轻，我觉得他在机电学院当院长搞得挺好的。他有个特点就是搞团队，他的团队现在也有好几个教授，他把国际上的学术动态搞得比较清楚，然后能抓一些研究方向出来。他把这些研究方向通过主管部门变成课题拿回来，经费有一定占比，剩下的由教师自己支配。团队一个星期开一次学术讲座，报告各自的研究进展、论文写作情况。他这个带头人干得挺好的，他当学院的院长是 2000 年前后，那时就是机电工程学院在全校很多方面排第一，包括合唱比赛都得第一。这个其实就是跟领头人的人品、人格魅力都有关系。如果这个人本身就是一个很善良、很诚恳、有智慧、有人格魅力的人，就能拢住人。

一个团队，能摸着国际顶尖的方向和题目，能不断地出一些新的研究课题和新的研究成果，也能培养一批人，让这个团队相对稳定，大家该搞学术搞学术，该挣钱的挣钱，都很有集体观念，能共同进步，这样才是它最好的发展状态。我感觉我们系、学院和专业这些年的成长中，在改革开放尤其是20世纪80年代以后的那个阶段，还是最能紧跟着国家形势发展的。

总结起来，我觉得我们现在这个专业想要更好地发展，一方面在培养学生和设置专业学习内容的方向上，要紧跟国家的形势；再一方面，要紧盯国际军工专业最前沿的东西，追赶国际最先进的水平；还有一方面，就是对学生要关心、爱护和培养、提高，主要是培养他们的人品和能力。

回想起这些年自己的亲身体会，从那么个小山沟走到北京来，现在能在理工大学当上教授博导，我觉得主要得益于三点：第一点，得有理想、有梦想；第二点，得终身不断学习；第三点，得把身体锻炼好。我也一直和学生这样强调，一辈子把握住这三项，你就能活得比较幸福。

李兆民——北理工使我认识了人生的价值和意义

个人简介：

李兆民，出生于1936年8月，四川成都人，北京理工大学教授。

1954年9月就读于北京工业学院（原）二系，1959年3月提前半年毕业留校在（原）二系任教师，从事教学和科研工作，曾任（原）一系喷推实验室和111教研室党支部书记、教研室主任（4年）。

1988年获北京市高教系统先进工作者称号，1996年评为北京理工大学优秀共产党员。工作期间，发表论文25篇，科研获奖15项，其中3项获国务院国防工办科技进步奖，1项获中国石油化工集团公司二等奖，参加研究的J-201反坦克导弹和红箭-73反坦克导弹项目获全国科技大会奖，红箭-73反坦克导弹延寿实验项目获国家科技进步奖一等奖。

1977 年受华国锋总理的请帖邀请，参加庆祝中华人民共和国成立 28 周年国庆招待会。1997 年退休后，为高等教育自学考试的学生讲授毛泽东思想和邓小平理论课 7 年。2012—2015 年被聘任为我校党委学生工作部的党课教师，为我校入党积极分子讲授党课。2010 年至今，先后在我校宇航学院、软件学院、计算机学院、自动化学院担任党建组织员，从事学生党建工作和学院的党课教学工作。其间先后三次被评为北京市优秀特邀党建组织员和关心下一代先进个人。2015 年被评为北京理工大学优秀党务工作者。

访谈时间：2019 年 12 月 3 日

访谈地点：北京理工大学图书馆

采访人：郭晓明

摄像：吴哲

访谈提要

李兆民 1954 年考入北京工业学院，他介绍了刚入校时的生活、学习情况。1958 年李兆民加入“505”科研项目，他讲述了自己在此项目中的主要任务和收获。1973 年学校研制“红箭 -73”反坦克导弹，李兆民任科研组副组长，兼任推力矢量控制组组长，“红箭 -73”发动机部分一共做了 700 多次实验，他详细讲述了实验的过程和目的。1977 年华国锋①总理邀请李兆民参加中华人民共和国成立 28 周年国庆招待会和建军 50 周年庆祝大会，他讲述了自己的激动心情。1997 年李兆民退休后在民办大学讲思想政治课程，2011 年开始给北京理工大学的入党积极分子讲党课，因为深受学生们欢迎，受到多个学院邀请。最后李兆民讲述了自己退休后坚持工作的原因以及在理工大学生活、工作多年后自己的人生感悟。

① 华国锋（1921—2008）：原名苏铸，字成九，山西交城人。中国共产党的优秀党员，久经考验的忠诚的共产主义战士，无产阶级革命家，曾担任中共中央主席、中央军委主席等党和国家重要领导职务，为中国革命、建设、改革奉献了毕生精力。

一

我 1936 年出生，是四川成都人，在成都长大。生在旧社会，长在红旗下，是在党的阳光照耀下成长起来的。

在我五六岁的时候，日本人的飞机轰炸成都，虽然我很小，但是我感到自己的国家贫穷落后，受到了帝国主义的侵略和欺负，那时候就产生了爱国思想。1949 年中华人民共和国成立了，新旧对比非常鲜明，我特别渴望建设我们的国家。1949 年年底成都解放以后，我很快就加入了少先队。每年暑假组织上都办少年乐园，到了高年级是青年暑期夏令营，主要就是学习党的基本知识，有很多领导同志来做报告。从少年时期到青年时期，我一直都是在党的抚育和关怀下成长起来的。

1954 年我考入北京工业学院，带有保送性质。所谓保送性质就是政治上必须受到严格的审查，学习上也要挑班上学习好的，高考时只要符合北京工业学院最低的录取分数标准就可以。那年成都市第八中学只有我一个人考上了北京工业学院，当时成都来北京的同学也不多，只有几个人。因为少年时期与青年时期我受到党的教育和关怀，所以进大学以后我也是积极向党组织靠拢。1955 年年底我就加入了中国共产党，是我们班第一批加入党组织的。

考上北京工业学院，我的心里特别激动，能够到北京上大学，我高兴极了。来工业学院报到时，学校在北京西郊车道沟，整个校区基本上是一片农田荒地。我们白天在车道沟校区上课，晚上回到中关村校区住。我们的教室在现在的一号楼，宿舍在现在的二号学生宿舍楼，当时只有现在的一号、二号、三号宿舍楼。一年以后，我们就在现在的二号楼上课了，不去车道沟了。吃饭在现在学校的新食堂，当时是两层，一层是饭厅，二层是礼堂。我们对学校的伙食都很满意，因为我们国家所有大学的伙食标准都比较高。在四川每个月的伙食费是六七元，在北京是 8 元，交了伙食费之后就可以随便吃。在整个大学期间，我们去学校食堂吃饭都是有米饭、有馒头、有炒菜，大家很满意。

那时候同学们比较贫穷，绝大部分同学都有国家的助学金。我拿的是一等助学金，每个月 12 元，伙食费 8 元，剩下 4 元是零花钱。我们班上只有两三个同学戴手表，没有穿皮鞋的。大学二年级的时候，班里很多同学买到了部队淘汰的旧皮鞋，很便宜，两三元一双。我们班大概有一半同学都买了，穿上皮鞋了，大家很高兴。

入学第一年我就参加了国庆游行，一年级的学生主要是站在长安街上当标兵。由于北京工业学院是国防院校，能够到这个学校来的同学都经过了政治审查，所以我们学校的学生都被安排在天安门广场，位置很好。标兵虽然不能够走动，但是到了一定时间可以转变方向，可以面向天安门或者面向游行队伍，能够比较近距离地看到毛主席。我的位置就在天安门城楼下，离华表不太远，能看到毛主席招手，心里非常非常的兴奋。能够看见我们的伟大领袖毛主席，对一个年轻人来讲是一生中最幸福的事情。

那时候年轻，也不觉得累，我们早晨坐车到复兴门，然后走路到天安门前面的指定位置，就一直站着。游行完快中午了，我们又走到复兴门乘车返校。晚上还要去参加联欢，联欢的位置也在天安门广场。放音乐，跳集体舞，大家手拉手跳一跳，还能看烟火。白天在天安门当标兵，晚上参加联欢看烟火，当时感觉特别激动，特别兴奋。

我是学校舞蹈队的队员，也是体操队的队员，很活跃。舞蹈队有十来个人，五六个男同学，五六个女同学，队长是郎志正，我们主要跳表演性质的集体舞。学生会组织大家周六晚上在食堂跳舞，自愿参加，我们一般跳交谊舞。我们班上有一半同学周六晚上会参加舞蹈活动。

当时学校的专业不多，一系是火炮专业，二系是弹药专业，三系是坦克专业，四系是光学专业，五系是雷达专业，六系是化工专业，1958年建了七系，搞火箭和推进剂。我在二系弹药专业，我们专业那年招了3个班。那时候我们的常规兵器都是苏联援助的，在20世纪50年代初期，苏联援助了我国156项大型工业企业，其中有不少是国防企业，比如说弹药工厂就有好几个，太原和西安都有。

我们的课程设置基本上是学习苏联，课程分三部分，第一部分是基础课，比如数学、物理、化学、外语，我们当时是学俄语，这是一年级。第二部分是二年级下学期到三年级开的一些专业技术课，比如金属压力加工、金属学、机床。第三部分是专业课，三年级下学期到四年级学专业课。另外就是实习，二年级结束有一个使用实习，到部队半个月左右，看看部队怎么使用兵器，是参观性质的。三年级结束有生产实习，到国防厂、军工厂去看产品加工。比如我们炮弹专业就到炮弹厂看炮弹加工

的全过程。最后一年是毕业实习，因为我提前半年毕业参加了“505”的科研，所以我没有参加毕业实习。

二

我们的学制是5年制，我读到大四的时候是1958年，国家开展了“大跃进”，制订了科学发展规划。在那个激情澎湃的年月里，工业学院率先搞了探空火箭项目，代号叫“505”。为什么要搞这个？在“向科学进军”① 和“大跃进”的时代背景下，我们要攻克尖端技术。当时学校都是常规专业，火箭技术属于尖端技术，所以学校就开始搞探空火箭。

“505”对当时的北京工业学院来说是个很大的科研项目，由院长魏思文亲自领导，500多个师生参加，规模相当庞大。魏思文院长是老革命干部，认识很多中央的领导同志，他亲自带领几位负责人和老师到国防部去争取经费。刚开始搞探空火箭，大家没有这方面的知识，就凭着敢想敢干、攻克艰难技术和爱国热情参加了。

1958年下半年我也被选中参加这个项目，我的第一项任务就是研制火箭发动机。我们在校区西边名叫小南庄的地方进行试验，就在如今国防科技园区那一大片土地，当时就是一片荒地。我们在系主任吕育新的带领下挖了一个深2米多的大坑，然后把火箭发动机放到坑里固定。这是我第一次参加试验，我们几个同学在老师的指导下操作，结果发了点火信号以后发动机没有喷火。吕育新主任不让大家下到坑里去，怕有危险。我的学长，比我高一年级的万春熙同志站了出来，我和他一起下去了。其实我心里有点害怕，因为以前没有见过这个东西，它好像炸弹一样，如果爆炸了我们会有生命危险。但是万春熙走在前面，我在他后面，等于给我壮了胆。而且这是工作，虽然心里胆怯，但是也知道应当把它搬出来卸开看看究竟是什么问题。我们两人下去以后把点火线拔掉，把发动机盖拧开，把火药取出来了。我们检查出了原因，第二次试验成功了。这件事让我受到非常深刻的教育，搞科学研究一定要有热爱祖国、

① “向科学进军”：1956年1月14日，中共中央在北京召开全国知识分子会议，周恩来在会上做了《关于知识分子问题的报告》。报告向全党、全国人民发出了“向科学进军”的号召。2月24日，中共中央政治局会议批准成立国务院科学规划委员会。在这个委员会的领导下，制定了《1956—1967年科学技术发展远景规划纲要（草案）》。

不怕危险的思想，对我来讲算是受到了一次精神上的洗礼。

半个月以后，1958 年的 9 月 9 日学校要到河北省宣化靶场做飞行试验，参加这次试验的基本都是老师，我没有去，两位指导老师是王守范和徐令昌。这次发射成功了，做试验是小型火箭，成功以后学校就准备搞大火箭了，并且争取在 1958 年国庆以前进行第一次大型探空火箭的发射。

学校工厂加工不了大的零件，万春熙和我负责去校外加工，我们当时去的是北京金属压力加工厂和北京锅炉厂。学校专门把魏思文院长的专车调来，把大的喷管和一些大零件装进后备箱拉到工厂去。第一级发动机的直径有 400 多毫米，我们要把一块钢板卷起来焊接成圆筒，然后再进行发动机加工。

一切准备就绪以后，魏思文院长从铁道部要了一列火车，有七八节车箱，装上火箭到东北靶场去了。这次去的人比较多，我也去了。到了靶场以后，用了几天时间准备好发射的各项工作，一点火，发动机爆炸了，大家都垂头丧气的。

魏思文院长立刻召集所有参试人员开会，我这辈子都忘不了他的讲话。他说："大家不要灰心丧气，科学研究必然会有失败。我们要从失败中吸取教训，谁吸取的教训多，谁就成长得快。"他的话让大家的情绪逐渐转变过来，继续投入工作中。大家一起分析出了爆炸的原因：因为点火后火药燃烧有压力，但是壳体的强度不够，经受不住这个压力，从焊接的地方裂开了，所以爆炸了。对大家来讲这是个很深刻的教训，因为我们当时缺乏发动机方面的知识，不知道发动机加工制造完以后要进行探伤检查。一般焊缝以后要探伤，还要做水压实验，把水灌进去，打压力进去，如果发动机的工作压力是 100 多帕，实验时的压力要达到 200 多帕，没有漏水才是安全的。这两个关键步骤我们都没有做，但是经过这次失败，我们吸取了教训。后来学校专门向国家要了一批无缝钢管，直径是 200 多毫米，派我到齐齐哈尔一个工厂去加工，我在那儿待了一个多月。

由于我参加科学研究，不怕艰苦，不怕危险，表现优秀，1959 年被评为北京工业学院的先进工作者，而且让我提前半年毕业，留校工作了。搞科研以后我就跟班上脱离了，全部精力就是搞科研，也不上课，我的毕业设计也免了。因为我留校之后当了教师，所以我带着我们班的同学

完成了毕业设计。参加了“505”的同学，结合“505”科研的题目做毕业设计。没有参加“505”的同学，按照老师的指导来做。我带着同学们在现在主楼的一个教室做毕业设计，我相当于助教，每天去检查，看大家的出勤情况，政治思想方面也是我管。后来学校又派我和万春熙带着同学们到太原去参加野战火箭弹研究，也是毕业设计，我们在那儿待了两个月。虽然我没做毕业设计，不过学校给我分配了另一个工作，整个“505”探空火箭地面发动机所做的所有试验的资料都由我来整理、存档。

在搞“505”的过程中学校成立了一个新专业叫火箭弹专业，副主任是王守范老师，我是教研室的秘书。当时秘书的权力比较大，相当于秘书长，也是党小组长，党的系统开会都是我去。这个教研室有十来个人，万春熙老师也在。我们还建立了实验室，“505”结束以后这个教研室就撤销了，合并到后来的飞行器工程系固体火箭发动机教研室了。

参加“505”项目，我最大的收获就是搞科研要敢想敢干，要有创新的精神。我除了参加发动机试验，还参加了分离机构的设计和试验。这个探空火箭是两级，第一级和第二级是连着的，第一级工作完后会把第二级甩下来，叫分离机构。我和我们班的同学一起设计，我们从来没有见过实物，凭想象设计了一个装置，把第一级、第二级做成套筒式，插到一起。开始工作后，第一级推上去了，第二级不会掉下来。但是那个筒不牢固，我们在旁边打了两个小小的螺钉，这个螺钉不能用钢做，因为钢太硬，用紫铜做比较软。然后第二级工作的推力就把它冲掉了，就分离了。因为我提前半年毕业了，所以这个工作我没有做完，另外一个同学把这个设计作为他的毕业设计完成了，这个资料现在还在学校档案室。这个套筒的设计就体现了我们敢想敢干、勇于创新的精神。另外要不怕苦、不怕累、不怕危险。第三个收获对我的一生都起作用，就是要保证质量，这对我后来参加“红箭－73”反坦克导弹的研制有很大的帮助。

在“505”的工作中，我们系的副主任吕育新老师对我的影响很大。他工作认真负责，实事求是，非常刻苦，而且平易近人，跟我们打成一片，他身上的优秀品德对我的教育很大。他经常对我说：“你参加科学研究工作，一定要不怕苦不怕累，要敢想敢干。”刚才我谈到的自己的收获也跟他的教育分不开。

在那个激情燃烧的岁月，大家根本不考虑个人的生活，一心想的是如何把国家的建设搞上去，如何把专业建设搞上去，如何把我们的科研搞出来。现在我回想起来也不觉得苦，就感到那时候大家的精神状态很好，也很快乐，积极向上。

1960 年国家困难了，不再进行发射了。学校成立了 22 研究所，就是探空火箭研究所，把参加“505”的这批人转到了 22 研究所，主要进行技术总结，总结这两年以来所有试验的资料。1962 年 22 所解散，教师们都分到各个教研室了，我被分到了固体火箭发动机教研室担任教学科研工作。一年后学校派我去参加“J－201”反坦克导弹的研究，我就离开学校到沈阳去了，在沈阳待了 2 年，每年只有寒暑假回来。原来我们学校也搞过一个反坦克导弹，叫“265”，跟“505”同时，但是只搞了设计研究就结束了，没有投入生产。

“J－201”是国家项目，交给中国人民解放军 141 部队了。我从 1963 年到 1965 年在那儿参加了 2 年的研究和实验，实际上“J－201”是仿制瑞士的“柯布拉”反坦克导弹，但是我们没有资料，只能根据图片和它公开的数据把性能参数研究出来。1965 年我去参加“四清”运动，所以离开了。后来他们研制成功了，也获得了全国科学大会奖，但是国家认为它的性能参数比较落后，没有装备部队，也没有投入生产。141 部队现已从部队编制撤销。

通过参与这些科研项目，我认为学校一定要搞大型的科研项目。首先大项目能够得到国家的重视和支持，国家会给大笔的科研经费。比如我们搞“505”的时候，到吉林的靶场去进行第一次大型飞行试验，国家直接调拨一列火车给我们使用，可以看出重视程度。而且大项目是一个系统工程，牵扯到的专业多，容易出成果、出人才。参与“505”的有发动机系、火药化工系、遥控遥测系、无线电系、弹头系等。为什么现在的北京理工大学跟有的学校比较，出院士少？我认为其中一个原因就是大项目少，大项目对国家的贡献大。但是搞大项目必须把思想摆正，要有团结协作的精神，否则搞不好。

三

20 世纪 70 年代初期，我们国家面临的国际形势比较严峻，苏联对我们的威胁很大，所以国家决定一定要研制反坦克导弹。因为我们国家的反坦克武器很落后，那时候比较发达的国家已经投入使用第二代反坦克

导弹了，而我国的反坦克导弹一无所有。面临这样的军事压力，中央军委、国务院联合下达任务，研制红箭－73反坦克导弹。因为是1973年下达的命令，所以叫红箭－73。五机部立即组织以北京工业学院为主的理论研究、分析计算和地面试验的科研队伍。在这个项目中，工业学院起了主力军的作用。

1971年我们国家引进过四发苏联生产的“塞格”反坦克导弹，五机部让我们学校对其中一发进行了分解测绘。这个导弹的技术比较先进，它有三个特点：第一打得远，能打3000米；第二打得准，精度高；第三打得狠，能够穿透300毫米厚的钢板。当时十几个教师组成了一个科研组，组长是张如洲同志，他们在北京通县的一个工厂里拆卸了这发导弹。最关键的问题是引信，拆不好就会爆炸，他们在工厂里找了一个偏僻的仓库，大家在距离导弹二三十米的地方躲藏起来。有一个老师叫郑玉群，他是搞战斗部和引信的，具有专业知识，所以郑玉群老师负责拆引信。当他把引信拆开的时候，就相当于从老虎嘴里把牙齿拔掉了。隐蔽在附近的七八个老师跑出来高呼“胜利了”，接着他们把导弹分解开，测绘它的尺寸，然后画成图纸，一共花了一年时间完成了全部任务，这是国家在1973年下达红箭－73任务之前的一段前奏曲。红箭－73反坦克导弹就是仿制苏联的“赛格”第一代反坦克导弹，所以说工业学院在之前就已经打下了基础。

1973年正式下达红箭－73的任务以后，国家组织了四个厂负责生产，我们学校把测绘好的图纸全部无偿提供给他们，他们把生产线拉开，做准备、试生产，我们学校在测绘的基础上搞理论计算，做实验。一系主要负责固体火箭发动机、弹体、飞行力学、空气动力这几部分的理论计算和实验研究。研制发动机的工作量最大，全校参加红箭－73的60多位老师中，参加发动机理论计算和实验的就将近20位，占了三分之一。飞行器工程系从多个教研室抽调老师成立了一个科研组，跟教研室是平行的单位，张如洲同志任组长，我是副组长，我同时兼任推力矢量控制组的组长。我们首先设计了测量发动机内弹道性能参数的火箭发动机实验台，经过学校工厂的加工后，我们把它安装起来进行发动机实验。

推力矢量控制组的任务是设计推力矢量控制实验台，控制导弹上下左右前后拐弯的力有个专门机构，要把这个控制力测出来需要推力矢量控制实验台。这个实验台很复杂，我们没有见过，也没有任何资料，但是最终还是设计、加工、安装成功了。还有一个推力偏心实验台，火箭飞行的时候，它喷出的气流的中心线要跟导弹的几何线同轴，不同轴就会发生推力偏心，这个实验台我们也完成了。有了这几个实验台，我们的测试技术就比工厂要准确一些，所以四个工厂都到我们学校来做实验。

在整个红箭－73 的研制过程中，我们一共做了 700 多次实验，700 多次是什么概念？每一次实验要做三个温度，高温正 50 摄氏度、低温负 40 摄氏度还有常温 20 摄氏度，我们要在这三个温度下测量发动机的工作性能参数，也就是说要保证导弹在这三个温度下都能够正常使用。做实验时先把发动机放进保温箱里，在每个温度下保持 24 个小时，有专人值班，每隔一个小时打开保温箱看看温度计，温度偏差不能超过 2 摄氏度。因为实验做完了还要拆卸、清理，所以一个实验周期一般需要一个星期的时间。实验间只有十五六平方米，实验台的墙上有个排风扇，实验完了以后发动机喷出的烟从屋子里排出去要半个小时到一个小时。因为发动机的推进剂是硝化甘油和硝化棉做成的，它燃烧以后就是我们讲的战场上的硝烟，那个烟是什么味道呢？就像我们春节放鞭炮的鞭炮味，但是更浓更刺激，所以做一天实验下来，头晕脑涨，有时候都吃不下饭，这不是夸张的说法，因为那个味道太刺激了。做完实验要清理发动机，又脏又油腻，这项工作很艰苦，更重要的是有危险，因为它是火药装的发动机，如果爆炸了，实验人员会有生命危险。

这些实验是具有危险性的，要有不怕苦不怕死的精神，如果你想到个人的安危，畏缩，那是绝对不行的。在我们研制的 7 年里面，曾经出现过两次小小的事故，一次是走火了，有一个同志把眉毛烧掉了一些，还好没有伤到人，很幸运。还有一次是发动机爆炸了，不过人都已经撤出实验间，没有造成人员伤亡。我是发动机组的副组长，现场指挥是我，这 700 多次实验中起码有一半是我在指挥。把发动机装好以后，我去检查，我来接线，一切正常后我发点火口令，我担负这个最有危险的角色。

有一次实验让我记忆犹新，做“赛格”低温负 40 摄氏度实验的时候，我们实验室的工业冰箱坏了，不能保温了，我们就联系中国农业科学院，把发动机放到他们的冰箱里保温，等我们要做实验时再去取回来。但是难题在于，发动机从冰箱里拿出来 15 分钟以内就要进行实验，时间长了温度就变了。那么谁去把发动机取回来呢？张如洲和我是组长，我

们不能分配别人去做，这个困难和危险的任务必须由我们两个人完成。那时候也没有汽车，我们俩骑着自行车就去了。到了农科院，我们把发动机从冰箱里拿出来，放到一个棉布做的保温袋子里，然后捆在我的自行车后架上。我骑车，张如洲在前面开道，对行人喊“请让开，请让开”，我骑得很快，10 分钟就从农科院骑到了我们实验室，顺利完成了这次实验任务。这是有危险性的，如果自行车摔倒，撞击到发动机会出事的。

进行飞行试验的第一年很顺利，第二年遇到了一个问题，有一次试验时导弹飞到 100 多米掉下来了，于是五机部就下达了一个任务，叫作攻克关键技术。每一个部分都找原因，为什么会掉下来，工厂要找，我们学校也要找，发动机组的任务最重。怎么找呢？把这四个厂生产的发动机都拿到学校来做实验，主要跟苏联的原产品比较，看内弹道的性能参数跟原产品的参数有什么不同。

大家一起攻关，群策群力，最后找到了掉弹的原因，是发动机出现了推力偏心。什么意思呢？一个导弹，装配好以后有一个中心线，叫作几何中心线。发动机工作时会产生推力线，推力线与几何中心线应当是重合的，如果不重合就叫作推力偏心，推力偏心会引起掉弹。那怎么解决推力偏心呢？导弹起飞时，发动机侧面有四个喷管，每一个喷管的直径之差不能超过 3 道，1 毫米是 100 道，不超过 3 道才能同心。说白了就是我们的喷管精度没有达到要求。

经过攻关找到原因后，1977 年红箭－73 基本研制成功，在北京南口靶场进行了飞行表演实验。徐向前①、粟裕、罗瑞卿等领导都去看了，试验很成功，国家决定进行小批量生产。之后又经过海南岛的热区试验和东北地区的寒区试验，1979 年正式装备部队。在对越自卫还击战中，红箭－73 三发三中，摧毁了越南 3 辆坦克。

1978 年国家组织红箭－73 项目的主要参与人员去罗马尼亚进行考察，由兵器部的一个处长带队，4 个生产工厂，每个厂派了一个工程师，

① 徐向前（1901—1990）：字子敬，出生于山西省五台县永安村。1927 年 3 月，加入中国共产党。徐向前同志是忠诚的共产主义战士，坚定的马克思主义者，久经考验的无产阶级革命家、军事家，中华人民共和国的缔造者之一，长期担任党、国家和军队重要领导职务的卓越领导人。

工业学院派了我，加上一个翻译，我们一共 7 个人去了两个月。苏联援助了罗马尼亚一条生产线，这两个月我们从早到晚在工厂看加工过程，参观实验。他们也允许我们抄资料，也向我们介绍生产情况，我们还和工厂的工程师座谈。最后我们得出一个结论：质量，最重要的是加工质量。如果加工一个导弹要花 100 个小时，其中应该有 50 个小时是用在实验和检验上的，检验的装置非常多非常严格，我们的差距就在加工质量。他们的导弹为什么不掉？因为加工非常准确，检验非常严格，这是我们花两个月的时间学习考察所取得的最宝贵的收获。

虽然红箭－73 已经装备部队，但是根据国家规定，仿照苏联标准，红箭－73 只有 5 年有效期。于是中国人民解放军军械部下达了“红箭－73”的延寿实验任务，交给了其他单位，我们学校派了 4 位老师去参加，我是其中之一。我们主要参加三方面的工作，一个是固体火箭发动机的延寿，一个是导弹弹体的延寿，一个是飞行力学研究。

任何一种产品都会老化，火药产品也不例外，但是什么时候会老化到影响使用？这不是计算机模拟仿真能解决的，必须要做实验。经过理论分析和调查研究，我提出了一种实验方案，经过军械部同意，让我到辽宁辽阳的 375 厂去做这个实验。我到 375 厂跟所有的技术人员做了报告并进行了讨论，我的方案是，把火药升高到 65 摄氏度并且连续保温，每个月做一次实验，观察保温性能的变化情况，推算出火药的使用寿命。我亲自参与这个实验，在 375 厂进行了 2 年的研究，最后我们推算出红箭－73 使用 10 年没有问题。国家一共生产了几万发，以前说 5 年就要报废，但是经过延寿研究，我们确定使用 10 年是没有问题的。

这个总体项目是其他单位完成的，但是发动机的延寿实验我参与了，并发挥了一定作用。最后军械部给了我一个证明，“北京工业学院李兆民老师对延寿实验做出了重要的贡献”，有军械部的章，现在我还保留着。

参加红箭－73 的研究，我最深刻的体会有两条：第一，为了我们的国家，为了我们的国防事业，要不怕危险，不怕个人安危；第二，一定要注重实验，注重质量，这既是我参加“505”的经验和教训，也是我出国考察两个月得出的重要结论。

红箭－73 后来得了全国科学大会奖，我们学校相关的课题一共有 14 项，都获得了国务院国防工办和五机部的奖，说明国家对我们学校的工

作是肯定的。发动机部分有三个子课题，“红箭－73 发动机反设计”“推力矢量控制实验研究”“推力偏心实验研究”，全都获得了国务院国防工办的三等奖。

由于我在红箭－73 研制工作中勇于担当、不怕苦不怕危险，经学校推荐，我收到了华国锋总理的请帖，被邀请到人民大会堂参加中华人民共和国成立 28 周年的国庆招待会，还被邀请出席中国人民解放军建军 50 周年的庆祝大会。这两项荣誉都给了我，我深感荣幸。研究红箭－73，学校有 60 多位老师参加，工厂有成百上千的工人和技术员，还有部队那么多的同志共同完成，我仅仅是沧海一粟。这 7 年里我做了一点小小的工作，国家却给我这么大的荣誉，我非常感动。华国锋总理给我的请帖，我至今保留在家中。

红箭－73 从 1973 年开始研制，到 1979 年完成，7 年磨一剑。以我们学校为主设计、计算、研究、实验，最终装配部队的军工项目并不多见，所以对学校来说，这是我们参与的一个重大的科研项目。红箭－73 在我国军队建设的反坦克史上也具有里程碑意义，因为以前我们只有反坦克手雷、反坦克地雷、反坦克火箭弹，没有反坦克导弹。我们学校 60 多位教师参加了这个项目，发扬了一不怕苦二不怕死的革命精神。在艰苦的条件下，不为名不为利，一心为了祖国的国防建设奋力拼搏、无私奉献、忘我工作，每个人都付出了艰苦努力，为学校留下了光辉灿烂的一页。

四

20 世纪 80 年代初，在改革开放的时代背景下，整个学校的教学和科研情况有了明显的变化。科研方面，各个系都直接到上级各部门去申请一些理论研究的小课题。教学方面，学校强调要转入正常的、正规的教学秩序。

红箭－73 项目结束以后，学校把我分配到固体火箭发动机实验室工作，在实验室担任党支部书记。固体火箭发动机教研室集中搞教学和科研，实验室主要搞固体火箭发动机实验和一些实验方面的科研课题。除了搞科研，我还给学生讲固体火箭发动机测试技术课。80 年代末期，固体火箭发动机实验室和固体火箭发动机教研室合并成一个单位了。当时基本上一个教研室就是一个专业，有固体火箭发动机教研室、导弹总体教研室、发射技术教研室三个专业教研室，还有两个专业基础课教研室，一个叫空气动力学教研室，另外一个叫飞行力学教研室，一共有这5个教研室。

因为教师在进行教学科研的时候跟同学的联系很少，对学生日常生活方面的关心，特别是政治思想方面的工作一般都是由班主任去做，所以学校要求每个教师在讲课之外必须当一次班主任或者辅导员。于是1987年我在承担科研工作的同时担任了1987级三个班的辅导员，直到他们1991年毕业。担任辅导员期间，我还承担了固体火箭发动机测试技术课的教学任务，也参加了一些小的科研课题。

在这4年里，我跟同学们朝夕相处，打成一片。每天早晨6点半我在宿舍楼下等他们，带他们出早操、跑步，不管春夏秋冬，持续了1年。上午他们上课，我进行教学的准备工作，下午他们没有课时，我会去找班干部商量工作。我经常在晚上8点钟左右去宿舍看望他们，了解他们的情况。这届学生在大一开学时一个党员都没有，所以我有意关注表现优秀的同学，启发他们提高思想认识，我亲自给他们讲党课，讲党章和党的基本知识，这三个班一共100人左右，大部分同学都来听，讲了几次党课以后，他们就申请入党，到三年级的时候，我介绍了12个同学加入了中国共产党。我还经常组织活动，印象最深的是组织大家到圆明园接受爱国主义教育。

1991年他们毕业之后，我就集中全部力量搞科研。这个时候我担任了固体火箭发动机教研室的主任，搞了一些小型的科研工作，比如固体火箭发动机温度的测量，这个课题后来得了学校的科研三等奖。另外在王守范老师的带领下，我们把固体火箭发动机用在民用领域。王守范老师当时已经是教授了，他是我的老师，我上大学的时候他教过我，跟他比较熟悉。他带着我们搞了一个项目叫火箭激振，就是利用火箭工作时候的推力引起桥梁和火车的振动，以此来检查桥梁的寿命。产生激振的力量可以是多方面的，用其他的办法也能产生力，但是用火箭产生力的优点是力量强，发动机工作的时候立刻就能产生很大的推力。研制出来以后我们在北京铁道学院和铁道研究所位于西直门的内部火车实验场做了实验。我们还到南四环路的几个立交桥做过实验。这个研究项目，我们只是提供一个激荡的力量，测量由铁道科学研究院负责。后来我们又参加了一个项目叫“软土地基上储油罐抗震性能研究”，这个项目1998

年获得了部级二等奖，火箭激振部分的研究人员的署名，王守范老师排第一，我排第二。

五

1997 年我退休了，退休以后有一所民办大学聘用我当教考处处长，这所学校是蒋淑云①办的，叫中国科技经营管理大学，规模很大，有 1 万多学生。我们学校的马志清副校长退下来以后也被聘到这所学校当副校长。

1997 年召开了党的十五大后，中央提出了“邓小平理论”，我给学生做政治辅导，非常受欢迎。于是我辞去了教考处处长一职，中国科技经营管理大学聘我当教授，我开始给学生讲邓小平理论的课程。北京市邓小平理论这门课的平均及格率是百分之四五十，我讲课的平均及格率是百分之七十，这样就有点小名气了，有 5 所民办大学邀请我去讲课。比如说京海学院，规模也很大，我在那所学校年年被评为优秀教师。为什么？因为我讲课效果好，及格率高。

我讲了 7 年的邓小平理论和毛泽东思想概论。2004 年理工大学进行党员先进性教育，党委派我当联络员，和林瑞雄同志一起联络学校后勤党委。先进性教育结束以后，2009 年宇航学院返聘我当党建组织员，做学生党建工作，一直做了 7 年。这 7 年间，我协助宇航学院党委发展了 400 多个党员。发展党员主要是了解申请入党学生的思想情况，尤其是他们的入党动机，审阅入党积极分子的入党材料，找他们谈话。党支部通过他们的申请以后，我与学生谈话，这 400 多个同志每一个我都谈了，谈话以后还要写一个意见，报送院党委审批。当时宇航学院没有组织干事，我一个人把这些工作都负责起来了。2017 年我离开了宇航学院，因为年纪大了，快 80 岁了，他们说你该休息了，我说我理解。2017 年自动化学院和计算机学院又聘我去做党建工作，直到今天还在做。

从 2011 年开始，党委学生工作部安排我给全校的入党积极分子讲党课，讲了 4 年，所以学校很多人都认识我，很多学院请我去讲课。从 2011 年到现在，有 1 万多学生听过我讲的党课，学生们很欢迎。

去年在良乡校区我给自动化学院的学生上党课，题目是《学习党章，

---

① 蒋淑云：出生于 1936 年，北京理工大学教授。

为党和人民的伟大事业奋斗终身》。讲完以后，很多学生写了思想汇报，一个叫王牧的学生写道："本周的党课是我上过最精彩的一节，李老师虽然年龄很大，但讲起课来仍然激情满怀，生动传神。通过这些党课使我了解到中国共产党这一路走来不容易，体会到党的光荣和伟大，使我坚定了入党动机。"一个叫陆瑶瑶的学生写道："这次党课李老师详细讲述了《中国共产党章程》，讲述了我们为什么入党的问题。跟以往的党课不同，这次党课中我获得的不仅仅是党的相关知识，更是精神上的洗涤，灵魂上的碰撞。李老师上课那种激情满怀、深入浅出深深打动了我，使我无法忘却。"

2017 年我给软件学院上党课的题目是《学习习近平新时代中国特色社会主义思想》，讲完以后，有一个学生写道："李老师是一位德高望重的长者，是一位我无比尊敬的人。他的认真负责、正义凛然总是令我无比地崇敬。李老师已经如此年迈，却依然不辞劳苦地日日关心学生的学习生活，有时令我心痛。但这样正是一位共产党员的缩影，是我们的表率和标杆，我发自内心地敬爱这样一位伟大无私的共产党人。"

退休以后我仍然坚持教书育人的工作。今年我已经 84 岁了，为什么我仍然愿意讲党课，做党建工作，帮助学生入党呢？因为这是一个老共产党员的使命。1955 年我上大学二年级时入党，这么多年来，我不忘初心，牢记使命，生命不息，奋斗不止。能为党做点工作，我感到快乐和幸福，所以我还愿意继续工作。虽然学校有规定，70 岁以上不返聘，但是有的学院告诉我："我们学院聘您，只要您愿意，我们欢迎您来工作，但是您一定要注意身体。"

我觉得关心下一代成长是一件非常有意义的事情，引导年轻人走正确的人生路关系到我们国家的未来。而且我觉得同学们非常可爱，朝气蓬勃，从他们身上可以学到很多东西。为什么我讲的党课能够受到他们欢迎，就是因为我了解他们的思想，能结合他们的思想实际讲。我有深厚的理论功底，能深入浅出地讲解，更重要的是我带着一个老党员对党的深厚感情讲，能打动他们的心，引起他们的共鸣。

从 2011 年到现在，我三次被评为北京市关心下一代优秀特邀党建组织员和北京市高教系统关心下一代先进个人。2013 年和今年被评为离退休教职工党委优秀党员。2015 年被评为北京理工大学优秀党务工作者，两次被评为北京理工大学优秀党员。这些荣誉都是对我的鼓励。

李兆民老师参加学生党支部组织生活会

我在学校这么多年，总的体会就是一句话：北京理工大学使我认识到了人生的价值和意义。这是我最大的收获。一个人应当把自己献给祖国和人民，只要能做到这一点，我觉得就是一个高尚的人。

李志祥——帮助学生成长是我工作的落脚点

人物简介：

李志祥，1946年10月出生，湖北黄陂人。北京理工大学二级教授，博士生导师，英国西英格兰大学客座教授。

1965年考入北京工业学院，1970年8月毕业后留校任教。历任校团委书记，校党委宣传部部长兼学生工作部部长，北京理工大学党委副书记、副校长和常务副校长，以及北京理工大学危机管理研究中心主任，兼任中国高等教育管理研究会常务理事、中国和平利军工技术协会常务理事等职。

长期从事高等教育管理、企业危机管理、管理科学与工程等领域的教学和科研工作。主持30余项国家级、省部级、企业级课题的研究工作。在北京理工大学讲授“领导科学与领导艺术”等课程，并多次赴东京工业大学、日本名古屋大学经济学部等国外著名大学讲学。先后主持编著8部教材，在国内外重要学术期刊上发表论文60余篇，其中多篇被EI、ISTP检索。2002年受聘为博士生导师，指导北京理工大学管理科学与工程专业博士研究生。

访谈时间：2019 年 8 月 29 日
访谈地点：北京理工大学图书馆
采访人：张钧
摄像：聂明明

访谈提要

李志祥讲述了自己报考北京工业学院的原因；第一次到学校报到时，学校给他留下的深刻印象；1970 年毕业留校后的工作情况；担任校团委书记后如何开展学生工作，如何引领学生的思想；1985 年担任校党委副书记后，他如何解决学生中普遍存在的“三信”危机；1996 年担任常务副校长后主要做了哪些工作；他对学校工作的几点建议。

一

我出生在湖北黄陂，1965 年参加高考，高考前看到了北京工业学院的招生简章，一下子就被吸引了。一个是因为这所学校是培养“红色国防工程师”的，另一个是因为学校来自延安，这对当时的年轻人来说有很大的引领作用。再加上我的中学通知我说可以报北京工业学院，所以我的第一志愿就是北京工业学院。高考以后我就回老家种地了，那时候还要挣工分，我一天的基础工分是 10 分。有一天正要去交公粮，村里人说录取通知书来了，你考上北京大学了，我说我没报北京大学呀，我一看通知书，是北京工业学院。农村的人认为只要是北京的大学就是北京大学。我很高兴被北京工业学院录取，这是我人生的重大转折。

1965 年 8 月 24 日报到，9 月 1 日开学。我记得我用一条扁担挑着两个行李卷，穿一双鞋，没穿袜子，因为在南方老家都是光脚丫子，穿鞋是很奢侈的，穿了一套家里织的布做的衣服，先坐慢车到郑州，然后换快车到北京。车站有学校迎新的队伍，我记得是胡立山老师在北京站迎新，大轿车把我们接到了学校。从下了火车到坐上学校的校车，整个过程由老师、高年级的同学亲切接待。他们帮我拿行李还把我送到宿舍，晚上带我吃饭。我心里觉得大学真是不一样，非常亲切，非常神圣。到校第二天，我跟高年级同学说想去看看天安门。1963 级的同学说明天去吧，还把他的蓝色裤子和白色衬衣借给了我。我记得我们 3 个同学从农科院坐公交车到动物园，然后坐无轨电车到天安门广场，还去了故宫。从故宫北门出来以后我们还想再进去看看，但是再进去还得买门票，我们就回学校了。回去的时候坐公交车还坐反方向了。

在农村，我们只有过年才能吃到肉，上大学以后每天中午都可以吃到肉，还有好白的馒头。早上的咸菜是 2 分钱，中午的菜钱是 2 毛钱，晚上是 8 分钱，一天是 3 毛钱的菜钱。我跟家里讲天天可以吃到肉，天天像过年一样，生活上是很愉悦的。我申请到了甲等助学金，每个月是 19 元 5 角，除了每月要用去伙食费 15 元 5 角，还有 4 元钱的零花钱，生活没有了后顾之忧。

学校里有个很大的露天剧场，还有体育馆，还有两个标准跑道的大操场。北京工业学院的人都知道"三八"标语牌，就是写着"三八作风"的标语牌：坚定正确的政治方向，艰苦朴素的工作作风，灵活机动的战略战术；团结、紧张、严肃、活泼。三句话，八个字，当时是向解放军学习"三八作风"来建设引领学校。那时候我们学校还有警卫排，警卫排的解放军同志为学校站岗放哨，这又多了一份神秘感，神秘感的背后又能激发我们的自豪感。大学的建筑和大学的文化融为一体，给我留下了深刻的印象。学校的建设规划体现学校的文化，这种文化对刚跨进校门的学生有着很强的吸引力。我感觉到我们学校一定是一所很正规并且办得很好的国防院校。后来我当了领导才知道，1965 年我们学校已经是全国重点建设的 16 所大学之一，也是国防科委领导的 13 所国防院校之一了。

我们 1965 级三系动力机械系是教育改革的试点，也就是半工半读，一个星期上课，一个星期在院工厂车间劳动，当车工、铣工、刨工、磨工，在生产产品的过程中领会数学和物理。我们学高等数学的导数、微分、切线、旋转，也学习刀具的加工、进刀。学校领导说，毕业的时候你们既是北京工业学院的毕业生，又能达到二级工的水平，拿到相关证书。

学校对学生的管理很到位，每个年级有一个政治辅导员，我们的辅导员是高书堂同志，年级主任是魏春源老师，他也是专业老师。我们班主任是讲高等数学的许万蓉老师，政治老师是范运通老师，他也是党支部书记。我们刚来的时候班里没有党员，所以 1964 级 1965 级两个年级建立了一个党支部。

从政治引导到专业学习的指导再到政治理论学习的指导，一套完整的管理落实到基层，这种教育管理体制很有效，让学生可以很快进入角色。比如政治辅导员、政治课老师就讲党的领导，年级主任就讲课程和专业之间的关系，班主任就讲作为一个大学生与高中时的学习有什么不同，怎么样学好大学课程。

辅导员、年级主任、班主任还有政治课老师、兼任党内职务的党支部书记或者副书记形成了一个全覆盖的管理体制，使学生在政治上有人引路。我高中时就交了入党申请书，所以进校以后指定我当34651班的班长，副班长是刘振起①，他后来是总政治部的副主任、上将，现在已经退休了。

1965年国庆，我们学校参加了天安门的阅兵仪式，我在首都民兵师方队。12月29日我入党了，是我们班第一名党员。1966年2月，副班长刘振起也入党了，大学期间我们班就培养了两名党员。

那段时间对我的一辈子都起到很大的促进作用。2015年是我们这一级进校50年，我们搞了同学聚会，大家都非常怀念当时的学生管理体制，怀念那时候的学校氛围，也都感谢母校给了我们一个很好的起点。

二

1970年我毕业留校了，是组织上分配的，我们都不会提前知道要分配到哪，等公布了才知道。我记得很清楚，在我们学校主楼的一个教室公布分配方案，公布以后三天之内办理手续去报到。

当时大家都很向往走向工农业生产的第一线，走向国防工厂第一线。我们班36个人中有12个分到了部队，1个海军，11个空军，我刚才说到的副班长刘振起就分到了空军。我当时特别希望能到部队，可是学院领导让我留校，说学校需要新生力量。作为共产党员就需要服从分配，我说没问题，就留下来了，去了热工教研室，就是坦克发动机教研室。

1970年到1973年我在实验室、教研室。1973年学校恢复共青团组织，成立了团委，我被抽调到学校团委。1973年3月学校开团代会，我

① 刘振起（1946— ）：男，汉族，河北省黄骅市西仙庄村人，中国共产党党员，中国人民解放军高级将领，空军上将军衔。1965年9月—1970年6月，在北京工业学院（今北京理工大学）动力机械系动力机械专业学习。

当选北京理工大学团委副书记，书记是张敬袖，还有一个副书记是乔雨香同志，从此我走上了学生青年思想政治教育管理的工作岗位，这也是我后来长期从事的工作。1976 年我当选团委书记。

1973 年到 1983 年这 10 年里主要是引导两部分人，一部分是工农兵学员，一部分是恢复高考以后的大学生。工农兵学员的文化基础不行，大学要把他们培养成什么样的人才呢？用现在的话说就是应用型人才。当时的社会，特别像兵工厂这样的第一线缺乏技术人员，所以学生的情况加上社会的需求，开门办学是一种正确的方式。让他们学理论、学高等数学，说实话做不到，也没这个基础。事实证明北京理工大学培养的几千个工农兵学员弥补了当时国防战线对技术人员的需求，而且他们年轻，后来继续提升、继续学习，读硕士、博士的都有。我作为团委副书记，主要的工作是引导学生认真学习，一定要学到东西，要做一个有用的人。

另外就是恢复高考以后对社招学生的引导。那时候的学生工作，一个是引导大学生科学地认识大学的学习，再就是我们国家进入“拨乱反正”的年代后，西方的哲学思潮对学生冲击很大，所以思想引导是非常重要的。典型的是《中国青年》上刊登的读者来信，潘晓写的《人生的路怎么越走越窄》，是对社会的一种反思；还有《文汇纸》上登的卢新华的小说《伤痕》，以及北京的遇罗锦发表了她插队到农村嫁给一个农民的生活经历，是所谓的伤痕文学。这些对大学生有很强的冲击，让他们对社会有一种怀疑的态度，甚至存在着“三信危机”，也就是信任危机、信仰危机、信心危机。所以对大学生的思想政治工作重点主要是坚定正确的政治方向，引导学生客观地认识我们的社会，认识到只有共产党才能救中国，是中国人民选择了中国共产党。在这些重大问题的判断上引导学生保持对党、对社会主义道路、对共产主义理想的信仰、信心、信念。

学生工作的重点是培养学生骨干，因为学生中有一批人以前受过良好的政治思想教育，所以可以继续引导他们学习马克思主义理论，学习毛主席著作。我们广泛地组织共产主义学习会、党课学习小组，目标是团支部委员、班委以上的干部当中，入党积极分子必须占到三分之一。我们从理论教育入手，组织建设班级、年级、全校的骨干队伍。

我们还紧抓思想政治教育课程，我一直认为思想政治教育课程必须

占领课程阵地，为了向学生灌输正确的思想理论，我们在全国首先开了形势政治课。1989 年 1 月我和北京市委宣传部部长李志坚同志一起参加全国的形势教育会议，我在会上介绍了我们学校的经验。因为学生对今后的信心、信仰有疑虑，所以必须不断地跟学生讲时事政策，讲国家的发展，讲形势。我们认为应该开形势政治课，后来叫形势任务课，要主动引导学生正确认识我们国家的发展。

实践证明，当时的北京工业学院，后来的北京理工大学，在学生工作方面做得比较有成效，在北京乃至全国都有影响。我担任过咱们学校分管学生工作的党委副书记，还当过北京高校德育研究会副会长、会长，当过思想政治教育课程研究会的会长，至少说明我在这方面的工作得到了各界的认可。

三

1985 年 3 月我开始担任学校的党委副书记、副校长，分管学生的思想政治教育工作以及宣传部的工作。

当时学生中的问题仍然是“三信”危机。1987 年小平同志在大会堂提出“三步走”发展战略，第一步国民生产总值比 1980 年翻一番，第二步实现小康，第三步再用几十年时间达到中等发达国家的水平。听完以后我们知道有了这样的目标，但是能不能达到心里没底，学生们更是如此，心里有疑虑。回来传达的时候，我们就引导学生从中国的历史、党领导的历史中去认识这个问题，相信我们党制定的“三步走”战略一定能实现。当时北京市委、市政府抓得很紧，学校党委也抓得紧，我们做好学生专职干部、政工干部的辅导员培训，通过党课、共产主义学习会、思想教育课、政治理论课，守住学校的理论阵地，一定要相信“三步走”。我还把当时在团中央担任领导工作的李克强同志请到我们学校来做报告。

我们当时的目标就是维护稳定团结的政治局面，所以我们要给学生创造交流渠道，让学生能说话。学生无论对学校哪个方面有意见都有地方说，学校也会回答，理顺学生对基层党组织的信任，把这个工作做好，也就是引导学生对党的信任。

当时有学生在后勤做兼职经理，任务就是监督伙食，因为伙食问题是个导火线，学生闹了几次都是因为伙食问题，有时候甚至会闹到“罢饭”。有一年的11月4号，有学生在饭里吃出一个什么东西来，是我出面与学生对话的。一开始在一个合班教室里，人太多了坐不下，后来去了学校里的那个二层大礼堂。人越挤越多，书记、校长都去了，最后全校广播对话。我告诉学生，我们会认真调查，大家要相信学校。那个礼堂有800个座位，但是挤进去1000多个人，很不安全。我说安全第一，大家要有大局观念，后来有几百名学生自动退场，这个事情平稳地处理好了。所以和学生建立对话交流的渠道是维护学校稳定、提升学校管理能力的重要工作。

我们学校的沟通渠道很畅通，当时我在学生宿舍楼设立了领导接待日，学生有什么事就可以直接来找我。前几天我在办公室找到一个领导接待记录：1988年10月18日星期五，李志祥同志接待13871班吴玉生同学。他反映了什么问题，怎么解决的，这些都有记录。我们一定要坚定自己的政治方向，同时创造畅通的沟通渠道，让学生参与学校的民主管理，学校也及时采纳合理的建议，加深学生对学校党组织的信任，对学校体制的信任。这也是引导学生坚定信仰、信心、信念的重要工作。

基层工作不能光靠口号，我们需要口号，更需要扎扎实实的工作。扎扎实实的工作要有政治理论的引领，要有情感，要落实到学生学习、生活、成长当中的具体问题上去，不能搞形式主义、教条主义。

我记得当时我们为了反对民族虚无主义，倡导民族文化，还特别举办了民族艺术节。全校师生都参与了，在操场展示、演出能代表我们中华民族优秀传统的文化节目。那年有一个全国的会在我们学校开，外地不少大学的校长看到了，很受震动。当时五系的团支部书记是李红兵①，现在是北京市民政局的副局长，他那时候研究北京门头沟地区的太平鼓文化，还有陕北的腰鼓、舞龙、高跷，等等，搞了一些全国各地的民族文化节目，引导学生不要忘了中华民族璀璨的文化和传统。

我们有民族文化，但是我们也宣传西洋的优秀文化。我们学校的军乐队很厉害，军乐队演奏的《卡门序曲》演到了怀仁堂，那是全国学联和团中央联合举办的比赛，我们得了两个二等奖。我们不搞民族虚无主

---

① 李红兵：男，回族，1966年12月生，福建福州人，1985年4月加入中国共产党，1988年7月参加工作，北京理工大学工商管理研究生，硕士学位。现任北京市委社会工委委员、市民政局副局长、新闻发言人。

义，但是也不能搞闭门主义，要有世界眼光，在这种文化氛围当中引导学生。我们通过政治引领、骨干建设，关心学生切身利益，组织适合学生的各种健康的文化体育活动，让学生有玩的地方，也有表现自己的地方。

帮助年轻人坚定正确的政治方向，这是事业的需要，也是形势的需要。我们培养的学生骨干中，许多人后来成为优秀的建设者和接班人，有担任领导岗位的，有成为院士的，有从事企业经营的。我始终以学生的成长需求为中心开展工作，相信学生是我工作的出发点，帮助学生成长是我工作的落脚点，没有动摇过，因为学生是可爱的，在我们党的领导下是健康的。

1996 年我担任常务副校长，我的工作主要是在党委领导下完成党委和校长，特别是校长指定的工作，包括学校的发展规划、管理还有财务。1996 年正好是“211”建设开始起步，我们学校的“211”建设以国防特色学科作为建设项目，军用光学、军用车辆、军用材料等，我记得是 7 ~ 9 个建设项目，都带有军工性质。“211”的重点是学科建设，“985”的重点是创新学科发展，综合不同的学科搞创新平台，解决重大科研的瓶颈问题。“985”建设通过创新平台带动“211”的学科建设，落脚点都是提升学科水平和内涵。“交叉学科、新兴学科”在“211”“985”验收专家组的结论里都有表述。

1999 年李志祥接受中国教育电视台采访

在党委、校长的领导下，作为分管规划的副校长，我应该多尽一点力量，也确实做了一些工作。我对现代研究型大学的理解这个时候也上升到了应有的高度。现在的“双一流”建设也是在交叉创新学科上花力量，我认为这个路子是对的，这是我做的第一件事。

我做的第二件事是提升执行力。学校在党委这个核心的领导下必须提升执行力，按照行政要求分工做好工作。我们在工作中建了很多临时的领导小组，特别是在20世纪末21世纪初，在解决教职工住房的安居工程、待遇这些问题上，在党委和校长领导下成立了若干小组，把工作实施好、组织好。1999年我们解决了学校里从上到下各级别领导和教师的住房问题。按照国家政策买商品房，然后按照福利分房的政策卖给职工。在万柳地区买了364套房，在西三旗地区买了108套房，还在学校里盖了一栋楼，贴建了三栋楼，全方位提升了教职工的住房水平，教授、副教授待遇全部达标，在全国首屈一指。

当时书记、校长决定教职工的收入每年要提高10%，我们连续几年都做到了，而且是靠自己的创收。在书记、校长的领导下，我把财务管好，多收入一点，少支出一点，多节约一点，解决了这些问题。

我做的第三件事是办学扩展。当时学校有一千零几十亩地，太紧张，随着事业的发展需要扩展学校的办学范围。我在书记的直接领导下，在校长的支持下，签订了良乡校区的第一份协议。

1999年10月李志祥副校长代表北京理工大学与英国南岸大学签署校际合作协议

第四件事情是老干部的工作。我当了22年校领导，只有两三年没管老干部，其他时间我一直分管老干部工作。我尽力去沟通，发挥老干部在学校建设当中的作用。老干部是学校重要的智库，重要的精神支柱，所以做好老干部工作至关重要。

任校领导期间，我在党委和校长领导下工作，是一滴水，也是一份力量，要融合到群体当中才能做成事情。

四

我们学校是1940年中国共产党创办的，从那时候起就接受共产党领导，所以讲北京理工大学的校史要从1940年讲起，那时候叫特殊时期办大学。

1952年1月学校更名为北京工业学院，这才是正规大学。而且国家发文件规定北京工业学院要培养国防人才，要成为一个国防工业大学。1952年开始进行正规化建设，到1956年已经有了12～16个国防专业。到1959年已经成为全国重点建设的16所国防院校之一。

1988年北京工业学院更名为北京理工大学，意味着1952年的目标实现了，这是理工大学的第一阶段。1988年到十八大以前，通过“211”“985”建设，我们成为国内一流的高水平大学、国际知名的多学科国防工业大学，这是第二阶段。十八大以后建设“双一流”大学，这是第三阶段。

对学校的工作，我有这么几条建议：第一，要有一支做学生工作的专兼职队伍，这个政策必须始终到位，与时俱进。第二，加强学生骨干队伍的建设，任何时期都应该把学生骨干队伍组织好。学生当中不能没有骨干，要靠理想、靠道德、靠信任、靠系统推进。第三，必须保障职工的切身利益，要给教职工营造一个体面的生活环境。副教授、教授职称应该向教书育人的第一线倾斜，而不是向科研倾斜。教授是教学生的，搞科研在另外一个层面上叫协议行为，而教书是职业行为，教授就应该教书育人、立德树人。依靠教师把学生培养成非常优秀、贡献于社会的人才，培养出行业精英、学科精英、社会精英，这才是重点大学的作用。第四，学校的军工特色不能改变，军工建设是我们服务的主要方向。我们理工大学应该首先为国防装备做出卓越贡献，持续不断地研制出好武器、好装备。

2004 年李志祥与杨树兴带队访问杨振宁院士

共产党缔造了延安精神，遍布延安的各个学校，延安自然科学院以心许党，这是北京理工大学的特色传统。北京理工大学应不忘初心，继续发扬以心许党、以身报国的革命精神，这是延安自然科学院最鲜明的特质。

吕广庶——钻研进去就不愿离开

人物简介：

吕广庶，1942 年出生，河北秦皇岛人，北京理工大学二级教授，博士生导师。

1965 年毕业于太原机械学院，1972 年调到北京工业学院金属材料热处理教研室（金相教研室）工作，历任教研室主任、支部书记等职，以及校科协委员、校职称评委，中国体视学会常务理事，中国体视材料学会特邀理事，中国兵工热处理委员会副主任，北京机械工程材料分会理事长，北京诗词学会理事，北京楹联学会常务理事等社会兼职，是北京市司法局注册知识产权司法鉴定人。

主要研究方向为材料学、材料加工工程。先后主持国防科工委、总装备部、兵器工业总公司的项目及横向课题 10 余项，培养博士、硕士 60 余人。曾获部级科技奖 5 项、专利 4 项、技术转让 2 项、北京市精品教材奖 1 项，发表论文 150 余篇，曾获兴华奖教金、优秀论文奖等多项奖励。

主编和参编的教材有《工程材料及成形技术基础》《钢的热处理》等，主译和参译的译著有《模具钢的热处理》《金属机械性能》等。退休后主编高教社教材第二、三版修订工作，副主编化工社教材1部。出版个人诗词集一本。

曾获校级优秀教师、“三育人”先进个人、优秀党员、科技工作先进个人等荣誉称号。获工信部“正能量之星”奖杯、首届“诗词中国”大赛优秀奖，入选国务院参事室中华诗词研究院诗坛百家。

访谈时间：2019年8月12日

访谈地点：北京理工大学图书馆

采访人：张钧

摄像：聂明明

访谈提要

吕广庶老师1965年毕业于太原机械学院后留校任教，1972年，他调到北京工业学院金属材料热处理教研室，由此投身到他为之奋斗一生的材料专业领域。在特定的历史条件下，他没有按照大学老师的正常步骤，从教书、科研到编写教材、出版著作去走，而是先参与编写教材，再到讲课、搞科研，但在各个阶段，他同样都出色地完成了工作，取得了成果，获得了奖励。退休后，他又组织成立了离退休老干部诗词学会、社区诗社，弘扬正能量，在不同的领域，继续为北京理工大学贡献自己的力量。

一

我是秦皇岛人，一般中农家庭出身，1961年高中毕业时，校长给我们十几个人开会，说招生简章是绝密材料，给我们读了招生简章，推荐我们报考几个专业。我们那时才十七八岁，感觉这很了不起。我的第一志愿是清华大学工程物理系，招生简章上写着国际尖端，可惜我没考好。前几年，我作为中国体视学会的常务理事，到清华大学工程物理系去开

会，才知道这是搞核工程。第二个志愿是国防尖端，有国防机密、国防秘密等好几档。父亲希望我学医，因为我的数理化成绩好，没听父亲的话，按照校长建议填报了志愿。后来才知道，因为我们这些人通过了政审，符合要求，才可以报考绝密级以上的专业。

1961 年，我考入当时五机部所属的太原机械学院①，这所学校的前身是太行山兵校，后来沈阳工学院和北京工业学院的几个系合并过来，学校传承着延安艰苦朴素的作风，这点和北理工很相似。我们有 3 位老师毕业于原来的西南联合大学，具有相当高的水平，他们下一代的老师毕业于解放后的西工大的前身西北工学院，这些老师都很实在，教学认真的态度至今令我难忘。但太机在设备等硬件条件方面差了一些。

我报的是机械工程一系，分配到了机械工程二系，代号 21 专业，毕业证上是兵器热处理专业。当初因为不懂专业的实质，有点情绪，大家开玩笑说我们是“小炉匠”。后来班主任和系主任对我们进行专业教育时说：“有人讲热处理是‘小炉匠’，那炮弹专业就是冲压茶缸，这是无知的表现。它既然是一门学科，有多少科学家为此努力，创造了这个专业领域，这里有很多需要你们学习和钻研的知识。”有一句话老师说得非常实在：“国家设这个专业必然有其重要意义，你们既然已经入了这个专业，就安心在这儿学习。”从此开始，我搞热处理、搞表面处理，后来又搞金属材料的强韧化，搞了一辈子材料工作。

后来我当班主任，学生听说玩炉子，有人不愿意，我也讲这句话，还加了一句：“咱常说入我佛门念我经，你们已经入了这行，就跟着我好好学热处理吧。”学生们说吕老师，您讲了半天大道理都没用，就这句话最实在。过去是分配，现在是自己选择，但自己选择，有时也只是道听途说，实际上并不了解专业的实质。

我们上大学时有三门政治课：马列主义、政治经济学、中共党史，还有外语、体育、数学、物理、化学等十几门基础课。开始时是学习苏联的教育模式，我们还学了一门经济管理类的课程，后来改为我国自己的模式，这门课程学了一个学期就不学了。技术基础课跟现在一样，有

① 太原机械学院：简称“太机”，前身是 1941 年 5 月八路军总司令部在太行抗日根据地创办的我党我军第一所兵工学校——太行工业学校。1993 年更名为华北工学院，2004 年更名为中北大学。

制图、机械原理、机械零件、电工电子学等，因为我们搞兵器材料，所以还学过火炮概论、兵器概论，以及材料在航天上的应用等内容。专业课程就是金属学、热处理、金属物理性能、机械性能、X 射线结果分析、热处理工艺学和测试类的一整套科目。

事物的发展是连续的，以前陈旧的要淘汰一部分，新的要加一部分，逐渐成为现在的材料专业，但是基本的内容不变。那时的金属学原理，现在叫材料学原理，扩展到了非金属材料等。相变学的相变原理，材料淬火后立刻变硬，这是原子在变化、运动，现在还讲这些原理课。

基本上工科专业都有原理性、工艺性、设备性的检测技术。我们那会儿靠拉计算尺，在打炮试验之前，要测机械性能、拉伸强度、断裂强度这一套。以前检测火炮炮管就是“画加打”，画出来，加工出来，打靶试一试，火炮打到多少发时弹着点分散了，或者炮管炸裂不能用了，这种方法成本很高。现在有计算机预测，耐热性能可以在热疲劳机上做实验测试。像火炮的疲劳寿命，每次打炮用的力都没超过强度极限，但是次数多了，用显微镜能看出疲劳裂纹，那是断裂的策源地，有了疲劳裂纹，再打一炮就可能裂了。所以在此之前，要留有空余，打到这个程度就不要再打了。热处理时，在钢铁表面渗上碳或者硼原子，可以提高表面的硬度、耐磨性。如果把氢渗进去，耐磨性提高了，但是就脆化了，打上几炮或者在颠簸的路面上行驶，能被颠断，如果检查不出来，就可能造成灾害性的事故。所以任何一个工艺性的东西，都需要有检测技术，现在检测技术非常多，有 X 射线、电子显微镜等各种无损检测方法，可以减少“画加打”。

我读书的时候很认真，学完每门课程，我都把它总结出来，像手册、提纲一样，这门课分多少章，一章有几个问题，每个问题里有几个研究方面，主要结论性的东西是什么。后来我教热处理原理时，把我的这种学习方法，总结成一本原理指导书，里面都是俗话说的“干货”，是课程的大纲性内容。这种学习方法，记得很牢固，所以我的专业学得很好。什么东西只要钻研进去，就不愿意离开，因此我这辈子无比热爱这个专业。

二

我 1965 年毕业，那时有一个星期的毕业教育，大家还一起唱《毛主

席的战士最听党的话》：“哪里需要到哪里去……打起背包就出发。”毕业教育结束前一天，系主任问我有什么打算，脑子里很自然地就蹦出了这几句歌词，我说：“党叫干啥就干啥，打起背包就出发。”系主任挺逗，马上问我，不打背包出发不出发呀？我说干革命也得带点行李和日用品啊。主任说你就不要打背包了，从这个楼明天就搬到后面那个楼去。我知道这是让我留校了，从此开始了我为之奋斗一生的热处理研究事业。

我被分配到热处理教研室，太原叫 21 教研组，咱们学校叫 71 教研室。北理工前身的华北大学工学院时期有冶金系，1952 年调整后，只剩下对全校机械类、管理类、电工电子类等专业开设的一门技术基础课：金属材料与热处理。

20 世纪 60 年代，根据“三线建设”① 和“七二一指示”② 精神，太原机械学院下马改为红旗光学仪器厂。当时老师有三个去向：一部分留下当技术员、管理干部；一部分去北京工业学院和南京炮兵工程学院；一部分自己找出路，只要有接收单位，这里开绿灯。我是河北人，北京离老家近，北京工业学院这所学校又非常好，我就报名来这儿了。

三

我 1972 年调到北京工业学院。我们这一批来了 100 位教师，其中 62 人是带家属来的，他们或者是双职工，或者 2 人都是老师。我的家属在秦皇岛，这种情况的有 38 户。人事处的赵铁刚说，只要有机会，首先给我们这些人解决家属问题。到 1974 年我的老伴、孩子都调了过来。

我先是被分配到校办工厂做整团的工作，那时党员、团员全部停止活动，整建党的时候，一个一个地“洗澡”“放包袱”，一个一个地检查，过了关再恢复党籍、团籍。我不愿意做这个工作，就跟书记说我不适合这个工作，我是搞热处理的，让我去热处理教研室吧，我这样去了金属材料热处理教研室。

金属材料热处理教研室当时叫金相教研室，有 13 位任课老师，5 位

① “三线建设”：我国自 1964 年起在中西部地区进行的一场以战备为指导思想的大规模基本设施建设。

② “七二一指示”：1968 年 7 月 21 日毛泽东为《从上海机床厂看培养工程技术人员的道路》一文所写的编者按，刊载于 7 月 22 日的《人民日报》。是大学停止招生 3 年以后，毛泽东对恢复大学招生及改变大学教育制度的一种构想。

实验室老师，主要承担全校的金属材料与热处理这一门课。“文化大革命”前，石霖[1]教授是教研室主任，我到教研室见到石霖教授时很激动，因为我上学时就知道石霖教授，国内第一本苏联教材，古里亚耶夫的《金属学》，就是石霖教授翻译引进的。当时教研室有个革命领导小组，周木兰老师是主管。

搞教学和实践相结合时，把金属机械制造系和机械制造厂结合，校工厂成为系级单位，金相教研室归属校工厂。教研室里的老先生，除了政治学习，大部分人都在校工厂参加劳动。我到教研室先参加政治学习，两天后让我参加金属材料与热处理教材的编写小组，石霖老师负责，从太机来的吴培英老师、杨道明老师，我们几个一起编教材，其他人都在工厂劳动。

教学改革要面向工农兵学员，不讲深奥的概念，要通俗，要结合实际。因此这本教材前面是金属学基本原理、热处理工艺，最后的具体材料分三大部分：合金钢、工具钢和特种材料。合金钢部分有结构材料，结构材料的加工处理得有工具钢，还有特种材料，如耐热钢、不锈钢等。结合实际的部分，我们结合了坦克，那会儿提出加上耐磨钢，坦克履带是高锰钢，很软，打一锤就硬一些，不容易断裂、耐磨。

原来教研室用的教材都是石霖老师翻译的，他后来还有一本书是国防工业出版社出版的。老师们都有分工，谁教哪章就编哪章。我负责的是工具钢和特殊钢。我先去了618 厂收集资料，跟厂里的老工程师、技术员们混得都挺熟。厂里图书馆有一个姓郑的老工程师出的小册子，里面有一张图，我用薄纸描下来，编到了书里。工具钢的内容有原来的书，把原来翻译的语言讲得通俗点，编成了这本书，学校教材科印出来，用了好几年。

理工大学其他专业所学的金属材料课程，我们专业内部简称“外专业”，我们本专业是材料专业。有了本专业后，由另外成立的外专业小组继续编教材，国防工业出版社出版，全国发行。之前石老师翻译的那本

---

① 石霖：教授，绥远临河（今属内蒙古）人。1950 年毕业于北洋大学冶金系。历任北京工业学院讲师、副教授、教授，中国兵工学会第二届理事、热处理学会副主任委员。20 世纪 70 年代指导进行的彩色金相学、车辆齿轮碳氮共渗机理的研究，居国内先进水平。译有《金属学》《物理冶金与钢的设计》，编有《金属学及热处理》。

教材和这本书，在全国都占有主导地位。这本书一直到 20 世纪八九十年代，还有学校在用。

2001 年，教育部组织修订这门课程的教材。因为我讲这门课程，学校派我去天津开会，虽然我没有什么名气，但北京理工大学有名，会上推荐让理工大学的人当主编。我当主编一直到第二版，现在正修订第三版，这本教材已经有十四五年。现在又重新获得了主导地位，因为有三大创新点，还获得了北京市精品教材奖。

原来学校有三个带金字的教研室叫“三金”：机械金属材料教研室、金属工艺学教研室和金属测量教研室。“三金”把金属工艺学打散了，冷加工部分到了校工厂，热加工部分归到金相。成立外专业热加工金属材料小组时，我已经当了教研室主任。高教出版社要把金属材料和热加工这两门课合起来编一本教材，我是主编。把这两门课整合，这是一个创新。我主讲一门专业课，搞失效分析。我们金属材料认为坏的零件里有丰富的机械制造信息，通过分析找出原因，可以为下次设计、改进打下基础。我把这部分内容放到冷加工制造设计专业的金属材料课里，这也是一个创新。我提出这是机械制造的重要环节之一，设计完成、交付使用后还得跟踪，坏的零件要拿回来分析，是材料选定得不对，设计、工艺有缺陷，还是使用的问题？把这些内容加了一章，很有影响。再有就是标准化，工业标准、钢铁标准、热处理标准、铸锻焊标准、材料标准，包括测试方法，这些都有标准。我了解到设计专业，没讲标准的基础知识，作为机械制造的基础，我把标准化放进去一章。

后来学校把相近的课程放在一起，成立课群，金属材料、热加工、冷加工和校工厂实习四个部分，叫金属材料与机械制造课群，我是主讲教授。原来冷加工、机械制造和工厂实习都归校工厂管，我和校工厂不属于一个行政系统，但我还是把这四部分，形成了 20 多万字的教学法文件，包括教学大纲、课程授课大纲、考试大纲、实验大纲等文件，出题、考试、评卷等都依据这些文件，影响挺好。

后来我们教研组专业课的发展和科学研究都突飞猛进。

四

教学改革时，周木兰领着我们几个人去浙江大学、上海交大等老牌学校走访，他们都会打听石霖教授，石霖教授当时在国内非常出名，100

多个机械类专业都有金属学这门课，使用的都是教育部推荐的石霖教授翻译的教材。

走访回来后大家形成了一个想法，太机过来的杨老师说咱们也得上专业，光有基础课发展前途不大。周老师很敏感，马上抓住这一点，正好兵器部所属的太机下马，缺少这个专业。我们从太机到北工来了 4 个人，周老师说这就是基础，他给上级打报告，准备上专业，并成立了筹建专业的筹备 3 人小组，我是成员之一。周老师到兵器部汇报时，兵器部教育局的霍处长特别热情，他说你们真是雪中送炭，太机一下马，兵器部连热处理的技术人员都没有，我们只能跟华中工学院①、哈工大协作，帮我们培养这方面的人才，咱们自己能有就太好了。马上就给我们筹备组开了介绍信，让我们到西北、西南兵工厂密集的地方去调研。

1973 年，我们拿着兵器部的介绍信，去调研了两个月。回来后，让我起草报告，大家讨论后提交给兵器工业部。年底部里批下来，可以先试办培训班，但不给经费，让我们先过渡一下。1974 年下半年，我们先招了 8 个月的短训班；1975 年，又招了 10 个月的短训班。我那时年轻，让我当班主任，短训班学生都是工厂来的工人师傅，有的比我岁数大，有不少党员，我兼学生党支部书记。我们专业到 1976 级才有工农兵学员，他们 1977 年年初入学，但还叫 1976 级。

我当班主任的同时，还要给学生辅导高等数学，这时我已经毕业了 7 年，“文化大革命”期间没看书，高等数学已经忘得差不多了。因此我又重新去听课，课后作业我都先做一遍，等于又重新学了一遍高等数学。因为那会儿一系和七系一起上大课，四个班 100 多人，作业老师批改不过来，所以让各班班主任批改各班的作业。这段时间的学习对我后来发表材料学科的论文，帮助非常大。

1978 年经上级领导部门同意，学校开始正式对外开放招生。我那时还是 1976 级班主任，新生进来又让我当 1979 级班主任。咱们学校的副校长李和章就在我这个班，之后他跟沈达钧老师念的硕士，沈老师找了 3 个小导师，现在叫副导师，我是李和章的小导师。他后来考了我的博士，等于我从 1979 级一直带到他博士毕业。

---

① 华中工学院：今为华中科技大学。

五

我的教学程序和正常情况正相反，应该是先当助教，然后上讲台讲课，到一定程度才能编教材，我是先编教材后讲课。讲课之前，教研室组织大家观摩了石霖老师、沈达钧老师讲课。后来我开始独立讲课，第一次讲的是“金属材料热处理”，用的就是我参加编写的那本教材。我第一次讲课时也紧张，后来越来越熟练，因为我是秦皇岛人，口音跟普通话接近，又口齿清楚，学生能听得明白。1976 级的学生为此还给我写了表扬信，这对我也是鼓舞。

给短训班学员上专业课时，我教热处理，包括热处理原理、热处理工艺学和金属材料。“文化大革命”前出版的各种专业书都找不到，只能自己编教材。那时的大协作精神非常好，没人打官腔，特别是我到北京钢铁学院（现北京科技大学）的时候。20 世纪 50 年代，华北大学工学院的冶金系分到华中工学院、北京钢铁学院和北航，钢院很多人是从我们学校转过去的，对北工的人都很热情，认为北工是他们的母校。虽然我那时很年轻，但是他们毫无保留地把他们的教材给我看。我说我们编了教材的初稿，现在缺些图，能不能把你们的图借给我，其实这个要求有些过分，毕竟画图很费功夫。人家说好，找出来一大包图借给我。我编教材时想把这些图插进去，印刷厂说这么多图，插进去太费事了，让我把这些图编上号，出了一本教材、一本图册，在短训班使用，解决了那两年专业课教学问题。1976 级工农兵学员入校时，给短训班编的这个书就不适用了，我们到北航去买书，一说我们是北工的，就给了我们 40 多本教材，到了 1979 级时开始就用了国家统编教材。

后来我给研究生讲课，一个叫固态相变，是研究生的学位课，比本科的热处理原理深一个层次。没有适合的教材，我就补充进一些科研成果、文献的内容。还讲一门专业课叫强韧化原理，这是材料学研究的主要内容。搞兵器材料研究，要能提高现役兵器零件的寿命，不但有经济效益，而且不贻误战机。比如打着炮撞针不灵了，得到团级单位的修理所才能更换。所以要学习提高强韧化、提高寿命的课程，我开始带研究生主要也是这个方面。

大概是 1986 年、1987 年，我当教研室支部书记时，跟教研室主任一起建立了 4 个学科方向：材料强韧化、材料动态性能、陶瓷材料和精密合金方面的磁性材料。4个老师4个方向，后来我接了材料强韧化的研究方向，一直延续下来。

这4位老师都是1960年和1962年毕业的，我1965年毕业，他们陆续退休后，当时的系科研主任、现在材料学院院长王富耻跟我商量上博士点，我建议跟七系的机械制造专业一起设一个机械工程材料的研究方向。我起草了报告，王富耻签字报送学校，校长王越院士同意在机械制造博士点增加机械工程材料方向。

当时我正在盐城搞技术转让，系主任王富耻给我来电话，说硕士生马壮直博了，让我带。我那时还不是博士生导师，王富耻给我挂靠到73专业的首席教授、博士生导师王信义名下。我想现在我带着马壮，再让别人带也不合适，我就带吧，之后马壮就跟我念博士。后来评博士生导师的时候，其中一个条件是完整辅导过一届博士生，马壮给我提供了这个条件。后来博士生导师不用国务院学位委员会评定，咱们学校有了增列博导权，我当了博士生导师。又过了2年，老教师们都陆续退休了，我成了这个博士点的学科带头人。

现在北京理工大学的材料专业与我刚进校时相比有天壤之别，发展得非常快，国家和国防科工委的重点实验室也设到了我们教研室。

六

我1973年开始讲课时还是助教，改革开放恢复了职称制度，1980年，我翻译了俄文的《金属机械性能》后，被评为讲师。

我开始接触翻译工作是在复课闹革命①之后，东北工学院搞《冶金文摘》，把国内、国际各种杂志上关于冶金方面的文章复印后，寄给工业学院十来份单篇的文章。教研组的老师分别把外文资料翻译成三五百字的摘要，再寄回去。我先做俄文的翻译摘要，1973年以后，我跟着扫盲班学了一点英语，之后就自学，后来翻译英文的《冶金文摘》。再后来，兵器部的《现代兵器》《兵器制造》杂志找我约稿，让我给编译点东西。逐渐做下来，外语有了一定基础，我就想要学以致用。杨道明老师联系，让我翻译了俄文的《金属机械性能》。后来又陆续翻译了俄文、英文的文

① 复课闹革命：1967年10月14日，中共中央、国务院、中央军委、“中央文革”小组联合发出《关于大、中、小学校复课闹革命的通知》。

章和书籍，还主持编译了2本译文集。我国原来的兵器标准用的是苏联的GOST标准，后来改成美国的军事标准，兵器部标准化研究所找我给他们翻译了不少材料。

外语要学以致用，不仅是翻译文献，对了解国内外科研方向、本领域的前沿都很有帮助。举个例子，我给1976级讲淬火、回火时，讲到了Hollomon方程，学生问我这个公式怎么来的？为什么这样？把我问住了，我说得回去查资料。我找到原文，是在1940年美国的《金属学报》上有个叫Hollomon的人发表的一篇文章，看不懂我就查字典，把这篇文章翻译成中文。研究这篇文章时，我发现这个方程是近似公式。为了证明它的近似性，我到618厂想买点料头，人家说这么少怎么买，办手续都得一个星期，给你点料头吧。回来我把料头切成小块进行热处理实验，分别在不同温度、不同时间下测量硬度，画出曲线，这条曲线从淬火的硬度出发，随着回火温度和时间的变化，硬度下降，这样测得的是一系列射线，Hollomon的是一组平行线，所以进一步证明了Hollomon方程的近似性。我想随着计算机的发展，温度控制更加准确，近似性不够准确，然后把这篇文章写了出来。到1979级入学时，还有同学问我这个问题，这时我的文章快弄完了，后来发表在国际发行的中国金属学会办的《钢铁》杂志上，英文只有两行摘要，美国金属学会（ASM）向中国金属学会索要英文的全文译文。我的水平要翻译成英文比较困难，我找李鹏飞老师帮助翻译完，寄到美国。

1980年EI杂志收录了这篇文章，这是工程索引，也是三大检索之一。那时国内还没有提出三大检索，博士生毕业也不需要。到1993年，图书馆给我一个打印的小纸条，通知我哪篇文章被EI哪一期、哪一页索引，让我到图书馆复印，还写着这对提职称有用处。那时我已经是教授了，就没拿它当回事。这篇文章比较早，我还没有科研课题，也没花钱，但这说明一点就是教学相长，学生的提问对教师的提高会有好处。不要怕被学生问住，问住以后要解决问题，给学生回答。在很早期我就有了一篇被EI收录的文章，感觉还是做了点工作。

七

我没做出大的贡献，也没有大的成绩，7年左右一个台阶，正常情况是5年。我1987年是副教授，1993年是教授，2000年是博士生导师，

2006 年是二级教授。

我一直在教研室，给短训班当了 2 年班主任，1976 级、1979 级、1981 级也是班主任。1983 年当教研室支部书记兼系党总支委员，系党总支委员从 1983 年开始，连续做了 20 年，每届都当选。后来当教研室支部书记兼教研室主任，一直到退休。

随着年龄增长，学校的工作也逐渐增多。我当选过两届校党代会代表、系教代会主席、校教代会主席团成员、校科协委员、校职称评审委员、校教学督导委员、校学位评审委员、学校的学生创新评审委员，学校干部考核评审委员，还有研究生巡视委员。

我有六次离开教研室的机会，一次是让我去河南新乡当兼职科技副县长，我没去。一次是要调我去人事处，也没去。还有一次准备让我担任学校组织部部长，还是没去。我的同学说这是北京理工大学的组织部部长，多少人想当都当不成，你还不去，我说这个工作不适合我。最后一次是我 57 岁时，副书记找我谈话，让我担任学校图书馆常务副馆长，馆长是校长兼任。我说我干不了，副书记说明天下午要上常委会，你不干就赶快去找谈天民书记。我当天在谈书记办公室找到谈书记，没谈下来。我一宿没睡好觉，第二天早早起来，去他门口等着他，见到谈书记，他说想通了吗？你今年 57 岁，明年再想干，政策不允许了。我说你放心，我不会为这事找你。他说既然好多部门都推荐，你肯定能行。我说不会干行政，我做业务工作对学校的贡献更大。

对于材料专业，我是越陷越深，越不能自拔，非常喜欢，愿意干这一行。

我们教研室第一任主任是 1949 后从美国回来的，我国的第一批院士，著名的颜鸣皋教授，他回国的第一站就到了华北大学工学院。我们实验室那些设备都是颜教授从德国进口的。第二任是石霖教授，他干到 1966 年“文化大革命”改为革命领导小组。之后是周木兰、沈达钧，往后是系主任刘巽尔兼任教研室主任，钟家湘是教研室代理主任，再之后就是我。那时教研室主任这类小干部是大家民主推荐，领导任命。

组织让我干啥就干啥，但我当选党支部书记后，不愿意脱产，宁可自己多做一些工作。我没有那么大的贡献，就是琢磨自己的专业。我讲课、科研等工作时间，如果都折合成标准课时 BK，能达到七八倍的 BK 值。业余时间，我还要做些小干部应该做的工作，也花了不少时间。每

当做完一件工作，我都会感到很高兴、很满足。尽管成绩不大，但是我愿意做这些事情。

比如我有一个不算大的成果，但是解了燃眉之急。

20 世纪 80 年代，山东淄博 732 厂做的定向地雷，比 32 开纸大一点，炸药上面贴 700 多粒直径 5. 56 毫米的滚珠，对越自卫还击战时，用于封锁老山前线。设计要求是 60 米远、60 度角、人的高度，700 多粒滚珠均匀地打出去，只要进入这个范围的目标，就能被打中 3 颗以上。实战时，由于分布不均匀，有好多空白区域，杀伤力不够。前线战士把情况反映到总后，732 厂驻厂军代表因此受到批评。我带的硕士李和章下厂实习时，我让他找点任务回来，他就跟我说了这个事情。这个小滚珠是渗碳的，如果渗碳层厚了就脆，分成几瓣，会降低杀伤力。渗碳薄了，击发时的冲击波，到材料里叫驻波，形成拉伸力把滚珠拉长，肉眼不一定看得见，圆珠变成微观上的椭圆形，就会偏离弹道。我说改进工艺可以做到，但是太费事，微调很不容易掌握，而且战场上等着用，时间上也不允许。那时我国刚购进的日本岛津的渗碳机，要控制碳室非常难，而且还得做实验，让界面过渡分布。我想换成低碳钢，不渗碳直接淬火。原来认为高碳钢淬火后才硬，低碳钢淬不上火。相变原理上讲，低碳钢薄了，有一定的大小可以直接淬火，但是硬度达不到 60 度，只有四十几度，我想这正是高温回火的温度，强度、硬度都不低。

我年轻时敢干，就决定先试试，两三个月，我和李和章就把这个项目做成了。先经过沙坑实验，沙坑直径 5 米、2 米多深，把定向地雷吊到沙坑中间，埋上沙子，再盖上大盖子，引爆后筛沙子，回收的情况表明没有破碎。然后按照验收标准进行打靶试验，用 4 毫米厚的松木板摆成一行，引爆后大家一人拿一个粗钢丝做的大锥子，到靶子上去查看，插透了画个圈，没透的画个三角。那位军代表之前总是阴着脸，试验成功后，他跑过来抓着我的手说："吕教授，感谢你们，这些日子整天让我写检查，说是验收的问题，前线老催这个事，我都睡不着觉。"这回好了，马上鉴定。没几天，我把材料准备好，还缺两张金相照片，我和李和章连夜在金相教研室把照片弄出来，马上到山东去鉴定。鉴定以后，那位军代表说我立即上报中国人民解放军军事定型委员会。这件事不是尖端，但解了前线的燃眉之急。我那时胆子大，这个方法也成功了。但是一两个好办，要成批淬火，还有好多工艺问题要解决，包括距离、速度、温度控制、淬火介质等，我又配了一种淬火剂，达到了批量生产的要求。当时的公文我还留着，生产了 80 万枚供应前线。那位军代表属于参战人员，还获得了军队的奖励。1985 年，定向地雷项目获得了部级奖励，后来还获得了国防科工委、兵器工业部的奖项。

我发表过 150 多篇论文，其中 30 多篇被三大检索收录。我没做过大课题，打一枪换个地方。后来我又搞了铝合金桥面板、扭力轴、等离子喷涂、化学镀镍等项目。铝合金项目，我那时候没有炼铝炉，就把横着放的炉子立起来，搁个石墨坩埚炼铝，虽然很土，但当时能做事就行。化学镀镍是把配好的药放到八九十度的水里，把零件放进去，一小时能镀 20 个微米，还不需要用电，在农村烧一大锅水就能做。这种非晶态的镍，耐腐蚀性、硬度都相当高。后来学校把这个技术转让给了盐城一家乡镇企业。还有合作的渗硼项目，把零件埋到含硼的介质里，烧到 930 度，烧上 8 个小时，表面硬度比金刚石硬度还高。

我退休以后，我们的专业发展得非常好，后起之秀越来越多，材料专业后继有人，我非常满意。现在叫材料科学与工程学院，其中有两个系是我们金相教研室延伸过来的，一个叫金属与非金属材料系，一个叫材料加工系。当时我到材料加工系，当挂名的教授，学科带头人。颜鸣皋教授早年进口的德国显微镜，好多人参观我们教研室时，说他们有专业，都没有这么好的东西。我们上专业的时候，给兵器部打报告说我们有什么人力、设备条件，那时我们比好多专业教研室的设备还好。现在发展得更好，全是计算机化、电子化，扫描电镜我们都有 2 台。拿到了总装备部的重点课题，拿到了国防科工委的重点实验室，建立起了一个很大的平台。现在的实验设备，远非颜鸣皋教授时期可以相比，达到了国际一流，国际上材料学的重大设备，我们教研室都有，相当了不起。

八

我从 20 世纪 70 年代开始在咱们学校教书，有很多学生成才。像 1979 级的李和章现在是咱们这所重点大学的副校长。1978 级的潘小夏，现在是国际著名公司的合伙人。其他还有付恒生、王鲁、马壮等都是知名校友。

我非常热爱自己的专业，我也非常喜欢教书，每当把知识教给学生，心里就会感觉是一种享受。我当了这么多年班主任，鲁迅讲“青年是未

来”，我对青年无比热爱，想把我的经验分享给他们，能够帮的尽量帮一把。比如有的学生毕业设计不好好做，我找他的班长开玩笑说，你把谁谁谁帮我请来，他总也没接见我一回。这位同学来了，说他有不及格的课程，不想做毕业设计了。我说有不及格的课程，还可以补考，缺了毕业设计，肯定毕不了业。这个成绩还得要，我给他讲毕业设计的重要性，即使不要毕业证，跟我好好做毕业设计，学习动手能力、思维能力，对今后工作也很重要。现在跟我做毕业设计，听我叨唠，也是一种能力训练，对你有好处。他听进去了，毕业论文、答辩都挺好。所以对学生不能放任不管，我规定学生什么时候要来见我，我给任务，任务做到什么程度时，我要检查。对待学生要正确引导、教育，尽力让他向好的方向转变。

我退休后，带过的研究生、博士生和一些本科生一直有联系，过年过节他们来看望我，这让当老师的感觉很欣慰。

我年轻时脑子好，两三堂课之后，全班同学我都能叫上名字。我发现叫上谁的名字，他会很高兴，觉得老师知道我的姓名了，这对学生也是鼓励。然后打听打听情况，鼓励鼓励学习，效果非常好。咱们学校的学生，十几年、几十年返校的时候，我不是他们的班主任，有些同学都拿我当班主任，让我帮他们组织、联系老师。

九

2007 年 9 月 1 日，学期结束后，我 65 岁，办了退休手续。同年 11 月份到老干部处报到，报到时给了副书记一本我的诗集，他说你会这个，那赶紧组织一个诗词班。我就组织在学校老干部处的《秋韵》杂志上发表过诗词的人，2008 年 2 月 1 日成立了诗词学会。根据中华诗词学会章程，我们也定了章程，首先要歌颂祖国、歌颂党、歌颂改革开放；其次，要歌唱北京理工大学的一草一木；最后，抒发自己正能量的胸怀。离退休处副书记让我把诗社里大家写的诗词集合成一个集子，给国防科工局老干部处寄去，国防科工局老干部处给我们评了个集体奖。我们加入了北京诗词学会，2017 年，被评为北京诗词学会的优秀社团。

退休后的十几年，我好像开始了第二个专业，把自己这点爱好，组织大家一起搞格律诗词，这个过程，不仅是我们老年人自娱自乐，我们还要传播正能量，同时自己也得到了提高。到现在我写了上千首诗词、对联，最近正在编《党建情怀集》和《北京理工大学情怀集》。

自从开展诗社的工作后，校工会、校宣传部、校老干部处、国防科工委等，很多事都来找我们给写点东西，比如说国防科工委为祝贺南京理工大学关工委成立 25 周年，让我给写了一副对联，反响挺好。工会找我们给三八妇女节出专刊，也快完成了。生命学院的学生社团“青渔社”让我给他们讲格律诗词，这些在客观上都为学校做了点贡献。

我当选了北京诗词学会理事、北京楹联学会的常务理事、海淀楹联学会的副会长兼党支部书记，获得了首届诗词中国大赛优秀奖，上榜了国务院参事室下属的中华诗词研究院的“诗坛百家榜”，去年入选了第五届百诗百联作品集。我还在我家所在的小区搞了个诗社，小区的文化养老做得挺好，海峡两岸记者代表团访问小区时，正好我们诗社在开会，社区领导介绍了我们，我当场作了一首《两岸一家亲》，得到 30 多家媒体报道，给小区做了贡献，也给理工大学做了点贡献。

这次采访，我要感谢学校领导，感谢图书馆，感谢宣传部和你们大家的辛苦。我都退休了这么多年，还没有被大家忘记，心情还是蛮激动的。我祝愿我们学校在“双一流”建设中越来越好，祝愿我们系后继有人，希望越来越蓬勃地发展。

人名索引

J ~ K

L

M

P ~ Q

（王彦祥、张若舒　编制）

口述北理

北京理工大学口述史料
（第四辑）

北京理工大学党委宣传部
北京理工大学图书馆　组织编写

姚文莉　蔺　伟
王　征　姜　曼　等编著

北京理工大学出版社
BEIJING INSTITUTE OF TECHNOLOGY PRESS

图书在版编目（CIP）数据

口述北理：北京理工大学口述史料．第四辑／北京理工大学党委宣传部，北京理工大学图书馆组织编写；姚文莉等编著．--北京：北京理工大学出版社，2025.1.

ISBN 978-7-5763-5009-8

Ⅰ.G649.281

中国国家版本馆 CIP 数据核字第 2025P5C597 号

责任编辑：李慧智　　文案编辑：李慧智

责任校对：周瑞红　　责任印制：李志强

出版发行／北京理工大学出版社有限责任公司

社　　址／北京市丰台区四合庄路 6 号

邮　　编／100070

电　　话／（010）68944439（学术售后服务热线）

网　　址／http：//www.bitpress.com.cn

版 印 次／2025 年 1 月第 1 版第 1 次印刷

印　　刷／三河市华骏印务包装有限公司

开　　本／710 mm×1000 mm　1/16

印　　张／20

字　　数／284 千字

定　　价／158.00 元（全两册）

作者名单

组织编写：北京理工大学党委宣传部

北京理工大学图书馆

主要作者：姚文莉　蔺　伟　王　征　姜　曼

马　丽　张　敏　臧　浩

前　言

PREFACE

北京理工大学的前身是1940年创办于延安的自然科学院，是中国共产党创办的第一所理工科大学，在80余载的发展历程中，全校师生为新中国的国防建设和国家安全矢志不渝、辛勤耕耘，培养了一批批优秀的人才，为新中国的建设和发展做出了巨大的贡献。然而，随着时间的流逝，前辈们曾经的辉煌岁月正逐渐被淡忘，那些在建校初期筚路蓝缕、无私奉献的创业过程，在学校发展关键时期殚精竭虑、众志成城的奋斗经历，特别是那些发生在时代大背景下可歌可泣、激荡人心的精彩瞬间和感人故事，正随着亲历者们的不断离开而逐渐湮没在时间的长河中，众多散落在个人手中的历史资料也因为各种各样的原因，最终被淡忘和遗弃，消失在岁月中。前事不忘，后事之师。作为后来人和继承者，我们有责任将历史以适当形式记录下来，传承下去。

2018年3月，口述北理——北京理工大学口述史料采集工程（以下简称“口述北理”）一期采集工作正式启动。“口述北理”是为了深化落实《北京理工大学“十三五”文化建设规划》，实施北理工精神传承工程，做好大学文化建设工作，抢救、挖掘宝贵的校史文化资源。“口述北理”邀请学校当年的建设者们讲述那段峥嵘岁月，同时征集与口述内容相关的实物资料，包括手稿、书信、老照片等，让那些留存在记忆中的珍贵历史印记，按照口述历史的方式有计划地保留下来，以实现校史史料持续性积累；在此基础上，长期、有序地开展对口述史料的采集和深入研究，有助于形成多种形式的研究成果，服务学校“双一流”大学建设。长此以往，既能完整保留学校发展重要历史阶段的真实情况，完善重大历史事件的专题史或事件史的史料收集，形成可永久保存的档案资料和文献资料，又能在校史研究的基础上凝练独具特色的大学精神，达到传承学术传统和大学文化的目的，为树立我校崭新的时代形象奠定基础，对我们进一步研究国防科技史具有更重要的意义。

为保证“口述北理”采集工作的顺利开展，学校成立口述史料采集工作组，由党委宣传部牵头，成员包括图书馆、离退休教职工党委/离退休工作处、校友会办公室和档案馆等单位。口述史料采集工作组经过充分调研，立足专业化实施，制定详细实施方案和工作流程，选择专业化团队承担访谈资料采集工作。结合校图书馆在中国科协老科学家学术成长资料采集工作方面多年积累的经验和优势，在图书馆建立了我校口述史采集基地，保证了采集工程的顺利实施。

对于口述史采集来说，采集对象的选择是关键。2018 年 4 月，党委宣传部面向全校各单位发布“口述北理”采集对象推荐通知，在离退休工作处与校友会办公室的协助下，初步拟定了“口述北理”采集对象范围。为确保采集工作质量，工作组特聘原学校党委书记焦文俊教授担任顾问。经多次专题会议研究讨论，在充分了解采集对象背景的基础上，立足校史、聚焦学校发展建设各时期的关键事件，逐步确定各期采访人员名单共计 150 余人，计划分三期完成采集。采集对象涵盖学校办学的各个时期、各条战线，有中华人民共和国成立前经历学校创建发展的老教师、老校友，有中华人民共和国成立后学校自己培养起来的干部、教师，有亲历学校办学关键时期的老领导，也有学校重点学科的开拓者。这些老教师是学校各个发展阶段的直接参与者和重要建设者，他们对学校怀有深厚的感情，内心有继续为学校发展发挥余热的强烈愿望。

在学校领导、各单位、各学院的大力支持下，“口述北理”采集工作取得丰硕成果。一期访谈 40 位老教师，采集视频 7 350 分钟，速记稿整理 160 万字。根据受访者意愿，选取部分受访者的访谈整理稿编辑出版。2020 年 8 月，为庆贺学校八十周年校庆，《口述北理——北京理工大学口述史料》第一辑和第二辑正式出版。该套图书收录了“口述北理”一期采集的 36 位老教师的访谈整理稿，共计 54. 8 万字。

2019 年 8 月，“口述北理”二期采集工作开始正式实施。然而，新冠疫情的突然爆发，严重影响了工作进度。2020 年 1 月后，采访及后续工作受到疫情的极大影响。经过多方共同努力，二期如期完成了计划访谈的 40 位老教师，总计采访时长 7 895 分钟，采访速记稿 75 篇，共约 172 余万字，整理稿 75 篇，共约 132 余万字。在此基础上编辑整理，最终完成 45 余万字的口述史料稿以兹出版。在此，衷心感谢所有参与和支持口述史料采集的老师们！感谢各位不辞辛劳接受访谈的老教师们！

《口述北理——北京理工大学口述史料》第三辑和第四辑收录了“口述北理”二期采集的 39 位老教师的访谈整理稿，各篇文章按受访者姓氏拼音排序。需要说明的是，史料稿件为基础文献，以忠实记录访谈内容为宗旨，但入编内容并非是每位受访者所有口述内容的简单汇编，而是聚焦于受访者在我校的学习工作经历，重点选取了其在大学的求学经历，留校或调入我校工作后参加学校建设、院系建设、学科建设等有关学校建设发展历史的工作经历，对个人其他阶段经历进行了相应删减。为保证访谈记录的真实性，访谈史料稿没有与其他正式出版或发表的文献进行对照修订，也没有人为进行篡改，或改变受访者的讲述原意，仅对所涉及的历史事件和人物尽可能进行了注释，对访谈中出现的明显记忆错误进行了修正，对内容和文字进行了必要的编辑，使得讲述按照时间顺序，同一事件的内容集中在一起，以保证事件的完整性。

再次感谢始终关心、支持、帮助“口述北理”采集工作的各位领导、老师们！

编著者

2024 年 12 月

目　　录

CONTENTS

任光瑞——一封信结缘北理40年

人物简介：

任光瑞，1935年出生，山西祁县人。

1956年考入北京工业学院三系，大学二年级转到无线电系51专业。学生期间任支部书记，曾半脱产1年，担任年级社会主义教育辅导员。

1959年到清华大学无线电系半导体专业学习，1962年提前回到北京工业学院老八系半导体专业参加教学工作。1964年调到物理教研室任协理员。1969年任河南驻马店“五七”干校党委委员、三连指导员。1971年年底回到五系，任计算机专业副指导员、基础课党支部书记。1977年回到物理教研室。1983年任学校计算电教中心副主任，校党委纪检筹备小组成员、纪委委员。1985年任物理系任副主任。1989年借调到钛金公司任副总经理。1996年退休，2000年，辞去钛金公司工作。

访谈时间：2019年11月5日
　　　　　2019年12月4日

访谈地点：北京理工大学图书馆

采访人：郭晓明

摄像：吴哲

访谈提要

任光瑞老师少年时接受到八路军的启蒙教育，高中时期入党，依靠助学金完成了高中学业，希望报考国防院校。高考前，他给北京工业学院校长办公室写了一封信，不仅收到“欢迎报考”的回信，还如愿考入北工这所他心仪的大学。大学期间，他担任年级党支部书记、半脱产社会主义教育辅导员等，一边学习一边工作，还曾到清华大学无线电系学习。毕业前留校参加工作，亲历并见证了物理教研室开展科研、成立专业、培养学生、引进人才，到发展为物理系的过程。在物理系副主任任职到期后，借调到北京长城钛金公司，为帮助企业解决问题、助力企业发展贡献了力量。

一

我是山西省祁县人，抗战胜利时我在上小学，记得大家唱歌欢迎八路军：“迎接1946年，学生老百姓大家欢唱，欢唱共产党，欢唱八路军。”我上小学读的是八路军的《新三字经》：“陕甘宁、边区好，共产党、来领导。”因此小时候受共产党、八路军的影响比较大。我们村离刘胡兰的家乡8里地，只隔着一条河，刘胡兰牺牲时，当地老百姓传唱歌曲：“刘胡兰是文水人，文水祁县相邻，文水川岭平又平，出了一个少年女英雄，她的名儿叫刘胡兰，她是咱们中国共产党的候补党员……”

我在家乡的小学只读到四年级，1950年春节后，三舅把我接到归绥，当时不是招生季节，我在冀成完小学六年级插班学习。小学毕业前两个月，我考入傅作义①创办的私立奋斗中学②，据说此前在北京和内蒙古陕

① 傅作义（1895—1974）：字宜生，山西临猗人，国民革命军将领，抗日名将。解放战争时期，任华北“剿总”司令，1949年1月促成北平和平解放。中华人民共和国成立后，历任中央人民政府委员，水利部、水利电力部部长，四届全国政协副主席，国防委员会副主席。

② 私立奋斗中学：1942年，时任绥远省主席的傅作义先生在绥西河套地区指挥抗战期间，创建了私立奋斗中学。1952年，私立奋斗中学改为公办。

坝各有一处奋斗中学。绥远和平解放后，傅作义把两个学校合并，称为归绥市奋斗中学。之前奋斗中学只招收傅作义部下的子弟，1950 年是第一次面向社会招生，但不招应届生，只招往届落榜生和社会青年。我们当时还没毕业，有同学说，反正过 2 个月就毕业了，咱们借毕业证去报考。给我借的毕业证名字叫王学斌，绥远五原县人，我的名字、出生地都变了。招生 100 来人，我的成绩倒数第八名，但小学没有毕业就考上了中学。

在奋斗中学上中学后，1951 年要申请入团，我就老实说我叫任光瑞，学校到公安局把我的名字改了，当时忘了说籍贯，所以籍贯没改，还是绥远省五原县人。上中学不久，傅作义要来学校视察，那时学生会动员大家向傅作义提要求，给我们买汽车，出去玩可以有车坐。我记得傅作义矮胖身形，给我们讲话，要求节省办学，他说我现在只有 40 亿元，那时还没进行币制改革，相当于后来的 40 万元。傅作义只到学校去了一次，不到 1 年，他把学校交给了国家，1951 年奋斗中学改为归绥第二中学。

中华人民共和国成立前国民党的情报部门可能在学校里安插了一些人，傅作义不一定掌握这些情况，所以这所中学比较乱。改为归绥第二中学后，归绥市委借调准备担任绥远省广播电台台长的江波任校长兼党支部书记，对学校进行整顿。江校长到任后广泛地接触老师、同学，整顿师资队伍，同时发展党组织，建立党支部。江校长讲党课时，我都积极参加。1953 年 1 月，我 17 岁时成为学校第一批预备党员，预备期 1 年。当时第一批发展了 6 个人，有 1 个工人，其他 5 人都是学生。我记得江校长说，刘胡兰 16 岁就入了党，你虚岁年龄够了。江波同志在二中的工作，直接受市委领导，我记得入党后，有时在归绥市委召开研究二中情况的支部会，市委书记也参加。

我们这批发展的党员好像没有同时都转正，我转正时间比较靠前。校长 2 年借调期满，调走前指定我代理中学党支部临时负责人。学校团组织有一名专职干部，我初中毕业后做了一个来月团组织专职干部，算教职工。后来团市委觉得学校团组织里已经有了一位男同志，就选派了我们一起入党的一位女同学做专职干部，我接着上学，去读高中。高中时舅舅一家回了老家，我自己住校，依靠国家每月 7.5 元助学金作为伙食费，读完了高中。我没有别的花销，平常以莜面、山药蛋（土豆）等为主，只有礼拜天改善伙食，有时能吃上包子。

1956 年考大学时，校长说学校有保送留苏预备生的名额，我可能因为家庭成分或者考试成绩的原因，没被推荐。当时内蒙古只有内蒙古畜牧兽医学院一所大学，还不在呼市，呼市只有刚成立的第一年招生的师范学院。我那时想考国防院校，但不知道呼市有没有招生名额，就给北京工业学院校长办公室写了一封信，没想到学校给我回信说欢迎报考。因为我特别怯场，考试三天，有两天晚上没睡着觉，考最后一门课时，我觉得没希望了，思想放松，反而考了 90 多分。我感觉成绩不理想，北京工业学院可能更看重政治条件，结果我被录取了。

二

我 1956 年入学，大一时在车道沟，大二时搬到现在的中关村校区。我分到三系坦克系 16 专业学习坦克通信，17 专业是坦克设计。我们两个专业五个班共 250 人，大二时一起转到无线电系。有同学写了打油诗："院长把令下，250 人一起改了嫁。"指的就是这个事。无线电专业原来叫 9 专业，有 5 个班，我们过来后变成 10 个班，班号从 9561 到 95610。因为学生太多，师资、实验室都负担不起，学校成立了俄文班，本着自愿原则，到俄文班多学一年俄语，发俄文结业证，差不多一半人报了俄文班。无线电系留下五个班，分为 51 专业雷达设计、53 专业雷达结构和微波天线，班号变成 51561、53561……

大一时学生党员不多，5 个班一个党支部，指定我为党支部书记。我当时想好好学习，就去找总支副书记任家盛，说有好多调干生，应该让他们当支部书记，任书记说让你当你就当，别人有别人的事。转到五系 51 专业后，我还是支部书记。

给我们讲课的都是老教师，辅导老师是留校任教的年轻老师。我们的基础课有物理、数学、理论力学、材料力学等课程。厉宽老师主讲的"电工原理"号称无线电系的霸王课，要求很严格。"反右"结束后，学校设立社会主义教育辅导员，当时无线电系有 3 个年级，1954 级辅导员是王玉光，1955 级辅导员是郑寿祺和于长志，1956 级辅导员是我。学校要求辅导员半脱产，俄语免学，其他一年的课程分两年学。"理论力学""材料力学"我已经学了一半，"电工原理"刚开始学，所以我把上了一半的课学完，"电工原理"没学。我半脱产干了一年辅导员，辅导员取消

后，我比原班同学落下二分之一以上的课程，系主任李宜今①说有本事你就跟着原班上，没本事就留一级。我在班上岁数比较大，家里经济条件也不太好，我就跟着原班上。别的课好说，“电工原理”这一关不好过，厉宽教授不太相信这门课我能自学，他也不可能给我一个人补课。我主要靠自己学，班上学习好的几位同学也给我补课。我觉得学完了，辅导老师方九炎让我补考，给了3分，让我通过了考试。毕竟基础不好，后续学“无线电基础”，需要用到不少“电工原理”的理论，所以学起来比较吃力。

王小谟②和我同年入学，大一时他在无线电系前5个班，我在后5个班，大二时重组了5个班，我俩同班。王小谟给我的印象是他比较聪明、兴趣广泛、性格开朗，不像有些人是死读书，他该玩玩，该念书念书，学习成绩还挺好。文艺方面，他参加了京剧班，唱京剧、拉二胡；体育方面，他参加了摩托车队，显得很活跃。北京东郊酒仙桥有798、774和718几个工厂，1958年，我们5个班一起到718厂劳动，了解无线电厂的情况。我是支部书记负责带队，系里派一位老师负责业务。774厂生产大功率真空管，718厂是东德援建的，生产无线电元器件，电阻、电容等产品都是军品，不合格的产品也不能民用，都得销毁。我记得厂长姓秦，是咱们学校厂长班毕业的，系主任李宜今和他商定安排我们去那儿实习。我们200多学生分配到工厂各个车间的生产线上，定岗劳动。当时正在“大跃进”，白天定岗劳动8小时，和工人一样要完成任务，晚上去大炼钢铁。第二天早上还得放体育卫星，当时大学生必须通过劳卫制二级，全班都通过后，要向领导报喜，叫放卫星。第二天起床，休息不过来，仍然觉得很累，有的人礼拜天休息时，能睡上一整天。因为我

---

① 李宜今（1928— ）：男，汉族，河北永年人，中共党员，研究员。1952年负责筹建雷达设计制造专业，1953年任仪器系总支书记兼系副主任，1956年任无线电工程系主任兼总支书记、院党委委员，1962年任院教务处处长，1965年又出任无线电工程系主任。1976年调北京光电技术研究所任革命领导小组组长兼所党总支书记，1979年调任北京工业学院教务长，第二年出任学院主管教学的副院长，1982年任院党委副书记主管全校工作。1984年调任北京外国语学院党委书记。

② 王小谟（1938—2023）：上海市金山区金山卫镇人，中国著名雷达专家，中国现代预警机事业的开拓者和奠基人，被誉为“中国预警机之父”。1961年毕业于北京工业学院（现北京理工大学），1995年当选中国工程院院士，2009年获国家科技进步特等奖。2010年获全国百名优秀共产党员称号，2011年荣获五一劳动奖章；2013年1月18日荣获2012年度国家最高科学技术奖。

负责带队，有时得和工厂联系，有些事得回学校联系、汇报，所以我在包装岗位，时间比较灵活。

当时多数岗位，像焊线、缠电容器纸等，完全靠人工操作，那时学生思想比较活跃，甚至有同学提出目标，要让工厂的手工操作全部实现半自动化、自动化。同学们一边劳动，一边搞技术革新，完成了几十项革新，把手工改成了半自动化，提高了效率，减小了劳动强度。现在还在光电工程系上班的张忠廉脑子好使，他还是有心人，很注意收集革新项目的成果，校史馆有些展品就是他收集、积攒的。他现在还在整理，有一次我们同学聚会，他还拿出了收集的那些原始物件，准备校庆 80 周年时捐献给学校。

那时获奖的项目有二三十项，每个获奖项目好像奖励 20 多元，虽然有些同学生活困难，但大家都不计较个人得失，一致同意把奖金捐出来。当时系里正在大炼钢铁，需要耐火砖，718 厂也有生产，大家就把奖金买成耐火砖，窑温一二百摄氏度，我和同学下窑出砖，拉回学校交给系里。还有比如有些不合格的电容器纸，学校无线电系搞产品试制时能用，在征得工厂师傅同意后，我们拿回来给无线电系。厂领导发现我们把一些不合格的电容器纸等产品拿回了学校，之后对我们的管理就比较严格，把我们在工厂里拍的照片也没收了，这时我们才知道工厂也有保密规定，照片不能随便拍。后来系里和工厂联系，希望能买些产品，因为在某些时间点，有些产品虽为正品，但不配套。我们告诉学校，无线电系派实验员李品生来车间选购过几次，挑一些学校有用的拿回去。这次生产实习 3 个月，目的是了解工厂，理论联系实际。

我刚上大学时，我们班就是魏思文院长的试验田。我们开班会或者过组织生活，会告诉魏院长，他只要有时间，就会来参加我们的活动。记得我们修暖气保温层的时候，没有塑料泡沫保温材料，是在暖气管道覆上一层白灰、麻刀泥。魏院长又高又壮，也跟我们一起钻下水道干活。魏院长好像是高中毕业，后来听物理教研室的老师说，郑联达①给魏院长

---

① 郑联达（1916—2010）：出生于广东省崖县（今三亚市），毕业于西南联大物理系。1952 年到北京工业学院物理系任教，历任物理系教学组长、物理系教研室主任和基础部工会主席，北京市政协第五届、第六届委员，中国物理学会会员，兵器工业部学术委员会委员，《物理通报》编委，校学术委员会委员。

讲物理课，周化南老师给他做辅导，那时魏院长岁数已经不小了，为了了解业务，他学习很努力。1958 年“大跃进”，我们年级去修十三陵水库，唯独我们班没去，魏院长把我们班留下修马路，当年五系前和主楼前的洋灰路，都是我们班修的。

1956 年或者 1957 年，国庆时我在天安门前当过标兵。国庆 10 周年阅兵时我们正在工厂实习，很遗憾没能参加。1954 级、1955 级搞科研比较多，比如主楼上的天线，就是这些同学做的，我们 1956 级参与科研项目很少。

毕业设计时我在清华学习，后来听说，在南京实习时，支部书记和学生会主席发生矛盾，原北工党委第二书记刘雪初当时已经调到南京工作，官司打到刘书记那里，他给做了调解工作。刘书记在北工的时候，在食堂吃饭时，见了面认识不认识他都打招呼，有时和大家一起打乒乓球，为人很随和。

在大学我是甲等助学金 16.5 元，其中伙食费 12.5 元，还有 4 元零花钱，感觉生活上了一个档次。刚入学时，我在机械系，制图很重要，我和另外一位同学用零花钱合起来买了一副三角板、丁字尺，制图仪我们买不起，就从学校借，我依靠助学金读完了大学。

三

1959 年年初，学校筹备成立半导体专业，系主任李宜今和清华无线电系主任李传信①商定，北工五系派 2 个人到清华无线电系学习。清华无线电系有半导体和电真空专业，系里派我学半导体专业，和我同年级 53 专业的张怀佑学电真空专业。

1959 年 9、10 月份，我刚上大四，学校从 1956 级抽调部分学生留校，1960 年又留校了一些毕业生。我被抽调出来，算教职工。第一年按大专毕业见习期标准，每月工资 39 元，第二年按大学本科毕业见习期标准，每月 46 元，第三年按本科见习期满后的标准，每月 56 元。留在五系的允许跟原班听课，学习的同时，承担一定的辅导或者实验室等教学

① 李传信（1926—2005）：湖南醴陵人，1948 年入党，毕业于清华大学电机系。历任北京师范大学党总支副书记，清华大学无线电电子学系主任、教务长、副校长、常委、党委书记，中国电子学会第一、二届常务理事，北京市高等教育学会副会长。

工作，不久后让我去清华大学学习。

我在清华大学时的自由度挺大，可以参加教研室的活动，也可以跟学生一起活动。我之前当支部书记，又是社会主义教育辅导员，社会工作比较多，感觉自己学得不太扎实，希望踏踏实实地学习。我了解到清华的数学、物理等基础课比我们学校的学制长 1 年。当时 1957 级的同学到了 1959 年，数学、物理等基础课还没有完，所以我到清华自愿退了 1 年，跟着 1957 级从基础课后半截开始学。

在清华学习赶上困难时期，粮食定量，按教职工的标准最多 30 斤。我沾了学生的光，清华学生一般定量是 36 斤，最低的 33 斤，因为考虑到学生正在长身体，每天还要锻炼，所以比教职工定量高。咱们学校也是学生的定量高，比如我妻子陈锦娣，那时还是我女朋友，定量 28 斤。她也是 1959 年调出来的教职工，分配到二系搞自动控制，后来一直在二系，她开了多门课程，编著了教材，科研和带的学生都是关于自动化的，直到退休。当时她要听二系自动控制理论课，一边听课，一边辅导 1955 级的自动控制理论，同时还要在实验室搞实验装置。

我跟着清华半导体专业 1957 级本科生到 1962 年暑假，把课程基本学完，1963 年要做 1 年毕业设计。当时学校听说凡是 2 位系主任同意进修的，毕业后归教育部统一分配，五系派我去清华学习半导体专业，当时咱们学校已经成立了半导体专业，归属老八系，并且已经开始招生。我这时归属到老八系，系主任陆巨林后来是咱们学校教务处处长，他觉得咱们学校学半导体的当时除了李伟教授，真正大学本科学半导体的就是我，我毕业以后可能被分配走，就让我回来，结果我没拿到清华的毕业证就回了学校。

可能是因为在困难时期，国家要求学校力量不够、条件不具备的专业先下马。我回校后赶上半导体专业要下马，但还有三、四年级两届学生没毕业，所以回来以后，从暑假开始，我和半导体专业的李印增、李伟，还有后来调走的四五位老师，连续 2 年，除教学外，分别带应届生搞毕业设计，共同把这两届学生送走，之后专业就下马了。谢簃等校领导设想以后还要办半导体专业，不能把人都散了，就留下李伟、李印增和我 3 个人，这时八系没有了，学校要保留学科，我们就去了无线电系，他们 2 位直到半导体专业再次上马才回归。

当时学校施行教研室协理员制度和学生指导员制度，3 个月后，1964

年下半年，党委主管党务工作的时生，通过组织部把我派到基础部物理教研室做协理员。那时候向解放军学习，部队有这个职务。党内支部书记负责，行政上是协理员。

我在物理教研室主要做党的工作和参与行政工作，因为我不是学物理出身，没有教课，后来时间长了，我开始搞实验室建设和实验教导，普通物理实验后来也成为一门课程。物理教研室属于基础教研室，主要任务是教课，没有力量搞科研。当时物理教研室有四五十位老师，最多时有七八十位，因为每个系都需要开物理课。原来教材叫《普通物理》，后来教材叫《大学物理》，第一学期主要是力学，第二学期是电学，第三学期是光学和近代物理，一般本科生要学一年半，好像有 200 学时，每学期 60 ~ 80 学时。学校强调基础时把物理课看得很重，强调专业时，有些极端的想法，甚至觉得物理课没用，最少的时候把学时缩减到 1 年。“文化大革命”前结合专业时，基础课下到专业，基础课要了解专业，专业也了解基础课，系里可以一个专业，一条线指挥，原来数学、物理、制图、设计、外语等基础课的老师都下到了系，相当于每个系都有了一个小基础部。当时叫“打破三层楼”，基础课、技术基础课、专业课打成一片，基础部基本上算是解散了，每个教研室只有一两个人留守，有些共性的问题，向学校反映。我们物理教研室有两三个人留守，其他教师都分到了各系，归各系管。在当时这属于教学改革的一部分，我觉得教基础课也应该对专业有一定的了解，讲课时才能有的放矢，能联系学生所学的专业，学生会更有兴趣，也更容易接受。当时基础课老师是流动的，这样可以创造一定的条件，让老师对不同系的不同专业有所了解，这是改革有利的一面。比如今年给三系上物理课的老师，也许再一届去教别的系。这样也会带来弊端，物理老师对专业的了解难以深入。所以后来尽量让老师保持稳定，下一届尽量还给相同的系上课。

1969 年开始办干校，年底我跟着领导去河南看地皮、勘察地点。1970 年开始正式报名，我是第一批报名去驻马店干校的学员，在那待了 2 年多。1971 年年底，我从干校回来时，军宣队、工宣队还在，让我到 52 专业当副指导员。52 专业当时是二系的一个专业，后来这个专业调到五系，发展为计算机系，现在是自动化学院。学校的党务工作那时由军宣队、工宣队负责，他们撤了以后，是院党委副书记李子涛负责。原来无线电系的主任李宜今调走过一段时间，他回来以后，让我当小基础部党支部书记，专门负责行政管理和党支部工作，没参与教学。1972 年暑假后开始有工农兵学员，我有一些实验课，但没有讲课任务。

1977 年恢复高考，正式招生后，恢复基础部原来的建制，当时基础部主任是李向平，李健是副书记。基础部恢复后，有一次学校叫我去调研物理教研室的集中和物理课的开设问题。当时多数人愿意回来，毕竟学物理的、教物理的，有许多共同语言，大家愿意在一起。也有少数人觉得回来只是讲物理课，没有科研，不愿意回来，系里也愿意留他们，因为学物理的人比较灵活，力学、热学、光学、电学都学过，搞什么都能很快适应。物理课是全校的公共课，是每个专业都有的基础课，物理课老师十几年没有补充，还调走了一些，师资力量不足。我回归物理教研室，学校让我负责，我跟当时的副院长、副书记李子涛说，哪个系扣着物理课老师或者物理课老师不愿意回来，哪个系的物理课自己开。我的话李子涛有点接受不了，他说你算了吧，让我别管这件事，闹得有点不愉快。隔了一天，李子涛又把我叫过去，表示当时不太冷静，说我的意见也有合理的地方。最后有一个人留在了半导体专业，四系光学专业有两个人没回来，其他人都回来了。

“文化大革命”前，物理教研室二级教授、三级教授、四级教授和副教授，共有 4 位教授，他们离世的时候，都是我去送别的。物理教研室最早的主任王象复是二级教授，1976 年地震时，他正在海淀医院住院，地震后医院不能住了。他的儿女都不在北京，有一个孩子在太原，我把他从海淀医院接出来，联系火车站，想把他送回太原。当时他躺在担架上坐不起来，火车上没有卧铺，我找列车负责人说明了情况，在邮政车厢里腾了个能放下担架的空位，把他送到了太原。他在太原去世时，我到太原帮他处理了后事。三级教授杨德云也是一位老先生，中华人民共和国成立前就开始教书，在咱们学校过世的。四级教授蔡陛星好像是从中学调来的，他很健谈，物理课讲得特别好，非常受大家欢迎。他住院时想吃点什么东西，我出去买了送到他的病房，他“文化大革命”前就离世了。后来的教研室主任郑联达副教授是西南联大毕业的，行政上我接替的就是他。

我之前在物理教研室待过一些年，对物理学科也有了感情。从中华人民共和国成立初期到那时候，各大学物理系招收的都是成绩比较好的

学生。咱们学校后来成立物理系的第一任系主任是清华大学毕业的王殖东①，当时还是讲师，他觉得这么多高才生，培养出来后，一辈子教普通物理，对学校不利，对教师本人的发展也不利。

1977 年恢复高考时，咱们学校没有物理专业，也没有编制。高等学校十来年没有招生，各大学都有点青黄不接。经过学校同意，第一年我们招了一个给各学校培养师资的物理师资班，我印象这个班不到 30 人。工科的普通物理是统一教材，虽然先后有几套统一教材，力学、热学、光学、电学的几本书水平差不多。

物理方面的课程需要物理教研室老师自己讲课，不像系里，基础课由基础部上，技术基础课、专业课有相应的教研室承担。物理班学生物理课的要求更高，物理教研室不再只有一门课，有些老师就有了开新课程的机会，比如固体物理、量子力学、电动力学、理论力学、热力学统计物理等。大家把在大学所学的内容重新捡起来。师资方面，普通物理课程不多，师资补充得也不多。每年招生比较困难，所以我们 1977 级招了第一届，此后是隔一年招一届，1979 年改叫物理班。第一届学生多数

任光瑞老师工作照

---

① 王殖东：1929 年 4 月 18 日出生于北京，物理教育家。1949—1952 年在清华大学学习，1952—1989 年在北京工业学院（北京理工大学）任教。曾任中国物理学会常务理事、《物理》杂志主编，北京理工大学校科协主席，机电工业部所属高等院校技术协会联合会副理事长。长期从事高等工科院校基础物理教学工作，为物理教学改革做出了贡献。

当了教师，第二届分配面就比较广了。1981 年招生后，1982 年正式批准成立物理专业，当时只有二三十个学生。系主任王殖东给 1977 级讲原子物理课时，我跟着听课，然后给 1979 级辅导，后来我讲这门课。

中华人民共和国成立初期院系调整时，把理科、工科分开，包括清华大学的理科去了北大，清华也没有了物理系，只是普通物理教研室。全国工科院校都存在工科院校的物理究竟上哪儿去的问题。对这种现状大家都不太满意，都在积极想办法，多条腿走路，有的科研搞得好，有的实验室建设搞得好，总之是想在学校建设中更好地发挥物理教师的作用。为此我去参加了在哈尔滨工业大学召开的全国工科院校物理教研室交流会，参加的学校有哈工大、浙大、上海交大等一些大学，工科院校共同的现状是普通物理教研室基本没有科研项目。大家一致呼吁要理工结合，呼吁成立物理系。会上有些学校提出，虽然明确了理工结合，但是怎么结合？很多老师并不满意以工为主，认为以工为主，实际上还是以工科的思想办学，理科为工科服务，而不是二者结合起来共同发展。会后我向学校做了汇报，学校没表态，一方面当时条件不成熟，另外学校领导基本上都是工科出身，当时我们特别希望学校领导班子里能够有理科出身的人，办学思路可能就会不一样。

成立物理专业后，第二届物理系主任张炬、崔秘和我等几个人组成调查组，到武汉、南京、上海等地的高校交流，了解他们对物理的想法。我们发现各高校情况差不多，都想起步，但都还没起来。但有的地方让我们挺羡慕，比如武汉华中工学院①的物理教研室，自己有车床、有工人，物理实验需要加工、改造什么，可以自己下单生产。咱们学校需要我们出图纸之后到院工厂申请，批准后才能下单加工。当时咱们车床有富余，回来我们打报告申请一台车床，可能涉及场地等其他因素，没有后续消息，我后来就离开了物理教研室。

1983 年前后，美国要援助咱们学校一台退役的大型计算机，兵器部拨款盖了计算机楼。学校把我调到学校新成立的计算电教中心，主任是比我高一届的无线电系的郑芳祺，我和计算中心的宋翰涛老师是副主任，做筹备和人员培训等工作，我在计算电教中心待了两三年。

物理系成立前，王殖东老师是系主任，筹备物理系。王殖东希望把

① 华中工学院：今为华中科技大学。

我调回来协助他工作，1985 年年初我回到了刚成立不久的物理系。我以前担任过几年物理教研室主任，物理系成立后，我是副主任。原来物理专业是隔年招生，成立物理系后变成每年招生。当时物理系只有一个固体物理，也叫凝聚态物理。原来物理教研室的老师，成为物理系老师，不仅要承担全校的基础物理课的教学工作，还要给物理系上课，承担物理系的教学工作。

成立物理系需要引进人才，当时出国留学人员回来的不多，所以我们从科学院引进了搞激光的郭础老师，他所在的研究所激光项目要下马，他自己还想继续干，在学校的支持下，我们连人带设备都引进来，成立了激光课题组。郭础后来出国了，但研究室还在，有几个年轻人在做这个项目。我们从高能物理所引进了搞材料断裂方面研究的邢修三老师，他比较稳定，一直留在学校，后来带硕士生、博士生，现在已经退休好多年了。我们同时还补充了一批年轻教师，应该说这些工作为成立应用物理系创造了一定的条件。

1982 年国防工办批准设立物理专业，1985 年成立应用物理系，从普通物理教研室发展为大学物理、理论物理、应用物理三个教研室，实验室发展为普通物理实验室和中级物理实验室，还设有静电研究室和兵器部部属静电检测中心，从一个硕士授权点发展为三个。凝聚态物理 1986 年被评为部级重点学科。

四

物理教研室的科研是从防静电研究开始的，有的老师先接触到这个课题，最初条件比较艰苦，有时也很危险。咱们学校和生产火、炸药，生产雷管的工厂有业务往来，生产电雷管的工厂时常发生安全事故，造成人员伤亡，有些事故就是由静电引发的。

我们物理系有一个小组和八系结合，在八系雷管实验室，模拟生产车间的生产条件，通过实验寻找雷管爆炸的规律。有时还要去生产雷管的工厂，现场查找、分析事故原因。还有石油，往油罐车里加油时产生的静电也容易造成事故。飞机在飞行过程中产生的静电，会影响到通信，甚至会影响控制仪表。那时国外有一种技术，在航空燃油里加入添加剂，1 吨油里加几克、几十克就能抑制静电的产生。当时国外的飞机不在我国加油，用的都是国外的航空燃油。为此，我们的老师在东方红炼油厂连续做了好几个月的实验。再有生产火、炸药的过程中会产生大量粉尘，粉尘达到一定浓度时，静电火花就能引起爆炸。类似情况在面粉厂，甚至国际著名的巧克力生产工厂，都发生过静电引发的事故。咱们学校那时归属兵器部，兵器部有很多火、炸药生产厂，像西北的火药生产厂，东北、山西的炮弹装药厂，南方生产雷管的工厂，我们基本都去过。某个工序能产生多大静电，人穿什么材质的衣服能产生多大的静电，都要进行测试。生产 TNT 炸药的车间，窗户有半人高，万一着火，工人可以马上迈出去，我们去测试时，也要冒一定的风险。

东北有一个工厂连续发生了两次事故，死了几十人，第一次爆炸后，还没有来得及清理，紧接着就发生了第二次爆炸。两次爆炸后，有传言说爆炸以后，到处都是静电，一碰就可能打火，会再次引起爆炸，谁都不敢轻易进爆炸现场，当时工厂已经停产了。兵器部组织各个火、炸药，雷管生产厂负责技安的人开现场会。最后部技安司下决心，组织敢死队，把各工厂党员组织起来去清理现场，我们两位老师也跟着敢死队进入现场进行测试。爆炸现场里外的人通过对讲机联系，进到车间的什么位置，做了什么动作，动了什么地方，随时向外面报告，因为万一再爆炸，现场就没有了，好以此判断事故原因。领导和家属焦急地在外面等着，大家都希望别出事。过了一会儿听见半山上有人哼着小曲下来了，知道平安无事，在外面的人悬着的心才放下来。根据当时检测结果，这两次事故，不一定是静电引起的。另外在清理现场时发现，有手榴弹拴在装有爆炸品的箱子盖上，只要移动或者打开箱子就会引爆。最后结论是阶级敌人的破坏，那是在 20 世纪 70 年代，在东北的深山老林里，可能还有留守或者被派遣来的敌特分子。

1976 年唐山大地震前半个月，我们在部队的唐山机场调研歼 7 飞行中产生静电的问题，接待我们的同志的家属去探亲，他们住到了唐山市里，地震时受了伤。防静电也涉及一些具体问题，比如首长们在人民大会堂开会，握手时身上带静电就会啪的电一下，我们去现场了解过他们的设备，提出过改进的建议。

静电研究方面的项目，多数我都参加了，比如爆炸雷管，出去搞静电测试、调研等。我们教研室老师在理论方面取得的成果是在我国首次发现了电雷管的敏感区域，就是在某一个电压时特别敏感，高了、低了都不很敏感。生产车间按照我们的实验结果，用具有一定电阻率的材料

改造工装，能避开这个敏感地带。工作时不能穿着化纤材质的衣服，有些工序要穿导电工作服。因为人体很容易带电，化纤衣服在干燥季节很容易产生三五千伏的静电。

任光瑞老师和同事讨论工作

我们制定了两个标准，经过兵器部开鉴定会审定，形成兵器部的部颁标准。一个是炮弹装药标准，往炮弹里装填药的各个工序，炮弹接触的材料，都有一定的标准。还有一个黑火药生产防静电标准。

我们开始介入静电检测工作时，没有检测仪器和手段。改革开放后，在北京展览馆一个展览会上看到有日本的静电测试仪器，我们跟兵器部技安司联系，希望把这些设备拿下来。当时北京市劳动保护研究所也在开展静电方面的研究，还有化工等一些部门也想要。后来兵器部吴殿魁科长给我讲，要经过副总理审批，但能不能给我们还不知道。兵器对此很重视，最后通过兵器部把展会上有关静电的全套设备都给了我们，此后我们有了一些检测手段。但光有这一套设备，显然不能满足需求。后来我们自己仿制生产出来，虽然相比日本仪器漂亮、精巧程度差得远，但总算把仪器做了出来，给兵器部有静电危险的一些单位用上了。后来我们的陈老师经过长时间的研究，又搞出了更复杂的仪器。

此外我们还做了一些静电方面的科普工作，每年在暑假期间组织静电培训班，时间在一个月左右，我们编印了一些教材，给学员讲课，做一些实验，他们都感觉挺有收获。除了兵器工业部所属的单位以外，还有纺织部门、静电除尘部门、石油部门等好多行业的人都来参加，培训班延续了好多年。比如石家庄部队的刘尚合，当时参加了我们的培训班，他回去以后在静电方面搞得风生水起。刘尚合现在是工程院院士，一直跟我们有联系。

李瑞年老师编著了一本静电基础知识教材，后来又写了一个讲义，扩充了防静电知识的教材。以鲍重光老师为主翻译了日文的《静电手册》也正式出版。

1979 年以后，我们有了硕士点，李瑞年老师开始带硕士生。李老师所带的学生中，有两人现在在美国，在静电方面都比较有名气，其中一人还是美国的院士。还有闫克平毕业后本来要把他分到别的地方，我说我们好不容易培养出来的研究生，不能都跑了。我去各方面去跑，把他留在了学校。他后来在国外读了博士，回国后去了浙大，现在搞得很好。这次 1979 届学生回来，学院让我帮忙接待，我们谈了谈，他现在是浙大教授，搞了一些比较大的科研课题。他也是山西人，在老家办了静电方面的企业，他觉得一方水土养一方人。他们村里对他的企业特别支持、特别欢迎，专门批给他两三千亩土地，他说县里现在已经开始受益。物理班 1979 级虽然只有二十几个人，这些人现在都不错。

物理系主任王殖东是国家一级学会物理学会的常务理事，他向物理学会申请，在物理学会下成立了二级学会静电专业委员会，挂靠在北京工业学院，专业委员会主任是我们学校的李瑞年老师，秘书是鲍重光老师。委员会成立时规模比较大，规格也比较高，不少领导出席，物理学会会长，北大周培源①教授还讲了话。

---

① 周培源（1902—1993）：江苏省宜兴县（现宜兴市）人。著名流体力学家、理论物理学家、教育家和社会活动家，中国科学院院士，中国近代力学奠基人和理论物理奠基人之一。1924 年毕业于清华学校，1927 年在美国加州理工学院学习，获博士学位，是该校毕业的第一名中国博士生。1929 年回国后任清华大学物理系教授。1959 年加入中国共产党。曾任清华大学教务长、校务委员会副主任，北京大学教务长、副校长和校长，中国科学院副院长；第一、二、三、四届全国人民代表大会代表，第五届全国人大常委会委员；政协第三、四届全国委员会常务委员；九三学社第四届中央常务委员，第五、六届中央副主席，第七、八届中央主席，第九届中央名誉主席。

静电专业委员会定期召开全国性的静电会议，涉及静电的各行业，包括纺织、石油静电除尘的，甚至静电育种方面的人都来参会，在大会上宣读论文，会后印成论文集出版。

鲍重光老师公派去日本做访问学者，搞静电研究，他挺有才华，从字母开始学日语，培训半年就能过关，后来他的日语非常棒，回国后在许多重要场合担任过日语翻译工作。他在日本期间，我国驻日大使馆想把他留在大使馆工作。我觉得我们好不容易培养出的人才，不能轻易流失，让他回来了。

1988 年静电专业委员会主持召开了第一次静电国际会议，有 50 多位国外来宾参会。1990 年又召开了一次静电除尘会议，静电既有有害的一面，也有有利的一面，静电除尘就是利用它有利的一面，还有像植物育种，种子经过静电处理以后，产量能提高。当时由学校的专业系主持、举办国际会议还很少，这在北理工国际学术交流方面是很重要的一件事情。

五

1989 年，我任职物理系副主任到期，被借调到北京长城钛金公司工作。钛金公司创办人王殿儒①曾经留学苏联，原来在力学所工作，改革开放初期，他辞去公职，是中关村搞民营企业最早的一批人之一，当时办公司需要挂靠在相关单位，后来由于某些原因，公司解散。

物理系那时刚成立，我同学的爱人向我介绍了他的情况，我派人到科学院和长城钛金公司了解到他的项目开展情况后，向学校打报告，希望把他引进来。当时学校有规定，凡是家属子弟暂停进学校，党委书记说你知不知道这个规定，我确实不知道，就跟书记讲，物理系需要什么人，希望领导参考我们的意见。最后学校同意他调入学校，但不能留在物理系。调入王殿儒，意味着要接纳他创办的公司。王殿儒调入学校后，学校对他们相当不错，不仅解决了王殿儒的人事关系，而且解决了公司总工遇衍澄的人事关系，还解决了他俩的高工（教授级）职称问题，当

① 王殿儒：汉族，1956 年赴苏留学，1962 年以优异成绩获工程师称号回国。集团总裁、大学教授。1985 年创办了高科技企业北京长城钛金集团，并开发出 TG－32、TG－42 性能世界之冠的离子镀膜机。

时学校正高职称名额紧张，而且工程系列学校还没有决定权，要到部里审批。另外学校不干涉公司的具体业务，给了公司很宽松的发展空间，积极支持公司的工作，如提供场地、解决公司职工的生活居住问题等。公司除王殿儒、遇衍澄 2 人外，公司其他人员都由公司自主择用，人事关系在海淀新技术开发区。

北京长城钛金开发公司是王殿儒创办的股份制高新技术企业，股东有他的家乡河北遵化新店子镇联社、密云科委、江苏张家港市过滤设备厂等，王总本人占有四分之一技术股。调入学校后，他把自己的股份都给了学校，学校成为股东和董事长单位，公司挂靠在理工大学，焦文俊书记是董事长。后来王总把除理工大学外的股份全部收购回公司。

1989 年王总向学校提出借人，正好我的任职到期，校领导想让我再干一届副主任，我说王殖东还当主任，我再干副主任没意见。如果换一个比我年龄小、资历比我短的当主任，最好别考虑我。校领导理解我的想法，继续留在物理系教课、搞科研可以，但我觉得离开更有利于物理系新上任的领导开展工作。正好这时王殿儒要求学校派人过去，我的关系留在了物理系，人被借调到了钛金公司。

任光瑞老师在车间工作照

钛金公司的业务首先是 TG 系列离子镀膜机的生产销售、安装调试及售后服务，其次是镀膜技术的研究。它有装饰镀膜和工具镀膜，把需要镀膜的东西采用不同工艺镀上不同的膜，装饰用的就是镀上不同的颜色。

工具镀膜是在工具上镀膜，可以提高工具的使用寿命。美国人买了我们一台设备，就是专门用于工具镀膜。

天安门前国旗杆顶上的圆球是首钢用不锈钢做的，看着不大，实际上有半吨重，本色是白色，需要镀成金黄色，那时国内只有钛金公司有这么大的设备。镀完颜色后，钛金公司才知道做这个旗杆国家有拨款。我那时刚到公司任副总，老板让我去首钢把镀膜费要回来，我说这是给国家做的国旗杆，咱们要钱是不是不好。他说如果国家不拨钱，我就做贡献；国家拨了款，首钢不能独得。后来我派办公室的人到首钢去要回来 3000 元镀膜费。天安门城楼上的金色栏杆，是钛金公司免费镀的膜。中南海外宾接见厅门口挂的金色牌子，也是我们做好后挂上去的。还有中关村大街上象征科学的双螺旋模型，也是钛金公司镀的。

我去公司时，公司正处在困难时期。我去之前一年，公司的设备刚研制出来，不少企业定了设备。后来不少单位由于资金周转困难等原因，要求退订单，得退定金、货款。这些钱都投入了生产流通，给公司经营造成了困难。我到公司后，协助王总做了不少工作，特别是帮助公司解决了资金周转困难和扩充生产场地的问题。

第一个是解决场地问题，公司当时在咱们学校一个系的加工车间有块地方，场地挺小。我找到学校，经过领导同意，公司和学校工厂四车间合作，这个车间挺大，还有天车，设备比较齐全，加工生产都方便。学校工厂把车间的设备集中了一下，腾出很大的一块地方。我和四车间协调好了公司一年给车间多少钱、发多少奖金的问题。搬到四车间后，公司有了更好的场地，可以调试很大的设备。第二个是帮钛金公司解决资金周转困难。学校财务处曾经给钛金公司贷过款，公司可能没按时还，财务处不借钱了。我去找学校技术开发公司总经理，贷了 30 万元。还有一次公司欠税两三万，公司账上没钱，财务主管非常着急。我们和四车间在合作，我去找四车间的厂长，请他们帮忙先给垫上，厂长、书记都挺支持，借钱补缴了税款。

钛金公司属于新技术开发公司，后来海淀区新技术开发公司答应给钛金公司贷款，但需要有担保。学校工厂是国有企业，开始有点犹豫，我跟厂长几经交涉后，他们同意给担保，从海淀新技术开发公司获得了 50 万元贷款，又借款 30 万元，解决了公司的财务危机。此后公司技术不断完善，靠出售设备有了盈利。

我进公司时就给老板讲，我不善于做营销工作，可以在公司内部管理方面做些事。开始我在王总办公室，后来公司在海淀区成立了生产基地和研究所，我到生产基地管生产。当初有单位担心买了设备后，运转出问题，有的想上设备，但资金不足。公司采取了合资措施，像在中山市，钛金公司投资设备，场地、人员、流动资金等由中山市投资，成立了镀膜公司，好几家都是这种合资形式。后来最不景气的时候，中山市的公司总不盈利，我那时快退休了，公司让我带着我爱人一起去经营中山的企业。我不会广东话，而且我爱人绝对不会离开教学岗位，所以我推辞了。钛金公司派了一位副总工去了几年，后来学校又返聘已经退休的原科研处处长，派他去中山市抓了几年，还是没能彻底解决问题。我给老板出主意，让他把股份转让给中山市，老板采纳了我的建议，把中山市的分公司整体移交给当地，技术还是我们派人负责。唐山市的分公司原来也是合资，那里有全国最大的设备，主要镀整张的不锈钢板。有一个香港人把设备销售到了国外，利润更高。同样的设备在国内卖 50 万元人民币，在国外能卖到 50 万美元。因为卖到国外，涉及运输，还要派人安装、调试、培训人员，花费大，当然利润也高。20 世纪 90 年代初期，设备销售比较多的年份，每年国内外大小设备能卖出几十台，产值几千万元。

北京长城钛金公司作为中关村一家早期创办的高新技术企业，做出了很大的成绩，曾开发出国家科委推广计划项目和火炬计划项目各 1 项；1991 年国家级新产品 1 项；开发的拳头产品 TG 系列离子镀膜机，1990 年获得军转民银奖，又获得北京国际博览会金奖。设备出口到美、英、韩、日、新、马、泰、南非等国家及我国台湾地区，不但为国家创汇，而且为国争了光。比如设备卖到美国，公司派人去安装调试，培训技术人员。在飞机上有人听说我们去美国培训，开始以为我们是去接受培训，得知我们去培训美国人，都给我们竖起了大拇指。

在镀金工艺方面，公司取得了多方面的成绩，也为国家在钛金方面培养了大量人才，在相当长的一段时间，全国搞钛金的许多骨干都源于钛金公司。另外，钛金公司发展起来以后，没有忘记搞公益活动，像给一些重要场所无偿镀制产品，给北京某活动提供奖品，捐助北京理工大学及其附属小学及幼儿园等，因而受到开发区及有关部门的奖励与表彰。

1995 年我 60 周岁，1996 年在学校办理了退休手续，之后在钛金公

司干到2000年，为了出国帮助女儿照看孩子，不得不离开。老板说位置给你留着，哪年回来还接着干，我怕影响工作，就全退了。一直在国外待到2010年前后，给女儿带孩子的任务算完成了。回来后继续帮儿子带孩子，一直这么过了十几年。

六

我觉得学校走理工结合的路子是对的，尤其发展到现在，不但是理和工，还包括外语、艺术类、社会科学，都走在了一起。社会发展到现在，好多老的行业都要被淘汰，新的行业大都是理、工、社会科学混在一起，互联网就很典型。学科在不断发展变化，所以眼光要放远，开门办学就是各学科综合发展。

我感觉现在的领导和基层的联系还要更密切些才好。我上大学时，像魏思文老院长经常会参加我们班级的活动。第二书记刘雪初，见了面认识不认识都打招呼。一直到苏谦益的时候，我觉得还是比较亲切。匡镜明校长和我都曾经在五系，在一个支部过组织生活；焦文俊书记也山西人，和我是老乡，也比较熟悉，因此见到他们感觉不生分。

孙祖国——我一辈子都在服务教育

人物简介：

孙祖国，1938 年 2 月出生于安徽省无为县（现无为市），1956 年 12 月入党，1959 年 8 月考入北京工业学院三系坦克与发动机专业，担任班团支部书记，1964 年毕业留校任教。1983 年任学校纪律检查委员会筹备委员会常务副组长。

1987 年参与编辑《工程热力学》，获兵工类全国教材一等奖，同年参与编辑《工程热力学 2》。1990 年，到中央党校学习，毕业论文《论政治纪律》关于“民主集中制的监督理论及四项基本功能和它的机制”，纳入北京市哲学社会科学“九五”规划课题《新时期民主集中制及其监督理论和实践》一书中，该书荣获全国“五个一”工程奖。

1993 年担任北京理工大学纪委书记，分管纪委、审计、监察和信访。

1996—2017 年，任北京市教育工委联络员，1998—2001 年参与北京市调研高校体制改革，调查研究和评议北京高校的领导班子建设、党建和思想政治工作。

2019 年获得中共中央、国务院、中央军委颁发的国庆 70 周年纪念章。2021 年 7 月 1 日，受邀参加庆祝中国共产党成立 100 周年大会，荣获“光荣在党 50 周年”纪念奖章。

访谈时间：2019 年 11 月 1 日

2019 年 11 月 6 日

访谈地点：北京理工大学图书馆

采访人：郭晓明

摄像：吴哲

访谈提要

孙祖国年幼时经历过战乱岁月，大学时经历过困难时期，但他一直坚持努力学习。他从山里娃成长为大学教授，用自己的切身经历说明教育能够改变命运。孙祖国大学毕业后留校，在教书的同时，参与编写教材，后来担任学校纪委书记，为北理工的教育服务了 31 年，此后作为北京市教育工委联络员，又为北京高等教育服务了 21 年。半个多世纪服务教育的工作经历，他谦虚地认为自己只是“走近了教育，但没能走进教育”。他很高兴自己实现了“为祖国健康工作 50 年”的目标，感谢党和国家给予他的荣誉。

一

我 1938 年 2 月出生在安徽省无为县（现无为市）山区，“开门笑看一山横”，真的是开门见山。我家做油坊榨油生意，生活条件还可以。我出生在抗战救亡的年代，大表姐是地下党员，她给我起名叫祖国，字复兴，寓意祖国复兴。

我的启蒙老师，私塾先生蒋伯举是地下党员，蒋老先生个子很高，很有风度，讲课很生动。印象最深的是讲诸葛亮的前后《出师表》，《岳阳楼记》，杜甫、辛弃疾的诗词，让我们背诵《岳阳楼记》，默写“先天下之忧而忧，后天下之乐而乐”，所以我们脑子里精忠报国、匹夫有责，这种民族感留下了很深的印象。

1950 年我转到县城杏花泉小学①读书，接受现代教育的第一课是讲“共同纲领”② 和接受“五爱”教育：爱祖国，爱人民，爱劳动，爱科学，爱护公共财物。

小学毕业后，我于 1953—1959 年到巢县中学③读了初中和高中。学校课堂教学非常严肃、严格、严谨。我们那时上午四节课，下午四节课。课外活动从第五节开始，开展科技活动，有的画画，有的办板报，有的搞体育，不少人参加科技活动，组装一些小器件。物理老师张崇琪、吴恺理先生，教物理非常著名，是辅导科技活动的名师。我跟着物理老师参加科技活动，没有材料和经费，我们就去捡废品，废物利用，自己动手做直流发电机、电动机和起重机。发电机能把小电灯泡点亮，起重机的钩子能把 2 克到 5 克的砝码吊起来。1956 年国家提出“向科学进军”④的口号，安徽省举办了中学生科学技术作品展览，同时召开了中学生科学技术积极分子集会。我们学校把我做的两个小玩意送去省里参展，给我颁发了获奖证书和 2 枚纪念奖章。

中学时我还做过校报《学习生活》主编，校报四个版面，每周换一次，管承权同学字写得好，他负责把稿件抄写到黑板上，胡长华同学美术很好，负责排版，画插图。办校报对我影响深刻，习文记事、拣字摘句、文字编辑、排版插图都得到锻炼，还获得了学校的“特等奖”。过去我对语文感兴趣，获得科技奖后，对数理化的兴趣更大了。获奖对我学习数理化起到了催化剂的作用。

---

① 杏花泉小学：1924 年，由无为旅外学生创办的义务小学，位于无为县城中心，因学校西边米公祠内有一眼古井，且井边有一棵杏树而得名。

② “共同纲领”：中国人民政治协商会议第一届全体会议 1949 年 9 月 29 日通过的《中国人民政治协商会议共同纲领》。

③ 巢县中学：现为巢湖市第一中学，创办于 1911 年，其前身为历经清朝、民国两代的巢湖书院。

④ 1956 年 1 月 14 日，中共中央在北京召开全国知识分子会议，周恩来在会上做了《关于知识分子问题的报告》，报告向全党、全国人民发出了“向科学进军”的号召。2 月 24 日，中共中央政治局会议批准成立国务院科学规划委员会。在这个委员会的领导下，制定了《1956—1967 年科学技术发展远景规划纲要（草案）》。

1956 年 12 月，我刚满 18 岁，学校发展我入了党。8 月获得奖章，12 月入党，1956 年这两件事情，对我后来影响很大。我们学校读书风气非常好，我从农村山区出来，一心想跳龙门，学习一直很自觉，梦想能上大学，当工程师、科学家。

我 1959 年高中毕业，巢县中学校友江涛、王荣、王超等一些学长已经在北京工业学院当了老师，他们回中学宣传，动员大家报北工。本来我的第一志愿不是咱们学校，校长动员我要学习国防工业，我就把北工改为第一志愿。当时的准考证我保留到现在，号码是 1132。

我们高考时不分科，数理化、史地、生物、外语都是要复习，只是考卷不一样，分一二三类，一类是理工科，二类是农医师范，二类试卷的数理难度要低一点。我们 7 月 22、23 日考试，考完试我们就勤工俭学，到火车站抬煤，想要筹路费，结果是学校给买的火车票。大概 8 月 26 日，我接到了录取通知书。我的录取通知书现在还留着。

二

我 1959 年 8 月 25、26 日到校报到，27 日注册，然后是入学教育，负责学生工作的团总支书记姚钟鹏老师给我们做动员报告，主要讲的是向科学进军，做红色国防工程师。之后是我在大学生活里最重要的一课：参加国庆 10 周年阅兵。

整个北京市有 10 个民兵方队参加阅兵，我们学校是 60 炮民兵师方队。60 炮就是小迫击炮，分成炮筒、炮架、底盘 3 件，每件十来斤重，3 个学生一人背一件。方队纵横都是 48 人，从基本步伐、基本队形开始训练，48 人要走在一条线上，步幅 75 厘米，学校在操场跑道画上线，两条线之间 75 厘米。踢腿时脚跟到地面高度 30 厘米，正步走 128 步，走 96 米，正好是天安门前东、西华表之间的距离。教练是军队转业干部、体育教研室主任胡培生，他声音洪亮，要求很严格，我们训练时很辛苦，只用了一个月就达到了标准。后来预演了两次，效果都挺好。

国庆节当天，我们半夜 2 点半起床，3 点到操场集合，学校用卡车把我们送到北海后门，带着装备走到台基厂路口，等了四五个小时，解放军方队走完，就是民兵方队走，到观礼台东边南池子的第一个标兵点，预备队就不能走了，受阅方队通过天安门，行进过程中，方队里如果有人身体不行了，由他身边的两个人架着也要走过天安门。从东华表开始喊“向右看”“正步走”，128 步，走到西华表。当时规定走过天安门时要目视前方，但大家为了能见到毛主席，都用余光偷偷地瞄。我很幸运，国庆前一天，被抽调当标兵，站在金水桥前的第一个标兵点，位置很好。那是我看到毛主席最近的一次，也是我第一次看到穿着元帅服的元帅。当时很兴奋，但是又不敢表现出来，因为要求标兵不能动，不能有表情，我们那时很守纪律。北工的受阅方队走过西华表后变成齐步，走到西单的一个胡同，把装备卸下来，步行到动物园再坐车回校，回到学校已经下午 3 点。大家吃饭休息，晚上还要赶回天安门广场参加群众联欢。联欢时北工和北航总是分配在金水桥前的位置，有时我们还会到钓鱼台门口去迎宾，经常能见到国家领导人和来访的外宾。当年衣着最漂亮的是外语学院，女孩子也多，但他们总在我们后面。我们学校同学的衣着都比较朴素，而且基本都是男生，当时我们一个年级 5 个班才 18 个女生。刚入学就能参加国庆阅兵，我印象很深刻。

三

入学后我分配到三系坦克与发动机系，学制 5 年，有几十门课程，有的教材还是油印的。课程包括基础课、技术基础课和专业课。孙嗣良教授教高等数学，教材是咱们学校陈荩民①教授编著的。孙老师围棋下得特别好，他退休后是北京市桥牌队的成员。孙老师爱和我们开玩笑，他说搞数学，你们不要觉得头疼，数学很好玩，玩也用得上数学。我都退休了，他还问我：“小孙，你数学玩得怎么样？”

技术基础课程很多，每位老师都有特点。褚亦清教授教理论力学，他夫人给我们辅导。材料力学是刘济庆老师，他不但课教得好，还多才多艺，京剧唱得非常棒。沈鹏飞老师教弹性力学，他是上海人，后来调到了上海机械学院。沈老师讲课活泼生动，对教材举重若轻，难点、重点讲得非常清楚，在课堂上很随和。我后来讲课、写书受他的影响很大。教流体力学的张也影老师是个老学究，很有学问，当时是教育部学科委

---

① 陈荩民（1895—1981）：浙江省天台县人，五四运动学生领导人之一，留法博士。曾任北洋工学院院长、北洋大学理学院院长兼北平部主任。中华人民共和国成立后，任华北大学工学院教授兼校务委员、北京工业学院教授，并参加高教部高等数学教材编审工作。著述、编写数学丛书几十种。

员会委员，他不太注重衣着，非常平易近人。除了这四门力学课，还有我们教研室的工程热力学，我后来就教这门课，那时我们系有学校的元老级教师孙确基①教授、谢焕章教授，还有七系的金相、金工两门课，朱铁保老师教金工，他课讲得好，还炒得一手好菜。教金相的老师吴培英文质彬彬，讲金属结构切片、结构分布，讲课慢条斯理、细声细语、有声有色。教我们制图的赵家惠教授，喜爱体育锻炼，老了还是学校老年长跑队的队长，他身体很好，对人非常和蔼。赵教授要求很严格，画线的粗细，半毫米、1 毫米，要分得非常细致，这点对我影响很大。

专业课包括坦克理论、坦克设计、坦克结构、坦克实验、发动机实验、液压与操纵，后来还有一些研究涡轮增压、变矩器等的选修课。坦克理论的杨景义教授教课特别认真，他讲完课，晚上一定要来答疑，问学生听懂了没有，如果没有同学问问题，他就要提问，回答不出来就得挨批评。他很严厉，也很负责。上个月我来学校，看见了杨景义老师，他和我说："我听说你从北门进来，我在后面追你，想要看看你。"他 90 岁的老师，对我这个 80 多岁的学生这么说，让我心里很是感动。王书镇教授教坦克设计，坦克结构是林以素老师教，坦克工艺是赵汝刚老师教，发动机实验是朱国琮老师教。朱老师今年好像已经 98 岁了，他讲课非常认真，对实验室也非常爱护。当时做实验的还有一位工人师傅关明月，关师傅用铁棍子往发动机上一放，就能诊断出发动机运转中有什么问题，关师傅还很幽默，喜欢和我们开玩笑，我们都对他特别佩服。

我们那时考试是面试，老师准备好很多题，学生抽签，抽到什么题就考什么。我记得弹性力学我考了 5 分，理论力学、材料力学好像是 4 分。

坦克系的专业基础课和技术基础课，到我们毕业一直在三号教学楼上，基础课是到各个教学楼去上课，像化学课到化工楼，电工课到电工教研室。三系的实验室和陈列室在学校南侧，坦克陈列室里有解放战争中从战场上缴获的美式坦克，国防部划拨给了学校。那时金工、金相、机械零件的实验室都在一系后面。从校医院出来向东，那一排平房，一

① 孙确基（1906—1990）：江西泰和人，留美硕士，曾任西北工学院航空系教授、东北大学航空系教授和系主任、北洋大学机械系教授和主任。1950 年后，任北京工业学院教授。

直到三号楼后面都是实验室，现在是机电学院的大楼。我们的专业实验室，热工实验室和流体力学实验室在现在图书馆的南边，原来是一排平房，现在也盖了大楼。我们那时做实验很多，有专业实验、坦克结构拆装实验、发动机实验。生产实习是到学校实习工厂，车铣刨磨铸锻，每个工种都要做一个零件，工人师傅对我们都很好。还有金工实习、毕业实习、课程实习。有时要去专业厂实习，像山西大同616厂、包头的617厂我们都去过。

我们到617厂实习，增加生产、工艺、装配知识，收集资料，为毕业设计做准备。毕业设计要求从零件设计开始，到研究一个部件，设计出整套产品。我的毕业设计是涡轮增压变矩器，这是发动机和变速箱之间的一个未接合的离合器，由吴克晋老师辅导。要求设计出完整的部件，画出设计图，写出说明书。我们那时理论学时多，实践环节也多，动手能力比现在的大学生要强一些。

我们这一届学生没参与科研，强调学习基础理论和动手能力，基础课比较多。我们的老师有建校的元老，像孙确基、谢焕章、萧教授和秦有方教授那一代人，他们的基础理论都很强，主要教基础课和技术基础课。1950级到1954级毕业留校的老师，基础也非常好，我们系的专业课教学、科研、辅导等，主要是新中国培养起来的这些毕业留校的老师。

我们的保密制度很严格，本专业不能到别的专业去。每个班都有自己的教室，学生有固定的座位，学习资料都放在教室，不准带回宿舍。实验室区域有卫戍区的军人站岗，晚上9点准时关门。我老伴现在在宇航学院，一年级时我们是同班同学，她是课代表，后来分班，我们班主席常燕茹、我老伴，还有团支部书记王富荣等10来位同学分到新专业，搞火箭导弹。具体情况我不清楚，也不能打听。那段时间钱学森到我们学校来过，周总理、朱德等老一辈革命家来校参观过学校的八一献礼展览，后来学校发射了第一枚探空火箭。

我们系里有一位副书记分管学生工作，有专职的团总支书记，每个年级有级主任。班上有班长、班主席、学习委员、生活委员、体育委员和每科的课代表。课代表负责和老师联系答疑、反映问题、收作业等。每个班有团支部和党小组，年级有一个党支部。8人一间宿舍，舍长管理内务、打扫卫生。学生会检查宿舍卫生，年级之间、班级之间要进行卫生评比。我们的衣服、袜子脱了就要洗，放在那里，就有同学主动帮我

们把脏衣服洗了。为了给班级、宿舍争荣誉，同学之间互助友爱的精神都非常好。

我们的作息时间管理很严格。学生住在一号楼和二号楼，早上6点起床，到食堂吃完早饭，经过操场到教学区早读，上午四节课，中午吃饭、休息，下午上两节课，三、四节课是课外活动。课外活动有无线电小组、足球队、篮球队、乒乓球队等。我们班的陈伟婷同学在乒乓球队，肖华①的儿子肖华山，还有董坤等个子高的同学在篮球队。当时我是学生干部，要安排一些学生活动，学校、系里老师有时找我们开会，所以我没参加这些课外活动小组。

我入学后，东、西操场都有了，西操场铺的是炉灰渣，东操场铺的是沙子，跑道更好一点。为了筹备高校运动会，著名体育教育家马约翰②教授亲自来验收东操场的田径跑道。现在求是楼到马路边上，三号楼以西，以前都是排球场。冬天排球场泼水变成滑冰场，我们在那里滑冰。毛主席提出“发展体育运动，增强人民体质”的口号。1957年，清华大学校长蒋南翔③提出“为祖国健康工作50年”。我们上高中时学习苏联的“劳卫制”，学校在卧牛山上，我们经常从山底下跑到山上进行跑步练习。大学时跑百米，好像要求达到13秒的标准，我们早晚都去练习。体育老师胡培生很热心、耐心地辅导我们，因为我有中学的基础，感觉达标不是很难。那时学校的文体活动，特别是体育活动开展得很好。

几位院领导都给我们留下了很好的印象。记得快到冬天时，魏思文院长亲自带着我们学生钻暖气管道包暖气管，我印象非常深。魏思文院

---

① 肖华（1916—1985）：江西省赣州市兴国县潋江镇人，历任红一军团第二师政治委员、八路军第一一五师政治部主任、解放军东北野战军第一兵团政治委员、第四野战军特种兵司令员等职。1955年被授予上将军衔，历任空军政治委员、解放军总政治部副主任、中央军委副秘书长、总政治部主任、中央军委常务委员、兰州军区政治委员、甘肃省委书记、政协全国委员会副主席等职。

② 马约翰（1882—1966）：出生于嘉禾里鼓浪屿，上海圣约翰大学理学学士，圣约翰大学体育队主要成员之一，清华大学教授兼体育部主任。中华人民共和国成立后，历任全国体育总会副主任、国家体委委员、全国体育总会主席，第一、二、三届全国人大代表。

③ 蒋南翔（1913—1988）：江苏宜兴人，清华大学毕业，1933年入党。历任清华大学校长、党委书记，北京市委常委、北京市高等学校党委第一书记，中央教育部副部长、党组副书记，高教部部长、党委书记。

长参加革命很早，在西南局时是邓小平的助手，现在中国人民革命军事博物馆的展览里还能看到魏思文。那时魏思文院长要求青年教师啃书本的理论非常有名，学校培养出了几十位骨干教师，后来都成为学校的栋梁。

第二书记刘雪初开学时给我们做过报告，他讲话从来不用稿子，非常受大家的欢迎。他的记忆力很好，当时我是团支部书记，他有一次到我们班蹲点，和团支部开座谈会。刘雪初 1960 年调到南京工学院任党委书记兼院长，我毕业后曾经随政治部主任去调研，我说我来自北工，刘书记说“我到过你们班上”。他记忆力那么好，真让我佩服，这是刘雪初给我的印象。

时生书记在学校党建等工作方面做出过不少贡献。我毕业后准备去槐树岭的坦克研究所，1964 年 8 月 26 日毕业典礼后会餐，领导找我谈话，让我留校工作，其实当时我更愿意去部队研究所工作。留校培训时，时生书记对我说，留校工作，首先要忠于党的教育事业，不能三心二意。其次要坚持“双肩挑”，就是搞管理工作的同时不要丢掉业务。时生书记对干部建设有他自己的一些想法。

1960 年，国家进入三年困难时期，之前我们吃饭不限量，这时开始定量，每人发一张生活卡片，每天三个格，早中晚吃饭要画钩。每人都有定量，但大肚汉不够吃，我们班开展每人节约一两饭票的互助活动，生活委员集中起来，月中统一分配，参加篮球队等运动队的，个子比较高、饭量比较大的，给一些补助。到 1962 年，更加困难了，老师、同学中有人因为营养不良出现浮肿。学校那时归属国防科工委，毛主席、聂荣臻①元帅对此都很重视，国防科工委补助给国防院校一点带鱼和一些黄豆。那时一个系一个食堂，我们系主任曹永义老师组织机关人员磨豆腐，把豆腐渣给食堂，放到玉米面里蒸窝头，窝头能膨胀起来，大家就能吃饱一些。后来我们学生利用课余时间在教学楼后面的空地种萝卜、茄子、辣椒等蔬菜，然后把菜交到食堂。1963 年以后困难情况开始好转，最困

---

① 聂荣臻（1899—1992）：四川省江津县（现重庆市江津区）吴滩乡石院子人。1923 年入党，1924 年到苏联学习。1955 年被授予元帅军衔。中华人民共和国成立后，历任中央军委秘书长兼解放军代总参谋长、国防委员会副主席、中央军委副主席、国务院副总理兼国家科委主任、国防科委主任。

难的是1960年、1961年、1962年这3年，但老师的讲课和科研任务不减，学生的教室，老师的教研室、实验室都是灯火通明。所以我们这届学生基础打得好，老师对我们亲如父子、爱如慈母，那时人与人之间的关系、师生之间的关系、学校的气氛都非常好。

我觉得我们这代人挺幸运，没赶上之前对高等教育冲击比较多的运动阶段，国家要把教学、科研搞上去时，1959年我们开始上大学，学校增设新专业，我们学生踏踏实实打基础、学理论、做实验。那时学风严谨，干部、教师、学生都非常认真。学校的思想教育工作做得好，老师在教学过程中言传身教，尤其是“大兴读书之风”和良好的校园文化对我们的影响都很大。

四

我们上大学时，中央领导经常给北京高校的毕业生做报告。1963年北京高校毕业教育，周总理在人民大会堂做报告。我们学校1959级的三好学生去了十几人，那是我第一次见到周总理，而且听他讲了那么长时间。总理说解放后我国每年增加1500万人口，大学招生20万，你们这20万大学生都是幸运的，所以你们不要光想着自己的工作和生活，也要想到1480万同龄人，你们能为他们做点什么。这句话，我印象特别深刻，一下就拓宽了自己的思想境界，对我触动很大。

我1964年毕业后留校任教，1970年学校在河南驻马店建设“五七”干校[①]，一年后回到北京大兴庞各庄重新建设“五七”干校。干校是连队建制，分为一连和二连，一连搞大田、种水稻，二连负责后勤，建制有炊事班、马班、菜班、猪班、鸡班、磨坊、库房。我是二连连长，指导员是原来校办的一位老革命于淑云，她非常和蔼。炊事班有刘巽尔、朱铁保、刘济庆、张素澄这几位会炒菜做饭的老师和几位学校的师傅。

① “五七”干校：1966年5月7日，毛泽东在给林彪的信中，提出全国各行各业都要办成一个大学校，在这个大学校里，可以学政治，学军事，学文化，又能从事生产，由此形成一个体系。为了贯彻毛泽东“五七指示”和让干部接受贫下中农再教育，1968年5月7日，全国第一所“五七”干校黑龙江柳河干校创办后，全国各地掀起下放干部，大办“五七”干校的风潮。到1971年，全国共举办“五七”干校1497所。“五七指示”体现着毛泽东的干部教育思想，宏观上回答了如何在“文化大革命”的条件下进行干部教育的问题。

于淑云带着杜立英、刘丰年等几位女将负责种菜。养鸡班有龚玉美、任俊英两位女同志，库房是曲慧廉。马班负责养马和赶马车，因为当时没有汽车，要买菜、买粮食和给国家交粮、送粮，都得用马车。王沫平、曹国臣、朱文义、孙云起和我几个人在马班。李兴旺、马伯祥、祖兴和一位女同志蒋淑云在养猪班。我们得自己磨面磨稻，赵长发、李向春、白志大在磨坊班。我是农村出来的，除了养马没干过，其他的种水稻、插秧、割稻我都干过。知识分子不会干这些活，留下好多笑话，我们马班死了一匹马，养猪班死了一头猪。我们连一位女同志煤气中毒，幸亏校医室朱家厚等 3 位大夫抢救及时，把门窗打开通风，人才没出危险。朱家厚后来荣获了“中国人民志愿军抗美援朝出国作战 70 周年”纪念章。

我在干校一年，1972 年回到学校，1973 年参加工农兵学员招生，我们连的教授、老师都是业务精英，他们也都陆续回到了学校。1976 年“文化大革命”结束后，我们叫业务归队，我回到技术基础课工程热力学教研室。教研室有几位老先生，孙确基教授是北工发动机和热工教研室的元老和筹建者，尽管年龄大，他有时还去讲课。教研室主任谢焕章快退休了，他有时也讲课，后来教研室主任郑令仪老师讲课，我给她当助教，帮她答疑、批改作业。郑老师非常认真负责，我辅导、答疑、批改作业的时候，她就告诉我，发现学生作业有错误，要主动和学生沟通。我们老师在答疑时间都会去教室，有时甚至去学生宿舍给学生答疑，帮学生解决困难，做思想工作。这一点郑老师做得特别好。

教研室传帮带的风气比较好，这些老先生都很乐于提携年轻人。我能走上教学岗位，学术上能有所长进，都有赖于他们的提携。像我们年轻教师讲课前要试讲，老先生们先听一遍，告诉我们目光怎么看学生、板书怎么写，甚至站在讲台上应该是什么姿势，还要求我们上课前要先写讲稿，把一次讲两堂课的提纲、板书，难点、重点都浓缩到讲稿上。

我给 1976 级学生辅导，正式讲课是从 1979 级到 1981 级。刚开始讲课有点紧张，需要不时地看讲稿。在我给 1979 级讲课时，开始郑老师总会坐在最后排听课，下课后她会给我指出讲课中出现的问题，比如讲到哪些地方，声音要重一点，哪些地方属于重点难点，需要强调。还有在批改作业中发现学生容易出错的地方，下一堂课需要给学生指出来。给 1981 级学生讲课后，我有 2 年没教学，和郑老师一起编教材。

我们教研室老中青传帮带的文化氛围很浓郁，老师们都非常负责，教研室曾被评为北京市教书育人先进单位。教研室有两个组，热工教学小组和传热学教学小组。我们热工教研小组获得过学校教学先进集体一等奖，隔年传热学小组获得了学校二等奖。

1985 年北京建工学院热工教研室的讲课老师要到国外进修，他们学校的系主任钱中贤教授和我们系主任秦有方教授联系，秦教授推荐，教研室安排我去给他们讲课。1988 年钱中贤主任到英国讲学，他直接给我写信，我向当时的谢主任汇报后，又去给建工学院讲热工课。咱们学校热工课是 120 学时，使用的是北工自己编的教材，建工学院是 60 学时，使用的是同济大学的教材。因此我得先了解他们的专业，消化同济大学教材的意图和难点、重点，可见教书也要下功夫。后来我还给北京电大讲过热力学课程，25 学时，用的是清华大学的教材。在此期间，给北京实验大学（现已关停）讲过一年课，那时我已到纪委工作，因为工作关系，认识了实验大学校长甘英①，她让系主任找我去给他们讲课，我根据自己在纪委的办案经验写了一本《违纪案件学》，用这本当教材，去给他们讲课。

教学方面，我给三家讲过热工，使用了三本不同的教材。我感觉教学主要是几点：一是教研室的传帮带，对我教学水平的提高有很大帮助；二是我们热工教研室非常注重给学生答疑；三是我们用教材里的例题、习题，来解决课程里的概念、难点、重点，对学生进行启发式教育。郑令仪老师对这点很重视，还有谢焕章教授，他积累的答疑题有两大包，我估计有几百上千道题。学生曾经问过他的疑难问题，或者容易出错的题，他都有记录。谢教授把这些东西交给了郑令仪老师，郑老师又交给了我们这一代老师，一代一代往下传。

我 1983 年到学校纪委工作，关系还在教研室，一边在纪委工作一边讲课。完全离开教研室，大概是到 1993 年。改革开放初期，老师的待遇低，没有科研项目，没有著作、教材，只搞教学会影响到评职称，当时

① 甘英（1923—2019）：原北京市委副书记刘仁的夫人。北京市人，1943 年春参加革命，1943 年入党。中华人民共和国成立后，历任北京市委宣传部干部处副处长，北京市委卫生体育部卫生处副处长，北京同仁医院党委副书记，北京市纪律检查委员会常委，政协北京市第六、七届委员会副主席。

大家不愿意单纯搞教学，但是我没受影响，因为我一边教学，一边编写教材。我 1980 年被评为讲师，1987 年是副教授，那时我已经出了两三本教材。

因为有教研室老先生传下来的经验和对教学中出现问题的总结，我们编教材时很有针对性。除了收集学校以往的资料，还收集了社会上工科院校已经出版的外文教材，当时主要是日文和俄文的，有十几本，我们拿来消化，又花了很长时间讨论写作提纲，郑令仪老师花了很多工夫，前后用了 10 年时间，最后完成了这本教材。这本书里有 280 多幅插图，都是我画的。我白天有工作，完全要用星期天和晚上的时间，那时年轻，基本上半夜 1 点前没睡过觉。我们的第一本给本科生使用的教材《工程热力学》，从 1976 年就开始筹备，到 1983 年、1984 年由国防工业出版社出版发行。在 1987 年全国教材评比中，获得了工科类、兵工类全国一等奖。接着郑老师带着我，编写研究生教材《工程热力学 2》，由我们北京工业学院出版社出版。我们写的第一本教材，后来要再版，我们修改后由兵器工业出版社出版。

从孙确基、谢焕章等老先生到郑老师一代代传承，提携、帮助刚走上教学岗位的年轻人，才有我在教学、科研方面的成绩，成绩应该归功于我们教研室集体。

我 80 岁，学生毕业 50 周年时，他们送给我一个“师恩难忘”的条幅。我退休后，学校开展过几届“我心中最好的老师”评选活动。学生印了“师恩难忘”的明信片，邮票叫“爱师”，称我为“我心中最好的老师”，我说这个荣誉比其他的奖项都让我感到温暖。我老伴也是教学、科研一辈子，师生关系非常好，她还享受到国务院政府特殊津贴。她的学生逢年过节都来我家看望她，还送给她一块“师恩难忘”的玉屏，致敬她从教 50 周年。这些都让我感觉当老师很有意义。

五

1983 年，学校党委副书记李宜今同志找我谈话，让我到学校纪委筹备组工作，我觉得自己的性格不适合，但作为党员，我必须服从组织分配。筹备组组长是我读书时的老领导李淑仪，还有一位参加过红军的朱凯云，这些老同志离休后，我担任筹备组常务副组长。

在学校党委领导下，我们第一件事是解决学校的历史遗留问题，这

件事非常麻烦，涉及几代人，有很多积案要甄别，要纠正冤假错案，落实政策，使学校归于平静，统一思想搞学校建设。当时学校党委书记田运①同志在这方面做出了贡献。第二件事情，由于我分管纪委、审计、监察和信访，我首先端正了这些部门的指导思想。以往运动留下的副产品是把政治、业务和教学对立，和知识分子搞对立。我来自基层，我认为不管有什么问题，学校各部门都要为教师、科研和培养人才服务。这一点，我抓得比较好，对纪委、监察、审计、信访等方面的工作比较满意。学校八次党代会和九次党代会，我报告的题目分别是《纪检工作应当成为改革的力量》和《纪委应当为教学、科研培养人才服务》。在此期间，我们到北京市和部里搞工作总结、工作研究论文和汇报指导思想，都强调这一点。另外我在工作中狠抓事实，一切要用事实说话。尤其对某个人、某个单位下结论时，我特别强调，事实一定要清楚、完整，要经得起历史考验。随着社会发展，法律、纪律可能会有变动，可能会影响结论，但事实不能改。事实如果搞错了，就是我们办事人员的责任。

当年全国纪委系统搞过一次“酸甜苦辣征文”，我写过一篇文章《耕耘净土》。纪委工作会难免遇到一些困难和干扰，尤其是查到领导时，领导如果不太理解监督，我们的工作就不太好开展。我能坚持把纪委的工作做下来，因为我相信“路遥知马力，日久见人心”。我必须干好自己的工作，这是生活、生存的底线。做人做事总得要有底线，良心是做人的底线，事实是说话做事的底线，谋其政是在其位的底线。

我们那时主张“旗帜亮得要快，下刀要慢”。知识分子搞科研，可能对财务管理、对经济政策并不了解。我们一方面是抓制度建设，纪检、审计这几个部门都要建立、健全制度，把涉及学校的政策汇编成册，形成制度。这对知识分子很有用，可以让他们知道哪些事情能做，哪些事情不能做，旗帜打起来要早要快。不能做的事情做了要受到处分，但千万不要咔嚓一下子就切，让当事人有个认识的过程，我们这些执掌刀把的人也要有认识的时间，不能轻易下刀，这是“下刀要慢”。另一方面我们注意工作研究，把纪监审当成一项业务性很强的工作。搞审计、监察，查经济类案件，不懂经济、不懂会计不行，所以我们在监察审计部门，采取老人老办法、新人新办法。我们有一半多是老同志，学新知识有困

① 田运：1984 年 9 月—1987 年 1 月，担任北京工业学院党委书记。

难。我们部门的年轻人都要学会计，我们审计处处长赵荣娣就一边工作一边读会计，后来读到南开大学会计学研究生。我去人大学了法律，高铭暄教授“法律和纪律随着社会的进步会发展，但查办案件的事实不能变”的观点对我工作的帮助很大。

我们搞纪委工作，是把它当作一门学科、一个专业去做，努力把事情做好做精。我们在 20 世纪 80 年代办了几个案子，主要是由于那时各系搞创收的活动比较普遍，财务管理上出现了一些违规的情况。国家政策是明确的，但教师对相关政策了解得不够，只考虑个人的利益、小单位的利益，管理上不严谨。再就是和外单位协作搞科研时产生的一些经济效益，没有严格遵守财务管理的规范，科研创收这一块容易出问题。对待出现的问题，大家的意见、看法不太一致，我主张学校自己处置。后来北京市过来一位处长坐镇学校一两个月，才把案子办结。主要是因为当时，尤其是有些领导同志对纪委工作不够理解，对接受监督的理解和认识不到位，现在这种情况已经有了很大改变。另外，在纪委工作时，我对学生总体是采取原谅和宽大教育的态度。我认为学生犯了错误，只要不违法犯罪，就要尽量谅解他、教育他、宽容他，毕竟他的一辈子还很长。

我在学校纪委的岗位上 31 年，没有发生新的冤假错案，在政策把握和执行上都比较平稳。一方面是学校党委对这项工作重视，一方面是我们这些具体经办人都比较沉稳。20 世纪 90 年代后，北京市个别高校的领导有涉及刑事责任的，我们学校没有一例，我感觉很满意。

我们纪委、审计、监察、信访四个单位，都是机械部、兵器部和北京市的先进单位，好几位同志被评为先进个人。我被中央纪委和国家监察部、人事部评为全国先进工作者，这个荣誉应该属于我们副书记任家盛带领的这个集体，特别是郑凤芝、王兰英、小叶、小殷她们那些人，具体工作都是她们一个案子一个案子地查，一件事情一件事情地做，我们才能被评为先进单位。大家干的工作，却把荣誉给了我。

六

1990 年我到中央党校学习了半年，趁此机会我在中央党校图书馆、资料馆，搜集了一些涉及民主集中制的文件、规定和中央政治局关于自我约束的会议文件等资料。邓小平说民主集中制最主要的就是党的政治

纪律，以此为指导，我的党校毕业论文题目是《论党的政治纪律》，论文中我提出“民主集中制监督”的概念和民主集中制四项基本功能：组织功能、决策功能、执行功能、监督功能。

1994 年党的十四届四中全会通过了《中共中央关于加强党的建设几个重大问题的决定》，高校开始搞民主集中制的研究。北京哲学社会科学“九五”规划里有个重点题目，关于民主集中制监督的研究，我这篇论文被纳入北京市“九五”规划的课题里。课题组最后形成了《新时期民主集中制及其监督的理论和实践》这本书，书中第一部分理论问题，民主集中制普遍性的概念用的另外一位教授文章的一部分。民主集中制的监督理论及四项基本功能和机制，用的是我的文章。再加上他们调查研究的现实问题，通过中央党校党建部主任、博导蔡长水教授，市党校范平教授，北京市社科联于世英研究员，中国人民大学马列学院院长、博导沈云锁教授，中央组织部领导的全国党建研究会的吕澄教授等专家评审，他们认为这本书提出“民主集中制监督”的概念和四项基本职能，填补了我国研究民主集中制的空白，有独到之处。

这本书后来获得北京市委、市政府颁发的哲学社会科学奖二等奖和全国“五个一工程”奖。

七

1996—2017 年，我到市里做了 21 年教育工委联络员，在市教育口主要做了三件事情：一是在市领导带领下对北京市高校进行调研；二是巡视督导，开展整风式集中学习教育；三是先进校制度化评议和领导干部年终理论学习论文评审；再就是经常性联系学校的日常工作。最重要的事情是搞高校改革，部属 72 所院校我基本上跑遍了。在调查和制定我们学校内部体制改革和北京市教育体制改革的工作中，我对教育的认识又前进了一步。虽然我一辈子都在服务教育，但只是走近了教育，没有走进去，我感受到高等教育或者说教育事业是非常值得研究的领域。

北京市搞高校体制改革，当时北京市所有的高校，包括部属 72 所院校，党的领导关系都在北京市，所以由北京市委牵头。1998—2001 年，在市委副书记和常委的带领下，我参与了调查研究工作，用 3 年时间拿出方案，结果是包括我们北理工和北航等 36 所院校还由中央管理，像电影学院、舞蹈学院等原来中央部属的学院和原来归属有色金属总公司的

2000—2017 年参加北京市高校教材评选、教学评估和党建评议专家组。这是孙祖国专家组讨论时发言

北方工业大学等划归北京市管理。

我还参与过调查研究和评议北京所有高校领导班子的建设、党的建设和思想政治工作，这项工作 4 年检查评比一次。学校班子成员每年都要写一篇理论文章，每篇文章都要评审，划分出四个等级，这些文章我看了 3000 多份。这项工作让我对包括我们学校在内的，我所去过的学校都有了更深入的了解。

每次全国党代会之后都要开展集中学习教育活动，从“三讲”教育到“先进性教育”“群众路线教育和实践”“科学发展观”，市委派出巡视组，巡视督导各高校学习落实的情况。到北大搞“三讲”巡视时，山东大学校长是组长，我是副组长。我和北大的老校长、老书记都有接触，还去拜访了季羡林等老先生，和他们座谈，听他们的意见。国防科工委和北京市联合派出巡视组到北航和我们学校巡视过，我参加过十几次巡视和回头看的工作。这些经历，让我对高校的认识和高校工作重点的认识都更加深刻。

八

我服务学校，在岗 31 年，服务北京教育，受聘 21 年。几十年服务教育，一辈子没离开过教育。我的亲身体验是，党的建设对学校有很大促进作用。北理工历届党委都重视党的建设和思想工作，能够正确对待知识分子，这点非常重要，是高校党务工作需要把持的原则。

我认为北理工的教育、科研工作和水平，在高校里属于第一梯队。

北京的副部级“985”院校只有清华、北大、人大、北师大、中国农大、北航和我们北理工这 7 所。我们在北京市的水平，我个人认为和北航旗鼓相当、各有千秋，他们在航天方面确实很强，但我们在其他方面也很强。

北理工一直重视抓人才建设，从魏思文院长开始就抓这项工作，改革开放初期的学科带头人，像苗瑞生、马宝华就是那个时期培养出来的人才。朱鹤孙校长也重视人才建设，后来有不少人成为院士。在历任领导的带领下，咱们学校从工科院校发展为“双一流”大学，从抓一个学科到抓学科群，再到抓重点学科发展，学校的科研项目也在大力向前推进。我们现在重点项目、重点人才方面一年比一年好。

我工作 53 年，实现了蒋南翔提出的“为祖国健康工作 50 年”的目标。2019 年，中共中央、国务院、中央军委颁发给我一枚“庆祝中华人民共和国成立 70 周年”纪念章。2021 年，我受邀参加建党百年庆祝大会，荣获“光荣在党 50 周年”纪念奖章。我觉得自己贡献不大，但国家没忘记我这样一位服务教育的普通的工作人员，我心里很高兴。

2021 年孙祖国应邀参加建党百年庆典

谈天民——为工作全力以赴

人物简介：

谈天民，1937年5月出生，天津市宁河县（现宁河区）人。北京理工大学教授。

1955年考入北京工业学院（现北京理工大学）机械二系，1960年毕业留校任教；历任北京工业学院一系（3）教研室主任、副主任，北京工业学院党委副书记、副院长、党委书记，北京理工大学党委书记等职务，以及中国航空学会第四届常务理事、第五届理事，中国惯性技术学会第二、三届常务理事，北京航空学会第五届副理事长等社会兼职。

长期从事教学科研工作。曾主持研制成功国产大型天象仪，担任本科生、研究生有关课程的讲授工作，讲授研究生课程——变分法；先后发表过多篇有关形势教育、党建工作研究和高校工作研究等方面的论文，主编《高等学校办学方向新论》《徐特立文存》《我们从延安走来》等书籍。1987年以来主持校党委全面工作，

在新的领域里，潜心研究新时期高校党的建设及学校建设的特点和规律，为党的工作和学校工作倾注了全部心血，取得了显著的成绩。

2003 年 3 月在北京理工大学退休，2023 年 4 月 22 日 19 时，在北京逝世，享年 86 岁。

访谈时间：2019 年 11 月 26 日

访谈地点：北京理工大学图书馆

采访人：张钧

摄像：聂明明

访谈提要

谈天民讲述了自己在北京工业学院读书时的学习情况；毕业前到沈阳 724 厂研制固体发动机铸装药的经历；毕业留校后在 22 研究所的工作情况。1964 年谈天民调入天象仪组工作，他详细讲述了天象仪的研究、制造、调试过程。1987 年谈天民担任校党委书记，正赶上学校的“五个转变”时期，他讲述了“五个转变”的具体内容和意义。1996 年离任后他继续从事科研工作，担任 70 公里远程多管火箭控制系统研制项目的行政指挥。他对自己多年的工作做了简单的总结。

一

我出生在天津宁河县，小学读的是宋棐卿①办的东亚毛织厂附属小学，中学读的是天津市第一中学。因为我家境不是很好，一中是公立学校，不用交学费，而且离家近，不用住校。我记得一年的学费是 20 公斤小米，我在一中一共学习了 6 年。我学习一直比较好，高中时学校搞了一个尖子班，我就在尖子班。高考的时候我想考清华，还想考钢铁学院，觉得炼钢好。学校老师找我谈话，推荐我上北京工业学院，说工业学院是搞国防的，国家有什么新技术、新发明都首先要用在国防上，这是世

① 宋棐卿（1898—1955）：山东益都县（现青州市）人，近代实业救国代表人物。1932 年在天津成立东亚毛呢纺织有限公司。

界通例，所以搞国防比较高级。还说如果我报考北京工业学院，会优先录取我。我一听是搞国防的，很高兴，就按照学校的意思报了北京工业学院。我们班 48 个人，有 11 个人被推荐到工业学院，全都考上了。

1955 年到北工时，一年级都在车道沟校区，校区有一座延安大楼（红楼），还有一座稍微小一点的灰楼。灰楼主要是上大课的地方，另外还有几间平房。我们住在红楼里，平房是教室。当时我的感觉是这所学校很俭朴、很简单，同学都比较贫苦，有的同学就是赤脚穿着草鞋背着小包来上学的。学校里的大标语是“欢迎你，未来的红色国防工程师”，我觉得能够到这儿来上学很骄傲。

我在二系炮弹专业，一开始我觉得学炮弹专业有点简单，但是他们讲炮弹属于机械类，机械相关的课程都要学，所以我就这么学下来了。一、二年级都是基础课，跟专业老师接触不多。管党的工作的系主任是郑尚谦，他对我比较熟悉，因为是他去天津招生的，我高考的成绩比较高，所以他要我到二系，这是他后来跟我说的。那时候学苏联，考试都是口试，抽签答题，第一年考了三门课，我全都是优秀，评上了三好生。成绩全部优秀的叫优秀生，同时其他表现也很好的是三好生。1956 年 5 月 5 日我参加了北京市三好学生代表大会，给我发了奖章，当时的科学院院长郭沫若还在会上发表了讲话。

我是团支部书记，1956 年 7 月“向科学进军”时入了党，我们班调干生比较多，所以班里已经有了党员。我们班有一个党小组，组长就是 1954 级下来的调干生。我们年级有一个党支部，当时的党支部书记现在还在学校，叫方嘉洲，快 90 岁了。

三年级时炮弹专业请了一个苏联专家，成立了一个专门搞炮弹药筒和枪弹的专业，我们班调了 30 个人到这个专业，另成立了一个班。

1958 年后期搞科研，我们没参加。1959 年是“大兴读书之风”，我们班到黑龙江碾子山的工厂去实习，三周实习，三周劳动。回来以后学校有好多科研项目，把我调到一个科研组，跟沈阳 724 厂合作搞 40 公里带制导的火箭项目。万春熙算是我毕业设计的指导教师，我到东北去，他给了我一个强度计算的公式，其他我都不懂，拿着教材就去了 724 厂。学校派我和另外 2 个同学崔金泰和吴仕元一起去的。那时候正是困难年代，我们住在日式建筑的招待所，煤也没有，冷得要命，大老鼠特别多。

我们的主要目的是研制出固体发动机的铸装药。原来学校搞“505”

项目时都是压制的火箭药，后来大型火箭要学苏联搞铸装药。过去375厂负责的铸装药不过关，总炸管。设计弹的直径是500多毫米，我们先搞了一个200毫米直径的弹做实验。当时学校有个考虑，如果这个200毫米直径的成功了，就可以用在“505”项目的科研上，因为“505”的弹径也就200多毫米，所以我们这个项目跟“505”有一点内在的联系。我们在沈阳搞了半年多，一直搞到毕业，我的毕业设计就是铸装药的模具设计和制造工艺。到我走的时候也没搞成，后来这个项目就下马了。

二

大学毕业以后学校让我留校，到刚刚成立的22研究所，主要搞“505”火箭，我负责火箭强度方面的核算。我没上过火箭的课，都是自己学，学导弹概论，学固体火箭发动机的设计。在22所我写了一些关于强度计算的总结报告，现在存在科研处档案室。

1962年国家提出“调整、巩固、充实、提高”八字方针，“505”项目下马。之后成立了一系飞行器工程系，把炮弹等一些老专业都挪到太原机械学院去了，这边就是火箭导弹专业和控制专业，把我分到了导弹总体设计教研室，但是我没学过这方面的东西。1962年年底到1963年年初，国防科委办了一个导弹设计的班，讲总体设计的是从苏联回来的孙家栋①，北航的张炳宣教授讲飞行力学，杨炳宪教授讲导弹结构，当时主要讲的是液体火箭。后来七机部给了学校一个V2，就是1059，是东风2号的一个弹，解剖好了送给学校，包括全部的资料。

我参加学习班的学习，再消化这些资料，自己做了总体设计，之后指导1958级和1959级学生的毕业设计。他们毕业设计的题目就是以V2弹的改进型为原本设计一个1200公里的弹，V2弹是500多公里。

1964年1959级学生毕业以后，有一天我们系总支书记跟我说，上个院党委开会了，要把你调到天象仪组当政治协理员。我一点思想准备都没有，我说我搞的这个弹跟搞仪器不搭界。后来魏思文院长召集我们开

① 孙家栋（1929— ）：中共党员，出生于1929年，辽宁瓦房店人，共和国勋章获得者，“两弹一星”功勋奖章获得者。中国航天科技集团有限公司高级技术顾问，“风云二号”卫星工程总设计师，“北斗二号”卫星工程和中国第二代卫星导航系统重大专项高级顾问，原航空航天工业部副部长，中国科学院院士。

会讲“505”的问题，看到我他就说：“你赶紧去天象仪组，不要像昭君出塞似的扭扭捏捏。”没办法，我就去了。

天象仪是1958年开始搞的，1959年又搞了两台，但都不过关，听说武汉都订货了，但是技术过不了关，魏思文很着急，就想派人帮着组织一下。当时天象仪的组长是工厂的厂长吴文彬，兼着天象仪的组长，副组长是四系的主任李振沂。我去了也是副组长，但是实际组里的主要工作都是我做，因为兼职的人员主要精力还是在工厂、在系里。

虽然是魏思文主抓的项目，但是天象仪组当时比较受歧视，因为成员多是家庭历史有些问题或者是所谓摘了帽子的“右派”。我去了以后就一块研究，主要的技术问题是天象仪的结构强度不太好，两个大球，球中间只有一根轴受力，跟扁担似的，一翻身就下沉，所以拼起来的天空总乱总裂，这是一个问题。第二个问题是行星运转不稳，总是哆哆嗦嗦。再一个就是镜头设计的亮度不均匀，镜头中间亮边上暗，显得星星都是一堆一堆的。把这几个问题一分析，大家认为最主要的还是行星运转的问题，于是就集中力量先解决这个。首先提高齿轮精度，一直提高到八级，还是不行。最后找出了毛病，是传动的刚度不够，减速的级数太少，应该多减几级，这样就把这个问题解决了，其他问题就比较容易了。把所有问题都解决了之后就到天文馆进行调试，之后参加了1965年年底的全国新仪器仪表展览会。

我们回来做总结，准备下一步怎么搞，接着就“文化大革命”了。宣传队进校以后逐渐走向正规，学校也开始招生，我们那个组没什么事干了，我就想回原来的系。当时学校归兵器部管，兵器部不搞导弹，就把我们那个系拆掉了，我就到了七系工艺系做教师，同时在胡永生教授领导下搞铝的压铸工艺，还到内燃机厂去实习，每天都去，回来后写讲义。

这时候听说有中央领导对天象仪感兴趣，要从国外买天象仪。搞天象仪的几个老师觉得我们自己能做，三个老师就给领导写了一封信，说我们自己能造天象仪，领导很感兴趣，就转给李先念副总理，李副总理批了这个项目。当时国家科委已经没了，由中科院二局立项，组织学校和相关单位自制天象仪，给了60万元研制费，那时候的60万元还是挺多的。

北京市组织了通县①的北京光学仪器厂，还有一个在西单的电源设备厂，还有天文馆和我们学校，四家联合。北工负责总体设计，其他单位负责电加工、机械加工和光学加工。这时候学校又让我回去接着搞天象仪，我负责组织协调。当时是北京市科教组局长白介夫②抓这个事，具体办事的是一个叫尹宗玲的干事，她经常过来了解情况。我们在1965年的基础上重新设计了镜头，一共32个镜头，全部都换了。天象仪的那个大球，之前是在地上挖个坑然后把铜皮放进去敲出来的，根本就不圆，后来是拿铝铸的。星板也用了新的工艺，在南京找协作厂做的。整个天象仪一共有20多家协作厂。

1976年6月天象仪拍摄现场课题组讨论方案

1976年把天象仪拉到天文馆做最后调试，调试比较成功，来参观的人很多。北京市领导吴德、倪志福都来参观，国家科委的武恒，人大常委会副委员长乌兰夫、邓颖超、阿沛·阿旺晋美、谭震林这些人都去参观过。我当时跟科教组提出来，说这么多人参观，我应付不了，接待得另找人。科教组同意了，找了北京市仪器仪表总公司的党委书记胡泽群

---

① 通县：今为北京市通州区。

② 白介夫（1921—2013）：陕西省绥德县人，北京市政协原主席，中国共产党第十三、十四次全国代表大会代表，第五、六届全国人大代表，第七届全国政协委员。1972年春起，任北京市科技局局长，市委、市革委会科教组副组长，市委科教部副部长，市科委主任，市委常委、市革委会副主任。

负责接待。

1976 年年初我们还没调试完的时候，上级说要拍个纪录片，叫《大型天象仪》，负责拍摄的是科技电影制片厂的石梅音导演。这个老太太特别有头脑，她拍恒星是怎么形成的、行星是怎么回事、天象仪的原理是什么、里头的结构怎么样，拍得很好。1976 年 10 月 1 日开始在全国各影院放映，没几天“四人帮”倒台了，电影也不放了。改革开放后电视台又放了这个片子，我认识当时广电部的部长田聪明①，我给他写信，说能不能把片子拷贝给我们，留个历史资料，他说没问题。后来科技电影制片厂给了我们一份拷贝，学校留存了。

1978 年组织鉴定天象仪，王大珩②是鉴定组长，他给的评价挺高。这个天象仪一直用了 31 年，2007 年才停用。天象仪项目获得了国家科技进步奖二等奖，北京市的一等奖，因为单位比较多，报名人数有限，所以我没挂名。这也没什么，技术上还是伍少昊、严沛然③他们出力比较多，他们从 1958 年就开始研究了。

三

天象仪的工作结束以后，原来四系光学系的教师都回四系了，一系飞行器工程系也恢复了，我就回到了一系，担任导弹设计教研组的组长。当时的课很少，只有概论课、设计课、结构课，但是教师一大堆，我们就给教师定位，搞可靠性的、搞结构强度的，尽量往学科上靠。之后学校叫我到研究生部当主任，我说我没读过研究生，管不了，我没去。

1983 年 3 月学校让我当飞行器工程系的系副主任，主管科研。那个时候系里的科研工作不多，主要是围绕红箭 73。1984 年暑假，国家在北

---

① 田聪明（1943—2017）：男，汉族，陕西府谷人，1965 年 12 月年加入中国共产党，1970 年 7 月参加工作，1990 年 12 月—1994 年 4 月，广播电影电视部副部长、党组成员；1994 年 4 月—1998 年 3 月，国家广播电影电视部副部长、党组副书记；1998 年 3 月—2000 年 6 月，国家广播电影电视总局局长、党组书记。

② 王大珩（1915—2011）：原籍江苏苏州，光学科学家，“两弹一星”功勋奖章获得者，中国科学院院士。

③ 严沛然：浙江慈溪人。1944 年毕业于交通大学机械工程系。曾任晋冀鲁豫边区北方大学工学院教师。中华人民共和国成立后，历任北京工业学院讲师、副教授、教授、副院长、学位委员会主任，是我国第一台大型天象仪的主要设计者，为创建我国军用光学仪器专业做出了贡献。

京师范大学办了一个教师进修班，兵器系统的每个学校都要去一个人参加学习，我们学校是我去了。学了没几天，1984 年 9 月，学校把我叫回来到院里工作。兵器部部长于一①之前找我谈过话，问我能不能搞党的工作，我说我连支部书记都没当过。9 月又找我，说部里定了，让我当学校的副书记、副校长。9 月 28 日还是 29 日，开全院大会就宣布了，我分管行政方面的工作，包括人事、保卫、老干部、纪检、宣传，除了组织工作归书记田运管，其他都是我管。李志祥当时是常委会委员，负责学生思想政治工作。另外还叫我负责“四校”工作，就是校名、校史、校庆、校友会，还要筹备 1985 年的建校 45 年校庆。

当时要进行人事改革，恢复职称职务聘任制，按岗定位，上级对教授、副教授的岗位数量也做了限定。可是我们学校的结构不一样，1951 级、1955 级、1956 级的毕业生很多都留校了，都干了很多年，逐渐成了骨干，聘哪个不聘哪个很难办。后来好多人提出光要职称，不用跟工资挂钩，我们商量后同意了，一部分人给副教授名称，但是不跟工资挂钩，也就不占上级给学校的名额，这是一种办法。第二种办法是把高级正职设计成一个滚动的职位，到了退休的年龄就退了，这样也不占学校的名额。采取这么两个措施，算是解决了一点问题。

“四校”的事，我们研究了校名，我提出叫北京理工大学，因为原来是工业学院，有工，再加上理，理工，变成大学就行了。校名解决了就筹备校庆大会，根据学校历史成立了六个校友分会：延安自然科学院校友会、晋察冀工专校友会、北方大学工学院校友会、华北大学工学院校友会、东北兵专校友会和中法大学校友会。

中法大学校友会的会长是当时的民政部部长崔乃夫，副会长是北京市副市长封明为，因为我管事，把我也算成了中法大学校友会的副会长。延安自然科学院校友会一共就 3 个人，是当时四机部电子工业部副部长何华生、毛主席的翻译师哲的女儿师秋朗，还有三机部某所的所长许明修，原来的校长谢簃和严沛然都是北方大学工学院的，所以这些校友比较好组织。华北大学工学院也比较好组织，它直接变成了北京工业学院，老人比较多。晋察冀工专现在还有 2 个校友，北方大学工学院现在还有 1

① 于一：1982 年 5 月 4 日—1985 年 6 月 18 日担任中华人民共和国兵器工业部部长。

个校友，东北工专还有不少人。

1985 年 9 月召开了校庆庆祝大会和校友会成立大会，我是副会长兼秘书长，李鹏、何长工、朱开轩还有北京市的陈昊苏副市长都参加了，那次校庆搞得比较热闹。同时设立了徐特立奖学金，建立了校史碑，举行了徐特立铜像奠基仪式。

校史方面，我找谢簃、严沛然两个老同志和几个笔杆子一块到北戴河分校用了一个暑假写了《培养科技干部的摇篮》，其实就是学校的简史，我认为写得不错，现在还有参考价值。各个校友分会也都把史料搞起来了，陈云看了延安自然科学院的史料以后很高兴，作为党史的一部分由党史出版社出版了。其他几个校友会的史料，除了东北兵专，其他也都在校内正式出版了。

1986 年年底党委书记田运要调走，就让我主持工作，我一边当副院长一边主持党委工作。1987 年暑假正式任命我当党委书记，我的主要工作是实现学校由工科院校向理、工、管、文综合类院校转变。当时的校长是朱鹤孙，他很能干，也很有个性。那时候要往校长负责制过渡，我们学校没实行试点校长负责制，但是北航一些学校都实行了。

大概是 1993 年，研究生跟学位办有个杂志的编辑部在我们学校，编辑是我们学校的教师，我们听他说教育部要搞“211”工程，“面向 21 世纪重点建设 100 所学校”，我就去打听是怎么回事，然后叫他把教育部管“211”工程的人请到学校，给学校领导讲了讲“211”是什么，怎么个要求，怎么个内容，希望解决什么问题，要搞什么重点学科。之后我们就组织了一个班子，按要求做了一些准备，当时找了马志清，他原来是副校长，退下来了但还没有办手续，虽然不当行政领导了，但是还在工作。他和校长办公室主任苏青，他们两个组织“211”方案。后来从外头请了一些专家讨论，暑假学校在北戴河组织系级以上的干部进行讨论，形成了一个初稿往上报。报的时候我还在，批下来的时候我已经不在领导岗位了。

这时候正好赶上学校的五个转变时期，五个转变是指：由单纯的军工专业向军民结合方向转变；由工科院校向工、理、管、文方向转变；从只培养本科生向培养本科生跟研究生并重、培养高层次人才转变；从以教学为主向教学、科研两个中心转变；从封闭式办学向开放式办学转变，加强跟外界、国外的交流。

1984 年年末、1985 年年初学校批准成立了研究生院，当时我们进行专业调整，像战斗部、军用车辆等纯军工专业就剩了三四个，其他都是军民结合专业。另外成立了数学系、外语系、物理系、应用力学系、人文社科院等。管理系 1980 年就成立了，后来变成了学院。科研方面，各个系都成立了研究所、研究室。纵向的和横向的科研都放开，可以随便搞。从封闭办学到开放办学的转变，主要是请外国的学者来学校讲学，陆续请了有 1000 人。同时派很多人去国外做访问学者、留学。还有就是跟国外学校签合作协议，当时与我们联系比较紧密的有德国工业大学，还有日本千叶大学、福井大学，美国也有几个学校，苏联是莫斯科鲍曼工学院。这五个转变可以说是北京理工大学的历史性转变。

当时还有一个学校的归属问题，我们那时候归机械委管，后来机械委要解散，成立总公司，我们划归兵器工业总公司①，我认为这对学校的发展有一定的影响。比如五系要搞雷达，兵器总公司不让搞雷达，让搞无线电引信，说无线电引信就是装在口袋里的雷达，实际上这是两码事。兵器总公司也不让搞导弹，后来搞了反坦克导弹红箭 73 才算把导弹专业救活了。红箭 73 给兵器总公司挣了很多钱，也打出了名声，这样他们才同意搞制导武器。所以当时我认为部门所有制限制了学校的发展。

四

1996 年开党代会，那年我已经 59 岁了，再干一届就超标了。焦文俊比我小 7 岁，他接我的班正好能干两届。我就跟兵器工业总公司提出我不干了，兵器工业总公司的副总经理王德臣②同意了。1996 年 5 月 30 日

---

① 1970 年 1 月 29 日，国务院、中央军委发出《关于调整国防高等院校领导关系的通知》，将国防高等院校分别调整划归国务院各个国防工业部门领导，其中北京工业学院归属第五机械工业部领导。1982 年 3 月，国务院八个国防工业部门改用实名，北京工业学院归口兵器工业部领导。1986 年改属国家机械工业委员会领导。1988 年北京工业学院更名为北京理工大学，归属机械电子工业部领导。1993 年起，各个国防工业部门撤销，成立 5 个军工总公司，其中北京理工大学归属中国兵器工业总公司领导。（来源：《北京理工大学志》）

② 王德臣：男，1940 年出生，汉族，毕业于哈尔滨军事工程学院，研究员级高级工程师。曾任华东工程学院副院长、副书记，兵器工业部教育局局长，国家机械委教育局副局长（正局级），北方工业总公司副总经理，中国兵器工业总公司副总经理，中国兵器装备集团公司党组书记、总经理。现任兵装集团高级顾问。

开党代会我就离任了。后来部里找我谈话，我提了四条：第一，中央、北京市以及上级单位领导的决定和指示我们坚决贯彻执行，没打折扣，至于贯彻得怎么样，那是我们的水平问题；第二，我的全部精力都放在了工作上，全力以赴，没有偷奸耍滑；第三，我作为班长，我们这个领导班子是团结的；第四，我是廉洁的。我说这四条如果你们认可，我就交差了。领导说，没有问题。

离任以后我继续搞科研，担任70公里远程多管火箭控制系统研制项目的行政指挥，一直到2003年定型。70公里是固体火箭，学校负责控制部分的研制，包括角度控制和距离控制。这个弹很长，7米多，发射出去以后速度上不去，往下掉，打不远，所以要有角度控制的启动，保证它始终按照正常的角度飞行。距离控制就是想让它打多少公里，到时候它能落下来。70公里远程多管火箭的总体单位是203所，弹体单位是743厂，控制系统是我们学校，控制加工是218厂。1993年70公里远程多管火箭参加了天安门阅兵仪式，后来这个项目得了国家科技进步奖一等奖，学校大概就报了杨树兴①和其他一两个人，我没有挂名。因为这么多单位，要把做工作最多的人写在前面，对这些名利我也不感兴趣。

为什么离任之后我还要搞科研呢？虽然我以前做的是行政工作，但其实我一直想搞业务。我在教研室当主任的时候给1978级的本科生开了一门课，叫变分法，研究生也很需要这个课，是由当时的力学系主任李向平教授讲的。后来李教授岁数大了不愿意讲了，研究生又急需开这门课，就让我来讲。所以当教研室主任的时候我就开始给全院研究生讲课了，一年三十几个学时，学生主要是二系、五系、八系的研究生。我每年都讲这门课，到院里工作后我还是坚持每礼拜三下午讲课。我的想法是做行政工作也一定要讲课，一打铃必须上讲台。离任以后我就不讲课了，主要就是搞科研。科研方面我主要是组织工作做得多，没做多少技术工作。

2003年我办了退休手续，2004年得了冠心病、脑梗，住了一段时间医院，后来眼睛也不行了，干不成什么事了，每天就是听听电视散散步。

---

① 杨树兴：1962年出生，河北唐山人。中国兵器首席科学家，野战火箭武器系统工程技术专家，中国工程院院士。

田福安——北理作风伴我一生

人物简介：

田福安，1944年十月二十九（农历）出生，吉林省长春市人。

1962年考入北京工业学院弹道式导弹设计与制造专业，1967年毕业，1968年分配到吉林省工作。曾任吉林省科学技术协会委员、常委，普及部部长、副秘书长。2004年12月退休。现任北京理工大学校友总会副会长、北京理工大学吉林校友会会长，吉林省食药用菌协会副会长等。

曾主持或参与国家、省部级科研项目多项，获得全国科学大会奖、国家科技进步特等奖、吉林省“重大科技成果奖”、林业部“科技进步”特等奖等国家或省部级奖项，曾获吉林省政府授予的吉林省劳动模范、“全省科教兴农先进工作者”，“双学双比”竞赛活动领导小组授予的“全省双学双比活动先进协调组织者标兵”，以及全省科普工作先进个人、全省科协系统先进工作者、“全国科普工作先进集体”等荣誉称号，并被吉林省政府记二等功一次。

访谈时间：2020 年 1 月 16 日
访谈地点：北京理工大学图书馆
采访人：郭晓明
摄像：吴哲

访谈提要

1962 年，田福安考入北京工业学院一系 13 专业，进校后接受保密教育，学完 3 年基础课后，1965 年 9 月到山东参加“四清”工作，1966 年 7 月回校，1968 年年底毕业，先后在吉林省郭家店梨树县农机修造厂、长春一汽锻造厂工作，其间参加了“五五工程”一套三厂建设，在锻造厂主持“CY－1 型磁性法测试汽车连杆硬度生产线”研发，参与红箭－73 反坦克导弹研制工作。他主持和参与的两个项目都获得了省级和国家级“重大科技成果奖”。1978 年，田福安调到刚恢复组建的吉林省科学技术协会，负责科普宣传、科技培训和推广实用技术等工作，获得国家科学技术进步奖特等奖等多项奖励。

北理工培养出田福安不怕困难、勇往直前的革命精神，以及为祖国、为人民奉献一切的高尚品质。他此后一直践行这种精神，在不同的岗位上都做出了贡献。

一

我原籍是河北省乐亭县，1916 年前后，我父亲和大爷十二三岁时，从河北老家闯关东来到长春。1944 年年底，我出生在吉林省长春市。我一岁半时生母过世，大爷、大娘没孩子，我一直跟他们在一起生活，住在长春最老的一条街的一个大杂院里。1948 年解放军围困长春时，我还不到 4 周岁，但印象特别深刻。当时国民党军队的一个连部驻地在我们院里，他们很蛮横，国民党兵经常到老百姓家里翻粮、抢粮。有一次，国民党兵在我家的小“喂得罗①”里翻出了二三斤粮食，我大爷给他们跪下求情，说是给孩子的，才没被拿走。有时国民党利用飞机空投粮食，空投的米袋子一个重 200 斤。住在离我家不远的、比我大几岁的小男孩

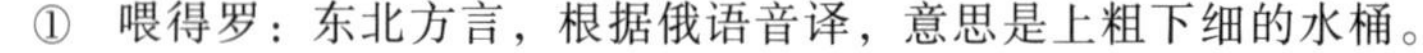

① 喂得罗：东北方言，根据俄语音译，意思是上粗下细的水桶。

躲避不及，被米袋子砸中，一条腿被砸断了，有的米袋子扔到居民家房顶上，把房给砸塌了。

1948 年 10 月 19 日长春和平解放，解放军进城时，我和一帮小朋友在大门口看，那时解放军穿的是黄色军服，有身上斜挎着红绸带子的军人站在路边，有人告诉我们，挎红绸带子的是值班军官。国民党兵到家里翻粮和欢迎解放军进城，是我小时候的亲身经历，也是我印象最深刻的两件事。

1951 年 3 月我上学时还不满 6 岁，小学换了三个学校，一年级上的慈智小学，后来改名南街小学；二年级转学到西三道街小学；五、六年级时，集体转学到了东三道街小学，小学毕业后考到长春七中上了三年初中。七中位于长春的老街区，校园、校舍都比较破旧。高中时，我考到长春十二中，它前身是建于 1884 年的养正书院，是长春市第一所公立学校，已经建校 100 多年了。2007 年，长春十二中和长春四中合并，改名为长春养正高中①。

我叔叔是军人，参加过抗美援朝和抗美援越，他 1956 年从朝鲜前线回国后一直在旅大警备区工作。所以我从小对解放军就有一种崇拜感，有当军人、学军工的愿望和理想。高中毕业后我想报考哈尔滨军事工程学院，由于我大娘没孩子，我算独生子，报考不了哈军工。1961 年，我的高中同学郝振德考到北京工业学院三系，就是后来的车辆工程系，学习坦克、装甲车。他告诉我北京工业学院是搞军工的，还告诉我，这所学校 1940 年创办于延安，是我党创建的第一所理工科大学，也是新中国第一所国防工业院校，被誉为“红色国防工程师的摇篮”。

对我来说，能考到北京工业学院读书有几大好处：一是能到首都北京上大学，感到很光荣；二是北京有很多名胜古迹，可以去游览；三是北京有亲戚，可以去串门。因此我下决心报考北京工业学院。

当时很多同学都想到北京上大学，为保证录取率，班主任朱老师对填报志愿的要求很严格，她要求报考北京几所大学的，首先得是成绩好

---

① 长春养正高中：由长春市第十二中学与长春市第四中学组建而成，长春市第十二中学是由长春市第一所官办学校养正书院发展而来。长春养正书院建于清光绪十年（1894 年），由长春厅通判李金镛在城北以东购地捐建。

的学生，而且要按学习成绩等情况分散报名，每所大学报名的学生不能超过2人。最后，我们班清华报2人、北大报2人、北工报2人、钢铁学院报2人、石油学院报2人。当年高考的结果：我们班考到清华1人、北大2人，考到石油学院2人、钢铁学院1人，北工2人报考，我考上了。我们班40多个同学，考上大学的有37人，其中考进北京的有7人。当年北工在北京的排名应该是仅次于清华、北大，排第三没问题。

二

我的中学的学习成绩算中上等，数学、化学很好，外语也可以，物理最差，但高考时考得最好的学科却是物理，得了满分。高考前我基本上不复习其他学科，专门攻物理，就是想把物理这个短板补上。

1962年我考到北京工业学院一系13专业，即弹道式导弹设计与制造。报考这个专业，有一段小插曲。班主任朱老师要求我们每个大学只能报2人，又要求我们第一志愿的学校只能报一个专业。那时北京工业学院由于保密的原因，各系名称每年都变。那时学生家长对大学情况不了解，老爹也没啥文化，不能提供帮助和指导。有人告诉我报“动力机械”，我的第一志愿就填了“动力机械”系，动力机械是当时的三系，军用坦克、装甲车系。正式报志愿时，老师告诉我们每人报考的第一志愿学校可以报两个专业，我就又报了工程力学系。发榜时，我的同班同学都考上了第一志愿学校的第一专业，从录取通知书上看到我考上的是第一志愿学校的第二专业时，我还有点儿不好意思。开学很长时间后我才知道，我学的13专业是北工的第一专业。当时北工的13专业和21专业是两个绝密专业，其他是机密或秘密专业。

我们一入学就进行“保密八条”教育，要求不该问的不问，不该知的不知，不该说的不说。简单说就是“上不传父母，下不传妻儿”。北工的保密纪律非常严格，有学生由于跟叔叔说了自己所学专业名称，毕业时都不能分配到保密单位。

我所学的专业叫弹道式导弹设计与制造，现在叫飞行器力学。钱学森回国后牵头导弹研究工程，我们上学时称13专业为钱学森专业，是培养导弹总工程师的专业。1962年北工共招收了900名新生，我们13621

班同学的高考成绩位列所招新生的前20名。

了解到专业情况后，我感到非常高兴和振奋，暗自下定决心好好学习，将来在国防建设、航天和导弹研制上为国家贡献出自己的力量。那时我们在学校受的教育就是研制先进武器打美帝、打日本，还要反修防修。

进校之后，我觉得北工是一所非常好、革命精神非常浓厚的学校。那时学校把解放军的“三八作风”作为校风，“坚定正确的政治方向，艰苦朴素的工作作风，灵活机动的战略战术，团结、紧张、严肃、活泼”。

在学校每年的开学典礼上，院长兼党委第一书记魏思文都给我们讲共产党的奋斗历程，介绍学校创办于延安的光荣历史，宣传无私奉献的革命精神。魏思文经常讲的是做人“不要翘尾巴，不管你干啥事儿，都要夹着尾巴做人”。要求我们做事要低调，多为国家做贡献。听1952年、1953年入校的老先生们讲，魏院长有时搬个小板凳到操场上跟他们一块儿聊天。魏思文院长经常讲，他的目标是把北京工业学院办成导弹大学。

校领导一直非常重视发展导弹事业，当时学校一系就是导弹；二系是自动控制；三系是坦克、装甲车等军用车辆；四系是光学设备；五系是雷达；六系化工，是火、炸药和金属、非金属材料；七系是机械；八系是战斗部。学校只有这八个系。常规武器方面，北理工现在的水平仍旧非常高。进入21世纪北理工才建立了宇航学院，这两年我回校时都到宇航学院新楼看看，感到宇航学院发展很快，也很好，空间实验室等设施都很先进。如果我们学校能更早建起宇航学院，应该比现在发展得更好。

那时学校每年都请国家领导人或名人到校做报告，我们去山东“四清”前，学校请中共中央政治局委员、国务院副总理谭震林①到校做了报告，内容是“三农”，即农村、农业和农民问题。他在报告最后讲了八

① 谭震林（1902—1983）：1926年加入中国共产党。曾任中共中央委员、中央书记处书记、中央政治局委员、国务院副总理、全国人大常委会副委员长、中央顾问委员会副主任等职。

条，并告诉我们：“我讲的这八条，是中央‘二十三条’① 里没来得及写进去的东西。”

北工学生的出身主要就两种人，一类是普通老百姓，一类是干部子弟“红二代”。谭震林的儿子谭淮远在五系，和我同届。宋任穷②的女儿宋小平，叶剑英③元帅的两个儿子叶选平④、叶选宁⑤，洪学智⑥上将的儿子洪虎，钟汉华⑦上将的女儿，都是我们校友。

我们班当年招生 20 人，实际上有 25 人，有上届休学和后分来的学生。我们学了 3 年基础课，主要是高等数学、普通物理、普通化学、材料力学、金属工艺学和俄语等。和火箭技术相关的课程，我们学过金属材料和非金属材料。

1965 年上学期学完基础课后，我们下学期开始没再上课，而是到山

---

① “二十三条”：1964 年 12 月 15 日至 1965 年 1 月 14 日，中共中央在北京召开工作会议，会议通过了《农村社会主义教育运动中目前提出的一些问题》（即“二十三条”），规定全国城乡的社教运动一律以清政治、清经济、清组织、清思想为内容（也称“大四清”）。

② 宋任穷（1909—2005）：湖南浏阳人，1926 年 6 月加入中国共产主义青年团，1926 年 12 月转入中国共产党，1955 年被授予上将军衔。曾任中国共产党第八届中央政治局候补委员，第十一届中央书记处书记，第十二届中央政治局委员，中共中央顾问委员会副主任，中国人民政治协商会议第四、五届全国委员会副主席。

③ 叶剑英（1897—1986）：原名叶宜伟，字沧白，广东省梅县人。中华人民共和国开国元勋，长期担任党、国家和军队重要领导职务的卓越领导人，中华人民共和国十大元帅之一，以邓小平同志为核心的党的第二代中央领导集体的重要成员。

④ 叶选平（1924—2019）：叶剑英长子，1941 年参加工作，1945 年 9 月加入中国共产党，延安自然科学院机械系毕业。曾任全国政协副主席、中共中央委员。

⑤ 叶选宁（1938—2016）：叶剑英次子，少将军衔。1960 年毕业于北京工业学院无线电电子工程系。曾任政协第九届全国委员会常委、中国人民解放军总政治部联络部部长。

⑥ 洪学智（1913—2006）：安徽金寨人。1929 年 3 月参加革命，同年加入中国共产党。中华人民共和国成立后，历任重工业厅厅长、石油化工局局长、国务院国防工业办公室主任、总后勤部部长兼政委、中央军委副秘书长、政协副主席等职。1955 年和 1988 年两次被授予上将军衔。

⑦ 钟汉华（1909—1987）：1926 年加入中国共产主义青年团，同年转入中国共产党。1930 年参加中国工农红军。1955 年被授予中将军衔。第三、第四届全国人民代表大会代表，中国共产党第七次全国代表大会代表，中央顾问委员会委员。

东搞“社教”[1]。魏思文院长以前在华东野战军工作，当时山东省委书记谭启龙[2]、省长白如冰都是他在“三野”的战友，所以我们到山东省老革命根据地的临沂地区搞“社教”，我们班被分到当时最贫穷的日照县。

我们所在的“社教”队由两部分人组成，一部分是海军北海舰队军官，一部分是我们这些北京来的大学生。上级要求我们和贫下中农“同吃、同住、同劳动”，我和舰队军官郇正富2人住在贫农高正举的家里，每月给房东42斤粮票和12元5角伙食费。我去的两城乡孙家官庄，坐落在山坡上，土层只有半尺多厚，下面就是大石头，因此粮食产量极低。当地以种地瓜为主，我们的主食就是地瓜干，房东家做饭，就是用一口大锅蒸地瓜，中间放一小碗咸菜，上顿下顿地热着吃，生活很艰苦。“四清”[3] 工作队领导对我们很照顾，一个月左右把我们招到区公所开一次会，顺便在区公所食堂改善一下伙食。

“四清”运动期间，我所在的孙家官庄大队改组了党支部，发展了几个积极分子入党。在农业生产上也有改善，提高了粮食产量。总之，我们较好完成了上级交给的任务。参加“四清”将近10个月，对我个人是很好的锻炼，不但使我对农民有了更直接、更深刻的认识，也提高了我的政治思想觉悟。

1966年7月27日我们回校时已经停课了。在北京我有一位远房亲戚叫杨扶青[4]，是我爷爷的表弟，我称他大表爷。他当时是水产部副部长，

---

① 在八届十中全会精神指导下，1963年2月21—28日，中央工作会议在北京召开，在对国内外阶级斗争形势估计越来越严重的情况下，为了防止出现修正主义，决定以抓阶级斗争为中心，在全国城乡开展一次普遍的社会主义教育运动（简称“社教运动”）。

② 谭启龙（1913—2003）：江西永新人，1928年加入中国共产主义青年团，1933年转为中国共产党党员。中华人民共和国成立后，历任山东省省长、山东省委第一书记，中共中央华东局书记处书记，浙江省委第一书记、省军区第一政委，青海省委第一书记、四川省军区第一政委等，1985年、1987年当选为中共中央顾问委员会委员。

③ “四清”运动是指1963—1966年，中共中央在全国城乡开展的社会主义教育运动。开始在农村中是“清工分、清账目、清仓库和清财物”，后期在城乡中表现为“清思想、清政治、清组织和清经济”。

④ 杨扶青（1891—1978）：河北乐亭人，早年在天津水产学校念书，并结识周恩来，后留学日本。中华人民共和国成立后，历任政务院参事室参事、水产部副部长等职，并先后当选第二、第三届全国人民代表大会代表，民建第二届中央委员，第五届全国政协委员。

和李大钊是同乡、同学、挚友。我到北京上大学后，常去看望他。大表爷对我影响很大，他当时住在东四遂安伯胡同19号院，刚见面时大表爷就对我说，能考到北京上大学很不容易，你一定要听党的话，好好学习，将来报效国家、报效人民。

1967年“复课闹革命”，李维临①教授给我们讲“火箭技术导论”课，他当时是一系副主任、二级教授。李维临讲授讲课让学生头脑特别清晰、开窍，一点儿都不觉得累。一系还有搞火箭发动机的二级教授彭兆元，彭教授没给我们讲过课。复课时我们只学了“火箭技术导论”，但上课时间不长。我们那时每个班都有专用教室，我们班教室在三号楼3楼301，离开教室时要锁上门，外人进不去。学习“火箭技术导论”时，因为保密，书不许带出教室。我们13专业的实验室也在3号楼，这里有1025火箭，就是德国的V2火箭。过去这里有解放军站岗，只有本专业的人才能进去。一系主任是中国知名的导弹专家一级教授周伦岐②先生，当时北京工业学院只有2位一级教授，一位是131教研室导弹总体教授、一系主任周伦岐教授，另一位是六系的周发岐③教授，现在学校五号楼还有周发岐教授的塑像。

我们班主任姚德源老师，是1960年毕业留校的，现在已经80多岁了，还经常参加学校的活动，姚德源夫人刘素文原来是我们一系实验室的老师。我们辅导员熊坤丽老师是一系原书记吉多智的夫人，她几年前去世了。

我们上学时文艺活动不多，以前学校举办舞会，听高年级同学介绍

---

① 李维临（1911—1977）：早年毕业于北洋大学（天津大学前身），1951年任北京工业学院教授，历任教研室主任、系副主任、系主任、院务委员会委员、国防科工委教材编委会委员、中国航空工程学会理事等职。新中国引信技术领域奠基人之一、我国引信技术高等教育开拓者之一。

② 周伦岐（生卒年不详）：山东单县人。1935年毕业于美国纽约州立大学研究院力学系，同年回国。曾任华东兵工局研究室主任、第二机械工业部第四研究所总工程师等职。北京工业学院（北京理工大学前身）教授，中国航空学会第一、二届理事，中国空气动力学研究会委员。著有《兵器原理》《膛外弹道学》。

③ 周发岐（1901—1991）：河北省蠡县人，中共党员。1920年入留法预备班，次年赴法国里昂大学求学，先后获农学学士、硕士及法国国家理化科学博士学位。1929年回国，应聘为中法大学教授和化学系系主任。中华人民共和国成立后，先后担任华北大学工学院教授兼教务处长，北京工业学院教授、科学研究部主任及北京工业学院副院长。是我国享有声望的有机化学家、新中国炸药制造工业学科的奠基人，在兵器化工领域内多有建树。

说“一年级旁边站，二年级试试看，三年级圈里转”，说的就是跳舞，我们上学时舞会停办了。周末时我们可以花 2 角钱在学校露天剧场看场电影。我们每周有两次体育课，体育锻炼就是打篮球、踢足球，但没有组织运动队。1962 年我刚上大学时，冬天学校里浇个小冰场，体育课可以滑冰和学习初级拳。

上学时我是一系的报道员，负责给学校“京工通讯社”和系里写报道稿，当时谈天民负责宣传工作，所以我们在 20 世纪 60 年代就认识。谈天民当时在 131 教研室，担任过教研室主任、一系副主任。1987 年，谈天民担任了北工党委书记。

我们基础课基本没耽误，但专业课仅了解点儿概况，实验课很少，没有毕业实习，也没到相关的单位去过。大学期间，由于“文化大革命”，耽误了不少学习。

从小到大，我对党和国家始终存有感恩的思想。由于父辈没有固定工作，我家生活比较困难。读小学时家离学校较近，往返要走 20 多分钟；上初中时远了点，往返要走 1 个小时；上高中时更远，往返得走一个半小时。我往返都是步行，当时长春的电车票是 4 分钱一张，汽车票 8 分钱一张，虽然车票很便宜，但我没有坐车的钱。到北工读书后，我开始享受国家的二等助学金，最初每月 14 元 5 角，吃饭用 12 元 5 角，还剩 2 元零花钱；后来伙食费提高到 15 元 5 角，助学金提高到 17 元 5 角。如果没有国家的帮助，我根本读不起大学，所以我非常感恩，一辈子都感谢党和政府对我的关怀。

三

1968 年暑期后，我回到学校时已经开始毕业分配。1968 年年底，我被分到吉林省郭家店梨树县农机修造厂工作。梨树县农机厂是不足 400 人的县级小厂，主要生产拖拉机汽缸盖和水暖件等。1968 年一次分配去 20 多个大学毕业生，北京来的有 6 人，其余是来自吉林省内。其他人都到机加工车间当工人，我被分到铸造车间当翻砂工，干了 13 个月。1969 年，中苏边境局势紧张，上级要求各工厂都要搞“一厂一角”。为抓好兵工生产，县革委会设立军工组，把我借调过去。不久后，吉林省成立“五五工程”指挥部，开始一套三厂建设。一套三厂是指代号为 5514、5517、5523 的 3 个国防工厂。我随梨树县民兵团到辉南县参加“五五工程”建设，干了近一年，非常艰苦。工程建设开始后，我最初搞后勤，后来搞宣传，给民兵团长、政委当秘书，帮助他们起草学习毛主席著作和工作方面的材料。

5523 厂建成后，领导想把我留下，由于父亲岁数大，需要有人照顾，我就回到了梨树县革委会军工组。偶然的机会，我对调到长春一汽锻造厂，分配到 2 吨模锻锤给加热炉装料，身前是 1300 多摄氏度高温的工件烘烤，后面有强风扇吹着，既热又冷风刺骨。我的身体适应不了这种工作环境，出现荨麻疹，但车间领导不给我调换工作。调回长春 8 周后，1971 年年初，领导让我去参加一汽“五七”农场建设。我们头顶蓝天、脚踏荒原，在到处长满高大荒草的地方，每天割草，编“拉合辫”① 盖房子。我是团支部委员，想尽量把工作做好，由于太过劳累，心脏出现“期外收缩”，一分钟可达七八次。

1972 年春节前，我回到长春，还在模锻车间当锻工。后来厂医院体检，结果显示我的身体不适合锻工工作，才把我调到工具科当钳工。不到一年，厂里恢复各级技术部门，我被调到锻造厂技术科发展组，我开始进行磁性法测量汽车连杆硬度生产线的研发。当铁磁性零部件被磁化后，其硬度大小和剩磁多少有一定关联，但它们之间不是单值对应关系，而是遵从统计规律。一般情况下，硬度高的零部件剩磁较大。当时工厂测量汽车连杆硬度是用布氏硬度计②检测，现在的模锻件也是这样检测。利用磁性法测量铁磁性零部件硬度是一项 20 世纪 60 年代才开发完成并应用于生产的新技术，我国当时还没有掌握。技术科领导安排我主持这个重点项目，在研制利用磁性法测量汽车连杆硬度自动生产线的 3 年时间里，为了找到连杆硬度与其剩磁大小对应关系的数据，我们做了成千上万次试验。用布氏硬度计测量连杆硬度时，其压痕直径在 3.9～4.2 毫米范围内为合格，如何通过被测连杆所产生电流数值的大小来确定其硬度是否合格的数值区间非常关键。生产线主要由四个线圈组成，第一个线圈是退磁线圈，被测试件通过该线圈后，各件将达到同一个磁化水平。

① “拉合辫”：早年东北利用当地野草加工成建筑材料的一种技术工艺，人们也称利用野草建造房子的建筑方法为拉合辫，把如此建造出来的房子称为拉合辫房子。

② 布氏硬度计：是测量金属布氏硬度的精密计量仪器。布氏硬度计多用于原材料和半成品检测，由于压痕较大，一般不用于成品检测。

第二个线圈是磁饱和线圈，测试件通过这个线圈后就磁化到饱和。从最初的完全退磁再达到饱和磁化，每个被测试件都处于同样的初始状态。这样，被测试件经过测量线圈后产生电流大小的差别就是其硬度大小的差别。第三个线圈是测量线圈，测量被测试件通过该线圈时可以产生冲击电流数值的大小，可以确定其剩磁大小，从而判定其硬度是否合格。在生产线测量线圈后面，我们安装了两个自动拨门，可以随时把不合格件清理下去。这样，被测件通过测量线圈后，合格件直接通过；硬度低的被从一侧拨下；硬度高的则被从另一侧拨下。合格件在通过测量线圈后再通过一个退磁线圈，把磁性全部退掉，如果合格件有剩磁，对发动机工作不利。

我们研制的生产线叫“CY－1型磁性硬度分选装置”，该项目填补了国家技术空白，在1978年召开的“吉林省科学大会”和“全国科学大会”上都获得了“重大科技成果奖”。

四

完成“CY－1型磁性硬度分选装置”项目后，1975年，我被借调到吉林省“702工程”指挥部参加红箭－73研制。当时叶剑英元帅提出要开发能打飞机、打兵舰、打坦克的“三打武器”，红箭－73是其中之一。

国家最初确定研制红箭－73的是陕西、山西和辽宁三省。参加研制的工厂有陕西的844厂、山西的304厂和辽宁的724厂，这三个都是生产引信的工厂。为做好红箭－73的研制工作，辽宁省成立了辽宁省“745工程”指挥部。当时吉林省委书记是十六军政委王淮湘①，还有一位书记是原解放军宣化炮兵学院政委张英②少将。当得知国家要研制红箭－73后，张英希望吉林省也能参加研制任务，就积极做工作，国家批准吉林省参加红箭－73研制后，以张英为首成立了吉林省702工程指挥部，先期抽调的人员都是省军区干部。702办公室主任是原二炮第一副

① 王淮湘（1920—2013）：山东省寿光人，1937年加入中国共产党，1955年被授予大校军衔，1964年晋升少将军衔，曾任吉林省委第一书记、武汉军区副政委，1986年退休。林彪反革命集团余党，1980年被开除党籍。

② 张英（1916—2015）：辽宁盖县（今为盖州市）人，1936年参加革命，1937年加入中国共产党。1955年被授予大校军衔，1964年晋升为少将军衔，曾任吉林省军区政委。

司令廖成美[1]将军的秘书马成武少校，办公室两位副主任纪洪江和王宝珠的军衔都是大尉，后来又调入了张强和王剑兵，702 办公室的领导都是现役军人。

吉林省 702 工程指挥部成立时，我在一汽锻造厂技术科发展组正在主持“利用磁性法测量汽车连杆硬度”生产线的研发。我有一位北航的朋友，他毕业分配到陕西咸阳三机部的研究所，后来调到长春光机所工作，被借调到吉林省 702 工程指挥部。他知道我学的是导弹专业，就把我推荐给指挥部办公室领导，通过省人事厅办理完借调手续，我就加入 702 工程指挥部技术组，组长张梓方毕业于哈军工，原来在长春市机械研究所工作，参加工作比我早几年。

1975 年 6 月，我加入吉林省 702 工程指挥部技术组。虽然上大学时学到的专业知识不多，但具备一定的火箭导弹基本知识。我特别喜欢军工技术，平时也常看军工书籍、杂志，这些对我后来的工作都有帮助。

红箭 –73 是反坦克导弹，当时吉林省参与研制红箭 –73 项目的单位有：524 厂、5514 厂、中科院长春光机所、中科院长春应化所、吉林化学工业公司研究院等。20 世纪 70 年代，刘成铭是 524 厂厂长，红箭 –73 研发前，刘成铭被调到吉林省国防工业局任局长，他的秘书魏敏学是我们校友，后来被调到吉林省经贸委任秘书长。20 世纪 90 年代，魏敏学被任命为吉林省副省长，分管工业。

我当时负责红箭 –73 项目的总体技术协调，相当于办公室主任秘书，很多文字材料，包括上报材料、会议材料、工作总结等，都是由我负责准备。研制期间，我参加了几乎所有研制红箭 –73 的重要会议。还参加了在工厂和靶场的几乎所有重要试验。省内的打靶试验一般在 524 厂靶场，国家安排的靶场试验，我去过白城靶场、陕西华阴靶场和新疆天山天池靶场。另外我参与接待了北理工研制团队的领导、专家，五机部、炮兵司令部的领导等。我曾经陪同领导去见炮兵副司令吴信泉[2]将军和孔

① 廖成美（1916—2001）：福建省龙岩县人，1934 年加入中国共产主义青年团，同年转入中国共产党。曾任新四军二师六旅十八团政治委员。

② 吴信泉（1912—1992）：湖南省平江县人，1930 年参加中国工农红军，同年加入中国共产党，1955 年被授予中将军衔。曾任人民解放军炮兵副司令员，是第四届全国人大代表，中共第十二届中纪委委员。

从洲①将军，孔从洲将军是毛主席的亲家，李敏丈夫孔令华的父亲。1976年我们到华阴靶场参加试验时，张才千②副总长到靶场视察，有几位军官随行。我一辈子不沾酒，那一次在军人的劝说下，勉强喝了一小杯啤酒。

当时辽宁、陕西、山西和吉林四省参加红箭－73研制，北理工统筹这四省的技术攻关。红箭－73的原型弹是苏联的“赛格”导弹，红箭－73的分解、反设计等都是北理工一系131教研室完成的，测控主要由二系211教研室负责。刚开始研制时，导弹在飞行过程中经常出现空中掉弹情况。红箭－73的有效射程是3150米，但在试飞时却出现了导弹飞行200、300米就掉弹的情况，类似的问题必须及时解决。研制过程中出现技术问题时，我们就会请北理工的老师们到吉林来帮助解决。当时211教研室主任张运教授，张学印、甘韧初、张天桥等老师，一系书记秦秀坤，谈天民的夫人陆秀娣教授，都参加了红箭－73项目，每次都是我去车站接他们，和这些老师们相处得特别好。

红箭－73研制了3年，1978年基本定型，该项目就上报到吉林省科学大会和全国科学大会，并分别获得重大科技成果奖。

五

红箭－73项目完成后，正处于机构调整时期，我1978年调到省科技局，随后到刚恢复组建的吉林省科协工作。当时省科委和省科协在一栋楼里办公，1983年省科协机关才搬到了位于长春工农广场新建的大楼里办公。

我在省科协长期从事科学技术普及工作，从原来自己搞项目，转变为开展科普宣传、科技培训和推广实用技术及其项目工作。我经常邀请相关大学、科研院所的教授、专家到农村给农民讲课，开展技术培训和技术服务，向农民普及推广先进实用技术。比如吉林省开展的“科技之

① 孔从洲（1906—1991）：陕西省西安市人，中华人民共和国成立后，历任西南军区炮兵司令员、军械部部长、高级炮兵学校校长、炮兵工程学院院长、炮兵副司令员。第五届全国政协常务委员，第六届全国人大常委会委员。

② 张才千（1911—1994）：湖北省麻城市乘马岗镇新村村张家冲人，1931年加入中国共产党。1955年被授予中将军衔。曾担任国务院、中央军委陆军军工产品定型委员会主任、定型工作领导小组组长、国防尖端武器定型小组组长。曾任中国人民解放军武汉军区司令员、军区党委第二书记。

冬”“百业科技致富竞赛”“科普大集”等活动，都是在我担任省科协普及部部长时，在20世纪80年代创立、实施并发展起来的。后来，这些活动都发展成为省里开展科普工作的重要内容。

现在吉林省每年都搞“科技之冬”活动，吉林的冬天比较长，“科技之冬”活动就是利用冬闲时间对农民进行技术培训，提高农民的科技文化素质。我开始主要是通过举办“科普大集”等活动给农民送知识、送技术。每年临近春节期间举办“科普大集”时，都请主管农业的杨庆才副省长到科普大集现场讲话。“科普大集”办了一段时间后，杨副省长认为活动效果很好。此后，每到入冬时节杨副省长就下派任务，指示我举办“科普大集”。他不但要我办大集，还亲自到“科普大集”讲话。“科普大集”从当初的“我要办”，变成后来领导要求“要我办”。现在，长春每年都要举办“农博会”，今年已经是第二十届。每届“农博会”都专门给省科协设置“科普大集”场地，省科协组织农口专家到场开展科普工作。另外，在农村科普工作中我一直努力推广农业新技术。我们连续多年开展的“ABT生根粉系列推广”项目，在1996年获得国家科学技术进步奖特等奖，还曾多次获得国家科委、林业部，以及吉林省科委等授予的科技进步奖特等奖、一等奖。

吉林省农委、科协、妇联、共青团等部门经常联合组织活动。比如，我们和妇联等部门联合开展的“双学双比”活动，主要通过在冬季对农村妇女开展科技培训，不但提高了她们的科技文化素质，还把“冬闲”变成了“冬忙”。因为我在全省农村妇女“双学双比”活动中表现很好，被全省农村妇女“双学双比”活动领导小组授予“全省双学双比活动先进协调组织者标兵”称号，并被省政府记“二等功”一次。在中华人民共和国成立50周年大庆前的1999年9月23日，我被中共吉林省委、吉林省人民政府授予“吉林省劳动模范”。在省直机关里，能获得这项荣誉的人不多，省科协到现在为止获得省劳模荣誉的只有我一人。

我从20世纪80年代起就是“后备干部”，参加省委组织部对“后备干部”的“一推双考”的成绩都很好。由于省科协不能自己提拔厅级干部，要由组织部门从外单位派进来。因为吉林省没有和导弹相关的单位，1979年，吉林省人事厅想调我去南京的江苏省导弹研究所工作，由于我结婚晚，又长期两地生活，当时两个女儿都很小，家里还有老爹老妈需要照顾，所以就没去。这也无所谓，我能把一些先进项目引到吉林来，

帮助农民致富，做了自己应该做的事情，我就知足了。我当过多年吉林省食药用菌协会副会长，20 世纪 80 年代后期在民政部门重新登记的所有材料，都是由我完成并上报的，现在还有一些人找我帮助做事。

2004 年 12 月，我在省科协常务委员、副秘书长任上退休。

六

从小到大，我始终心怀强烈的报国心，一直要求自己，这一生绝不能白活，要发扬奉献精神，积极努力为国家、为人民做出自己的贡献！

从大学入学开始，北理工就培养了我不怕困难、勇往直前的革命精神，以及为祖国、为人民奉献一切的高尚品质。北理工给我的感觉就是风清气正、团结向上、艰苦奋斗、勇攀高峰。当时在北理工，无论是师生还是领导，都作风正派、积极热情、互相关心、互相爱护。北理工是培养“红色国防工程师”的摇篮，多年来这个本色始终没有变。我们班的同学感情深厚，现在都是“奔八”的人，但同学间始终保持着联系。2018 年，我回母校参加了学校举办的“505 火箭发射 60 年纪念活动”。

我有两个梦想没能实现，一个是想参军，没实现；二是搞国防工业，能学导弹专业特别高兴，但只搞了短时间的红箭 - 73，真正搞战略导弹科研没实现。现在我完全平静了，人的一生就得高高兴兴、知足常乐。我现在吃喝不愁，但我也不浪费。孩子们都说我太节俭了，但年轻时养成的艰苦朴素、勤俭节约的习惯改不了。

王秀峰——一生难忘党的培养

人物简介：

王秀峰，1928年出生在河北省景县，两个哥哥是烈士。1940年在衡水上中学，1946年后入党，参加工作后，相继任职于县委组织部、办公室、民运部，参加地委土改工作团，配合领导做土改工作。1949年10月3日，到河北省委党校学习党务专业，先后在衡水、沧州地委宣传部工作。1958年后，调入天津市委宣传部，后被中共中央华北局宣传部抽调到山西进行整顿工作，任山西省革命委员会政治部党务组组长。

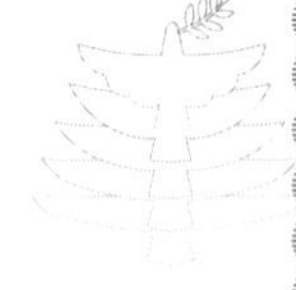

随后与华北局的书记苏谦益一起到北京工业学院工作，任党委办公室主任和院长办公室主任。1986年离休后，被选为学校离休支部书记连任多年，并连任六届学校党代表，四次被评为理工大学先进党员，任学校老年科协理事长，先后被评为兵器部老有所为精英奖、全国老有所为精英奖。

同时在北京市人才交流中心的离退休人才开发中心任常务副主任，在人才交流中心成立的老年人才科技市场中任总经理。上过五次党校，在河北、天津、北京和中央党校，分别学习了党务党建、经济学、科学社会主义、哲学和马列主义等学科，并获得正式毕业证书。

访谈时间：2018 年 8 月 31 日，9：30—10：30，时长：60 分钟

访谈地点：北京理工大学图书馆

采访人：张钧

受访人：王秀峰

摄像：聂明明

访谈提要

王秀峰老师出身烈士家庭，1946 年参加革命，文中回忆了参加地委土改工作团，配合领导做土改和工商业改造等工作的经历。“文化大革命”后，随苏谦益①调入北京工业学院，任两办主任，他介绍了当时的背景、领导班子的组成，自己协助领导恢复教学科研秩序的过程。1986 年离休后，一直担任学校离休支部书记等工作，被聘在北京市人才交流中心工作多年，获得国家老有所为精英奖。曾五次参加党校学习，表达了对党多年培养自己的感激之情。

一

1928 年，我出生在一个农民家庭，今年整好 90 岁了。我上面还有两个哥哥，他们参加革命都很早，大哥是 1935 年参加的工作，二哥是 1937 年参加的工作，他们两个都工作在河北省景县，大哥在抗日县政府，二哥是武工队，咱们叫敌后武工队，他那儿就叫景县武工队。

① 苏谦益（1913—2007）：内蒙古托克托县人。1932 年 10 月加入中国共产党，曾任包头市委书记处书记兼市长，内蒙古自治区党委书记处书记，华北局秘书长、书记处书记。1978 年 9 月至 1982 年 7 月，任北京工业学院（今北京理工大学）党委书记兼院长，1982 年 7 月至 1989 年 10 月任北京理工大学顾问。

大哥1935年参加革命，1940年就牺牲了，二哥1937年参加革命，1943年也牺牲了。在我们景县这里来讲，兄弟几个、姊妹几个参加抗日的有不少，但是一直坚持在景县抗日，兄弟二人又接连在抗日斗争中牺牲的，唯独我们一家，所以家庭对我的影响是非常深的。

后来我怎么来的咱们学校呢？华北局的书记苏谦益，由华国锋提名到北京工业学院当书记兼院长。他说光我也不行啊，我得找个手下人给我帮忙啊，所以就把我调来了。当时也并不认识这的人，苏谦益给部里一说，部里就给他调，当时归兵器部管，开始叫五机部，后来叫兵器部，再后来叫兵器工业总公司，现在都是公司了，那时候是部，去部里找部长很容易，现在还得事前报告呢。我来的时候是两个任命，党委办公室主任和院长办公室主任，因此那个时候领导称呼我为两办主任，就是这么来的。

我所在的那一届领导班子做了很多工作，我觉得是应该充分肯定的。十一届三中全会后开过以后，中央之所以派苏谦益来北京工业学院主持工作，就是为了尽快稳定局面，所以他来了首先是平反。虽然那时候有些人工作了，但是帽子并没有正式摘掉，所以平反是一件大事，也是一件非常难做的事。

这个班子中，苏谦益来的时候是正部级，陈信是七机部的政治部主任，黄庆琦是兵器部的政治部主任，政治部主任都按副部级待遇，李子涛是东北一个大厂的党委书记，这是从外面来的几个领导干部的情况，这样的班子后来再没有过。学校原来的人，能参加班子的就只有谢篠、齐尧、李淑义，还有张跃南这4个人。

二

为了消除“文化大革命”中学校遗留的派性问题，在当时也是做了很艰苦的工作。

领导干部严沛然，当时是处长，院领导里面没有“右派”，就把他打成“右派”了。严沛然精通六国语言，水平很高，是从华北大学来的，给他一平反，学生也一律平反，不再保留一个，505人就都摘掉了“右派”帽子。

那个时候对“右派”处理，是让留在学校的“右派”都到工厂当工人。“右派”改正以后，落实政策上的分歧不大。他们的工作也都重新调

整了，补发了工资，回到了教学岗位。

苏谦益他们这一届班子对教学科研非常重视，我认为是做了好多调查研究的。几乎所有的系他都到了，所有的科研、实验室他都去了，他去我也得去啊，我都看过，所以各个实验室我也挺熟，我也知道是干什么的，都是由名教授介绍，班子成员亲自去看、去听的，他们很乐于听群众的意见，特别尊重教授、科研人员。

教授找他提建议，他非常有耐心，认真接纳他们的建言献策，改正不足。领导就应该有胸怀，我们现在的领导也应该向他们学习，坚定地执行中央政策，热爱群众、听取群众意见，这个作风是非常好的。他给我们办公室讲得很清楚，来访的你们一概要热情接待，这是送上门的群众工作，一定要做好，我觉得这届领导值得学习的东西挺多，对老干部也很热情。

之后就是整顿教学科研秩序，恢复各级领导班子，重新任命干部，向部里、北京市推荐学校的领导接班人，咱们推荐的同志，他们都接受了，都是我在两边来回跑。那时候处级干部、系级都必须经过部里批准，就是咱们学校这边定了得由他们批，不是像现在这样，学校自己都能决定。那一届的领导班子，不但敢于改革，同时也非常关心群众的生活。

1979 年冬天要提前供暖气，我跟后勤一说，后勤说这个可不行，北京有规定的，一天也不能提前。我回来跟书记汇报，我说后勤不同意。书记说，你这么告诉他，你要不同意最好让别人来做后勤。老百姓需要的你为什么不干？北京市要追究下来我负责，不要你负责。结果他们后勤没办法，就提前供暖了。

同是这一年，大家都反映生活很困难，连买白菜都没有钱。我就跟书记反映，大家说没有钱，买白菜困难。书记说我也很关心这个的，他说那这样，我们开个会定一下，每人发 40 元。当时我们的一般职工都是月薪 45 元，发 40 元，等于快赶上一个月的工资了。之后下午就开会布置，告诉财务处给大家发钱，下午刚开完会，下班以前全打回电话来，说钱都发下去了，解决问题就是这么迅速。

作为办公室主任，我是全心全意按照领导们的指示办事，也做了好多工作。那个时候党办院办的人也不多，但我们还是十分负责的，每次领导交办的事情都会认认真真地办。再一个就是要强调落实，无论做到了没有，都得回访，我们都得写简报，那时候确实大家都是在踏踏实实地工作。对老百姓的意见，领导们也绝对是耐心听、认真办，他们始终强调做干部，要讲真话、办实事。

三

我 1986 年就离休了，在学校没干多少年，就是帮着领导做了一些工作，离休以后还是在离休党支部。离休的有 6 个支部，现在还剩 100 多个人，每个支部是十几个人，离休干部中也有好几个一辈子没入党的。

离休的时候我给自己定了三条，一条要继续做一个合格的共产党员，这是一条对自己的要求；第二条要继续当一个尽义务的公民，咱是老百姓了；第三条做一个负责任的家长，我认为我离休以后，这三条都做到了。

我离休以后，就被选为离休支部书记了，总是连选连任，一直当到现在还是我，连续多少届我也记不清了。

之后北京市人才交流中心①把我聘去了，一干就是 8 年。开始我负责组织人才交流会，后来老年人才很多，人才交流中心里就又成立一个离退休人才开发中心，我是常务副主任；又成立了老年人才科技市场，我是总经理。

我同时又是学校老年科协的理事长，又是支部书记，两边跑着。努力做到老有所为，我认为我也尽到责任了。当然，我发挥了作用，做了贡献，学校对我也是很好的。在学校，老干部处把我报到部里去了，评为老有所为精英奖，是兵器部的老有所为精英奖，兵器部又报到国家去了，又评了一个全国老有所为精英奖。这两个大证书，也算对我的认可了。

离休后，我继续尽到党员的职责。在学校时，我就多年多届被选为离休支部书记。我们支部在学校来说，应该说是一个很突出的支部，三次被评为全校先进支部，最后一次是 2017 年。当然学校和同志们对我的工作也是十分认同的，也很关心，多次选我为学校党代表。我从第九届党代会当到现在，一共当了六届党代表，那是选举产生的，不是谁指定的。

---

① 北京市人才交流中心：经市委、市政府批准成立，由市委组织部、市人力资源和社会保障局共同领导的全市综合性人才市场社会化服务机构。1993 年 9 月扩建为北京市人才服务中心。

我认为在离休以后，自己还是做了很多工作和贡献的，也得到了相应的回报，比如学校就评了我 4 次理工大学先进党员，我认为有点过了，我其实没那么先进。

在子女的教育方面，我要求子女首先要爱国爱党敬业。我的儿女全是党员，他们入党是不是跟我有关系，我不确定，但是他们工作当中的表现，也确实是很好。我们所有的家庭成员，都始终是跟党一个声音，他们工作也都挺好。

如果他们有了什么不正确的观点，我也是会严肃地评他们的。为了教育他们，包括孙辈，每隔几年我都会带着他们回老家一趟，我老家有两个碑，是景县县政府为我两个哥哥立的烈士碑，让儿孙们好好看看，他们就是为了国家、为了人民牺牲的。

做一个尽义务的公民，我认为十分重要的一点是，要及时反映我们所见所闻的困难事，比如有的居民提出意见，说路两边都被树木遮住了，要修路很困难。我就找到有关部门，最后是找到了副校长解决的。那边的负责人说，树是有点挡住了，但那是国槐，不能动的。我就和校长提议说，我们还是应该以人为本。后来校长就决定了，都给它修剪了，之后别处也跟着修剪了，现在那树长得也挺好。遇到别人有其他困难时，我也给领导及时反映，平时也十分关心群众。我觉得离休以后，自己想要做的也都做到了。

王秀峰近照

我们的第一身份是党员，第二身份是教育工作者，是教书育人的老师，对每个人都应该是关心的、有耐心的。所以我那个支部，经常向领导提意见，是提意见最多的一个支部。我们提意见时，没有人提什么个人问题，都是提的学校的问题。真正提错的意见，我认为也没有，大家还是留有余地的。所以我现在还当这个支部书记，下一回，我是无论如何不能当了，90 岁都过了，还当什么？

我觉得我这一生之所以能做出一些贡献，也是因为党对我始终都是非常关心、爱护的。党对我的培养，我这一生也忘不了，我是上党校最多的一个人。我第一次上党校，学的是党建，回来就当区委书记。第二次，在河北省委党校学经济学，学 7 个月，专门学经济学。因为那时候在宣传部里，还得回去给其他人讲课。第三次，在天津市委党校，学的是科学社会主义。第四次，在北京市委党校，学的是哲学。第五次，在中央党校，把所有马列主义都学了一遍，还发过正式毕业证书。我一共上了这 5 次党校，差不多得有 4 年，都是专门学的某一学科，比如哲学、经济学、科学社会主义，这些都是专门学的。

吴鹤龄——开拓进取，桃李芬芳

个人简介：

吴鹤龄，1937年出生于江苏省金山县（现上海市金山区），北京理工大学教授，硕士生导师。

1955年考入北京工业学院光学仪器专业，1958年转到学校新开设的计算机专业，1960年毕业留校，在计算机教研室任教。历任计算机科学与工程系副主任、主任。

1980—1981年到西德做访问学者学数据库，回来以后编了数据库教材、课程，数据库的课程在全国领先。

1983年当系副主任，1985—1990年当系主任，在任期间，为提高教学质量，大力推动老师搞科研，加强学生实践环节。1994—1995年，参与921工程，与航天部合作了两个课题：用人工智能开发运载火箭故障诊断系统；为酒泉卫星发射中心研制策划指挥员的辅助决策指挥系统。1998年退休。

访谈时间：2019年10月29日

访谈地点：北京理工大学图书馆

采访人：郭晓明

摄像：吴哲

访谈提要

吴鹤龄讲述了他在校期间从光学仪器专业、指挥仪专业到计算机专业的演变历程；留校任教时在条件非常艰苦的情况下，亲自参加生产441－B计算机，为我国日后计算机行业发展奠定了基础；参与研制全国第一台体育用的精密激光测距仪项目、太原生产活性炭的908厂改善生产环境项目、西安847厂炮管生产加工的控制系统项目、酒泉卫星发射中心研制策划指挥员指挥系统等项目。

一

我1937年出生，江苏省金山县人，1955年通过参加全国统考，被北京工业学院录取后，分配到光学仪器专业学习。

北京工业学院当时的校区在车道沟，校区有个红色的延安大楼，大学一年级在车道沟，上课、教室、宿舍都在楼里，很简陋。后来车道沟的校区改成兵器研究院，新校址就选在巴沟校区，现在叫中关村校区，当初这儿没几个人，只有一两座宿舍楼和教学楼，二年级时我们开始到巴沟校区上课。

1956年，苏联援华专家帮助学校建立指挥仪专业，我们由光学仪器专业改到指挥仪专业。指挥仪是数字和模拟结合，机电型的，主要是模拟，跟数字计算机不一样。北工的指挥仪专业在全国是最强的，当时上海交大有多个老师到北工指挥仪专业进修学习。

1956年周总理主持制定了12年科学规划，在一些重点高校建立计算机专业，第一批建立计算机专业的学校有10来个。1958年教育部副部长黄松林给聂荣臻副总理的报告中提到高校建尖端专业，明确提到北大、清华在专业上可以放宽一点，北工和北航可以窄一点。

1958年学校开设电子计算机专业，我从指挥仪专业转到计算机专业。

最早的计算机专业的课程有四门，专业课有计算机原理、程序设计，另外两门专业基础课是电子线路和脉冲技术。学程序设计课时，学校开

不出课来，我们就到北大听徐献瑜①教授讲，课下由陈堃球②老师给我们做辅导，集体答疑。程序设计方面有本教材，是苏联专家在计算所讲课后他们记录整理的教材。王远老师教计算机原理课，1954 级和 1955 级两个年级的学生一起上。王远老师是 1956 年上海交大毕业后分配到北工工作，当时计算机原理课程没有教材，他一边备课一边讲，大家认真记笔记，学习风气很好。

1960 年计算机专业正式成立以后，我们自己开始编教材，编了《计算机概论》和《电子线路》。那时候都是青年教师，北工因为是新建院校，国外引进的人比较少，本校毕业后留校的多一点，当初我们班留校有蔡庆生、金昌德、邸翠珍、秦丙坤，留在计算机学院教研室有我、蔡进生、高永峰 3 个人。张绍诚老师是第一任计算机教研室主任。

在清华、北大、北航、北工这 4 所学校中，北工的军工计算机专业比较强。军工计算机专业，是在指挥仪专业的基础上分化出来一部分人搞数字计算机。1960 年北工成立了自动控制系，下面有一个 22 专业，就是电子计算机专业。还有个指挥仪专业，叫 25 专业。

计算机专业从 1954 级到 1965 级，一届只招一个班，一个班 30 ~ 40 人。徐祖哲《中国计算机溯源》那本书里，把各个学校在“文化大革命”以前培养多少学生做了一个统计，除了清华、哈军工以外，我们学校排在第三位。清华最多，培养了 2601 人，哈军工是 581 人，我们是 510 人，哈工大 490 多人。

北工在计算机专业比较领先，但在教师队伍的培养上，北工比较滞后，最早中科院计算所向各个高校发通知办培训班，北工也派了人，但派的人比较少。据马志清副校长讲，当初苏联专家不让去，直到第三期的时候我们才派了张振民、李耀墀、赵广琴、张训诰 4 个老师去。通过

① 徐献瑜：我国计算数学的开拓者之一，我国第一个计算数学学科和第一个国家级计算中心的创建者之一，也是我国第一个数学软件库研制和建立的主持人。他在过去几十年的计算数学教育和研究生涯中为北京大学，也为我国计算数学和计算机软件学科的建设和人才的培养做出了卓越的贡献。

② 陈堃球：1957 年毕业于北京大学数学力学系计算数学专业，1964—1966 年从事 DJS21 计算机 ALGOL60 语言的程序编译，为主要承担者，该系统是最早及真正实用的高级语言编译系统之一，被载入《中国计算机工业发展简史》及《中国计算机行业大事年表》。

在计算所的培训，他们大多都成了各个单位搞计算机的骨干。

二

1960 年，我们毕业时，大家要做数字计算机，老师学生都参与进去，加班加点，热情高涨，但没成功。我分析原因，一是元器件不太过关，不稳定；另外工艺不过关，焊接的虚焊点太多，调试很困难。

我的毕业设计是做一个模拟机里的脉冲乘法器，毕业留校后，我继续研究乘法器，写了一篇论文《脉冲乘法器的误差分析》，并参加了全国的一个学术会议。这是我的第一篇学术论文，“文化大革命”以后不搞模拟机了，指挥仪还保留着。

1961 年学校派我到成电①进修了 1 年，主要学模拟机，成电是专门搞电子科技的，在这个领域比较先进，当时成电做了一个 403 模型机，进修期间我发现 403 模型机资料不太完整，有些错误，我就把资料重新进行了整理。所以成电专业发展史里，有的还沿用我整理的材料。在成电我还接触了晶体管，每种实验我都做，收获比较大，对我以后的工作有很大的帮助。

1959 年、1960 年我们搞的计算机是电子管的，没成功。441 – B② 是晶体管的，属于二代计算机。441 – B 是慈云桂③教授领头在哈军工搞的，当时西方对我们国家实行封锁，我们只能靠自力更生，所以国防科工委决定，在国防科工委系统里推广 441 – B 计算机，搞联合复制。哈军工先造出一台，然后有十几个院校和研究所，包括北工、成电、上海交大等院校，联合起来复制 441 – B，每家都要做一台，做的过程相互有合作关系。生产制造部件方面各学校分工：主机的磁芯板都由北工来做，另外负责所有元器件的订货；磁芯测试仪成电做；机柜都在上海交大统一设计、统一生产，完成后发到各个学校。

---

① 成电：成都电子科技大学的简称。

② 1964 年 8 月，哈尔滨军事工程学院的 441 – B 晶体管计算机调试成功，这是中国第一台晶体管计算机。

③ 慈云桂：我国著名的计算机专家、教育家，中国第一台亿次巨型计算机的总设计师，第一台百万次级集成电路计算机的总设计师，也是中国第一套舰用雷达和声呐的总设计师，中国科学院学部委员，中国计算机科学与技术的开拓者之一，被誉为“中国巨型机之父”。

我们学校生产441－B，是由哈军工提供图纸，自己做实验，在哈军工的基础上做一些改进工作。我原来是搞模拟机的，441－B人手不够，把我调到这边参加441－B的生产。我是教研室的团支部书记，当初没有电子倒计时牌，我就在教研室的大门上用纸版做了一个倒计时牌，日期从日历上剪，有个目标：今天离机器完成还有多少天，为生产机器做了什么贡献，每天早上去改一下，大家干劲十足。

在441－B的生产中，我负责做几个电路的实验，看参数怎么样，而且要改造，因为我们用的晶体管跟哈军工用的晶体管不一样，所以其他相关电阻电容的参数就要变化，元器件定型以后再生产。那时我们学校计算机专业就二三十个人，参加441－B复制工作的队伍也就10来个人，任务很重，困难程度可想而知了。

1964年我到山东去搞“四清”了，1965年6月份“四清”结束，我回来后继续投入441－B工作。我们做了一个小型样机，要求有高温考验，当时找了一个很小的密封屋子，那时没有浴霸，就用一些大灯泡挂在里面，把室内温度升到40来度，考验机器稳定性怎么样，测试它的参数，我们都光着膀子在里面操作。

在生产中441－B遇到的最大困难是印刷电路板，教研室只有3个工人，一个老师傅，两个比较年轻的工人，他们一个是印刷电路板的焊接，一个是机柜的焊接，工作量很大，没有人怎么办？我们动员了一批年轻的家属，有二三十人经过培训后，上岗来搞焊接。存储器磁芯生产在抚顺，磁芯很小，像芝麻一样，我们学校的实验员叫朱荣江，蹲在厂里把质量关，过年都没回家，教研室秘书高永峰代表学校去抚顺慰问他。大家都在用自己的实际行动，克服一切困难去完成任务。

441－B的成功，是在国防科工委的领导下，吸取以前的教训，提倡科学精神，提高可靠性，通过十几个单位协作，各单位发扬自己的长处，各尽所能，解决了我国计算机从无到有的状况，并在我国导弹、坦克、光学仪器、火炸药专业领域发挥了很大作用，为我国计算机行业发展打下了很好的基础。

三

20世纪五六十年代的时候，我们计算机专业的学生其实都没怎么摸过计算机，大都是纸上谈兵，直到生产441－B时，才见到完整的计算机。20 世纪 80 年代有了小型机，我们学校最早引进的是一种来自英国的叫 Prime 的小型机，带二十几台终端，这样学生、老师用机的条件就好一点了。

20 世纪 70 年代时，国家体委找到兵器部，希望兵器部为他们开发激光测距仪。在田径比赛里的项目，铁饼、标枪、铅球，都要测距离，我国还在用皮尺量，由于测量工具不行，创造的世界纪录在国际体育界不被认可。兵器部把这个任务交给北工和光学仪器厂，由两家联合研制，我们学校的张前焜老师、高永峰老师参加了研制工作，这是全国第一台体育用的精密激光测距仪，为全国第三届体育全运会提供了很好的技术支持。

我们给兵器部系统完成了一些项目，解决了一些实际问题。

有个活性炭防毒面具的项目，在太原的 908 新华化工厂研制，厂里生产活性炭的条件很恶劣，把炭粉碎提炼时烟雾弥漫，工人会患上很严重的肺病，他们强烈要求改善生产条件。兵器部将此作为重点技改项目，由彭一苇、张绍诚老师带领学生到 908 厂落实。当时所有实验都做成功了，活性炭车间生产环境的监测、生产自动化的控制都通过计算机完成，但是现场要改造，资金投入不到位，最后没有完全实现，很可惜。

另外，西安的 847 厂是生产大炮的工厂，炮管生产口子老是做不好，由陈为正、刘万春带领几个老师，深入了解情况，经过大家的努力，完成了炮管生产加工的控制系统，解决了炮管加工的难题。

20 世纪 80 年代，我们的应用还局限在为兵器部培养人，做一些计算机的推广应用。比如，和做坦克发动机的 616 厂合作，当时 616 厂没有人搞计算机，我到厂里后，先给中层以上的干部上课，介绍计算机在企业管理、企业自动化里的应用，厂领导非常重视，研究以后，成立计算机室并跟我们签了合同，由我们帮助他们开发新应用。

坦克发动机零部件很多，零部件的管理有很大的问题，他们有些图纸经常出错，我们帮助开发了 BOM 数据库，BOM 翻译起来叫材料单，实际是零部件的清单，把所有零部件的数据都送到数据库里去。

当时的数据库也有编程，在一个小型机上，小型机上的数据库跟现在的不一样，是网状数据库。我们在技术上给予他们支持，具体的数据、需求都由他们提供。例如他们厂有好几千人，工资管理非常复杂，根据需要买了个微型机，自己编程序搞工资管理，结果有一个程序老调不出

来，我检查发现有两个问题，并帮助他们顺利解决了。

我们跟616厂的合作保持好几年，每年派学生边做毕业设计，边给他们做开发。厂里也派人来，落实数据，一边学习一边参加开发工作。

还有重庆497厂，是生产大炮的，江涛老师以及其他一些老师辅助企业搞管理系统。烟台港务局买了第一批电脑，请我们帮他们验收，张治中等几个老师给他们开发一些管理、计费程序，在电脑应用方面帮他们起步。

四

1980年，我到西德去做访问学者，待了2年，主要学数据库。回来以后就编了数据库的教材，开了数据库的课。这个课我们学校也是在全国比较领先的，当初国内没有几家开这个课，我编的教材还有好多兄弟学校去用。

1983年我当系副主任，1985年当系主任，一直当到1990年。我当系主任期间抓了几件事：

第一是提高教学质量，向西方学习。毕竟计算机发源地在美国，比较先进，正好那个时候IEEE①组织一批专家，制订了一个教学计划，叫83教程，我们课程设置教学要往83教程上靠，完全照搬不行，因为我们的条件不够，也不符合我们国家的情况。20世纪80年代时我鼓励大家尽量开数据库、人工智能、网络等新课。教学上学习83教程，组织老师编了一些新的教材，开设了一些新课，效果很好。

1987年教育部组织了一次高校专业教学质量的评估，计算机专业的教学质量评估委托电子部教育司组织，全国100多个计算机专业，分三批先后做，一批二十几个，我们29个院校参加第二批。评估时除了组织一些专家来听课了解情况、听取汇报之类以外，还组织了两门课程的统考，29个学校由专家随机指定一个年级的班考一门数据结构、一门计算机原理，统一命题，像高考似的。我们学校的数据结构考试平均分八十九点几，将近90分，还有2个学生得了满分，29个院校排第一，计算机原理考得也靠前，这两门课在29个院校里都领先。

第二是抓科研。不搞科研，老师的教学水平不能提高，影响教学质

① IEEE：Institute of Electrical and Electronics Engineers，电子与电子工程师协会。

量。我当系主任期间组织动员老师出去找课题。20 世纪 80 年代课题比较多，特别是亚运会的计算机工程，清华老师王继中[①]是总指挥，他想借调我们系副主任彭一苇参加亚运会计算机工程。我抓住机会，主动请缨要求去一批老师，因为我觉得老师只有通过大项目锻炼，才能提高自己的开发技术和计算机应用系统能力。亚运会是 1990 年开的，当初还没有互联网，亚运会几十个场馆，分布在不同地方，为解决通信问题，各个场馆之间可以互相通邮件，我们开发出全国第一个广泛投入使用的电子邮件系统，为北京亚运会做出了很大的贡献。这批参加亚运会的老师都成为我们学校的教学骨干。

我自己也做了好几个课题，一个是跟 616 厂合作做课题，另外跟航天部做了两个课题。

航天部这两个课题都是他们主动找我的，原因是我发现了美国约翰逊航天中心开发的专家系统工具是个开放系统，我下载下来进行研究，改造得能够汉字输入、输出，有图形功能。我编写了一本书，把这软件附在了一个光盘里。酒泉的一个副总工搞调研时在怀柔的解放军指挥学院看见他们在用我这软件，了解到是北京理工大学老师开发的，就主动找到我，跟他们一起开发项目。

这两个项目一个是给一院的十二所，开发运载火箭的故障诊断系统，用人工智能把火箭做检测时发现的现象、故障，还有专家的经验放到数据库系统里去。运载火箭的检测点有上千个，这个题目做了有三四年时间，所里也派了些年轻人来一边学习一边做。软件完成以后，在他们所里运载火箭的实验台验收，故意设置一些故障，看系统能不能发现。最后基本上都通过了，只有一个故障没有发现，可惜系统最后没有用。没用的原因我分析有两个：一个航天系统的因为要求高可靠，它原来有一套检测故障诊断的系统，我这个是人工智能新技术，他们不放心怕出问题；第二个原因是航天部人员流动比较大，当初参与开发这个系统的年轻人后来都走了。这个项目我花的精力很大，觉得没有用很可惜。

另外是给酒泉卫星发射中心搞了一个测发指挥员辅助决策指挥系统。我派学生到酒泉去，跟他们一起开发，在“神舟一号”发射时使用的是我们开发的指挥系统，通过这些项目锻炼，理论和实践结合，对教师和

---

① 第十一届亚运会计算机工程总设计师。

学生的能力都有很大的提高。

第三是加强实践环节。学生在学习中只有理论知识是不够的，要加强实验环节，加强做毕业设计。原来毕业设计是临近毕业最后一个学期还上几门课才做毕业设计，我当系主任把它改革了，课在前面 3 年半上完，最后一个学期集中做毕业设计，而且毕业设计要求尽可能结合实际、结合科研课题来做。同学都反映效果比多上几节课好，通过实践提高很多，对以后的工作有很大帮助。

五

我从专业发展的角度编写了《开拓进取，桃李芬芳》一书，这本书实际是个专业发展史，其中专业简介是宏观发展情况，另外，通过老师和同学的回忆录讲微观方面的各门课程，如操作系统、课程演变、科研项目，比较详细地讲某一个课程和项目，介绍一些重点的人，如王遇科、刘明业、张惠这些人；最后是学生的回忆录，同学从学生的角度，讲他们自己在学习期间的体验。

这本书的特点是宏观和微观结合、老师和学生结合、内部和外部结合。老师是我们内部的，外部协作单位找了参加亚运会计算机工程的总指挥王继中，由他来写在北京亚运会计算机工程中北工老师同学的贡献和表现。还有其他协作单位，如崇文 738 厂、大同的 616 厂，都是我们的合作单位。

还有我们在 1984 年、1985 年前后（全国的工农兵学员回炉时期）办过两个助教进修班，一个是制图，一个是计算机。我找了个在北工学习一年助教进修班的老师，用他的视角来看北理工计算机专业，材料比较客观。

这本书比较全面地回顾了北工计算机专业师生的创业史。

六

北工的计算机系发展很快，出成果比较多，并且成立了计算机学院。

我们在 20 世纪 70 年代就开始将激光测距仪用在全运会上，到 1990 年搞亚运会计算机工程。2008 年，奥运会的开幕式、闭幕式，还有后来国庆的阅兵和游行是我们计算机系搞的数字仿真，在计算上预演，队伍怎么行进、怎么解散、怎么穿插，这些都是我们学校计算机学院研究的。

我们不再限制在兵器系统了，而是面向各个领域，跟体育领域、航天领域、安保领域都有合作，像李小平①老师跟厦门公安局合作搞了个车牌识别系统，这是全国第一个投入使用的车牌识别系统。

从现在国际上部分排名榜看，我们的一级学科排名比较靠前。军工方面现在优势不是很明显，还有很大的发展空间。

在学生培养方面，我们学生在国内、国际的一些大赛，像程序设计大赛、下棋比赛，都取得了很好的成绩。我们专业分布在各行各业的技术骨干不少，有在华为、民航，还有在高校当老师的。因为 20 世纪 80 年代最早分配出去的学生表现都不错，所以财政部每年都来跟我们要毕业生。在人事部、外交部办公厅、北京市人民政府，我们的学生已经在各行各业发挥着很重要的作用。

北京理工大学在计算机领域创造了很多个第一，能为我国的计算机领域尽一点微薄之力，我很欣慰。

① 李小平：计算机应用学科教授、副博士导师，1997—2003 年任北京理工大学计算机系副主任，2003 至今任北京理工大学现代远程教育学院副院长。

杨道明——认认真真教学，踏踏实实科研

人物简介：

杨道明，1939 年 4 月生于湖南省宁乡县（今为宁乡市）。北京理工大学材料学院教授，学校金属材料与材料加工专业学术带头人之一。

1957 年就读于武汉大学物理系金属物理专业，1962 年毕业后在太原机械学院二系金属材料热处理教研室任教，1971 年调到北京工业学院七系金相教研室。曾任北京理工大学机械工程系副主任、金属材料专业委员会副主任等职务，以及北京市机械工程学会材料学会理事长、兵器工业金属材料专业情报网副网长、总装备部陆军材料防护专家组成员、国防科工委高强度钢专家组成员、中国兵工学会金属材料学会委员、机电部金属材料及热处理专业指导委员会委员、北京市理化测试联合会常委、《兵器材料科学与工程》及《物理测试》编委等社会兼职，曾担任新时代新材料公司副总经理。

从事形变热处理、动态力学、霍普金森杆应用、高速材料实验锤、贝氏体钢弹箭材料等项目科研工作，共获得部级科技进步二等奖 7 项；参与编写《金属力学性能》通用教材，合作翻译出版了苏联的《金属机械性能》，编写出版了《金属力学性能与失效分析》《金属机械性能问答》等书籍。曾 3 年被评为学校优秀教师。

1993 年开始享受国务院政府特殊津贴，2000 年退休。

访谈时间：2019 年 9 月 5 日

2019 年 9 月 17 日

访谈地点：北京理工大学图书馆

采访人：郭晓明

摄像：吴哲

访谈提要

杨道明讲述他在武汉大学读书时受到过毛主席的接见，回忆往事，他至今仍感到很激动。大学毕业后，杨道明到太原机械学院任教，后调到北京工业学院七系金属材料热处理教研室，他和教研室的同事们一起努力，促成了金属材料热处理专业的设立，推动了教研室的发展。教学方面，翻译、编写了多部专业教材、书籍，讲课深受学生欢迎，曾 3 年被评为优秀教师。科研方面，确立了教研室科研发展的三个方向，投身科研数十年，各项科研成果共获得高教部、机电部、兵器部、国防科委等部级科研二等奖 7 项。他为学校材料专业建设、发展成为现在的“双一流”，做出了自己的一份贡献。

一

我老家在湖南宁乡，离毛泽东主席、刘少奇主席的家乡都不过 10 公里。1957 年，考入武汉大学物理系金属物理专业学习。

上大学时，有一件事情让我印象很深刻，1958 年“大跃进”时，我们同学要从汉口背红砖，少的背 5 块，多的背 10 块，走二三十里路，送

到武昌去建小钢厂。9 月 18 日那天下午三四点钟，我们刚背完砖，学校通知大家马上回学校，到操场集合。那天太阳挺大，大家坐在操场上，从下午 4 点一直等到晚上 7 点，都不能动，没喝水没吃饭，也不知道干啥。七八点时，通知说毛主席等中央领导要来视察。当时武大校长是李达①，他年龄比毛主席大，中共一大时主管宣传。当时正是“大跃进”，学校这方面工作做得不错，毛主席等中央领导参观了学生的一些成果展览，像我们系的炼铜、化学系的活性炭和生物系的细菌实验室等。毛主席在学校大操场前的主席台上跟大家见面，但没讲话。同学们不停地高喊：“毛主席万岁！”后来毛主席红光满面地走下主席台，说“同学们好”，大家更热烈鼓掌，发自内心地高喊：“毛主席好！”毛主席在操场上停留了 10 多分钟，大家高喊了大概 20 分钟，毛主席的车队走远了以后，同学们才回宿舍。大家都是又饿又渴，声音都哑了，但感觉从来没有这么激动过。毛主席那次去武汉，还畅游了长江。后来学校广场改为“九一八”广场，就是为纪念毛主席接见的日子。我们经历过的人，现在回忆起这段往事，还是非常激动。

二

我 1962 年大学毕业，被分配到国防科工委下属的太原机械学院（简称“太机”）。太机最早是八路军创办的我党我军第一所兵工学校，解放后改为华北第二工业学校，学校原来的底子非常好，有很多进口设备，1958 年改成大学。老太机的底子主要是二系，热加工、热处理、机械制造，化工也有一点，另外是三系无线电系。1961 年北京工业学院四个常规兵器专业相继迁入，组成一系。1962 年沈阳工业学院两个常规兵器专

① 李达（1890—1966）：湖南省永州市零陵人，中国共产党的主要创建者和早期领导人之一。1927—1941 年，先后在武昌中山大学、上海法政学院、上海暨南大学、北平大学、中国大学、朝阳大学、广西大学、广东中山大学等地任教。新中国成立后，历任中央政法干部学校副校长、湖南大学和武汉大学校长、中国哲学会会长、中国科学院学部委员及哲学社会科学部常委、中国科学院武汉分院筹委会主任及院长等职。

业迁入，成为四系。此后一系成为老大，知名教授大都在一系，像高庆春[①]副校长是二级教授，还有王文澜教授、朵英贤[②]院士等。

我在二系金属材料热处理教研室，开始是给金瑞琪老师当辅导，后来我讲“金属物理性能”课程，教了两届学生，“文化大革命”开始了。那时我是逍遥派，有时间就学习俄语。

1971 年太机要停办，改为光学厂。一部分教师分到北京，一部分去了南京炮兵学院。来北京工业学院的一共有 36 家，我爱人和孩子全家也都过来了。能来到首都，而且是当时名气很大的北京工业学院，我非常高兴。

1966 年毕业的学生这时基本都分配了，之后没招新生，所以我们来北工时没有教学，教师都去参加劳动。我们七系热处理的老师去学校实习工厂搞热处理，搞机械的老师在机械厂。我在校实习工厂搞高频加热热处理，生产 40 口径反坦克弹的防滑帽，这是像小酒杯一样的东西，硬度很高，打到坦克表面有印痕，不会打滑。劳动了大概半年多，“复课闹革命”时，我们回到了教研室。

三

七系机械制造系主任是二级教授林汉藩[③]先生，当时七系只有一个机械制造专业。教学工作搞得很好，学生也多，但机械方面的科研任务少，科研成果也少。

我在金属材料热处理教研室，简称“金相教研室”，属于外专业教研室，但教研室的底子比较厚，尤其是金相实验室、热处理实验室，比当时清华和材料学最好的北京钢铁学院都不差。刚解放时，北京工业学院

---

① 高庆春（1905—1984）：出生于黑龙江省阿城县（今为哈尔滨市阿城区），曾在日本东京帝国大学工学部造兵科学习，回国后担任南京兵工专门学校教务主任。中华人民共和国成立后曾任北京工业学院副院长兼兵器系主任，太原机械学院（现中北大学）副院长，中国兵工学会第一届理事会常务理事、火炮学会名誉主任委员、测试技术学会主任委员，第三届全国人民代表大会代表。

② 朵英贤（1932—　）：著名武器设计专家、中国工程院院士，中国兵器装备集团公司特聘专家，北京理工大学教授、博士生导师。

③ 林汉藩：（1912—1990）：北京工业学院二级教授，留学美国，曾任武汉大学教授、湖南大学教授兼机械工程系主任。

准备成立全国最大的冶金系，大量招兵买马。因为要搞有色冶金、钢铁、矿业的大冶金系，所以集合了很多人，我听石霖教授讲，当时派人到天津港，凡是从外国回来搞材料的，都往这边接。当时教研室从国外留学回来的教授、副教授有23位，系主任是著名的颜鸣皋①院士，他引进了一些国外最好的设备，留下了很好的家底。

1953年院系调整后，北京工业学院要以兵工为主，冶金系不搞了。魏寿昆②、杨尚灼③、傅君诏④等教授去了北京钢铁学院；胡为柏⑤、陈静、赵天从⑥教授去了中南矿冶学院；刘淑仪教授去了中国科技大学；刘勤教授去了上海交大；颜鸣皋先生去了621所；胡振渭⑦教授去了国防科大。北京工业学院当时全校可能只有五六十位教授、副教授，金相教研室就有二十几位，有很好的基础。老先生们走后，留下一批相对年轻的人，像石霖教授1951年前后翻译了古里亚耶夫所著的俄文版《金属学》，这是学金属材料的人都要读的一本书。另外，石霖教授主编的外专业全国统一教材《金属材料热处理》，各个学校都在用，他也早已名声在外。

我们过来之前教研室有十几个人，太机过来四五人，金属所来了一

---

① 颜鸣皋（1920—2014）：出生于河北省定兴县。1949年获美国耶鲁大学工学博士学位，1951年回国。中国航空钛合金研究工作的开创者之一，中国科学院院士，中国航空学会常务理事，材料工程专业委员会主任委员。

② 魏寿昆（1907—2014）：德累斯顿工业大学化学系工学博士，曾任北洋工学院矿冶系教授，1956年被教育部批准为一级教授，1980年当选为中国科学院院士。

③ 杨尚灼（1904—1980）：江西高安人。冶金工程教授，留美理工博士，云南大学、交通大学、香港策文书院教授。

④ 傅君诏：1921年生于云南曲靖，1939年入党。留美硕士，先后在华北大学工学院、哈尔滨工业大学任教，1953年到北京钢铁工业学院（现北京科技大学）工作，历任教务长、科研部主任，1992年离休。

⑤ 胡为柏：江西玉山人。留美硕士。历任北洋大学副教授，北京工业学院教授，中南矿冶学院、中南工业大学教授、选矿系主任，国务院学位委员会第一、二届学科评议组成员。

⑥ 赵天从：河北省赵县人，1933年毕业于北洋大学工学院矿冶系，中华人民共和国成立后，曾任中南矿冶学院（今名中南大学）教授、重有色金属冶金教研室主任、冶金系副主任，兼原中国科学院长沙矿冶研究所研究员，国家科委冶金学科组成员。

⑦ 胡振渭（1919—1984）：直隶（今河北）安国人。1940年毕业于西北工学院矿冶系，留美硕士。1984年加入中国共产党。曾任北洋大学、北京大学、清华大学、哈尔滨军事工程学院、国防科技大学教授。

些人，当时20多人只开一门大概50学时的外专业课“金属材料热处理”。这门课主要是给机械行业的一些系，像一系、三系、七系、八系上，教学任务不多，所以大家希望能成立专业。此时兵器部所属的工厂开始恢复生产，但其管辖的学校没有一所学校招收金属材料热处理专业的学生。工厂的理化室、冶金科、技术科，搞失效分析、色谱分析、质量检验，都需要这个专业的人。

当时其他系都有三四个或者四五个专业，我们七系只有一个73专业机械制造专业，主要是教学。教研室大家都有成立专业的想法，系主任也支持，部里的积极性比学校、系里还高。有了天时地利，大家都有这个想法，也有了人和。负责教学的周木兰老师在成立专业中起到了很大作用，她是本校毕业留校的，认识的校领导多，她去做工作，系里也给出主意，让我们积极创造条件。此时又赶上一个好机会，1963年、1964年、1965年入校的学生，刚学完基础课，“文化大革命”就开始了，专业课基本没学就毕业了。1974年国家提出“回炉班”，让这些人回来再学一年。我们提出申请，学校同意后，开始办“回炉班”。我们金相、热处理实验室的条件比较好，稍微差点的是力学性能、物理性能。这两个实验室基本上能够把实验课开出来。“回炉班”检验出我们的师资力量和实验条件都能满足专业要求，跟全国的同行相比，可能只有电镜等实验室设备差距较大，其他基本没有问题。

1976年，我们开始招收热处理专业的工农兵学员，开出了所有的专业课、实验和毕业设计，有了完整的教学环节。学校看到我们具备了条件，经教育部批准，同意我们在此基础上，不加人、不加设备，可以招一个班。1978年，七系71专业热处理专业开始正式招生，这对教研室以后的发展，在开展科研、加强实验室建设等方面，都起到了关键作用。这个过程中，因为我是专业出身，所以比较积极，经常跟着周老师去跑。

专业成立并正式招生后，比较大的任务是争取把实验室建设得更好，开始学校看招生情况不错，挤出几十万元买了一台扫描电镜、一台透射电镜，这在当时是很不容易。但那时买的是国产设备，水平太差，我们做实验还得去清华、北京钢铁学院和钢铁研究院。到20世纪90年代，我们购置了进口设备，透射电镜七八十万美元，扫描电镜30多万美元，在全国都很先进。

教学方面，后来从科学院金属所等地方过来一些教师，教师队伍逐

渐增强。20 世纪 80 年代，我们教研室的本科教育已经不错，比较大的问题是硕士点一直拿不下来。当时我是教研室副主任，后来是系副主任，了解到我们硕士点的问题，是因为学术审查委员会有 2 位老先生对我们的实际情况不太了解，对我们有一些误解。为此我们专程到他们学校去拜访，把他们请到我们学校来做报告，让他们了解我们的教学情况、实验室情况、科研情况，对他们都很尊重。他们了解到我们达到了应有的水平，硕士点的问题当年就得到了解决。

我们的博士点比较晚，一直是到 2000 年才解决。能拿下这个博士点，跟我们人才引进有很大关系。我们学校地理位置好，原来的老先生退休后想过来。才鸿年①院士在 52 所任所长时就给我写信，希望两口子一起来。我去找朱校长，说他们 50 多岁的年龄，正当年，又是教授、所长。朱校长说他们两个都是正教授，当时全校限定 180 位教授，一个教研室教授的名额只有三四位，他们来了，占了 2 个教授名额，其他人提不上去怎么办？如果我教研室的 10 来个人都写保证，不提正教授，他就没意见。我说可以把才教授引进到咱们学校当名誉教授，刚好这时才教授把户口转到了北京，而且被任命为国防科工委总装部材料专家组组长，装备里关于材料方面的科研经费，都由这个专家组决定。1999 年系主任王富耻②想办法引进了才教授，他不久后就当选了院士。

才院士过来后，给我们装甲防护方面基础理论动态力学研究拿到了上亿元的科研资金，当时是学校最大的科研课题。在促进专业的发展、科研经费的提高，以及国家重点实验室的审批、博士点的设立方面，才鸿年院士都起到了关键性的作用。

2002 年，由原六系的高分子材料与工程专业、精细化工专业和阻燃材料国家重点实验室三个部分，跟我们原七系的材料科学与工程专业、材料成形与控制工程专业以及材料研究中心合在一起，成立了材料学院。

我们原来七系的金属材料热处理教研室分成了两个专业，金属材料热处理中以材料为主的并成材料科学与工程专业，把热处理的铸造、锻

① 才鸿年（1940— ）：中国工程院院士，金属材料专家。1957 年考入北京钢铁学院，先后获得学士、硕士学位。曾任兵器工业集团第五二研究所所长、兵器工业总公司科技委副主任、国防科工局科技委员、中国材料研究会副理事长等职。1999 年任北京理工大学教授，2010 年当选为中国工程院院士。

② 王富耻：1948 年出生，北京理工大学教授，博士生导师。

造、焊接这些加工方面的，成立材料成形与控制工程专业。现在学院的两个重点实验室，一个来自六系，一个来自七系。原来七系的机械制造专业划到了三系，成立了车辆与机械工程学院。

现在材料科学被称为科学的三大支柱之一，原来北京科技大学肖纪美①院士说，有了材料可以有新的能源，有了材料可以有新的信息，他把材料科学提得更高。材料方面有广阔的前途，但在这方面真正有所突破很难。咱们学校的材料现在是“双一流”专业，我们专业现在有 3 位院士、2 个国家重点实验室、教研人员 100 多人，世界排名在 100 名以内。我们在困难时期，从比较低的基础起步，后面大家做了很多工作，发展到现在的水平，很骄傲这里面也有我的一份贡献。

四

成立专业之前，教研室的教学任务不多，石霖教授讲课，我给他辅导。石霖教授讲课相当不错，讲话非常严谨，板书也非常漂亮。那时我三十二三岁，到教研室只想把教学工作做好，所以跟石霖先生认真学习教书，在这方面受益很大。

我辅导的时间很短，1974 年开始讲课，先是“回炉班”，后来是工农兵学员，此后一直讲下来。我以前在太机讲过“金属物理性能”，在北工开始也讲这门课。上大学时，系主任讲课非常好，感觉听课是一种享受，所以在讲课方面，我也力求讲得生动一些。每次讲课以前，我都要准备两份讲稿，一份是把所讲的内容一字不差地写出来，一个讲稿是黑板上要写的内容。一般讲课以前，头天晚上我会把讲稿预演一遍。开始讲课时，我担心自己的口音，怕学生听不清楚，所以我讲课，一是语言比较简练，重要的地方会强调，再就是用板书清清楚楚地写下来，同学对我讲课的反映都不错。我讲过外专业的“金属材料学热处理”，给本科生讲过“金属物理性能”“金属力学性能”“失效分析”，给研究生讲过“断裂物理”“材料加工学原理”等几门课，讲得时间最长的是专业课“金属力学性能”。跟同学建立了比较好的感情，学生对我讲课都比较感兴趣。另外从 1980 年大概到 1990 年，兵器部经常在假期时组织一些工

---

① 肖纪美（1920—2014）：出生于湖南凤凰，金属材料科学家、金属学专家和冶金教育家，中国科学院学部委员，北京科技大学教授、材料失效研究所所长。

厂的技术员、工程师进行培训，有时上百人，材料方面基本上都是我和石霖教授，每个暑假都要出去讲课，厂里的技术员、工程师，基本上都认识我。

我们热处理专业 1978 年开始正式招生，以前的教材有些内容已经不太适用，需要重新编写教材。1983、1984 年前后，机械工业出版社的编辑跟我联系，让我主编《金属力学性能》。我教专业课后，跟校外的同事接触得比较多，有些教师也在做这个事情，我们就合编了《金属机械性能》教材，后来成为教育部推广的通用教材。机械工业出版社跟我联系翻译苏联弗里德曼的《金属机械性能》，已经定下我们学校翻译，石霖教授校对。之前和我一起编教材的教师说他们也想翻译这本书，机械工业出版社说你们想要翻译，得去找工业学院的杨老师，我们已经谈好了。我觉得大家都是熟人，我说我们已经翻译了一些，剩下的你们每人一章、两章，所以大家合作翻译了俄文版《金属机械性能》。此外，我编写了《金属力学性能与失效分析》，由冶金工业出版社出版，还有机械工业出版社出版了我编写的《金属机械性能问答》。我还编写了《形变热处理专集》《断口学文集》等。我在这方面做了很多工作，这得益于我在“文化大革命”中没有丢掉俄文，一直在坚持学习，尽管那时口语不行，但能看懂文字。

我后来是教育部金属材料热处理教学指导委员会的委员，各学校的这个专业都要按照教育部统一的教学大纲、教学计划来执行。太机原来有这个专业，后来停办了又恢复，南京理工大学也是在外专业的基础上成立的。我们专业之前基本上只招一个班 30 人，到 20 世纪 90 年代末，扩招到两个班。

我对学生要求很严格，不踏踏实实钻研，我批评起来挺厉害，做得好，我也从不吝啬表扬。我一共带了十几个硕士生，博士点批下来时，我已经超过了 58 岁，按照学校的规定，不能申请博导了。

回顾几十年的教学工作，我一直抱着对学生负责任的态度，力争把课讲好。在讲课方面我的体会是，首先自己要真正掌握所要讲授的内容，而且不要照着书本去念，要把课程的重点、概念之间的转折交代清楚，让学生真正理解，所以提前备课要真下功夫。另外语言要生动一点、有趣一点，要和学生互动、交流，不要讲得枯燥无味，让学生没有听下去的欲望。讲课也是一门艺术，讲得大家能懂，又感到挺有意思，想讲好自然科学，确实需要下功夫。我们教研室搞过公开的演示教学，我有3年被评为优秀教师，能获得这个荣誉我比较满意。

“文化大革命”中教师职称评定停滞了很多年，到20世纪80年代初才重新开始，我1981年、1982年前后被评为讲师，大概是1987年被提为副教授，1991年被提为教授。

五

学习苏联时期，学校跟工厂结合得非常紧密，20世纪80年代后，这方面有了一些变化。苏联的教学是以培养工程师为主，热处理专业的学生对热处理车间的设备、炉温仪表、热处理操作工艺等都要掌握。后来专业口径大了，主要从材料的全局考虑培养学生。车间的东西变得次要，原来车间设备的一些课程不开了，把一些理论性的材料学、断裂力学等内容，以及电子显微镜、扫描电镜等测试设备放了进来。加强了理论、测试技术的内容，减少了车间的内容。以前热处理的学生到三年级，课程设计要下厂，比如设计一个指定规模的热处理车间，用什么物资、多少人、多少设备，后来这些都不做了。现在更多的是基础理论，热处理原理方面讲得多，工艺方面少了，另外倾向于质量控制、事故分析。过去是为车间培养工程师，现在是为理化室、冶金科等单位培养人才。

专业方面也有变化，原来苏联的专业规划，应该有十几二十个专业。现在专业学科的覆盖面大得多，材料科学与工程变成一个大口袋，包括金属材料、非金属材料、高分子材料等各方面。原来的大金属，包括金属铸造、金属焊接、压力加工、锻造，包括热处理，炼钢、炼铁、轧钢等这些专业都归在材料科学与工程的金属这一块，此外还有无机高分子、陶瓷等几十个专业。

实习也跟过去不一样，过去实习时学生要亲自干活，像生产实习，至少要干半年，学机械的最好的学生能拿到一级工，现在学生基本车床都不会开。

这些变化应该说是进步，过去如果离开所学的专业，可能不会做别的。现在即便离开所学的专业，科学的一些共同性还在、基础还在，思考问题的方法、做学问的方法，这些是一样的。我记得给学生讲课时说过：老师讲什么都有用，而且都能马上用到，这不太可能。老师教的是一些基本方法，是思考问题的方法、思路，为你将来学习进步打好一个

基础，准备一些有用的知识。将来遇到问题，老师教的是解决问题的一些思路，至于怎么解决要靠自己。大学不是在学技术，教会怎么开车的是驾校。大学是为学生以后的发展打基础，让学生学会分析问题、解决问题的能力。

六

“文化大革命”以前，我们教研室，甚至七系都没有科研。1976 年，系里派我到湖南参加一个科研会议，有个坦克齿轮氰化的课题，通过渗碳、渗氮，提高齿轮表面硬度和耐磨性。部里决定组织攻关，成立碳氮共渗科研攻关组，由北工负责。我回来汇报，学校、系里和教研室都非常支持，让我们教研室一位老教师负责，我是攻关组成员，由此开始了教研室的科研工作，后来我们教研室科研逐渐搞得多了，五花八门什么项目都有。

20 世纪 80 年代后，材料学发展得非常快，出现了不少新的理论、新的工艺，有了一些新的学科。比如断裂力学，材料有了裂纹，裂纹是怎么产生的，周围有什么应力场，怎么计算。当时有一个笑话，从国外进口的设备，探伤发现有缺陷，要求对方赔款。对方派来的专家说，根据断裂力学计算是安全的。国内当时没人知道什么是断裂力学，实际是对方看我们不懂，在蒙我们。此后国内开始对断裂力学进行研究，在理论上取得很大的突破。另外在热处理方面，有很多新技术出来。比如断口学，就是金属断成两块后形成的断口能分析出很多问题，是因为材料太脆，还是强度不够，从那里开始裂，怎么扩张，是因为成分还是由于夹杂物导致的断裂，通过断口能分析出断裂发生的原因，断口成为失效分析里一个非常重要的信息来源。此外，当时热处理有很多新的工艺出现，比如表面渗碳、表面氮化、表面渗硫、表面渗硼等各种表面处理工艺，在提高耐磨性、提高材料强度等面，都起到了非常重要的作用。

大概是 1993 年、1994 年，我当教研室主任时负责科研工作，还是兵器部材料专家组的专家，我提出把科研课题归纳出几个方向，要突出重点：一个是动态力学和弹箭材料；一个是陶瓷材料；一个是超细粉，现在叫纳米材料。陶瓷是当时国家提出的一个新方向，陶瓷几乎都是优点：硬度高、耐磨、制造简单、成型很容易、价格也很便宜，唯一的缺点是脆。现在的新陶瓷跟过去相比已经是不同的概念，虽然成分相似，但有一些特殊的物理性能、电学性能，在信息方面陶瓷应用很快。现在陶瓷基本上不作为结构件，而是作为功能件，是具有特殊功能的材料。我们那时还没有和产品结合，只是做了一些基础工作，像根据不同使用要求做一些测试，但当时已经看出陶瓷是一个新方向。比如复合装甲就需要用到陶瓷，装甲板将近 1 米，如果是整块钢板，破甲弹几千度的高温射流，很容易烧进去，如果钢板被射穿后碰到陶瓷，陶瓷耐高温，另外陶瓷的破坏性能跟钢不一样，不是完全熔化，而是散开，射流被打散，破甲的深度就有限了。2000 年以后，装甲上陶瓷用得比较多，但这项研究在 10 多年前就已经开始做了。另外是超细粉，因为表面积大，所以力学性能、物理性能等很多性能跟固定材料都不一样。利用这个特点，后来发展成纳米材料。超细粉的制作很复杂，现在我们在这方面的发展很快，国内外的先进设备都有。

我的提法得到了部里在科研题目和科研经费方面的支持。我主要做弹体材料与动态力学的研究，陶瓷、纳米方面的研究有其他老师在做。现在我们留下来的科研项目主要还是这三个方向，因为这既反映了科学的前沿，又反映出我们有这方面的基础。去年我看学院实验室的工作，基本还是围绕这些方面在开展。

在教研室的科研方面，我起到了一些作用，教研室引进的几个科研项目，基本上都跟我有关系。

1985 年前后，我的第一个科研课题是搞形变热处理，这是 20 世纪 80 年代国际上出现的新工艺，国内哈工大已经开始在做这方面的工作。我们希望能够结合兵器方面做些研究，我选定了动态力学。比如炮弹高速运动打到坦克上，坦克受到高速冲击力，不论装甲还是炮弹，在高速作用下发生的材料变化、动态，跟低速加载发生的过程不一样。这是研究在高速加载下的材料行为的一门科学，叫动态力学。以前锻造后冷下来再加热进行热处理，利用形变热处理，可以减少一次加热，既节约能源，又简化了工艺。里面要考虑的问题比较多，比如形变完以后的温度是否适合热处理，问题很复杂。这个课题与工厂结合，搞了生产线，最后在工厂得到了实际应用。这个项目 1990 年获得学校的特等奖、部级二等奖。

力学所刚从美国留学回来的段祝平带回来一些资料，搞了一个高速加载装置，叫霍普金森杆，能测试材料在高速加载时表现出的一些行为，

因为动态强度跟静态强度不一样，比如两个汽车相撞，一个是慢加载，一个是快速加载，损坏的方式不同。另外材料抵抗的能力也不一样，有的材料在高速撞击下的抵抗能力比较强，有的材料比较差，比如在高速加载下，炮弹在爆破过程中，由一个弹变成破片，有的破片动能大，穿透能力强，杀伤能力就大。我们要找出在高速加载的情况下，材料的这个性质，这是进行测定的设备。当时他搞的设备比较落后，是用枪的火药顶上去，然后把一根细长的杆推出去撞击试样。当时美国的设备已经连上了计算机，可以把测得的信号在计算机上显示出来。他带回来的软件，不知道存在什么问题，一直运行不了。

我感觉在高速加载下材料的行为，我们专业必须认真研究，所以我们申请了这个课题，在部里支持下，我带着研究生开始做这方面研究。当时我们自己建了一个霍普金森杆，用高压泵来加载，比用火药容易控制。从力学所拿回来的软件，我带的第一届研究生做不出来，软件还是不能用。第二届研究生，现在材料学院副院长李树奎比较细致，他不爱说话，但很能钻研，发现程序里少了一段代码，运行不了，加上这段代码后，整个装置就能正常使用了。这是1991年前后，此后全国都在使用这个软件。现在我们做的霍普金森杆还在使用。上次我去参观，他们说杨老师，您当年搞的这杆“枪”现在还在这里。我说：“我早已经离开了江湖，现在江湖里还留下了我的声音。”

我们用了5年时间，搞这个项目的时候，又搞了一个高速材料实验锤，还申请了专利。1993年，这两个项目都获得了部级科技进步二等奖。

除了动态力学基础理论的研究，我们也搞炮弹用钢的实际应用。我后来的10年都在研究贝氏体钢。以前我们基本上使用苏联的弹体钢，破片量比较少，穿透能力比较差。清华的方鸿生①教授到兵器部做学术报告时谈到了贝氏体钢在性能、工艺等方面的优越性。钢加热以后在空气里冷却，可以形成马氏体钢、贝氏体钢和珠光体钢。马氏体最硬，内应力很大，必须马上回火，稍微晚一点变成马氏体后马上开裂。贝氏体在中

① 方鸿生（1932—2010）：本科毕业于东北工学院（今为东北大学），研究生毕业于北京钢铁学院。清华大学教授，曾任中国金属学会材料分会相变学术委员会主任委员、中国金属学会材料分会常务理事、中国兵工学会材料学会理事。

间，硬度、强度比较高，不回火不会马上开裂。珠光体钢加工后比较软，需要它硬，得重新热处理。贝氏体钢的特点是强度不错，缺点是比较脆，破片比较多。贝氏体钢在工业使用上，当时有很多争论，我觉得弹体钢正需要这个特点，比如榴弹打出去爆炸后，需要弹体破成很多破片，破片越多，杀伤力越大。当然太碎了也不行，如果打成粉，也就烫个伤疤。这是有效破片，有杀伤力，但又不能太大。比如一个弹破成三四块，杀伤力没有问题，命中率就很成问题了。如果能破成几千片，每片都是两三克，状态就比较好，贝氏体钢正好有这个特点，用在弹体上的前途比较好。

我们做了一些实验，用贝氏体钢加工成药筒，爆破的效果非常好，破片非常均匀，破片大小可以通过装药量控制。因为弹头的杀伤目标不同，对破片的要求也不一样，比如打飞机，一般要能穿透 3 毫米厚的铝板。我做了两个“五年计划”，一个是在火箭弹药筒底部，用贝氏体钢锻造后冷却，适当回火就可以使用，减少了淬火导致的变形、开裂、氧化、脱碳等，工艺也简单。如果用珠光体做，锻造以后，要重新加热到 900 摄氏度以上，在介质里冷却后还要回火，根据性能要求加热到一定温度，工艺比较复杂。根据使用性能，贝氏体钢的成分要调整，调整哪些成分心里有数，但每种成分的含量都要通过试验，每次试验都要调整，最后确定出上、下限的幅度，工作量很大，也很复杂。我们调整碳含量和各种化学成分的比例，炼了很多次钢进行实验。另外是处理工艺，比如锻造工艺、热加工工艺。最后是测试，开始在爆破洞里做试验，放小炮弹炸，测破片率、破片过程，等等，然后到靶场测试。一般做这种项目都比较复杂，做下来需要 5 年到 10 年。贝氏体钢在焊接药筒上，753 厂已经应用到生产上。另外一个是贝氏体钢在弹簧上的应用技术研究，贝氏体钢有很多种，成分不一样，处理工艺不一样，性能也不一样，不同的应用场合要用到不同的贝氏体钢。在弹簧上的应用项目现在已经列装，海 76 炮炮弹的破片力、穿透力、加工性能等各方面都很不错。这个项目 1996 年获得了国防科工委科学技术进步奖二等奖。

除了教学，我的大部分时间都用在科研上，跟工厂、研究机构合作，搞了几十年。科研阶段，所有的科研实验都要做。科研定型后，跟着生产定型，要在整个工厂生产线上大批量生产，生产出来进行检验。工业定型时要在靶场打靶几千发，测试其精度、强度，以及在高温、低温状

态下的性能，所在战场上可能出现的情况，比如零下 40 摄氏度，零上几十摄氏度时的性能都要测试。还要测试其寿命，炮管、枪管要一直打到报废，测试对枪、炮管的影响，花费很大。最后要根据国家军用装备的标准来定型。一个产品从开始到最后定型很难，差不多需要 10 年时间。我有 5 个学生留校，这个研究后续还在做。

科研方面，我后来主要是动态力学和贝氏体钢在弹箭上的应用研究，一共获得了高教部、机电部、兵器部的二等奖 7 项：高温形变热处理获得机电部的科技进步奖二等奖；动态力学获得了 3 个部级二等奖；贝氏体钢获得了兵器部国防科工委和教育部的 3 个二等奖。

“六五”时部里召集专家开会，但没正式命名专家组，“七五”时正式成立兵器材料预研专家组，我是成员。“七五”“八五”“九五”这三个“五年计划”，我都是专家组专家。“十五”还有我，但我只工作了一年就退休了。每个“五年计划”，所有兵器方面的材料研究项目，都是专家组讨论，此外还要参加兵器部一些比较重要项目的鉴定。专家组每年的活动量、活动次数、开会次数都比较多，权力也相对比较大，项目经费都要经过专家组审批同意，奖项也要经过专家组评审。我还是兵器材料评审专家组专家，“八五”时，我又成为兵器民品专家组专家，还是高强度钢专家组专家，这个专家组的活动也比较多。

工作比较多的还有教学指导委员会，所有学校采用的教材要经过教学指导委员会来确定。比如哪个学校编写教材，教材的内容、大纲，包括章节，都要由委员会来讨论。研究生的课程设置，也要委员会来讨论。这个委员会带有半行政的性质，有一些这方面的权力。教学指导委员会的工作我做了两届，一届两三年。

做科研多年，我觉得要推进科技进步，做事就要踏踏实实，实际上每个科研都是在前人的基础上，自己能跟上去并且再往前走一步，才会取得进步。所以科技工作者要时刻关注科技发展的动态和方向，同时要考虑自己是否有能力在某个方向上再往前走一点。

人一辈子很短，做不了几件事。回想当年刚开始做科研项目的时候，感觉自己可能做不完就老了。有的人一辈子只搞一两个项目，尤其是军品，能做到部队列装，要花费很长的时间，一般需要 8 年到 10 年。因此做项目要能坚持，遇到困难，得想办法去克服。一段时间能在一个项目上取得成绩，自己就会感觉挺高兴。

姚德源——国家的强盛，我们只是贡献了一点微薄的力量

人物简介：

姚德源，1938 年出生于河北保定，北京理工大学教授。

1956 年考入北京工业学院火炮专业学习，1958 年转入导弹设计专业，1960 年 4 月提前毕业留校，从事导弹设计专业建设、教学和科研工作直到 1999 年退休。曾任北京理工大学教学指导委员会委员、北京振动工程学会常务理事、航天“强度与环境”情报网理工站负责人，中国运载火箭技术研究院第 14 研究所受聘博士生导师。

主讲“火箭技术导论”“导弹结构与设计”“导弹结构振动”“统计能量分析原理及其应用”等课程，主编国防院校统编教材《50250 讲义》《统计能量分析原理及其应用》，合著《结构耦合动力学》，译《结构振动与控制系统动力学》等科技图书。主持兵科院“七五”项目“导弹结构振动”、“八五”项目“火箭喷气噪

声”等科研项目，承担航天部、航空部、二炮等委托多项科研项目，获省、部、军科技进步奖多项，还主持军民融合项目、帮助兵工厂研制人工影响天气火箭弹，取得良好社会和经济效益。在国内外学术刊物、会议发表论文40余篇。

访谈时间：2019年12月16日
2019年12月26日
2020年1月9日
访谈地点：北京理工大学图书馆
采访人：郭晓明
摄像：吴哲

访谈提要

姚德源讲述了他1956年9月考入北京工业学院火炮专业，1958年转为导弹设计专业，1960年4月留校任职的经过。他先后参与了红箭73反坦克导弹、第二代反坦克导弹陶氏导弹的研发与测绘工作。1983年，他被公派去英国南安普顿大学声学振动研究所进修，在《声学和振动学报》上发表文章《非保守耦合振子》。归国后，他教学、科研两不误，在教学上给研究生编写教材《振动系统的统计能量分析方法》，在科研上为航天部做“七五”计划的预研课题、为航空部南昌飞机制造公司320厂到葫芦岛进行实验测试。此外，他还长期坚持从事扶贫项目，不为名利，为军为民。

一

1938年抗日初期，我在河北保定出生。父亲在河北保定同仁中学做教师期间，接受了党的抗日统一战线的主张和领导，为抗战发动群众以及带领学生进行募捐活动等做了大量的工作，同时也接触到了许多爱国进步知识分子、地下党员和爱国学生。

我从小在这样的环境中成长，因此在小学、初中时就萌发出了参军报国的想法。1945年抗战胜利后，我随父亲来到北京，在崇实小学读书，毕业后又进入汇文中学就读6年，高一入团，做过少先队辅导员。

1956年我在北京汇文中学毕业后，先报了飞行员，没有被录取，在学校的通知下才又报考了北京工业学院。北京工业学院是中国共产党建的一所兵工院校，能在那里读书也算是曲线完成了我参军报国的梦想。

二

我是1956年考入的北京工业学院，读的是第一机械系火炮专业。1958年我的专业被调整到第四机械系，很快又隶属于导弹工程系，也就是七系，我就这样从火炮专业转到了72专业导弹设计。

那时候我们学校的专业设置情况大概是这样的：第一机械系有3个专业，分别是火炮专业、火炮随动系统、自动武器专业。第二机械系也有3个专业，是炮弹、引信、药筒，其中弹丸是3专业、引信是4专业、药筒是15专业。第三机械系是坦克，有两个专业，一个是坦克车体、一个是内燃机，专业名称代号是10、11。5、6、7是化工系的三个专业，5是火药专业，6是炸药专业，7是火工品专业，8专业是军用光学仪器专业，9专业是雷达专业，也就是是现在电子工程系的前身。10、11是坦克专业，12是指挥仪专业，13是空白，14是随动系统。

1958年导弹专业建立的时候，齐尧主任找我谈话让我留校，校领导决定让我们这些从火炮专业中挑选出的20多个人转系。当时导弹工程系里有4个专业，我是72专业的，就是导弹设计。第一个字号是代表七系，第二个字号代表专业，我是导弹设计专业，因此也称为72专业。

我在读火炮专业时，上的专业课都是基础课。学校为我们配备的教师都是非常优秀的教授、学科带头人，这使我很是受益。包括编数学教材的陈荩民教授，还有分别教授我1年的孙嗣良教授和孙树本教授，他们都是全国知名的高等数学教授，教学水平非常高。教授我理论力学的是赵进义①教授，他也是国内知名的力学名师。还有周伦岐教授、马士

① 赵进义（1902—1972）：河北省束鹿县（今为辛集市）人，1912年留学法国里昂大学，先后获天文学硕士和物理学博士学位。1952年后，任北京工业学院教授、理论力学教研室主任。曾任中国数学学会、中国力学学会和中国天文学会理事。

修[①]教授和化工系搞炸药的权威周发岐教授等，都为我们学校培养出了很多的人才。

转到72专业后，我又念了两年专业课，1960年就毕业留校任职了。而原来的火炮专业，在1958年改成火箭专业并有了第一届学生。在入校读书的这段时间，除了学习专业课，我也有一些自己的爱好和心得可以分享给大家，那就是年轻时要多和运动场、图书馆交朋友，会受益终身。

“积极锻炼身体，为国家健康工作50年”，这是我们那个时代的大学生的一个共识。

我在1958年曾代表北京工业学院参加北京市高校运动会，还是长跑二级运动员。印象深的还有钟南山，当时是代表北京医学院。他是跑400米栏的，400米栏也能达到国家健将的水平。因为北医的女生多，田径运动是一个弱项，没有几个拿分的，但是出来一个钟南山，所以就显得很出众。他跑400米栏的成绩大概是54秒2，当时破了国家纪录。钟南山在我们院里还有个跑友，名字是平珍，比我大一班，中学是胡民学院的，跑田径比较出色。他也是每年代表学校去参加北京市运动会，跑400米、800米，都得冠军。还有1600米接力，就是4×400米接力，也是冠军。所以说那时候我们在体育运动上是很积极的，也确实是锻炼了自己的身体，留下了一段美好的记忆。

我读书的时候大一在车道沟那边，很喜欢到图书馆。我到图书馆有个习惯，先找我爱看的书看，然后再做作业再看别的书。所以当时我就主张，要培养有创新精神的大学生，就必须先继承才能创新，去图书馆就是个很好的继承过程。

三

1960年4月，我提前毕业留校做助教，主要的职务就是担任火箭技术概论课的教学组长，给全院的火箭专业开设火箭技术概论课。这属于一个火箭专业的扫盲课，课程覆盖各个与火箭沾边的专业。同年还参加

---

① 马士修（1903—1984）：河北省蠡县人，1927—1934年就读于法国加恩（Gaen）大学，之后在巴黎潘加（Poincare）学院从事物理学研究，先后获得数学硕士和法国国家物理学博士学位。1949年起任华北大学工学院教授、工程光学系主任。新中国军用工程光学和电子光学专业的奠基人。

了国防部第五研究院和国防科委办的师资培训班。

1960—1966 年，我见证了北理导弹专业的建立与成长。这一方面与国家的政策息息相关，一方面也离不开魏思文院长的前瞻之功。

这里涉及一个历史背景。钱学森在 1955 年回国后，于 1958 年倡议中央成立中国科大，并亲任近代力学系的系主任。他的实际工作是搞导弹，把国防院校的部分年轻教师集中培训。于是我在开班第一节课就见到了钱学森，并听他讲了火箭技术发展史现状和未来规划。在中国的导弹事业上，钱学森起到的作用是非常大的。

1958 年 1 月，钱学森给中央写了个中国发展卫星的建议书，表示中国发展卫星要分三步：第一步就是发展探空火箭；第二是搞小卫星，就是咱们 1964 年“东方红”卫星；第三是搞大卫星，也就是航天器。咱们国家卫星发展史就是按照这个步骤发展的。很快中央就批准了钱学森这个报告，当时是叫“五八一工程”。当时中央决定要搞航天，搞航天就是要搞大火箭，这个工程要分几步走：第一步先要搞探空火箭，第二步搞小卫星，第三步搞航天器就是大卫星。

这也成为我校 1958 年设立导弹系专业的起因。建院初期，魏思文院长在我们专业建设上可以说是功不可没的。他对“五八一工程”的指令下达迅速做出反应，立即委派炮弹专业出身的徐令昌到哈尔滨军工去考察 M13 火箭弹，这为后来 505 火箭试验的成功发射，还有我校成为中国较早研制探空火箭的高等院校，都奠定了坚实的基础。

北工 505 试验我没能参加，但在我看来，试验的成功是离不开院长的人才网络与远见的，也离不开我们北工本身拥有的较为强大的炮弹专业。因为炮弹飞出去是靠药筒内火药在从炮膛里产生的压力，才能打出弹丸。若炮弹后边加一个火箭发动机，就是 M－13 式三火箭弹了，也就是喀秋莎火箭炮。那么对于研究炮弹弹道的这些老师来说，将炮弹的飞行规律加上火箭推力就很容易将数学模型做出来。

我们学校能够建立导弹专业，魏思文院长也做出了很大的贡献。我们专业在师资力量上非常雄厚，这就为知识的传授打好了坚实的基础。比如说，当时周伦岐给我们开的一门课，代号叫 721 课程，是七系 2 专业的一门专业课。课程内容除了讲述外部流动的空气动力学知识，还讲了火箭喷气推进理论，包括喷管怎么喷射又产生推力这套数学模型，为我们进一步了解喷气推进理论打下了很好的基础。

1961—1966 年，我在导弹教研室做助教，有过一段为魏思文院长答疑讲导弹陀螺仪的经历。当时魏思文指示教务处组织全院的党政干部，每周拿出半天时间，在主楼合班教室上火箭技术概论课。这实际上就是一门火箭技术的扫盲课程，由我们教研室主任余超志主讲。内容是导弹控制系统，讲陀螺仪。魏思文就坐在第一排，认真听课。不理解的地方由我这个助教答疑，我就带着从物理实验室借来的演示陀螺进动的仪器，用右手定则，比画着如何由陀螺的转动方向、外力方向来确定进动方向等。这件事给我的印象很深，因为如果不能理解这个专业就很难建好它，所以我觉得魏院长是个学习型的、有远见的领导，尤其对火箭专业的眼光还是很远的。

四

1960—1966 年，我校的弹道式导弹设计专业已经办学条件优异，走在全国的前列了。

我国的“东风一号”“东风二号”导弹的起源，是有一段历史的。最初的原型实际上是德国的 V2 导弹。V2 导弹于“二战”期间研制成功，是德军为攻陷伦敦而研制出的战略武器，其射程能达到 270 公里，可以装 1 吨 TNT 炸药，很有震慑力量。“二战”结束后，美苏两国将 V2 导弹的资源、研制专家冯·布劳恩以及其下的技术人员和工厂里闲置的导弹都瓜分带走了。这种远程弹道式导弹的战略武器的发展，势必成为世界发展的新趋势。所以在中华人民共和国成立后，我国在中苏军事援助协定的环境下，就由钱学森为主导，向苏联提出想要搞这种战略设备的要求，并获得了一定的援助。

在 20 世纪 50 年代初，当时苏联给了我们两发自己仿造的德国 V2 导弹，又在德国 V2 导弹的基础上做了几个技术上的改进，代号为 1059。在苏联专家的帮助下，我国成功仿制出了弹头可分离的新型导弹，射程可以达到 600 公里，取名为“东风一号”。

20 世纪 60 年代，魏思文院长就从国防科委调来一发“东风一号”，放在我们陈列室给学生做教学使用。为了更好地教学，当时整个火箭的结构被解剖，可以透过小窗口看到里边的结构。那个导弹大概 22 米长、1. 6 米的直径，夜里从南苑拉来，一直被放置在我们专业的陈列室里。学生上火箭技术概论课、结构课、设计课，都会到陈列室去。

中苏关系破裂后，苏联立即召回了全部专家。国家号召科研上要自力更生、奋发图强，我们没有外援要自己搞导弹，责任就落在我们这些高校和学生身上。于是那时候我们跟工厂和运载火箭技术研究院都有联系。学校会送学生到国家航天一院，就是中国运载火箭技术研究院，现在叫航天科技集团第一研究院，去进行毕业设计。我们的毕业设计就是针对发展“东风二号”导弹，射程1000公里，大概接近中程。这就需要思考在“东风一号”导弹的基础上如何进行改进，来达到这个目标。国家和学校在这方面上非常重视，航天一院的老专家屠守锷①和王永志给我们做答辩指导，他们都是功勋级的人物了。

北工当时的导弹专业设置，是经历了诸多沿革的。当时导弹系又叫飞行器工程系，从72专业改成叫13专业，一系3专业，就是导弹设计专业。我们主要是一门总体设计，一门部件设计。部件设计需要画图、选材料、做尺寸，关系到整个火箭几十米长、几百吨重的弹道式导弹的重量怎么分配。

13专业一直得以保留，并变成了一个主体。两个班一个是131、一个是132。131是搞弹道式导弹的，132是搞有意识导弹。有意识导弹是带翅膀的，最明显的就是地空导弹，它的大部分轨道都是在大气层里飞，两个翅膀是有意识导弹设计，它延续了飞机很多设计上的东西。

20世纪60年代，我们专业主要是搞导弹总体和部件设计，总的来讲就是搞弹道式导弹设计。弹道式导弹有它独特的一些学科上的特点：它是没有翅膀垂直发射的，等到接近目标时才俯冲下来，再进到大气层去。所以它的气泵加热很重要，但是搞大推力火箭发动机要研究振荡燃烧、不稳定燃烧、非定性燃烧等。导弹火箭的内部情况不能估量，是具有偶然因素存在的，不能做完全成功试飞的保证。火箭内部的燃料现在用的是液氢液氧低温的，哪一点管路漏了，哪一个活门没打开，事故就可能发生，所以安全性的保障不高。

我校与导弹相关的专业有3个，一个是当时新建的火箭发动机专业，分为液体火箭发动机、固体火箭发动机两个专门化。发动机是11专业，

① 屠守锷（1917—2012）：火箭总体设计专家。生于浙江吴兴，1940年毕业于清华大学航空系。1943年获美国麻省理工学院航空系硕士学位。1991年当选为中国科学院学部委员（院士）。中国导弹与航天技术的开拓者之一。

分为固体发动机和液体发动机。所谓固体，是指燃料是固定的，简称固体发动机，全称是固体燃料火箭发动机。固体燃料里有燃料剂、氧化剂等；液体燃料需要分着装，包括液氧、液氢、氧化剂、燃料剂等。从整个发展历史来看，20 世纪初德国人搞的 V2 导弹就是液氧酒精，燃料的能量要比当时的固体燃料高得多。要发射远程火箭，要搞射程更远、飞得更高的火箭，就必须用液体燃料。但液体燃料发动机的构造要比固体发动机简单得多，固体发动机更稳定。因此固体火箭发动机的技术要求也更高。二是发射技术专业，也就是 16 专业。从学科发展上来讲，导弹发射的核心学术技术是导弹发射技术，也就是发射动力学。动力学是个单独的专业。还有一个是飞行力学，就是 15 专业。空气动力学专业是门基础课，结合导弹的设计来讲更接近专业的这门课才叫飞行力学，或者叫飞行原理。空气动力学就是航空。两者是相辅相成的。

1958 年上述几个专业被裁撤，但教研室得以保留。教研室给专业学生开课，但不办专业。1962 年的时候有火箭发动机这个教研室，还有个总体的教研室。因为导弹设计里包括总体设计和部件设计，就是我们的专业。

1960—1966 年，我们学校的导弹专业是走在全国前列的。比如我参加了国防科委院校教材会，可以编写一些专业课教材；我们的学生能到国家导弹的研究院和制造工厂去做毕业设计；能把屠守锷、王永志等全国有名的功勋科学家请到我校参加毕业答辩会；可接收哈尔滨工业大学、南京航空学院的老师入我校进修等；我们不仅在科研上有一定成果，还接触到了国家型号研究。那些专家给我们带来的是国家最机密，也是火箭最高技术水平的一些信息；学生能接触到“东风一号”“东风二号”导弹等，这些都力证了当年北工的实力与地位。

五

1960—1966 年，我在导弹教研室做了 6 年助教，参加了钱学森在五院的师资训练班，听了钱学森在科大讲的火箭技术概论课，还参加了一些重要活动。

1961 年，钱学森给中国科技大学的近代力学系的 1958 级、1959 级学生讲火箭技术概论。我凭教研室的听课证去听课。当时也没有讲稿，钱学森就在黑板上推导数学公式，回来以后我们对着公式推导、复习，过了一两周以后辅导老师再把钱学森讲义的打印稿发给我们。到了第二年，科学出版社就出版了署名钱学森的《星际航行概论》。这本书对我们早期的专业建设也起到了很大的作用。

1962 年在北航开了国防科委 6 所还是 7 所院校的一个教材会，分工好几门专业课，其中有一门火箭技术概论课的讲义就分工给我主编，最后这本书出版了，使用统编代号是 50250 教材，作者名姚史，没有用姚德源的真名。

从专业发展上来讲，七系后来又改成一系，就是老一系的火炮自动专业，转到太原机械学院，把一系又给了七系，成为后来的飞行工程系，也就是宇航学院的前身。我们建了几个专业，一个是 13 专业（一系 3 专业），就叫导弹设计专业。导弹设计专业下又分为两个专门化，一个是搞弹道式导弹，一个是搞有翼式导弹。再有就是我们毕业班到南苑 211 厂，就在南苑机场西边，那就是生产长征火箭的工厂。

我们当时没有研究生制度，导弹设计专业的本科当时是 5 年制，最后 1 年有半年做毕业设计。做毕业设计要结合实际，当时我们专业就到南苑代号为 0038 的部队，也就是中国运载火箭技术研究院，到那里去做毕业设计。实习是在南苑的西边，也就是 211 厂。

1964 年，我带着学生在中国运载火箭技术院做毕业设计生产实习，在总体设计部做液体燃料储箱设计。那时的中国运载火箭技术研究院正在搞社会主义教育运动。作为国防部第五研究院院长的钱学森①，就蹲点调研领导社教运动。我们曾近距离接触过，他指导我们说，你们搞导弹设计的就要结合实际。这句话对我以后的职业生涯影响很大。

同年我参加“四清”运动，接受农村社会主义再教育。1965 年回来以后，我接到“研制农民可使用的土火箭，用于防雹降雨”的科研任务。这是北京市委第一书记彭真和国家科委韩光主任下达的命令。春节期间他们在西南少数民族地区考察时，发现西南地区有降冰雹、降雨的问题，而当地农民只能用简单的爆竹来轰薄云，技术落后还有较大的风险。这种军民合一的研制，让我很有动力，更何况涉及民生问题的改善。我先

① 钱学森（1911—2009）：汉族，生于上海，祖籍浙江临安。世界著名科学家、空气动力学家，中国载人航天奠基人，中国科学院及中国工程院院士，中国“两弹一星”功勋奖章获得者。

是到永定门外沙子口和西北兰州做调研，想着这是对人民和国家有益的事情，就坚持研究了半年，算是做出了一点成绩。

六

咱们国家的炮兵建设，是从 1956 年开始的，到 1966 年钱学森回来已经有 10 年了，也拥有了可以实战应用的射程在几百公里到 1000 公里的液体燃料火箭。作为炮兵兵种，它是一个火力支援部队，过去这个火力支援，指的是十几公里的身管火炮，后来发展为无控野战火箭。最早是抗美援朝时的喀秋莎火箭，有七八公里，但落点散布很大，后来又开始研制涡轮火箭弹。涡轮火箭也就是喀秋莎火箭弹带四个尾翼，这个尾翼是用来稳定飞行的。后来基于其缺点进一步改良模仿炮弹，让这个火箭弹出了发射筒之后能够像涡轮一样高速旋转，1 分钟近万转。

那时我们学校很多教师就已经参与国家的火箭研究了，定型的火箭弹有两个，一个是 107 涡轮火箭弹，一个是 130 火箭弹。130 火箭弹口径跟喀秋莎是相同的。但它的密集度精度比较高。它旋转的机理在于它的喷管是一圈倾斜的，能够给喷气流提供一个扭转的力矩，达到高倍转速，所以把它定义成涡轮火箭弹，是无控的，其射程大致是口径的 10 倍吧。130 可以打到 13 公里，107 能打到 10 公里。这样的火箭炮火力支援武器一直沿用到“文化大革命”结束后的一段时间。

1968 年，因为要争夺珍宝岛，国家急需反坦克导弹，北工在国家的定位规划上归兵器部管理，所以关于反坦克导弹战略武器的研制我们当然义不容辞。

我主要参加了反坦克导弹测试和红箭 73 反坦克导弹的研制工作。红箭 73 第一代反坦克弹，在导弹上有个发动机，通过喷气能够往前飞 3 ~ 5 公里。另外它里面带有一个控制的东西，有个简单的发动机喷管和摆冒，通过摆动改变推力方向。红箭 73 陀螺是一个拉线陀螺，没有动力装置，是电磁旋转的。它带有 3 公里长的导线线管，线带在弹体上，从后边放线就像放风筝一样。

红箭就是苏联赛格导弹。由于中苏关系破裂，我们的导弹是叙利亚提供的。10 发弹装了 10 个箱子，是大半夜从塘沽的船上运到我们学校的陈列室来的。军委决定要仿制这个东西，要先拆弹，当然 10 发弹不是一下都拆，而是今天拆一个明天拆一个，然后再仿制。红箭 73 实际上就是仿苏联的。

我一开始是做赛格测绘的，咱们系的宫老师、李兆民他们搞的是红箭 73 发动机，一个是起飞发动机，一个是续航发动机。这里还要再提一下红箭 73 的原理。它是一个旋转弹，飞行当中要控制它的三个通道，导弹必须按照它的规律俯仰，偏航就要调整它。它的控制通道要大量简化，才能适合于反坦克导弹在战场上的大量使用。有线制导还有个优点，就是它抗干扰。有线制导一方面是弹上的设备得以简化，成本低了；另一方面是在战场上的抗干扰能力强，性价比很高。

搞红箭 73 这个旋转弹，北工做出了不少的贡献。这是我们国家第一个旋转弹，也叫单通道控制的导弹。它就是我校的一系做的，从外形空气动力学方向构建的。后来我们一系陆续在此基础上又搞了几个旋转弹，一个是无控的，就是冰雹火箭弹，类似以前喀秋莎后边带四个尾巴不转，具有稳定性。后来让弹旋转起来，我们又搞了一种没有尾巴的，就像炮弹一样的涡轮弹，性能和准度有了进一步的提高。但旋转的东西还有一个静动的特性，所以后来研制的旋转火箭弹还是有尾巴的，添加了一个弧形翼。

测绘完成后，我还要经常去当时定的四家工厂协调和盯着点，分别是沈阳的 724 厂、吉林的 524 厂、西安的 844 厂、山西长治的 304 厂，这四家厂都是兵器部的厂。

因为红箭 73 这个导弹的最后有一个调止偏的，就是说一个飞行体在空间飞行，这个发动机的摆动喷管如果产生一个倾斜推力的话，这个弹的重心就要有一个力矩才能纠正其方向，那叫重心。我们设计导弹时有一条规则，做具体的结构设计后，结构和材料定下来之后导弹的重心也应该定下来。做总体设计的，不希望重心移动太大。这个导弹设计下来后，其重心位置一定要在气动压力中心的前边，才能稳定飞行。因此工厂做出来那个止心是不是在我设计要求的那个范围内，就很重要。我需要调止偏，在红箭 73 的那四个尾翼尖那里有几个打开的小舱口，里面加小铅块，在一个平衡机上面，来把这个止心调在我设计的那个位置上去。

同期内，我还负责为靶场的这些技术人员讲课，内容是导弹总体的原理。印象比较深的，是最后验收的那节课。那时我带了一个箱子，把我们陈列室红箭 73 那个弹处理一下后装在箱子里，再拉到工厂给人讲课。他们靶场的弹都是装火工品的，那个是不能拆开的。但我这个能够

打开，就方便给他们讲原理和里面的构造，大家都表示受益匪浅。

红箭73大概是在1976年定型的，我们和华阴八厂做了一个热驱实验，地点是海南岛的东方县①。后来到黑河的冷驱实验，我就没有参加了。

我还参加了第二代反坦克导弹陶氏导弹的研发和测绘。咱们国家的红箭73属于第一代，特点是有线制导。射手是用眼睛直接瞄准的，通过控制盒的手柄。只要瞄准了目标，瞄准线跟这个跟踪线之间如果出现偏差的话，就会自动形成一个纠正信号，这也是有线制导的优势所在。

第二代导弹是陶氏导弹，是在第一代导弹的基础上添加了红外测角仪，就是通过红外线把飞行偏差和目标测出来，自动通过导线输到这个设备上，是美国陶氏导弹第二代的概念思想。

1975年越南战争结束后，越南跟中国关系相当好。越南给了中国10发美国第二代带有红外测角仪的陶氏反坦克导弹。国家直接就拿到西安203所，规定以203所为主，北工参加。所以我和教研室的万春熙、于增慧等人就到西安203所，跟他们一起测绘10发陶氏反坦克。陶的写法是大写的英文字母TOW，是用的管式发射，是光学制导武器系统的那三个字头。TOW在中文里就翻译成陶，所以也叫陶氏第二代反坦克导弹，是带有红外测角仪的反坦克导弹。

我在203所参加了第二代陶氏导弹的测绘。首先从构造上来看，(美) 陶氏反坦克导弹口径很大很粗，里边装的一些东西很空。这个弹也大，装在一个筒里，是一个管发射。第一代的红箭73是拿一个小支架发射的，所以暴露在外面的部分都能看见。而陶氏导弹是在一个炮筒里，装在一个三脚架上，瞄准了就能够发射。苏联的导弹工艺水平与美国工艺水平相比还是有一定差距的。美国这个反坦克导弹的研制周期很短，里面那个陀螺和一些能源带了一个气瓶，气瓶是带动吹舵机的。这个陶氏反坦克导弹是三通道控制，不是旋转弹，它有一个垂直舵和一个水平舵，前边还有空气动力面，受干扰就会被纠正，纠正后控制俯仰和偏航。

第二代陶氏反坦克导弹的能源用的是气泵舵机，用的燃气是发动机的燃气。陶的那个气瓶是一个玻璃缸的筒子，两边都是密封的，筒的外边有一个像试纸一样的东西，储存时如果哪里受潮，试纸的颜色就会变

① 东方县：今为东方市。

化，弹就需要返厂维修。那个小气瓶就像个小炸弹一样，里边装的是氦气，是它的动力源。当时我们国家还达不到这个技术水平，最后我们把气都放掉，最后是到包头的金属研究机构去化验这个材料的性质。整个导弹在战斗部的破甲能力属于静破甲，威力非常大，能破 1 米厚的铁甲。

测绘后我做了技术报告给系里汇报，引发了大家的一些思考。

陶氏导弹的测试是以 203 所为主，我们是参与者。测验结束后，我到 203 所拿回一套放在我们的资料室。最后中央决定要用美国陶氏反坦克导弹的技术作为技术储存，来发展我们国家自己的第二代反坦克导弹，是带有红外测角仪的。

我们的第二代反坦克导弹，简称为“重弹”，跟陶氏导弹的大小形状都差不多，但只是用了它的技术，并没有完全仿制。当时美国陶氏导弹的使用，一种是给步兵使用，步兵带个三脚架，架在地面上用来打坦克；一种是装在装甲车上使用；还有一种是装在武装直升机上使用，从空中打坦克。

我们国家的重弹生产实验，我参加过其中的一次，在景德镇，是装在武装直升机上的实验。当时就在一个工厂的试飞场上，直升机飞起来悬在空中，往外打几发弹，打的是一个固定靶，做完实验后飞机降落下来，我们都到现场去观察，发现这个弹打出后会在弹的后边形成一个局部的真空区，会把直升机的蒙皮都给掀起来一些，这个问题是需要改进的。但最后这个问题是怎么解决的，我们没有参与。不过从这次实验结果来看，能感觉出效果要比红箭 73 好得多。

我们还协助了 203 所的所长编写导弹历史。所长是本次重弹设计的总设计师，后来评了院士。他撰写了中国的反坦克导弹发展历史。这本书由张爱平题写书名，我们北京理工大学也有参与，负责国外反坦克导弹那部分，书名叫《世界导弹》。其中陶氏反坦克导弹那一部分就是我爱人写的。

七

“文化大革命”期间，我们成立了一个教改小分队，下到湖南 282 厂去生产炮弹。大概是在 1971—1972 年，我们的教改小分队到了湖南湘潭毛主席老家的一家兵工厂，去生产反坦克武器。因为“三北”需要反坦克武器，所以生产出来的装备就空运到“三北”，就是华北、东北还有西

北。“文化大革命”这10年间，我们的工作之一就围绕着反坦克武器来展开。

“文化大革命”结束后直至改革开放初期，贾克院长通过科研处给我们导弹设计院分配了为炮兵司令员孔从洲讲国外战术导弹的任务，带着我和教研室的万春熙、黄一鸣、俞仁顺4人，到炮兵司令部沙沟那里，为孔司令员讲解国外地地战术导弹的发展近况及发展趋势、装备情况，其中我的题目就是讲西方发达国家发展地地战术导弹的一些技术情况和装备情况。

在认真做了准备后，我发现现场的大礼堂里坐满了人。当时解放军还没有实行军衔制，就穿着军衣、红领章，根本看不出官大官小。但当时给我的感觉，那都是我们国家发展炮兵的决策人，起码都是发展炮兵的参与者。我觉得这个报告讲得值，尽管我们的水平有限，但我们毕竟在学校里接触的外文资料、国外情况多，就觉得也算是为我国的国防事业尽了一份力。

这个时期还有一件事，就是我参与了重庆152厂的降雨工作。我主要是为重庆152厂研制的人工降雨火箭计算弹道，后来该项目在1978年的科技大会上获得了国家科技进步三等奖。项目因为一些体制上的原因没有写上我的名字，但这个项目是对国家和人民有益的，所以我也不想计较这种名利，还是为最后的成果感到欣慰。

八

1983年，我被公派到英国南安普顿大学声学振动研究所进修了2年。选择这方面的进修，是因为我依然想做一些有学术价值的、国家需要的工作。根据我们国家导弹方向的发展，强噪声、喷气噪声、空气动力噪声对导弹的外载负荷的考虑是应该被提上日程的。而南安普顿大学的声音振动研究所是国际知名的，英文是ISVR。

在南安普顿大学，我负责的题目是非保守耦合系统功率流。功率流就是能量流，工程上没有单独的一个梁一个杆一个板，都是研究振动，动力学问题必须作为一个整体来研究，而非保守耦合。这是个新概念，我们国内搞的都是保守系统的。所谓保守系统，就是把这个耦合结构的能量损耗忽略不考虑。这是一个非常大的题目，是我们在国内完全没有接触到的一个概念，所以学术的差距还是蛮大的，身边也有受不住压力想不开的老师，我就存了从基础学起、放下架子多学点真本事这样的心思，开始学习与做研究。

我的导师叫 Fahy，在国际上很有名气，是有限元的鼻祖辛克维奇①的好朋友。他们是同一个量级的学者。所以辛克维奇就派 Fahy 到中国科学院声学所，到西安交大建立强噪声实验室。在英国留学期间，我认识到英国的科技水平和实验设备确实比我们高出不少。留学期间我主要是不停地做实验来完成自己的论文。生活其实是带点苦的，但也不至于非常乏味，也有点甜的。因为这里找资料确实方便，也认识了很多留学的朋友，和他们分享一些知识的时候也感到很快乐。

学习期满回国后，我就与导师 Fahy 合作，在英国《声学和振动学报》上发表了文章《非保守耦合振子》。非保守耦合系统功率流研究既可以运用到流体力学里，又可以用到固体力学里，在工程上、学术上都很有价值，但主要是应用在航天系统上的。航天飞行器是个很复杂的结构，外边在大气层里的时候有流动的气体，里边有液体燃料晃动，另外发动机的燃气流也是流体，所以这里的力学问题就很复杂，是运载火箭理论上非常核心的一个东西。

九

我的科研主战场在航天系统，所从事的研究主要是降噪、降低声对火箭的影响，非常适合于航天，也因此引起了设计飞船的五院 501 总体设计部的关注。回国后，我很快就为航天部一院做了个典型的科研工作，就是为航天部运载火箭研究院解决中国运载卫星舱制式与美国制式星箭

---

① 辛克维奇（Olgierd Cecil Zienkiewicz）：工程力学和计算力学家，英国国籍。1943 年毕业于英国帝国理工学院，获荣誉学士学位，1945 年获该校哲学博士学位。1965 年获英国伦敦大学科学博士学位。1957 年任美国西北大学教授。1961 年迄今历任英国威尔士大学教授、工程数值方法研究所所长和荣誉教授，联合国教科文组织工程数值方法机构主席。英国皇家学会会员（1979），英国皇家工程科学院院士（1979），美国国家工程院外籍院士（1981）和波兰科学院外籍院士（1985）。曾获英国女王授予的勋爵、英国皇家学会皇家勋章（1990）、法国科学骑士奖（1996）等。辛克维奇教授是有限元数值方法研究的先驱者之一，长期处于世界前沿，对现代数值计算中的有限元法做出了系统性和创造性的开拓和发展，在有限元法许多具有方向性的重大进展上都做出了重要贡献，在国际工程界和力学界影响甚大。1998 年当选为中国科学院外籍院士。

过渡锥不匹配的问题。

1990 年 4 月 7 日，中国的长征运载火箭把美国休斯公司生产的通信卫星“亚洲一号”送入了预定的轨道。

这是国内拥有里程碑意义的一件事。这个卫星是美国制造的，卖给了澳大利亚亚星这个公司，但却是用中国的运载火箭送到亚洲上空的。这是中国的运载火箭走出国门的第一单生意。不仅是经济意义上的外汇收入，更重要的还是政治上的，从我国火箭发展史上看也是个里程碑，中国的运载火箭走出国门了，可以给国外搞搭载，以后陆续又服务了很多国家。

我当时要做的工作，就是处理好卫星和运载火箭的接口，任务题目是《一个接带开孔的铝蜂窝夹层结构的截锥壳动态特性》。铝蜂窝作为航天器或这个结构的材料，是一种仿生材料。模仿养蜂的蜂箱里有六角形的孔，用很薄的铝箔来把它加工成六角形的空洞那样的一个结构，质量上轻，但刚度还有抗力的能力相当高，这是航天器首选的一种结构材料。这个材料就应用在接口这块。设计火箭得注意有效载荷。这个重量要做到很轻，铝蜂窝夹层结构就是这么一种结构。因为这个火箭的结构里要有一些管路，有一些电缆要穿过去，所以它必须开孔。研究它的动态特性，提供横向振动、弯曲振动、扭转振动的频率和阵型。要研究这个的振动特性，我先研究一个截锥壳的力学特性，再研究带开孔的。

最后我们搞了大概不到 1 年的时间，这个项目就取得了成功，并且被评为航天科技进步奖二等奖，由我们和航天部成果共享。我因此写了一篇文章《为长征火箭走出国门施加推力》。

1985 年回国后，我立即着手教学和知识输出，给研究生编写了教材《振动系统的统计能量分析方法》。当时我还参加了宇航协会的一些活动，和航空协会的一些学术活动，还有就是航天部内部的好多涉及国家核心机密的、不宜社会扩散的情报网。其中关于强度与环境力学的情报网的名称是第八情报网，在第八情报网学术报告会上，我把在国外学习的心得做了一篇报道，题为《导弹的声振技术》，后来这篇文章被收录到 1989 年的学术内刊《战术导弹技术》之中。

我认为这件事还是有着一定的学术意义的，我在这篇文章里点明了我们需要引进模态密度，单位频率带宽里有多少个振动的模态，再引进统计的概念。此外还交代了振动气体的统计能量分析的方法，把强噪声作为一个宽带激力，再用统计的办法就能估算力学环境，此后还需要做这个爆炸装置设计的人，参照我的数据，就可以避免很多风险了。

我后期的工作，就是给航天部做“七五”计划、“八五”计划的预研课题和基金课题，其中 1987 年为航天部做“七五”计划的预研课题，关于反坦克导弹的振动理论与实验研究还获得了兵器部的科技进步二等奖。这时候我还做了一个题目，就是喷气噪声产生的机理与抑制措施，并在随后的工程中得到了不错的应用，获得了兵器部的三等奖。回国后，兵科院的题目除了给钱给工作，都是实实在在做出了结果的。

我还参加了兵器部的几个项目，印象比较深的一个是解决俄罗斯 40 管火箭炮掉弹的问题。当时我们是兵器部管的学校，那时候国家军品局急于为我军进行武器配备，就引进了一批俄罗斯战术制导武器，包括制导航弹、反坦克导弹，还有炮射导弹和远程火箭等。但这些东西实际上算不上非常好，都是二流的。只是比喀秋莎先进，是装在卡车上，40 管无控的，火箭的细度如同铅笔。

对于掉弹的原因，我最后给出的结论是排除它这个旋转的频率和弹的固有频率的耦合，从弹翼加大尺寸、厚度，用的材料铝合金的那个翼的强度不够。743 厂是这个项目的生产厂，属于主办单位，北京理工大学算是协办，最后北京理工大学把这个报奖的名额给了我们教研室的李名兴，还有搞空气动力学的吴甲生。虽然还是没有我的名字，但能够为国家解决问题就好，这也算是我做出的贡献。这个项目因为是用于装备部队的，非常有意义，所以最后获得了国家的科技进步一等奖。

1991—1993 年，我为航空部南昌飞机制造公司 320 厂到葫芦岛实验测试，解决了海军已定型装备出口伊朗国产“上游二号”舰艇导弹存在的固体发动机频率耦合不能正常工作的问题。因为火箭是具有不确定性的，不管是发射过程当中的飞行状态，还是到最后引爆的状态，都很容易受到强噪声的干扰，导致火箭飞行出现偏差。

我先是在舰上做测试，考察发射筒、发射箱里的噪声音量，再请来声学所的朋友，一个搞高温声场测试很有经验的研究员为我做数据分析，在此基础上做误差的缩小和减噪。后来这件事得到了较为圆满的解决，项目得以军用，也得到了国家的肯定，在 1996—1997 年间被评为海军科技进步三等奖。320 厂的人还给我送来了证书，自己的专业能用于海军的事业上，这让我感到非常的欣慰。

1994 年，我回来搞军工，我的这些知识被香港理工学院看重，并受邀去他们学校的土木系、建筑系工作了半年。

我之前是在 1984 年提的副教授，后来因为有研究成果又在 1994 年提了教授，做火箭导弹偏力学方向。我的书本来是在 20 世纪 80 年代末写的，名字是《振动系统的统计能量分析方法》，是用来给学生讲课的教材，后来通过不断收集航天部的专家科研提供的实验数据，再加上自己的实践与教学经验做了进一步的丰富，在北京理工大学出版时改名为《统计能量分析原理及其应用》。书是我和航天部 702 所的研究员王其政合写的，我是第一作者。这本书刚开始只印刷了 1500 本，因为看的人比较多，就又印了 1000 本，后来也被评为北京市优秀教材。

有时候查看我们图书馆的借阅记录，我会发现这 20 多年来自己的书籍是一直有被借阅的，并不是处于一个无人问津、废纸的状态，就觉得自己还在发挥余热，心血没有白费。

1996—1997 年，我帮助第二炮兵司令部做了测试大气层静电参数的小火箭。当时的情况是他们出过事故，在阴雨天发射导弹时有静电感应。远程导弹价值连城，二炮必须知道高空 10 公里大气层以内的静电参数，急需一种能够测算 10 公里以内大气层中在雨天的静电参数的这么一个小火箭，所以当时就由我来帮他们测量，由我爱人把关，把这件事情很好地解决了。

还有一个关于扶贫项目的小故事。我从英国留学回来后，大概是在 1990 年前后，正在为航天部兵器部忙忙碌碌搞这些事。江西新余市有个叫 9394 的小三线厂，是生产单一火工品的厂，所以没什么效益。他们的厂长来到学校里，说是想搞一个完整的有点效益的东西，然后就找到了我。

我就帮着搞了几年，在鄱阳湖八厂参加了几个关键地方的重大实验。最后他们成立了一个叫人工降雨火箭弹的公司，发展起来就有了效益。2017 年，我在当地的媒体上看到一则报道，说是山沟里出来的兵工厂如今已经是上市公司了。他们的这个发射架，就是我给他们提的技术方案，湖南、广西等很多省份搞的干旱时期的人工降雨，用的也都是他们厂的东西。知道他们打开销路挣到了钱，也让我觉得非常欣慰。

十

那时候学校校长有一个顾问班子，叫教学指导委员会。我担任了两届委员，给校长当参谋。

当时给我的具体工作，是和教务处的副处长和副校长共同管理全校的外语教学。我提倡学外语要活学活用，所以就带头用英文给学生上课，选英文教材。后来还跟教学指导委员会的另一个成员、上海交大的年轻博士生，共同编了专业的英语教材。

我是国家花重金培养出来的，所以一直觉得自己受国家的恩惠太多，更是不能在乎名利和钱财。很多项目都是只要有个旅差费，只要能帮到国家和人民，我就很高兴了。现在回想起来，那时候咱们国家还没有高铁。当时青岛有个四方机车厂，他们搞高铁的人也找过我，向我求助，说他们搞高速列车前要做进洞的实验，可是一进洞玻璃就会碎掉，希望我能想办法解决一下。

在我看来，这个其实就是气动噪声的问题。因为进洞后整个截面积窄了，两边压差大了，就很容易把玻璃挤碎。为了解决这个问题，我就到校内的振动实验室研究，还有些牵涉到声学方面的问题就需要到绵阳那边做风洞实验了。

搞预研课题的时候，后来引进的俄罗斯的那个末端制导炮弹，就涉及末端制导炮弹上的力学问题，也是我就这个数学模型搞出来的。

十一

1999 年，我退休了。退休后我又参与了一些“505”资料的后期整理工作，主要是对“中国第一箭归尾”的不同社会舆情进行详细的调查并报告学校现任领导，促成了“505”座谈会的召开和 505 文集的出版。这两件事都很有意义。

我们学校“505”试验的成功，实际上应该是奠定了我校国内探空航天火箭第一高校的地位。但在这件事上，因为我校早期的重视程度不够，所以没能将这个地位巩固住。以至于在这一地位的确立上，院外出现了多种不同的舆论声音。

比如《文汇报》上就有文章说，20 世纪 60 年代发射了中国第一个探空火箭的单位是上海机电设计院，也就是航天部五院（508 所前身），

有发射场所立的碑为证。《航空知识》则认定北航才是第一家发射单位。北航因此在《北京青年报》上也发表了《北航人"持箭论长短"》，证明北航在 1958 年 9 月就成功发射了探空火箭，应该是高校中的第一个。此后《光明日报》也刊登了第一单位属于上海机电设计院的消息。双方为此吵得不可开交，但就两者能提供的时间来看，我们北理才应该是最早的，第一高校应该是我们才对。于是我将报纸留起来交给了当时的校长助理崔占忠，告诉他"505"探空火箭院外有不同的声音这个事实。

1998 年，副校长张敬袖告诉我，他在二号楼合班教室主持召开了一个纪念"505"40 周年的座谈会，但规模比较小，影响力也很低。在后来的 2008 年、2009 年，老干部处在组织校庆参观设在二号楼后边原来锅炉房那个平房的校史馆的时候，决定对我校的历史进行一个梳理。2010 年，也就是 70 周年校庆后，谈天民就把这件事情交给我了。他把以前做调研的几份报纸的复印件，还有周本相写的六几年接待上海机电设计院的技术人员来我们档案室查"505"的资料都给了我，要我把"505"相关的内容整理再进行下去。

接到学校交给的任务后，我就开始不停地去寻找资料、书籍，来证明我们北理才是第一个发射探空火箭的高校这件事，也找到了很多的力证。比如 1994 年，中共北京市委党史研究室出版的《昨天的开拓》，分上下两册，收入了徐令昌老师写的《北京工业学院"东方一号"——中国第一个探空火箭》，还有 1998 年宇航出版社出版的李大耀的《中国探空火箭 40 年》，也详细陈述了每个单位的火箭技术参数、项目进行立项的来源，还有参与者第一个是魏思文，第二个是吕育新，这都是 22 所的所长，第三个是徐令昌，第四个是万春熙。我把这些资料全部搜集好，存了 80 多本资料，送至学校封存，以作为此后追本溯源的凭证。

上海机电设计院是国家下达的任务。在钱学森的传记里，还有一些媒体宣传的国家航天史里，都把上海机电设计院搞探空火箭的王希季列为中国第一火箭人，我对此是有异议的。

我将我的调研报告通过老同学送至主管科技的国务委员宋健处。但很可惜的是，宋健先生对这个问题的归属兴趣不大，认为是很难厘清的。对我来说，想要为我们学校争取一个合理的名分，还是相对比较难的。此外，我又查了一些比较权威的资料，比如国家出的大百科全书，关于中国第一箭的单位被认为是上海机电设计院，发起人被认定是王希季。

因为主编就是他本人，所以我没有去打扰。再者还有两个谈及此事的作品，是叶永烈的《钱学森传》与《走近钱学森》，这两本书认为“中国第一箭”的单位是上海机电设计院。于是我将我的不同看法以书信的形式发给了叶永烈。

在写给叶永烈的信中，我主要谈了几个问题，一是关于钱学森的恩师所列不足；二是王希季作为中国第一个探空火箭的技术总负责人的身份有待考证；三是缺少钱学森在教育思想上的贡献篇幅，关于钱学森对新中国60年来没能培养出领军人物的思考没有提及；四是对文中认为“固体燃料火箭不如液体燃料火箭，没有技术含量”的不专业的看法予以反驳。但叶永烈给我的回信还是很敷衍的，他写得很简单，就说感谢你提的这些建议，再版时我一定要把你提的一些问题收入其中，大概就是这样吧。所以这件事最终还是没能得到解决。

这里有一点需要解释一下，就是先前谈到了魏院长把探空火箭的发展看得很重要，那我们学校后来为什么不怎么重视了呢？学校在火箭发射后为什么没有宣传呢？

我个人的看法是这样的，从学校内部的原因来看有三点，其一是当时参加“505”的那拨人，包括现在万老师他们存在“我们要加强舆论宣传，但是不要搞内战，不要搞论战，不要在媒体上争第一，不要去做这样的事”这些观点，所以我们只是在学校内部进行了这个“505”第一高校的拨乱反正。其二是当时的学校领导对这件事的重视程度不够，那时魏院长已经不在北理了。还有就是“505”试验项目是牵扯到一些历史问题的，比如关于这项科研项目的负责人的姓名排序，这是存在争议的。所以针对“505”发射试验的问题，整体上我们是处于一个较为沉默的状态。还有一点要提到的是，虽然我们是最先搞这个试验的，可我们对试验的结果立项上心不够，“505”火箭没有经过科学鉴定、申报国家的评奖，也就是成果虽有却无疾而终，这也是魏院长“搞新丢旧”的一个结果。旧的还未申报，新的导弹研制就已经在路上了，比如带制导的洲际导弹、带控制的2651号反坦克火箭、265－2地控导弹等。所以想追回来这个荣誉和地位属实有些困难。

从外部条件来看，我们学校的航天事业此后没有进一步的发展，也是有两点原因的：一是因为国家当时的经济能力有限，能提供的资金支持不足，所以被迫搁置；二是因为我们学校的定位，在整个国家大体制

上还是把北理定位成一个兵工系统的院校，所以航天的研制自然就被冷落了。

但是就这一段 20 世纪 50 年代搞无控火箭、探空火箭的历史，属实是我们搞得最早。而且实际上对工业学院和后来的理工大学来说，也是影响比较大的，起码对宇航学院的成立还是很有意义的。

回国后，几十年来我们这些老同志在一起的时候，都在探索我们导弹设计的价值，该怎么办学，怎么来做教学计划，怎么能够培养出来领军人物和高水平的专业。大家常常不分昼夜勤奋工作，也不计代价和付出。最近我们一起编“505”的文集，最后是我找到了谈天民，他给赵书记①手写了一封信，我找人打好文档再送到赵书记的秘书那里，最后书记拍板就在 2018 年 9 月 18 日召开座谈会、出文集。

十二

回首我一生的工作历程，我最感谢的就是我的爱人。她为我和这个家真的付出了很多。我爱人在 2009 年患脑溢血，患病前我一直在为航天部工作。她病了之后我才辞掉了工作，陪着她在北京辗转了大概四家三甲医院，待病情稳定后才转到航天医院，在那住了八年半。

我爱人叫刘素文。和我在一个教研室。我们是 1960 年认识的，1965 年结婚。我这几十年的工作从未离开她的支持，尤其是我去英国的这 2 年，家里留下她和 3 个小孩。当时老大正面临初中升高中，老二小学升初中，下边还有一个在念书，她一个女人承担这样大的压力，各种艰辛难为外人所知。等我回来后，孩子们的学业也都没耽误，当然组织上也会照顾我的家庭。

我留学期间，孩子得了肝炎，都是她带在身边，放在教研室照顾。想一下，她又要上班工作，又要照顾 3 个孩子的学业和生活，所以我真的非常感激。我爱人是在 2017 年的 12 月去世的，现在我回想起来还是觉得非常心痛。这些年，无论在工作上还是生活上，她真的都做得特别好。我在医院陪她的这几年，我把我的房子租出去一部分，在医院附近租了个房子，方便给爱人做饭。直到晚年，我才欣慰一些，感觉也算是弥补了一下以前亏欠她的。

① 赵书记：指当时北京理工大学党委书记赵长禄。

最后再谈一件我觉得感受比较深的事情，就是在 2017 年建军 90 周年的时候，在朱日和那个大阅兵让在家看电视的我流泪不止。退休以后我就再没有接触这些炮兵装备了。现在国家的武器跟我们那个年代真的不一样了，是不是也有我们的功劳在里边？想到这些，再想到国家的强大，当时我看着电视就站起来了，眼泪也流了下来。我们搞了一辈子的军工没有穿军装，但我们为国家的国防事业也鞠躬尽瘁、尽心尽力了。我们的阅兵式没有高射炮和身管火炮了，都是导弹化了。为了国家的强盛，我们也算是尽到了一点微薄的力量，培养了一些学生，也参与了一些项目。真正让我感受最深的，是到了这个年纪回忆起自己的一生，终究还是为我们的国家做了一些事的。

于在镐——北理遥控遥测专业兴建发展历程的见证者

人物简介：

于在镐，1935 年 10 月 3 日出生，江苏省镇江市人。

1953 年考入北京工业学院无线电系，1957 年毕业后留校任教。曾任教研室副主任、电子工程系科研副主任、校技术开发公司经理等职务，1996 年 3 月退休。

曾参与建成遥测设备实验室和较大型屏蔽室，承接红箭 73 反坦克导弹无线遥测系统研制，该项目 1980 年获国防工办重大技术革新四等奖。在开发公司任经理期间，在产品开发、生产销售、科技服务方面做了大量工作，取得了一定成绩。

访谈时间：2019 年 9 月 3 日

2019 年 9 月 11 日

访谈地点：北京理工大学图书馆

采访人：郭晓明

摄像：吴哲

访谈提要

于在镐在1953考入北京工业学院无线电系雷达专业，1958年7月毕业后留校任教。他先后参与了国防部献礼、“505”火箭升空测高等实验，承接红箭73反坦克导弹无线遥测的系统研制。后调到遥控遥测专业任教研室副主任一职，领导和参与了实验室与维修站的建设。在开发公司任经理期间，他在产品开发、生产销售、科技服务方面也做了大量工作。从业40年，于在镐见证了北理整个遥控遥测专业的兴建与发展。

一

我是1935年阴历九月初六在镇江出生的。1937年11月左右，我们全家逃兵荒到苏北，后来定居在扬州。我的祖父在上海与朋友合开元康钱庄，父亲在钱庄里面当学徒和职员，因此我们家里的经济情况还是比较好的。

在日伪占领以及国共三年内战期间，我们家一直住在扬州。到了我5岁左右，家里开始请私塾老师教我认字。至于数学这些则是由我叔叔辈的亲戚来教。在抗战胜利后，1946年我才正式上小学，升初中刚开始是在扬州的祝同中学。这是国民党的一个将领顾祝同①办的，学校里的一些教师也都是他的军官。学校在纪律上管理得比较严格。我小时候因为淘气和同学打闹被抓住，所以被留级降到了春季班。

在祝同中学我只读了初一，后来转到了正谊中学。因为小学基础不扎实，中学又上得早，再加上人也有点淘气，所以我又从初一读起。我的初一读了两年。等到1949年4月23日镇江解放，我们全家又在那年夏天搬到了镇江，于是我又在镇江市京江中学读的初三。毕业后，我在1950年考了江苏省立镇江中学。1953年高中毕业后就考了咱们学校。比

① 顾祝同（1893—1987）：辛亥革命爆发后曾参加革命军，1925年任国民革命军师长，1927年后历任江苏省政府主席、重庆行营主任等。抗战时任第三区战区副司令长官。

较光荣的是，我在 1949 年 6 月加入了新民主主义青年团，在镇江中学高中这 3 年里一直当团总支副书记，到了咱们学校后，在 1954 年 12 月我 19 岁的时候就入了党，是班上第一个入党的。

当时报考我们学校的时候，中间还有一个小插曲。镇江是不设高考考点的，我们是到南京在南工（现在的东南大学）参加的高考，而且我大学没有报考北京工业学院，报的是唐山铁道学院，当时是不知道咱们学校的。可是后来国家统一高考后统一录取，就把我录取到了北京工业学院无线电系雷达专业，还是蛮有缘分的。

北京工业学院有两点非常吸引我。一是当时的政策上大学是不用花钱的，包括吃饭和住宿，给我的家庭减轻了不少负担。因为解放后家里的钱庄倒闭了，父亲身体不好去世了，我们家靠母亲的一点陪嫁首饰过日，比较困难。二是我们学校的政治背景特别好，因为我们家人参加新四军的很多，也都是党员，比如说我的大哥于在阳、我的五姨夫李步新，我从小也受到熏陶。因此考到了这样有历史的院校，就觉得很高兴和安心。

二

我是 1953 年入学的，在车道沟。那个时候的延安大楼是新建成的，很漂亮。我们当时就住在那个楼里，是三四层的样子。楼后面是食堂，西边靠着河边。

在车道沟读书时的生活，从伙食上来讲还是可以的。我们在车道沟待了 1 年就搬到了钱粮胡同，也就是后来华北大学工学院那个地方。到城里后呢，我们住的是钱粮胡同 9 号院，后面是魏思文的家，前面是学生宿舍，是个四合院。我们住在正房，屋子里是大房间的通铺这种木板床，一个一个拼成一长排通铺，男同学一个房间，女同学一个房间。我们班差不多有 50 个人，一个大屋子就够了。

那时候的业余生活还是挺丰富的，感觉很有意思的是有舞会，是经常举办的。当时还有劳卫制，也就是体育锻炼，需要达标的。在操场上各项运动都要测试达标。我比较喜欢打球，所以体能还是很过关的。

那个时候我还参加了国庆阅兵，除此之外我还作为党员干部站过标兵，不拿枪的那种，还挺骄傲的。站的是天安门广场比较偏的位置，太远了，所以也没看见毛主席。

三

我们在皇城根上课，也就是中法大学的里头。中法大楼里有化工系和我们五系两个系，化工的基本都在那里。五系是三个年级，好像是1951、1952、1953。刚入学的时候是电机系，1953年还是以电机工程专业的名字招生。到1953年12月，第一批苏联专家来的时候就改名为雷达设计与制造专业了。1954年，雷达设计与制造专业（9专业）和光学仪器设计与制造专业（8专业）合并成仪器制造系，1956年的时候又让分开了，叫四系、五系。我当时的专业是雷达设计与制造，这个专业其实不是我选的，而是学校分的。

刚入学的时候我们课业很重，光是基础课就有好几门，包括材料力学、理论力学、机械原理等。后来课程才慢慢减少。当时是5年制，一、二年级学基础课，三年级开始才真正接触到无线电专业基础课。这一年有无线电原理、电子管，后来还学了无线电测量，再后面就是发射、接收、天馈线，以及电磁场理论、电路传播这些，专业课是雷达原理与雷达站。

从专业培养的角度看，我入学的时候接受的是五系最正规的培养。当时专业已经建起来了，是比较规范的。教材采用的是库利科夫斯基带来的油印的苏联教材。我们的课程中专业基础课包括无线电基础、电子管、电磁波场理论这些比较基础的东西，设备课有雷达发射设备、雷达接收设备、雷达自动装置，还有雷达原理、雷达站。到了四年级的时候，系里基本都能开出课来。林茂庸老师负责雷达原理课，自动装置课就是彭定之老师来上，发射课是戚叔纬老师来讲，接收课是李育珍老师讲，测量课是汤世贤老师讲，专业课程实际上已经基本有眉目了。

当时我们在学校所能接触到的雷达设备分为两种：一是国民党时期留下来的老设备，是从国民党留下的军队的仓库里面挑出来的；一是苏联的设备，比较早的有406雷达，后来有COH4、COH9，还有π20雷达，这些都是从部队装备抽出来的，来的都是整机，那时还不具备能把零散的分机抽出来开实验的条件。学校还有几部雷达车，都是1956年以后从部队慢慢调来的，甚至还拥有全国仅有两三部的帕丁雷达。关于雷达的操控，都是靠着像毛二可老师，还有毛老师的爱人熊如眉，以及一些实验员对雷达的摸索。他们对我们系里的建设、实验室的建设，都是

很有功劳的。

入学期间由于受苏联模式的影响，我校比较注重实习。三次实习都是认识实习，也就是去观察。一次是大学一、二年级的时候，我们到城里面的校工厂学车工、钳工这些；第二次是在我们三年级后到南京714厂，了解了收音机的生产过程；第三次是毕业实习，不过因为1957年的“反右”，这个实习是受影响的。

1957年的“反右”运动对我们班的冲击较大，有部分同学离开了班级，没能参加最后的毕业实习与毕业设计，少数几个被安排到工厂实行管制性的劳动。后来改革开放后，我和我们班原有的调干生都特别注意去做这一部分同学的思想工作，最后大家的关系都不错。

我校来的第一个苏联专家，是1954年来的库利科夫斯基。我们之间接触很少。他主要是给1951级的学生上课。1957年下半年开始，学校聘请了雷达结构与工艺的苏联专家，叫米夏来夫。我和区谨昌等5个人的毕业设计就归他指导，成了雷达结构工艺专业的第一届毕业生。我的毕业设计是在南京14所做的，题目是《雷达接收机的中频电路放大的设计与试验》。但我和米夏来夫专家接触得实际上并不算多。他是1957年9月来的我们学校，就待了1年。到1958年7月我们毕业以后没多久，他就走了。

1958年7月毕业后，我就留校任教了。

四

1958年的国防部献礼，我有幸参与，不过后面的那些讲解基本没有参与。印象最深刻的，就是俞宝传①教授对265－1号反坦克导弹研究的汇报，这个我还有一张照片。

那时候我们五系搞的是265－1反坦克导弹有线遥控的控制盒。当年真正的导弹专业一开始是在七系，也就是导弹系，主任是齐尧。七系是在1958年成立的，265－1号也就是在这个时候开始弄的。后来向茂楠、刘淑敏、俞宝传老师回到五系，就把这个任务带回来了。

---

① 俞宝传：1942年毕业于武汉大学电机系。1950年获美国华盛顿州立大学电机系硕士学位。历任武汉大学副教授、北京工业学院教授、中国宇航学会第一届理事。

而我毕业留校后就搞“505”了，做探空火箭的飞行高度测试。测高小组的人员，我印象里还记得有刘鹤鸣、王周、潘如昌、金振玉等。“505”的具体试验工作，在做测高的弹上设备这方面我没有参与，我主要是帮着跑材料，要买比较小的指形管，就是那种需要和试验匹配的零件。当时指形管国内刚研制出来，只在东郊苏联援建的 774 厂才有。

我还参与了两次靶场试验，一次是宣化炮校，还有一次是白城子靶场。先去的宣化炮校，然后是白城子。

“505”探空火箭研制和飞行试验，总共分两个阶段。我只参加了第一个阶段的两次飞行试验。第一次发射试验是 1958 年 9 月 9 日，在宣化炮校靶场。第二次发射试验是 1958 年 10 月 5 日，在白城子靶场。学校申请了军用专列，我们的设备和人员都是乘专列去的靶场。这次试验共有两次发射，其中第一级发动机在点火后瞬间爆炸，试验失败。但第二级火箭完好无损。3 天后，第二级火箭（装有应答机）被作为单级火箭在发射台进行发射试验，也是因为发动机点火瞬间爆炸，试验又失败了。这次远征，测试系统未能在火箭飞行试验中经受住考验。试验失败后，其他人都立即返校了。由于 3 台柴油发电机组太大，必须等专列运走，我就被留下来照看，等机组运走后才返校。

第三次飞行试验我没有参加。我了解到的情况是这次试验从 1958 年 12 月 26 日一直到 1959 年 1 月 24 日结束，在河北昌黎靶场共发射了 5 枚二级火箭，历时 29 天。1959 年 1 月 20 日下午 3 时 30 分进行了第四枚火箭发射，地面测高组的 3 个站都接收到弹上应答机的信号，信号持续了 2 分 20 秒。根据记录结果显示，火箭飞行高度达 58 公里，火箭仍处于上升阶段。根据外弹道计示和测量数据推示，火箭最大高度在 60 公里以上、65 公里左右。

这是第一个阶段中“505”探空火箭最完美的一次发射与飞行，也是五系测高系统充分发挥作用的一次，证明测高系统基本满足了技术要求，工作基本可靠。

印象比较深的，还有在朱日和靶场的一个情况。就是在五系的测高数据中，2 枚火箭只测到了一枚的数据，因为二级火箭断裂，所以数据只测到了第一节的高度，没能测到最高值。白城的火箭试验是因为我们学校的设备焊接不过关，弹仓爆裂后只能从军队调两部雷达车来解决。

当时我们学校“505”项目弹药方面的负责人马庆云老师也是知道这件事的。

五

“505”项目结束后，我就被分到了无线电遥控遥测专业。这个专业分为两个专门化，一个叫无线电遥控专门化，一个叫无线电遥测专门化。在五系当时代号叫52，遥控叫521，遥测叫522，还成立了两个教研室。521的教研室主任是俞宝传，副主任是李光宇。遥测专业原来的主任叫刘杏来，后来1年左右调到公安部了，副主任是刘鹤鸣，再加上我。后来刘杏来调走后，刘鹤鸣当了主任，我是副主任。建专业、建实验室就是当时我们的主要任务，我主要是在设备科负责建实验室。

到1962年的时候，钱学森说遥测设备是通用设备，不需要培养那么多人，所以遥测专业在培养了5259级、5260级之后停止招生，已经招来的学生改为按51专业培养。不过因为这个专业没有撤销，教研室的人员也基本得以保留。“文化大革命”后改成按学科建专业。无线电遥测专业的主干课程多路通信学科被保留下来，可以继续招收学生，这也就是今天信息学院通信前工程学科的前身。

无线电遥控和遥测这两个专业，分别请了两个专家。负责遥测专门化的是鲍里索夫，而负责遥控的专家是1959年才来的，叫郭洛文。鲍里索夫主要讲的是多路通信原理，就是导弹做飞行试验时监测导弹各个主要部件的工作状态和飞行参数，包括飞行的姿态、加速度，再例如发动机的工作状态、推力、导弹等。遥测的应用范围很广，像空间站，包括宇航员那些数据都是靠遥测来传达。专家除了讲课外，每个星期都要到学校来一次，一个是课程答疑，一个是指导实验室建设。而我们就一边听专家课后予以消化，一边建实验室。

当时在五系的是一组、三组。一组是遥控，三组就是我们遥测。刚开始的分工，我是负责设备课和实验室建设。设备课主要是把专家讲课的讲义整理出来作为教材先用着，讲义参考了唐世贤老师在老七系介绍遥测的讲义，也参考了钱学森的《导弹概论》等编的油印教材。我在给5260级讲课时用了一年。一两年后，科工委就开始组织我们和北航、南航、西工大这些院校的专业统编教材了，主要参与编写的是北工和北航。统编教材是国防工业出版社出版的，遥测原理叫50905，遥测设备叫

50906，遥控原理叫 50901，遥控设备叫 50902。

六

我校实验室的建设主要体现在原理课建设上，因为多路通信理论有两个大体制：一个是时分，按时间分割；一个是平分，按平面分割。因为多路，不同平面要区别开，不同时间要分割开，最后慢慢进一步发展，有保密、编码等。在当时来说，我们主要按照时分制、平分制的原理来准备实验。

在遥控专业上，我系拿到了国家给的两个弹上的遥控装置。一个是 1059——就是最早型的地地导弹，1059 弹上的测控系统的设备学校遥控专业就有；另一个是空空导弹，型号为 7089，这个弹上的设备也给了。所以对遥控专业来讲，后来设备课就比较好开设了，除了讲原理以外，还有两个典型的设备，学生能够看到实物，看波形、内部结构、电路的线路图这些情况，再配合实物检测。

但是对遥测专业，我感觉比较难的是这些原理课的实验没有专门的设备可用。因为学校没引进苏联的设备，所以相对来说上课就不太方便了。

我们采取的方法，一种是曾经把北航设备的弹上部分借来让学生观看，它是时分制。再用精密控制的电机转动将导电环分割成等距离高的很多块，中间用绝缘体材料填充，实现同时监测多个信号。

另一种办法是购买国内生产的多路载波机，来了解多路频分的原理和实现。我们买过一套重庆的载波机作为设备，但这套装置同遥测系统差别较大，效果不好。最后采取安排学生到航空部 630 所毕业实习的方式来解决上述问题。这个试飞基地工厂有和北航相同的设备。这样不仅能看到全套设备，还听他们讲怎样用这套设备去监测飞机的性能及测试数据的记录和数据处理过程，同学反映收获较大。

关于实验的设计，是苏联专家设计实验设备，我们找仪器配合完成。我们是以美国的《导弹概论》的评分标准为蓝本，根据苏联专家的指导来做实验。我们设定了几个频率、间隔的数值，思考用什么样的方式将各个不同频率的振荡器、滤波器的频率给分割开。比如说一个脉冲的宽度是几毫秒，然后再将多个脉冲排列开，按照时间把它划分开，这样就可以评 10 分了。怎么样实现时间分割、平面分割，把这个实验设备做出

来，这些就是我们需要考虑的问题。

我们遥测实验室的建设，我认为最有用的就是投资建了那个比较大的屏蔽室。屏蔽室是电网，它本身通过地线。一般来说，门一关，电波就进不来了，或者是衰减得很厉害，就不会干扰你的接收机导致错误地接收信号。这是我亲手建起来的，至今还在沿用，也是五系最大的一个屏蔽室。不过遥测这个专业的应用主要就是导弹方面，是按照设备定专业的，真正按照学科建专业是 20 世纪 80 年代后的事情了。

我校的遥测专业是 1959 年建的。因为国家航天部需要大量的人才，五系就从原来雷达专业招收的学生里拨出部分学生到遥控遥测专业。从 1955 届开始就有一个班过来，1956 届过来两个班。两个班分别叫 52－561 和 52－562，有 50 个左右的学生。一班归遥控，二班归遥测。实际上，因为国家急需要人，所以培养这些学生一边要消化苏联专家的东西，一边要自己准备讲课。而这些学生就是遥测的第一届，也就是 1956 届。

到了 1962 年，在钱学森提出遥测设备没有必要培养那么多人以后，遥测专业就不再招生了，但还是被保留了下来。因此在“文化大革命”期间，在学生毕业后，就只剩下老师了。这些老师在“文化大革命”中也走了一批。从我们遥测来讲，尽管跟专家学习的骨干成员还都在，也有好多 1954 级毕业留校的，但还是萧条了许多。两个教研室也就不到 20 个人。

遥测专业之所以还一直被保留着，大概有几个因素：其一是从导弹配套来说需要这个专业，导弹遥控遥测专业是缺一不可的；其二是从遥测的基本理论来说，多路通信理论对通信学科的发展是很重要的，而电子通信作为可预知的发展趋势，遥测专业的保留可以很好地为通信学科的发展提供坚实的后备力量；其三，就是与谢簃、张德齐、戚叔纬这些老主任的努力与坚持是分不开的。

到了 1978 年恢复正式招生后，五系才重新有了学生。

后来遥测专业发展为无线电通信技术专业的前身，五系也改名为电子工程系，后来又改成无线电系。此后成立信息学院，通信专业真正被教育部认可和批准，已经是 1992 年了。这就是遥控遥测专业的发展历程。后来五系为加强力量，又把楼仁海教授，李鸿屺、李忠源老师调了过来。

七

从 1973 年开始，国家下达了搞红箭 73 研制的任务。我们接受了红箭 73 遥测的任务。由我领头，俞宝传教授也参与进来，还有苏广州、李在庭、甘翠英等人。最多的时候，有 10 来个人组成这个科研组来搞这套系统，包括弹上设备、弹上天线、地面接收机、分路解调记录，是一整套设备。

在学校研究完这套设备后，我们先是到山西长治 304 厂，帮着厂里把遥测这一套建起来，也帮他们熟悉设备、做设备，特别是弹上的。因为打一个就少一个，所以要复制。

在 304 厂待了 1 年多，得到数据后我们就离开了。回来没多久又让我们到沈阳 724 厂，目的是把这个遥测装置带过去传授技术，同时为厂里培养搞遥测的人才，然后在有空弹飞行试验时参与测试。在 304 厂，主要是利用加速度传感器测算导弹飞行时的过程。比如测算启动后从发射架上出来过载有多大，另外还有投入的角度。过载数据我们测到了，虽然没有完全定量，但数据接收到了，这套系统证明还是可行的。

当时定的目标就是测算两个数据：一个数据是导弹的过载，过载要在导弹上装加速度传感器；另外一个就是测陀螺的偏转，因为它这个导弹本身的控制系统里是有陀螺仪的。我们用的是美国评分制的体系，共选择了四个频率，做了四路评分无线电遥测系统。这个电路的设计、制造都是我们自己解决的，负责弹上设备电路设计的主要是苏广川老师，没有任何参考。天线是甘翠英老师制作的，包括弹上的天线和地面的。弹上天线是用两根铜箔黏合在弹头外壳上，来做发射天线。地面的我们要研制。除了地面天线外，还要做接收机，把信号分成四路，然后再经过解调口将输出信号送到记录仪上。主要负责的是我、俞宝传、李在临、苏广川、刘凯 5 人，还有 2 个工农兵学员。

一般遥测的测量高度是 3 ~ 5 公里。为了验证这个设备，需要保证 3 ~ 5 公里的通信距离。我们把整个设备拉到南苑机场，在南苑机场做了拉开距离的试验。试验成功后才能证明这套系统可行。我们在沈阳 724 厂的试验直到 1976 年才停止。

1976 年唐山地震后，北京市提出需要地震监测台网。中科院的自动化所找到我们协作，做 5 台遥测接收机。接受这个任务后，当时除了我

是负责人，还有郭志芬、区健昌老师。我负责接收机中频放大器的复制，区老师参与高频的复制，而整机调试测试全部是由郭志芬老师完成的。1986 年，这个成果得到了北京市的三等奖。

八

1978 年恢复招生后，为了培养学生，我们开始外出调研，向兄弟学校取经。我们兵分两路，一部分由刘鹤鸣老师带队到南方，去了上海、南京；另一部分由我带队去了西安的西军电、西交大，去调研如何进一步优化专业。

经过广泛调研，我们除了确定无线电遥控遥测、通信原理课程外，还相继开设了信息论和纠错编码等课程。

这时候的一个背景，是国家曾大量进口了日本 TEAC 公司的多通道磁带记录仪等产品，用在航天、航空、地震台网及高校科研院所。多通道磁带记录仪主要是用作数据记录。咱们航天部、航空部还有一些科学院等单位，都买了这个设备。设备出现问题后，由日方负责修理。随着维修量大增，日本也开始采用在中国办维修站、培训中国的技术人员来负责维修的方式。

办维修站实际上是技术服务，利用学校的技术力量为国家建设事业服务。建立维修站在国家层面来说，是归商业部的中国仪器进口公司来管理和确定的。我们学校就接受了这个任务。在 1983 年接的是日本 TEAC 仪器维修站。我是第一任站长，人员还有区健昌老师和载国智实验员，我们曾在 1983、1984 年赴日本培训。

我们学校拥有的两个维修站，一个是上面提及的日本 TEAC 仪器维修站，另一个是英国马克尼维修站。一个由我任站长，一个由系里副主任胡启俊老师负责。这两个维修站一方面为我国的科技做出了贡献，另一方面还拥有了创收基金，可以进一步作用于科研。在 8 ~ 10 年的时间内，两个维修站共维修了 3000 多台仪器设备，维修数量大致各占 50%。这不仅促进了学校院系的发展，对国家的航天、航空、船舶、汽车制造、电力、地震监测、科研院所和高校等重要部门的科研生产来说，也助力很大。

具体到我们 TEAC 维修站，TEAC 公司捐赠了价值 100 多万人民币的仪器设备 20 多台，如 XR500 数据记录仪、XR200 数据记录仪、PS9000

数据采集分析系统、100M电子示波器等。1983年和1990年还捐赠了三菱面包车和切诺基越野车。1985年为五系购置了全校第一台日产复印机。我们每年上缴8万~10万元的创收收入，还参与指导本科生的毕业设计。马克尼维修站除了维修的工作，还提供了不少比较好的检测设备，对系里的发展、创收和老师的动手能力都很有帮助。

当时维修量与规模都不太大。两个人轮班是可以应付得来的。之前去日本与英国参加维修站的培训时，就发现当地工厂的设备和技术确实比我们高出一截，不过在教学方面这些设备还是足够的。

九

1984年11月到1989年7月，我在系里担任科研副主任兼工会的带头人。1989年10月我被调到学校的技术开发公司，一直工作到退休。因为生日登记的问题，我的生日按户口本上是9月6日，但实际上有点误差，那是阴历的生日，按阳历应该是10月3日，就这么到了退休的年龄。上半年生日的要7月份退休，下半年生日的要到第二年3月才退休，所以我最后是在1996年3月退休的。

我在学校的技术开发公司工作时，一直致力于选择比较好的项目，通过开发转为产品再销售。但这个问题直到我离开时都没有彻底解决。

到我退休的时候，当时的开发公司已不复存在了，而是成立了产业总公司。总公司下设好几个公司，有技术开发公司，还有以各个系推广的科研成果为主体的公司，有些系没成立公司，就把开发项目归到技术开发公司。后来焦文俊书记做了决定，把一部分横向科研归到开发公司，让开发公司增加了一个科技服务功能。这样一来，就能让开发公司在经济上有更多的周转余地。

可惜的是我们始终没能把一些科研成果真正推广到社会上，不是没有成果，而是效果达不到预期，或是很多的科研成果推广性不佳，再就是有的老师不愿意分享自己的科研成果。

老师有了自己的成果后单独成立一个公司，很少拿出来做专业的推广。我们当时也在努力组织这些人来开发产品，实际上很难。搞经营和搞科研还是不太一样，术业是有专攻的。比如我请陈越、陶老师等这些退休教师帮着搞开发，在社会上找产品，效果都不好。不是我们不想努力，而是确实有条件限制。比如说我们搞过几个针灸仪，后来把它进一

步合理化，重新改良其结构，重新选择加工盒，最后这个东西在研发出来后的推广还是很有限，只卖出了一部分。

而且项目真的很难找。开创本身就不太容易，加上科研成果又要民用化，这都是很不简单的。真正靠技术开发公司实际上是做不到的，没有那么多的核心技术人员能做这方面的事情。这也是行业的总体通病。

俞信——不忘教育的初心

人物简介：

俞信，生于1941年，浙江平湖人。教授，博士生导师，享国务院政府特殊津贴。1958年考入北京工业学院工程光学系红外专业，1963年毕业后留校任教。1984年作为教育部公派学者在美国纽约州立大学石溪分校进修。历任北京理工大学工程光学系副主任、主任，北京理工大学副校长、党委常委等职务，曾任北京理工大学学术委员会副主任、国家重点学科物理电子学首席教授、北京理工大学一级学科电子科学与技术首席教授。主要社会和学术兼职包括：教育部科技仪器仪表学部成员/信息学部成员，浙江大学、天津大学、南开大学、重庆大学和北京理工大学等校国家级/部级重点实验室学术委员，《光学学报》常委编委，《中国光学》编委，《光学技术》主编，中国兵工学会理事，兵工学会学术委员会委员，兵工学会光学专委会主任委员，全国大学生电子设计竞赛副主任委员兼秘书长，教育部世界银行贷款高教项目中方专家组常务副组长，华南师范大学兼职教授。

长期从事军用光学、光电工程、物理电子学等领域的教学、科研与学科建设工作，曾主讲激光原理等课程，在极弱光波前传感、宽视场自适应光学、微小型自适应光学系统、超高分辨率空间光学系统研究等方面取得显著成绩，主要研究方向为超微弱发光与探测、多子孔径自适应光学与空间光学。作为课题组长完成多项国家“863”科技计划、国家自然科学基金项目、国家安全重大基础研究项目和总装备部重点预研项目，获国防科技发明二等奖1项、国防科技进步二等奖1项、部级科技进步二等奖2项、国家发明及国防发明专利6项。所领导或参与的教改项目获国家级教学成果特等奖1项，省部级教学成果一等奖3项。编著出版有专著《自适应光学》、教材《近代莫尔测量技术》。在国内外发表学术论文百余篇。

曾获“国防科工委高等学校优秀教育工作者”和“北京市优秀教师”称号。

访谈时间：2019年12月18日—2020年1月7日，共四访

访谈地点：北京理工大学图书馆

采访人：张钧

摄像：聂明明

访谈提要

俞信讲述了他就读于上海高中期间的学习情况；1958年考入北工自动火炮专业后，对学校的初步印象；在班级内的学习、生活和课余活动情况；当时学校培养人的体制和分配情况；北京工业学院参与响尾蛇导弹残骸分析工作的情况；所学红外专业的保密情况。

1963年留校任班主任；参加“四清”时印象深刻的几件事；下放“五七”干校劳动情况；接受“一号命令”疏散到迁安矿的情况。从干校回校，做科研工作并发表第一篇学术论文情况；1984年年初公派到美国纽约州立大学石溪分校做访问学者情况；1987年任管教学的系副主任做的一些改革和强化实践教育；1989年任系主任后所做的一些工作；

1993 年 9 月任副校长主管的具体工作内容；对学校发展改革的看法；对调动教师教育积极性的问题的思考。任校领导时主抓的几项工作："211" 工程里的教学和公共服务体系建设、校园网建设、本科教学评优工作；主管人事工作后，完成全员聘任制改革。

2003 年退出校领导岗位后，在学校开始做重点学科建设；任校领导后所做的其他重要工作：任全国大学生电子设计竞赛副主任兼秘书长；1998 年在世行贷款高等教育发展项目，任中方专家组常务副组长的工作情况；国民经济动员教育培训中心的建设工作情况。

一

1941 年，我生在上海。虽然祖籍是浙江平湖，但我父亲、母亲当时都在上海工作。抗战时期，我们全家迁到了重庆，我在四五岁以前，一直在重庆，后来我父亲在重庆病故。抗日战争胜利以后，我们就回了上海。

我在上海上的小学和中学，初中在五四中学，当时叫大同大学附中。高中在上海中学，如今在上海算第一。

我的母亲培养我们也很不容易，因为家里面没有什么收入。解放前的几年，就靠原来的积蓄维持。解放以后我母亲报名参加了工作，在民政局负责的一个教养机构里，只有周末放假。我和姐姐当时是 10 来岁的孩子，平时自己在家里生活，这就使得我们生活自立的能力很强。

我 14 岁到 17 岁在上海中学。在我一生中，上海中学是一个比较重要的经历。上海中学的校风是强调德智体全面发展，所以校纪非常好。我在上海中学上了 3 年高中，只发生过一次学生考试作弊。因为作弊是为大家所不齿的，所以发生作弊以后，其他同学就跑到那个班里去看作弊的孩子。那个孩子待不下去，就转学走了。

上海中学特别重视学生的个性，发展了很多社团，像戏剧、朗诵、运动，成绩很好。当时实行劳卫制，这是非常好的制度，是我们从苏联引进的。那时候中学生都要参加劳卫制训练，能达到几级就是几级。一些成绩比较好的同学，十七八岁就能达到三级运动员、二级运动员水平。有些学生运动能力特别突出，当时考清华挺顺利，清华也比较重视运动拔尖的学生。

课程学习方面，因为上海中学当时是名校，是最难考的学校，所以

学生入学时的水准就比较高，老师也比较好，学习根本不费劲。虽然不强调以数理化为第一，但是学生成绩都非常好。上海中学生活作息时间非常严格，有教师住在校内，晚上10点多要巡查宿舍，保证大家按时睡觉。学生早上起来锻炼，集体吃饭，晚上上自习。学生星期六回家，星期天晚上报到，平时不许出校门。我们也没觉得生活很枯燥，因为有很多搞文艺活动、体育活动的社团。我在高中时看了很多小说，当时苏联的小说读得比较多，法国等西方古典的也接触比较多。

上海在虹口区域办过一个军事夏令营，从各个学校抽了一部分比较好的学生，到部队去待一个礼拜左右。我算上海中学的优秀学生，所以也去了。当时去的是一个高炮的作战单元，看点先进的东西。男孩总是爱看战争片、反谍片，有点国防意识，所以我印象很深。当时看的好像是一个双管高炮的三七炮的作战单元，一共四门这种炮，一台炮用计算机，这是一个车。当时的计算机是一个大机器，还有一个炮瞄雷达，一个光学测距机捕捉信息。计算机是算射击诸元，俯仰、倾斜、装弹，到多少距离就能打，等等。当时是比较先进的概念，信息获取、处理和执行，当时还不是全自动高炮，都有炮手。我对高射炮印象挺好，因为上海才解放，国民党轰炸上海发电厂的时候，飞机、高射炮、探照灯这些我已经有记忆了。

我们班里要想考上一流高校，清华、北大之类的，最起码有三分之一的人没问题，全部考上大学也没问题。这个高中非常有名，好多院士都是上海中学的校友。但后来填志愿的时候，我没把清华、北大放在很重要的地位，因为觉得清华、北大没有特色，就是一流大学而已。

快要考大学填报考志愿的时候，北京工业学院组织了大批干部到全国各地重点高中去做招生宣传。我记得我们学校宣传、鼓动大家报考，主要介绍学校教授做坦克，坦克是北理工的一个特色。他不讲爆破或者化工，说做坦克，做自动火炮。当时还没有导弹。很多男孩都有报国的心理，我们那一届五六个男孩考到这里，成为北京工业学院的学生。我的同班同学有2个进了坦克系，三系。我当时分配到2专业，叫自动火炮专业，当时这个专业在一系，现在在自动控制系二系，火炮调到太机去了，整个控制系统在二系。

二

1958 年我们进校的学生，总体上分两个类型，一类叫保送生，一类叫报考生。保送生最突出的一个特点是多为工农兵调干生。实际上农民基本没有，都是工人和部队的战士，年纪比较轻一点，有一定文化基础，但实际上学历是初中左右，有劳动模范，还有部队里表现比较好的班、排长，他们上半年或者一年的工农速成中学，就保送到大学。不是保送清华、北大，是保送到和我们学校类似的国防学校，这部分不考试的叫保送生。普通中学来的叫报考生，咱们学校到重点中学做招生宣传，中学也会推荐学生。这些男孩也报志愿，表现很好的，就给圈上预先名单，动员去考试。招生人员宣传我们学校的特点和优势后，学生填了这个志愿，考试成绩合格就优先录取，审查完了就录取，这种叫报考生。

这一年，第一次坐轮渡过长江，第一次出了那么远的门，第一次到北京。1958 年"大跃进"，遍地是炼钢炼铁小高炉，当时坐的社会主义快车，上海到北京一天一夜二十六七个小时。身体又好又年轻，也不会考虑买卧铺，同学一块聊聊天，一晃就过去了。

进了北京了，在前门火车站下的车，天安门广场还没有改造好，城楼前还有有轨电车。有人接站，我们就到了北京工业学院，第一印象还挺好。第一，学校气氛比较活跃，组织了很多学生社团，高年级学生组织的社团还给我们表演活报剧①。我记得很清楚，剧目是根据 1958 年炮轰金门这件事改编的。

当时吃饭是包伙，没有饭卡，一直到我大学毕业都是这样吃饭的方法。后来有饭卡了，因为粮食紧张了。但 1958 年的时候还是敞开吃，一箩筐馒头，大桶米饭，随便吃，管够，菜一人一份，到大师傅那去打菜，要哪个菜他给你打。伙食费有固定标准，比如 12 元一个月，那就交 12 元。到 1959 年、1960 年以后就开始紧张了，首先是供应粮票，菜还是一人一份，但是粮食要用饭卡，定量发放。困难时期我们在北京的大学生，虽然吃不饱，但严格意义上讲没挨过饿。

---

① 活报剧：Living Newspaper，20 世纪 20 年代到五六十年代活跃在我国，是一种宣传时事的戏剧形式，多在街头、广场等露天场所演出，就像"活的报纸"，所以称"活报剧"。

1958 年到了学校以后我马上就感觉到这个学校的氛围和普通大学是不一样的。第一校门口没有挂学校名称的牌子，因为是保密单位。第二有一个警卫排。我们一年级新生进来时候警卫排跟我们还没关系，也不知道他们守哪些地方，到三四年级学尖端专业就跟他们接触比较多了，知道他们守在有些新武器的陈列室、机要档案室，还有现在的国防科技园——当时叫戊区——警卫排看着，雷达、爆炸物，各种各样的东西都在那儿。

学校的国防教育也让我印象很深，我们来的时候，横幅上写的是“欢迎你，未来的红色国防工程师”。当时我们学校的培养目标是红色国防工程师。领导给我们讲，你们是不穿军装的解放军，没入伍，不属于正式编制，但是你们要为解放军服务，你们要用解放军的纪律严格管理自己。我作为一个 17 岁的孩子，对入学教育里印象比较深的就是带我们去参观各种各样的武器实验室，叫专业教育，有枪、炮、自动火炮，包括我在夏令营里看到的那些 37 炮、57 炮、坦克，等等。青年老师还给我们讲，他们在研究飞行坦克，因为当时敢想敢干，1958 年的时候思想解放。现在大家知道坦克要飞起来也不是做不到，现在有飞行汽车，一些概念车原型都已经起来了，飞行车海陆空三用的。当时研究飞行坦克，还有蛙式坦克。一些老教授说不行，那就要批判他们，叫“插红旗、拔白旗”，主张敢想敢干。

我们一个班 50 个学生里有 20 多个调干生，调干生就是小干部、战士、工人这些，工人都是工厂里年轻的技术骨干。我们 1958 级的这些技术工人，钳工、铣工听说后来去搞“505”火箭导弹的科研了。调干生里面最有名的是郝建秀①，她虽不是我们学校的，但她是我们这一届的调干生里的标杆。她在上海纺织学院，是那代人的代表。

我们普通中学来的学生，1958 年参加的第一个大的活动是到北京西山门头沟斋堂公社绿化祖国植树，这是我们参加的第一次集中的艰苦的劳动，1000 多人半夜里在西直门上车，天亮的时候到门头沟，下来了以后就爬山，有宣传队、鼓动队，跟红军长征似的。一路爬山，到下午三四点钟才到宿营地，在斋堂。这是个村子，村里老百姓腾出来房子，我

---

① 郝建秀（1935—　）：曾任纺织工业部部长、国家发展计划委员会副主任、全国政协常务委员等职。

们住老百姓的大炕，七八个、十来个人睡一起，一人只有一点地方，所有人都得侧着睡，炕烧得特别暖和。我们还要学打水，用桶到井里打水得有技术，那个钩和桶得甩，才能用桶打上来水，不会用的话打不上水来。我们每天早上吃完早饭，背着几个大馒头、一个书包，还有一个军用水壶带的开水，到山上挖那种叫鱼鳞坑、水平条。鱼鳞坑就是像鱼鳞那样一片一片的，水平条是挖一个这样的条，在里面栽树苗。快中午的时候，调干生有生活经验，他们去捡树枝、柴火，生火，像烧烤那样，把馒头烤一烤，也没肉，就是烤馒头、榨菜。因为好久没回去，不知道我们栽的树怎么样了。现在门头沟、斋堂那边全都绿化得很好了，当时都是沙石山，山上都是荒的。

我们在斋堂待了不到一个星期，平时帮老乡挑水，做点家务。那是一个革命老区，跟我们的队伍感情特别好，我印象最深的是我们走的那一天，老乡全村出动，点火把夹道送我们，走得好远好远还能看到那个山道，当时对青年学生震动很大。因为这是很多人第一次在农村跟老乡在一起待这么长时间。

这些锻炼还挺好的，我当时年轻，表现也比较好，那些大同学都觉得我这个小孩不错。1958 年一系里评社会主义建设积极分子，我是系里的积极分子，还有一张大照片。我们一个班 50 个人，评了三四个。到北京工业学院得到的第一个荣誉就是这个，后来又拿了很多都是三好学生或者别的奖章。

我们一、二年级的时候是一个大班，50 多人，当时的专业叫自动武器，相当于现在自控系的专业。大学学习最困难的是调干生，他们底子比较差，所以当时党委的口号是不让一个阶级兄弟掉队。这些调干生有的比我们大七八岁、十来岁，对我们这些小兄弟还挺照顾。有一个事情我印象特别深，我在一次打排球时把脚崴了，还崴得挺厉害，走不了道。我们当时宿舍在学校西南角，外语学院斜对面，大概六个人、八个人一间，10 平方米左右，上下床。从宿舍到主楼上课有 1 公里多，都是调干生背我上课、下课，有一个来月，所以我对这些大哥哥挺感激的。我们能帮他们的就是学习，因为我们一点不费劲，帮他们讲讲题，辅导辅导。

还有就是困难时期定量供应，买粮食要粮票。北京的大学生国家保证粮食供应，都有定量，男孩一般是三十一二斤，参加运动队的，到三十七八斤。女学生是二十五六斤一个月。现在跟年轻的同志说，他们会

说，那足够了，一天吃1斤粮食还不够？当时绝对不够，因为没有副食。我们在北京的大学生，一个月大概半斤肉，鸡蛋没有，糖也是几两。我们拿的是集体户口的条，有2两糖果，还有半斤糕点，这是国家特批对北京大学生的一种照顾。菜只有大白菜，还定量，印象是一天一个人5两到1斤，没有别的蔬菜。因为没有副食，所以就饿。糕点一个月才5两，糖果一个月2两，糖果要买小水果糖的硬糖块，糕点要买便宜又最禁饿的，把糖果和糕点配起来，一天能吃一块糖，或者能吃一块糕点，自己控制，放在宿舍枕头下面，上完自习以后饿，吃一块糖，或者第二天吃一块糕点，就那样我还浮肿。当时我们归国防科工委管，国防科工委还特批了一部分大豆，浮肿的病号早上有一小勺大豆吃。国防科工委为了解决困难，还组织八一体工队之类的到内蒙古草原开着摩托车去打黄羊，分给这些学校。

就到这个程度，还要坚持学习，还要坚持上自习，还要参加公益劳动，在校园里面拔草、打扫卫生，等等，感觉还比较苦。

三年困难时期过去以后，政策有点变了，我们印象最深的是，一个宿舍6个或者8个男同学，凑几毛钱，拿一个大脸盆，去买一大脸盆西红柿，大家吃西红柿补充点营养。

当时，教委的学校，比如清华、北大的教育体系、制度或者构成比较接近现代大学的体制，他们特别强调打好基础，在此之上再有些专业的训练。

北京工业学院的办学目标是培养红色国防工程师，所以国家需要什么样的人，就培养什么样的人。国家需要是由各个兵器部门来制定的，以陆军为主，包括海军、空军。研究所、工厂、生产单位、测试基地，他们编制用人计划、需求计划，他们来定要哪个专业的人。按他们的需要来培养的学生也上数学课、物理课等一些基础课，但是基本都是为了专业服务。所以相当一段时间，专业需要什么，数学、物理就教什么。第一强调的就是后续的专业课程，要做针对性的学习。第二个是侧重应用，比如要当工程师，要会制图，要知道工艺、材料、热处理、加工，甚至得会写工艺卡片。不同专业的学生，除了一些基础课比如数学课、物理课会合并起来一块上，其他课程都是按专业分开上，以专业为主进行学习。这就是专业导向型课程的学习特点，基础课相对会弱一些。

到学生毕业分配的时候，部里下达专业的分配计划，具体到某个厂、某个研究所、某个基地或者学校。学校做的工作是根据学生的志向，或者有些男女朋友关系，或者家在哪里，学生的特长，分到哪去。这完全是计划经济体制的方法。

我们是5年制，什么课我们都上，包括材料、金相热处理、公差、技术测量、各种各样加工方法、新塑料加工，后期我们要学光学、电子，有些自动控制，等等，五花八门万金油似的，学得非常杂。

三

1959年我们参加了国庆10周年阅兵，当时我们北工是首都民兵师迫击炮方阵。我还在天安门前面当过一路标兵，就是解放军标兵前面的群众标兵，位置最靠近天安门金水桥。因为北京工业学院的政治审查严格，所以一路标兵是北工的任务。

1960年我上到三年级的时候，学校想转向尖端，从“505”开始搞导弹。转向尖端跟我直接有关的是，当时我们自动火炮专业一个大班50来个人，留了一半多一点还在二系搞火炮自动化，挑了20个人左右转到当时的仪器系，就是光学，也叫四系。我就在这20个人里头。我们转入的新建专业叫尖端专业，这是1960年开始建的。当时四系建了两个，一个叫43专业，一个叫44专业。当时的44专业搞天文导航，属于导航类。

我转入了43专业，我那个班叫43581，意思是1958年进来的。这个班毕业的时候叫红外专业。当时研究目标对象叫空空格斗弹，还有一个是红外侦测仪器。当时我们学的就是“响尾蛇”导弹和海平面的红外探测仪。

后来我们四系在全国领先编了3本这方面的教材，叫51001、51002、51003，名称是《红外技术基础》《红外系统》和《红外器件》。几位编著者大都是比我高几班的1954级、1956级学长，还没上完五年级，他们上四年级的时候被调出来当教师的。当时所有的教材都是油印的，都定了保密级别，比如红外系统的级别高，是机密，其他是秘密或者内部教材。

我们43581班这些学生是第一个班，从三年级开始，目标是要给国家培养红外方面的人才，里面水平最突出的要去做红外导弹。因为是尖端的一个班，我们班有自己的专业教室。那些普通班和民用为主的班没

有专业教室。学校在 1 号楼给我们分了一个教室，就我们二十几个人用，其他人不能进。所有的学习教材和笔记由保密员管理，这位保密员是我们同学里一位比较年长可靠的调干生。

进了这个专业以后，都有保密教育。我比较系统地接触保密教育就是在我大学三年级的时候，大概 19 岁、20 岁，从接触到这个专业开始。上课用的所有笔记、教材每人一份，上完课保密员就收走，送到当时 3 号楼的机要室，机要室有士兵站岗。每次要上课就去领回来，早上去领，上完课再送回去。

这些东西不能带出去，可以在保密教室里放着，但每天有固定的时间要送过去，比如晚上自习，都要放在保密教室里，下自习保密员送去，第二天再领回来。教材是青年老师自己写的油印教材，那些内容也是他们讲的，基本上都是挺好的。当时老师也认真，水平也比较高，我们系红外专业里最老的一个教师叫周仁忠。还有邓仁亮①、刘振玉、李家泽、李迺吉，这些都是这个专业的元老。

“响尾蛇”后来就给了苏联去研究生产，仿制出的导弹名字叫霹雳 2（PL－2）。霹雳 2 这个型号的导弹，苏联给了我们一定的数量，也给了我们图纸。我们接受他们的弹和实验系统，在空军开始装备。生产的图纸完全是照苏联标准，我们叫国标，生产也是由苏联专家来指导中国的军工厂生产。

当时的国防教育用一些事例来激发我们这些学生的爱国热情或者是为国家奋斗的热情。当时讲的最生动的一个事例就是，“响尾蛇”是我们给他们的，他们现在做出来，问我们要了大量的钱和东西。苏联图纸里关于导弹的核心内容就那么一点，但他们画了好多图纸，我们老师说因为他们是按公斤跟你换，1 公斤图纸按照多少车皮的大豆换。当时我们大豆多稀罕，要解决一个人浮肿的问题、解决一个人生命的问题，但是他们就要，比如说 1 公斤图纸换一车大豆，当时爱国主义教育就是这么教育的。

我的毕业设计论文，就是“响尾蛇”的制导系统，新型制导系统的设计。

---

① 邓仁亮（1935—　）：北京理工大学光电工程系教授。

四

我们当时有一个非常好的传统，当时学校的领导像魏思文他们，级别很高，都是高干，水平也都比较高，经常给学生做全校大报告，讲形势、讲任务。

当时北京的大学生毕业时，有一点特殊待遇，毕业会由中央领导给北京市全体高校学生做报告，这也算是一个传统。我印象里比较深的，陈毅做过报告，彭真做过报告。1963 年我毕业的时候，非常荣幸，是周恩来总理在人民大会堂做的报告。当时学生数量也比较少，全北京市的应届毕业生集中到人民大会堂，听周总理做报告。人大会堂的大会议厅坐不下，所以我们每个班里到西部的、到国防前线的学生可以坐在大会堂的大厅里面，其他人分散坐在各个厅里听报告。

我们班 20 多个学生，有几个就分到专门研究空空导弹的 014 中心，还有几个学光学的，因为国家需要，分到青海西宁那边的核基地去了。还有的到部队院校，像南炮工之类的。咱们北工也留了几个，还有一些到工厂，就是生产霹雳 2 型号的主力光学厂。全是国防单位，分到青海去的几个最受重视，所以他们到大厅里去听周总理讲。

那次总理讲的具体内容记不清了，基本上是两块，最主要的一块是国内外形势，第二块主要讲的是国家建设和对于青年学生的希望。具体讲的内容在中央档案馆里应该可以查到。

我们当时毕业分配，上级对每个专业有一个分配单，辅导员、党总支来做工作，最后决定这个学生分配到哪里。当时我自己的第一志愿不是留校，是想到洛阳的 014 中心去做研究，因为 014 中心是我们国家的主力研究所。可能学校里的一些领导觉得我比较适合留校吧，学校对毕业生有优先分配权，当时我们班里留校 2 人当老师，就把我留下了。

当时我们有两种体制，一个叫班主任，一个叫政治辅导员。学校会指定一些青年教师去当一个班的班主任，主要管学习，看看学生学习上有什么需要跟老师沟通，还有生活上有什么困难。班主任主要对口班委会，就是班长、生活委员、学习委员，通过班委会做这些工作，来管理学生的教学、生活和一些日常活动。还有一个叫辅导员，辅导员属于政工口，对口的是党小组和团支部，负责发展党员，开展学生政治思想工作。班主任一般一班一个，辅导员一个年级一个。辅导员是专职政工干

部，班主任是教师兼任。

我那个时候是团员，还没有入党。我们这个班20来个人，有七八个党员，是一个党小组。他们都是调干生，党龄都10来年了。

五

我毕业以后马上留校，还在我们教研室研究空空导弹，但很快就去参加了“四清”运动。我被分配在山东济南历城县（现济南市历城区），在济南的郊区。当时我们都是混合编组，组里有一个地方公社干部当组长，一个青年教师，还有一个高年级学生，3个人算一个村的生产队或者一个大队的“四清”小组。当时告诉我们，革命对象叫“四不清”基层干部，也就是村子里的干部，革命动力是贫下中农。我们在那体会了一段时间，发现革命动力中有一些积极分子就像游民、痞子，他们说是贫困，但都是因为在村子里不老老实实干活，好吃懒做。

我原来是在大城市里生活的学生，后来又留校当了老师，这是第一次时间比较长地在农村生活，几个月的时间跟贫下中农同吃、同住、同劳动。先说“同吃”，我们参加“四清”所在的地方是济南的郊区县，当地农民种菜谋生，如果搞得好，应该是比较富裕的。但是实际很穷，这有各种各样的原因。主要我觉得是政策原因，吃大锅饭、出工不出力，等等。一个整劳动力干一天活拿1毛多钱，还要养家。菜农是国家供应粮食，给粮食指标，可是买粮的钱挣不出来，就把国家给的细粮，拿到集市上面去换成粗粮。比如大米，在北京是定量供应，我们一家一个月大概是几斤好大米。他们拿着大米票到集市上，1斤大米可以换3斤到4斤地瓜干。春节前一个多月，我们完全是跟贫农同吃。基本上家里都没有钱，因为一个整劳动力一天只能挣1毛多钱。没钱买油也没钱买酱油，什么也没有，炒菜的时候就弄点水弄点盐，基本上是吃一点点野菜，吃地瓜干、地瓜糊糊。还要同劳动，当时我们那个村子干的活是拉地排车，这是山东叫法，就是前面一个人拉着的一种车。他们把济南边上的小山都炸完了，用地排车拉着运石头下来，妇女儿童就拿个榔头砸石头。这些石头当铁路路基用，这是副业。

“同住”是我跟一个老贫农住在一块，他人特别好。但这段时间我有生以来第一次长了虱子，长了跳蚤。我本来就有点过敏，所以比较难受。但是农村没有臭虫，原来我们在学校里臭虫泛滥，每隔过一段时间就得把所有的床铺，双层床拉出去消毒、撒石灰。

吃不饱，干活也挺辛苦，还要开会，还要搞“四清”，等等。我们是从学校去的，有接受再教育的意思，也不会提什么意见，要跟贫下中农打成一片，贫下中农对我们也挺好。“三同”后来给改掉了，是因为这些下去的地方干部不干了，说又要干活，又要工作，钱还都交给老乡了。因为每天需要给老乡3毛多钱的饭票、粮票，他们就有钱了，买点酱油、买点火柴什么的。后来我们自己吃，伙食标准一个月11元、12元的样子。

当地穷到什么程度呢？不到农村不知道。我们所在处是济南的郊区，过了黄河大铁桥就是历城县，靠济南很近。批这个地方的生产队长，有一个比较大的缘由是他带着几个村民去抢粪厂。粪厂是晒大粪的，找一片空地，把从城里各家各户弄来的大粪晒在粪厂，晒干了以后卖钱。当地村民没钱买粪，队长就带了几个青壮年的村民，把看粪厂的两个看守给捆了，抢了粪回去，这就算批他的一件大事。再有，当时村子里面没有小孩床，就用一个广口大缸，垫点棉花，把小孩扔在里面，屎尿都在里面，也没人管。过一段时间家长回来，妇女把孩子抱出来，把那棉花掸掸，脏的东西去掉一点，再晒晒，完了再铺回去，小孩就在缸里养。基本上就穷成这样。

后来我们到济南去集训，洗洗澡，稍微吃点好的，回去以后就不搞“三同”了。“同劳动”“同住”还有，“同吃”就算了，小组单独起伙。不同吃这条是地方干部提的，领导也同意。像我们就绝对不会先提，我们得熬着。自己开伙以后，十一二元的伙食标准就吃得可好了，有白面馍馍，有时候还做包子，还能吃上肉。每到吃饭的时候，我印象特别深，一大帮小孩围着看你吃白面馍馍，因为他们没有。

按理说当地应该是一个比较富裕的地方，住的多是济南的菜农，生活却穷到这种程度。一个劳动力干一天1毛多钱，年底结算，不但分不了钱，还要欠生产队钱，那农民怎么活？所以后来我有的时候讲，如果不到农村去，就体会不到农民的苦处。后来万里在安徽搞包产到户，分田分地自己干，我挺理解的。因为那种制度实在弄得老百姓太穷了，日子根本过不下去，中国老百姓就是老实。

六

“四清”回来之后，“文化大革命”之前，我们接到了一个任务，建设北京工业学院内江分校。内江分校是两个主力系去，二系和四系。当时我们有八个主力系，原来的仪器系分成了两个，一个是电子工程系，一个是光学工程系。当时内定的内江分校院长是二系主任马志清，副院长是我们系的主任李振沂教授。

各个教研室都需要抽调人员去内江，因为是正式布置下来的任务，参与人员和当时五机部的工程设计院对口，搞内江的规划和实验室的规划。我觉得规划条件挺好，跟独栋别墅似的，一个教研室分一个小实验楼。我工作了以后很快就当了实验室副主任，所以当时内江分校的实验室建设的规划、设计，我们教研室就是我去的，其他都是各个大教研室的实验室主任，都比我资格老。

我们这个小组，就是负责工程光学系内江的实验室规划。宿舍、生活区我们不管，就是管自己的教研室，自己这栋小楼，500～1000 平方米，自己设计、规划，等等。因为是教研室出来的，知道这个教研室大致需要搞什么工作，就跟设计院对口设计，就开始盖，中间我去内江出差了一两次，小楼基建都盖上了。

到四川没有特别的印象，最大的印象是有小咬。小咬比蚊子还小，一般蚊帐的孔挡不住，进去了以后咬人，毒性还比较厉害，一咬一个大包，一两个月都下不去。

盖好以后“文化大革命”了，我们统统被撤回来，参加“文化大革命”。后来不知道怎么决定的，内江分校我们就不去了，所有建设的那些房子都移交给当地单位了。

北京工业学院虽然经历了“文化大革命”，但是没有伤筋动骨的事情，当时接受的任务就是去建内江分校，用了少数的人力，规划做了，实验室起来了。但如果没有“文化大革命”，两个系就整系迁走了。

七

我是“五七”干校的第二批学员。第一批学员主要是一些领导，比如学校的一个副书记、政工干部这些人。教师是一些所谓偏于资产阶级的知识分子，都是骨干教师、权威，还有比较有水平的副教授、讲师。

去的地方是驻马店，我们第二批去的绝大部分是系里各个教研室的骨干教师。有军宣队在那儿，我们搞旱地劳动，最艰苦的就是种高粱、玉米，长起来了以后要耪地，劳动时穿得多了在地里面会太热，穿得少了叶子又会刺人。旱地的活不算特别重，也不算特别累。吃得还挺好，有养猪队，生病了还有护士。开始时早请示晚汇报，讲学习毛泽东思想体会。突然就发生林彪事件了，军宣队都灰溜溜的，没声息了，早请示晚汇报也不搞了。他们撤回去以后，这些知识分子就都解放了，下棋的下棋，打扑克的打扑克，除了干活一直挺高兴，干完活就聊天。

这件事对我们那代人最大的触动是什么呢？就是建立了一种认识。我们作为共产党员，作为热爱中国、希望革命的人，会有自己的信仰，会有自己对一些历史事件的看法。当时就建立了绝对不要对任何事情迷信的信念，封建迷信那一套就没有了。所以才有后来一些思想上的变更、交锋，实践是检验真理的唯一标准，等等。

当时我三十几岁，经过那段时间，就建立了一个观念。这个观念是任何事情，要用自己的头脑去思考，去分析这个事情该怎么做或者到底怎么样，绝对不要迷信。这是我从“文化大革命”中得到的最深体会。

“文化大革命”期间，还接受过林彪的“一号命令”——疏散。疏散的时候是工宣队领导，工宣队的头还挺牛的，说你们都是臭老九，又是宝贝，所以“一号命令”下来以后，你们都要离开北京，这也是对你们的保护。这样，我们坐着军用大卡车，打着背包，统统到迁安去劳动。

在迁安因为我个子比较小，当时身体还算可以，所以担任的是最累最危险的任务，在露天铁矿挖爆破洞。我在那第一次看见国外进口的大卡车，几十吨的，在北京看见的只有几吨的解放车之类的。那几十吨的卡车，一斗挖上来的铁矿石就好几十吨。重型的挖斗，重型的载重车。露天铁矿靠挖，有的岩体挺结实，不大好挖，花岗岩的小山头下面全是铁矿，有的铁矿混着在里面，就得打爆破洞。从半山腰水平地打进去一个巷道，巷道里面设计好的地方挖一个大的室，里面放上炸药。好多巷道一爆破，把整个山头震松了，挖斗机就可以上去干了。山头塌不下来。那些洞大概是 1 米 1 高，宽度一米三四。需要个子比较小、体力比较好的人去操作，用风镐加水喷，一边在风镐里加水，一边打，我们那阵子就在这么一个小的工作面上用风镐作业。

开始是打埋炸药桶的一个洞，在一个工作面上打 10 来个洞，把炸药

包放进去引爆，炸出一个半米左右的立面，把岩石炸松了，铺上小铁轨，用小铁车把碎的石头拉出来。再打一次，又进去半米，打到最后，扩开了，放个大炸药包进去。

开始干的时候觉得挺危险，打的时候就很艰苦，操作风镐又得使劲，又有粉尘，干完活防尘面罩里全是灰，当时吸入的粉尘特别多。我现在肺部不是特别好，跟那时就有关系。洞打到一定深度，用打火机点燃引线的时候，听着引线嗞嗞响，得赶紧往出爬，这个时候感觉最紧张。出来以后就不是特别紧张了。

我一辈子里干得最苦、最危险的就是打爆破洞。最后还有点成就感，洞全都打好了，准备大爆破，那天我们都趴在对面山坡上看着，公路都封锁了，大批的大卡车带着炸药进来，卸完后送到爆破点上，整个山头震动了一下，声音不大，因为爆破是在山体里面。但整个山一震全是飞扬的粉尘。爆破一下就是多少万吨，这个劳动场面最壮观，也是最危险、最艰苦的场面。

八

1977 年开始恢复招生，我们学校迎来了“文化大革命”后第一批高考入学的学员。我是教师，主讲一门课，搞一点点科研。当时我们不再做红外导弹了，因为当时都是按产品定专业。学校划到了兵器工业部，空空弹这一块不在兵器工业总公司，好像是划给了航空工业总公司，整个教研室转向研究激光武器。

我从干校回来以后就自学，看论文，找教材。当时我主讲激光原理，是激光专业的主要课。

激光原理当时国内的资料不算特别多。原来都是一些油印的讲义。后来讲激光原理的时候，用的是清华电子工程系的教材。我们国内对激光的研究起步比较早，当时讲的东西都是很基础的，但确实比较有用。对于工农兵学员就讲得浅一点，所用的数学、物理这些教材是一种过渡性教材，程度大体上相当于我们后来给电大、夜大用的教材。1976 年以后恢复高考的第一批大学生，到他们上高年级的一些课的时候，接近 1980 年，用的教材就比较正规了。他们当中有些学生相当不错。后来有的成为院士，也有的成为长江学者。

工科教师的实验室工作很多、很重。我们有一个氦氖激光实验室，我和其他几位老师在这个实验室工作。当时氦氖激光是最常用，也是最典型的激光器。它是一个玻璃激光器，玻璃管要抽真空，还得要有用真空镀膜方法镀成的两个镜片，中间有放电管，构成一个谐振腔，这个结构里就能产生激光。20 世纪 80 年代，我们自己在实验室里搞激光，有一个老师手艺还挺好，他自己会吹玻璃。我们旁边教研室有玻璃工，玻璃工帮我们吹一个基本的形状，他再在这个基础上继续吹。要有吹玻璃的技术，才能把这个管做出来。做出来就要研究它的性能、特性，怎么去做实验，怎么验证。现在多做半导体激光器，我们做的是气体激光器、气体激光管。在这个过程里，我们发现这个激光器出现了一个问题，叫功率不稳定或者叫功率飘移。激光功率飘移是一个现象或者说是一个外部表现，对于激光的使用来讲很不好，因为不稳定。除了功率飘移还有方向飘移。这个飘移有很多种原因，比如空气扰动，它也会飘移。即使在真空里还会飘移，那就跟器件本身有关系。当时就想研究和解决激光功率飘移的问题，经过各方面的理论分析、科研资料，自己做实验，最后找到了几方面的原因和解决方法。里面最本质的原因是谐振腔的腔形设计。谐振腔分好多形式，平行腔、平面腔、稳定球面腔、非稳定球面腔，等等，各种腔形的功率稳定性不一样。谐振腔设计得好，功率稳定性就高。用的腔形不对，或者设计不好，功率稳定性就很差。功率不稳定里还有电源的问题，要解决电源的输电问题。针对这一问题做了实验，得到了各种实验数据，把这个问题解决了，这样就写了一篇科研论文。

这是我的第一篇科研论文，当时不大主张用个人名义发表论文，虽然是我写的，但都属于集体成绩，所以用集体名义发表。发表在我们国内一个很不起眼的杂志上。当时做科研的道理是对的，发现问题，做了理论的解读和实验，最后能够提高产品的性能质量。

九

我们原来都是学的俄语，1982 年的时候，领导可能准备培养我们，就让我们从头开始学英语，为出国做准备。

当时我岁数大一点，学英语也有点困难。从学俄语转为学英语，花了一两年的时间，有一段时间是边工作边学英语。后来参加出国留学人员的正式英语水平考试，考试后学生按成绩分两类，一类不需要到语言学院去学习，一类需要到语言学院学半年再出去，我算第二类。我到北

京语言学院出国预备班强化学习了半年，只学英语。

1984 年 2 月，我到了美国纽约州立大学（State University of New York）的石溪分校。学校是我自己联系的，当时想去纽约好像方便一点。我是以访问学者的身份去的，到一位美籍华人教授当导师的集群里，这里有中国学生、印度学生、美国学生。导师是做实验力学的，我是搞光学的，实验力学里有很多设备或者方法是光学方法。跟我一个集群的有两位中国访问学者，一位现在已经病故了，还有一位在中科大搞实验力学，后来当了院士。

到了国外，我们每个月拿 400 ~ 450 美元的补助金。我们是公派访问学者，由驻纽约的领馆管理。管理很松散，就是给钱，有些证明要开也找他们，有事就去。450 美元里住宿费占 1/3，其他就是生活费，中国访问学者很节俭，都想节省点钱回来买几大件①。

对比中国和美国的高校，我看到了很多不同：第一，名义上或者操作上，外国高校强调不介入两党政治斗争，绝对不允许党派到那去拉选票；第二，它不是教会学校，不允许宗教宣传；第三，没有像我们的党团组织之类的。

这个学校是州政府的财政支持。州政府对学校的管理体现在州政府给定一些薪资的政策之类，还体现在对于学生中低收入的纽约州纳税人，可以得到一些照顾，比如住在学校里的宿舍、给点伙食补助，等等，其他的没有。

教育方面，学生进入大学以后，都是独立的个体，没有像我们这边编成班、组。高三申请进大学，录取以后，有个暑期培训班，让你去适应高中到大学的生活转变。进大学首先要学会自己制订学习计划，这个学习计划因人而异，是一个人自己 4 年大学的学习计划。这个计划由学校的辅导人员协助你制订，大多是博士后兼职的。可以 4 年学完，也可以 3 年学完。我去的那个学校，一二年级有通识课，每个学生必须要一定数量的学分。学完以后再选学院，看是想学电子，还是机械，还是生物化工，还是医学，等等。学校的教育管理都是对个人，一个人一个单位，每个人自己负责。

① 在 20 世纪八九十年代，人们常用“几大件”代指家庭生活中的重要家庭用品，比如冰箱、电视，等等。

这个学校办学也就只有几十年，大概20世纪50年代建的学校，管理非常规范。比如学生不好好学数学怎么办，很简单，他们把数学课设置成了所有的培养计划的先导课。先导课和必修课不一样，如果想学后面的电子、机械等，必须先学好数学。学不好，后面这些课都不能学。这些先导课的规程在手册里都很清楚，不好好学没关系，后面所有的都学不了，就是靠制度管理。

此外，国外的一些概念和我们国内完全不一样。国内要尊重长者、尊重权威，在国外不管你是诺贝尔奖获得者，还是权威教授，如果学术上没有新的进展，他们就会形容你是dead wood，就是死木头，看着是庞然大物，但已经死了，这些年轻人都看不起。他们的院士、权威教授都很谨慎，讲错话以后，那些年轻人当时就质疑你，说你讲得不对，让你解释一下怎么回事。他们在课堂上鼓励学生质疑，提出新的意见，不鼓励老老实实听讲。

还有创新概念也不一样。我的导师是实验力学方面的权威，也是好多国际知名杂志主编，他给我解释了创新的不同层次。他说我们看论文、看创新，要分几个层次。第一个层次是理念创新、概念创新、观念创新，比如你要提出一种激光的概念。像我后面去做研究，接受一种叫自适应光学的概念，这是概念上的创新。什么叫自适应，自适应光学怎么回事，等等这种概念，概念上的创新是最重要的创新。中国不讲这个，咱们是谁最后做出来，谁就是创新者。但在他们那里要追溯思想源头从哪儿来的，概念从哪儿来的，绝对不允许盗窃别人的概念。第二层次叫理论创新，因为有一个概念，就进入一个领域，到了这领域里有许多理论创新。第三个层次，就是技术创新。要实现这个理论，有各种各样的技术手段。最后一个创新的层次，就是验证创新。一个理论，有技术了，还得做各种验证。别人做不出来，你做出来了，那你就实现了验证创新。验证创新虽然是这个链里的最后一个，但是从重要性来讲，也是非常重要的。没有验证创新，所有这些东西也都空了。

这里面跟我们国内观念最不一样的地方，也是我认为最重要的地方，就是观念、理念的创新，我认为这是最大的创新。

后来我给我的学生有时候也宣传这个，当博士必须提出创新，要写在博士论文里，首先就写哪几个创新点。如果所有评委都认可你的创新点，那大体上这个论文就还可以。创新点得提炼，得说我是哪个层面创

新，有什么创新，为什么创新，得讲清楚。

我学术上面基本上还可以，搞了一个新方向。我在那边发表了几篇论文，有在国际会议上发的，也有在杂志上发的。所以导师也挺高兴，想要跟我联名发表文章，在集群会议上也讲了，说俞教授成绩很不错，在会议上发表了几篇论文，都比较有创新。

当时中国访问学者在那儿管理很松散，去了以后，给你一个方向，他说这个效应好，下面找关于这效应的一些论文，安排实验，做出结果，形成一些结果和报告论文，全是自己的事。我们写作，写自己学科的学术论文的水平还可以，学术论文有标准格式。一般的书面写一点日常的事情也可以，我岁数比较大了，到那去最差的是交流时候的听力。年轻的学生很快能流利交谈，我们一般是这方面困难一点。

国外学校里面，我觉得有些观念很先进。但我回来以后，即使当了学校领导，甚至到外面去工作，我也不可能照搬。

学校里的党校有一次请我去给中层干部讲讲，别人就问俞校长你到国外去觉得有什么不一样，我和他说，回来以后，就会发现一些可以学习的观念和方法。但是你一定要知道，这是完全不一样的两种体制、国情，绝对不能照搬。在国外校长就是校长，就管学校的事情。在我们学校里要当个校长，你首先是一个党的干部，学校是党的基层组织，要坚决贯彻党的意志。第二，你还是政府领导下的基层行政组织，选人大代表，选政协委员，治安、公共卫生都是学校的事。

我们到了外面以后，知道了很多共性的东西，大家要科技创新，我们要学美国人鼓励科技创新这种观念，鼓励年轻人敢于挑战，发表不同的意见。要创新、创造这些，都是在美国比较流行的一种概念。依法治校这件事，我回来很强烈地感到我们这里差一些。治理一个学校，最核心的是依法治校的概念。美国的大学有一个比较好的办学理念，要制定各种各样的制度。我们现在也想走这个路，制定北京理工大学规程等，这条路还很长。

我在国外还有一个体会，就是确实像别人说的那样，到了国外会更爱国。比如杨振宁，他是石溪分校很权威的一个教授，他所在的理论物理研究所是在美国排名比较靠前的单位。杨振宁跟我们接触得比较少，他的一个助手叫聂华桐，是知名女作家聂华苓的弟弟，杨振宁的助手，理论物理研究所的教授。他跟我们中国访问学者接触得很多，也经常聊天。他给我讲了好多事，我印象比较深的，他说杨振宁在获得诺贝尔奖以前，美国好些高档社区不让他进，他们觉得华人进去了以后会带来很多不好的事。得了诺贝尔奖了以后，杨振宁的地位显然不一样了，到处欢迎他。华人教授的地位这些年在美国有很大提高。

十

我 1986 年回国，开始时在教研室工作过一段，也做一点科研，搞一点论文。参加过一些教学科研和国内国际学术会议什么的。

1987 年的年中，我调到系里当负责教学的副主任。系和学校不一样，不管是研究生、本科生的教学都是我管。

我当系副主任管教学的时候，做了几件事。

第一个是培养方向上的改革，原来我们是光学工程系，核心是光学和机械。根据科技发展的规律，当时就接受了几个概念，一个叫光机电一体化，不再是光学和机械的组合，一定要有电的成分。原来计划里有电工，慢慢是电子、计算机的软件硬件，这些都要加进去，还要学习控制。所以方向发生了改变，从特别重视光机到强化了电子和信息的成分。以前的光学仪器就是光学和精密机械的结合，现在必须有电子、有芯片、有计算机，现在是嵌入式系统。现在还有网络的一些系统，远程测量，等等，全要加进去。所以要强化学生关于电的知识的培养，我们就参照电子系的大部分课程，把我们系电子部分的课程大量强化。学电工电子、学电路，学计算机方面的基本课程，靠近电子系的那些课程上来了。

第二个变化是把专业教学计划进行了大的改革。当时我提出了想法，要建立大专业，打破胡同式的教育。原来是我们的教学计划是一个专业对口一部分产品，就像一个一个的胡同。到我 1987 年回去的时候，形势有了很大变化。整个国家从计划经济向社会主义市场经济方向转化，所以培养模式也要改变，不可能像以前那样按计划分配。这种胡同式的教育现在只有在部分中专学校、技工学校还存在，一流大学要培养比较高级的人才。

北京工业学院在历史上还走过一段叫专业连队，就是把数学课、物理课、化学课统统打散，这三门课的老师分到光学系去。比如光学系要什么样的数学课，就上什么样的数学课，没有数学基础教育了。

要打破胡同式的教学，首先专业概念要扩展，将来学生面临社会主

义市场经济，他可能做各种各样的工作，不能像原来那样培养，更不能因为学生的专业课不需要这部分基础课程，就把这部分略过不讲。要构建大专业和三段式的教育方法。三段式教育：第一个是基础教育，或者叫通识教育。第二个叫专业基础教育，就是技术基础课。譬如物理是属于通识教育，工程力学，算专业基础，还有机械基础、机械原理和光电基础。第三个层次叫专业教育，要学激光方面的，那就学红外方向、夜视方向。要学仪器的，那就学智能化仪器、光学仪器、仪器测试之类的。

第三个变化是特别强化了实践教育。实践教育在我们系里面，张忠廉教授是光电实践教育基地的创始人、主要负责人。从课程改革就强化了实践教育。光电工程系里就已经开始强调实践教学。强调知识和能力的结合，特别强化了能力的培养。

譬如说讲了一些电工、电子，有的学生万用表不会使。搞电路，电焊的基本技术不知道，没训练过。要搞仪器，不会做仪器的拆装试验。教育是单元化的，练的是基本技能，还有拆装、试验、设计能力的培养。这样组织教学，学生挺欢迎的。

十一

1987—1989 年，我当了两年系副主任。1989 年下半年开始，我当系主任，管全面工作。

我觉得做得比较好的：第一，主要是建设一个集体的氛围。我觉得当领导很核心的内容是营造氛围。因为我开始当系主任的时候，当时不太团结，主要表现就是文人相轻、互不服气，加上有些历史遗留问题，成天到学校里去告状，等等。还有就是提职称，这是教师最核心的问题。一到提职称的时候，到处找人去说情、拉选票，氛围不太好。

当时我感觉首先要营造好领导班子的核心氛围。我跟总支书记、副书记，还有系副主任，商议组成系里的领导小组，这个小组首先统一思想。统一思想具体到两个地方：

第一，一切以系的发展为主旨，要向前看，系领导班子不能去当历史的评判员或者裁判员，有矛盾先搞清楚是属于什么性质的矛盾。其次，谁对谁错，几十年的事情，我们系里谁也搞不清楚，谁也没有精力来研究这个事情。我们的观点就是大家都要往前看，都要在自己的岗位上努力把系搞好，把系发展好，要不计前嫌。要搞清矛盾的性质，如果是原则的事情一定帮他解决，但如果是鸡毛蒜皮的事情，系里绝对不能有一个领导去当这种具体事的裁判员、评判员。

第二，人事上面采取了一些具体办法。当时系领导班子统一了认识，要扩大一点有决定权、投票权的代表面。譬如原来认为对投票有重要影响的就七八个人，那他们评职称以前就成天缠着你，认为你这一票对于我当教授、当副教授影响太大了。扩大代表面以后，让系领导、教研室的党政主要领导、有权威的教授，统统加入职称评审组，或者叫职称评审委员会。代表面一宽了有好处：第一点，譬如要为自己的教研室说话，要为自己的朋友说话，每个人就只有一票。一个人两三天时间把那么多票都拉来不可能，因为各有各的利益诉求，最后总是趋于一个比较平衡的状态。第二点，慢慢建立起一种公正的制度，不能传小道消息。关于人事上面的事情，所有讨论都要保密。当时系里通过了一个决议，说起来当时也可笑，但是还挺管用。决议如果系领导班子有谁泄密，或者把人事上的事情捅出去造成不好影响，查有实据，我们也不做任何处理，因为都是同级干部，系里的主任、书记都是上级任命，也不给你到上级去打小报告，但是你自己到全系大会上把这个事情说清楚，你到底有没有讲，到底给别人讲了什么话，你对这个事情现在什么看法。大家觉得这是一个规则，是限制自己不可能再泄密了，谁都有脸面。第三点，所有的选票，完全由信得过的人事干事管，几天以内可以查票，几天以后一律销毁。

后来搞提职称的时候，还有其他的措施，比如列出来提职称的几个条件，给你机会去讲，申请了都可以来讲，讲完了以后，二十几个人投票表决。最后总是比较公正，因为一个两个人不公正没关系，你是少数。所以慢慢形成一种风气，只要你好好干，群众会看到，领导会支持。你要不好好干，去拉选票，走邪门歪路，到处去说，浪费了精力，还不如自己好好干点事。所以后来特别团结、特别齐心，系搞得还挺好。

当时一直有一个问题没解决，推到上面也不对。这个事情就是以前学校评价我们这个系远看是一朵鲜花，近处去看，不见牡丹，不见大树。意思就是大家都分散，每个人都有能耐，都干了很多好事，学术水平也比较高，在国内我们的学术水平还是赫赫有名的，每个教授都挺有名，都有各种各样的奖，但是大家没有凝聚起来，形成几个重点的突击方向和领头人。

我当时采取一点方法，说尽量做到公平一点，让每个主要的教授都有机会到系里来讲自己的科研方向和计划。系里有一个比较权威的评审小组，这个小组评审，看要不要对某个教授优先支持或者说重点支持。通过大家评审的方式来分配系里的资源。特别有前景的方向，特别好的方向，就重点支持。要想兼并、合并，或者说有大的方向突出的，没有。到现在为止，我觉得我们还是这个问题，缺这样一种突出的方向，而且领军人物也不突出。但也不是说有一个领军人物，就能形成高学术水平。这里有一些客观条件，还有一些政策因素。客观条件是大的系统性的项目，钱比较多的项目，争取得到的比较少。

还有一件事情，就是政策上的事情。政策因素上，大家争做鸡头，不做凤尾。这里面就牵涉到论文的评价，论文第一作者、第二作者，将来科研成果谁排第一、谁排第二，等等。所以我觉得到后来，这件事情可能做得不够好。

十二

我 1993 年 9 月份到学校当领导，当时也没说正式换届，但应该是为了适应形势发展，为换届做准备。王越校长原来是研究所的所长，先期调过来接朱鹤孙校长。另外提了 3 个副校长，当时 8 个主力系，提了三系、四系、五系 3 个系主任。其中我岁数最大，其他 2 位都有博士学历，年纪比较轻。一位是匡镜明，还有一位是范伯元。

我觉得当时学校碰到了一个变革的年代，形势有比较大的变化，也是改革、变革的机遇，有很多事情要做。可能因为“冷战”结束，苏联解体，东欧剧变，形成一个多极化的世界。对于科学技术来讲是一个很快的发展期，向信息社会不断迈进。邓小平 1992 年“南方谈话”之后是改革开放的一个关键期，从计划经济向社会主义市场经济过渡，要坚持走自己特色的社会主义道路，又得融入世界，有开放的态度，等等。

对于我们高校，也是一个很关键的时期。所以我还算有幸，在这么一个时期，在学校里担任领导职务差不多 10 年，经历了很多变革的过程。

当时学校从宏观上来讲，第一是要坚持办社会主义大学，这到现在也是要坚持的主题。第二是希望办世界一流的大学。这两件事情要组织起来，融合起来。作为国家层面上就是搞“211”工程，就是面向 21 世纪，建设100所重点大学。我们学校自然是“211”工程的首选单位之一，早早就进入了。这里面包括一些基础建设，但花钱最多的是学科建设。

到了学校担任领导以后，党委和校长给我分工，让我主要负责教学。教学我们当时分研究生教育、本科教育和其他教育。

研究生教育，按我们学校的传统，一直是正校长管学科建设和研究生教育，其他的教学都由我管，就是本科、专科、分校、继续教育，后来又搞远程教育，等等。各种各样的事情都管。

第二个比较大的系统，我们叫实验室系统，因为理工科大学实验室很重要。实验室分很多类型，有的是国家计划，国家指定的重点学科，比如我们现在的爆炸科学与工程，这是国家的重点实验室。还有好些是在“211”建设计划里指定的专业重点、学科重点实验室。三系有一个车辆发动机的重点实验室，我们四系光学系有一个叫颜色科学与工程，五系是信息类的工程，还有一个六系是阻燃材料，一共是四个。这些叫学科专业建设实验室。现在还有很多其他类型，包括军工方面，叫条件保障建设，是钱投入比较多的一批实验室。比如军工方面的一些基地建设，等等。实验室系统中比较大的一块儿就是教学实验室，我分管当时叫实验室设备处，管理全部的实验室，还管生产安全。

安全我们一般理解成，一个是政治安全、政治保卫，由党委管，包括网络安全、政治保卫安全，比如“法轮功”这种情况，还有间谍之类的。第二个，一般概念上的治安保卫、防火防盗、刑事案件、治安案件、交通安全、防火等，由保卫处管，这不归我管，但是有些事情有一点交集，保卫处的事情也得问。第三个，就是生产安全，我们学校还不算特别突出，但是也有很多类型，比如有放射源，有很多气瓶，包括电梯、机械加工设备，等等，也包括用电、化工的污染等。

实验室设备处管生产安全，我是主管领导，所以也要管。实验室设备处管我们全部实验室。建设规划是各个口下来，各个口做好规划，但是管理上是归这个口，归口管理。其他还管很多，我们叫支撑系统或者叫保障系统，比如计算中心、电教中心那些单位，基本归我管，就是保障服务的。主管大概就是这些。

后面还管了比如良乡校区规划建设，还有珠海校区。因为珠海校区是以教学为主的分校，我又管教学，又管实验室，在这里面等于是使用

方，所以一些规划、实验室都得管。

开始的时候，根据党委分工，我在学校里负责良乡校区，但是拖了很长时间。当时已经从“211”工程转到建设“985”工程，“985”的目标不是建设100所重点高校，而是要从100多个重点建设学校中再选30多个，建设一批一流大学。良乡的建设是在“985”工程的背景下面搞的，这些我都参与了，但并不是我的主要工作。

十三

学校当时快要跨入21世纪，我觉得第一位要思考的事情，是学校在这样一个变革的时期里，需要找准自己的定位。北京理工大学原来叫北京工业学院，定位是培养红色国防工程师，是中国共产党早期创立的一所兵工院校。我们当时还不能叫国防，是叫兵工院校，主要服务对象是针对兵器工业，是陆军，也做一些导弹方面的研究。

后来，学校划到国防科工委。从国家大局上来讲，我觉得这个决策是很对的。如果不是划到国防科工委，北航、北理工、哈工大、西工大，包括南航、南理工、哈工程都不会有现在的发展。那些归到教育部的学校，办学的指导思想是向世界一流大学靠拢，但是它们很多丢失了自己在行业里的优势、地位、学科，得不到行业支持。

我们建设世界一流大学，第一个指标是亚洲一流大学，国际上评价我们已经是亚洲一流大学了，我觉得挺好。但是绝对不能脱离中国的体制、中国的国情、国家大的方针。有时候我们聊天讨论，我说，对于国家来讲，那应该是一个有国防特色和优势的北京理工大学重要，还是北京理工大学变成相当于美国前100名的学校重要？自己的特色丢了，多一个所谓的名校，对国家有多大的好处？丢了一个像北理工这样的学校，将来会怎么样？

所以我们定的自己学校的建设目标，说得官方一点，就是建设有中国社会主义特色的大学，不是说要建一个亚洲一流大学。虽然北京理工大学有能力奋斗成那样一个学校，但对一所学校来讲，丢了自己的特色优势，丢了国家特别看重或者需要你做的事情，好还是不好？从国家层面上看，我认为不好。

但是学校也不能再像以前一样只服务于陆军兵器和只培养红色国防工程师。那么要培养什么样的人才呢？第一，要坚持爱国，坚持社会主义，这是学校的灵魂。第二，培养对象、培养的层次要与时俱进。我一直把从科学研究到生产看成是一个链条，这个链条的顶端是基础理论研究，下面叫作应用基础或者叫技术基础研究。再下面就是研发，针对具体的东西做研究和发展。研发下面是制造、检测，再就是推向市场，服务。这里会有交叉，后面影响前面，等等，大体上是这样。北京理工大学以前好多年的研究，是切了中间那一块儿，不是自己设计，叫反设计或者是照苏联标准去生产。苏联的国家标准叫 GOST，按苏联标准，在苏联专家指导下把兵器生产出来。它的主要服务对象是在设计、加工、检测和服务这些环节。这样从北理工培养世界一流人才的发展和定位来讲是远远不够的。

我的观点，是学校要前伸到应用基础研究。我们除了个别的教授能做基础理论研究，大部分不行，做应用基础研究还可以。重点是培养能做技术基础研究和研究发展型，再到有总体设计能力的人才。当然在市场经济的体制下，他还得学社会、学经济。不能像封闭的国防系统，部队要多少就生产多少。国防工业现在也不能走这条路，要走军民结合的路，要去找市场，要知道市场需求，还要去搞服务，等等。所以是一个比较全面的要求。我们学校培养人才的重点，在科研—生产—服务链上，要往上移。往下，加工、工艺、检测，也要会一点，但只要基础学好，这些都不难。

因为我在这个行业待的时间比较长，有一件事对我触动特别大，就是兵器工业总公司发回的调查上说，北京工业学院的学生，有非常好的优点，勤奋、吃苦耐劳、不挑条件、忠于党、忠于事业，用了都很放心。不太好的是四个字，“后劲不足”。上手挺快，什么都学过，甚至连工艺卡片都会写，工艺的每一步都知道应该怎么做，画设计图也很快。但是要研究，要搞系统，将来当系统的总师、副总师，北工的学生就不行了。查一下总师、副总师的学历出身，大多是知名大学或者一流大学，比如学理论或者应用理论的学生，都是复旦的、清华的，等等。北工的大多就是高级工程师。

这就要引起我们反思，因为我们这里基础比较差。一个中学里特别好的学生，比如到了南京大学、复旦学了几年，和在北京工业学院学了两三年，完全不一样了。他们的基础打得好，数学、物理、力学基础都非常好。到了企业后开始可能很不习惯，什么都不知道，但是他们上手

比较快。后来他们的后发优势就出来了。北工缺这个，强调的是国家需要什么样的人，就培养什么样的人。国家需要会写工艺卡片，就培养学生也会写工艺卡片，虽然是一流的高校，还要学各种各样工艺，金工工艺、金工热处理等，学得很杂，链拉得很长，从反设计开始，一直到制造、检测，是这样的培养思路。

所以这样培养人才不行，学校的定位不能光是服务陆军，服务兵器工业，要扩展自己的服务面向。我们当时提的是希望向海军发展，空军我们觉得挤不进去。但是后来看也不行。现在能站住脚的还是陆军、二炮和航天。从学科上面，要积极迎接新的技术革命，强化信息类学科。要发展一些交叉学科，学科专业要改造，保留和发展自己的优势学科，就是长期为军工服务，数一数二的学科要保留下来。这是第一句话。

第二句话，要强化信息基础。第三个加强理工结合，再培植一些自己有优势的新的学科，最近提的副校长是搞经济的，还可以搞法学。理工结合方面就是数学、物理、力学、材料，这些都得到了很大加强，特别是我们材料学科上得还比较快，这是学科和专业调整的结果。

总体来说，就是人才培养，要在科学研究—生产的链条上，往上提一点，重点培养创新研究型人才。然后就是要深化教育改革。深化教育改革，从业务来讲，第一个是基础的教学怎么加强，基础的实验技能怎么加强。第二个要改革，要强化基础，就跟我们系里的改革思路是一样的，不能是学生专业需要什么，基础课就教什么，这不行。基础课是通识教育，一定要强化基础，我们学生的基础学得很好，将来学习其他专业基础，就没什么困难，事实上自学就可以。

有一次我跟一位清华大学搞计算机的专家聊天，我就问他，您是计算机方面的大专家，现在计算机科学很重要，您觉得计算机学科现在安排的课时，学这些东西够还是不够？他说远远不够，现在计算机发展太快了。我说这有点困难，因为学校的课时是有限的，有好多课时计算在教学计划里面，跟国外不太一样。比如我们有很多政治理论课必须学，必须安排到教学计划里。比如我们有体育，国外大学哪有上体育的，体育都是兴趣爱好，自己课外去活动。比如外语，我们把英语课强调到一个不能再高的地位，这样还有多少时间给业务学习，计算机科学要那么多课时怎么办？再说计算机科学日新月异，发展那么快。他说有没有可能学生把那些基础的东西，或者说能够把他引进门的东西都学好了就可以了？因为我们发现好多学生，能够自学那些新发展出来的计算机知识。把基础打好，后面就可以考虑自学新的东西，这就是思路上的不一样。因为他是搞计算机科学的教授，他就强调这方面。

作为学校就要综合考虑，计算机科学很重要，放在什么地位，学到什么样的程度，就可以自学。当然英语很重要，国际化，要走向世界。但英语教学是不是存在什么问题，为什么花了那么多时间，从幼儿园开始学到大学，研究生阶段还要学，还要考，到了博士生，英语还不过关。为什么？所以教学要改革。

学校定位好了，学科方向定好了，人才培养目标定好了，下面就是深化教育改革。一个是教学大纲，4 年里用一种什么样的模式培养人才，这也是中国特色。在美国的一些学校里会有关于教学的构架和思路，但不会像我们这样，制定一个很详细的教学大纲，具体到多少课时。它就是有一些必修的，有一些选修的，有先导课、后续课，有前后顺序，有专门的辅导员、博士后，帮一年级的新生菜鸟，制订学习计划，一人一个计划。我们是有一个大类专业，在教学大纲里再做文章。

在教学改革中，要实现对人才培养的目标方式观念的变化，统一思想是第一位的。我们学校在我上任以前就搞了多次教育思想的大讨论，后来每两年一次，一直延续到本世纪初。

在教育教学改革里面，我有一些基本的想法：第一，在制订教学计划，即人才培养计划时应特别强调，本科教育培养是高层次人才的基础。在一定程度上，特别是我们这些重点一流大学，会重视研究生教育而轻视本科教育。外部环境，往往容易注意金字塔尖上的东西，有几个院士，甚至研究生教育里有几篇全国优秀博士论文，这是顶尖上的成果，是可以进入学校排名统计的标志性成果。

都知道基础不牢地动山摇的道理，但说这些没用，一般高校比较关心的就是怎么样短平快拿到顶尖上的东西，所以必然重视高层次的研究生教育。但是对于学生培养，我个人特别强烈的体会是本科是基础。

第一，一般来讲，大部分学生，包括我们自己，都是在进入大学的时候完成了从少年到成年人的转变。思想观念、学习习惯、“三观”的形成、学习方法的形成、学习的一些基础，大部分都是在低年级阶段形成的。

第二，大家要拼研究生。美国人可以从全世界吸引最好的人才到美

国读他最好的大学，再继续培养他们。中国虽然开放了，也有很多留学生，但是有多少学科能够从全世界吸引最好的本科生到你这儿来再深造呢？在我们自己的科研基地，最好的研究生绝大部分，都是我们自己的重点学校培养出来的。

第三，回到我刚才的观点，一二年级学风好，重视基础，基础打好了以后，养成很好的世界观、学习习惯，可以有很好的思维进入现代科学。后面几年，有相当一部分人可以通过自学成才。只要素质比较高就可以做到。现在我们有很多年轻的院士，他们就是老五届的，连三四年级的课都没上，一二年级在最好的重点大学学过，后面都是靠自学。他们出国以后回来，工作做得非常好，当了院士。所以本科是基础，而一、二年级又是特别重要的基础。

除了这些，还要强调数学在数理化中作为基础的重要性。学物理也好，化学也好，计算机也好，甚至学金融也好，数学是基础。数学又是比较难的，不及格的比较多。就我个人的体会，到后来搞一些重要的科研，和一些北大来的同事的差距，主要就是基础不如他好，主要就是数学不行。我在北京工业学院也算是优等生，后来学得也比较好。但是和那些学校毕业出来的学生、我的同事比，就是基础不好，数学不好。

但是抓数学基础这件事在我们学校推行起来是极为困难的，因为学校原来就不重视基础数学。甚至有的搞计算机科学工程的教授就跟学生说，学计算机用不着这么多数学。有的搞化学的老师更会说，学那么多数学干什么？他根本就不知道数学在化学科学里面的地位和作用。一些教高年级专业的老师，整个教学过程中没有数学基础的引导，怎么培养研发人才？数学在国外是一个专门的学科，完全独立于其他学科，就是数学学科。反过来说，数学学好以后干什么不行啊？哪怕搞金融、搞社会学，等等，也涉及统计、概率，这些都是数学。所以数学是我强调的。

人才培养方面还有一个问题要强调，就是要搞多样化培养模式的教育体系。随着教育的大众化、普及化，进入我们这种学校学生的分流、分化的倾向特别明显。好的学生绝对没问题，到国际上、到研究所、到一流大学去做一些工作都没问题。可是，有的学生进了大学以后基本上不学了，即使是按照严进宽出的管理思路，这些学生毕业也有很大问题。这说明以前管理太差。我有一些学生当高校老师，他们说有些学生是你求着他学，得千方百计保他过关，不是他自己要学，所以分化特别严重。

现在学校的硬件条件比以前强了好多，绝对不比国外一流大学差。我在本世纪初，访问了好多国外的一流大学，我觉得现在国内的大学在硬件上面已经问题不大了，创新的条件创造得很好了。对于一些很优秀的学生，他完全可以上来。还有一部分学生，真的是不好好学，将来拼拼关系，找一个好行业、好工作就行了。

对于学生还要解决不好好学的现象，一个叫有教无类，一个叫因材施教。有些学生就适合于这个链往上的，有些学生也很有才，但只适合搞点小创造、小发明，让他做一些大的工作可能就比较困难。有些学生虽然是进了理工科大学，但是心根本不在理工科上面，就想将来搞搞关系，到银行去做或者到哪儿去做。有的是可能家里有企业，学完了以后，去经营自己的事业了。所以根据不同的情况要分流，这个可能是面临的一个问题。从管理者的角度，第一个要培养学生的德行，第二个要把学生的基础打好，第三个要根据学生的意向上分流教育，想用一个模式培养也不行。

在工作中我们还搞了一个有我们自己特点的改革，就是从课程改革到课群改革的发展。这个最后也没有完全被认可，也没有做得很理想。教学的基本单元就是课程，一门课，教材、实验，等等。我们慢慢形成了一个概念叫课群，几门课相互关联，组成课群的教研室，拿这个群做一个单元，搞这些改革。这个事情做了一段，我觉得没有做得特别好，只能说是一个方向。

十四

我管教育工作里面碰到过一个非常重大的根本性问题，就是怎么调动教师教育积极性。这是一个绕不过去的问题，现在为止还是存在。按理来说，习近平总书记提倡不忘初心，我们就要思考教师的天职、教师的任务、教师的初心是什么。但是在现有的环境下，轻视教育、轻视教学工作是普遍现象。现在的一流大学，绝大部分是讲论文、学科、SCI、国际评价、排名多少、影响因子多少，所有重点学校里，第一就讲这个。

所以我常常要问，虽然现在是研究型大学，但大学和研究院、研究所区别在什么地方？我认为根本的区别，首先大学是培养人才的地方，这是初心，这个不能忘。如果所有的政策导向、舆论导向、评价指标、体系导向都导向搞研究工作，有没有问题？研究工作是可以培养人才，

研究生到博士生，博士生里面做得很好的，将来可以发水平很高的论文到国际上成为学者，带动学科水平的提高，等等，这个当然很重要。但是不能忘记一个老师在育人上的积极性，是应当要特别爱护和支持的，不仅和搞科研同等重要，甚至应该比搞科研还重要。

现在我的一些学生当老师，副教授这个层次比较多，也有教授。现在各个学校的考核里，教学只是一个软指标或者是拿基础分，不讲完这些课，没有这些教学分不行，学校会规定教师必须教授的内容。但是没有硬指标，也不考核。主要导向就是搞论文、搞课题、拿大奖。

我觉得这个导向是关键，这里有学校风气的问题。前几年焦文俊书记到中国科大交流以后有一个体会，他说中国科大的老师非常看重培养和启发学生，想了各种办法，比如搞大学物理实验，还有重视一、二年级的基础课什么的，做得特别好。我们学校为什么没有？我说这是一个课题，得学校研究。总的来讲是教师的教育积极性不高，反过来说，显然是导向的问题。像以前考核干部只讲 GDP，他就不会注意到环境和民生问题。现在讲科学发展观，把这些指标都加进来，情况就不同了。

我认为高等教育现在的导向，基本上还在那个 GDP 时代，看重学科排名，要建设世界一流大学、亚洲一流大学。现在虽然中央开了很多会议，抓政治思想工作，抓党的建设，但学校里还是以“211”“985”为目标，现在是“双一流”为目标。“双一流”目标里没有比较全面的评价指标，突出一流大学、一流学科。假设清华能排到世界 10 名以内，那清华大学校长就牛得不得了了。这就是现在的导向。

这就是我对学校工作的一些看法和建议，这当然不是我们一个学校存在的问题。这是普遍现象，不把培养人才当成初心和主业。老师有世界一流的水平，但除了去搞科研以外，还要放到人才培养里。包括你的集群里，要培养博士生、硕士生，要培养他们的思路或者能力，这是第一。

第二，一流的教授要给本科生讲最基本的、最基础的课，因为你有很宽的视野，又有很丰富的学识。我认为他们的任务就是要把学生带进学科，培养学生的科学兴趣。没做过科研的老师或者没做过很深入研究的老师很难做到，他可以按教材讲，但是不容易把学生带到科学的兴趣和科学的前沿上去，这是我的观点。一个特别优秀的教师，第一个要求就是他能够把学生引导到所热爱学科的兴趣和前沿上去。

第三，我原来在《中国高等教育》上跟我们前教务处处长于倩教授一块儿写了一篇论文《提高教师的教学学术水平》，是我们当时的一个观点，从理论上讲教学也有学术水平，要重视，为教学正名。现在一说学术水平就是指科研水平，教育学是国际上发展比较好的学科，高等学校，特别是重点大学的教师，很多人教育学术水平没有，一说教学就是上课。这个学术水平对高等学校教师来讲，应该是交叉学科的学术水平，或者说要有两个学科的学术水平，自己本身学科的学术水平和教学的学术水平。这两个学术水平希望能有点交叉，有点综合，两个都要考核，我的观念就是这样，但是做起来很难。现在大趋势就是只重视学术研究成绩，从顶层上引导的方向就有点偏差。

我到很多国外大学去过，特别是一流的、好的大学，特别重视学生的培养。我们现在还想引入本科生的导师制、本科生辅导。当一个学生进入国外一流的大学，即使是本科生，学校也要花很大的精力来培养，用导师制或者是各种各样的方法去培养。当然这不是说国外的一流大学都重视教学，这个我没调查，不能有结论。只是我看到很多非常重视的例子。我们现在有很多都是从他们那儿学来的，像书院制、本科生导师制，等等。这种理念就是强化基础，数学必须学好，不需要老师去做思想工作，数学不过，其他学不了，用这种制度设计来强化基础。它有导师制、有书院制，培养学生全面发展，我们能说别人不重视人才培养吗？别人很重视，都是世界顶尖的学校，不影响他拿诺贝尔奖。但是我们“双一流”大学建设，太倾向于排名和论文，这是一种导向。在这个导向里，对教师影响最突出的就是评职称。对教师来讲，职称就是他的命根子。职称上去了，什么都有了。职称以上还有各种各样的计划，千人计划、拔尖人才、长江学者、院士，等等。基本上绝大部分获得都是跟他自己本专业的学术水平挂钩，和教育投入和教育的学术水平基本不挂钩。

在中国这样的体制下或者这样一个阶段，政策导向就是第一位的。教师就是职称导向，在这种导向下，教育和教学就是拿基础分或者是完成任务。教师虽然教学任务也能完成，但心里面是不是想投入，是不是重视，是不是愿意努力提高育人的水平，那是两回事儿了。如果能重视，那是有觉悟，并不是制度导向的结果。

现在我有一个基本的观点，是法和制度比觉悟重要。希望每个人都有觉悟，这个可以宣传，可以潜移默化。觉悟可以教育，但是绝对不如

体制和制度设计重要。体制、制度设计和导向比说教重要，任何说教在实际情况面前都是无力的。别人说俞老师你说得都挺好，我特别赞成你，可是我要是不做那些事情，评什么职称的希望都没有，我听你的还是不听你的？改变这些事情就得讲观念转变，领导层和决策层极端重要。在我们这种体制下，一个学院的小环境要是搞得好，这些关系就能处理得好一点。

如何调动教师积极性，这是个大课题，全国普遍的导向上面都有偏差。重科研、重论文、轻教学，这个倾向其实普遍都有。轻教学是普遍的，我体会比较深。我刚主管学校工作的时候，有一些教数学的老师在外面赫赫有名，给研究生讲辅导班的，到处有人请，收入也挺高，教得也特别好，学生的反映极好。但是有个老师从来不写论文，就提不上教授。我自己出面给那些评委打招呼，说基础课很重要，有些基础课教师在外面反映极好，学生评价也很高，你们是不是应该考虑一下。开始的时候怎么投票都不行，没论文，这一条就完了。后来我慢慢讲，学校里也有呼吁，教学思想大讨论，培养学生是学校主业，几年后慢慢有些改善。现在开始承认教学成果奖，这是国务院发布的命令，教学成果奖要和科研成果奖同等对待，但是实际上原来根本不怎么实行。后来我们学校里实行还算可以，国家的和教育部的教学成果奖，提职称都认。

这种情况不是有个国务院总理令就可以解决的，关键是所有校评审委员会的这些教授、专家、领导中，能慢慢有共识，就是不能太忽视教学，教学上拔尖的也要提拔，才可以有点改变。

后来这些重视教学的老师的职称问题，有些解决了，有些还是解决不了。我有一个很基本的观念，如果教学确实做到拔尖的成果，可以不考虑他的科研影响。但是像我们这种学校，从引导上一定要教学科研并重。比如我是数学教师，我不做数学方面的科研，可以做教学学术方面的科研，教学也有教改项目，也可以做出成绩来，也可以获奖。不能什么都不重视，什么都不要。我就兢兢业业，学生反映好，我教得好就行，教得好总得有表现形式。像我们这种学校，教师只搞教学，不搞科研，我认为也不好。因为科研的思维模式和教学思维模式不太一样，老师的思维模式或者处理事情的方法模式，能影响学生走上创新的路。

我们说传道授业解惑，解惑现在我认为是不对的，教师不可能把学生的惑都解了，他更重要的是启惑或者启发。传道我们要坚持正道，但也得学生自己慢慢去悟。授业比较简单，厨师教他炒菜，学会炒菜再去创新就好。最低层次的，老师完全可以教，教完以后自己再去创造。我们当然需要创新，创新是另外一个层面。

所以不搞科研不好，因为你思想里没有求新求变，没有创新的要求或者去探索未知世界的兴趣，那你怎么引导学生的学科兴趣。学科兴趣不是叫你解释世界，而是要在这个世界里做点自己的工作。

十五

我主抓的工作里有几件重点的事情。

第一件事是“211”工程里的教学和公共服务体系建设。大概是从我上任以后，到1999年基本建设完。基本上是做教学的基础建设支撑，投入是2000万元多一点的额度，当时算是一笔大钱。用立项建设的办法，建了10个项目，包括电子信息技术综合实验中心、现代测试技术和力学实验中心、物理教学实验中心、计算机应用教学基地、热加工教学实验基地、工业设计辅助环境、计算机辅助教学中心、多功能教室、电工电子学实验室、机电技术综合实验中心，对于基础教学有比较大的支持。虽然从科研学科项目来讲也不算多，现在我们大的科研项目要花几个亿，中等项目几千万。

我主管的还有一个跟教学公共服务体系并列的项目是北京理工大学的校园网建设，这是初建的校园网。以前整个学校没有跟外网连接，我们这些大学接入了中国教学科研网，服务器中心在清华大学。当时我们内部只有一些小的局域网，计算中心有一个小局域网，还有一些重要的科研组自己建的小局域网，因为科研保密，几台计算机连在一块儿。

整个学校里没有校园网，所以Internet还没有进入教育、管理、科研跟生活当中。校园网从计划、组织专家组评估承包单位，到全部的建设规划和最后的验收实施都是我负责。我们当时是交钥匙工程，主承包单位是后来当省长的15所前所长娄勤俭，他们15所也是军工口，做了很多国家工程的计算机网。这个所承担了北京理工大学的网络，建设得挺好，改变了整个学校的面貌。我们所有的教师、管理人员、学生都可以通过校园网络和世界联系上，学校内部也形成一个网络环境。后来还想搞无线网，因为移动互联网的发展，没必要了，就没搞。

还有多功能教室建设。1993年学校一个多功能教室都没有，老师上

基础课大课的时候很困难。一门大课有 200 多个学生，当时的教师上课都拿一个大号保温茶壶，嗓门都很大，都是上大课上出来的，声音轻了听不见。当时教师们碰到很多行政上的问题，像耳麦谁来负责，谁给他们收发，放到什么地方，效果不好谁去管理，这些规定都没有。这牵涉到电教，牵涉到教室管理，牵涉到保洁，等等。所以很长时间，学校里上大课的教室总有耳麦不好用，后来才把麦克风的问题解决。还有就是增加了高亮度的背投投影机，最原始的是用透明胶片投影。

多功能教室建完以后，学校全部的教室都有了网络，都有了计算机投影系统设备。行政管理上小问题很多，开始连麦克风都解决不了，说麦克风不好用，就没人管了，最后老师还是拿着杯子去嚷嚷。后来我们采取的模式很简单，老师上这门课，到电教室签个字，领一个插麦克风的设备，这学期上完课再还，也不用牵扯到管理部门了。

多功能教室和网络建起来后形成了比较接近现代化的教学环境，教室是一个小网络，老师可以控制或者看到所有学生计算机上的答题，可以互动。

第二件事我觉得比较重要，怎么样解决重视教育、抓教育质量的问题。当时有一个重要的抓手是本科教学评优。本科教学评优是教育部高教司组织的，由主管教育的副部长周远清负责，目标是转变教育观念，重视本科基础教育，提高教育质量。试点分两个层次，两三个学校，一个是重点大学，要求高一点，印象里有北方交大①，还有一般学校的本科评优。全国成立了一个专家组，我们一个教务处副处长是专家组成员，后来开始在全国实施重点大学本科教学评优工程。

评优方针是以评促建，我觉得这是非常重要的事儿，而且是一个非常重要的抓手。因为只有教育部主管，而且对学校有比较大的影响的事情，才能动员全校的力量来做，就像“211”“985”工程，大家都会重视。搞本科教学评优，就是对本科教学工作的一个全面的考核和评估，也是督促建设。评优工作的好处包括：

第一，可以凝聚全校的力量来做这工作，对我来讲是最重要的。因为只有大家齐心协力帮着我做这件事情或者重视这件事情，才能做好。

---

① 北方交大：今为北京交通大学。

第二，这个工作做好了，可以转变我们的教育思想观念，深化建设和改革。

第三，评估通过，是对学校教学质量的肯定。对于我们的招生、学生就业，还有学校声誉会有比较好的促进。大家都会知道北京理工大学教学工作做得很好，培养学生质量是一流的，是全国顶尖的。所以我把它看成是一个很重要的抓手。我到学校工作以后极重视这件事情，党政主要领导和班子都很重视评优。1996 年常委会正式通过，1997、1998、1999 三年本科教学评优都列入全校的重点工作。

学校为了保障本科教学评优顺利完成，采取了很多措施。包括举行全校教育思想大讨论，搞动员，有一个中期动员，还有战前动员，全校的各个部门，所有院所都要参加。明确方针，以评促改，以评促建。还有一些针对性的举措，除了抓硬件建设，抓课程建设，评估的各种准备，就是校风、学风、考风，这是很重要的。

校风要好，学风要好，考风要好，风气要严格。我们到临战的时候，所有的学生没有迟到的，这很不容易。班主任、辅导员、宿舍管理员，到时间就把学生从宿舍轰出去，留在这儿的学生要登记，所以没有迟到的。

有一段时间，学校考风不好。我们是一流大学，但是作弊还是比较普遍，甚至我们有的总支书记跟党员、班长谈话，说你是党员，如实向组织上说，你们班里都作弊，你有没有作弊。回馈的信息显示，作弊很普遍。学风不行，考风也不行。因为我们有专家组成员，知道全国评优的考核模式，是非常全面的检查。从办学方针、办学指导思想、人才培养目标、人才培养的具体规划、实施、课程改革、实验室建设、校风、学风、考风等等，一系列都有严格的考核。校长也好，老师也好，最怕的是什么，要考六门基础课。专家组带着考题来，随机抽一个班去考试。包括数学、计算机、物理实验等一共考六门课，实测实考的成绩谁也做不了假。这六门课比较早地下达了通知，但是不知道抽哪个系哪个班，这样考压力很大。

学校里为此定的要求是，第一，要高质量。第二，考试要一次通过。因为如果一次考得不好，教育部就给你挂牌，一年以后复检。北京市和国防科工委领导都很重视。对于国防科工委来讲，我们是他们主管的学校中第一个提出评优申请、第一个教育部实地检查的学校。对北京市来

讲，原来北京交大是试点，它虽然通过了，但不算正式通过。在北京市所有高等学校中，我们是第一个迎检的学校。

当时学校把教学评优列为 3 年重点工作，我分管教学口，自然是全力以赴。我们做了各种各样的工作，还到天津大学去取经，因为他们已经检查过了，所以找他们主管校长座谈，等等。

评优以前我们向国防科工委汇报，国防科工委的主管部门特别重视，专门听我汇报了两三个钟头。他们提出，首先一定给你支持，你有什么问题，我们负责到各个局去协调。其次，这是国防科工委的第一个迎检的学校，北工的教育基础不错，一定要全优通过。所以我们觉得是鼓舞，也是压力。

中间还有一个小背景。1999 年我们评优的时候，正好面临第一年高校扩招。1999 年 11 月左右专家组要进校，1999 年的中期扩招，我们重点学校的校长正在大兴校长公寓开会。同时在校长公寓办的是 1999 年招生工作会议，各个省市的招办主任都来了，突然下达了一个通知，所有的招生工作全部暂停，领导传达，说中央决定 1999 年开始扩招。扩招幅度很大，以前一般每年扩大招生是缓进式的，3%、4%、5% 那样的，这一年 50%～60% 扩招，所有的招生计划全部重做。教育部几个主要的司，计划司、高教司、研究生办，几个司长给我们重点学校的校长讲话：第一，扩招是中央的决定，大家都要执行，这是大的发展趋势。第二，重点学校要保证质量，不是搞高教大众化。

会议结束回来以后我们压力很大，首先如果要扩招，上课的教室都不行。虽然有了“211”工程建设，上大课的条件稍微好了一点。其次，扩招以后会有新情况，比如有别的领导主要负责扩招以后的学生工作，等等。这时候我还是全力以赴搞迎接评优，因为专家组很快要进校评优了。当时教育部主管部长给专家组还专门下了一条指示，说你们在北京，北京就北理工这一所评优学校，你们要特别关心一下，看看扩招以后教学条件行还是不行，能不能保证基础教学质量，不能因为扩招了就不行了。

评优是学校党政主要领导挂帅，上上下下，层层负责，师生全员动员参加。评优专家组的阵容挺大的，组长是天津大学的老校长吴咏诗，老专家包括南京大学的副校长、华东化工大学的副校长、吉林大学的教务长，还有一大批专家领导。实地考了六门课，同时还有几个学校考了，反馈回来，我们学校考得很好，虽然不是评第一第二，但整体很好。大家都放了心。虽然后面还有检查毕业设计，看考卷，等等，但这六门是实打实的考试，就跟实弹射击一样，打偏了就打偏了，成绩不好就是成绩不好。这还好，算没掉链子。

专家组还和我们这些校领导讨论了一下学校办学特色和优势，这个办学特色和优势是专家组考核里对重点学校的一个特殊项、专门项，普通学校不评这个。重点学校必须有自己的办学特色和优势。党委焦文俊书记亲自组织，把我校三个办学特色和优势敲定下来，我记得第一个就是延安精神，第二个是国防特色，第三个叫课群改革。

延安精神，当时专家就质询，延安精神是全党的共同财富，你们怎么说延安精神就是你们的特色。这就需要用一些比较简单的例子来跟教育部专家组沟通。大家都知道我们学校的历史、传统等，我作为主管领导，代表学校举了几个例子讲传承。我说延安精神其中之一就是艰苦朴素的作风。这个当时专家组确实看到了。

教育部的专家组很深入，西交大的党委副书记是管学生工作的，他还直接跑到学生社团的活动中心去了解社团的情况，了解他们的环境，还跟学生一块儿到食堂去吃饭，了解学生的生活、伙食等。回来以后跟我说你们的学生太爱校了，说你们的环境那么差，在半地下室——当时学生活动中心是在半地下室，现在学生活动中心在我们大体育馆里——这样学生也绝对不说学校一句坏话。而且他说学校里学生活动中心搞得挺好，学生都很好。他们当时去考察就是这样。

而且在专家组工作期间，教育部陈至立部长因为对评优工作的重视，还到我们学校来慰问专家组，也谈到了北理工艰苦朴素的作风。她跟我们校领导有对话，跟专家组也有对话。她说："我第一次实际地认识、感受你们学校，是通过我在农场，跟北京工业学院来的战友有接触，从他们身上看到了你们学校培养人的特色和精神，就是艰苦奋斗、不讲条件，作风方面踏实、肯干、不怕苦不怕累。"

延安精神的第二点，也是我认为的延安精神最大的核心，就是爱国、爱民族。为什么当时国民党统治区里那么多青年，各种各样的出身，各种各样的学历，都跑到延安去？为什么外国的一些记者对延安有那么高的评价？就是因为爱国，认为中国共产党真正能够救国，能够抗日，这是核心。所以爱国是我们学校的核心思想。

这个和我们的军工特色是结合在一块儿的，比如我们的学生，高年级学生参加科研阶段就有牺牲的、受伤的，但是大家都无怨无悔，这是一个例子。因为做火炸药，做弹药工程、爆破，都是危险性极高的。1958 年“大跃进”的时候，我们有一些高年级学生，有好几个烧伤的，后来一直在我们学校里。还有后来搞科研牺牲的，因为学校实验室里意外爆炸。但老师和学生至今都坚持和发展这类学科。

所以当时谈到国防特色的时候，我说我可以跟各位汇报一下，比如美国人炸我们驻南联盟大使馆，全校好几千学生在大操场集合，我和管学生工作的杨宾副书记领队。开始带学生出去的时候，给我们限定的路线是到紫竹院，绕着北外回来，上级规定这么走。大家走到紫竹院的时候，学生要求去大使馆抗议，上面指示说可以，但是要管着学生，不要过激。所以我们几千人的队伍从学校拉练式地游行，一直走到美国大使馆抗议。这是北京市高等学校唯一的一次。

更令人感动的是，抗议完了以后，教师接了很多国家下达的研究任务。因为美国人把科索沃战争当作武器试验场，用了很多先进武器。跟我们学科有关系的，例如打地下室的炸弹，这是一个多层触发引信，是新的东西，以前我们知道有近炸引信、有触发引信，这次是多次触发，美国人知道大使馆的结构，比如四层五层，设定好在哪一层爆炸。第一层不炸，第二层不炸，第三层不炸，到地下室那一层炸了，专门炸地下室。还有当时美国人想炸电网，用碳纤维弹，撒了很多碳纤维，使电网短路瘫痪，还用了燃爆弹。我们就接受这种任务，研究这个事情。

美国人炸驻南联盟大使馆后，学生自发写了一个小册子，表达自己爱国强军的感情，要自强，不让人欺负，等等，团委编的。我讲了这些话，专家组觉得还行。因为他们说我们也讲爱国，我们也讲延安精神，北工为什么说是你的特色？从学校的学科也好，从学校学生培养也好，从学校作风也好，已经融入爱国、爱民族和艰苦奋斗。这两个他们都认，觉得没问题。他们说你们有成绩，也做了很多工作，但是我们一个学校一般只认两条特色和优势，不认三条，所以只讲两条就够了，就是延安精神和国防特色。

当时校报上面有一个评审专家组对北京理工大学的考核评审意见，评优最后正式发了一个文件，我们以很好的成绩通过了。通过以后，国防科工委和北京市也都很高兴。后来还请我们学校去报告过几次，跟各兄弟学校交流，我们怎么做的。后来我去了北航和北科大，还有华北大学。北京市教委还组织了北京市的高等学校，说北理工已经通过了，请来介绍介绍。

我对这件事情有一个反思。作为重点高等学校培养国家需要的人才，这是永恒的主题。里面碰到的最大问题，就是怎么样让大家重视育人工作，不忘教师的初心。

评优虽然是一个阶段性的工作，做得也还可以，得到了比较好的结果，全校全力以赴干了 3 年，加起来是六七年的时间做这个工作，后续还有一些比较好的延续。但是现在碰到的问题太多了，还是刚才讲的，一段时间作为重点工作，大家可以多让让路。在本质上面来讲是整个学校的领导到教师育人的一种意识。

有一件事，我特别佩服中国科技大学的领导，当时他们扩招的时候就没大量扩招。中科大现在科研和培养人才的成绩都是一流的。年轻院士里，中科大的毕业生数量很多。但它面临的一个很大的问题，就是虽然培养的学生遍布全世界，甚至在美国，学生的数量和地位，都不比清华、北大差。但培养了以后，怎么能够为国家多发挥点力量？到底是培养建设中国特色社会主义的精英或骨干，还是培养优秀的世界公民？按优秀世界公民的标准去培养出来的精英，不见得一定就符合我们的培养目标。从教育来讲中科大非常好，它有一个很大的问题就是不跟风，跟风太容易了。你又不能不跟风，又不能跟风，这是一个领导艺术问题。

十六

本科教学评优在 1999 年年底正式高质量通过以后，在国防科工委和北京市都有比较好的影响，北京理工大学作为一个国防口的部属高校，全国高教界也比较认可我们的教学改革、教学质量，这对我们进一步做好教育方面的工作，深化教改是比较有利的。

1999 年 6 月，全国召开第三次全国教育工作会议，中共中央、国务院发了文件，深化教育改革，全面推进素质教育，核心词是素质教育和创新教育。怎样在评优工作的基础上进一步深化教改，贯彻中央的这个决定，是我们那一段时间主要的工作内涵。

2000—2003 年，我还在学校做领导工作。到 2003 年，我 62 岁，因为年龄的关系，后来慢慢退出一线领导岗位。这段时间，党委常委分工

的时候，希望我跟年轻一点的孙逢春副校长一起抓一下教育工作，也是一种过渡。有一段时间我和孙逢春副校长一块抓教育，2001 年、2002 年这两年，原来分工管人事的书记调到北航当党委书记，所以我又兼管了人事。到我 2003 年正式离开学校领导岗位之前，等于是管两个口，教育和人事。

教育工作的重点就是，它是一个非常系统的工程。首先是思想观念的转变、改变、先导，比如说现在创新口号叫得非常响，以前觉得中国的学生都是循规守矩，创新方面的意识差一点。还有对于素质教育里“素质”的含义，应该有一个比较全面的理解，它包括思想方面、行为标准方面的，还有文化方面的，也可以说音乐、美术这些都属于素质，还有情商，或者是品格意志，都可以算是素质。这是比较广义的理解。这也是我们的教育以前比较薄弱的地方。

1999 年，中央提出教育改革，我觉得方向是挺对的，到现在也还是一个需要把握的重点方向。从我个人理解上，首先它是一个系统工程，思想观念是先导，首先要学习，要认识，要转变思想观念。第二，还要做一些体制和机制方面的保证工作。有一段时间，学校有一种研究型大学的倾向，慢慢连系都没有了，学科都变成了研究所，一个大学就是一些研究所。那这样一来，教育和大学本质上的地位放到什么地方去了呢？因此需要找到一个合适的体制，来建设教育研究型的大学。

机制上面，最重要的就是教师的晋升聘任，这种导向叫作机制。下一层就是教育教学工作本身，学科专业的交叉融合、发展新的方向、新的学科，怎么保留原来的优势，等等，涉及学科专业的一些调整。培养学生方面，重点讲一下本科，就是教育目标、教学大纲、教学计划，再下一层是课群建设，怎么加强实践创新教育，等等，有好多层次。顶上最重要的就是教育思想观念，最下面就是具体的很多方面的事情。怎么加强学生的创新教育，我们也出了一些专门文件，全面阐述怎么加强素质教育，怎样从各个角度上做好这个工作。

我自己感觉，就是整个课群、课程、教材，包括教师的培养，一系列的工作，是系统的考虑。我感觉学校里碰到的，目前比较大的问题，就是教育和科研的关系，怎样保证走向正确的轨道，这是比较重要的事情。我们以前基础教育比较薄弱，我觉得北理工到现在为止还要花很大的力量去做基础教育的一些工作。比如要重视数学的学习，如果数学的课群没学好，后面的都不行。

实践和创新教育，我们这些年走下来，包括我离开领导岗位以后直到现在，我们北理工有比较大的进步。北理工经过跨世纪这一段创新教育，培养实践教育，在实践教育方面的硬件条件和软件方面，包括竞赛方面，包括创新的一些全国性、全世界性的比赛项目里，北理工的学生很多学科都表现很出色。比如无人机、航模、创业大赛等，在全国来讲，创新和实践教育都还是可以的。2003 年以后我不在领导岗位，这些情况了解得不细。

人事工作方面管了两年，做了一件大事，就是在以前的工作基础上，在我们学校里第一次实现了全员聘任制。我自己觉得做得比较好的是成功劝退了大概 100 人离职。

搞全员聘任制碰到一个非常突出的问题，有一些中青年教师，他们学历比较高，思想上又没有得到好的锻炼，一面在学校里拿工资、拿编制、拿住房、拿津贴，一面又不承担学校的任务，自己到外面去打工。用以前的一句话讲，就是打野鸭子去了，正经事不做。这些人有一定的数量，好像都有一点能耐，完全没有能耐的也不敢去闯。对这种人当时群众的反感比较强烈，因为他不工作还占编制，占编制就引不进来人。这就很不公平。我当时跟人事处说，全世界不管是什么大学、研究所或者是企业，都没有这样的先例，可以允许职工几年不上岗，还拿工资拿福利。

我们国家为什么存在这种情况呢？最重要的就是求稳，怕出事。当时稳定压倒一切。所以怎么处理这件事，有很多顾虑。我当时做这个工作，首先寻找法律的依据，不能说我当领导，想处理就处理，想叫你怎么样怎么样，这不行。我首先找到了依据，劳动部和教育部都有处理教师的规范，比如旷工一两个礼拜就可以除名。第二，要看群众基础。所有的教师都认为这个不对，需要处理，这是群众基础。第三，我觉得他们不是弱者，不是需要帮助的群体，他们是钻制度和政策的空子，一定程度上他们是有能力的，绝对不会是真的没饭吃。

统一了思想，处理上面跟人事处都研究好了，我们政策上也考虑给对方出路。具体执行的时候有两个重点：第一要通知到位，在各个基层院所把所有这些人名单审核完成以后，给他们每个人通知清楚，你现在两条出路，一条是自己辞职，这样不记档案、不记黑名单，因为

记到档案以后，带到公司里，人家一看旷工什么的会影响以后。但你得承诺绝对不能闹事，闹事就处理你。第二，得把房子退回来，因为房子当时是一个很大的问题，占了学校的房子，后面房改的时候都没有房源。

我们保证把工作做细，必须通知到他本人或者直系亲属，让他们在限期内自己来辞职。因为考虑得比较系统，所以党委通过没问题，下面具体执行的时候没有出一个问题，非常平稳，大家都比较欢迎。

这些人基本都走了，从外面辞职回来的基本上没有，回来了以后他也觉得不好过。因为这样的人，基层教研室主任、科研组长、院系领导都不待见，同事也不待见，毕竟一下旷工两年多，人影都不见。而且他们这些人都是有能耐的，不是弱势群体。

真的是弱势群体，家里真有困难的，一定要给出路。我们后来开始搞全员聘任制，在全员聘任的时候，有一些人能力比较差，又比较不好管，院系领导就会把这些人都推给学校。因为全员聘任，定岗以后还留下，就会占院系的编制。推回学校以后，学校想办法去消化、分流这些人，比如搞培训中心，给他们搞转岗，等等。即使他能力不行，也得给他找出路。无论什么改革，不能把他逼上梁山。而且学校不像工厂，工厂说效益不好就解聘了，学校里还承担了一个很大的任务是消化类似的这些人，解除不稳定因素。这是政府和基层组织对学校的要求，一说北京理工大学家大业大，几十个人还消化不了，还逼他们到社会上去闹事，这样不好。对这样的人首先分析他会不会闹事，他家里是否困难。人事工作我干了两年，凡事需要想得很周到。

2003 年，我 62 岁，正式退出校领导岗位。当时党委给我两个选择，一个是继续当专家，在教育工作这方面多给学校里面出点力。第二个是去搞学科和科研，因为我在的学科是国家重点学科，也是我跟一帮教授申请后批准的国家重点学科。2000 年前后有一个很大的评审，就是全国这些学科找一些专家，在博士点里评选全国重点学科。我所在的学科，我是领导，组织教授们把国家重点学科申请下来了。学校的意思是希望我以国家重点学科的工作为主，另外校长和书记还希望我管一点行政方面的工作，比如珠海或者其他分校的工作。这第二项我不愿意干，我觉得那个还是现职领导，或者有现职领导权的可以去做，即使是退下来的领导来做，也是自己没有比较多的学科和科研方面工作的人去做比较好，要不然分心，两者都做不好。我又不是现任领导，虽然党委给了权限，但总是有困难。

我觉得学校让我做重点学科的想法挺好，此外，学校里还有些工作要做，其中比较重要的：一个是校学术委员会副主任，我干了15年；还有一个是研究生教育督导组副组长，因为我原来一直抓本科教育，但是我又是老的博士生导师，研究生教育这方面的事情也都知道，又是学科的带头人，所以学校为了抓研究生教育，成立了一个研究生教育督导组。这些工作就是配合主要领导把相关的一些工作做好。

学科建设我担任了国家重点学科的首席教授，后来这个学科又和其他几个博士点联合成一级学科，就是电子科学与技术，有三四个博士点，我又当过一级学科的首席教授，主要做学科建设发展规划的一些工作。

十七

在出国以前，我的科研工作主要是激光方面的。我在美国主要做的叫近代光测力学，方向是莫尔条纹里的各种深入的理论和实践应用问题。

我回国以后，开始做了一点激光的小题，很快就进入自适应光学专题。光学是一个很大的学科，牵涉的面很广，自适应光学属于工程光学范围。比如，照相机大家都知道有机械快门、光圈，用来控制曝光量、景深、焦距，等等，后来自动化程度发展以后，就出现了和自适应光学稍微有点搭界的功能，比如自动测光，还能把光圈和快门组合，慢慢又发展出防抖，采取的或者是镜头移动，或者是传感器移动，解决目标移动以后的成像模糊。相机现在解决了这些东西，把自动或者智能的概念引到里面。自适应光学的概念比这个复杂一点，自适应光学的概念首先是美国的天文学研究提出来的，在用地面望远镜去看天上的星星时，根据光学上的理论，要算极限分辨率。极限分辨率跟系统的口径有关，简单讲口径越大，极限分辨率就可能做得越高。但是有一个问题是大气扰动，比如理论上有一个大望远镜能够达到的分辨率，实际上做不到，因为大气扰动有偶然性、随机性，它有一套理论。不是研究这个科学问题的人，最直观的感受是拿着高倍的望远镜看远处目标的时候，可以看到大气在抖动。大气扰动造成的结果就是望远镜在地面做得很大，但是分辨率提不高。解决这个问题，首先要有一个系统，能够把大气怎么扰动的影响测出来，我们叫波前传感器，因为光学的波面扰动要测出来。

第二个要有执行器，一个大的光学镜面直径 1 米左右，要求非常高，0.1 微米的数量级误差，这个镜子就要变。简单讲就是大气这么传感了，镜面也要相应地变，变完负负得正，成像就非常好。这件事理论上面或者说概念上面不算太难，但是具体非常难，因为各个地方的大气扰动不一样。而且还有一个时间常数，在零点几秒里，过一两个毫秒就不一样了，必须实时地去做这些工作。一个大镜子 1 米，假定允许误差是 1 微米，那就是 $1/10^6$ 米，再加上要控制到比如 1/20 米的波长，那么镜子的变形要控制到 $1/10^7 \sim 1/10^8$ 这个程度，才能修正它。

这个概念比较早就确立起来了，有好多论文。我的老师周仁忠教授比较早地注意到这个学科，进行了很深入的研究，发表了相关著作和很多论文。周仁忠教授在光电工程系的自适应光学方面奠定了比较好的理论基础。所以自适应光学学科的全国第一个博士生、第一个博士后、第一部教材专著都是我们学校、我们这个学科做的。

因为我们是一个大系，和科学院成都光电所这些研究所的学科关系很不错。这个专题光电所占得比较大，其他还有好些理论问题，北理工也承担了。当时周仁忠教授比较信任我，因为我 1963 年大学毕业的时候，他就是我的毕业设计的指导教师。可能他觉得自己岁数比较大一点了，要培养我。另外自适应光学是一个多学科的问题，包括光学、精密机械、电子学，还有做理论工作的。周老师可能有个想法，但也没跟我说，觉得我当系副主任、主任，在系里跟各个学科的教授关系都很不错，有利于组织多学科的教授队伍，所以让我当这个组长。

学术上面他觉得我还可以，具备这样的能力，另外从多学科合作的角度上来，他一直让我当组长。我从“863”项目开始，进入国家层面的自适应光学研究的第一个梯队。

当时接触的主要是“863”计划的项目，还有国家自然科学基金的项目，还有国防预研的项目。当时我们系里有搞光学理论的，有搞测试技术的，有搞电子技术的，还有我们搞激光技术的这些教授组成了组。一直到 2000 年前后。后来我从学校里出来，就比较全力以赴地做学科和科研工作了。

这段时间我们获得的成就是两个部级科技进步奖，一个是做了一个微小型自适应光学系统。一般的自适应光学系统都是大工程、大项目，跟天文光学系统连上。我们做了一个插入式的系统，是一个盒子，利用最新的一些电子技术，做了一个当时主流的做波面测试的传感器。首先，这个传感器的水平做得很高，在非常弱的，大概是几百个光子这样弱的层面上，达到了波前探测的要求，比如1/10米波长，当时是世界上比较先进的水平。第二，用微电子学的一种器件，构成了一个插入式的微小型自适应光学系统，这个是一个具体的成果。这个成果当时国防科工委一些搞光学的干部很欣赏，觉得做得不错。还有就是做了一些理论方面的工作，比如自适应光学最新的一些理论，激光导星、宽视场等理论方面的工作。那段时间得了两个部级科技进步奖二等奖。

后来又有一个比较大的发展机遇，叫"国防973"，是做国防基础研究的。这个计划由总装航天局牵头，组织了几个国内比较有优势的单位，要搞一个国防重大基础研究计划，牵头的是航天部508所，它是航天部五院的主力光学研究所，做从天往下的卫星侦察系统。其中光学侦察的一些卫星，包括海洋、气候，原来都是他们的天下。除我们学校以外还有一个公益单位，就是苏州大学，它的学科带头人原来是长春光机所光学厂的厂长，理论和实践能力都很强，具体做设计加工、检测、工艺这些。这三个单位跟总装航天局关系都不错，总装就把这个任务交给我们，做一个重大研究，叫0.1米空间分辨率的自适应光学侦察系统，意思是，从天上，300~500公里的近地轨道对地面的探测分辨率要精确到0.1米。

这个项目比较大，大概1亿元的经费，分成三个大课题，每个课题3000万元左右的量级。508所管总体工程，因为它有很强的航天工程、光学工程的背景，自适应光学就是北理工做，苏大搞大口径镜、搞变形镜、搞工艺为主的核心部件。

这个项目从2002年到2009年做了7年左右，大家全力以赴。当时觉得挺重要，挺有发展前景，后来叫空间自适应光学。一段时间我们学校很重视，认为是新方向里面比较突出的，是我们进入空间领域新的光学方向。我校这个课题组，有好几个学校参加，包括北航、清华。校内也组织了跨学科的专家，包括一系、五系和我们四系。课题组最多的时候，科研人员接近30人，我是课题组组长。

我们工作做得很不错，建了一个实验装置来解决一些核心的技术问题。我们北理工为主承担的内容，一个是设计方法和计算机自动设计，后来专家组认为都是很好的，是国内首次完成的。第二，系统设计是4

米的镜面，当时国内没有加工能力，所以仿照美国人的 NGST（下一代的空间望远镜），NGST 是哈勃的替代者，因为哈勃望远镜设计寿命到期后，他们比较早地提出一个大望远镜的方案，公开的科学目标是做深空天文研究。我们这个划分了密级是机密级，背景是侦察航母。他们的方案是折叠式的，折叠展开式的镜子，4 米大的头，可以折叠，到空中展开，展开要拼接，拼接的精度要达到 1/10 微米左右的精度。我们课题解决的是怎么测量拼它的精度，怎么完成拼接，理论上和部分实践上都解决了。

整个课题做得挺不错，后续就困难了，因为这个项目意义也很重大，原来想借着这个工作继续发展一些设想。例如在空间有一个光学阵列，把相位控制好了，构成一个非常长的基线，分辨率可以提高到极限，可以做宇宙起源、引力波这些探测。

后来碰到困难了，后续的支持力度大大衰减了。汶川地震时，光学系统的探测受到了一个很强烈的挑战，因为汶川的气候条件不好，地面的气象条件特别影响探测，甚至看不见。汶川地震得到的一些图片全是雷达、电磁微波的探测图像，光学图像没拿到。因此从总装也好，从国家层面上也好，对于光学的重视就下去了。光学卫星的图片看得是很好，拍得是很清楚，也很直观，但是天气情况不好，就完了。

考虑到实际的战备应用，后续就大力投入电子和雷达系统领域的研究，我们这个项目就不再受重视了，这是一个方面。另一方面，从技术方案上，我们当时在 2001 年起，研究的是 4 米口径的大口径折叠主镜方案，那时候中国已经在研究大推力火箭，负载的口径可以达到 5 米，既然是 5 米了，释放一个 4 米折叠式展开的镜子上去，一大堆的技术难题。而这个还要搞折叠展开、自适应光、拼接，等等，难度太大。放一个整镜，能一下打到天上去多好。

我后来一段工作，主要是跟航天部的那些专家在一起。都是科学家，大家有共同语言，学术问题都好讨论，但是技术上面，或者实际工作上面他们有两条：第一条他们也重视基础研究，但是远远不如重视型号研究，型号研究是他们吃饭的根本，决定他们研究所的生存，决定他的所长当得成功不成功。理论研究的深入和进步是第二位的。第二条，航天口在引用一些新技术手段和一些没做过的、没上过天的事情时特别慎重。因为它承担不起风险。地面实验坏了可以换一个，航天它承担不起这个风险，我认为非常有道理，因为它承担着国家的任务。所以反过来讲，跟航天口合作和与科学院的合作不一样。航天口的院士、领导、所长也好，他们有很强烈的两点诉求：第一，任务是第一位的；第二，可靠性很重要。所以要花很大力量去探测它的可靠性，一些新的概念、新的技术方面可能就差一点。

虽然他们对这项技术也有积极性，甚至我们的自适应光学折叠展开系统方案，还放在508所的展览里，认为是将来的方向。但是实际操作的时候，就没有那么多精力去做这件事了，因为型号任务压得非常重。他们的主要精力都放在型号上面，型号是决定他的所的生存发展命运的核心，型号垮了后续任务就没有了，钱没有了，支持也没有了。

我在科研中还有一个大问题，就是接替我的组长人选的问题。我们学校里的一些教授，或者是我现在培养的一些博士生、博士后都很优秀，但是我觉得可能还是弱一点。当时我找了几个人选，有一个非常好，但是给中科院挖走了。中科院的计划、大项目、条件都比我们好。还有两个我比较看中的，但是一了解，他们有点国外背景，拿着绿卡，甚至有的是外国国籍。我们是机密任务，如果是外籍根本就不允许进到这种研究里来。我们跟部队讨论时，别人一说这是北理工的教授，部队的同志也不忌讳，因为北理工、北航大家都是一家人，而且北理工的研究人员都有保密资质。但和地方上的不搞军工的学校一起讨论，部队方面就有点忌讳。

因为科研方面碰到这些麻烦事情，这个学科方向后来就凉了。有人说我们走得太超前了一点，这个项目要马上应用起来比较难。我后来身体也不太好，又到年龄了，就把这个事情交出去了。做得不好，很遗憾。

我在北工工作期间得的最后一个奖，就是做“国防973”的这个0.1米分辨率光学系统项目，获得了国防科学技术发明二等奖。虽然自适应光学因为各种原因发展有点困难，但我觉得还是一定要做，而且国家所有的重大光学系统里都应该用到智能化的、智能型的自适应的光学系统概念。如果有条件的话，包括空间站，一些重要的卫星，还有现在要搞的太空军，这个都会有需要。

十八

我在当学校领导期间，还做过一些不光是牵涉到北京理工大学的工作。第一件就是全国大学生电子设计竞赛。

1994 年，电子工业部人教司和教育部高教司发起，和我们学校联系，开始组织全国大学生电子设计竞赛工作，这是第一届，有西安、北京、武汉三个赛区。我是北京赛区主任。1995 年搞了第二届，以后是每 2 年一届。从 1995 年第二届开始聘请王越校长任组委会主任，我是副主任兼秘书长，负责具体的工作。我们学校的赵显利副校长在开始时是副秘书长，后来是秘书长、副主任。这个工作的背景是，主管部门为了加强实践教育、创新教育、素质教育，组织了这个活动。

当时全国性的主要竞赛有四个，都是由教育部主管的。一个叫数学模型竞赛。数模竞赛一直是依托北交大办的。数模竞赛是用建模的方法解决应用数学里各种各样实际问题的竞赛，是应用数学的一个实践。第二个就是我们这个电子设计竞赛，针对的是信息电子领域。第三个叫机械设计竞赛，我们学校也参与。好像还有一个建筑竞赛。从 1994 年开始，电子设计竞赛就依托我们学校，因为电子工业部主要的两个学校西电、成电都在京外，部里跟我们学校的五系电子系关系特别好，又觉得要依托京外的学校不方便。这项竞赛除了加强学生的素质和创新教育以外，还有一个非常好的概念，就是要推动全国的电子信息类的教改。通过竞赛发现问题，发现薄弱环节，发现需要改进的内容。

电子设计竞赛我们学校主管，大家都很重视，也下了很多功夫，王越校长亲自领导，他又请了好些院士、专家出主意，等等，我做具体的组织领导的一些工作。组织上的方针我们总结为“政府主办、专家主导、学生主体、社会参与”，16 个字。

政府主办，有利于把握教育上的方向引导，利用政府的渠道，容易得到学校和各方面的支持。这个工作一直是教育部高教司和电子工业部人教司领导。

专家主导，成立了一个比较有权威的专家组，是由北大、清华、上海交大、南京大学、北航和我们学校等高校的电子学教育知名的一些学者、专家组成。专家组的主要任务是把握具体工作：第一，全国征题和出题，要有很强的导向性，内容大体上都学过，或者是能自学完成。导向性，就是教改实践和创新教育，有理论有实践，又要考查动手能力，又要体现新的一些内容，等等。出题是他们重要的任务。专家组第二件事情是评审，比如我是副主任兼秘书长，但是我绝对不插手，全由专家组负责评审，保证公正性和权威性。第三，以他们为主，通过竞赛推动各学校的教学改革，譬如一些新概念，各个重点大学的教学内容中慢慢都引进了，像电子自动设计。原来设计的时候很麻烦，像我们最早学的时候是分立电路，现在都是模块化，还有输入输出，条件输入以后可以做 EDA，做电子自动设计，像排版，等等，学生都要学，要引进课程内容。还有新的概念，就是嵌入式系统，把微电子的模块嵌入各种应用的电子系统里，等等，这些内容要不断地更新和改革，新的教学内容，新的教学思想，通过专家主导推动到各个重点学校，保证先进性，符合教改的方向，从内涵上能对学生的素质起到一些很重要的作用。保证评审的公正性和公平性，才有公信力、权威性。我们当时提出，全国性竞赛的公正性是生命线，破了这个线，竞赛就没有说服力。还要推动教改，使大面积的学生受益，加强学生的实践能力培养等。

学生是主体，我们搞这个竞赛的目标是要提高大学生的实践和创新能力，还要培养他们的多学科交叉和团队合作精神。竞赛搞得成功与否，要看搞电子信息类的或者相关专业的学生是否支持和拥护。他们首先得认同这个竞赛很公正，并且对学生有帮助。

社会参与，除了各个学校会出一点钱支持以外，竞赛的具体开支还要有公司资助。这个竞赛索尼公司资助了我们十几年，所以开始的命名叫索尼杯。

竞赛两年举办一次，后来规模越来越大，把港澳也吸收进来，把部队院校也吸收进来，声誉越来越高，成为全国比较最有影响力的学科竞赛之一。

有一个具体数据，1994 年第一届，3 个赛区 44 所高校参加，每队 3 人，总共有 657 人。2003 年第六届，24 个赛区 431 所高校参加，9624 人。赛区是政府主导，地方教委是赛区领导，组织赛区委员会、专家组。赛区负责选拔，以后到全国比赛。

这个比赛的特点包括：第一，内涵不断与时俱进和更新，像 EDA、嵌入式系统，也推动了课程改革和实践教学的改革。第二，特别强调多学科的合作和团队合作，当时的导向是有理论、有应用实践的电子设计竞赛的题目，必须是几个学科在一块工作，大家要团队合作做出来，还要在比较短的时间里，比如三到五天，在封闭式的环境中完成，学校提供器件、器材，但是老师不能直接帮助。有竞赛规则，老师在集训的时候可以指导，但是上场了以后不行。还有所有赛区的一等奖都要到全国

来竞赛，有专家提问环节，答不上来就露馅了，不能说是老师怎么弄的。所以强调团队合作，强调多学科合作。第三，所有的评审规则都公开，力求做到公正，要有公信力。我们实施了申诉制度和裁决制度，学生或者赛区觉得评审不公，都可以申诉。在我当主任的几届里，没人告状。专家组很有权威，也很公正。很可惜元老级的电子工业部的司长过世了，还有元老级的专家组组长、北大的沈伯弘教授也过世了，他们从 1994 年开始做这个工作，是主要的负责人。

一些重点学校管教育的校长经常说，北理工这件事做得挺好，我们同学、教授都特别欢迎，社会上反映也特别好。

电子设计竞赛在赛区或者全国拿了奖的，求职的时候绝对是一个硬指标，说我在全国电子设计竞赛拿了什么奖，那些大公司马上就通过，特别受用人单位的信任。他们觉得能在全国性的几百所高校、所有重点高校都参加的竞赛中比较拔尖，显露头角的，肯定质量没有问题。

2005 年我们获得了国家教育成果特等奖，这是建校以来唯一的教育方面特等奖，科研方面好像我们也没有国家的特等奖。这个特等奖是以北工为主，6 个获奖人里北理工占了 4 个，有王越校长和我，因为全国公认，在这个工作中北理工做出了比较大的贡献。校外的两位，一位是我刚才说的专家组组长，一位是电子部的领导，他们也一直参与这项工作，花了很多心血。

第二件事情，是世界银行贷款的高等教育发展项目，也是我当校领导和下来以后一直干的工作。这个工作和“211”工程差不多同期启动。1998 年教育部的周远清副部长争取到一个世界银行贷款的高等教育发展的项目，目标背景是重点改善各重点高校的基础课教学的实验条件。限定目标比较窄，周远清副部长原来是清华大学的教务长，后来任清华大学的副校长、高教司司长、教育部副部长，所以他对学校的情况比较了解。他觉得本科基础课的实验条件比较薄弱，这对学生培养很重要又是短板，所以他去争取了世界银行贷款的项目。项目由国家出面借钱，我们这些学校就是拿钱干事。当时全国批准了 28 所重点高校，我们学校是其中之一。

这个项目给我们学校立了四个项目，物理实验教育基地、基础化学实验教育基地、电工电子实验教学中心、工程训练中心——我们上大学的时候叫金工实习车间，现在大学都叫工程训练中心。各所学校大体上提供的金额都差不多，每年学校 3000 万元，是“211”工程投入教学公共服务体系资金的大概 2 倍，“211”项目资金划到教学基础建设是 1500 万~1700 万元。这个 3000 万元的投入，对于基础教学面貌有很大改善。

我们学校焦文俊书记和具体组织这个工作的高教司的一些领导关系也很好，别人也知道北京理工大学工作很扎实，教学改革做得也很好，所以世行贷款项目的办公室，就委托北京理工大学负责。因为属于本科教学体系，所以这个工作是我主管，我是教育部聘请的常务副组长。办公室的具体日常工作，是由实验设备处的处长李振键任办公室主任，带了一两个比较精干的年轻人，帮着教育部做这项工作。

世行贷款有一个制度，为了保证项目的初衷、宗旨、具体实施到最后验收，要设立专家组，专家组由外方和中方共同组成。外方专家组有教育、财务、管理方面的专家，是世界银行雇员或者是世界银行派来的。中方专家组由教育部负责组织，叫中方咨询专家组，由南京大学、复旦大学、上海交大、北师大等一些校领导和专家组成，周远清副部长任组长。

中方咨询专家组的任务是与外国专家组合作，保证项目能够按照初衷组织实施、检查和做最后评审，等等。我觉得中方专家组主要是指导工作，还有处理、协调一些关系。教育部专门有一个世行贷款办公室的机构来负责这件事，有一个处长直接负责，是我们的直接行政领导。专家组要和这些重点高校的领导对接。因为这个项目下来以后，每个高等学校都有主管校长和主管处，专家组要跟他们搞好关系。

专家组还要和那些具体承担基础课教学、实验任务的一些基层领导和骨干教师，有很好的沟通和交流。具体形式就是到学校考察，了解工作进展，了解存在什么问题，跟下面交流，最后开全校相关部门和领导的会，反馈我们检查的看法和意见。一些骨干学校的教师，比如我们去北大化学系，或者去南京大学，他们觉得我们这个组去检查比较好交流，因为大家是同行，知道实际工作当中存在一些什么问题，或者是哪些事情应该怎么做。他们认为我们看得比较准确，提的一些意见也比较中肯，也能比较好地总结出他们好的经验，给他们一些好的建议。

这项工作有几个层面的交流。第一是跟外国专家组交流，这用不着翻译，大部分工作人员都有出国经历，有些事情沟通一下，解释一下我们的一些实际情况和我们为什么这样考虑，我们沟通得挺好。第二是跟

学校层面的交流，包括主管校长、主管处长，还有再下面一层基层的教研室、实验室的领导和骨干教授。我们采取的形式包括开各种各样的项目启动会，中期检查，最后结题。周远清部长和我有的时候是一起，有时候是分别带着组去考察，一次去几个学校，大体流程就是学校有一个书面材料，我们到实地开一些座谈会，完了以后给他们领导反馈意见。全国性大会也组织了几次，像中期检查和最后的结题，等等。

全国重点高校的反映还可以，觉得这个项目确实对他们的基础教学，特别是基础教学的实验条件有一个很大的改观，提供了贯彻中央的素质教育、创新教育、人才培养的物质基础。学校的一些创新性工作，通过经验会、交流会和专家组的介绍，都得到了很好推广。

第三件事，承担了国家计委下达的国民经济动员教育培训中心的建设工作。1997 年年底，国家经济动员办公室和原兵器工业总公司批准，依托北京理工大学的办学条件，在北京理工大学组建成立国民经济动员教育培训中心。国防动员有好多概念，这个是经济动员，还有交通动员、人民防空，等等。国防动员是非常重要的事情，由国务院的主要领导亲自负责。对于我们来讲，除了打仗需要国防动员，抗灾救灾也需要有紧急动员的体制和机制，所以在国家层面上，到县一级一般有两块牌子挂在一块，一个叫人民武装部，一个就是国防动员中心。

国民经济动员教育培训中心的主任是国家计委的司局级干部，叫陈德第，他也是国家国防动员委员会的委员。他担任培训中心的主任，副主任由我们学校里派的两名干部担任，一个是李志祥副校长，一个是我，因为我管教育培训方面的事情。还有一个主任是孔昭君教授，他是人大毕业的博士，专门做具体工作。

中心还请了好些专家、教授做顾问，还有好几个少将。比较有名的有刘义昌，军事科学院的研究员、少将；刘鸿基，国防大学的少将；还有张召忠，他当时是国防大学的教授、大校，现在是少将；还有军事科学院的副研究员武希志；兵器工业情报中心的研究员、中国兵器工业规划院动员研究所的所长；等等。

中心主要做的工作，第一是培训，给国家比较系统地培训干部，一直培训到县一级。我们编辑出版了国民经济动员整套培训教材，有《国民经济动员学》《国际形势》《国防政策》《国防经济学》《战争经济学》《国防动员概论》《工业动员概论》《国民经济动员管理》《国民经济动员管理信息系统》。我觉得这项工作意义挺重大的。

第二件工作，是成立了一个独立的博士点，能培养博士生，做一些理论和其他方面的研究。这是因为我在学校里工作，所以比较强调要搞学科建设，作为我们高层次人才培养的基地。这个博士点成立，我觉得对于国家的意义还是挺重大的。

十九

说到对延安精神、军工魂、大学文化精神的看法，我想讲三个方面。第一，爱国主义是核心。所有延安根、军工魂，我特别强烈地感觉到爱国主义是核心。而且用爱国主义能够最大限度地团结和激发更多的人的一种正能量。如果对祖国都无所谓了，当然是教育的大问题。但是不管怎么说，爱国主义是中华民族或者中国人民的根，也是我们延安精神和军工魂的根。为什么要搞军工？我们不是为了打仗，我们也不是军迷，就是因为爱国是核心。如果没有国界，没有国家，要什么军工？要什么军队？要什么战争？所以我觉得要特别突出爱国主义，当然我们早就有这样的认识，但是实践里，我觉得还要强调。

第二，要强化典型事例和榜样的力量，特别要深入普通的教师、学生和我们的校友当中。院士、大专家、国家级荣誉获得者，有这些杰出校友当然好，更应该发掘的是我们学校中的一种榜样的力量。我到学校工作以后，跟一些中青年教师聊，他们在学校里一些比较好的科研组，跟着一些比较好的老师，真的是把国防当一辈子的事业来搞。北理工的文化就是靠言传身教，在这个环境里会感觉到这些老教师，他们一辈子甘当无名英雄，就是想把他的事业做好，对国防有贡献。让青年教师潜移默化地知道北理工是这么一种精神，这么一种文化，才能够传承下去。如果没有这样一种环境、一种体验，光说教没用，就得靠榜样的力量。作为典型的事例和榜样，特别要多发现一些，不是处在金字塔顶层的名人怎么样，而是普通教师、普通的校友的闪光点，这是宣传里面的一个问题。

王小谟是中国预警机之父，宣传王小谟挺好，搞预警机的专家牺牲了几十人，里面要是有北理工的学生，更应该宣传，还应该大力宣传。再举一个例子，毛明是我们装甲车辆学院的博士，后来到211所当所长，是兵器工业的首席专家，新当选的院士，主战坦克的总设计师。他工作

做得非常好，是兵器行业首席专家，给国家做了很大贡献，宣传他没错。

事实上做坦克、装甲车里有好多北理工的学生，不是一个院士在做。我再举个例子，东北的黑河实验场有一个中校，是我们学校的校友，受到军委表彰。他把全部精力、心血，连身体都献给了基地，但是他就是实验场里的人员，军衔也不高，成就也不高，也没拿国家特等奖。他的精神就是默默无闻地奉献。所以我认为，宣扬延安根、军工魂，第一要靠言传身教，第二要特别注意发掘普通人当中的精神。

第三，要宣扬延安根、军工魂，我认为有一件特别值得去做但无法实施的，就是我们学生实践和劳动太少。我们那一代劳动太多，但现在的学生实践和劳动的机会太少。我说的劳动不是抡大锤、扔手榴弹，不是去吃树皮野菜。我的想法是，我们的学生如果能有机会受到现代工业的劳动锻炼，能够有一些支教、扶贫的经历，那么他的思想和对社会的看法就会和总在学校里上上网完全不一样。

我觉得学校现在各方面工作都做得不错，但是说得抽象一点，还是要不忘初心。不要忘记教师的初心是什么，党员的初心是什么。最首要的是，不能忘记学校的根本任务是培养国家建设事业的建设者和接班人，这就是初心。要做到不忘初心，这一条是最根本的。可以做各种具体事，可以做科研，可以做教育，但做所有这些工作，必须想到这个初心，做到这个初心。包括体制、机制改革，薪酬改革，人才培养、人才改革，等等，做到这个初心是最核心的。

王校长到我们学校以后，特别强调，也是我们工作的体验，就是有三个学问你是要学的，一个是信息论，因为是信息时代，还有两个是系统论和控制论。做什么事情都在一个大的系统里面，要做好顶层设计，要从顶层思考，要注意到各个方面的关联。还有一个叫控制论。作为高层次一点的人才，这些理论挺重要，学自动控制的学生，比较容易能够掌握到这些方面，因为他不是学一个专门的学科，比如学材料、化工、电子、光学；学自动控制的学生，基本上是信息、系统、控制，会有这种概念。会有一个整体的概念。做什么事，特别是大一点的事情，可能知道系统。讲专业一点，现在经常讲优化，说得高一点叫全局优化，多参数的动态的决策和优化。简单地做一些具体的小事，对一件事情优化很简单，比如买一棵菜，质量又好价钱又便宜，指标体系就优化了。做一件大事、总体上的事情，我们叫作动态多目标决策系统，牵涉到好多方面来考虑。在人的认识处在一个信息不够充分的阶段时，摸着石头过河肯定是对的，但是有很大局限性。做一个大的系统的工作，就应该掌握比较充分的信息和资料，用一种全局优化的观念去考虑工作，这样可能就做得比较好，它是一个多目标的优化决策的过程。什么也不知道时，肯定是摸着石头过河。但是已经有了大量的信息、大量的经验，提炼以后就不能再强调摸着石头过河了。

所以中国的高等学校是很复杂的，是承担了多方面任务的一个结合体。这个结合体说小也小，说大牵涉到 10 来万人，层次还挺高，那么多部级干部、局级干部、处级干部，那么多的院士、教授、专家、博士生导师，学生里博士生、博士后一大堆，所以学校必须有一些比较好的政治理论和科学理论做指导，做全局性的决策工作。这是我的建议。

所以作为学校领导，一定要往那个方向努力。可能做得不那么完美，但是要往这个方向去努力。

张晨光——永远保持和发扬革命精神

人物简介：

张晨光，1926年出生，山西原平人。早年加入救国同盟会参加抗日，后参军入伍，先后在华北军区航空处、19兵团、20兵团。调入北京工业学院以后从事财务相关工作，直至退休。2014年9月3日在卢沟桥中国人民抗日战争纪念馆以抗日老战士代表身份，应邀出席中国人民抗日战争暨世界反法西斯战争胜利69周年纪念活动，受到习近平总书记及中央领导的接见。

访谈时间：2019年11月7日

访谈地点：北京理工大学图书馆

采访人：张钧

摄像：聂明明

访谈提要

张晨光讲述了自己加入山西牺牲救国同盟会后参加抗日的经历，他缴获了敌人的一把手枪，因此被调入部队。之后在与敌军战斗时，他三次负伤，他讲述了自己负伤的经过。1949 年张晨光调入华北军区航空处，1957 年调入 20 兵团，之后他调入北京工业学院，先后在物管处、财务科、生产处工作。他还讲述了自己三次去驻马店参与选址、建设驻马店干校的情况。

一

我 1926 年出生，老家在山西原平，同蒲铁路线上。我小学学的是孙中山的三民主义和三大政策，可事实上村里的反共团逮住八路军就杀，我们搞不明白，因为这样做违背了孙中山的三大政策。我们就问老师，既然孙中山搞联俄、联共，为什么还要杀共产党？他说公开课上我不能讲。上晚自习的时候他偷偷说“这违背了孙中山的三大政策”，他就说了这么句话。小学生也不懂利害关系就把这话传开了，反共团知道后，在学校里，就在我们面前把这名老师杀害了。

1937 年忻口战役①，忻口离原平 30 里地，国民党军队从山西雁北的十几个县撤退，他们没发军饷，路上就抢老百姓。这个时候听说蒋委员长调八路军过来了，那时候我们知道有共产党，但不知道有八路军。八路军穿的是灰色军装，从我们这儿经过，走时还帮老百姓挑水，对老百姓挺好。两个部队一对比，明显就觉得八路军好。后来我们问老师，他说八路军是共产党的军队。我们说共产党不是红头发蓝眼睛、杀人放火吗？他说那都是骗人的。

① 忻口战役：抗日战争时期，中国军队在山西忻口抗击日军、保卫太原的中心战役。战役从 1937 年 10 月 13 日至 11 月 2 日，历时 21 天。参加作战的部队有阎锡山的晋绥军、国民党的中央军和中国共产党领导的八路军（又称第十八集团军）。这次战役是由第二战区（司令长官阎锡山，朱德、卫立煌、黄绍竑副之）指挥实施的太原会战的中心战役。该战役创歼敌逾万的纪录，是国共两党团结合作、在军事上相互配合的一次成功范例。

那时山西有一个牺盟会，全名山西牺牲救国同盟会[1]，他们主张抗日。薄一波[2]就是牺盟会的，他把年轻人组成决死队，我们学校统一参加了牺盟会。后来忻口丢失了，八路军就南下了，晋察冀军区只留下了很少的几个团，我在晋察冀军区二分区。我那时候才 13 岁，当宣传员宣传抗日，也搞侦察，侦察炮楼里有多少敌人。

我搞侦察的时候还闹过一个笑话。有一次在山西阳泉火车站，挨着炮楼有个汉奸住的院子，我回来报告这个院子距离炮楼有多少步的距离。他们说你年轻，步子小，量得不准确，我为了搞准确就想再去量一量。等我又去量完，天黑了，我怕有狼，不敢回去。日本人看我是个十二三岁的小孩，背着个书包，还以为我想坐火车。他们讲的是日语，我也听不懂，后来我才知道他的意思是火车还有半个小时呢。有个日本女人对我说“米西米西，萨米萨米”，后来知道“米西”是吃饭，“萨米”是天气冷，她叫我到屋里去。进去以后她把手枪放在了桌子上，她进里面可能给我找吃的去了。我等了挺长时间她也不出来，我就拿上这把枪跑了。

回来报告的时候，我说我偷了日本人一把枪，他们说不是偷的，是你缴获的。上报说我缴获了敌人的枪，叫我小英雄。咱们那时候没有报纸，就是油印的宣传单，宣传我缴获敌人的手枪，就传开了，所以上面领导对我印象好，把我调到部队去了。

二

1943 年秋天我去了区干队，名义上是部队，实际上就是个小队。我

---

① 山西牺牲救国同盟会：抗日战争时期，共产党实际领导的山西地区抗日民族统一战线群众团体。

② 薄一波（1908—2007）：原名薄书存，山西定襄县蒋村人。1925 年入党，曾在山西、天津等地从事兵运等工作，三次入狱。1946 年起，担任军队领导工作。中华人民共和国成立后，历任华北局第一书记、军区政委、财政部部长、国务院第三办公室主任、国家建设委员会主任、国家经济委员会主任等职。

们的头儿叫杨世明，是开国上将杨勇①的叔叔。有一天他传达命令，说敌人要出来抢粮食，叫老百姓把粮食藏起来，坚壁清野。杨世明是南方人，有南方口音，传达命令的人可能也没听明白他到底是什么意思，老乡们也听不懂坚壁清野，还以为是日本人要把他们通通干掉。情报人员给我们的情报也以讹传讹，说日本人要把老百姓都杀掉。那儿有一个日本军官叫高桥四郎，是个小官，我们就找老乡，说想办法把高桥四郎给干掉。我们计划在日本人过桥时炸死他们，于是把地雷挂在了桥上，因为桥上没有土没办法埋地雷。中间挂三个雷，桥头再挂三个雷，但是地雷的线不能拐弯，拐着弯埋到土里就拉不动了，所以要找一个近点的地方。后来发现桥下有个洞，我年轻，脱掉棉衣试了试可以爬过去，出口就是桥头，我就埋伏在那个洞口。但是敌人过来的时候我看不到，我们约定好，上面一打枪我就出来拉地雷线。枪响以后我出来一看，鬼子快走到桥头了，我赶紧拉绳子，桥中间爆炸了，几个鬼子掉到了桥底下，有高桥四郎。我拿的是马枪，照着他就开了一枪，没能要了他的命，我听见他喊日本话，我也听不懂。我又给了他一枪，这下把他打死了。他的卫兵打得准，用的三八大盖枪，一枪打中了我的手，把骨头打碎了。当时我也没有办法，赶快往洞里钻，爬了很长时间，在洞里也没办法站起来，空气也很稀薄。日本人没有马上走，他们得把伤兵弄走，打了一天，我就在那个阴冷潮湿的洞里等了一天多，又饿又冷，因为我把厚衣服脱掉了，穿单衣服才能进去。他们走了以后部队下来把我救了，可是日本人又反扑，只好把我藏到了一个山洞里，所以我的手没有得到及时治疗，伤是自己好的。这只手从那时候起就不能动了，我这一辈子是用一只手。

1945 年秋天解放了张家口。咱们学校有个叫张英志的，他的爸爸叫张希范，那个时候是我的领导。1946 年和平民主新阶段，没有文化的兵都要复原回家。我是个小学生，但我是从中学出来的，所以组织上也以为我是中学生，张希范说山西人比较仔细，你去学财经管理吧。我就到张

---

① 杨勇（1913—1983）：原名杨世峻，湖南浏阳县（今为浏阳市）人。1927 年加入中国共产主义青年团。1930 年参加中国工农红军，同年由团转入中国共产党。解放战争时期，任晋冀鲁豫野战军第一纵队司令员，在鲁西南战役中创造了晋冀鲁豫野战军单独攻坚和全歼国民党军 1 个师又 2 个旅的先例。抗美援朝期间，任志愿军副司令员兼参谋长、司令员。回国后，任解放军副总参谋长，中共中央军委常委、副秘书长。

家口去学财经管理了。我们一方面学文化，一方面学会计。学完之后我到了 19 兵团，因为我的手坏了，所以就到了后方，当了 19 兵团司令部供给科的科长，管着司令部、政治部、供给部、卫生部，吃喝拉撒我都管。

新保安战役①的时候我又受伤了，肚子上挨了一枪，打到了脊椎，但是没打断。我到医务所把子弹取出来，把肚子缝上了。可是没过一个礼拜，肚子胀得厉害，因为肠子上也有一个口子，好像没有缝住。我们的政委是罗瑞卿②，他让我赶快换上便衣，然后找人把我送到了北京的协和医院。那时候北京还没有解放，协和医院是美国人开的医院。我当时发烧也烧糊涂了，医生问我的手是怎么坏的，我说在五台山打日本人受的伤，这就暴露了。到了半夜，我们有 4 个人把我救出来，坐车通过北海，冬天的北海变得白花花的，我说怎么到海上了，他们说这不是海，这是北海。然后从西单到宣武门，沿宣武门城墙过去，到了德国医院，就是现在的北京医院。做手术之后，过了一个多月就好了。那时候我的部队去打太原了，我还在养病，也不能回部队，就到了华北军区。病重的伤员转到杨村的一个医院，我们轻病号作为待分配人员在中南海当服务人员，管会议的服务招待。

实际上我一共负伤三次，还有一次是解放石家庄的时候，我骑在马上要过桥，被敌人打下来，把肩膀打脱臼了，后来接上了，但是可能没接好，现在这个肩膀也抬不起来，我能活到现在也真是不错。

三

1949 年 6 月初我被分配到了华北军区航空处，接管国民党的飞机和器材。处长是油江，政委是吴钟琨，主任是高天辉，我是供给科的科长。1950 年 1 月领导叫我们到中南海去，说要建立空军，任命刘亚楼为空军

---

① 新保安战役：平津战役的一部分。1948 年 12 月，在平津战役中，人民解放军华北军区主力部队在北平（今北京）与张家口之间的新保安地区对国民党军的一次进攻作战。

② 罗瑞卿（1906—1978）：中华人民共和国开国大将，四川南充人。1928 年加入中国共产党，1929 年参加中国工农红军。在革命生涯中，历任支队党代表、纵队政治部主任、师政治委员、军政治委员、军团政治保卫局局长等职，中华人民共和国成立后，先后担任公安部部长、国务院副总理、中央军委秘书长、解放军总参谋长、中央书记处书记、国防委员会副主席、国防工业办公室主任等职。

司令员。建立空军以后，叶剑英在安东①搞抗登陆演习，叫我们去。苏联空军阔日杜布师长带了一个师在安东，另一个师在北京南苑机场，还有一个师在上海。阔日杜布是苏联有名的飞行员，他在“二战”时打掉了不少敌人的飞机。有天清晨我们起来统一到一个地方去小便，当时敌机已经来了，我们不知道。阔日杜布看见敌机了，他就跳上我们的值班飞机，那时候值班飞机就 3 架，都是米格 15。他驾驶米格 15 上去，瞄准敌机就打，好像是打掉了 3 架。斯大林很快就把他调回去了，因为他是苏联英雄。

张晨光和他的的勋章

后来高岗让我们后勤兵去三八线运送物资，我们就跟着部队去了朝鲜。回来以后我就到了新建立的空军，在计划财务科任科长，后来改叫汽车部，其实就是后勤部下边的单位。那时候有一个苏联专家叫古布里扬诺夫，培训机械师的，他挺认真，虽然我们不是机械师，但是也跟他学了很多。

① 安东：今吉林省丹东市。

1957 年把我调到了 20 兵团。有天晚上有命令，我们坐上大闷罐车就跟着走了，下车一看是甘肃的酒泉。20 兵团是杨成武的部队，他们从朝鲜回来，在这儿修路，其实也是在找适合原子弹试验的基地。我们在青海找了一个区域，要回来向聂荣臻报告。可是我们回到北京后，聂荣臻不在，没有汇报成。后来苏联专家撤走了，原子弹也没搞成。

四

我调到工业学院的时候，院长是魏思文，那时候学校还归国防科委管。魏思文到国防科委要人，想找个管财务的科长或者处长。因为学校财务科的周志增不是党员，那时候很多东西需要保密，不能让他知道，所以需要另外找一个人，就把我调过来了。

刚到咱们学校的时候我在物管处管商店、生产基地，还负责给学生的粮食定量。后来学校想让我去汽车处，我说我还是更熟悉财务，就让我回到了财务科，后来财务科成了财务处。那时候一系、二系都是保密的，北边那条通大街的马路是学校为了保密修的一条马路，现在成了公路。后来我们跟苏联关系恶化了，要“备战备荒为人民”，在主楼的东西两侧修了两条地下道，现在还在。

学校想办什么事就通过财务向国防科委提出预算，必须少花钱多办事，注意节约，注意大家的生活，我就干这个。那时候的工资是国家定的，都很低，国家是不给生活补助的，我们就得利用经费想办法赚钱。我们可以用学校的自有资金补助食堂，补助生病的人，利用这个钱提高大家的生活水平。所以我把预算平摊，收多少支多少算清楚，想办法创收自有资金，因为学校怎么花自有资金，上边不管。

后来说学校要搬到河南驻马店去，那时候学校领导是李森，他让我和一个解放军一起去考察，我们这里当时有五六个解放军，我和其中一个去了驻马店。我们看了一块地，地方很大，劳动的话可以种麦子，将来办学也可以。回来我跟李森报告，他同意我的意见。第二次去定了驻马店的党政教室，第三次我带着学校的人去建设，他们住下来，我就回来了。回来以后我把学校的桌椅、板凳、骡马、汽车从清华园火车站装车，把东西都运过去。我一共去过驻马店三次。那时候还没说是干校，后来叫干校。

“文化大革命”的时候我就下台了，造反派叫我到校医院挂号处卖票。“文化大革命”后，一开始让我当生产处的副处长。生产处下边有三个厂，基建厂、电子厂和光学厂，这些厂没有生产任务，就是学校搞科研。后来国家有规定，学校不搞这一套了，就交给了社会，有些技术工人也就跟着走了。之后我调回财务处，这时候部里派苏谦益来了。苏谦益带了 26 个人过来，把所有的部、处级干部都换了，财务处处长换成了王鹏越，我是副处长。王鹏越年纪比我大，早早就退休了，后来还是我管。大概是 1985 年，我年龄到了，就退下来了。

我管财务的时候，学校的科研项目也不少，科研项目的经费比普通经费高得多。很多项目提出来以后得报兵器部，兵器部同意之后我去财政部批，财政部批了以后把钱拨到人民银行，我们到银行再领回来。每一项科研项目都是专款专用，不能混淆。

张国威——一生科研路

人物简介：

张国威，1933年7月出生于浙江定海，北京理工大学教授。

1950年辍学工作，到中南百货公司贸易部做统计员，参加广西全州土地改革，1953年加入中国共产党。1954年8月，考入北京工业学院仪器系光学仪器专业学习，1958年8月提前一年留校工作。

1959—1979年，负责创建光学导引的新专业，后改为激光技术专业。1979—1981年，赴西德柏林工业大学做访问学者。1981—1994年，回国后从事“可调谐激光技术”研究。

访谈时间：2019年12月9日

2019年12月23日

2020年1月10日

2020年1月20日

访谈地点：北京理工大学图书馆

采访人：郭晓明

摄像：吴哲

访谈提要

在讲述中，张国威将自己的一生分为了三个阶段：第一个阶段是前期准备阶段，包括参与土改、在中南机关团委工作和1954年考入北工进行学习的经历，是丰富锻炼自身，树立、确定人生观的时期；第二个阶段是奋斗成长的阶段，是从1959年开始建新专业，到出国学习的20年，经历了红外、天文再到激光专业建成的整个历程，实现了教学、科研上都迅速发展的双丰收；第三个阶段是总结阶段，是从归国到退休以来的20年，涵盖自己引进可调谐激光的科研技术历程。他在2001年完成的《可调谐激光技术》，记录了整个技术的兴起与发展经历。回首一生，张国威坦言自己仍在漫漫科研路上踽踽独行，发挥着余热。

一

我出生在1933年，是浙江舟山群岛人。1940年，我7岁左右的时候全家搬到了武汉，所以我是在武汉完成小学到高中时期的学业的。当时的武汉还在抗战，加上经常要随着父亲搬家，所以我上学的时间不是很正规，小学上了5年，初中2年，高中1年。因为当时毕业班是不收插班生的，小学六年级和初中三年级也是这样，所以只能跳级。

高中一年级读完后，我面临两个选择，要么继续读书，要么参加工作。因为当时家里的经济情况比较困难，父亲要同时担负我和弟弟的学业费用，压力很大。几经考虑，我还是放弃了升学，先是上了个短训班，学了两三个月的会计统计，然后就去了中南局下面的贸易部做统计员。

工作以后，我认识的一位同志叫杨瑞生，就是他介绍我入团的。1950年冬天，朝鲜战争爆发。我当时只有17岁，还不到申请抗美援朝的年龄，但正好赶上了土地改革。作为贸易部土改小队的一员，我到广西桂东地区进行土改，也算是见证了历史。

两届土改以后，我们到第二年的夏天就回来了。

回来后我的工作也发生了变动。团委书记王守文把我从中南百货公司调到中南贸易部团委，职位是宣传干事，团委改组后就成了团委的宣传委员。那是1951年，当时我18岁。1953年，我又被推荐到了中南

财经委员会团委做宣传部部长。也是在同一年，我在王守文的介绍下入了党。

中南土特产展览会第一支部团员合影于中山公园（前排左二：张国威）

1954 年武汉发大水时，我跟着去做抗洪的宣传鼓动工作。接到上级党委的指令，我辞去了工作，参加 50 天后的高考，当时报的是北航、北工的志愿，最后收到了北工的录取通知。

二

1954 年 8 月入校后，我被分到仪器系的 8 专业。当时的仪器系包括光学仪器和电的仪器，分别是 8 专业和 9 专业，我所在的 8 专业就是光学仪器专业。

当时学校的学制是 5 年制，按理说我应该在 1959 年毕业。当年存在一个特殊的情况，就是招生数量上的大跃进。我们学校第一次招了 1000 多个人。其后虽然有波动，但数量上一直没有大的缩减。这 1000 多个人对后来的北工乃至国家的发展，都做出了很大的贡献。这些人当中有200多工农调干生，而工农调干生的存在和我党历史发展的征召需求有着直接的关系，因为党也需要有自己的知识分子。为了培养这部分人，当时会把文化稍微好一些的人招至工农速成中学，两三年后再送往大学。

当时8专业有3个班，每个班大概50个人。9专业也是3个班。因为开课后能明显感受到这批工农调干生在听课情况上存在较大的差距，所以学校也采取了相应的措施，就是将这200名工农调干生抽调出来组成四个干部班，编号为0541～0544，委派最好的老师单独授课，一年后再让他们回到自己原有的班级。这种情况在我们北工的历史上是绝无仅有的。

我在大一时就担任团的宣传委员一职，一年后卸任。854级的三个班里有18位党员，组成了一个854级党支部，我被推选为党支部书记，这也是我入学后所做的一个社会工作，大三又开始兼任学生辅导员。入校以来，我的学习成绩还是不错的，虽然我从小学到高中都是跳级上来的，但我的数理相对更好，在制图、计算等方面也都在班级里位于前列。1955年，由于各门功课都是优良，我成了学校的第一届三好学生，还获得了一枚由我们学院自己做的奖章。

北京工业学院1955年颁发的三好学生奖章

我是8专业的党支部书记，同时也是仪器系的党总支委员。当时系里的党总支书记是彭瑾，我毕业时是冯义彬书记。理工大学的政治工作、党务工作，基本上继承了延安的光荣传统，比较重视政治工作和学生工作，这一点来讲别的学校可能是没有的，所以我才会在三年级的时候就兼职了学生辅导员，负责发展党员和政治工作，一方面物色先进的可发展的党员对象，另一方面做少数后进同学的工作，督促他们按时上自习，等等。

总的来讲，当时整个班级里的学习氛围，还有同学间的团结氛围还

是不错的。那时的院长兼党委书记是魏思文，第二书记是刘雪初[1]。他们白天到科研组、教研室去听课，晚上因为有搞科研的同志在加班，或者是有在教室里备课的老师，所以魏思文还会到教研室去，真的非常负责。刘雪初做报告也非常生动，是将军指挥士兵的那种气势和感觉，鼓动性很强。提到他们，我们北理的这些老一些的同志都深有感触。

1958 年正赶上国际形势严峻的时候，国家急需新专业的建设，所以我就接受党的安排留校了。留校前还做了一段时间的半脱产辅导员。所谓半脱产，就是工作要占到一半的时间，课程是可以延后的。这里还有个小插曲，是 20 人和 21 人的故事。当时学校四系是唐顺清副书记主管学生工作，他最初给了我一份 20 人的名单，要从 1954 级调出这 20 人的名单，来征求我的意见。看见上面有我的名字，因为不想留校嘛，我就和书记沟通能否将我的名额去掉，但后来要上报的时候还是出现了我的名字，我就再一次进行沟通，直到上报时没有我的名字才算放下心来。没想到，后来冯书记找我谈话，要我服从组织的安排同意留校，便于共同建设新专业。就这样，当年留校的人数从 20 人变成了 21 人，兜兜转转后我最终还是被留了下来，我也就从原来经济战线的一个团干部、一个负责群众工作的干部，成为一名理工大学的教师。

三

1959 年开始筹备新专业，当时我所在的 8 专业已经更名为四系，还新增了 42、44、46、48 这四个新专业，其中和我相关的是 42、46 专业，42 是红外技术专业，46 是天文导航专业。

1958—1959 年，因为中苏关系紧张，再加上大家对苏联的教育模式有不同的声音与反思，所以院系也开始调整，对旧专业进行分流，对新专业进行扩建。比如仪器系就进行了新的专业调整，9 专业被分出去成立了一个新的电子系，也就是五系。

8 专业还是隶属于仪器系。而整个仪器系也在此基础上新增了 12 专

① 刘雪初（1914—1992）：湖南省宁乡县（现宁乡市）人。1934 年毕业于湖南长沙第一师范学校。1937 年 12 月赴延安，1938 年加入中国共产党。抗日战争时期，曾任警备一旅政治处副主任。解放战争时期，曾任第四野战军政治部秘书长等职。解放后，曾担任新中国第一任坦克局局长。1958 年 1 月—1960 年 2 月，任北京工业学院党委第二书记。1960 年调任南京工学院党委第一书记兼院长。

业，也就是指挥仪专业。这个专业最早的班是1954级班，成立于1958年，是从854这三个班里头抽调学生成立的一个新的班级名为12541班。它在1960年前后单独划分成自动控制系，也就是二系。

原本的8专业是光学专业，当时分为两个专门化：一个是光学仪器，是炮兵仪器专门化；另外一个是航空兵专门化，它们是一个军用专业下的两个不同方向。

42和46专业是我负责筹建的，之前学校在“大跃进”阶段招收的那些学生此时就成了建设新专业的有生力量，也做出了非常大的贡献，正因为有了那批学生的大基数，才有条件调20人或21人进行新专业的建设。

42专业也就是红外专业，是最先建立的。当时我们学校有海军送的一台热力测向仪，我们将其称为热力雷达，作用是在海岸上探测对方军舰。这个专业的建设也是经过了一定的历程的。起初成立的是与热力测向仪有关的一个研究小组，被称为红外小组。小组里有3个人：一个是1951级的研究生周仁忠，也是学历最高的人；另一个叫林幼娜，是1953级刚刚毕业的；还有一个是1954级提前调出来的何理。因为当时国民党对我们进行侦察活动时被打落了一个美国产的“响尾蛇”弹和几架侦察机。为进行有效的反击，我们就把研究的方向往这个方向引导，也就有了后来的红外专业。

1958—1959年这段时间，学校派向茂楠、邓仁亮在北航分析“响尾蛇”弹的残骸。另外打落的2架高空侦察机中的1架U2侦察机在南苑机场，由我负责分析。根据情报部门的了解，U2的上头有天文导航设备，我的任务就是去查看打下来的这架侦察机上是否存在这个设备。

这个任务主要是查看证实导航六分仪的存在，我通过六分仪的光学定理，分析了它的光路走向，判断出六分仪确实存在。得出结论后，我就上报给国防部第六研究院。我写的报告属于U2敌机残骸分析资料，另一个搞遥感的同志写的是RF－101A残骸分析资料的一部分。我们的报告保密性比较高，属于国家的内部资料，所以没有存放在理工大学这里。

事实上，42专业的成立和我们学校在这段时间内的探索也是很有关联的。我们学校之前的这些传统专业，完全是仿照苏联搬过来的，而现在则是根据国情的需要，由热力测向转向以红外导引为主。从专业的划分上来说，实际上这种变化更合理一些，涉及的面也更广，学校此后建

设的专业也和军委这些研究部门掌握的具体情报有关。

和我有关的，还有名为46的天文导航专业。当时这个专业就我一个人，红外那边有4个人。那时候红外已经成立了大半年了。先是有3个人搞热力测向，后来又加上邓仁亮到北航去分析那个“响尾蛇”，包括一个长波红外和一个短波红外。只是因为受地球弯曲限制，加上探测器的灵敏度也不高，这个热力测向后来就被放弃了，4个人都转向了红外导引，就是“响尾蛇”。而我负责的天文导航由于是用在高空侦察机上的，且当时我国还没考虑自行研制高空侦察机，所以也被暂时搁置了，这样我也被调到了红外专业。当时的红外专业也叫光学导引专业，红外两个字都没有加。向上面报的是红外导引专业，批下来也是这个名字。不过在我们学校还是称其为光学导引，一是因为红外也是光，再者就是从专业学科的角度来讲，光学导引也把原来的天文涵盖了，以后可以发展为天文，对学科未来的空间来说更广阔，也更有伸缩的余地。

不过因为习惯的延续，以及学科划分因素的影响，我校的光学引导专业还是被外人称为红外技术专业，后来北航、哈工大这些军工院校的老师们也来我们北工进修红外技术，所以也让红外这个名称得到了进一步的扩散。

四

红外专业建设初期，我们这些新教师作为建设的主力，也都是摸着石头过河的。很多具体工作我还不太懂，只能去请教马志清副主任。他是负责管理整个工作安排布置的。1960年还是1961年的时候，我被任命为副教研组长，负责专业研究和讲课工作。系里明确下达给我们的任务，就是要尽快培养出第一批学生。我们就从当时三年级的1956级学生里转过来大概40个人。那时候46专业还在，42和46专业就都给转了20个人，这些学生就按照计划在四年级开始学习专业基础课和专业课。

上课需要的课本也是我们这些年轻人自己编的。当时天文导航专业还在，所以我一个人就来编天文导航原理和天文导航系统原理。当时我到处找资料，每门课编出几十页的讲义，能讲上10次左右，20个学时。整体来说，这件事还是很有难度的。因为我们普遍年龄都比较低，周仁忠和林幼娜也只比我大了几个月，而且我们都没搞过科研和教学。

1956级这批学生的教学工作，都是跟着当时国家给我们的科研任务一并进行的，比如说周仁忠讲红外线技术基础，邓仁亮讲“响尾蛇”工作的一些原理。再深入一些的研究我们当时是达不到的。不过就光学导引这个来说，我们就是全国第一家，1961 年毕业的这批学生也是我们国家第一批光学导引专业的本科毕业生。

当时就全国来说，设置光学导引这个专业的也只有北京工业学院这一所高校，所以包括哈工大、北航、南航、成电在内的这些军工院校，都会要求派人来我们学校进修。这些来进修的老师有 10 多人，也和我们的学生一起听课，在教研组和我们讨论问题。后来他们提议要共同编写一套正式的教材，每门教材都由两三个人合作编写，具体包括红外技术、红外制造原理、红外仪器设备，还有红外探测器，一套三四本吧。花费了两三年时间，在 1962 年到 1963 年期间陆续完成。

作为正式教材，这套书只在我们内部发行，不在市面上出售，仅限于这几所军工院校使用，而且署名上也都会起一个新的化名，比如这本书是由 2 个人编的，那就取你的姓我的名，或者是其他形式。当时组织工作的负担比较重，要安排新专业四五十个毕业生的分配问题，对我来说已经压力很大了，所以我没有参与红外这套书的编写工作。

五

1958 年大搞科研的时候，我们学校搞了个天象仪。这个项目我们专业是没有涉及的，基本上都是由 41 专业负责。41 专业里面又分成了两个专门化，内容也发生了变化，从炮兵、航空兵到炮兵、遥感。炮兵叫 411，遥感叫 412。412 由李德熊牵头。李德熊和连铜淑老师都是清华 1950 级的。

1960 年前后，42 与 46 专业合并成了 43 专业。现在的 42 专业是新的，是纯粹搞光学测量的。

1961 年，我校第一批光学引导专业的研究生毕业了，这些学生很快就发展为第一批海军、空军战术导弹研究所的骨干，这也是我们学校最大的贡献。包括北航、哈工大等高校派到我校进修的老师们，在归校后也设置了这个专业培养人才。但我校培养的第一批学生，可以说还是比其他学校的同类专业早了三四年、四五年的。此后我们的新专业也一直在招生，从 1957 级直到“文化大革命”前的 1965 级。1965 级作为“文化大革命”前的最后一级，编号是 43651，其中的 43 是专业，65 代表

1965 年。整个招生时间前后有 9 年，1 年平均按 10 人计算，就培养出了一二百个学生。

“文化大革命”前，我们还开了几个较为零散的实验。当时的实验室建设是有局限的，所以作为学生的教学实验，也就四五个。教师队伍的话，除了开始的 5 个人，后来毕业学生有的也留校，保持在 20 人左右的规模。当时国家强调“三材”，即教材、人才还有器材。从这方面来讲，由于经费条件加上热力测向仪、跟踪实验之类的演示性实验对仪器的要求比较高，人力也受到限制，实验很难开展，所以我当时主要还是在做行政工作，大部分时间都在担任党支部书记兼教研室主任。

六

“文化大革命”期间，系里的教学和研究都处于停摆期。1965 级的学生在课程方面相较于之前少了很多，只有很少一部分学生学了 2 年多一些。

“文化大革命”结束后，学校明显呈现出两个大的变化：一是整个体制变了，首先是原有的“系”和“专业”的名称都被改掉，“系”成了“中队”，“教研室”改成了“小队”，同时基础课教师也被统统下放到教研室，所以我们教研室老师的数量也进一步扩大到了 30 多人。第二个变化就是北工的定位被划归到了兵器部，应兵器部的要求，国家对北工的定位有所调整，北工负责的红外专业被搁置，以便于集中力量解决别的问题。

北工红外专业下马后，人心浮动，大家都在考虑自己的出路。我给系里和学校都打了报告，提出要带上周仁忠与穆恭谦进行全国调研，争取寻求新专业与新出路。我们当时把目光放在了激光上，前后历时一个多月，先后到了上海、成都、西安等五六个城市，有了一系列的发现。比如最早研究激光的上海光机所，已经研制出了大功率的激光器；西安光机所成立了研究激光的小班子，西安的五机部光机所也在思考研究激光的可能性；成都 209 所所长也提到他们将要为激光研究所挂牌；此外清华也有研究激光的想法，天大也已经搞了一点点激光的研究了，也想成立专业。

回来后，我们就把国家已经将激光纳入下一个发展重点方向的事实趋向上报给了学校，要求成立激光所。几个月的时间，成立激光技术专业的这个要求就批下来了。1972 年成立激光技术专业后，我们当时的研究思路和发展方向，是以激光技术为主，以中小激光器为主，不搞大功率，从激光测距起步，以激光制导为方向，激光制导里头以对空目标为主。

因为之前的调研工作和发展方向已经确立，所以很快我们这支队伍就稳定住了。到了 1975 年，我们就编写出了全套教材。同年教育部在武汉开了一个激光的教材会议。当时只有我们北工能拿出全套教材，会议结束后才由清华编写了《激光原理》。天大还有一个技术翻译集，所以技术方面的就以天大为主。回来后，兵器部知道了我们的情况，要求我们在原来的基础上进一步编写有关兵器部的一套教材。兵器部的《激光原理》是由长春光机学院的院长编写的，其余的教材由我们北工来编。到了 1977 年和 1978 年，这些教材就陆陆续续出版了。

在这件事上，我们比较出彩的是激光实验教材，这是因为我们在搞激光时比较重视实验的问题，我和实验室主任张自襄对实验抓得很严，还和其他教师一起商讨出了 10 个实验，打算在 2 年内陆续展开，把这 10 个实验分散到各个科研组，再结合科研做到科研与项目的统一，最终，我们把这 10 个实验都开出来了，并由张自襄写了一本《激光实验》的材料。本来是想作为实验指导的，但我们把它印成了一本正式的书。后来的若干年内，这本实验指导书都是一些有激光专业的学校所采用的教材，因为它的编写确实是比较出彩的。

当时我们一共编写了 4 本书，分别是徐荣甫作为主编的《激光技术》，分上下册；周仁忠和邓仁亮编写的《激光导引原理》；李乃吉的《激光探测器》，再加上这本实验指导书。

我们的激光技术专业，从 1972 年创立之初就开始招生，编号为 43721，每届是 20 多人的样子。学制上也有所更改，从 5 年制变为 4 年制，学生们是从 1972 年招收来的，1974 年下半年就开始进行专业学习了，2 年后再毕业。

七

我们是从 20 世纪 70 年代左右开始科研的，第一项科研就是研制北京炮兵的激光测距仪。最初接受这个任务是在 1969 年，具体时间就是我们专业刚刚要转向激光的时候。因为接受了这个任务，也成为我们后来

选择激光作为新开设专业的一大因素。这个任务对我们学校、我们专业、我们学生都非常重要，尤其是学生，他们不能只照本宣科、囿于书本，而是需要做大量的科研实践。

这个激光测距仪对我国的炮兵来说也很重要。我们当年的测距原理和算法，从现在的角度来看，其精度的计算是不够准确的，但我们当时的那个 1 米相距法还是拿了国家奖的，因为解决了从无到有的问题。

研制过程中比较难的问题在于，这是一个从无到有的过程。首先要研制一个激光器，另外要有一个时间的开关计算，需要把光发出去和接收到的时间记下来并很快算好。因为激光的速度很快，返回目标的时间又很短，所以需要有能够达到毫秒级计算时间的仪器。这个东西我们也没有，于是大家就在周仁忠老师的主持下，对这些所需仪器进行研制。因为大家的心都比较齐，所以用了不到 1 年的时间，就把激光器给研制出来了。

还有一个难点在于，光的接受仪器必须很敏感，这就对仪器有了很高的要求，要能接收到很弱的反射回来的光波，还有就是要把时间精确地计算出来，以免造成很大的误差。

当时北京炮兵给我们提出的指标是测 10 公里、20 公里的，10 公里误差 10 米。从测试的精度来看，第一型的精度都已达到指标，我们当时能测 12 公里，误差也在 10 米内。

开始的试验是在六号楼的楼顶和南门一号楼的楼上做的，之后又测北大的水塔。我记得那也就是 10 公里左右。测试成功后，我们就跟炮兵商量，要去他们西山司令部附近测量，最后的结果自然也是成功的，研制出的东西很快就得到了应用。

我们专业研制出的这个激光测距机，是我国第一代激光测距机，同时也是国内第一台军用的激光测距机，后来的坦克测距机、天文测距机等等，都是以此为基础弄起来的。在鉴定时，我们把技术包括具体线路都无偿提供给各个部门了，所以此后它们的第二代各种各样的激光军用测距机也都是以此为原型发展起来的。

这个机器我们做了三代。到了 1974 年前后，第三代的测量距离就从原来的 10 公里达到了 24 公里，精度也可以缩小为误差 5 米了。

这个激光测距机是我们这个专业的首个真正意义上的国防科研成果，同时也是我们在整个激光科研方向上与国家同步进行的证明。当时的教育部、科研部、兵器部、国防科委这四个部委的论证，大概是在“六五”计划的时候，这些论证我们也都参与了。

八

在论证激光其他应用的技术时，我们写下的应用目标是激光制导，项目为1245。1245其实就是我们学校发展激光专业的规划，是我们这些研究者根据学校的资金、技术水平，与兵器部、国防科委的上级领导一致达成的发展方向，其具体内容是不搞大激光（激光武器），只搞中小功率的激光器，以激光导引为主，以空对空飞机、空对空的激光制导为主。

1975年2月，国防科委在我们隔壁的友谊宾馆召开了一个关于激光制导的会议。我们学校科研处是范琼英老师去参与的，临时加上我，由我们两个人代表北工去参加了那次会议。会上专门布置了激光制导的问题，当然还有好多单位参加，包括北航、南工、兵器部的209所等。空军和国防科委将激光制导的项目交给了我们北工，一方面是因为我们北工有光制导的历史，另外就是因为空对空激光制导的技术含量很高。

1245项目之所以被命名为“1245”，是因为有一系、二系、四系、五系这4个系的参与。这个项目不属于具体的哪一个系，而是由校科研处直接管理。四个系都要找一个人，然后组成一个5人小组。我是组长，一系有文仲辉，二系有李钟武，四系有周仁忠，五系的同志现在去世了。

整个项目以四系为主。第一步计划是先搞导引头，就是一个跟踪的头，也是光学光电的工作系统。我们以四系和周老师为主，其他的学院先做书面论证，一系要做的就是壳体设计，二系负责弹体旋转和弹体舵机控制，五系当时是无线电系，需要与二系互相配合，但实际上二系、五系基本上都没有启动。

真正的工作全在我们四系。一是激光头的接收问题，炮兵激光需要做高重复频率。空对空需要实现高频的激光器的研制，将原本的低重复频率向高重复频率转变，这部分工作由当年我们教研室的一个副主任徐荣甫来负责。

我们四系的工作，主要分为两个组，每组都有四五个人。周仁忠这边为一组，他作为主导，下面还有刘振玉、何理、卢春生等人。另一边有徐荣甫、邓仁亮、张自襄等人。这个项目从1975年开始。基本上都是老师来做。后来才有学生参与。先是由我们这些老师做到一定的程度，

随后才作为学生的毕业实践环节。可以说这是我们四系当时最重要的一个项目了。在这个项目上，我们和系里是平行的关系，不归系里领导。这个项目当时是学校直接抓的，由范琼英直接来管理。我是项目的总协调人，具体负责两个组在指标、进度上的配合，在什么阶段应当做出什么。

这里还要再提一下周仁忠老师。他在这个项目中是非常重要的，可以说是做了很多的贡献。

目标定位器属于接收这一部分，所以也是由周仁忠老师来主管的。他需要提高定位的精度，通过分析美国的导弹和后来的激光制导导弹，判断出它不是像“响尾蛇”那样完成跟踪的。后来我们分析美国透露出的一些情况，也判断它不是利用像“响尾蛇”那样的原理达到的。他用了半年多的时间，先把原理做出来，紧接着又在不到 1 年的时间，在 1977—1978 年把原理和实验样机都做出来了，结果已基本成型。整个过程用了两三年时间，这个速度别说是当时，就是现在看来也是很惊人的。

我觉得这是跨了一大步，从不是旋转弹到旋转弹，等于是把这个坐标的问题在原理上解决掉了。下一步就是要进一步解决精度问题以及装载整个弹的问题，还有整个弹的配合问题，所以这个项目在当时可以说是前途一片光明。

但可惜的是，后来学校要求我们这个项目脱离国防科委转向兵器部，导致技术含量高且前途大好的空对空激光研制项目最终不了了之，转而花费大量的时间精力投向战术上受限且效用不足的反坦克激光制导器的研制。而在之后进行的院系人才选用和调整，对二系、四系的专业力量造成了很大影响。四系逐渐丢失了原本长期占据的全国第一的领先位置，让人不能不感到惋惜。

九

1978 年，李振沂就通知我当时教育部给科研部下的明确指令，在春节前至少要派 100 人出国。我接到通知时，距离考试只有一个半月的时间了。这次考试我通过了，之前我有两次出国都没成行的经历，当然都是因为一些客观原因。这次我终于顺利通过了。我的笔试成绩 87 分，口试也是优，考试的时间在 9 月、10 月，1979 年 1 月的时候，我就出国了。

1979 年年初，我来到西德的柏林工大学习，学的是可调谐激光技术。柏林工大有两个与激光有关的教研室，一个是激光技术教研室，一个是激光光谱教研室。我被分配到激光光谱教研室。

当时学校为了激光光谱应用还特意请了当时一个叫汉斯的德籍美国人。因为他发明了一套高分辨率的可调谐激光器。高分辨率就是指激光光谱宽度非常窄，光谱要向最窄的原子光谱靠拢。这种最极限的程度在过去是不可能达到的。这个德籍美国人汉斯在美国做了一套汉斯系统，是很复杂的光学系统。他不仅给柏林工大做出来了，还帮这所学校带了两名研究生，把整个系统都搭建到可以运转的程度。成功运转后，他要求我把这套系统做得更完善，还给我配了个研究生做助手。我们做了一些实验，来分析他那个高分辨率光谱，包括他分辨了什么同位素、同位素光谱，等等。

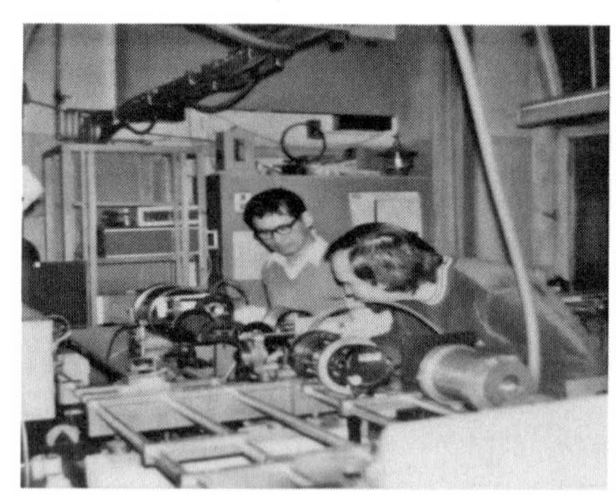

张国威在柏林工大激光光谱实验室与研究生做线宽压窄试验和扩束棱镜角色散放大试验

我主要是来研究如何改进这个设备的。经过将近 1 年的时间，我才把它的整个系统摸透，知道它的问题所在。整个过程都是我自己在摸索。我发现了一个问题，就是这个系统很不稳定，元件不稳定，光源就不稳定。

于是我就跟教授提出了自己的想法，建议把泵浦源给改掉。我提出用红外光来泵浦的能量不行，可以用绿光来代替紫外光，而这个光的输出就明显具有稳定与大功率这两个优点，更适合这套系统。教授也认可了我的想法。于是我就先订了一个 YAG 激光器，另外订了一块变频的晶体。随后，我又发现几个其他的问题，比如它的这个线宽进一步压宽还

有余地，距离极限还有将近半个数量级，估计再压缩个四五倍，还是有这个潜力的。

我是通过实验做出的这些结论，其间也在国外发表了好几篇关于这个问题的文章，比如《光的色散的问题》。这个色散的放大理论应该是我的发明。回国后，我把自己的研究整理系统地写成一篇文章，在我们国家光学的最高学报《光学学报》上发表了。

在国外的第二年，我进一步改善了它的系统设备，把那个设备有的东西重新加工，等硬件设备都准备妥当，我就带着那个学生来改造。到我们2 年留学时间进行到一年七八个月时，就基本调出来了，稳定性也没有问题了，整个光学系统经过改造后，原来是紫外光的泵浦系统也被我改造成了玻璃的，精度大大提高。

因为想要精进的功能基本都实现了，所以教授就很高兴。我跟导师提出一个要求，就是在回国前给我安排一次全西德最好的激光研究所和学校的参观，要有七八个研究单位。于是我就在包括慕尼黑大学、慕尼黑激光研究所等这些很著名的激光研究所和大学里参观了一圈。

留学时感觉国外的光学技术确实比国内要先进得多。因为西德的光学原来在世界上就是一流的，比如说蔡司的光学和它的激光技术，甚至可能与美国平分秋色。从激光方面来说，在所有的西方国家里，这两个国家是最先进的。

考察结束后，我在 1981 年春天就回国了。

十

1981 年春天，我回国后发现学校的系里已经出现了很大的变动。首先是人事上，二系、四系的领导班子来了一场大的变动，很多以前的老师都已不在了。再就是 1245 项目也不再归四系负责，整体的走向从空对空转为反坦克，一系成了主力。还有就是我的职位也发生了变动，从原来的教研室主任变成了管教研室科研的副主任。

职位变动后，我发现自己的工作几乎是寸步难行、难以开展，意见也很难被采纳。于是我就找当时的系总支书记赵登先商量，提出想要辞去行政职务专心搞科研，将我引进来的工作做好。赵书记同意了我的请求，于是此后我又从零开始，重新做我引进的项目。

教研室给了我一间小实验室，20 平方米左右，还有一张空台子。我先申请了一些小基金，国家科委的、自然科学的基金，前前后后六七个吧。那时候经费少，一般的都是五六万元，个别多一些的也就是一二十万。利用这些小基金，我建了实验室。那时候我已经是副教授了，开始带研究生了，但当时带的研究生很少，只有一个学生。

我的教研室是激光技术教研室，编号为431。我做的这个课题，当时就我一个人在主持，经过四五年后才逐步起来。这时候我就申请了高分辨率染料可调谐激光，这个项目当时还是国家自然科学基金的，这个基金的经费就多一些了，我记得好像是30万元吧。完成这个项目时，配备了一个实验员，后来才来了个教师。

可调谐激光这个概念在当时的国内是没有的，在国际上也是很先进的，所以在国内，我算是一个开创者。

这个项目在国内的进展还是有很多困难的。从经费到元件的筹集，都要比国外困难。国外好多元件都可以买现成的，而国内个别的元件还要到国外去买。光是到国外订货的这个手续，就很困难。当时我需要一个光栅，国内根本就没听说过这种全息光栅，国内的光栅都是手刻、光刻出来的，而且每毫米只有几百条。国外都是1毫米2000条，所以这个东西就必须到国外去买，这个花销就已经占到全部经费的三分之一了。此外，时间上也是个大问题，从申请到真正买到，还要有将近一年的时间。我最后用的很多东西都是在国内找车间的王师傅做的，波长大概可以达到1/20米。这在当时已经算是国内最好的配置了。

拿下项目的第一年，我们就自己创造出了这些实验条件。到了第二年，算上我已经有了4名教师。我每年能有两三个研究生，有些小自然科学基金的课题交给研究生做就可以，教师则主要集中力量搞这个系统。因为当时有一些小的自然科学基金还在做，有的还是平行课题，但还是以这个项目为主。这个项目我们大概做了前后4年，实验所需的条件就差不多都具备了。

因为在西德的2年里我已经在实验和理论上都做过相同的实验，所以回国后等于是把国外的东西搬到国内，再用国内现有的条件把这个实验完整地完成一遍，已经能做到心中有数了。实验完成后，我就拿着结

果请王大珩[①]院士来给我们鉴定。我们的成果由他来组织鉴定后给出的结论很高，认为我的成果可以用八个字来概括，那就是“国内领先，国际先进”。

十一

在这个基础上，我就申请了国防科工委的国防基金，这是我的第二个项目，就是掺钛蓝宝石的可调谐激光。这个项目是我从国外回来以后才真正发展起来的。在国外我就知道有这么一个晶体已经出来了，但是还没看到过像样的激光器出现。回国后我就听说国外已经做出了很好的激光器，只不过也是刚刚出现的，时间是 20 世纪 80 年代初，所以我的研究在国内也算是更进一步了。

当时国内没有这种晶体，我们只能到国外去买。为此申请的国防科学自然基金，也很顺利就批下来了。这个基金被列为“国防重点基金项目”，所以当时就给了 100 万元，相对来说已经是很大的基金数额了。我的这个基金，算是系里的第二个重点基金。实验的两个材料都是向国外买的，一个是晶体，另一个就是泵里的快速闪光灯，这个东西当时国内还做不出来，这两个东西都是我通过一定的渠道托关系买来的。

项目确定后就要订合同，那已经是 1993 年了。我也已经到了退休的年龄。按照学校的制度，我已经不可以再签订合同了，所以需要找一个能接我这个项目的人。我就在系里物色人选，最终挑中了系里的青年教师辛建国，他是当时系内造诣较高的两个青年教师中的一个，有留英经

---

① 王大珩（1915—2011）：应用光学专家，原籍江苏苏州，1936 年毕业于清华大学。1938—1948 年在英国学习，获得硕士学位。在光学玻璃科学研究工作中有重要成就。中国科学院院士。我国光学事业奠基人之一。为国防现代化研制各种大型光学观测设备做出了突出贡献；对我国的仪器仪表事业及计量科学的发展起了重要作用。20 世纪 50 年代创办了中国科学院仪器馆，以后发展成为长春光学精密机械研究所，任所长，领导该所历时 30 余年。早期研制我国第一埚光学玻璃、第一台电子显微镜、第一台激光器，并使它成为国际知名的从事应用光学和光学工程的研究发展基地。1986 年和王淦昌、陈芳允、杨嘉墀联名，提出发展高技术的建议（“863”计划）。还与王淦昌联名倡议，促成了激光核聚变重大装备的建设。提倡并组织学部委员主动为国家重大科技问题进行专题咨询，颇有成效。1992 年与 5 位学部委员倡议并促成中国工程院的成立。1985 年获国家科技进步特等奖，1999 年获“两弹一星”功勋奖章。1994 年当选中国工程院院士。

历，回国后开始做二氧化碳激光器研究，他做出来的二氧化碳激光器是当时国内水平最高的，再加上我们两个人的关系一直挺好，我就和他沟通分析专业项目的利弊，他也同意接替我的项目，但当时系里以辛建国身上的项目过多为由，拒绝了我们的转接。

于是我就只能重新物色新人，最后把项目交给了一个年纪比我小了不到10岁的朱宝亮，让他来签字。因为很相信他，我就把用人权、经费运用权都交给了他。退休后，我又延聘了将近1年，才办了退休手续，领了退休证。那时朱老师又来返聘我，我就给他做了顾问，继续参加这个项目。

这个项目朱老师完成得很漂亮，其中的要害就是一个放电时间的问题。放电和电源是最关键的设备，是两个关键的元件。这个问题把握好，加上他本来就是激光器系统的行家，再加上12所的放电，两三年的时间项目就做出来了。

朱老师新做出的这个项目，因为是固体而非液体的，整个设备也没有那么庞大，所以就有很广泛的军事应用前景，比如在瞄准、测距、遥感导航上都可能应用到。

十二

自从1981年归国以来，我就一直把主要精力投在了科研上，一共带了八九个研究生，还在系里开设的“近代光学”这个类似讲座式的选修课上给研究生们讲过一些课程，负责讲授可调谐激光器方面的知识，大概10学时。另外就是在激光课教材需要修订时，我把可调谐激光器作为新的一章加了进去，丰富了研究生的教材。

退休后，我在2002年出版了一本《可调谐激光技术》，以此作为我在这个领域的一个总结，也希望通过这本书来达到承上启下的目的，交代国内这项技术的耕耘轨迹。

年前我和朱老师聊天的时候，有了一个新的计划，那就是对我们之前的研究，再加上一些新的想法重新进行研究和探讨。学校最近这两届班子的年轻人还都不错，他们对我的想法也表现得很积极，我也争取再为学校发挥一下余热。

张汉萍——勇于突破的初心始终不变

人物简介：

张汉萍，1940 年 9 月 29 出生于湖北省武汉市，北京理工大学副教授。

1957 年考入北京大学力学系流体力学专业，1963 年毕业后分配到北京工业学院八系 812 教研室任教。

长期从事教学和科研工作，曾参与冲击动力学教材和算法语言的教材编写，参与国家重要攻关课题——032 项目、坦克破甲弹技术问题、飞行器自爆的炸药等科学研究，同时在教学方面，负责计算方法、方程等数学课授课。

2000 年 1 月退休。

访谈时间：2019 年 12 月 13 日

2019 年 12 月 25 日

访谈地点：北京理工大学图书馆

采访人：郭晓明

摄像：吴哲

访谈提要

张汉萍老师于1957年考入北大力学系流体力学专业，1963年毕业后由国家统一分配到了北京工业学院八系812的教研室，自此开启了自己的教师生涯。她先后负责参与了爆炸原理理论课的讲授、冲击动力学教材和算法语言的教材撰写、032项目的测验、坦克破甲弹等技术问题的解决，以及培养外国留学生的工作等。

一

我是1940年9月29日在武汉出生的，出生的时候，正赶上抗战，整个武汉都在经历无休止的大轰炸，我小时印象最深的就是时刻响起的警报和步履不停的逃难。爸爸背着我，哥哥姐姐们在身边走，我们躲到防空洞里去，有时候警报结束一出来就能看到满街的尸体和讨饭的人，印象很深。

我父母原来是教师，在教会学校任职，因为母亲的心脏不好，不能时常工作，所以家里的担子一般落在父亲的身上，家里人又不少，生活得比较拮据。我的小学是在武昌的三育小学读的。所谓三育就是德育、智育和体育，学校有些慈善的意思，学费很少，有的学生也可以不交，因为这个教会学校建在农村，所以生源也比较少。学校除了教文化课还要求我们做礼拜，不过因为我们的年龄还小，所以要求得不严。1950年，我们这里就解放了，解放以后，美国的传教士们都撤了，教会学校教学上维持得很困难，因此有的学校停办，有的学校就跟别的学校合并了。

解放之后，我面临上初中的问题，我原本是考到了省二女中，我爸爸是教师，解放后被分到了湖北的圣·希理达女子学校①，也就是省三女中，但是因为当时太小，所以我父亲就给我办了转学，转到他所在的学校读书，我一直在这里读完了初中和高中。

我们那时候高考没有分文理科，第一类志愿是理科的，第二类志愿

① 圣·希理达女子学校：由美国基督教圣公会于1874年创建，1952年更名为湖北省立第三女子中学，1954年更名为武汉市第二十五中学至今。

是生物和医学这些，第三类志愿就是文科。随便报，文理都要考，像是俄语、政治等也都是必考的。高考填志愿的时候，我原本填的是北大数学系，后来校长找我谈话，就说国家建设特别需要力学，建议我填力学，于是我就改为第一志愿北大数学系的力学专业，第二志愿北大数学系的数学专业。

我 1957 年考入北大，因为学生工作的处理问题与宿舍的分配不甚合理，导致我刚到学校的时候时常是一个人，加上年龄小、胆子也小，所以在学习和参加活动方面都特别被动。我也不太敢逛校园，一般也就只走宿舍到食堂这条路，直到后来宿舍调整把我从 26 斋搬到 35 斋，同班同专业的同学们都分到一起，我这样的情况才有所改善。

我们一年级 250 个人，数学、力学、计算一块上大课，三年级后才开始分专业课，我在大学期间很少参加活动，多半是专注在学习上。因为北大毕竟是全国尖子生的汇集地，学习压力比较大，加上大学的课程与中学不同，一些数学课也比较抽象，对于我来说去适应这个新的抽象思维很难。首先是大学讲课的速度就很快，再者当时又没有书，所以之后的复习也很费劲。好在当时我们也搞学习小组，男同学、女同学互相组织学习、相互交流，这样感觉能理解得更好一些。

三年级以前我们基础课是一样的，三年级以后再分班。我们力学专业就分为流体力学、固体力学等好几类，我被分到流体班。全系的学生大概是 250 个人，我们力学的人最少，数学的人最多，计算数学的很少。我们力学的人一共三个班，我是 2 班。四年级开始又重新分，流体班、固体班，这是两个大班。

力学专业里 20 多个人，我们那时候学 6 年，后来又分专门化，最开始力学变成系，系里面原来这些专门化就变成专业，力学专业、固体力学专业、流体力学专业和一般力学专业等。我们流体力学里头又分好多专门化，有空气动力学、高超音速，还有波动的，波动实际上是跟爆炸有关的。教授我们流体力学的老师，我记得有黄敦老师。他和他爱人都是留苏的，经常邀请我们女同学去跟他一起跳舞。

当时北大的实习和实践都不太多，我们四年级有一次实习，我那组被分到水利部，先到二里沟的那个部里面查资料。我本身对于实习的印象不深，主要还是查资料，还有一次是我们到工厂做认识实习，要找出一些力学的问题做改进，时间比较短，收获也不是很大。

1957 年入学后，我在学校待了 6 年，学制是延长了的，这与当时的时代背景是分不开的。北大不是统一的学制，1959 年，学校搞教育革命，分好多小组，学生代替老师讲课，学生领导老师。这场改革不是全国范围内的，主要就是我们北大，原有的很多专业都从 4 年改成 5 年，比如物理、化学专业，因为力学比较新，比较需要基础得打牢，所以改成了 6 年。

二

我 1963 年毕业之后由国家统一分配，被分配到了北京工业学院八系 812 教研室。

其中还有一个小故事。在学校报到之后，和我一起报到的同学们很快就得到了学校的指示，到了被分配的系里开始工作，可是我的分配指示却迟迟未到，好长时间后才批下来。后来才知道，因为我是外来的，我的专业同时引起了一系和八系的兴趣，双方都想把我招至麾下，其间争执了很久，最后的会议上觉得我的专业更贴近八系的研究方向一些，才彻底定下来。

我的专业是流体力学，一系有空气动力学教研室，我与他们的专业相关，而八系是新成立的，丁敬先生是系主任兼 812 教研室主任，他想提高系内爆炸的理论水平，我因为学的是波动、流体力学，和爆炸有关，所以双方都对我感兴趣，最后，我还是来到了八系。

我的主要任务就是教学，提高八系的爆炸理论水平。812 教研室基本上就搞爆炸物理、爆炸作业原理，但是此前的课都只是相对理论的，比较欠缺更深入一点的。我的工作的任务安排，实际上也涉及丁先生对于八系整体的发展考量，丁先生留美归来对外界的科研状况有较为充分的认识，这个时候他已经知道国家打算搞“两弹”的动向，八系作为一个综合性的学科，他认为进一步完善爆炸上的理论、提高整体的水平是非常有必要的，因此组建了教研室，我的工作也就定了下来，开始了跟着 1960 级的学生一起听课并加以辅导的日子。

跟八系的专业相比，我需要提升的主要是实践方面，比如装药、炸药之类的我都没见过。那时候数字计算也没那么发达，所以理论上非常难，因为它那个数学根本没有解析解的，计算机中国刚起步，这样的状况对我们力学研究来说，当然比较困难。力学的基础是数学，涉及数学

里边最难解决的方程，核心数学上解决不了问题，就导致力学难以突破，只能停留在原理的层面。很多设想难以落地，实验规律也不太好找，经验公式也不是一个普遍的公式，局限性比较大。

在这个阶段，我主要学习和爆炸、装药相关的东西。我一边到实验室，一边听丁先生的课，然后给学生辅导。学生做什么实验，我也跟着做，一切都从头到尾参加一遍。当时丁先生上课用的课本是以俄文翻译过来的《爆炸物理》为基础的，他还写了一本笔名是冯季的讲义，书名为《爆炸作用原理》。这本书属于基础性的，后来张宝平、王进庚，还有81专业的李景云、恽寿榕等老师也都参与到编纂中来，将这本书丰富了很多，内容囊括聚能效应、空中爆炸、水中爆炸、土中爆炸和一些炸药的基本知识等，分上、下两册。在这期间，丁先生给我提供了很大的帮助，他一直在耐心教我，考核学生的题目也会先拿来给我做。

1964年上半年，丁主任带1960级的学生去763实习，我就主动申请跟他们一块儿去了。这也是为了给后续的教学和工作打下基础，因为我的实践方面确实很不够，只停留在理论上，比如763工厂是装药、装弹的工厂，而什么叫装药，我也不理解，书本上多次提及柱装、压装以及其他的名词，而我在学校却顶多只能做柱装、压装的实验，其他的受限，我需要多去了解和分析。

在工厂实习期间，我很努力学习、实践，每天和工人一起做工，因为我觉得实践真的太重要了，很多时候书上艰深的知识在实践中很快就能够理解。到了这里我才知道柱装用什么装，炮弹是怎么装出来的，我原来对这实践一点概念都没有。

工厂是有柱装车间的，因为这个对于日后的教学和科研很有用，所以我执意进去学习。当时学校的负责人也劝我，工人也说柱装车间从来没有女的进去过，这个对身体有很大的影响，女同志也可能会不孕，但是当时我一心想弄清楚结晶的问题，所以谢绝了劝阻，还是进去了。我戴的那个手套里全是TNT，因为长期接触，我过敏到双臂长红疹，慢慢地结痂，然后脱皮，换了一整层皮，很长时间才恢复的。

我是一个老师，我觉得我应该有这样追求知识的精神，我不怕苦，不是只干了两三天，而是做了一个月，之后，我对这些东西都有了概念，我觉得这也是一份很大的收获。

实习回来之后，我还是负责教学任务。我们教研室有王廷增、张宝平、张鹏程、李华、高贵臣，我们就6个人，后来又来了张守忠，共7个人，全教研室都负责讲爆炸作用原理这门课，不同的人讲不同的章节，我是从头到尾跟着他们辅导。当时三个班，我得管两个班。王廷增老师管一个班，我一般是先跟王老师预做一遍实验，等预做完后，学生来了，我们再一起辅导这些学生。除此之外，我还接管高速摄影的操作，组织学生进行光学测试。

三

在1964年下半年，1960级毕业的时候，我负责这些学生的辅导，并参加了032科研课题。

我们系里的032科研课题项目是丁敬老师找来的。起因是1424会议，参与会议的都是有一定地位的人，丁先生也在其中。这里涉及一个背景，苏联专家走了以后，我们国家对爆轰方面的研究等于刚刚起步，所以全国有一个爆轰物理的领导小组，丁先生是小组的领导人之一，地位比较高。这一次的会议中涉及一个大型的实验，地点是中央军委主持的一个规模庞大的堑壕，目的是测试野外的冲击波，为此后国家的核爆做准备。在这次会议上，丁先生作为北京工业学院的代表与当时的科学院兰化所，204所，中科院的901、902、903等科研单位负责人进行讨论，最终为学校带回了这个课题与实验数据。

032科研课题实际上是研究起爆的相关问题的，我们需要一些手段，做出经得起各种严格的考验、要求非常高的药，这就涉及一定的数据，我们需要测完了数值后，再计算，找寻规律。

我们系里当时已经具备了一定的实验条件，拥有实验设备，有充足的可参与实验的老师与学生，得到这个项目课题的时候，大家都是比较高兴的。虽然我们当时不太清楚032课题的最终目的，但是首先我们有了任务，可以开动实验室的设备，再者学生的毕业设计也有了实际的对象，这些都算是一个进步，大家都在其中找到了一种自我价值。

项目没拿回来多久，就遇到了1964年的“四清”运动，这场运动中主要搞科研的几个骨干像是黄老师、恽老师这些是可以留在学校的，剩下的老师全部都要参加“四清”，我也在其中，我是第一批，参加了127工程团。我们是在1964年12月7日走的，等到了第二年夏天割麦子的时候，大概6月份的时候，我就回来了。等我们回来时，那些骨干老师

们已经搞出很多成果来了。

032 科研还有一些新的意义，实际上解决了实验上的很多问题。在这之前我们国家的弹药基本上都从苏联学来的，主要用的是 TNT 和黑索金，做实验通常只能用 TNT，因为它比较便宜，量又较大，但它的副作用也相当明显，对身体也有一定的伤害。像是奥克托金这样的东西我们是拿不到的，价钱和数量都是问题，相比而言，黑索金爆速是比较高的，但是难以做出形状，熔点又高，没法利用。炮弹里面基本都是 TNT 这个级别的弹药，所以 032 科研实际上是把高能炸药能用到炮弹里去。032 以后，弹药能够做成可塑性的东西，这是能大大改善加工性能的，可以压成需要的各种各样的形状，甚至进行切削加工，不得不说是一个进步。

研制出 032 这样非常严格的药，需要考虑的有很多，首先要思考如何做成药柱的问题，不能散，所以需要在外头包覆一层动感的东西，还得软的才能压成型，再者还需要一定的密度，因为要有一定的爆压，否则威力就小了。爆速也得高，这都有着严格的要求。

032 这个项目当时做了一年多，从 1964 年 9 月份开始，完全都是咱自己摸索的，然后形成操作规范，规范都是我们工业学院自己做出来的，所以后来 204 所叫黄老师和恽老师给他们建一套测试方法。

当时负责研制 032 配方的是徐更光他们团队，8701 也是他们团队负责。1966 年年初，项目就做出来了，其中 HBD 的配方是最好、最漂亮的，就像白色的瓷器一样，各种产品配方都有，8701 也出来了。他们把配方搞出来之后，由黄老师他们研究怎么成型，成型了以后还要测它的物理、化学性能，热性能，进行高低温试验、限胀系数等各方面的检验。它的爆炸性能就是用高速相机、示波器等一些电和光学的手段来测的，是我这个组来做的。

032 项目完成后，来校参观学习的人非常多，也有很多大领导和专家，比如有王淦昌①，他是二机部很有名的专家，还有航天航空专家、院士什么的，高校研究所来的人就更多了。我在这个过程中主要就是操作

① 王淦昌（1907—1998）：江苏常熟人，核物理学家，中国科学院院士、“两弹一星”功勋奖章获得者。1929 年毕业于清华大学物理系。1933 年获柏林大学博士学位。王淦昌参与了中国原子弹、氢弹原理突破及核武器研制的试验研究和组织领导，是中国核武器研制的主要奠基人之一。曾荣获 2 项国家自然科学奖一等奖、国家科学技术进步奖特等奖等。

仪器，运行高速摄影机。

当时拟爆的时候，我也负责做一些实验测试。当时的研究所是不相信我们学校所测出的高精度数据的，科研所下的兰化、204、901、903这几个协作单位，都来和我们比试、考验我们。实际上，我们作为高校，虽然我们仪器精度不如他们高，但我们工艺或者试件这些东西都要求一步一步很严格的。比如做架子，药柱放在何处，螺丝拧几圈顶紧等实验步骤都非常规范，因此数据自然准确。研究所和我们的“比武”是同时进行的，他们测他们的，我们测我们的，都在我们实验室做，比数据，最终被我们学校的数据征服，承认了我们的能力与地位。这也为后来学校成立重点实验室打下了基础。

取得这样的成绩，与我们前期的工作和丁先生的努力是分不开的，也是因为有丁先生，才能把一些最新的情况带回来，让我们跟世界最新的东西接轨，因此我们专业当时在国内是处于一个很领先的地位的。

032 研制成功后，我们就在展览会上进行好几个样品配方展览，很多的兄弟单位都来参观了。其中有一个配方是特别好，就是 HBD，做出来就跟瓷器一样，根本看不出来是炸药，表面都发光的，白色的，还特漂亮。

后来我们的样品试验爆炸成功了之后，又将测试性能的方法步骤一并提供了上去，包括测力学性能、物理性能等。测试方法也都建立起来了，推广到相应的一些单位。后来我们还去了 204 所，帮助人家建立了一套测试方法。从测现状系数、冷热变化、断裂强度、劈裂强度这些都是普通金属或者非金属这些非爆炸物质，移植到爆炸物里头来，实现了飞跃。

在研制 032 的过程中，我们还做了 8701。204 所也搞了一个，叫作 8321，是黑索金外面包覆一些东西，他们做包覆的成分跟我们不太一样，性能不及我们，推广到工厂以后，很快就发现长期储存的效果不好，里面的很多成分跟外壳相互之间有反应，会将外壳腐蚀，而炮弹的储存是长期的，因此这样的话在还未使用的时候，炮弹就不能用了，这就是一个很大的问题。我们学校徐老师的 8701 就解决了这个问题，所以现在全国用的都是我们研制的 8701。

我们做压药的时候，需要很大的药柱，如直径 30 毫米、100 毫米、120 毫米、500 毫米那样大的药柱，所以需要用模具。张老师和恽老师 2

人就新设计了需要用到的模具，那模具特别好用，好压、好退。后来903所的跟我们要，我们加工了两套，给他们一套，他们用着特别好，又过来要，我们干脆把图纸给了出去。当时真是为国家做贡献，很高兴，没有存其他的心思。

丁先生是领导小组的领导人，外面情况他可以带回来，我们情况也能带出去交流，我们积极性都挺高。到1966年上半年，这些成果都有了，那时候也没有鉴定这一说，但东西都做出来了。主要还应该归功于丁先生，把大家组织起来，带着老师们在校内校外交流，又把新的技术引进来。我们国家的很多炸药起步也是从那个时候开始的。后来我们学校，还一直研究032，徐老师研究海萨尔配方，还出口了。

032项目的成功是占据天时地利人和的，这个时候再想搞就没有那么容易了，首先是拿不到这么大的项目了，再者调动资源也不行，现在的科研体制和以前不同，没有全系这么一起干的事了。而且带头人也真的很重要，丁先生真的为我们系的发展、为国家爆炸业的发展做了很大的贡献。

四

1969年发生了珍宝岛事件，因为坦克的钢甲是斜的，打坦克容易跳弹，那个弹一打扎不进去就飞了。因为打仗出现这个问题，马上要解决，有关单位就都得动手。工厂、研究所、各个学校都要想办法解决。我们1969年当年就接到这个任务了，张鹏程老师和恽老师领着我们干。

1969年的时候，虽然我们也在搞运动，但是教研室还是能够正常工作的，教师们都在，实验员还是可以做实验的。但是丁先生由于是留过学的缘故就不再主事了，李伟林先生也受到了冲击。

运动期间，教师们没有科研任务和教学任务，学校就开办一些基础课，由学校内部基础课的老师讲数学、外语等，其余的老师就报名参加听课，这也是一个教学相长的例子，对教师的业务水平和综合素质的提高也都有好处。

从1966年到20世纪70年代初，我们学校好几年没有毕业生，但是工厂还是有些外延任务的。工厂缺乏技术人员，根据工厂的需要，我们对此进行调研，有针对性地开办短训班、培训班，考虑要办什么样的班，办多大规模的，明确培养研究型人才的发展方向。学校成立教学小分队，有好几个小分队，到不同的厂去。我们办的短训班就主要是为工人办的，前后培养了有100多名工人，等到1971年、1972年工农兵学员进来，教学才恢复正常。

五

我们八系自建立之初到20世纪80年代，经历了很多的建设，也有过较长一段时间的辉煌。

八系原本是有两个教研室，教研室跟实验室其实等于不分家的。恽老师是831教研室主任，实验室主任是徐更光；我们812教研室主任是丁先生，实验室主任是张鹏程。两个实验室的房间也在一块，一个在这头，一个在那头，两个实验室实际上也是一家，一个负责做药柱，一个负责测。后来黄正平老师当教研室主任的时候，实验室就都合一块了，实际上都叫爆炸技术实验室。

因为我们八系是和爆炸相关的，所以我们做实验的时候，强度会比较大，因此也就衍生出了诸多的不便，张鹏程当时就为我们系里建了室外实验场所。当时在学校的西北角处有一片平房，后来因为修地铁这片平房拆了，张鹏程就从那儿挖出好多土，弄了一个土围子。为了实验安全性的进一步提升，他就又把“重庆号”军舰的炮塔进行了改造，此后，我们专业的室外实验就都在这个炮塔里做了。这个改造为我们的实验开辟了安全场所和装置，保证了实验的安全。后来我们进一步完善了实验场所的安全性，弄了好几道闸门，门不关上，电就不通，这边还有一道闸，合了闸以后，才能拧起爆的东西，相当于上了好几道保险。

六

改革开放后，学校里当时要普及计算机，我就被学校从教研实验室调到八系计算室了，八系的计算室是专门成立的，由我和另外几个人组成，我需要先学习计算机的算法语言和编程，然后给学生授课。我也是现学现卖，有时候我就听听别的学校讲的算法语言课，也会参加一些短训班或交流，跟外单位的交流，有计算机方面的交流就去。

我掌握得比较快，后来就给学生开课，教他们科学计算里面用的这些算法语言，教了好几年。等于说是从数学转到计算机的程序员，搞科学计算，就得自己会编程序，自己会编也得能看懂别人编的程序。

我调出去那段，八系的学术交流特别多，频繁地到各个地方参加爆轰会议，我们学校自己也搞，我们八系当时进行学术交流，好多重要的前辈都来参加过。丁先生请了一些外国知名的专家到我们学校来讲课，把当时国际上最先进的一些思想带来交流。那时候整个系里面大家心气都很高，学生活动很活跃，我们学校的那些外事活动，好多都是接待这些到八系里讲课的专家。系里还办杂志，叫《内部通讯》，办了好多年。

20 世纪 80 年代国家推进了世界银行贷款项目，可以利用贷款买仪器设备，这对我们是很大的促进，使我们拥有了很多先进的仪器设备。丁先生当时被调到了国防科工委，他当时消息比较灵通，经常到我们这里来，鼓励我们去申请贷款，物尽其用。

于是系里立即提出了各种项目，比较性价比，引进了很多美国 TIGER 公司的仪器，其中最重要的是质量好的超高速示波器，这种仪器对我们系的作用很大，因为我们的每场实验都要耗费很大的人力、物力、财力，信号不能抓住就只能重来。示波器需要在很短时间内，大概是 $1/10^{-9} \sim 1/10^{-12}$秒这样短的时间里抓住信号。而我们国内当时的技术还有所欠缺，除了通过世贷购买，其他的渠道都被封锁。

北京工业学院买了一批这样的好设备，还是很厉害的，当时最好的实验设备仪器都在八系。这个示波器比起我们搞 032 的时候从苏联进口的那些示波器的实际分辨率与功能和存储、方便性等各方面都大为提高。

七

我从教研室到计算机实验室很大的原因是因为当时学校普及计算机的力度很大，老师们又太少，忙不过来，全校这么多学生，时间课程安排也困难，所以就各系自己讲，我给八系讲计算机的算法语言课，也参与了后来的计算机算法语言教材的编写。这不是我第一次编写教材，我第一次编写的是冲击力学的教材，那本教材我基本上是整理了王礼力老师的讲义。

20 世纪 80 年代末，学校进行了教学改革，八系计算室并入 85 无线电引信教研室，85 教研室是搞无线电引信、非接触引信的，我跟 85 专业离得太远了，就又回到了 83 教研室。

教学改革实际上在“文化大革命”前就有，确切地说是 1964 年，郭兴福教学法，就是要把基础课和专业课结合，名称是叫北京工业学院的教改。尚英副校长就是结合八系来搞教改，八系就是他蹲的一个点，魏思文蹲点是五系。八系搞得还不错，甚至还深入学生宿舍，同吃同住同劳动，增进了基础课和专业课老师的交流。

训练外国的留学生也是在20世纪80年代末。这事是冯顺山教授从北方公司领来的任务。北方公司是出口一些武器给中东国家，人家要建厂，需要这方面的技术人员，要求我们对他们的工人进行培训，同时培训他们的一些管理人员，时间是一年半左右，要求是达到研究生水平。这些人都只会英语，别的不会，我们学校也没有培养留学生的先例，这件事还需要保密，不能让美国知道。这个任务当时就交给了我们83教研室。

接到这个任务后，83教研室就针对具体情况进行研究，以王廷增老师为首，加上张景云和我，3个人作为骨干，具体的计划和工作的开展都是王廷增老师提出的，应该讲哪些课，每学期怎么安排，甚至是寒暑假和外国人的人身安全以及保密度等，方方面面都得考虑，王老师的计划非常全面和完善。

这些学生就这一批，一共是9个人。因为是与爆炸相关的专业，所以来的学生情绪不太稳定，不太好管，学生本身的素质也不是很高，把他们培养到研究生的水平，相对来说还是很困难的。

教研室反复讨论这个教学计划，具体的培养上，一开始带他们参观一些工厂，看看现代化工厂什么样，然后讲一些安全方面的知识，拿危险品的规范给他们举例，带他们听一些规范性的讲座，有的学生一听就吓坏了，害怕有生命危险都不敢学。在生活上，也是面面俱到，什么都得管他们，交通不方便专门买个小汽车找一个司机送他们，星期六、星期天要上哪去，一起行动。反正辅导这帮学生是不容易的，一开始他们也没信心，后来学完以后他们也挺高兴的，对方政府也很高兴。一共开了七八门课，时间是一年半。大部分都是专业课，以及数学、力学方面的知识，我当时的教学任务是讲算法语言。

留学生培训任务工作结束之后，我就回到教研室了，开始参加恽老师的一些科研工作。这个时候科研任务方面就也出现了调整，不再是上面下来任务而是需要自己找，和学科组有些类似，以牵头人为主。我就跟着恽老师，他手里有国家的高技术项目，还和七机部也合作了一些项目。

我当时跟进的是概念性的高技术项目，做实验的时候，我也不知道该怎么做，恽老师的脑子比较灵、点子多，他就把金属圆片压成不同的形状，凹凹凸凸，然后看它能不能够有一定的自爆力，就相当于去研究飞行器的自爆原理。当时我所做的就是将实验结果做记录，比较它们的效果，把这个数据都整理出来，同时参加了一些概念性的讨论。

八

我们系作为学校里第一批国家重点实验室，当时是很不容易、很了不起的，我们学校却对此重视不够，需要支持的时候做得不到位，拿成果的时候，却很多要求。

改革开放后，丁先生出国，回来之后被调到国防科工委，后来又从科工委回来，做了学校的副校长，主管研究生。他对我们很有感情，他真的为我们国家的建设、为我们系的建设奉献了很多，所有的事情他都能够全力投入，一心要把自己的力量全部贡献给国家，真的做到了守住初心，不负期望。所以，我们老一辈的八系人，到现在都很感念他。

八系现在改名为机电学院，发展得还可以，还是希望校领导多重视一下我们这些国防专业，不忘初心，这就是我对我们学校提出的一点小建议了。

张敬袖——理工大学的红色基因

人物简介：

张敬袖，1943 年 7 月出生，山东临沂人。1960 年考入北京工业学院飞行器工程系导弹总体设计专业，1965 年毕业后留校任教。历任校团委书记、学生工作部部长、校党委办公室主任、副校长、党委副书记、纪委书记等职务。2003 年 6 月退休。

任职期间，负责校史馆建设工作。他热爱音乐，会作曲，校庆 70 周年的歌曲《校庆抒怀》，担任作曲者之一。他关怀年轻人的生活学习，退休后，被聘为北京市委教育工委高级联络员，担任北京理工大学“关心下一代”工作委员会主任、中国延安精神研究会理事、中国延安精神研究会组织联络委员会副主任。

访谈时间：2019 年 10 月 31 日

访谈地点：北京理工大学图书馆

采访人：张钧

摄像：聂明明

访谈提要

张敬袖讲述了自己本科时的学习情况以及毕业后留校的原因。他介绍了自己任校团委书记、学生工作部部长、党办主任时的工作内容。1983 年张敬袖重新组建了校工会，建立了教代会及一系列委员会，他讲述了这些委员会的工作职能。1996 年张敬袖任校党委副书记，他着重讲了学校在党建方面所做的各项工作。

一

我的老家在山东临沂，沂蒙山区是很穷的地方，小的时候，父亲在城里摆地摊做一点小买卖养家，家里兄弟姐妹多，生活比较困难。在抗日战争和解放战争期间，我父亲很不容易攒了一点点钱买了几亩地，认为有了地就能养活一家子，但后来因为有地我们家被定为中农。

我在临沂一中读高中，高考时报考哪个大学全是听老师的。北京工业学院是国防院校，老师知道要选政治等各方面条件都好一点的，让我报，我就报了。我很向往到首都北京来上大学，觉得是很光荣的事情。

1960 年，我考入北工。当时国家很困难，但是我们一入学吃的是鸡蛋炒饭，在农村哪吃过这个，简直觉得上天了。到了 1961 年年底、1962 年就困难了，有的学生因为吃不饱，开始浮肿。在那么困难的情况下，大家的学习意志仍然非常高涨，体现出思想政治教育、理想信念是多么重要，那种精神我永远忘不了。

我们来工业学院本来就抱着爱国报国、建设国防事业的理想，一进校门就是“欢迎您，未来的红色国防工程师”这样的大标语。在东操场有一个大标语牌写着“三八作风”：坚定正确的政治方向，艰苦朴素的工作作风，灵活机动的战略战术；团结、紧张、严肃、活泼。我们学习很紧张，但是生活很愉快。一进校唱的是延安抗日军政大学的校歌，这就是我们的校歌。

我刚到学校的时候在材料专业，很快，学校就让材料专业全部转到了火箭导弹专业。火箭导弹当时有 11 专业、13 专业、16 专业 3 个专业，我转到了 13 专业，也就是导弹总体设计专业，主要是设计导弹的外形、壳体、结构力学之类的。如果算上机电学院的战斗部和引信专业，一年招生应该是 6 个班，共 200 多名学生。

专业基础课最主要的课程是理论力学、材料力学、结构力学，力学很重要，因为我们要搞力学设计。空气动力学、飞行力学都学过。然后是50250课程，教材就是《导弹概论》，这是最早的一本导弹设计的书，是学校老师根据苏联专家的指导编出来的。还有导弹设计、材料，这是几门主要的课程。另外选修一些无线电之类的课，因为导弹也涉及电路。最后学的是设计，从总体设计、部件设计一直到毕业设计，我们是原原本本这样学下来的。有辅导老师指导我们做毕业设计，之后也要答辩，整个过程都走下来。实际上我们用了4年半的时间学了5年的东西，因为有半年在搞“四清”，所以当时还是很紧张的。

教我们导弹设计的是俞仁顺老师，教研室主任是余超志老师，他后来也给我们讲课。韩洪波老师是我的毕业设计指导老师，姬世恒老师是我们班主任。周伦岐教授来校的时候就是一级教授，那时候学校一共只有两三个一级教授。他的理论根基很深厚，他给我们讲过一些导弹系统的课，我们对他都非常尊重，后来知道他除了给我们上课之外还带研究生。“文化大革命”以前没有多少研究生，万春熙老师是周伦岐教授的研究生，他写了一些导弹论文，有四五篇发表在杂志上。后来万老师是我们一系的骨干教师，现在也是最有名的教授之一。学校研制的第一个二级探空火箭“505”，还有红箭73，他都参与过。

学校开第六次党员代表大会的时候选我当学生代表发言，但当时我还不是党员，因为那两年不让发展党员。我在党代会上朗诵了一首诗，魏思文院长过来跟我握手，说小张很好，意思是我做的这个事很棒，我就是那时候认识魏院长的。魏院长每次在学校露天剧场讲话的时候都充满激情，他嗓门非常洪亮，“同学们，我们开学啦，你们要为国防奋斗，将来要做红色接班人”，他的讲话真是鼓舞人心。

后来我们一系成立了一个宣传组，我是宣传组副组长，组织了一批记者，成立了京工通信社，我们到魏院长的办公室去采访他。我印象很深，他办公室挂了一把宝剑。魏院长侃侃而谈，对我们非常亲切。访问的题目是期末复习考试，他就学校应该培养什么样的学生、学生应该怎样为国努力学习、做好接班人等话题跟我们侃侃而谈，讲了将近40分钟。那时候在三号楼前有8块大黑板，我们用粉笔把稿子写在了黑板上，通栏的大标题是我蘸着颜料写的《魏思文院长接见本刊记者，就复习考试问题作重要讲话》。学生们吃完饭都来看板报。

临毕业的时候我们到实验室实习，学习1059导弹的总体设计，然后到沈阳黎明飞机制造厂学习飞机制造，还到西安152导弹部队实习，这是咱们国家最早建立的导弹部队。我们跟战士一块爬到导弹顶上看怎么装液体燃料，那时候学专业跟现在不一样，都是真刀真枪地学，学了以后到了设计院、基地就能上手干。

实习回来以后我们的毕业设计也搞得不错，我的制图比较好，我画的图在教研室里展览过。我觉得我们学到了真本事，虽然去参加了半年的“四清”，但是回来以后补课，大家非常努力。大学生活是永远难以忘怀的，是培养我们成长的一个很重要的阶段。北京理工大学的革命传统、红色基因对培养学生的思想品德起了非常重要的作用。

1965年我毕业留校了，我们班30个同学基本上都分配到了航天部第一设计院，就是火箭设计研究院。本来我也要去那儿的，但是一系的党总支书记朱前标找我谈话，说小张你得留校。我说为了国防事业，我们都想到第一线去，他说学校也需要人才，你就留下吧。

后来我琢磨为什么让我留校呢？1964年年底到1965年上半年，魏院长带我们到山东去参加“四清”，我们叫127工作团。我们是12月份去的，半年后回来搞毕业设计。当时为了回来后给学校做汇报，以我为主，我们六七个同学自编自导自演搞了一场大型的歌舞话剧，叫《在斗争中成长》。回来一演就轰动了，别人都说工业学院真厉害。我既是编剧也是主要演员，我演一个生产队长，这个队长开始有“四不清”的问题，在他的母亲和贫下中农的教育下他认识到自己的错误，勇敢地站出来“抓革命、促生产”，最后建设社会主义新农村。当时有个戏剧评论家叫凤子①，她也在山东搞“四清”，她看见我们排练，还提了几条意见。回来以后她请我们到中国文联大礼堂去给那些大作家、戏剧家、评论家演出，演完以后他们都很感谢，说你们工业学院真不简单，学生参加“四清”运动能编出这么生动活泼的话剧，反映了运动的情况，使我们了解了“四清”的效果和意义。学校让我留校应该与这件事有关，认为我在组织以及文艺方面是个

---

① 凤子（1912—1996）：本名封季壬，女，汉族，广西容县人。中共党员。笔名凤子原、封凤子，曾用笔名禾子。戏剧家、作家、编辑家、表演艺术家。曾任北京人民艺术剧院艺术处副处长兼文学组组长、中国戏剧家协会《剧本》月刊主编和编审、中国剧协常务理事、中国剧协书记处书记等职。

人才。

魏思文院长那时候是整个学校的领导，他是一个非常有魄力的人。他跟部队上的一些领导人很熟，跟国防科工委就更不用说了。他可以给国防部直接打电话，大家都说我们学校建导弹学院是他争取来的。我们发射第一个二级探空火箭的时候，他打电话请示领导，领导就给北工设了一个专列，到白城子进行火箭发射试验。1958 年八一献礼展览，那是学校最辉煌的时候，搞了 60 多项展览，除了毛主席，其他中央领导都来参观。学校那时候就开始搞尖端科研，在全国是老大，这些和魏思文分不开。他说过一句话，"我们北京工业学院要在未来的宇宙空间占据一个位置"，他的思想很先进，气魄很大，有远见卓识。他建立起精干的教师队伍，选拔尖子教师重点培养，我们学校后来的教师骨干都是他那时候培养的。

原来有个党办主任叫曹青阳，他讲他当党办副主任的时候，魏思文白天晚上都在办公室工作，到实验室、教研室亲自抓典型，他抓班级抓实验非常具体深入。这样的领导难能可贵，所以完全可以说魏思文是北京工业学院的开拓者，是国防院校的开拓者和先驱。

二

1965 年 8 月我毕业留校以后在团委工作，当时是普通干事。团委有 7 位同志，书记是张培琤，副书记是朱应林，组织部部长是龚建国，宣传部部长是范茂昌，林思全是做具体办公室工作的。当时团委有一个兼职制度，有的老师做得不错，在系里面任团总支书记就兼着团委的委员，大概最高能兼着副书记，像尹相金、姚钟鹏等都是兼职做团委工作的。

几个老的团委干部给我留下了很深的印象，他们都特别敬业，勤勤恳恳地工作。那时候北工的干部可能都有这个特点，就是全心全意为培养学生服务。当时团的工作代替了整个的学生工作，比现在的团委权力大，学生的奖惩、培养、教育、管理都是团委负责。校党委副书记郑干直接领导团的工作，他是个老革命，过去做新闻工作，到北工来当党委副书记，直接抓学生工作。他天天到团委来，我们书记也天天往他的办公室跑，请示汇报，团的工作做得非常活跃。

我分管文化工作，学生的各种比赛、文化活动还有文工团的事都归我管。我组织了好多活动，比如横渡昆明湖等。我们学生时代也到天安

门去当过标兵，北工是国防院校，国家对我们是百分之百地信任，我们都可以去当标兵。晚上开晚会，我们在天安门广场拉起圈来跳集体舞。我还组织学生到人民大会堂演出，纪念“一二·九”运动30周年，清华、北大、人大、北师大、北航、北工六个院校还曾经在人民大会堂搞了一场歌舞演出。中华人民共和国成立10周年的时候，国家搞过一场大型演出叫《东方红》，我们这个演出叫“小东方红”，著名指挥家秋里指挥。北工演的是《到农村去》，还是讲“四清”，从脚本、排练到演出都是我组织的，我还参加了伴唱。连演了五场，教育工作部组织大学生去看，去受教育。

我在团委干了一年多就开始搞“文化大革命”了。现在回想起来，应该承认“文化大革命”这件事从理论到实践都是错误的，是一场浩劫一场内乱，对我们国家的经济建设和各行各业都是一个破坏，当时学校也度过了一个艰难的阶段。

1973年学校恢复团组织，我当选为团委书记，我从这个时候开始走到了学校的管理岗位。当团委书记以后，我抓共青团的教育，抓学生的思想教育，当时全校的学生工作都在团委。

我当团委书记时间不长，大概不到2年，1975年由李志祥同志接替我，我去宣传部做宣传工作了。宣传工作干了2年，我跟党委提出能不能让我去教书。当时苏谦益同志到学校来当书记、校长，苏谦益同志是原华北局书记，级别很高，老七级。我找他谈了一次话，他同意了：“小张，你这个想法不错，我批准你回去当老师。”我就到基础部当了3年老师，教机械制图。

制图教研室是我们学校最先进的教研室，老师都很敬业，有五六个很有名的教授，在北京市都数得上。制图教研室在北京高校里边也颇有名气，搞得非常好。教研室主任是简召全，教研室有陈笑琴、蒋知民、叶玉驹、周克绳等。他们手把手地教我备课，所以我几个月就把这门课拿下来，能够上讲台。我真正开始讲课是1978年年底，教了3年书，受益匪浅。得益于这些老师的言传身教，我看到了我们的教师是怎么工作的，那种奉献精神让我感受很深。我当年教的学生，其中有一个现在是东风远程导弹的总设计师，两个月前他们还来看我，来了八九个学生，学生有成就，老师是非常欣慰的。

我教课接近3年后，学校成立了学生工作部，要加强对学生的思想

2001 年，张敬袖任北京高校纪监研究会会长时在昌平召开研究会年会，主持会议并做专题报告

政治工作。不光我们学校，当时所有的高校都成立了学生工作部，是党的机构，跟团委不一样。学校让我回来当学生工作部部长，我服从组织分配，1981 年就回来做学生工作了。

我们发展党员的工作做得非常好，成立青年党校，给学生上党课。我主持成立了共产主义学习会，培养具有共产主义思想的接班人。咱们国家到了 20 世纪八九十年代还是这么提，证明我们那个时候还是比较超前的。

我觉得我干学生工作部长的那 2 年做得很不错，事实证明那时候培养出来的学生不仅业务上动手能力很强，国防意识很强，主要还是思想过硬。我们学校出去的学生不管到哪个基地，人家都说学生思想水平高，敬业意识强，动手能力强。我校、哈工大、北航三足鼎立，到了基地一比较，我们学校的特色就显出来了，就是动手能力强。但是我们的弱点是理论基础，理科学得少，数学学得少。

那时候的学生管理制度很有意思，学生的礼仪、穿衣、发型都有规定，要很规矩。去苏州街的商店里看一看，哪个是北工的学生，哪个是外语学院的学生，一目了然，完全不一样。北京工业学院的学生都是艰

苦朴素的，那时候女同学都能穿打着补丁的裤子，劳动的时候能打赤脚，这是什么精神。原来我在团委的时候组织 200 个学生到迎宾馆去迎宾，说女同学要穿裙子，没有，学生根本借不到裙子。周总理、邓颖超陪着外国元首从我们迎宾团面前经过，大家连漂亮的衣服也穿不出来，所以说理工大学的艰苦奋斗、艰苦朴素是有传统的。

我管学生工作那段时间对学生有了进一步的了解，我们的学生政治素质都是非常好的，确实能够培养成为我国国防战线的有生力量。

提到学生工作，不能不提辅导员制度。

我 1960 年入校时学校就已经有了辅导员制度，那时候清华也有，清华是工科院校，原来的政治课和我们北工是类似的，虽然它跟我们的历史不一样，但在那个年代都很重视政治思想教育。清华是庚子赔款以后建的，清华人回忆起来那一段是屈辱的历史，因为那时候我们没有钱建那么大的大学，他们从爱国主义教育的角度来讲那段历史。可以说清华大学从何东昌①那个年代起就很注意思想政治工作，注意党的教育，后来何东昌当了教育部部长。我觉得那时候清华大学的政治思想教育工作做得很不错。

我们不一样，我们是从延安过来的，有革命传统，在延安的时候就非常重视思想教育，讲的是延安精神，我们是中国共产党创办的第一所理工科大学。

辅导员的来源是本校毕业的学生，有时候可能还没毕业，三年级就调出来了，万春熙老师就是没毕业提前调出来的，北工有这个传统。因为进北工的人，一种是像我们这样原原本本考过来的，还有一种是从预科培养起来的，都是政治素质很高的党的干部。他们读速成中学、预科再到大学，勤勤恳恳地学习，他们的政治素质非常高。

辅导员制度是加强学生政治素质、思想素质非常重要的措施。作为我们这样一个学校，学生的素质比较高，特别是政治素质，我觉得跟辅导员制度的建立是密切相关的。因为辅导员制度能做到时时刻刻围绕着

---

① 何东昌（1923—2014）：男，浙江诸暨人，中共党员。曾任清华大学党总支副书记，燕京大学党总支书记，清华大学党委书记，教育部党组副书记、部长、党组书记，国家教委党组书记、副主任，国务院学位委员会主任委员等职。中共第十二届、十三届中央委员，第三届、五届全国人大代表，政协第八届全国委员会常务委员，1978 年党的十一届三中全会当选中纪委委员。

学生的生活、学习以及各方面的思想问题来做工作，深入学生的内心。我印象很深的就是辅导员在学生宿舍楼里住着，学生有什么心里话、有什么矛盾，或者今天情绪不好了，家里出了点什么问题，或者思想怎么波动了，这些事都可以反映到辅导员那儿，辅导员马上就做工作，马上就谈话。辅导员和学生同吃同住，吃饭的时候也和我们一起在食堂吃饭。辅导员和我们无话不谈，和学生成了朋友，所以我觉得这个制度非常必要。现在的辅导员制度比过去弱了，现在我们本科生在良乡，我听说也有深入学生当中做工作的辅导员，但是不可能像当年那样和学生同吃同住，情况不一样了。

我觉得辅导员制度是个里程碑式的事，从学生思想教育来说是难能可贵的，跟当时我们的教育方针和指导思想都有关系。毛主席提出来的教育方针，“德智体全面发展”，德是首位，一直到现在我们还是以德育人，这个思想从那个时候起一直贯彻得很好。

2021 年，张敬袖在远志楼会议室参加学校老党员读书会，和学生一起学习习近平总书记建党百年重要讲话

1983 年下半年冯佩之书记来了以后我就去当党办主任了。我主要的工作是调查研究，因为当时党办和政策研究室在一起。马集庸老师是党办的副主任兼政策研究室主任，当时组织他们调查、挖掘教师队伍当中的尖子，采访他们并在杂志和报纸上宣传，树立样板。

毛二可是我们北京理工大学最有名的院士，毛老师的事迹就是那个时候马集庸主任去采访并写文章宣传出来，大家才知道的。毛老师由于家庭出身不好，住在筒子楼，家有患病的父亲和妹妹，生活非常困难，

在那样的情况下他依然风雨无阻地到实验室去搞科研。因为他家庭出身不好，不能入党，他写了 14 年入党申请书，最后终于光荣加入中国共产党。毛老师真是我们身边的榜样，一个兢兢业业的老师，他后来得了 8 项国家奖，是咱们国家雷达行业的大专家。

徐更光院士艰苦奋斗了 20 年研制出来 8701 炸药，他去世以后我们才知道他的技术用在了咱们国家的“两弹”上。他得了全国科学大会奖，被选为院士，他的院士之路也代表了我们学校那一代人的艰苦奋斗足迹和精神。当时把他的材料写出来也引起了强烈的反响。

还有实验室的一位老师，患糖尿病 30 多年了，自己给自己打胰岛素，这样坚持搞实验和教学。这些默默无闻的人，我们就要把他们找出来，写出来，宣传出来。所以我觉得和马集庸主任一起在党办做的这件事很有意义，推出了很多模范老师。

我在党办的其他工作是一些事务性的，比如安排会议表，安排校长、书记的活动时间，提出常委议题等。

四

1984 年年底学校让我去组建工会和教代会。我和董兆钧同志重新组建了工会，我是工会主席，董兆钧同志是副主席。

1985 年咱们国家的形势不一样了，全国教育工会提出建立教代会。工会和教代会基本上是合二为一的。当时作为一个新生事物，我们进行了认真的研究学习，很快就组建了起来。1985 年 1 月召开了学校第一次教代会和工会代表大会，到 1988 年我们就获得了全国“模范职工之家”的光荣称号，这很不容易。教代会是学校民主管理的一项制度，就是要全心全意依靠教职工办好学校，而不是校长、书记个人的学校。教代会有好多委员会，有教学科研咨询工作委员会、提案工作委员会、青年教师工作委员会、民主分房管理委员会等。

我们选择突出的教师代表加入教学科研咨询工作委员会，为学校的教学科研、“三育人”工作出谋划策。当时教代会通过了“三育人”的倡议书，“三育人”就是教学、科研、管理都要育人。我们搞得有声有色，在当时的高校中是走在前列的。

提案委员会专门提案，就像现在的人民代表大会一样，由教职工提出学校应该改革的问题，然后学校立案，再由各个部门去落实。从群众中来到群众中去，非常有力量。

青年教师工作委员会也做得非常生动。当时冯长根从英国利兹大学毕业归来，他还没领到博士毕业证书就回来了。他说国家需要我，我要早一天回来，投入国家建设。他的博士论文扉页上写着“本论文献给我的祖国——中华人民共和国”，爱国精神处处可见。他是工农兵学员，回来以后兢兢业业搞业务，很快钻研出成绩，被评为全国第一届“十大杰出青年”，被学校评为“十大杰出职工”，成了青年的榜样。亚运会时他还代表教育界、科技界传递火炬。有一期《光明日报》头版头条发表文章宣扬我们学校的青年教师，那篇文章叫《希望在他们身上》。工会、教代会和学校一起树立起一批模范教师的典型，那一批青年教师不得了，像范伯元后来当了北京市副市长，还有两个成了院士。

1985 年我们成立了民主分房管理委员会，因为房改以后分房成了一个重大难题，矛盾多极了。我们请了好几名教师，和后勤单位结合起来管理分房，搞了个安居工程，民主分房。我们搞得非常好，按工龄、年龄、做过的贡献、家庭的情况综合算分，最后按照分数分房，非常民主，受到大家的热烈欢迎。

应该说教代会和工会开启了我们学校民主管理制度的一个新篇章，这个话不过分，因为大家对全心全意依靠教职工办好大学有了崭新的认识。我们工会不仅是给大家送福利、带着大家出去旅游、给大家买生活用品，更主要的是发挥在教学科研、教师队伍建设上的作用。比如我们把老教师组织起来辅导青年教师上课，在北京市青年教师教学比赛当中我们一直拿金奖，当时可以跟清华媲美。

五

1993 年王越校长来了以后我担任分管后勤工作的副校长，干了 3 年多，我觉得这 3 年也非常有意义，我的主要工作是后勤的社会化改革。那时候国家比较困难，好多学校为后勤工作伤透了脑筋，吃饭、住宿等各种工作负担很重，所以要搞后勤社会化，让他们独立出去，虽然还是受学校领导，但是带有一定的企业性质。比如我们食堂搞改革，成立委员会，自主办食堂，学校管大事，他们自己管小事，工资自己发，改革力度还是很大的。我们有一个领导机构，北京、上海和几个地方领头搞后勤社会化改革，搞得轰轰烈烈，用了六七年把后勤社会化搞得像样了。

从摸索开始，我们的后勤单位后来自负盈亏，自我管理搞得也非常好。像标准化食堂、维修、绿化、接待、运输、宿舍管理、房子的管理等都搞得不错。

我管后勤的时候还管基本建设，我负责的第一个工程是修建七号教学楼，花了1100万盖起来的，支持了学校的工作。那时候学校开会连个像样的报告厅都没有，七号教学楼盖了个好的报告厅，大家可以在这里开会、做报告了。后来建科研楼，建得很矮，但我也没有办法，实在是没有经费，只好建成那样。

建成以后，仪器设备也没有钱买，我们就想办法，通过学校一个教师跟东京工大的关系，借助东京工大的威信向日本申请了一个援助项目。那时候日本每年援助咱们国家5个项目，每个项目5亿日元，我们很不容易争取到一个，人民币差不多3000多万元，非常宝贵了。我们用这3000万买了仪器设备放在科研楼里面，建了一个机电一体化中心。建成之后还举办了启用仪式，李岚清副总理和日本驻华大使都来了。

后来在七号教学楼旁边建了逸夫楼，只能建一个小楼，也是因为没有钱。邵逸夫只给了我们理工大学300多万元，加上配套的300多万元，只有700万元。像我们中心教学楼，1亿多才能建起来。中心教学楼是我任职后期建的，那时候就开始有钱了，因为国家实施“211”工程，我们学校被列入了第一批“211”工程建设名单。

我们还做了一件可以说是载入史册的事，我们利用国家的改革政策在土地方面做了一些文章。理工大学还有一点土地，我们就搞了一个“金角银边”工程，把学校四角有限的地拿出来跟海淀区合作，由海淀区出经费，我们出地皮建大楼，在学校东南角建了理工科技大厦，这是我和焦书记组织做的事。建起来以后，我们用一半，海淀区用一半，我们把一部分房子租出去，每年租金就能收2000多万元。

1996年，1997年又在学校东北角建了一个大楼，就是现在的海淀科技大厦，在西北角建了国际交流中心。我们与国外高校的交流从改革开放时期就开始了，1978年苏谦益院长来了以后我们跟国外搞交流，很快就让他们知道了中国有个北京工业学院挺厉害、挺先进，我们很快和8个国家、20多个学校建立了校际联系。现在我们研究生近万人，国外留学生2000多人，这都得益于国家的改革开放政策，使学校加速发展。

六

1996年6月我担任校党委副书记，书记是焦文俊，我主要配合焦书记做一些工作，一个是党的建设，一个是师德建设，一个是干部队伍建设，当然也包括精神文明建设，等等，这几项工作都是党委抓的。

从党的建设来说，从1989年年底开始全国都要建立党委领导下的校长负责制，理工大学在这之前也是党委领导，但是有点慢慢向党委和行政共同领导过渡。那时候管高校工作的是李铁映，他是在延安长大的，他知道理工大学有红色基因。1989年他到我们学校来，那时候的书记还是谈天民，我陪着谈书记一块儿给李铁映汇报，他强调要搞好党委领导下的校长负责制。我对这件事的印象极深，因为像李铁映这样的中央领导很少来学校，他跟我们谈了一上午，一直谈到12点。我说12点了，吃饭吧，那是中央首长第一次在我们这儿吃饭，他也没有提别的要求，说行，我和你们一块吃个饭。他走了没多长时间中央就下达了实行党委领导下的校长负责制的文件，要求在全国推广，必须按照这个执行。

我们理工大学在党建方面的工作是走在前面的，到底是红色基因的学校，党委抓党的建设、党员培训、思想教育，力度很大。党建工作是综合的，不仅涉及党的组织建设、思想建设，还包括教师队伍建设等其他方面，譬如说在教学当中如何贯彻育人方针。党建评估标准有八九项，党委领导、组织建设、干部队伍建设、思想建设，还有工会、教代会建设等，是个综合的评估。后来我们和清华、北大一起被评为全国高校党建先进单位，这是绝无仅有的，因为清华、北大是中央抓的典型，别的学校不可能超过清华、北大，这也证明我们确实做得很好。当时全国只表扬30个学校，一个省1个，北京上了3个，很特殊。我还记得评估小组到学校来的时候，他们问理工大学是怎么发扬延安精神的，这个任务是我的，我就根据学校的各项工作讲得头头是道。评估小组说好，你们真是发扬了延安精神，真的跟别的学校不一样，这是你们的特色。

我们学校的政治课一直抓得很紧，我当党委副书记的时候还管过政治课的改革，因为改革开放已经这么多年了，思政课不能还是过去的讲法。我们在香山饭店开会，各个高校管政治课的领导都来参加。政治课从那个时候开始改，现在一直延续下来，毛泽东思想概论、马克思主义基本原理概论、思想道德修养与法律基础、近现代史纲要、形势政策

课等。

我们还设计了一个德育答辩制度，这是我们学校的独创，后来李长春同志专门表扬过这件事，说理工大学做得好。德育答辩就是指学生毕业光有毕业论文不行，还得进行德育答辩。从入校起学生就要制订自己的德育发展规划，在政治思想上怎么进步、怎么发展，二、三年级要做中期检查，毕业的时候做德育答辩。我们真正把德和智融合起来，所以我觉得学生到理工大学来是受益的。

我们的社会实践活动和社会调查活动也做得非常认真，暑假时学生要去搞社会调查。有的学生自发组织起来，马列教师和学生一块儿，一个队一个队地去考察、去调查。上井冈山也行，上延安也行，调查咱们理工大学跟延安自然科学院的历史，或者去访贫问苦，去当10天民办教师也行，回来以后写成论文。

党课方面，我们校领导带头讲党课，一直到现在我们赵长禄书记还要讲开学第一课，校长、书记都要讲党课。20世纪50年代魏思文院长在开学典礼上的讲话实际上就是党课，讲学校未来怎么发展，讲我们的红色基因，讲我们怎么继承光荣传统，讲得非常生动。校长、书记讲跟别人讲不一样，我们一直坚持这一条，后来中央也几次提出各个学校的领导都要讲党课，这个制度非常好。

对于入党积极分子的培训，我们抓得非常认真。我在党办的时候开始抓党校，到副书记还抓党校，我们学校的党校办得非常好。学生进入理工大学以后受红色基因的感染，80%的学生都会写入党申请书，之后系一级培训、校一级培训，必须达到规定的学时才能入党。

再有各种主题教育活动，比如以“不忘初心，牢记使命”为中心进行的思想教育。思想教育不仅要学习文件，要上课要参观，最后还要大家一起讨论，还有党员评估。我原来当党办主任的时候就搞共产主义学习会，那时候还学雷锋，有的地方都不学了，但我们学校一直坚持。我记得一系、七系的学生学雷锋，到332路公交车上去搞社会调查，搞得挺好。

再有入学教育，大一入学的前3天是入学教育，这3天非常充实。校长、书记做报告，学生思想工作部门向学生宣讲怎么样做一个理工大学的好学生，怎么进一步树立人生观、价值观。还有校史教育，我和档案馆的王民馆长搞了一个永久性的校史馆，搞得很好。把我们学校光荣的历史展示出来，让学生入学就要看，看理工大学是怎么从延安走过来的。当时学校钱不多，我们只花了150万元就把校史馆搞起来了。现在这个校史馆是新校史馆，这个校史馆花了1000多万元。

理工大学的军训也非常有名，在高校数一数二。我也组织过这件事。我们跟宣化炮校联系，请了100多名教官到学校来训练学生。20天军训以后学生大变样，毕业以后好多校友说起对理工大学的记忆，第一个就是军训。

再有就是文化熏陶。我们学校有徐特立的雕像、钱学森的雕像、延安精神石碑、天象仪等，良乡校区也有文化景点，学生在这样的环境里生活能受到文化的熏陶。延安精神石碑放在中心教学楼的前面，有李鹏同志题词，每年学生毕业都到那儿去照相，不忘红色基因，这种教育条件在理工大学是得天独厚的。

考入理工大学的贫困生，我们都有帮助，走绿色通道，他入学以后没有钱也能在理工大学学习和生活，因为有国家支持他。以前学校发放助学金，现在有贷款，有很多奖学金，像徐特立奖学金5000元，学生得一个奖就能解决他几个月的生活问题。我们也会去送温暖，我好几次到良乡去慰问学生，跟他们说过年要回去看爸爸妈妈，没钱学校给买火车票，学生心里暖暖的。好多校友都说要让自己的孩子上理工大学，说在这样的环境里他们放心。

还有老少共建的工作。退休党支部跟学生党支部挂钩，1+1搞共建，把自己的经历讲给年轻的学生，学生爱听。我当了9年关爱下一代工作委员会主任就是干这件事，组织老同志发挥余热，利用老同志的经验优势，就像孩子爷爷一样，讲自己走过的路，这样教育他们。就这几条就能说明理工大学的思想政治工作和党建是过硬的，不亚于其他学校。

我抓党的建设，也抓师德建设。青年教师刚到学校可能没有经验，得手把手教。我在党办的时候《光明日报》不是对学校的青年教师进行了报道嘛，我到了党委，《光明日报》的特约记者又来找我，跟我谈了一天延安精神，又在头版头条发表了文章《延安精神光照校园》。

干部队伍建设也是理工大学的一个特点。我在党委副书记的职位上抓干部培训，带队组织中层干部上课，还带他们出去学习，到过山东、武汉、上海。每到一个地方我们都要去若干个好的高校去学习先进经验，看看别人的校园建设。我们资源很多，到武汉的时候，有个学生家长就

是武汉市委的头头，他直接就给我们安排了怎么参观、怎么学习。有的校友非常热情，也给我们安排，非常好。

我们的党建思想政治工作不是空的，我们的延安精神教育不是空的，我当党委副书记时成立了延安精神研究会，成立了徐特立教育思想研究会，出了一系列宣传徐特立教育思想的书籍。我们在人民大会堂举办了徐特立文存发布仪式，就是为了让人们记住传统，徐老是我们的巨大精神财富。

清华大学的陈大白老师到北京市教育工委当了书记以后，要搞一套北京高校的丛书，他领着编了 50 本。我们学校的这一本叫《从延安走来》，其实就是学校的校史，宣传学校的传统。

我当党委副书记实际上只有 3 年多，但我觉得很充实，在谈天民书记、焦文俊书记的领导和支持下，我们抓好了各项工作。

七

1999 年我当了校纪委书记，这也是我退休前的最后一个职位。当时国家很重视反腐，要搞党风廉政建设，单设纪委书记。我当了半年之后中央又有新政策，说纪委书记必须是党委副书记兼任，我又做了党委副书记。大家很尊重我，党委书记天天找我商量事，怎么教育干部，怎么培育干部，所以我当纪委书记的时候也很愉快。

我做了这么几件事，一个是抓党风廉政责任制，这个制度建设非常重要。我们让中层干部签责任书，党委书记、纪委书记跟干部一块儿签责任书，你管的哪个学院哪个系，你必须保证党风廉政建设的制度落实到位、教育到位。这是第一次，以前没签过，干部们觉得都签字画押了更得好好抓。第二是抓各级干部的培训，党风廉政建设首先在于教育，给干部上警示教育培训课，讲清楚我们为什么必须从严治党、我们为什么必须抓党风廉政建设，道理在哪里，让他们真正从思想上解决问题。我做纪委书记一个很大的体会是，纪委书记不是在有人出了问题后专门去查去处分人家，不是这样的，关键在于提前教育，防患于未然，让他不想腐、不敢腐、不能腐。重点是廉政教育、制度建设、防腐，而不是处分惩治，这个方针是完全正确的。

北京教育工委、纪工委和高校一起组织成立了党风廉政建设的研究会，叫纪检研究会。纪工委的高书记后来跟我成了好朋友，他对我很好，他说“张老师，你当咱们研究会的会长吧”，非得叫我抓，所以我当了3年会长。我们每年到郊区去开3天会，大家写论文，就写怎么抓党风廉政，然后各个高校的论文评比，实际上是学校的党风廉政评比。北大每次的论文都写得特别棒，我们就把它评为榜样，给一等奖，比较后进的学校，我们也尽量给奖励，把这200篇论文都评上一、二、三等奖。北大、体育大学做得都很好，都出版了党风廉政的集子，我们把这些书发给各个学校，大家都可以学习。

我们后来还拍了一个警示教育片，因为我觉得除了教育也得警示大家，为什么我们高校出了这么多案子，这些人的错误是怎么犯的，我们也可以拿反面教材出来讲一讲。中国传媒大学有条件，搞编导的、搞摄影的都有，我们一块儿选典型、研究拍摄脚本。我带着拍摄组到监狱去采访，让他们对着镜头讲是怎么走上犯罪道路的。后来这个片子在各个高校放，影响挺好，非常有教育意义。

另外还有加强审计，从我们那个时候开始纪检审计结合起来，一开始我不管审计，是分管财务的副校长管。我跟审计的同志一起出去调研，然后一步步学习如何审计。比如我们盖中心教学楼花了1亿多元，那必须审计，不能出经济问题。

八

2003年我从纪委书记的岗位上退下来了，60岁了。学校推荐我到北京教工委做联络员，每个联络员管5所高校，我管邮电大学、林业大学、电影学院、舞蹈学院、国际关系学院这5所学校，管了10年。主要是参加学校领导班子会议，代表市委了解学校领导班子的建设情况，跟他们一块儿开民主生活会，学校的重大问题向北京市委汇报。

2012年下半年到2015年年底，教工委又聘请我们北京高校联络员为北京高校党建专家，主要围绕北京高校党建评估达标工作做相关的调研和评估，还协调北京市教工委组织的党员主题教育活动、高校领导班子巡视工作等。国防科工委、教育局也组织我们对部分国防院校做了一些巡视工作。譬如说我到西北工大、南航这几个学校去巡视，那时候巡视组主要是为了加强领导班子建设。

我在近30年的时间里一直担任中国延安精神研究会理事，积极弘扬学校“延安根，军工魂”的红色基因，积极协助中国延安精神研究会开

展延安精神进校园的各项工作，成功举办多次理论研讨会，多次做研讨发言和培训发言。延安精神研究会跟我们学校建立了很好的关系，这些年我又做了一些组织工作。

2009—2017 年，学校党委让我担任关心下一代工作委员会的主任。关工委是青少年思想政治工作的创新组织，在学校党委统一领导下、在离退休党委的大力支持下我们组建了校院两级关工委组织，团结学校的老党员、老教师、老干部，围绕学校中心工作，以立德树人为根本任务开展了多种形式的教育活动，服务青少年，做出了应有的贡献。学校关工委也被评为北京教育系统关工委工作的先进集体。

我牵头组织成立的北理工老党员读书会，4 年多来坚持老有所学、老有所为，弘扬正能量，服务学校立德树人的总任务，积极与青年大学生开展各种有意义的学习、研讨活动，被北京市教工委评为“北京高校老党员先锋队”，并拍摄专题片进行宣传。

我个人比较爱好文化活动，也一直做一些学校文化建设的事情，像前面说到的校史馆的建设等。学校许多文化景点的建设我也都积极参与，比如徐特立的铜像，1986 年立像的时候李鹏和习仲勋都来了，那时候我是党办主任。

我还组织过很多学生文化活动，有些活动自己也参加。学校的校歌是我组织教职工创作歌词，又请海政、总政的专家谱曲演唱录制的。“文化大革命”当中连整场的样板戏我们都演过，演的是《沙家浜》。我还在学生文工团演过歌剧，说过快板、相声，搞过诗朗诵，也曾指挥学生合唱团在北京市大学生歌咏比赛中获过奖，指挥理工大学和北航的交响乐团在天安门演出。我在工会工作的时候年年搞全校教职工的歌咏比赛。学生离不开文化活动，不仅要唱革命歌曲，而且要搞点比赛，让青年人的热情能够发挥出来，这也是一种教育。像我们学校搞的深秋歌会，还有过年的音乐会都很好。学生组建交响乐团，还能搞交响乐专场晚会。文化也是学校的一部分，我在这方面算个积极分子，这些活动有益于身心健康。

九

理工大学的光荣传统是一种宝贵财富，理工大学的革命精神一定要永远发扬下去。我们学校的一个核心就是永远听党的话，按照党的指示，坚持党的路线，一定要为国防建设服务，因为我们是国防性质的院校，永远以强军、强国做自己的目标，勇攀高峰。

2022 年 9 月，张敬袖在良乡校区为精工书院新生做校史报告

上个学期学校说要讨论北理工精神，我写了一篇文章，把北理工精神概括为 40 个字，核心是延安精神、爱党报国、无私奉献、艰苦奋斗。结合北京理工大学发展的历史，结合北京理工大学改革开放的历史，理工大学应该是什么精神，大家可以不断地总结探讨，这是很有意义的。理工大学的教师队伍也有自己的特点和传统，那就是永远赤胆忠心无私奉献。我觉得理工大学得益于红色基因，得益于一系列的党建思想政治工作的贯彻，得益于我们的师资队伍。过去叫“三育人”，现在的提法是全过程、全方位、全员育人，“三全”育人，提法不一样了，但本质是一样的。

我在理工大学的这 59 年也是学校一步一步发展成长的 59 年，我们刚来的时候学校周围全是麦地，学校一共就几座教学楼、几座宿舍楼，现在我们有 130 万平方米，良乡 2000 多亩地，我们中关村校区利用国防科技园又建了 20 多万平方米，七座大楼拔地而起。国家发展了，国家强大了，才能够有北理工的今天。

张学莲——我教了一辈子数学

人物简介：

张学莲，1938年出生，北京理工大学教授。

1962年毕业于北京大学数学专业，同年分配到北京工业学院数学系任数学教师。曾任数学系副主任，主管教学工作。任职期间全面修订数学系教学计划，加强数学基础课，增设计算机课程。任校学位委员会、教学委员会委员，任职称委员会等6个委员会评审专家等职。获得国家自然科学基金3次，发表论文10篇。获校教学优质奖数次，获优秀论文特等奖1次、一等奖2次。受邀到中国香港、美国多所高校访问，出版专业书籍13册。

访谈时间：2019年9月24日

访谈地点：北京理工大学图书馆

采访人：张钧

摄像：聂明明

访谈提要

张学莲从北大数学系毕业后分配到北京工业学院，她讲述了初到工业学院时基础部高等数学教研室的情况。她介绍了自己担任数学系副主任时对课程进行调整的原因和结果。她与多家校外机构联络，让学生更好地参加实习。她对自己的研究方向和成绩做了总结，简单介绍了自己退休后的生活。

一

我 1938 年出生于河南省安阳市内黄县，我在我们村里上小学。1951 年我小学毕业，初中考入内黄第一中学。初中毕业我想继续上学，我母亲觉得家里困难，不想让我上高中，叫我到郑州去考中专，那时候安阳、濮阳都没有中专。我们学校的毕业时间稍微晚了一点，把考中专给耽误了。我的表姐正准备在安阳考高中，她跟我说，你就在这儿跟我一起考吧。她家里经济条件比我要好一点，她说家里给多少钱咱们一起用，再申请点助学金。

1953 年我考上了安阳第一高中，是省重点，正正经经学了 3 年。1956 年毕业，该高考了，我母亲还是考虑家里困难，想让我考师范院校，因为那时候上师范院校不需要交伙食费。我的高中物理老师也是我们学校的教导主任，他原来是北师大的助教，支援地方到我们学校来的，他觉得我能考上北大，非让我考北大数学系。我说不行，一个是我怕考不上，再一个吃饭没着落。他说你一定能考上，非要我改志愿，态度很坚决。我说吃饭没着落，他说农村的同学有助学金，够你用的。他把我的两个顾虑都打消了，结果我还真考上了北大。不知道是不是运气好，反正关键时刻都有关键的人给我指一条更好的路。

我 1956 年上大学，入学时说是 5 年制，反正北大、清华都是 5 年制，不知道为什么，但是 5 年后没叫我们毕业，延长了 1 年，大学读了 6 年。我入学的时候数学系的秘书是丁石孙，他管新生。因为我想转到北师大去，我一进校就去找他，在北大感觉学习比较难，初高中我玩似的就过来了，到北大不行了，再一个家里还是困难。我去找他，说我想转到北师大，他说："你要真想转也可以，但是我劝你不要转校。你觉得在

这儿学习困难，其实不是你一个人觉得困难，中学生上北大都觉得难，你再适应适应，或者你问问别人是不是也难，别光觉得自己难。经济方面你可以申请助学金，你再待一段，如果还坚持转校再来找我。”大家确实都觉得在北大上学很难，因为全国的尖子生都跑到那儿去了，而且学校定位又高，又教很高档的东西，我就这样稀里糊涂地上下来了。申请了助学金，但我没有拿到最高的那一档。每个月的伙食费是 12.5 元，最高的助学金是 16.5 元。家里多少也补一点我的生活费，有些亲戚看到我好不容易上了北大，也会资助一点。

那时候北大的理科有 5 个系：物理系、数学力学系、化学系、生物系、地质地理系。物理系第一，数学系第二，这两个系的考分最高。教过我们的老先生都很厉害，周培源是我们系的教授，后来他当了北大的副校长，也是人大常委会副委员长。还有江泽涵①、许宝騄②等都是我们的老师。数学界的名人杨乐、张广厚是我的同班同学，跟这些人在一起学习我当然会觉得困难，后来他们说他们也觉得困难，也要拼命学。

我们系一共 273 个人，分为数学、力学、计算数学三个专业，有的课是全年级一起上，数学跟计算数学在一起上课较多。北大课很少，老师讲得又深又快，需要自己慢慢消化。那时候没教材，老师告诉我们很多参考书，自己去看。老师也不留作业，你自己找习题集，觉得该做哪个就做哪个。第一学期有三门数学课，还有俄语课和政治课、体育课。

数学最主要的一门课是数学分析，每周 8 个学时；还有一门高等代数，每周五六个学时；解析几何每周 4 个学时，这是一年级。二年级也

---

① 江泽涵（1902—1994）：出生于安徽旌德，数学家、教育家。1931 年起担任北京大学教授，中华人民共和国成立前曾任数学系主任。1955 年当选中国科学院学部委员。

② 许宝騄（1910—1970）：字闲若，出生于北京，数学家。1940 年起任北京大学数学系教授，1948 年当选中央研究院第一届院士，1955 年当选中国科学院学部委员。

是按照计划正常上课。当时的系主任是段学复①和程民德②。到了三年级事情就多了，除了上课还要联系实际，把学生们分成小组，我所在的小组联系了两个实习单位，一个是水利科学院，另一个是建筑科学院。我去的是建筑科学院，实习内容是计算建筑的薄壳大屋顶，比如北京站的大厅，那个屋顶叫薄壳屋顶，我们计算薄壳的应力。1959 年评选过一次北京的十大建筑，这十大建筑在修建之前我们都帮他们计算过应力。1960 年又去了一个实习单位，当时叫三峡实验坝，在湖北省蒲圻县，那儿有一个小河流叫陆水，在陆水建了一个坝，我们到那儿去帮他们计算这个坝的应力。

按说 1961 年我们应该毕业了，但是没人提毕业的事，延长了 1 年，变成 6 年制了，也不知道为什么。本来五年级就做了毕业论文，六年级又做了一篇，做了两篇论文。当时我们的老师叫周毓麟，后来到二机部去了。他在苏联获得了副博士学位，学了一些关于微分方程的知识，他就把这个教给我们，我们学得也比较扎实。我的毕业论文就是关于微分方程的，那时候正好开一个数学的什么会，他觉得我的论文有点新意，还拿去宣读了一下。

1962 年我们毕业了，当时国家要建设，在这一形势下我们分配的单位都还算可以，分配到数学所的很多，北大也留了一些人，然后就是去各高校，除了北京，去外地的也有。上海人喜欢回上海，交大、同济也要了好几个人，上海有个华东计算所，也要了一些人。在当时的分配方案里，北京的高校一个是北工，一个是钢铁学院，因为北工是多学科的，我就选了北工，用数学还多一点。

二

我刚来北京工业学院的时候在基础部高等数学教研室，我教高等数

---

① 段学复（1914—2005）：陕西渭南市人，中国共产党党员，数学家。1938 年起在清华大学任教，1950—1952 年，参加了中国科学院数学研究所的筹建工作。1952 年起在北京大学数学系任教。1955 年，当选为中国科学院学部委员。

② 程民德（1917—1998）：中国共产党党员，数学家。1946 年到北京大学任教；1950 年 1 月进入清华大学数学系工作，先后担任副教授、教授；1952 年转入北京大学数学力学系，曾任教研室主任、数学系副主任、北京大学数学研究所第一任所长；1980 年当选为中国科学院学部委员。

学，说实话我觉得那时候的数学水平不高。高等数学教研室有好几十个人，主任是陈荩民，他是从法国留学回来的，在国内很有名气。副主任是孙树本，他是教研室最大的专家，数学知识面很广、脑子快，而且看了很多很多书，但他自己深入做论文不够多，他在咱们国家也是很有名气的，他跟我很要好。陈荩民年纪比较大，已经不上课了，学校有什么事他就来开开会，教研室主任也只是挂名。孙树本也不管具体的事，真正管事的是另一个副主任，一个1956年毕业的党员。

教研室里的老一辈有王榘芳①，他是中法大学来的著名教授，另外还有两个解放前从北大毕业的，还有一个西北大学毕业的，反正老一辈都是学数学出身的。然后是1956年、1957年毕业的一批，也都是数学系的，从四川大学来的人最多，有一个北大的，还有吉林大学、福州大学来的。再下边一批是咱们学校学工科转行搞数学的，一开始有十几个人，提前毕业到数学教研室来。咱们学校有一批提前毕业的学生分到了数学组、物理组、力学组等基础部的各个组，因为当时全都缺人。再下来就是1962年我们这一批，一共来了8个人，北大3个，南开1个，清华1个，湖北大学1个，华中师范大学2个。1963年来了4个人，北大2个，复旦2个。1964年来了2个人，北大1个，南京大学1个。1965年又来了一批，主要是北大、南开、武汉大学毕业的。

我们1962年来的这批人，一开始先是辅导学生，每次主讲老师讲完高等数学、概率统计这些大课以后，我们就上习题课，给学生改作业、答疑。本科生第一年上的课是高等数学，第二年有线性代数、概率统计、复变函数、数理方程，基本是这四门课，但不是每个系都上，五系、二系学数学比较多的要上这四门课。反正是根据各专业的需要，有的专业多一点，有的专业少一点。辅导、答疑了3年，我们到1965年才开始上

---

① 王榘芳（1914—1973）：男，安徽庐江县人。1936年7月中法大学数学系毕业后留校任助教。1941—1949年任北京孔德中学教员。1946—1950年任中法大学兼职、专职讲师。1951—1952年任华北大学工学院讲师、副教授。1952年后任北京工业学院教授。他长期担任高等数学等课程的讲授任务，治学严谨、经验丰富、教学水平高、效果优异，深受同学们的欢迎。曾主编《高等教学》（两卷），翻译有关微分方程定性理论方面的经典文献在国内刊物上发表。

课。那时候有个郭兴福教学法①，是从部队传来的，因为咱们学校有国防性质，跟部队联络比较多，所以也要求用郭兴福教学法。

根据这个教学法，我们把教材按照内容的关联程度分成多个单元，所以也叫单元教学法。教学时分八个环节：启发（提示）、预习、讲解、复习、习题课、练习、讨论、总结。有时根据内容也可减少为六个环节，灵活掌握。每周连续排课两天，这两天时间里老师一直在教室里与学生在一起，学生有问题随时请教老师，及时解决。这样就不能一个大班一起上课了，所以把大班打乱变成小班，两个小班算一个单位，这样需要的老师就多了，我们这些人就都去上课了。其实我没觉得这个教学法多么好，跟老师在一起的时间多了，学生反而更依赖老师，有一点点小问题也问老师，老师如果不在，他还能自己先想一想。郭兴福教学法用了8个月，到第二年6月份就开始“文化大革命”了，停课了，一直到1972年工农兵学员来。

第一批工农兵学员来的时候把老师分下去了，我到了六系。六系是化工系，实际上就是火炸药。每个教研室都分了几个人到六系，这些人在同一个办公室。工农兵学员的文化程度不一样，有的是小学毕业，有的上过中学，所以不能直接讲高等数学，我先给他们补初等数学，都是中学数学的内容，讲了几个月再讲高等数学。1972级工农兵学员一共在学校3年8个月，前8个月都是补基础。后来我被抽回数学教研室写教材，1973年又把我分到了二系自动控制系，我在23专业的教研室，还是教数学课。我一直跟着23专业的学生走，教完这一年级再教下一年级，学生下厂我也跟着下厂。

我以前从来没去过干校，原来在数学专业的时候我小孩还小，领导照顾我，没让我去。到了23专业，我的小孩一两岁了，该我去干校了。这时候23专业的领导告诉我，系里让我去干校，他给顶住了，他说张学莲不能去。怎么回事呢？其实工农兵学员下厂实习，人家工厂并不欢迎，咱们学校就说要为工厂做点事情。正好厂里的小青工想提高数学水平，

① 郭兴福教学法：1960年，中国人民解放军第100团副连长郭兴福在单兵进攻战术教学中逐步形成一套切合实际的练兵方法。1964年1月，军委号召在全军学习推广。特点包括：在教学中抓思想，调动战士积极性，发扬教学民主，集中群众智慧；由简到繁，由分到合；官兵互教等。

就派我去给他们上课，也是讲初等数学，这样工厂才肯接受我们学校去实习，所以领导就没让我去干校。那时候我讲课很多，在学校也讲，在工厂也讲。我身体还可以，能顶得住，不过那时候的确很辛苦，因为还得照顾孩子。

“文化大革命”快结束的时候二系有些老师想搞科研，原来他们搞科研用的都是复变函数的方法，看国外的文献才知道别人都用线性代数的方法了，但是这些老师关于线性代数的知识不够。当时二系的系主任是马志清和肖春霖，他们就让我给这些老师讲线性代数，讲了挺长时间。正好那时候国家要给我们提工资，但不是人人都提，比例很低。于是全体讨论应该提谁，大家都说张老师该提，把我排到第一了。

1977 级招生的时候我从二系回到了基础科学部，数学教研室和物理教研室各招了一个班的学生，数学专业招了 40 个人，物理专业 30 个人。后来补录了力学专业 20 人，又把数学专业这 40 个同学中的 10 个转过去，这样数学专业 30 个人、力学专业 30 个人、物理专业 30 个人。这些学生都属于基础科学部，相当于系的编制。为什么后来又补录呢？我猜想有两个原因，一个是那时候考生很多，而且基本是上山下乡那批人，求知欲很强，基础也比较好，国家感觉到落榜的学生里也有很多好的。另一个原因是刚开始招生的时候对出身还卡得严一些，后来大概国家觉得不应该卡那么严，所以有一些以前不录取的学生这时候就补录进来了。

数学班的教学方式跟我们上学时差不多，只不过这里是 4 年制，课程稍微少一点，但是基本模式和要求，特别是基础课的要求，完全按照数学专业的方式培养。大一有一门最重要的基础课叫数学分析，是我们学校最有名的教授孙树本①亲自讲，但他毕竟年纪大了，所以他只上课，让我跟他辅导。数学专业和力学专业一起上这门课，我们在北大时也是数学和力学一起上。孙教授讲了有一个多月就让我来讲了，因为他很忙，社会活动多，他对我也比较放心。数学分析课的教材用的是吉林大学的一个老先生江泽坚编的，江泽坚在清华大学教过书，在国内数学界很有

① 孙树本（1991—2002）：浙江绍兴人，中共党员，数学家，博士生导师。1935 年毕业于北京大学数学系，曾执教北京大学、西南联大、中法大学。在任北京理工大学教授期间，建立了应用数学专业并设立了国内最早的应用数学博士点。

名。除了上课，我还帮着教研室一位领导制订数学专业 4 年的教学计划，这位领导是复旦数学系毕业的，我俩就按照自己上学时候的培养情况订了一个计划，抓住了数学专业的精髓，当时我们这个教学计划在社会上反响挺好。

我讲了 2 年数学分析，跟同学们的关系也搞得很好，因为他们的年龄也比较大，有社会经历，对学习很渴望，我很愿意跟他们交流。后来我基本上就教数学专业的课，每一级的学生我都教过，只有 1981 级我没有教过课，因为我女儿在这个班上，我不参与。一开始我只教数学分析，后来 1977 级有一个学生留校了，他学得很好，留校后他教数学分析，我有了另一项任务。

当时全校的工科研究生很多，国家觉得工科研究生的数学基础也要打牢，但是有一门难度很大的课叫应用泛函，应用泛函课在数学系都是一门很难的课，那工科该怎么教呢？国家认为这是个问题，所以让各高校一起讨论，我就跟着大家一起讨论教材、大纲，工科生的高等数学水平如何接上应用泛函，等等。有一个学期我就干这件事，另一个学期我教数学专业的复变函数或者数理方程，就顾不上数学分析了。中间很长一段时间我主要教两门课，一个是工科研究生的应用泛函，一个是数学专业的复变函数、积分变换，这算一门课，有时候教数理方程。后来咱们学校有了外校来的学泛函的研究生，就让他教工科的应用泛函了，我就又回去教数学分析。数学系的课我一直教到退休，退休后他们还让我教，我又教了一两届，我说你们赶紧培养人吧。

基础部后来变成了 3 个系，应用数学系、应用力学系、应用物理系，每个系每年一个班，合起来就是一个学院。一开始叫科学技术学院，简称科技学院，当时的校长是王越。后来改成了理学院，没过多久数学、力学、物理就各成学院了，我一直在数学学院工作到退休。除了教学工作，我还当过一届数学系的副主任，我们系主任只管大方向，教学、科研等具体事情都是我管。我还是学校里几个委员会的委员，有教学委员会、学位委员会，还有专业技术评审组，还有我们学校的徐特立奖学金，我也是委员，还有教学质量评审委员等。跟业务有关的机构我都愿意参与。

我当系副主任的时候做了几项工作，一个是课程变化，原来数学系的教学计划跟一般的数学系都差不多，但是后来咱们学校按教委要求要

突出跟工科的结合，所以我们的课程就要有所变化。我们开了很多计算机课程，计算机跟数学结合的课程开了好几门，也形成了自己的一个系统。跟工科结合的也弄了几门课，工科里哪个专业哪几门课跟数学结合得多，我们就跟外系专家一起商量怎么上课。我记得当时是四门课跟四个专业结合，一个是自控专业，一个是无线电专业，还有其他两个我现在记不清楚了。学生最后写论文也可以选择，可以写数学的论文，也可以写结合的课的论文。

我还做了一件事情是跟校外的四个单位结合，让学生去实习。我们学校属于五机部，五机部207所在太原，他们之前要了10个学数学的研究生一起搞了一些东西，我觉得挺不错，所以就跟他们联系，他们也很欢迎。我们学生三年级的时候就去207所实习了，四年级写论文的时候他们也派了几个人指导。第二个单位是宣化炮校，他们有一个老先生是刚解放时候南开大学数学系毕业的，他们也希望跟我们合作。第三个单位是房山的401所。他们那儿也有人是南开毕业的，搞得不错，我就跟他们联系，毕竟在北京，学生去也方便。第四个单位是二机部九院，九院搞理论比较多，数学用得也多。就这样跟校外结合搞了几个点，让学生去实习，论文也跟他们结合一起做。

咱们本来是纯数学专业，但是我搞的与工科结合的课程以及让学生去校外实习、做论文都是从应用数学角度做的工作，学校觉得很不错。

三

我自己的研究方向是数学基础理论——复分析。我获得过3个国家自然科学基金的项目，一个叫单复变函数论及应用，一个叫复分析若干问题及应用，一个叫亚纯函数及复动力系统，都比较理论。我写的论文在《数学学报》上发表过4篇，咱们学校学报上发表过5篇，《数学进展》上发表过1篇。有几篇得过咱们学校的优秀论文奖，得了几个一等奖、一个特等奖。还有好几篇被SCI（科学引文索引）、EI（工程索引）收录，这被咱们国家认为是更高的档次，所以我拿到了政府特殊津贴。

我参加的会议比较多，全国复分析学术会议2年开一次，有时候中间还要开一些国际会议。无论是国际会议还是国内会议，只要是国家级的复分析会议我都参加，也在会议上宣读论文。我还参加过一个纪念华罗庚的学术会议，也是国际会议。我也做过访问学者，应邀到中国香港和美国的大学去交流、做报告。我出版过几本书，一本是在咱们学校出版的《实变函数与应用泛函教程》，这是给工科研究生讲应用泛函的教材。还有一本是跟别人合作写的《黎曼曲面》，科学出版社出的，这是给各校的研究生用的《现代数学基础丛书》中的一本。还有一本跟别人合作写的《高等数学竞赛指南》。学校内部的数学竞赛都是我在管，咱们学校出去参加北京市的数学竞赛也是我管。我管的那几年成绩还不错，我这人头脑还行，凡是跟外边能横向比较的项目我都比较重视，我觉得这样能显出咱们学校的成绩。除了正常教学，我主抓这件事，所以咱们学校数学竞赛方面的成绩挺好。咱们国家高职高院的数学系列教材，我是副主编，和其他老师一起编写了这套书。另外就是“文化大革命”中我与其他 4 位老师合编的《初等数学》。

我带过 3 个研究生，1986 级、1987 级、1988 级各 1 个，也是我的研究方向。我主讲“值分布论”“黎曼曲面”等五六门课。咱们学校数学专业的研究生毕业后基本都在高校里做数学老师。本科学数学的大部分都会考研究生，也有直接出国的，也有研究生毕业以后出国的。我教过一个班，7 个女同学，毕业后 2 个去了北大，2 个去了中科院数学所，2 个考了咱们学校的研究生，还有 1 个不记得去哪了。那几个女孩子真厉害，我上课时会叫学生到黑板上去做题，一般我出题目，谁会做谁自己上来，我不点名，经常是上来一排女孩子，我很高兴。有一个数学家叫林群，是院士，中科院数学所的，他就看中了其中一个女孩子，非叫她去读他的研究生，那个女孩子不愿意去。我问她为什么，她说林群是搞计算的，她不太喜欢这个方向。我问她林群为什么看上了你，她说有一次林群请外国专家来做报告，她去听了，讨论的时候她给老师提了几个问题，林群觉得她提到点子上了。这也说明我们培养的人，数学掌握了，领会到实质了。

还有一件事情，当年中科院数学所有一个暑期班，专门培养一些高校的数学专业优秀本科生，总共二三十位同学，数学专业最好的学校也只有 3 个名额。那时候数学所的所长是杨乐，我的大学同学，我就跟他说能不能让我们学校也去 2 个人，哪怕是旁听也行，我主要想让学生跟高水平的去交流交流。他给了我们 3 个名额，我跟学生说一定要好好学，

这个机会来之不易。其实我心里直打鼓，因为全国最好的综合性大学都有没去的，总共只有不到 10 个学校的学生在那学习。结果考下来很不错，一个在前 5 名，一个十二三名，还有一个稍微差一点，但是也在 20 名之内，我挺高兴。

赵晓晨——我记忆中的延安自然科学院

个人简介

赵晓晨，1927年出生，河南省洛阳市人。1939年加入党的外围组织“民先”，1940年6月参军，1940年8月到延安，分配至陕甘宁边区难民纺织厂工作，1941年2月到延安自然科学院预备班学习，随学校到河北井陉后，调入华北人民政府企业部，北平解放后，1948年9月在中国人民大学学习，毕业后分配至华北人民政府企业部工作。

1949年以后，随着机构改变，在建材部、国家建委、建工部等部门工作。曾任中国建筑学会副秘书长（司局级），以及《建筑学报》《建筑结构学报》主编、编辑部主任。

在社会社团活动中曾任延安大学北京校友会秘书长，延安大学教科文基金会北京办事处主任。

访谈时间：2019年12月6日

　　　　　2019年12月27日

访谈地点：北京理工大学图书馆

采访人：张钧

摄像：聂明明

访谈提要

赵晓晨讲述了他上高小时受到进步思想启蒙，加入民先队，到洛阳参加八路军，去延安路上结识徐特立，到延安后分配到纺织厂工作，考入延安自然科学院预备班，后调整到延安大学中学部。不久后他被分配到保安处，担任文化教员、记录剧本、为办展览写连环画脚本等工作。

他主要讲述了在延安自然科学院和延安大学中学部的生活学习情况；对徐特立印象深刻的几件事；延安自然科学院对自己的影响和应该传承的精神；晚年他作为延安大学北京校友会的副秘书长及延安大学教科文基金会北京办事处主任所参与过的工作。

一

我是河南省洛阳市人，1927 年 1 月腊八节前后出生的。我读书的学校是当地最有名的小学，学校原来在洛阳市，因为当时经常轰炸，学校搬到我们镇子，我三年级进去读到毕业。

在学校读书时，有的老师是地下党员，思想比较进步，对我们做过一些启蒙教育。我印象比较深的是，老师讲到资本主义社会生了两个儿子，一个是资产阶级，一个是无产阶级，资产阶级剥削无产阶级。当时我不太理解，老师给我举例子，把资本家比作地主，把工人比作地主的长工。地主雇 3 个长工，他家又不劳动，钱是 3 个长工给他挣的，这就叫剥削。我就稍微明白一点了。

因为这些启蒙教育，我知道共产主义好，各尽所能、各取所需，没有剥削。当时共产党的外围组织叫抗日民族先锋队，简称“民先”，我就被发展成了“民先”队员。

我的一个同学是洛阳专员李杏村的外甥，他在学校作威作福，上学放学有马弁接送。那时候“民先”队员恨他，认为他就是资产阶级。当时正是抗战初期，日本飞机经常来轰炸，我们几个人商量，要在躲飞机的时候弄死他，但没有机会下手。有一天，工人来打井，中午天气非常热，又没打出水，打井的工人就上来午休。他路过井口，趴在井口往下看，旁边没有人。顿时，我认为机会来了。我手这么一点，他就脑袋朝下跌下去了。下午上课铃响了，我心里直跳，课堂上老师看我，小声问我你怎么了，我说没什么。但他掉下去后，人没死，他也不知道是谁给他弄下去的。这事学校要查，地下党说，你这祸闯得不小，赶快走吧！就派一位女同学，也是地下党的联络人郭占英，带着我和另一个同学一起到洛阳办事处，让我离开河南。

在洛阳办事处，我换上了军装，胸章上写的是18集团军司令部勤务员二等兵。我们在办事处住了一两个星期，那时候办事处有很多因为竹沟事件①送来的跟国民党军队摩擦受伤的兵。办事处有个姓焦的副官，带着我们4个人坐火车去了西安八路军办事处。那时候从洛阳到西安的火车到风陵渡就不能走了，因为风陵渡在山西，紧挨着黄河，那地方的黄河很窄，用炮、机枪就能封锁，火车不能开了。

焦副官经常从洛阳办事处送人到西安办事处，经验非常丰富，他胆子大。我们本来应该绕开潼关，绕到山上，再下来到文地镇，但他说天气太热了，咱们干脆直接从潼关城走吧！结果那天在路上又是炮轰又是机枪扫射。我们在潼关刚好中午要吃饭的时候，枪声就响了，炮火是日本人从山那面打过来的，炮弹落在我们吃饭的地方，他就带着我们赶快跑。那时候我们年纪小，可以说是跑得脚不沾地。那是我参加工作以来第一次看到什么叫战争。

我们到西安已经很晚了。住在西安七贤庄的18集团军办事处。七贤庄有咱们好几处院子，我住在七号院招待所。我在西安待的时间不太长，在那里学唱歌、学八路军的好多书。后来招待所人越来越多，人多住不下，就给我们弄到尚德路，那里有八路军的一个汽车站。我在那待了3天，然后坐车往延安走。

路上非常不顺利，汽车开出去第一天到了无尾河边，无尾河涨水过不去，只能停下来。第二天、第三天又来了三辆车，也是八路军办事处的，他们从重庆、桂林来。这一群人里有徐特立徐老、林伯渠林老，还有董必武董老，他们几个人开完国民参政会回延安，我就是这时候认识的徐老。

一下子许多人在无尾河边等着，等了好几天。无尾河边只有一个卖

---

① 竹沟事件：竹沟位于河南省确山县以西30公里处。1939年11月11日，国民党顽固派突袭竹沟，我军民奋起反击，终因敌众我寡，被迫撤离，敌人残杀我军民200多人，制造了震惊中外的“竹沟事件”。

饭的商铺，我们都在窑洞里住，没有门，就是一个洞，没有床没有铺。徐老年纪虽然大，也跟我们一起在地上睡觉，人靠着人，三四天就这么过的。我感觉徐老真不简单，过河的时候他跟着大家一起蹚河，过了河就继续往延安走。

二

我们到延安的时候是晚上，离老远一看灯火辉煌，一层又一层的。我们以为延安有这么多高楼大厦，挺兴奋，结果白天一看都是窑洞。到延安，我们住在兵站招待所，第二天找我们谈话，分配工作。我年纪小，被分配到延安的纺织厂。我说我们要打日本，要当兵。他说你们还没有枪高，怎么当兵？你们到纺织厂做工也挺好。我们坚决不去。分配我们的那个人说，织布织布，前方战士要衣服，你们去织布也是抗日。他连说带唱来了这么几句。那就去吧！

纺织工厂在安塞县①，离延安还有70多里路。去以前要到管工厂的陕甘宁边区政府的一个办公室，大概是人事科，去谈话。那里的工作人员说咱们走过去吧，我就跟着他走了。他骑着马，带着警卫员，我们后面跟着。因为我们年纪小，他从马上下来，叫我们轮流骑马。他一路上老考我们，都是数学题，什么鸡兔同笼，还有知道距离，栽多少棵树，这些问题。到了陕北他心里有数了，知道分配我做什么工作合适，就跟工厂里说我算术还可以，让我到车间给车间主任做助手。

当时我们厂长叫吴成秀，工务科长叫胡然，车间主任叫唐少沿。吴成秀是老干部，当过高岗的秘书。他是本地人，在那管业务，给我分配到车间，归车间主任唐少沿管。我去的时候，他说你每天把这纱分给女工们，让她们落位子到尾管，完了把它收回来称一下。尾管是木头的，它的重量要刨出去，然后看看重量能不能对得上。我就每天把纱发下去，把尾管收上来，记个账。干了一阵，给我调到商品检验工作，就是检验布匹。那时候使用英制单位，一匹布50码②，我们的尺子也都是论码。工人织够50码后就叫我，说下布来。我拿着尺子一码一码地量，量够50码，一剪子剪下来。回来了以后有个很简单的工具，在一个板子上钉两

① 安塞县：今为延安市安塞区。

② 1码≈0.9144米。

个很长的钉子，非常尖，这样一刮。刮够了以后，我们两个人把这布一叠，前前后后拿针缝下来就入库了。

我到纺织厂的时候已经深秋了，比较冷。工厂里给我一个羊毛做的很小的小被子，我的衣服也非常单薄。我觉得生活非常苦，就给家里写了一封信，要衣服、要钱。我家里一看落款是难民纺织工厂，以为我在那做难民，我爸爸忍不住了，他就赶快跑到延安的纺织工厂，说我不能在这里干了，一定要回去念书。我不愿意回去，工厂就哄我，说你在这只能干这些活，跟你爹回家吧！想来以后再来。但我坚决不想回去。

正在这时候，朱老总到难民工厂视察了。他的一个警卫员是河南人，是我的老乡，我就跟他说我不愿意回家。他说路条已经开了，开了路条就等于跟工厂断绝关系了。朱老总说，延安自然科学院不是招生吗？你去考考吧。这样我这老乡说，你要愿意就到自然科学院考试，考上了可以在那上学，考不上的话就没办法，你得走了。我就去考。去考的时候，招生时间早已经过了。但因为认识徐老，徐老就说叫我去补考。当时补考是考文化课，考点分数、比例、鸡兔同笼、植树问题这些，看你什么基础，我上了预备班。

三

当时自然科学院是三种班制，第一是预备班，是年纪很小的学生上的；第二是预科部，就是大学预科；第三是大学部。我跟我爸爸说这吃饭不要钱，还有书念，挺好的，我有几个老乡也在预备班念书。生活干事也是我们河南老乡。还有一个老乡，叫海青云，在校部给学校当秘书，对我多少有些关照。这样我父亲比较放心了，就回去了。回去以前他给我做了衣服，还告诉我，你要花钱，就去某个商人开的药铺找坐堂医生要。那个医生是孟津人，离我们家比较近。他让我跟他要了钱，再给家里写信，我们再在家这边给他钱。这样我在延安生活就有钱了。

我就这样进了自然科学院。

预备班好多都是高小毕业生，预备班念完才能升预科部，预科部相当于高中，预科部读 3 年就升大学部。那时候学校也有很多改革，我们念的书都是老师自己编的讲义，比如数学等于是综合数学，不是小代数完了读大代数，是小代数跟大代数综合一起读下来了，互相有衔接，掺在一起学，有解析几何、微积分，叫综合数学。

我刚去的时候，念书念得非常高兴。在科学院念书跟我在洛阳念书很大的不同点就是有互助组，老师上完课以后，自习时互助组集体讨论做习题。老师讲的东西，经过大家一讨论，挺生动，你说说我说说，都记住了。那时候预备班有年纪大的，也有年纪小的学生，在学习上，小的灵光，大的迟钝，小的就帮大的。但生活上，大的就帮我们小的。比如吃饭时下雨了，下不了山，都是大的帮小的。因为上课在山上面，教室、图书馆都在山上面，但吃饭在山下面。这样一天三顿饭，再加上早操，一天要下山、上山 4 次。

预备班共有 3 个班，我是最小的，在三班。我们班上有 30 来个人。窑洞最里面边是三班，中间是二班，把边的是一班。上课主要在窑洞里，但有时也在外面。比如上劳动课的时候，劳动教学要结合实际。比如上植物课，种洋芋。洋芋有紫颜色的，也有黄颜色的，老师讲，这种洋芋要切成好几块来种。我说洋芋这么切开不都坏了吗？老师说，洋芋表面有好几个坑，一个坑就是一个会发芽的地方，一个洋芋可以切成两三块这种带坑的。然后去伙房拿点做饭烧木柴烧出来的灰，把切开的洋芋在灰里荡一下，让它都粘上灰。老师告诉我们一定要撒这个灰，一个是消毒，一个是包上它好发芽，这是教学跟劳动结合。讲到其他的时候，比如讲植物，采标本，葱是管状叶，韭菜是条状叶，松针是披针形叶。一人拿个本子，把自己采的标本粘在上面。我们校园在杜甫川沟口，一进去是光华农场，讲植物的时候，或者实习可以到那去。那时候光华农场在研究种甜甘蔗，边区榨糖就靠它，也种稻子、蔬菜，供应机关食堂。

我是 3 月份去的，快到 8 月时，自然科学院调整，把我们低年级的三个班并到延安大学中学部。原来我们在南门外，这以后就到北门外读书。在那的教育跟原来大不一样，自然科学院预备班有劳动课、文化课，像数学、语文这些。但中学部主要是数、理、化、英文四门课。那时候有吃有穿，天天没别的事，就啃这四本书。

老师都是从国统区来的，被分配到学校当老师。英语用的是开明英文课本，由教务科刻蜡复制，头一课就是“Good Morning”。数学用的是老师编的讲义，这就跟过去的 10 年一贯制学校差不多，物理课、化学课也是这样，都是自编的教材。

那个时候延安住得非常舒服，住的通铺一个人 48 厘米，直溜溜的，非常厚的一层，绝对驼不了背。每天作息时间非常规律，做各种事都是吹号，从起床号、吃饭号、上课号，到就寝号、熄灯号，非常激动人心，比敲大钟好得多。比如说早上起床号，用的都是抗战的谱子，令人非常振奋。

延安自然科学院伙食都是小米饭，按班分，我们班分成 3 个组，发一个木桶，木桶有把可以提着，轮流值日。年纪大一点的拿着桶去打菜，饭是一个大桶抬出来，没有食堂，全校一块在露天地里分班吃饭。

我们的校园挺大的，校园门外就是一条小河，四季有水，但是水量不大。吃的是井水，井离小河沟比较近，井也不深，也经过过滤，还挺干净，吃的、用的就是那个水。打上来水之后，倒在木槽里，流到伙房里。

学校的教室、宿舍都是窑洞，那窑洞是阳窑洞，跟老百姓的不一样，前面有很大的窗户，不是很深，采光比较充分。每个窑洞的后面也有一个洞，打得很深，那是防空洞，而且洞跟洞连着。延安大学的窑洞通到杨家岭，毛主席住的地方，往北面走能通到桃园朱总司令住的地方。我们有时候进去出不来，走迷糊了，老师还得去找。

当时也遇到过日本人轰炸的，日本人对八路军恨之入骨，特别是平型关大战之后，把延安城炸得很厉害，延安城很小，东面是一个大川，飞机一过来的时候，一俯冲就得抬头，炸弹全部投在城区里。延安城里一片瓦砾，没什么完整房子。校园在北门外杜甫川，没有被炸过，炸不到。

我在自然科学院待的时间不太长，这段经历对我后来的影响，是养成了吃苦耐劳、艰苦朴素、注意节俭节约的习惯。那时候上课一个人发一块小木板，很精致，非常平。另外有一个小凳子，木板放在膝盖上，用蘸水笔写字、做题。写字用的是草纸，草纸一写就洇了，怎么办呢？喝豆浆的时候，把草纸在豆浆里裹了一下，贴在墙上，干了以后再写。没有豆浆时，把稀饭放很多水，搅一搅，澄清后放在草纸上过滤一下，贴在墙上晒干，就可以拿蘸水笔写字。蘸水笔的墨水是颜料，或者就是把变色铅笔削一削，削出的末子兑点水，制成墨水来写字。这种生活过惯了，就会养成节约的习惯。

四

我在这里念书的时间不长，就要分配工作了。那时候不管毕业不毕

业、合适不合适，需要人就会分配工作。分配工作有两个去向，一个是分配写文件，一个是到工厂去，主要是军工厂。那时候安塞有个工业区，我们说这是咱们的鲁尔区①。像我们这些年纪小的，就被分配到保安处。保安处自己有电台，可以发电报。我也被分配到保安处，但是没搞电台，分配我到保安处下面的延安保卫团当文化教员。那时候文盲很多，我们照着课本，给战士们讲点文化课。

除了上文化课，有时候要还干别的事。陕北有两种地方戏，一种叫迷糊（眉户）戏，一种叫秦腔。那些老艺人戏唱得很好，但大多数不识字，我就帮他把词记下来，最后形成剧本。我记过秦腔的《柜中缘》。保安处有个像文工团那样的机构，榆林还有好几个戏院。那时候榆林有好多国民党的逃兵，这些逃兵一过来，咱们文工团就给收下来。逃兵一般都要经过审查，动员他们参加八路军。

1943 年 4 月搞大生产运动，倡导自己动手丰衣足食，抽调我们去办展览。同时整风、审干、抢救运动也刚过去，为了说明整风的效果，还有一部分展区是展示保卫工作。展示保卫工作主要靠实物和连环画。那时候我一个人住一个窑洞，展品来了，我登记一下，负责保管。

这些连环画主要根据领导提供的一些案情画的，比如有很多特务搞破坏，那就把这个特务怎么来的，怎么破坏的，都画成连环画。我负责把案情经过写成像脚本一样的东西，画家再根据这个绘成连环画。当时主要有三个画家在画这种连环画，一个是钟灵，还有齐丹，解放后是中国美协书记，还有个朝鲜人。

我在延安保卫团工作期间还抓获过一次日本逃兵。1943 年的秋天，有一天看守所长魏子义去吃饭，叫我到所里代他待一会儿。我到看守所时，正好犯人们在放风，出来解手。虽然有值班战士监视看守，但还是有一个日本人乘放风机会逃跑了。

这个日本人叫多田，他是在山西被 120 师俘虏的一个日本下级士官。延安有一所日本工农子弟学校，校内的学生，都是八路军、新四军送来的日俘。这个多田曾经表现很好，日本共产党书记野坂参三到延安观察，还接见过他。他逃跑了，我们负责监管的 3 名战士有直接责任。延安保

---

① 鲁尔区：位于德国西部北莱茵－威斯特法伦州内，是世界最著名的工业区之一，被称为“德国工业的心脏”。

卫团邹政委很恼火，命令我把多田找回来，否则要从严处分我。他当即给我一部手摇发电电话机，由 3 名战士轮流手摇，我给各观察站打电话，要他们堵截一个叫多田的日本人。我的运气真不错，这个多田跑到甘泉，饥饿难忍，找了一个树枝，包着手绢，像是手枪的样子，到一家饭馆打劫。他不会中国话，只能比画着要吃的。饭馆的人报告检查站，就顺利地抓住了他，把他押回了保卫团。我气不打一处来，狠狠打了他四五个嘴巴。

五

我去延安的路上认识了徐特立。对徐老，我印象非常深的事情有三件。第一件就是在河边他跟大家背靠着背一起睡觉。第二，在自然科学院的校园里，在半山腰上，有一个用三块大木板搭的墙报，学校的一些通知、告示，学生写的一些文章，都在上面。徐老当院长以后，每次去学校的时候，他都要戴着帽子、扇着扇子，站在墙报前看一两个钟头。我们离好远就能看到他来了。他通过这个墙报了解学校的情况，了解学生们的情况，了解老师们的情况。第三件事，是我后来分配工作到延安保卫团当文化教员以后的事了。毛主席分配工作时候，我们刘团长去了，毛主席说给你们保卫团和警卫团两个的任务，我给你们分一下，你们一个站着，一个跟着。站着的意思就是站岗放哨。我那时候虽然是文化教员，有时候也跟着连长或者排长去查哨。徐老在延安时有两个职务，中共中央宣传部副部长兼延安自然科学院院长。他住在杨家岭，在杨家岭站岗放哨是我们保卫团的事。查站岗的地方是个小山坡，往下看一目了然，什么人住在什么地方的大致区域，都一清二楚。我们查哨的时候，能看到徐老的住所，他的灯老是亮着。徐老要从杨家岭出来，河水深的地方他蹚不过去，他就往北面走，到浅的地方，裤子一卷，蹚河过来。哨兵在房上，都看得一清二楚。

徐老这个人非常伟大。他那时候就已经预计到将来咱们一定能掌握政权，所以他常说，培养你们，不是让你们当专家，我培养你们是想让你们当内行。因为他已经预计到将来全国解放以后，延安自然科学院的这些学生出去，肯定在工业技术部门工作。不管是机械厂、化工厂，这些学生因为是内行，一看就明白，这样被接收的人员就不敢小看咱们。所以他说培养你们做内行，给你把基础打好。当然，内行也有可能成专

家。但在实际工作中，这些毕业生大部分以后都要做管理工作，通过做管理工作，一部分要成为领导，一部分成为专家。后来果然如他说的，解放以后这些人接收工业企业，一看都懂，是内行。

他说从教育学的角度上看，将来要解放全中国，我教你们学什么，将来干什么。他是教育家，他的这个指导思想是根据将来国家的需要规划培养人才。

当时成立延安自然科学院也是出于这个初衷。一开始成立的时候是延安自然科学研究会，因为毛主席那时候有个讲话，说人类只有两门科学，一个是社会科学，一个是自然科学。那时候社会科学有马列主义研究院，就又成立一个自然科学研究院。后来感觉叫自然科学研究院不妥，就说，咱们干脆改成延安自然科学院，办成个学校，不算研究机构。

自然科学院里有机械、农业、医学三个部分。医学后来就是医科大学，农业就是新华农场，我们学校跟它一起，都在杜甫川，学农业的时候就到那儿去实习。工业是有兵工厂，另外自然科学院里有一个小玻璃厂，还一个机械厂，可以做步枪。我军在华北、西北破坏敌人的铁路，把铁轨运到延安，铁轨先切削，用很落后的皮带轮的车床、机床，费很大劲把铁轨先切削成钢棍，然后掏筒。但直筒的窟窿做枪管不行，枪管里头有来复线，那时候也搞发明创造，就把卷尺打上蜡往里塞，一塞一拉，来复线的形状有了。根据这个形状制成来复线的杆，那就能做步枪了。

学校的修建厂可以修理步枪、机枪，也生产点步枪，而且还有创新。过去步枪刺刀是扁的，扁的刺刀既能砍又能戳，但实际打仗的时候都是戳，没人砍。所以那时候就参考一个法国的画报，上面的步枪刺刀是三棱的，所以咱们就给它改进成三棱的了。

在延安时除了徐老，其他的领导人也能见到。比如朱总司令到纺织厂参观视察的时候，我见过他。但日常见的最多的是领导人的子女，因为延安自然科学院的同学里干部子弟多。

六

日本投降以后，延安自然科学院的人也编队离开了延安。那时候我们这个队伍归在十大队里，这个十大队包括很多单位，行政学院、鲁艺、自然科学院，等等，周扬是队长。本来要到东北去，但到张家口以后，朝阳、易县已经打起来了，过不去了，我们就在这一直待命。这期间也做点工作，比如我到宣化钢铁厂给工人上过课。

后来中央决定了，年纪大的继续向东北走，从赤峰绕道过去，他们到了哈尔滨，后来是办了哈工大。年纪小的留下办工业技术学校，在张家口和当地伪政府留下来的技术学校合并，变成了工业技术学校，叫晋察冀边区工业技术专门学校。延安自然科学院留下的预备班学生就在这念书，学校又在北平这些地方招了一些学生。

后来内战爆发，张家口待不住了，学校就从张家口撤退到了平山。我们在那待了一阵。后来石家庄解放了，学校到了石家庄井陉，这时候的名字是晋察冀边区技术学校。就是在这个时期，学校分配我当了助教。那时候助教有两种，一种是代课的助教，一种是不代课的助教。我是代课的助教，教语文，还兼着绘图课，那时候绘图的基本课程就是平面、立体制图。因为是工科学校，离工业区比较近，实习也比较近一些。

在井陉待了一年多，晋察冀跟晋冀鲁豫合并，晋冀鲁豫工学院跟我们学校合并，学校变成华北工业交通学院，曾毅是副院长，还有个教导主任，他们二人管事。后来教导主任调到太原工业学院去当院长了。我和曾毅住在一个院子里，那时候我是助教，和李向平住一间房子，李向平是咱们学校基础部主任。

在华北工业交通学院，学生分成两部分。从晋冀鲁豫来的是高班，第二年就有毕业生了，我们晋察冀边区技术学校这一部分等于是低班，预科班。那时候学生学的内容主要是机械工程跟兵工方面的东西，因为自然科学院从延安成立时就是着重于兵工。我做助教的那个班叫机械工程，用的教材都是自己编的是讲义。学校有制图课，我给制图课的教授当助教，教工业制图。那时候学生学的有机械制图、机械原理这些课。井陉煤矿有个机修厂，在那实习。但在那的时间不太长。

那时候学校条件很不错，在井陉的时候接收了一个敌伪的小学校，规模很大，教室、制图室、图书馆、实验室都有，还有电铃。条件改善了，吃住也都可以。做助教的早早地就把今天上什么课，需要做什么实验，把实验的设备、仪器都摆在课堂里，老师上课时好用。老师坐在那儿讲课，跟学生坐在一起，学生有问题就可以问。

华北工业交通学院后来归入华北联大，归吴玉章①领导。当时我们在井陉，吴老他们在正定。华北联大工学院，就是后来的华北大学工学院，都归企业部管。我跟这学校渊源还挺多的。后来吴老80岁寿辰的时候，我还代表工学院去给吴老祝寿。

华北大学工学院起初要去接收太原，太原打不下来，等了好长时间，后来北京解放，学校就到了北京。先从河北井陉到阳泉，阳泉到北京有火车。但是我没坐火车，我跟学校不是一起进来的。在学校来北京以前，我就被调到了企业部。企业部在阳泉，我跟着企业部的人到的北京。到北京，我们住在良乡县琉璃河，那时候毛主席他们是住在香山，也没进来。当时正在谈判，我们就在那儿待命。后来毛主席他们进城了，我们还在外面没进城，住在齐和楼那边，我的工作是从户口上找这些知名人士、社会贤达的地址，然后给他们写信，邀请他们到六国饭店吃饭，宣传党的政策。

从那时候我就离开了学校，我作为华北人民政府企业部的军代表，去接收有关厂矿企业。我们先去天津接收日本人建的耐火材料厂，到唐山接收了启新水泥厂、启新陶瓷厂、工业耐火材料厂这三个厂子。原来晋冀鲁豫边区有个窑业组，华北人民政府成立了企业部后，窑业组变成了窑业公司，窑业公司接收了国民党的华北水泥公司，和我们合并成立建材部。就这样，虽然我原本是学校的人，但当时有一摊子事，就把我留在了华北窑业公司。

后来学校到了北京以后，先是接收的中法大学，接收的北京高等工业学校。这两个学校接收了以后，成立了北京工业学院。成立以后，分成两批人，一部分人到北京高等工业学校，留下的人在北京工业学院。

我起初是在北京工业学院，但我后来因为借调离开了学校，回不来了。中法大学和高等工业学校的接收工作我没能参加，但招生的时候叫我回去改过一次卷子，那时候咱们学校和人民大学招生，都是公费生，

① 吴玉章（1878—1966）：原名永珊，字树人，四川荣县人；是我国杰出的无产阶级革命家、教育家、历史学家和语言文字学家，新中国高等教育的开拓者。他于1950年中国人民大学正式命名组建时担任校长长达17年，直至1966年逝世，为人民大学的诞生和发展做出了不可磨灭的贡献。

供给制，报名非常踊跃，报考的人很多。我是从天津借调回来的，这段工作时间只有两三个礼拜。

七

窑业公司在北京的西交民巷，在原来的国民党资源委员会水泥公司那儿办公。窑业公司后来变成建工局、建材局、建材部、建设部、国家建委。随着一系列机构改革，名字也在改，驻地也在改。从西交民巷搬到百万庄，这时候叫建筑工程部，然后改成建委。建委是城建部、建材公司、建工三个部并在一起的，合称国家建委。

我一开始在建材局局长办公室做行政工作，后来成立建材出版社，调我到那儿搞编辑工作。建委、建工、城建合并以后我的工作基本上没有变化，一直做编辑出版工作，办过《建筑学报》。

那时候《建筑学报》非常吃香，因为全国只有这一份刊物，而且彩色印刷的就这一份。建筑的特点不彩印就很难表现，尤其是建筑创作，一般就做做立面、平面。立面肯定要彩色的，所以外号叫建筑画报。建筑画报被香港看中了，因为全国彩色印刷的就这一份，他们想在这儿登广告。那时候咱们所有刊物都没登过广告，能不能登广告，就请示部长，他说不能登广告，咱们不登广告还争着抢指标、抢材料、抢投资。那时候好多年《建筑学报》的发行是全国最多的，10 万份，全国就这一家。后来办的刊物很多，慢慢发行量就下来了。

除了这份工作，另外我还做过《建筑材料工业》杂志，是半月刊。主要报道建筑材料工业的情况，水泥、玻璃、陶瓷这些企业的生产状况。后来调我到建筑协会，所有的刊物都并到建筑协会，建筑协会就刊物很多了，包括《建筑学报》《建筑材料工业》半月刊，还有《硅酸盐工业》等几个学术刊物，办了好长时间。我后来办这个多少有了点名气，香港有一段时间大陆热，香港一家《建筑学导报》月刊，聘请我做它的特邀编辑记者，每个月给它写一篇文章，介绍大陆建筑的情况，我记得很清楚，一个字 3 毛钱，100 个字 30 元，我赚了点港币。另外香港还办了一个《建筑学年鉴》，一年写一篇文章，我那时候每年年底都开厅局长会议，把报告那些材料组织在一起，每年给“年鉴”写一篇。

我一直做编辑工作，直到 1990 年离休。我是从中国建筑协会副秘书长的岗位退下来的。离休时我的关系属于我们部里的离退休干部局，也

叫老干部局。

因为我曾经在延安大学学习，延安大学搞了个科教文基金会，就聘请我做延安大学北京校友会的副秘书长，兼延安科教文基金会驻京办事处主任，到处募捐。那时候延安大学出来的校友很多，互相都认识，有时候带着小同学去见老大哥，打个电话就捐款了。后来我的耳朵、眼睛也出了问题，所以这些年就没有再做这件事了。

钟家湘——让我铭记一生的一句话

人物简介：

钟家湘，1938年8月4日出生，江苏南京人。北京理工大学教授，中国知名材料科学家，对国家有突出贡献的专家。

1962年毕业于上海交通大学，曾在中国科学院金属研究所、交通部工业局工作。1982年调入北京理工大学，历任金属材料教研室主任、材料科学研究中心副主任；兼任中国材料研究学会和国际材联中国委员会副秘书长。

曾获国家科技进步奖三等奖、机电部科技进步奖二等奖、科学院科技成果奖二等奖、理工大学科技成果奖三等奖；申请国家发明专利3项；发表科技论文90余篇，出版专著6部；培养博士1名，硕士10余名。

2004年创立北京精微高博科学技术有限公司，被誉为“中国氮吸附仪的开拓者”。2015年获“第二届科学仪器行业研发特别贡献奖”。

2021年3月26日去世。

访谈时间：2019 年 9 月 2 日

访谈地点：北京理工大学图书馆

采访人：张钧

摄像：聂明明

访谈提要

钟家湘老师讲述了他“这辈子注定要搞金相”的缘由，在中科院金属研究所得到师昌绪等老一辈科学家的言传身教，奠定了深厚的理论基础，在此后的工作中，又积累了丰富的实践经验。1982 年，钟家湘调入北京理工大学任教，他和教研室的老师们共同努力，在完成教学任务的同时，积极开展科学研究，为金相教研室发展成为现在的材料学院，打下了一定基础，为专业发展起到了承上启下的作用。退休后，钟家湘教授创立北京精微高博科学技术公司，研发成功氮吸附仪，填补了国内空白，并获得第二届科学仪器行业研发特别贡献奖。

一

我是江苏南京人，1938 年出生。父亲曾在国民党政府工商部做过职员。1950 年父亲从广州调到北京财政部，我随父亲来北京时上小学六年级，在北京师大附中读的中学。我特别想学造船，1957 年上海交大要迁到西安，因为有一半左右的教授不愿意去，周总理协调后，把上海交大分成上海、西安两部分，造船部分成为上海交大的主体。我填报的志愿是上海造船学院，录取的时候是上海交通大学。

我高考分数很高，在我们班第二名。我的第一志愿是船舶设计系，第二志愿是船舶动力系，这两个专业的保密性非常强。我受家庭出身的影响，被分配到船舶机械系焊接专业。1958 年“大跃进”时，上海交大恢复冶金系，我们焊接专业调到冶金系，改成金相专业，也叫金属学及热处理专业，此后我一直在这个专业领域，有人开玩笑，说我这辈子注定要搞金相，因为我的名字一头一尾包含金相这两个字，钟是金字偏旁，湖南简称的湘字，去掉三点水就是相，我觉得很有意思。

解放前，父亲跟着单位走，我和姐姐随母亲住在湖南姥姥家，有几年和父亲断了联系。后来我和比我大一岁的姐姐一起考入上海交大，分到同一个班。我们在学校里头挺有名气，表现也都很好，我一直是班团支部书记，还是校足球队和艺术团的书记，一人身兼三个书记。我在大学时学习很好，属于又红又专又多才多艺，毕业时我是两个专业的两个班合成的大班的班长。我姐姐是学校三八红旗手，学校领导、老师对我们都特别好。

1962 年大学毕业时，按照原来的分配方案，我应该去北京中科院电工所，受家庭关系影响，没通过政审。学校对我很好，问我分配是以单位性质为主，还是以地区为主。如果以地区为主就等一等，想办法把我留在上海或者南京。当时提倡攀登科学高峰，金属研究所①是我们专业的大本营，大部分著名的归国专家都集中在这里，所以我特别向往金属所，就说我以单位性质为主。当时金属所在我们学校有名额限制，有一位上海的同学因为身体原因，不愿意去东北，空出了一个名额。学校专门派党组织的人，拿着我的材料到科学院上海分部去交涉，说家庭出身是一码事，学生表现是另外一码事。当时金属所一位从美国回来的专家师昌绪②正在上海出差，了解到我的情况后说这个学生我收了，这样我就去了中国科学院沈阳金属研究所。

二

我 1962 年到沈阳，正是三年困难时期的末期，生活条件非常艰苦。虽然可以吃饱饭，但全是窝窝头、高粱米饭这些粗粮，南方人确实不习惯，我也很不习惯东北的气候，一年中有半年是冬天。但这些对我没有什么影响，当时一心一意要攀登科学高峰，金属所的学术和学习气氛非常浓厚。

金属所成立于 1953 年，当时周总理通过中国科学院院长郭沫若，给

---

① 中国科学院金属研究所：成立于 1953 年，是中华人民共和国成立后中国科学院新创建的首批研究所之一，创建者是我国著名的物理冶金学家李薰。

② 师昌绪（1920—2014）：九三学社社员，中国著名材料科学家、战略科学家，中国科学院、中国工程院资深院士，国家最高科学技术奖获得者。1952 年获得美国欧特丹大学冶金学博士学位，1955 年回国。曾任中国科学院金属研究所所长、中国科学院技术科学部主任、国家自然科学基金委员会副主任、中国工程院副院长等。第三、五、六届全国人大代表，九三学社第七届中央委员。

当时在英国冶金系统很出名的，已经是英国皇家学会会员的李薰①教授，专门写了一封信，委托他在中国筹建金属研究所。这位已经在英国生活了15年的老专家，欣然同意，然后他在英国组织了十几位专家，在英国时就开始讨论筹建方案。选址时，老先生考虑到当时金属研究所服务的对象主要是钢铁，钢铁基地在东北，中华人民共和国成立初期，亟须恢复生产、提高技术，所以把金属所定在沈阳。金属所实验大楼是在英国画好的图纸拿回来，设备等也是从国外采购回来的。

建实验大楼的同时，所有人全部到鞍钢参加鞍钢的恢复、建设和技术工作，鞍钢的第一炉氧气炼钢，还有质量控制、检验标准等都是这些人参与做的。一直到1955年、1956年前后，鞍钢的生产基本恢复，这边楼也盖好了，这些人才撤回来，开始承担国家任务。当时最重要的任务是搞航空发动机材料高温合金，同时搞难熔合金和核材料。搞核材料的两个室在1962年、1963年前后调到了核工业部。后来到四川搞核潜艇材料的那些人，就是从金属所分出去的。他们以高温合金、合金钢和一些工艺，比如加工、焊接、冶金等，各种以金属为基础的东西，搞成了一个研究所。

师昌绪先生是高温合金研究室主任，1962—1963年，这个研究室一共有108人，叫一百单八将。我就在这个研究室，一半是高温合金，一半是合金钢。高温合金直接针对航空，由于我的出身原因，保密的工厂不能去，合金钢应用领域比较广，所以让我去研究合金钢，搞无镍不锈钢。镍主要应用在高温合金方面，属于战略物资，原来不锈钢里镍必不可少，金属所从1957年、1958年开始研究用锰和氮代替镍，开辟了无镍不锈钢的研究领域。

我刚去时很年轻，是实习研究员，上边还有助理研究员、副研究员、研究员。金属所对年轻人的培养，是由老科学家言传身教，带着我们年轻人做。对我们的要求是“两基一外”——基础理论、基础实验能力和英语，这三样要求最严格。我们在大学学的是俄语，选择第二外语时，我学了一点英语，但很浅。金属所专门请外国语学院分配来的教师组织

① 李薰（1913—1983）：出生于湖南邵阳。1936年毕业于湖南大学，1940年获英国雪菲尔德大学冶金学院哲学博士学位，1950年获冶金学科学博士学位。1955年选聘为中国科学院院士。20世纪50年代创建中国科学院金属研究所。

大家学英语，每天早上上班之前一小时，老师讲英文课，吃饭排队时，每人都拿着小本子在念英文，学习气氛非常浓。另外，让从国外回来的10来位专家，轮流给我们讲基础理论课。我刚去时，学的是“位错”，这是金属材料强度或者叫强化理论和塑性变形理论的一个理论基础，在晶体结构中存在的一种晶体缺陷叫“位错”。当时这个理论在国际上比较新，这方面的文章、书都很少。从国外回来的金属所的二把手葛庭燧①给我们讲“位错”课，当时有一本英国的科垂耳教授写的最权威的书《晶体中的位错和范性流变》是他翻译的，葛先生就带着我们学这本书。

我当时印象特别深，葛先生给我们讲这本书的时候，他把每个公式都给推导出来，说明翻译这本书的时候，他下了很大功夫。这些老先生带着我们学习，对我们的影响非常大。而且学完一本书以后，又学第二本书，第一本理论性比较强，第二本书应用比较多，是挺厚的一本国外的书。他把这本书的翻译者从兰州大学物理系请到金属所给我们讲，带着我们学习。葛先生也坐在下面听，而且他提出了很多问题，由此可以看到这些老先生的功力很深厚。

师昌绪先生还组织我们学习另一本苏联的译著《金属物理基础》，这本书偏重于理论、偏固体物理，是很深的理论物理。他让比我们早去的师兄，每星期花两个半天时间，带着我们学习。我们这届分配到研究室有七八位大学生，大家学习热情特别高。我后来跟师先生说，这种学习最好能够持续下去。师先生说书本上的东西学得再好，你只是一个好学生，希望你们到科研里去钻研，这样才能成为好的研究人员，这句话让我铭记一辈子。师先生有一个很重要的指导思想，搞新材料不是目的，必须能应用到生产实践中，科研才算成功。

当时的大学生到了研究单位，总想多学点理论知识，他的话提醒了我，对我后来的科研起到了重要作用。科研不仅仅是在研究所里，应该包括搞设备、搞研究，再到新钢种的推广应用。像实验室里的真空炉等

---

① 葛庭燧（1913—2000）：山东蓬莱人，金属物理学家，国际滞弹性内耗研究领域创始人之一。1937年毕业于清华大学，1940年获燕京大学理学硕士学位，1943年获美国加州大学伯克利分校物理学博士学位。1951年加入九三学社，1955年被选聘为中国科学院学部委员，1979年加入中国共产党。曾获内耗与超声衰减领域的甄纳奖，桥口隆吉材料科学奖，美国金属、矿物、材料（TMS）学会的梅尔奖和何梁何利科技进步奖。

设备，将来转化为能量产的大型设备，能生产出板材、管材，而且要应用到化工等领域，我们为此花费了很多时间和钢厂结合。当时主要是去上钢三厂、上钢五厂，和技术人员、工人结合，直接到现场搞生产工艺实验。这个过程对我们是很好的锻炼，在实践中去解决生产中遇到的实际问题，对能力的提高有很大帮助。项目成果最后列入国家冶金标准，获得国家新材料奖，成为我国的一种新材料，科研任务才算真正完成。

我在金属所的最后3年，还当了2年老师。研究所要不断补充新生力量，但当时没有大学生来源，分来的是一些高中毕业生、回城知识青年或者转业军人。为了让这些人适应科研，1971—1973年，金属所决定办金属学院，自己培养这些人，相当于工农兵生员。我在金属所属于比较典型的青年科技人员，还是沈阳团市委委员，领导就把我抽出来当教研室副主任，搞了3年两期的学生培训。师先生是我的老领导，他在“文化大革命”中受到冲击，成立教学连时，还没给师先生安排工作。我就跟领导说让师先生到我们教学连，跟我们出去调研，回来写教材。师先生非常敬业，效率非常高，花了3个月时间，写出了金属学、热处理、合金钢、力学性能四大本几百万字的教材。他写书不是照抄，完全靠他自己的知识积累，自己把专业部分写出来。我们的专业教学就是以他写的教材为主。我负责写了实验教材和物理中的电工学教材。虽然我学的不是电工专业，但没有人写，只好我写，这对我后来在工作实践中遇到的电学方面问题很有帮助。

我给工农兵学员讲课将近2年时间，从初等数学开始，一直讲到专业，讲到实验。跟学员吃、住、学都在一起，教学连搞得生机勃勃。我口才比较好，讲课最受学生欢迎，也为我后来在北理工教书打下了一定的基础。

金属所的经历，让我终身受益。我在师昌绪先生手下一共工作了13年，师先生知识渊博、身体力行，对我们要求非常严格，他的团队很团结也很优秀。我在理论上打下了扎实的基础，自己搞试验机、搞设计、搞生产实验，在实践上得到了锻炼，积累了经验，更重要的是学会了做人。

师昌绪先生年长我20岁，寿高96岁，2014年过世。我跟师昌绪先生很有缘分，我从金属所回北京后，第二年师先生也调到北京，任中科院技术学部主任，后来任国家自然科学基金副主任，前2年获得了国家的最高奖。

我后来在理工大学跟师昌绪先生接触也比较多，当时他在搞中国材料研究学会，材料领域原来很分散，材料里的金属、陶瓷、高分子互相间没什么联系。随着科学技术发展，材料是一个很大的学科，是国家科技材料、能源、信息这三大支柱之一。随着新材料的发展，比如纳米材料、能源材料、生物材料等，很多东西很难把它归到某一个行业里，而且又都是跨学科，必须各个学科结合。在国家层面没有一个主管部门，分属于冶金、有色金属、化工或者信息等各个部，很难从学科上统一，但是不结合又不行。必须把这些结合起来，包括在我们学校也是一样。

当时组织全国材料协会，后来让我当副秘书长，把学会的办公室设在咱们学校。朱鹤孙校长虽然是搞化工、火炸药、固体燃料这些方面，但他也偏向于材料的发展，对此特别积极。后来他个人兴趣是搞生物材料，所以在我们学校也成立了生物材料的组，后来成立了材料科学研究中心，朱校长是主任，我当副主任，目的是想把我们学校的材料学科整合起来。当时我是金相教研室主任，为此做了一些事情。学校的材料科学研究中心，在学科上把各个系的材料联系起来，搞协作发展。朱校长聘请师昌绪先生为学校名誉教授，为学科发展做出了贡献。

三

1975 年，我有机会调到北京的高能物理所，跟科学院副秘书长秦力生①已经联系好，同意我过来，要办手续的时候，“批林批孔”开始，我调动的事情也黄了。刚好交通部在涿县②新成立了船舶柴油机精密配件厂，派人到金属所去要人，人事部问我愿不愿意去，毕竟和我爱人两地生活时间太长了，我想这里离北京近，只有 70 多公里，我就去了这个厂。

工厂正在筹建，建厂房的同时，一些人在搞产品的试制、研发。我从科学院系统去的，厂里很重视，让我负责技术工作。我学的热处理、热加工，冷加工不是我的专业，要我管技术，从设计、工艺到热加工、

---

① 秦力生（1915—1993）：山西孝义人，1935 年参加革命，1936 年加入中国共产党。曾任中国科学院副秘书，中国科学院党组副书记，兼任院纪委第一书记。

② 涿县：今为涿州市。

冷加工都要负责。我在学校时机械设计、机械制图等都学得挺好，所以很快就适应了这些工作。我来自金属所，不能给金属所、给师昌绪先生丢脸，因此工作非常努力，在涿县，我白天在科里上班，吃完晚饭就去车间了解设备、加工方法，向工人学习，跟工人的关系非常好。我相当于一天上两个班，到晚上 11 点左右才回宿舍休息。

因为有科研基础，我看问题的方法、思维方式和工厂的技术人员不一样，思考问题更长远。这个厂给柴油机做配套的精密产品，但我国当时的船用柴油机是“万国牌”，各个国家的柴油机都有，精密零件的尺寸、形状都不一样，修船的配件从国外进口很贵，咱们要自己生产。因此我提出了三项很重要的建议：第一，产品要简化统一，把它归成几个种类；第二，生产时，很多东西比较复杂，需要工装，工装要组合式、组合化，能组合的就组合；第三，工艺上的标准化。这些建议有力地推动了生产，交通部对此很欣赏。

在工厂这 5 年，自己得到了很好的锻炼，遇到困难、挫折，甚至失败时，我首先考虑为什么失败，原因是什么，把问题搞清楚，要怎么解决，而不要去找谁的责任，重要的是解决问题。

我在金属所工作了 13 年，和爱人两地分居了 17 年。我爱人在卫生部直属的北京西苑医院工作，医院院长是一位老干部，她帮我解决了进京的户口指标，我从厂里调到北京，在交通部工作了 2 年。交通部造船工业局和六机部要合并时，金属所的老所长李薰已经调到了北京，任科学院副院长，他正需要一个秘书，师先生和当时的所长李毅院士推荐我去，但局长不同意，他说我看你是搞学问的人，你如果去研究单位或者高等学校，我就放你走。师先生就把我介绍给北京钢铁学院（现北京科技大学）的老教授柯俊①，柯教授说你来没问题，但是你很年轻，这里每个人都很优秀，当时讲究论资排辈，你还得奋斗很多年。那时钢铁学院金属材料在全国很强，柯教授建议我找一所在材料学科不很强的学校。我们金属所有一位老同事倪国年之前调到了北京工业学院，他知道这事后，就说老钟你到我们这来吧！教研室主任石霖先生也同意我过来，这

① 柯俊（1917—2017）：浙江黄岩人。1938 年毕业于武汉大学，1948 年获英国伯明翰大学博士学位，1984 年获加拿大麦克麻斯特大学荣誉理学博士学位，1988 年获英国萨瑞大学荣誉博士学位，1980 年当选为中国科学院学部委员。

样我就到了北京工业学院。

四

1982 年我调到北京工业学院，材料专业成立不久，在全国的地位比较弱。我们教研室原来给全校的外专业讲金属材料学，这门课所有工科学生都要学，承担教学任务的主要是石霖、吴培英等老一辈教师，他们做得很不错。

我来之前，专业学生只有一个班，35 人左右，专业课主要有金属学、热处理、力学性能、物理性能、X 光、合金钢和电子显微镜下的微观分析方法，然后是仪器仪表，还有金相实验。我的第一项任务是带几个学生做毕业论文，到第二机床厂合作搞一个项目。

因为我在理论基础、科研和实践方面都有一定优势，很快接手了金属学这门最重要课程的教学工作。这门课有 130 多学时，是比较大的课，原来由石霖老师、郭德诚老师主讲，2 个人一人教一半。石霖先生在全国金属热处理专业很有名，外语也非常强，英语、德语、日语都很熟练。材料专业的主要教材就是石霖先生翻译自苏联的《金属热处理》，当时全国所有学校基本都用这本教材。

这门课程比较难讲，我讲课时，首先自己要把它都弄懂弄通。其次，我讲课最主要是想教给学生，碰到理论问题、实践问题，怎么去分析，从哪个角度去分析，分析的过程、思路是怎样的，最后怎么解决问题。所以我讲课比较深入浅出，在我们专业，我讲课很受学生欢迎。后来带研究生，我又开了一门课，材料科学基础或者叫材料科学概论，这门课拓展到无机非金属、高分子的一些基础理论，对研究生的培养、专业的拓展是比较基础的课程。

郭老师年纪大了，副系主任刘颖和郑秀华两位年轻教师和我 3 个人，一起重新写了一本《金属学教程》。这本教材我们下了很大功夫，有一些自己的特色，一直是咱们学校比较好的教材，后来全国很多学校都在用。

石霖先生任金属材料教研室主任时，专业建设刚起步，倪国年从沈阳金属所调过来，太原机械学院调来了杨道明、孙映坤等几位教师，充实到教研室，但力量还是比较薄弱。举一个例子：我们有一门金属物理实验课，教金属的热学、电学、磁学和各种金属的膨胀等的实验和原理，这门课挺重要。讲课老师原来是学校的工人，通过自学有了一点基础，

但理论方面不行，在特定的历史条件下，他上了讲台，但迟迟拿不下来这门课。我第二年任教研室副主任，觉得这个问题必须解决，坚决把他拿下来，可以去管实验，但不能讲课，我觉得这是原则问题。五系半导体专业毕业，后来调到我们教研室的王建华老师接手了这门课。

石霖先生他们所做的彩色金相课题是我们学校的传统强项，办过很多讲习班，兵器系统里很多研究所、学校的人都来听。为了搞彩色金相，我们添置了金相方面很好的设备。金相是在显微镜下研究金属的微观组织，是研究金属材料中的一个比较关键、核心的部分，我们专业实际上就是研究金相。在显微镜下，原来都是黑白图像，我们通过一些特殊手段，把这些微观组织染成各种颜色，这样再去分辨它的各种不同组织就很方便。我刚来就进到了这个课题组，因为石霖先生他们年纪大了，让我当课题组组长。我参与进来后，我们写了《彩色金相的原理》和《彩色金相的图像及应用》两本专著，上下两册，由国防工业出版社出版，获得了兵器部科技进步奖二等奖和国家科技进步奖三等奖。原来苏联有一套教材，对颜色光学有很多介绍，但理论有一部分不太全。我们通过实验做了大量研究，同时在理论上把原来不完善的部分进行了完善。

我们把原来的教学大纲重新修订，调整人员，教学上花了一些功夫。我刚来时没有硕士点，我们申报了两三年，大概是 1984 年、1985 年时申请了下来。石霖先生带了第一个研究生，后来逐渐多了。我刚来学校时相当于讲师，4 年以后是副教授，再过 4 年是教授，在我们教研室里是最快的。我带研究生也比较早，还不是副教授的时候，吴培英教授招的一个研究生，实际上就是我带的。

五

教研室过去一直以教学为主，科研非常薄弱，跟其他单位的联系、合作比较少。我刚来时，只有超高强度钢这一个部里的项目。专业教研室没有科研，会影响将来的发展。我是从研究所过来的，感觉老师越不搞科研，越不熟悉科研，在教学上越不容易拓展出去，只能照本宣科，教书本里的东西。

我任教研室副主任后，当时主要负责科研，后来我原来的助手清华博士郑秀华提为副主任，我们一起负责，科研工作更全面了一些。

教研室原来的设备比较老旧，实验室也很落后，比如我们热处理实验室的盐浴炉功率非常大，是工厂级别的设备，不适用于教学，但始终扔不掉，也不能改。我坚决把不适合教学的设备清走，又申请下来 30 万美元，购买了一个我们专业必须有的很好的透射电镜，让一些有水平的年轻教师、博士、硕士去管理这个设备。

我们把教研室的科研方向确立下来。首先，紧密结合兵器用的金属材料，像超高强度钢、炮弹的材料和其他一些基础材料。金属所过来的倪国年老师原来搞难熔金属粉末冶金，对这方面比较熟悉，我们联手新建了陶瓷课题，从金属拓展到无机非金属，从兵器部申请了项目，和三系坦克发动机结合，一方面搞等离子喷涂，在发动机气缸里喷上一层陶瓷，让它能够承受的温度更高。陶瓷材料要经过高温下的加压处理，叫等静压，倪老师做了等静压设备，我们又购买了等离子喷涂设备。另外，王建华老师过来，开始搞纳米材料，搞磁流体，和兵器工艺的发展联系起来；并为扩展材料研究的方向，建立了纳米材料实验室，这也是很重要的方向。还有，杨老师搞动态力学，搞弹的材料，他教力学性能，把高温、高速下的变形实验等内容加进去，在实验室建立了动态力学的一些装置，这个科研方向后来也一直在做下去。再有，我们教研室本专业是热处理，搞了一些特殊的热处理工艺，像渗硼、渗碳等，再加上原来的金属相变、彩色金相实验技术等，把专业科研方向搞了起来。

20 世纪 80 年代末，纳米材料作为一个学科发展很快，纳米技术成为世界各国非常重要的发展方向。我对此很感兴趣，当时的热门是搞陶瓷发动机，需要解决陶瓷的脆性问题。我觉得纳米陶瓷可能是一个方向，就以此作为我当时的研究重点。

我在这方面做了很多工作，还带了一些研究生。纳米陶瓷是一个探索性的工作，我最后的结论是不可能通过纳米技术改善陶瓷的脆性本质，因为它的脆性的本质是它的离子键，无机非金属不像金属的电子在离子中自由流动，可以变形、延展，韧性很好。陶瓷即使做得很细，对陶瓷的韧性增加有一定作用，但是没有改变本质，没有改变结合键，所以还是属于脆性材料。现在陶瓷发动机很少有人去提，因为它属于脆性的本质。我觉得对材料本质的一些研究，对于我们去分析问题很有益处。

我们教师在教学以外去搞科研，对教师也是锻炼，反过来又加强了教学，这些方面我觉得非常重要。那段时间，对专业建设、人员培养、实验室改造等基础工作，迈出了很重要的一步。

我们当时的科研经费很紧张，到外头去做一些实验，帮人家搞点工艺等弄点经费，但不足以解决全部经费问题。因为我们彩色金相搞得很好，部里工程司每年给我们一点经费，陶瓷也有一点经费，我们购置了一些设备。现在材料系的发展比我们那时候要快得多，我们那时一年几十万元的经费都很难得，引进人才也很难。现在材料系一年的经费上亿元，引进的人才很多。

从我 1982 年来到工业学院到退休的这个阶段，是我们专业发展的初期，因为专业刚成立了两三年，之后水平逐步提高，实验室重新规划，确定了科研方向，硕士点申请下来，开始培养研究生。研究生当时符合条件的，一个老师只能招 1 个学生，我最后一年是招了 2 个。

材料专业原来在我们学校不太起眼，坦克、枪炮、火箭、雷达、自动控制等都是跟发展型号的军工任务联系非常紧密。我们当时是机械系，就是加工方法、加工设备或者是检验方法，很难跟型号挂钩。所以我们机械系的老教授很多是搞一些新的加工方法，比如我们一位老师搞多功能钻头，他实际是倪志福的老师。开始阶段，教研室老师们付出了很大努力，促进了学校对我们专业发展的重视。

我们专业的毕业生，当时大多数分到各军工研究所和工厂，承担金属材料热处理工作或者材料的研究，也有些学生到了部机关。军工厂一般都比较偏远，现在真正留在偏远地区的学生越来越少，转行的比较多。我觉得不管从事哪个行业，北理工出去的学生都比较优秀，都做出了一定的成绩。

我退休时教研室还叫金相教研室，后来学校进行调整，我们有金属材料、金属工艺学，又把六系的高分子材料划过来，有了三个专业，教研室变成材料系，后来三个系合起来成为材料学院。现在学院下面就是系，没有了教研室这一级。

因为兵器工业的发展需要，材料学院后来发展得非常快，同时随着国家的经济发展，有了强有力的经费支持，再加上学校和兵器系统的联系更紧密了，也得到了更多的支持。过去我们专业跟兵器系统的联系比较少，因为兵器有两个材料所：包头的 52 所、济南的 53 所，他们专门研究材料。随着工业发展，材料成为社会发展的三大支柱之一。

兵器离不开材料，很多基础要靠材料的发展。朱鹤孙当校长以后，提出含能材料的概念，这是咱们学校的发明，已经被社会所认可。还有很多功能材料，比如现在学校里搞的一些发动机固体燃料，通过爆炸的方法搞的一些纳米材料，还有很多光学材料，等等。化工方面，高分子材料也搞得比较好。一些老师搞的纳米材料的自备，现在也搞得不错。朱鹤孙校长为了加强咱们学校的材料专业，花了很大力气。我们当初打下了一定的基础，后来学校慢慢重视，尤其是朱鹤孙校长对我们学校材料专业的发展支持最大。

六

以前材料方面的学术机构都分散在各个不同的专业里，比如金属学会、高分子学会、陶瓷的硅酸盐学会、热处理学会、锻铸学会、冶金学会等。一些新材料的发展是跨学科的，某一种材料的发展，不可能由一个专业的人去完成，比如纳米材料。国家要发展这些新材料，要在材料上取得突破，必须在学科之间交叉，打破门户之见。国家一些重大的发展项目，一定要各个方面来协作完成，所以要求把材料从学科上统一、联结起来，列入国家的重大发展规划当中。我在金属所的时候，为了拿到科研经费，要去抢任务。抢到任务后，科学院系统、高校系统等各单位之间很少有协作，谁拿到课题都要保密，这对新材料的发展非常不利。

师昌绪先生站位比较高，他从国家的角度去推进材料的融合和协作，在国家层面的规划当中统一起来。从我们下面的角度，希望能有一个跨学科的学会，希望成立材料研究学会。当时国际上已经有了国际材料研究学会联合会，台湾的材料学会已经加入了，我们那时还没有。师先生凭借他的威望和能量，亲自挂帅，成立了一个由 27 个跟材料学会相关联的学会组成的联合会。

新成立一个全国性的学会，要经过国家批准，我帮着到科协、科委跑了好几年，1991 年正式成立了中国材料研究学会。这个学会很分散，放在哪里都是问题。如果放在清华，它的名声大，就变成了清华的附属，如果放在北京钢铁学院，它的金属学科最强，也会成为它的附属。既然是跨学科，师先生等老先生的意思是不能由一个单位去把持，当时理工大学不存在这个问题。学会需要有人员、办公用房和经费，朱校长对此特别支持，商量后决定把学会办公室放在咱们学校。朱校长是学会副理事长，师先生提议我当副秘书长，后来我是常务副秘书长，一直干到退休。

学会成立以后组织了很多跨学科的学会和一些学术活动，基本上一年两次大的国内各专业跨学科的材料研究学术会议。当时针对比较受重视的新的发展方向和热点，设立了三十几个分会，比如超导材料分会，不管哪个行业，研究超导的都在这个分会，再比如说纳米材料等。这对学科之间的交叉、交流、合作都起到很大帮助，这是一个会议。第二个会议是每年召开一次材料科学领域的国际会议，这也是学科交叉的会议，是国内最高水平的会议。每次会议都出版论文集，一次会议的论文集就有十几册，国内会议的参会人数都超过 1000 人，有时甚至达到 2000 人，规模很大。

每次会议在不同的城市召开，由我们秘书处进行组织，我带一些学生过去做一些会务组织、服务工作。我们的学生尽量写文章，参加会议，这对学生也是好事。

中国材料研究学会办公室在我们学校 10 年，后来材料学会自己买了房子，办公室有了专职人员，北理工就不参与了。材料学会在我们学校的 10 年，对于我们的学科发展起到了很大的推动作用。

七

我 1998 年退休，在学校的最后 10 年，由于在材料学会兼职，师昌绪先生对我很信任，很多事都交给我去做，我几乎花了三分之一的时间在学会工作上。教研室还有工作，感觉压力挺大。教研室里年轻人已经成长起来，我就决定退下来。

我搞纳米材料研究时，就对纳米材料的应用、开发比较感兴趣。在材料学会工作中的联系比较广泛，发现纳米材料发展的瓶颈是应用。退休后我联系了一些有一定想法的人，挂靠在北京建材研究院，想做纳米材料的应用开发。我们当时提出用纳米材料改造传统产业，后来慢慢独立出来成立了公司。

搞了 3 年时间，我发现用纳米材料去改造传统产业，应用非常困难。传统产业讲究价格，像建材里的涂料、颜料等，依靠低成本、量大来挣钱，成本高一毛钱就很难做，比如我们经过纳米改性的涂料，具有新特性，但成本肯定高，这是其一。其二，没有手段来确定这个产品是经过了纳米改造。当时很多产品都挂上了纳米改性的旗号，但是没办法判断真假，短时间又看不出效果，所以应用推广非常困难。

1999 年，偶然的机会，朋友推荐了一种检验纳米材料特性的仪器，叫氮吸附仪，当时都需要从国外进口。国内在 20 世纪七八十年代搞科研，有过一些成果，但是因为当时的计算机、传感器、自动控制的水平都很低，成果一直没有得到推广应用。为了能填补国内的空白，朋友推荐我们搞氮吸附仪的开发。

纳米材料的颗粒很小，都是粉体，粉体又有多孔的，要测这个粉体的表面积有多大，比如分子筛，它需要做成多孔的，测这个孔多大，多大尺寸的孔占的比例有多大，叫孔径分析。因为这些粉体材料很小，没有直接的方法去测量它的面积有多大、孔是多大。只有用吸附的方法，因为固体粉体有吸附能力，主要是用氮气的气体分子把它吸附上去，用氮分子作为量具，测出来它吸进去多少氮气，再把它换算成多少个氮分子，分子的截面积是已知的，再计算出它的表面积是多大、孔是多大，这个叫氮吸附仪或者叫微纳米材料表面特性的表征与测试的仪器。

我看了以后，觉得原理挺清楚。我们为此成立了一家公司，从理工大学机械系机械设计专业找来一位教授，他带的一个博士搞软件，花了 1 年时间，投入了十几万元，我们用现代技术搞出了样机。当时国外进口的仪器非常贵，我们的仪器简单又便宜，很受应用单位欢迎。后来纳米材料的应用受到了一定限制，我就决定专心来做这件事。做进去后发现有很多理论上的、应用上的问题，我作为公司的创始人和技术负责人，研发过程我都亲自参加，一个零部件、一条螺丝地弄起来，坚持了十几年，做成了十几种型号的产品，从低级到高级，完全可以取代国外最先进的仪器，现在我们已经开始做出口。

2015 年，我 77 岁时，仪器学会授予我第二届中国科学仪器研发特别贡献奖，虽然是行业内部的奖项，也是我对国家做出的贡献。

取得这项成果，跟我原来的工作、原来的基础等各方面都有关系。我在工厂待了 5 年，冷加工用上了；在金属所教过电工学，电用上了；我搞过纳米材料科研，也用上了。这个仪器怎么能把微纳米材料这么复杂的问题解决，里面有很多物理模型，每一种模型怎么来的，有什么优、缺点，有什么问题没解决，我这些年是在做这些。国外的仪器很先进，但是这些物理模型，得出的数据是通过什么模型，怎么做出来的，有些什么问题，哪些数据可靠，哪些数据不可靠，厂商不会告诉用户。我们用十几年，把这个东西摸透了，有了发言权，原来外国人说这个东西我

们做不了，但现在我们比他们研究得更透彻。

我们北京精微高博科学技术有限公司属于中关村的高新技术企业，从最初的十几万元起家，2018 年的产值是 2000 多万元。原来这个市场完全被美国的两家公司垄断，现在国内除了我们，还有两三家在做这个产品。现在公司经过融资改组，由一位美籍华人接手，他跟国外的联系比较多，欧洲那边的出口做得不错。

2018 年，我彻底退了下来。本来我说做到 70 岁，一看还有好多事情要做，做到 75 岁，还是撂不下来，到 80 岁了，我说不能再坚持下去了。现在我们已经培养起来一个团队，一般的问题他们都可以解决，有不清楚的问题再来找我。

八

我觉得石霖教授等这些老先生们对教研室、对学科的发展贡献很大，教研室的每位老师都在各自岗位上贡献了自己的力量。我只是尽到了自己的一份责任，起到一些承上启下的作用。由于我在材料学会有很多兼职，对学校的工作多多少少会有一些影响。

我们这一代人，刚解放时 10 来岁，在红旗下长大，跟共和国一起成长，和国家同呼吸共命运。我们都经历过很多，对国家的感情最深厚，确实把国家看成自己的母亲，永远忠于她，是我们这一代人的共同特点。

周培德——算法是通向更好世界的大路

个人简介

周培德，1941 年生，湖北省武穴市周芳远村人。北京理工大学计算机系教授。

1965 年毕业于武汉大学数学系，1967 年分配到北京工业学院数学组任教。

至 2021 年 9 月 5 日，个人独立发明计算机算法 1185 个，提出 125 个问题，发表学术论文 70 余篇，出版学术专著 6 部，授权专利 4 项，出版研究生教材 2 部，参与撰写《现代数学手册》、《计算机科学技术百科全书》（第 3 版）、《百科自学大全》等。此外，在 30 多年的教学工作中，完成了大量的教学任务。

1185 个算法解决了下列科学难题：扭结可解性的判定；直线最小生成树；最小生成网络；DNA 双螺旋结构长链的起源；圆集，椭圆集，球集、椭球集的凸包；基于卫星地图的路径规划；“货郎担”问题；平面点集最小权三角剖分；分配控制问题；圆规和无刻度直尺作正七边形；时间复杂性为 O（n）的凸壳算法；构造平

面太阳花，构造三维病毒，等等。

1996 年荣获机械工业部优秀教材奖一等奖，2008 年荣获北京市科学技术奖一等奖，2011 年荣获国家科技进步奖二等奖。

访谈时间：2019 年 12 月 5 日

访谈地点：北京理工大学图书馆

采访人：张钧

摄像：聂明明

访谈提要

周培德讲述了他 1967 年分配到北工任数学组老师后学校和数学组的情况，1973 年夏天加入多功能台式机设计课题组，人员、分工和科研情况。1975 年去干校一年后回到数学组教高等数学、带工农兵学员，其间参加了可靠性数学培训班。

1982 年他开始接触计算机算法，编写了多本讲义并给本科生、研究生上课，他编写的《算法设计与分析》成为全国统编教材，获评部级一等奖。《计算几何》获北京市科学技术奖一等奖、国家科学进步奖二等奖。

一

我 1941 年出生，是湖北省武穴市①周芳远村人。1965 年毕业于武汉大学数学系，1967 年到北工，1997 年晋升教授。

我从毕业到分配晚了一年多。因为那时的大学，特别是综合性大学学习数学、物理的人毕业时，分配有些问题。像北大、南京大学、武汉大学等综合性大学都留了几十人，我们学校也留了 30 个，叫储备生。储备生当时要参加“四清”，所以我在湖北搞了一年四清。到 1966 年还没有分配，我们就非常着急。那个时候国家很乱，我们找了国务院。1966 年年底，周总理组织人出了一个文件，指示对大学毕业的这 1000 多人，

① 武穴市：位于长江中游北岸，县级市，由湖北省黄冈市代管。

要赶紧安排分配。这样分配我到国防科工委。那时候咱们学校属于国防科工委，我就分到了北京工业学院。

1967 年 3 月份我到这里来了，工作就是当数学老师。因为我学的是微分方程，招聘的张老师说我们学校就要微分方程专业的，所以我来了还搞自己的专业。我们到数学组时，有三四十个人，我才二十几岁，是最年轻的。

刚来的时候正好是“文化大革命”，没办法教课，课都停了。天天开会，学习“最高指示”。那时候我们3 个人住在10 号楼302 室，一个我，一个南开来的赖学坚，还有一个跟我一块儿来的。我跟赖学坚就喜欢看些专业书。那时候不能公开看书，公开看要被批斗，批判“白专”道路。所以我们2 个人就把门插上，关了门学了不少东西。那时候找资料特别困难，新华书店全是“红书”，没多少专业书。图书馆有一些，我们就借到宿舍来看。我看了射流控制、布尔代数，因为我们上学时不讲这些。还看了《怎样编程》，这本书挺厚的，是哈军工的人写的，我觉得挺好，挺符合我的兴趣。我还复习了一些高等数学、概率论等。我想不会一直这么乱，学校不能老这么闹。说不定哪天让我上讲台，我不能都丢光了。

我们数学组领导碰见过我在看程序设计，不过他没把我抓去批斗。1973 年年初，6 号教学楼的441B 机房那边要数学的人去编程序，他就叫我去了。这个机房属于老52 专业，就是计算机系的前身。52 专业在六系。把我调到52 专业的是我当时数学组的领导赵广琴、董全生。我去了以后，因为已经有了些基础，再向宋汉涛老师请教一些问题，很快就学会了，以后接了几个科研项目，帮人家编程序。

在我去之前，编程部门就已经存在了。老52 专业大概1958 年就开始干了。441B 机是哈军工研制的，这边好像有一两个人参与了测试，这个机房为全校的科研课题组服务。像五系的费元春，四系的陈晃明、朱正芳，都是老教师，搞科研很不错。我帮他们编程序，他们拿来题目，我给算结果。

二

1973 年大概7、8 月份，我去了半年，52 教研室成立了一个课题组，要搞多功能台式机设计。课题组有我、陈为正、龚元明，还有崇文仪器厂的陆容安、738 厂的技术员阎天民。

当时也没什么资料，甚至计算机是什么都不知道。图纸主要靠阎天民弄一点来，讲一些很粗的思想，细节都是我跟陆容安来搞，全靠自己摸索。陆容安负责微程序的四则运算的编程，我负责模拟程序设计和微程序设计，要在441B机上模拟这个还没有做成的机器的运算情况，就是计算机辅助设计，这在全国当时非常先进。国内其他地方没人搞，我们是头一份，而且搞成了。我们二人合作，搞了一年多。到了1974年下半年，我们二人设计部分的工作就完成了。

当时我跟陆容安吃饭睡觉都在441B机房里，干了好长时间，没白天没晚上，辛苦得很。我就在那个机器上一天到晚检查，微程序哪里错了，哪里对了，都是0101码，查了好几百个错误出来。这么宽的打印纸，打了好多，把错纠正了。厚厚一本，密密麻麻的，一行二三十个码，就是010101，眼睛都看花了。

弄完了以后，因为机器还没造出来，我就在441B机上运算sin函数、cos函数，还可以编程序。虽然很辛苦，但特高兴。到1975年就搞成了，就一年多的时间。

后来机器做出来了，叫我到崇文仪器厂去参观，看他们穿磁芯。磁芯就一点点，用漆包线一圈一圈穿到磁芯里，再从磁芯外面走，穿进去是0，出来是1，就是二进制。冯·诺伊曼计算机就是二进制，0和1，就两个状态。穿那个挺辛苦，这个一次就穿成功了，因为已经有了正确的码，是我们提供的0101码，所以知道走到哪一位该穿，哪一位不该穿。如果没有这个模拟工作，穿线错了以后可麻烦了，要把线拿了重新穿，所以大大缩短了计算机的设计周期，提高了效益。后来我写了两篇文章，参加了在昆明召开的计算机辅助设计的全国学术交流会。我在会上读了这两篇文章。这个工作挺有意思的。

后来他们把这个机器拿到全国运动会做测距仪，效果挺不错。又拿到北京展览馆去展览，国防部长张爱萍还夸奖过。这个就是我们这5个人的科研小组干起来的，那时候一分钱没有，丝毫没有名利的想法，跟现在完全两样。

这个台式机当时在国内是最早的，但很可惜，后来没有得到过什么奖励，老52专业的领导也没有把这个东西搞下去。用微程序来控制本应该是我们的一个长处。后来海军知道这个消息以后，把我请去给他们讲了一次微程序怎么控制，能做些什么。

三

这个工作结束以后，1975 年年底，我去了一年干校，在大兴庞各庄。回来以后我调到数学组教高等数学和工程数学，还带了一次工农兵学员。在这期间中国科学院数学所举办了一个可靠性数学培训班，我对这个比较感兴趣，就去听了课。数学所的研究员曹晋华给我们讲课，也要靠自己钻研。他们引路，讲的都是数学，一看就懂，数学特好玩。数学学好了学别的入门都比人家快，有的人表达式看不懂，我一看就知道怎么回事，再结合一些概念，很快就能进入角色。

后来是 1979—1981 这 3 年，我做了 3 年可靠性数学，写了 11 篇论文，在期刊上发了两三篇，在全国性的交流会议上发表了 8 篇。除了 11 篇论文外，我还给五机部办的可靠性培训班写了一本讲义，是我和数学组的肖德辉、八系的曹名扬 3 个老师去讲的，这算一个工作。

我在讲之前，已经写出了讲义，也发了相关的论文，所以当时已经研究得非常透彻了。

1982 年暑假过后，我才知道了计算机算法这个词，在这之前都没听说过。因为我要到上海去开一个学术交流会，教研室主任张惠说，你开完会顺便到华东师大的计算机专业去，他们有一本讲义《算法设计分析》，你去买几本回来。我就买了 5 本，在火车上一看，这东西对我来说太好了。第一我有数学基础，第二我设计了台式计算机，我知道计算机的数据流程是什么，两个一结合，我又编了那么多程序，它讲的是方法，而且这个方法就是用来编程的，所以一拍即合。回来我就马上就跟张惠说，以后我就搞这个行业了。当时系里的负责人张绍诚找我谈话，他说你能不能负责算法的教学，还有人工智能、数理逻辑的教学？我说，哪搞得了三个呢？我试试看吧。所以我在这三个方面齐头并进地干。

人工智能我在当时感到有些困难，数理逻辑干了一阵儿，写了两本讲义，也给研究生开了课。大部分时间我搞算法。1982 年我拿到那个讲义，到 1983 年年底就写了我自己的一本讲义，写得这么快，是因为这些东西我一看就会，不用费太多脑子去想。1983 年年底，我写了教材，我们系的领导张绍诚叫我去讲计算机算法设计分析，当时有 3 个学生，其中有他带的 2 个硕士研究生，也是计算机系的首批研究生，还有 1 个部队派来进修的。1984 年年底叫我给本科生正式开算法课，当时定的是必

修课。1985 年，我把这个讲义重新修订，修订以后分成上、下册，增加了一些新的东西。

1987 年，系教学主任就把我这两本讲义带到全国统编教材会议，因为当时要从各个学校选讲义正式出版，作为全国的统编教材。我的讲义拿去，大家一致同意把这个讲义作为全国统编教材，我挺高兴的。好像是 1987 年年末，我们系开春节联欢晚会的时候宣布了这个消息，所以 1988 年我赶紧把讲义再修订一下。这时可以看到好多外文书，我就增加了并行算法、概率算法、下界理论等很多内容。形成了一本书之后，1988 年交到系里，这本书叫《算法设计与分析》，系里送给当时安徽工业大学的张殿成教授，他看了以后评价挺高，就拿到了机械工业出版社。

这本书一直拖到 1992 年才正式出版，后来全国好多高校都用这本书，反映不错。1996 年全国评选优秀教材，这本书评了部级一等奖。当时九系向电子部、教育部等各个部门报优秀教材，报了很多，我这个报给机械工业部，获得一等奖。

1989 年，系里让我给我们系研究生讲组合数学，1990 年讲计算理论。我从 1990 年开始一直讲到 2001 年退休，这是硕士研究生必修的学位课。

我的课挺难，同学都害怕，但是不敢不听，每次上课到得都齐，而且课堂纪律也挺好，都愿意听我讲。我讲课的方式基本上用启发式，不用灌输式，都是提了问题然后讨论，或者我请同学讲讲自己的看法，所以需要事先预习，这种教学方式也挺有意思。

1990 年我写了计算理论的一本讲义《计算中的基本理论与方法》，这本书出了之后，我马上就写了《计算几何》第一版的稿，因为那时候我已经积累了不少东西，发了三四十篇论文。

有一件挺有意思的事。1980 年学校汇总当年各个系的论文和书的出版情况，还有一年里系每位老师发表了多少论文，做成一本汇编。第一本汇编时，我们计算机系一共发了 11 篇论文，我一个人就写了 6 篇。

当时我写的论文主要是关于算法的，总共 30 多篇论文，有 39 个算法，我想应该把这些东西汇总成书。学校要求申报学术专著出版“九五”规划，我就报了一本，获得批准。到 1999 年，我写完了，审稿请的是清华大学的同行卢开澄教授。这个稿子送给卢开澄教授，他审查了一个多月的时间。老先生挺仔细，一点一点抠。又请另外一个院士来看，两个人一致认为是好书。他叫我到清华去，跟我商量，说你这书别在北理工出了，我给你上一个档次，到清华来出，他打算把这本书放到中国计算机学会学术著作丛书里出。这套丛书是中国计算机学会支持的，在国内计算机界学术水平最高，这套书有评审的专家组，他说我帮你推荐。

那时候我在二龙路医院住院，因为这个稿子心里总是不踏实，结果他来电话说批准了，你进入这个丛书的行列里，评价挺高的。后来我听编辑告诉我，这个书编委会的一个头儿说，咱们国内怎么还会有这样的人才，他该出国呀。连清华领头的教授都这样感叹，这很能说明这本书的分量。

2000 年 2 月，《计算几何》这本书出版了第一版，现在马上出第六版。2000 年出版时我还没退休，我在给研究生上的计算机理论课上讲过第一版的一些内容。这门课一共 60 学时，我讲 20 学时自己的算法，因为计算几何也是计算理论的一部分，然后我再讲自动机、图灵机、可计算性这些。那个时候扩招了，研究生比较多，我经常给每个人各出一道题，同学之间的题目都不一样，所以他们觉得挺难。我说你们之间可以讨论，但是不要拷贝别人的程序来交差，有什么问题可以问我。

《计算几何》的第一版印了三次，这在当时的计算几何领域里是全国头一份，没有这方面的书。而且这本是学术专著，不是教材。一般的规律都是先出教材，讲讲课，搞搞研究，发发论文，积累到一定程度再出专著。因为专著有一个要求，40% 以上的内容是自己的，不是翻译别人的东西。我这本第一版里有 39 个算法是自己的，40% 刚好够。

到 2005 年，书出了第二版，里面多了 49 个算法，也是我自己的。一共 88 个算法，我自己的算法占的比例是 62%。2008 年第三版又增加到 157 个算法，占的比例是 77%。2011 年第四版，303 个算法全部是自己的，占 100%，我把别人的算法都删掉了。网上有人有意见，说我不讲别人的，这样不可取。2016 年第五版，504 个算法，也是 100% 是我自己的。到 2020 年 6 月份出第六版，是 820 个算法，也都是自己的。我高兴得很，因为世界上最有名的科学家之一，瑞士数学家欧拉的科研成果有 800 项，我的成果已经比他多了。我的重点就是要有过硬的成果，要有充分多的成果。

我的这 820 个算法分成两大类，一个是基础研究，一个是应用研究。我没统计这两者每种里具体有多少算法，但相加正好是 820 个。

基础研究这个学科领域里主要的一些就是凸包，这是一个很重要的概念，也叫凸壳，还有另一个重要的概念叫沃罗诺伊图（VORONOI）。还有一个是三角剖分，计算几何里有个几何体的排列，4 个主要的几何结构，我都做了不少研究工作，研究出了很多算法，发了不少论文。

应用研究包括路径规划，这是二系付老师他们需要的。还有图像边缘提取，就是图像处理，也在他们那里用了，效果非常好。然后是下料问题，比如有平面材料的下料：裁缝裁剪一块布，裁成什么样的形状，拼成一件衣服；造船厂裁钢板；做家具裁木板；还有做玻璃。平面材料相对好弄一点，因为材料比较规整，都是矩形，边缘很直。北京一个公司找过我，让我帮它解决鞋子的设计，是剪裁牛皮，牛皮剖开以后的边缘是非常不规则的，鞋子的形状也是曲里拐弯的，两个都是任意多边形，边界是曲线的。我也想了办法给它解决了。

除了平面材料下料，还有管材下料。比如有一个问题是锅炉厂的管道裁剪以后再焊接起来。这个管材的下料要省，而且下面接触火的地方跟上面的部分是用不同的材料，下面接触火的地方的材料贵，上面就便宜一些。他提的要求挺多的。我花了大概半个月来设计解决那个问题的算法，挺复杂的。怎么检验呢？我说你找工厂要几组数据，工厂有七八个人专门干这个工作，怎么排料、计算。他把数据给我，我用我的算法，四组数，每组数据都比他好得多。这样经过检验的效果才有意义。这是北京市一个软件公司接的四川东方锅炉厂的任务。这个项目定了合同，这就是一维下料问题。

然后是多边形匹配，这个也挺有意思。这个是用来解决人的形状或者面部识别问题。有一个模型库，拍下来以后马上提取边缘，识别提取特征，跟这个库比对，看看有没有相似的，这就是多边形匹配。敌我飞机识别也是用的多边形匹配，拍下来马上鉴别是什么型号的飞机。这个我写了一个算法，申请了专利，国防专利也批了。

最有意思的是 DNA——不管是动物、植物，它们的每个细胞核里都有一个遗传的部分，就是 DNA。这个东西怎么来的，没有人说得清楚。我到生命学院去问过，当时没人说得清楚，我就提出来一个假说。这个假说应该是成立的，经过仔细演算，我觉得很有道理。但是我现在没有科研经费，没有学生帮忙。在二系那边做的是他们的课题，我自己的课题他们当然不会派学生来帮我，所以这是最大的遗憾。像这个 DNA，我在书上写了算法，如果有人帮我编个程序，在计算机上可以演示出来，从哪儿到哪儿，出来一个 DNA 链，一步一步都有根据。这些操作需要把基因剪断或者剪贴。我的这个假说是在 2014 年提出来的，后来这方面的报道越来越多。广州中山大学有个年轻人搞了个基因剪辑，我一看到这个报道非常高兴，我这个里面的一个最基本的操作，现在人工可以做了，就是可以把基因改变。这是很重要的一个操作。这也是我想要实现的过程和结果。我把这个写进了自己第六版的书里了。

我有一个假说就是关于生命起源的，这个假说有一个关键的问题是没法验证。英国物理学家霍金没有得诺贝尔奖，他提的时间隧道那些理论挺好，但没法验证，所以也没法得奖。爱因斯坦的相对论后来验证了。我这个假说，在我有生之年如果能验证，我想我也有可能得诺贝尔奖生物和医学奖。因为人类有三大难题，宇宙的起源，生命的起源，还有一个是宇宙外面是否有空间。

再一个就是暗物质，我对这个也感兴趣，怎么寻找暗物质？整个宇宙中 95% 的都是暗物质，看不见。通过天空望远镜，还有咱们贵州的中国天眼这些设备可以观测宇宙，但是现在没有观测暗物质的设备，没有感知器。刚才讲的大数据要有感知器。数据没有来源，我想了一个办法来寻找，只要给我一幅天象图，有办法把它找出来。这个要通过算法来，因为我研究了很多基础算法，我一看报道，马上就想到用我的基础算法可以算出来。

还有基于卫星地图的路径规划，具体来说就是卫星随时都在拍地面的情况，但拍下来的图不能用来给无人车找路径。因为卫星图上有很多干扰，马路上有汽车，阳光有阴影，道路边缘不清。现在做规划用高德地图、谷歌地图、百度地图，干干净净，城市道路上什么都没有，专门的机构把卫星地图变成网上显示的地图，城市建设变了或出现了情况，都需要上传。我这个设计不用转化，直接用卫星地图做，但这个太难了没人弄。这个我也写在第六版书里了，专门写了一节，一个算法解决不了，需要用一整套好几个算法，带博士绰绰有余。

这是应用研究，下面讲算法有什么效果，这是大家最关心的。效果有一些实际的根据，比如我搞的三角剖分的一个算法，第一版里就有。1996 年我发了一篇论文，过了两三年，还是在 20 世纪 90 年代，福建省的地质勘探部门有个人给我打了电话，还是用座机打的。他说看到我的

三角剖分的算法，他给实现了，他说你的算法效果非常好。这个人挺不错的。品德不好的话，用了他也不跟你讲，说是他的成果，还拿去发表。他说他们单位花了 10 万元，从国外进口了一个软件，同样的数据进去算，用我的算法和用国外的软件来算，我的算法算的结果比外国的好得多。它有评价标准，就是看角的最小角最大化，有定量的来评价，所以我就放心了。我的算法人家实践了，而且跟国外的比过后效果更好，这就说明了我的算法的价值。

再一个地图匹配，是在付老师那边做的。我帮他们带了一个博士，按照我的算法来做，效果令人非常满意。当时是二零零几年，他比较了六七个国外的算法，用同样的数据来算，用我的算法花的时间比别人最快的算法要快 1349 倍，不得了。我听他们访问学者回来告诉我，说国外能提高 10% 就不得了，你提高那么多，是非常好的成绩。再一个是凸多边形直径算法，是在 2001 年发的文章。后来我读到一本 2011 年出的书，书上点名说周培德的这个算法是到目前为止，解决这个问题的最好的算法。人家实践过，这让我特别高兴。

还有一个叫地理信息，计算几何对地理信息的影响也挺大，武汉大学的博导胡鹏是搞地理信息的，他来北京我们见过面。他在 2001 年看了我这本书，他说你这本书救了我们这个学科，我们已经到了山穷水尽的地步，搞不下去了，有一个问题没办法解决，看了你书上介绍的沃罗诺伊图，豁然开朗。后来他自己也做了这些研究工作。

我一个星期上一次网，看半个钟头，主要看人家对我有什么反映。不好的，有错的，我改。我特别喜欢听这些意见。京东、当当网都有评价，好几个人说这本书是经典中的经典，有一个人说这是中国计算机教授的力作，还有一个人说这是计算几何算法的百科全书。清华大学出版社推销这本书的时候，就把这一条评价写在网上。这一条评价我觉得是我终身最快乐的事情，能得到读者这么高的评价。

我还看了一些国外的评价。付老师那边想把我这本书翻成英文出版，最后只翻了一部分。我提出来有 10 多个待解决的问题，也就是这个领域的困难问题，寄给了美国一个这方面的权威，叫奥洛克①，他看了以后回

① 奥洛克（Joseph O'Rourke）：美国马萨诸塞州史密斯学院计算机科学系主任、数学系教授，研究方向主要为计算几何。

了一个邮件，说你提出的待解决问题表明你是一位天才，并富有创造力。这个评价说明我提出的问题有继续研究的价值。这些问题我到现在也没有解决，让后人来解决吧。我英语不好，没有办法跟人家交流，如果好的话，把这本书翻成英语出版，可能现在图灵奖都得了，英语不行是我非常致命的短板。

2005 年第二版的时候，清华出版社的文字编辑来找我，说德国的斯普林格出版社看到了这本书的第二版，他们想带到德国去用英文出版。出版社的人告诉我，他们看了 3 个月，说这本书里太多个人的东西，有些东西必须跟我面对面沟通，得弄明白基本概念提出来是什么意思，才能准确翻译成英文，这件事最后因为我英文不好没搞成。

北京市对我的评价有三句话，标题是《他是算法传奇的缔造者》。下面第一段是，他是我国屈指可数的算法专家，为中国的计算机科学技术发展做出了卓越贡献，堪称世间典范。这是北京市的一个官方的评价，教育部科学发展中心的鉴定。再就是一个书上的评价，在开头专门把周培德跟咱们国家知名的数学家苏步青两个人来比，他说苏步青老先生在 1980 年出了一本书《计算几何》，但他搞的方向是曲面几何，是我国在这个领域的开创者，遗憾的是他搞的方向跟国际主流不吻合，相比较来说，周培德搞的计算几何，思想、方法、成果都跟国际主流是吻合的。

我没有出过国，只是一直在自己搞。我看书多，想的多，动手多，这三多是成功最基本的要素。

有个人在书店看到我的书来找我，他是留法回来的博士。他说看了你的书太感兴趣了，有个问题是给出多边形要把它的中轴计算出来，看到我的算法，而且有一个特别复杂的图案，我都画出来了，他觉得很了不起。他在法国找了好多地方都没有看到这方面的资料，没想到国内还有这样的资料，就提议要跟我合作。他说世界上现在有四个最大的做模具的生产厂家，做飞机的、做汽车的、做军工的，都需要做模具。现在做模具都是按照轮廓的外形转圈，按照中轴的概念走过去，用久了以后，铣床的铣头很容易坏。他问我，能不能想个办法，不走曲线，只走直线？要是搞成了，他计划在国内申办一个子公司，聘我当技术总监。可惜后来没干成，但是方法我做出来，写到书里了，就是用直线可以加工模具，不管这个模具多复杂，我都用直线把它加工出来。

还有一个手机的基站选址，一个公司找我。他的问题是，给出区域

后，基站的收发有一定范围，那么该在哪些地方安装基站最省，而且手机在什么地方都能通信。我也写了算法，解决了这个问题。还有物流，我刚退休的时候，有一个大连的烟草公司找我，提了一个物流的实际问题，每天怎么样调度，以及每辆车的运输路径，我也把它解决了。

外地的比较早来的是广州一个公司的老板，他做油漆调色。因为每个汽车的颜色不一样，基本颜色就三种，怎么调出来需要的颜色？这个书里都有。

还有深圳医疗公司的一个人来了几次，他是想知道，2 台放射治疗的 X 光机，应该放在什么角度、什么位置，才能把癌细胞杀死、好细胞留下来。我也帮他解决了这个问题。长沙国防科技大学的一个副研究员来找我，他说我们碰到一个解决不了的问题。这个问题说起来比较复杂，后来我给它起名叫最小生成网络，写了一节书，把它解决了。还有一个上海的人最有意思，跟我谈的次数比较多。好像是 2015 年，我在远志楼办计算几何咨询室，办了一个学期，然后又到图书馆办了一个学期，那个人看了通告来找我，他谈了很多问题，也是一个爱钻研的老师。

再就是西安有一个公司，接的项目是天气预报，云层运动过程中要随时跟踪、随时处理，就用到了这个书里的多边形边界。卫星拍的都是多边形的，没有立体感，多边形提取以后，两个不同多边形进行求并求交运算。气象部门对他们原来开发的东西不满意。我也帮他们解决了。

算法现在应用非常广泛，人工智能、大数据，算法在其中起了非常关键的作用。光有数据和机器，不行，机器不懂数据，要用算法编程，机器才能处理，才能把数据组织、运行起来。一个数据一个算法。收集数据还涉及信息来源。所以这一套包括感知器、数据、算法、机器，有了这一套东西，才能动起来。我庆幸方向选对了，要不然在别的地方不可能有这么多成果，有这些硬货在那儿压着，比黄金白银还宝贵。

四

我 2001 年 9 月退休，退休以后，2002 年，二系的付梦印老师马上就返聘了我。我去了以后帮他带博士生，有一个叫毕军的博士生搞路径规划，恰好我之前也搞了一个算法，所以我就叫他来实现这个算法，作为他的博士课题。这个学生现在干得很不错，在交通大学是小头目了。我在二系帮他们带了好几个博士，我专门搞算法，博士生们有什么问题，我出算法，他们来实现验证。在二系我一直干到 2018 年，我说我年纪大了，不干了，但同学有什么问题可以打电话叫我，我随时来帮忙。

我这个项目是 2008 年开始申报北京市科学技术奖一等奖，教育部科技发展中心来做鉴定，请了几位院士，还有清华的卢开澄老先生，评价挺高，说这个项目达到国内领先、国际先进水平。评奖的时候专家组全票通过，这个一等奖是咱们学校第一次得的一等奖，奖状在图书馆。

2011 年，我得了一个国家科技进步二等奖，那个项目有三个创新点，付老师一个，自控学院的院长夏元清一个，我是其中的一个，就是计算几何，搞无人车的场景识别。

我后来还得了好多奖，都是退休后的小奖，有工信部的，有 2017 年北京市的“首都市民学习之星”，我觉得评价挺高。“学习之星”是咱们学校宣传部推荐上去的，9 月 18 日北京市派了记者，在 6 号楼，上午 8 点半一直拍到中午 12 点半。一个是我讲东西，一个叫学生演示，然后在图书馆里看看书，在校园里头走一走也要拍下来。推荐我做“学习之星”，还是因为我的这些著作、这些成果。每年评 100 名“学习之星”，我进了前 10 名，发了一个笔记本电脑奖励。

还有一个北京创新协会每年举办北京市创新大赛，2017 年我去参加了，得了一个银奖，得金奖要有实物、有产品，我就是方法，没有产品，最高只能拿到银奖。

现在我已经有了 820 个算法，按说比欧拉的不少。如果翻译成英语，可能也非常有影响。但我吃亏在了英语不好上。不过我不着急，李时珍是我的榜样。我比他幸运，我还看到了我的著作，看到了社会对我的反映。我很心安。我的身体允许的话，我会继续干。

我的书稿交了以后，现在又研究了三个方面的问题，做了一个模型，我只要有一口气，一定要继续干下去，没有止境。

为这件事情，我爱人很有意见，你整天就干这些，对家里的帮助很少。孩子也说，你干这些东西又没有一分钱的好处，除了工资什么都没有，你何必呢？但我的志向就是这样，改不了啊。我说上了这条路我就下不了了，这是一条通向未知世界、探索未知世界、为人类提供更多更好方法的大路。欧几里得这些科学家对我的影响太大了，是我的学习榜样。搞科研一定不能计较名利，这是我的非常重要的体会。像哥白尼为科学献身了，但我现在有党的关心，多好啊。

有些人有误解，我面临的困难也不少。我希望学校领导能够支持一下我的工作，知道这些成果是有用的。没有用怎么那么多人来找我，那么多论文被引用？我有再大的困难都不会放弃，这个书还要继续出，看看能不能做出1000个算法。现在还差170多个了，我是信心满满。国家目前的形势非常好，提倡创新，重视人才，“大众创业，万众创新”，在这个大潮中，我将继续努力，发明更多更好的算法，为国家服务。

人名索引

H

J

K

L

M

N ~ R

S

T

W

X

Y

Z

（王彦祥、张若舒　编制）